**Ratgeber**

Ihre Rechte als Konsument

Peter Kolba
Hans Peter Lehofer
Anne Marie Kosesnik-Wehrle

# Ihre Rechte als Konsument

UWG neu

Vertragsfallen und Rücktrittsrechte

Produkthaftung und Schadenersatz

E-Commerce und Fernabsatz

ÖGBVERLAG

Die Ratschläge in diesem Buch sind von Autoren und Verlag sorgfältig erwogen und geprüft, dennoch kann eine Garantie nicht übernommen werden. Eine Haftung der Autoren bzw des Verlages und seiner Beauftragten für Personen-, Sach- und Vermögensschäden ist ausgeschlossen.

**Dr. Peter Kolba**

ist seit 1990 Leiter des Bereiches Recht im Verein für Konsumenteninformation (VKI) in Wien. Er ist Herausgeber der „Konsumentenrecht-Entscheidungssammlung" (KRES) und der „Informationen zum Verbraucherrecht".

**Dr. Hans Peter Lehofer**

ist Richter am Verwaltungsgerichtshof; zuvor Leiter der KommAustria, Abteilungsleiter im Bundeskanzleramt im Büro für Konsumentenfragen und Leiter der Rechtsabteilung der Telekom Control GmbH; Autor zahlreicher Fachbeiträge zum Thema Verbraucherrecht und Mitautor eines Kommentars zum Konsumentenschutzgesetz.

**Dr. Anne Marie Kosesnik-Wehrle**

ist Partnerin der Kosesnik-Wehrle & Langer Rechtsanwälte KEG, einer seit Jahrzehnten auf das Konsumentenschutzrecht spezialisierten Rechtsanwaltskanzlei in Wien. Ihre Kanzlei vertritt regelmäßig Konsumentenschutzeinrichtungen in Verbandsklagen und Musterprozessen.

Umschlaggestaltung: Kurt Schmidt

4. neu bearbeitete Auflage 2013
Rechtsstand: 1. Dezember 2012
ISBN 978-3-7035-1564-4


Verlags- und Herstellungsort: Wien
Printed in Austria

# Inhalt

# Einleitung

Der Verbraucherschutz ist – ausgehend von der Europäischen Union – zunehmend von der Idee des „mündigen Verbrauchers" geprägt. Einem Verbraucher, der seine Rechte kennt und sich daher – auf immer globaleren Märkten – das für ihn beste Angebot aussucht. Eine Fiktion, denn wer kennt schon die ganze Fülle der oft auch komplizierten Vorschriften des Verbraucherrechtes.

Der vorliegende Ratgeber **Ihre Rechte als Konsument – Handbuch zum Verbraucherrecht** soll Ihnen da hilfreich zur Hand gehen. Sie können sich über Themen des Verbraucherrechtes – zum Beispiel verschiedenste Rücktrittsrechte – systematisch informieren, Sie können aber auch – ausgehend von einem konkreten Problem – „hineinschnuppern" und über das Lexikon im Anhang und weitverzweigte Verweise im Textteil zu konkreten Problemlösungen kommen. Es stehen Ihnen zu den wesentlichsten Problemen des Verbraucheralltages auch Musterbriefe zur Verfügung; kommen Sie allein nicht mehr weiter, so finden Sie zahlreiche Hinweise auf Beratungsstellen.

Diese Neuauflage des Buches berücksichtigt die Neufassung des UWG und die Rechtslage nach dem VerbraucherkreditG und dem ZahlungsdiensteG. Auch das VersicherungsrechtsänderungsG 2012 ist bereits eingearbeitet.

In diesem Handbuch zum Verbraucherrecht stellen die Autoren – Praktiker auf dem Gebiet des Konsumentenschutzes – in einer auch für Nicht-Juristen lesbaren Sprache Ihre Rechte als Konsument dar:

- Wie man sich gegen die Werbeflut wirksam zur Wehr setzt.
- Worauf man bei einem Kostenvoranschlag zu achten hat.
- Wie man Verträge richtig schließt.
- Wie man von einem übereilt abgeschlossenen Vertrag zurücktreten kann.
- Wie man mit dem Kleingedruckten umgeht.
- Wie man reagiert, wenn die bestellten Möbel nicht geliefert werden.
- Welche Möglichkeiten man hat, sich gegen mangelhafte Waren zur Wehr zu setzen.
- Welche Ansprüche man bei Schäden aus einem Produktfehler stellen kann.
- Worauf man bei grenzüberschreitenden Geschäften achten sollte.
- Wie man seine Rechte bei Gericht durchsetzt.

Die rechtlichen Grundlagen und die wesentliche Rechtsprechung werden systematisch dargestellt und an vielen Beispielen aus dem Verbraucheralltag illustriert. Musterbriefe sollen Hilfe zur Selbsthilfe bieten. Ein Lexikon – von „A“ wie Autokauf bis „Z“ wie Zeitschriftenabonnement – im Anhang hilft Ihnen, über praxisbezogene Stichworte die Antwort auf Ihr Problem zu finden. Schließlich finden Sie auch eine aktuelle Liste, wohin Sie sich mit Ihren Problemen um kompetente Hilfe wenden können.

Das Handbuch soll ein Leitfaden für den mündigen Verbraucher sein, sich im Dickicht des „freien Marktes“ zu behaupten und seine Rechte einzufordern.

# Werbung

Werbung ist aus unserem modernen Wirtschaftsleben nicht wegzudenken. Werbung dient der Orientierung auf immer globaleren Märkten. Werbung kann aber auch in Irrtum führen oder schlicht belästigen. Der Gesetzgeber hat daher für Werbemaßnahmen von Unternehmen klare Grenzen gesetzt.

## Schutz vor unlauterem Wettbewerb

Der Schutz vor unlauteren Methoden im Wirtschaftsleben ist einer der Kernbereiche des Konsumentenschutzes. Dennoch war der Ausgangspunkt des österreichischen Wettbewerbsrechtes zunächst der – lautere – Unternehmer, der vor unlauterer Konkurrenz geschützt werden sollte. Der Konsumentenschutz war in dieser Sichtweise eher ein Reflex, nicht aber primäres Ziel.

Durch die Richtlinie über unlautere Geschäftspraktiken im binnenmarktinternen Geschäftsverkehr zwischen Unternehmern und Verbrauchern 2005/29/EG des Europäischen Parlaments und des Rates (kurz: UGP-Richtlinie) wurde auf europäischer Ebene ein einheitlicher Standard für das Wettbewerbsrecht geschaffen, der hingegen in erster Linie den Schutz des Verbrauchers vor unlauterem Wettbewerbsverhalten der Unternehmer verfolgt. Das Inkrafttreten dieser Richtlinie erforderte eine Neufassung des (österreichischen) Bundesgesetzes gegen den unlauteren Wettbewerb (UWG), das allerdings gleichermaßen im Verkehr zwischen Unternehmern und Verbrauchern wie im Verkehr von Unternehmern untereinander gilt. Verglichen mit der alten Rechtslage sind die wesentlichen Grundsätze erhalten geblieben, allerdings ist der Schwerpunkt des Gesetzes nunmehr ausdrücklich darauf gerichtet, dem Verbraucher zu ermöglichen, eine **informierte geschäftliche Entscheidung** zu treffen. Dies verlangt, dass bereits die Werbung zutreffend und nicht irreführend gestaltet sein muss und aggressive Geschäftspraktiken, derer sich der Konsument nicht erwehren kann, unterbunden werden.

Das UWG sieht daher gegen unlautere, insbesondere aggressive oder irreführende Geschäftspraktiken, Unterlassungs- und Schadenersatzansprüche vor, die allerdings nicht der einzelne Verbraucher geltend machen kann. Vielmehr steht die Klagsbefugnis einerseits den Mitbewerbern, andererseits verschiedenen Verbänden (Unternehmerverbänden, etwa dem

Schutzverband gegen den unlauteren Wettbewerb), der Wirtschaftskammer, der Bundesarbeitskammer, dem Österreichischen Gewerkschaftsbund und der Präsidentenkonferenz der Landwirtschaftskammern sowie dem Verein für Konsumenteninformation (VKI) zu. Auch ausländische Verbraucherverbände können im Interesse ihrer Bürger in Österreich klagen; ebenso kann der VKI Klagen in anderen Staaten Europas direkt vor Gericht bringen.

Durch die Rechtsprechung ist klargestellt, dass auch der von einer unlauteren Wettbewerbshandlung betroffene Konsument einen ihm entstandenen Schaden im Wege des Schadenersatzes vom Unternehmer einfordern kann (OGH 24.2.1998, 4 Ob 53/98t, KRES 10/76). Da in der Praxis jedoch der Schaden in solchen Fällen zumeist in Zeitversäumnis, Ärger und sonstigen eher nicht materiell messbaren Unannehmlichkeiten liegt, kommt es meist nicht zu einer rechtlichen Auseinandersetzung.

## Die unlauteren Geschäftspraktiken

Das UWG verbietet in § 1, im geschäftlichen Verkehr eine unlautere Geschäftspraktik oder sonstige unlautere Handlung anzuwenden, die geeignet ist, den Wettbewerb zum Nachteil von Unternehmen nicht nur unerheblich zu beeinflussen oder eine unlautere Geschäftspraktik anzuwenden, die den Erfordernissen der beruflichen Sorgfalt widerspricht und in Bezug auf das jeweilige Produkt geeignet ist, das wirtschaftliche Verhalten des Durchschnittsverbrauchers, den sie erreicht oder an den sie sich richtet, wesentlich zu beeinflussen. Verständlich, dass es dazu einiger Rechtsprechung bedarf, um konkretere Maßstäbe zu entwickeln. Das UWG beinhaltet in seiner neuen Fassung darüber hinaus in einem Anhang eine Aufzählung konkreter irreführender bzw aggressiver Geschäftspraktiken, die unter allen Umständen als unlauter gelten. Diese Aufzählung dient nicht zuletzt als Indikator dafür, welche unternehmerischen Verhaltensweisen als irreführende bzw aggressive Geschäftspraktiken zu qualifizieren sind.

In diesen Fällen kann von unlauteren Geschäftspraktiken gesprochen werden:

## Missachten von Rechtsvorschriften

Ein Unternehmer, der zum Beispiel gegen die Vorschriften zur Preisauszeichnung verstößt, kann nicht nur mit einer Verwaltungsstrafe belegt, sondern auch von Mitbewerbern oder den klagebefugten Verbänden wegen unlauteren Wettbewerbs vor den Richter gebracht werden. Da die Kosten eines solchen Prozesses beträchtlich sind und ein Urteil zudem auch in Tageszeitungen veröffentlicht werden kann – was eine entsprechend negative „Werbewirkung" mit sich bringt – ist ein Vorgehen nach dem UWG meist wesentlich effektiver als bloße Verwaltungsstrafen. Unlauter handelt zum Beispiel auch der Unternehmer, der die Konsumentenschutzvorschriften der Gewerbeordnung missachtet, etwa durch Veranstaltung von Verkaufspartys für Kosmetika. Unlauter im Sinne des UWG ist auch die Ausübung eines Gewerbes ohne die erforderliche Befugnis.

## Schleichwerbung

Das sind Werbemaßnahmen, die dem Umworbenen nicht als solche erkennbar sind; sie verstoßen gegen den für das Wettbewerbsrecht zentralen Wahrheitsgrundsatz und sind daher unlauter. Dies betrifft auch das sogenannte Productplacement, bei dem im Fernsehen gegen Entgelt bestimmte Markenartikel als Requisit verwendet werden, ohne dies – etwa im Vor- oder Abspann – deutlich zu kennzeichnen. Derartige Schleichwerbung ist auch nach der EU-Richtlinie über audiovisuelle Mediendienste ausdrücklich verboten.

## Black Jack

Herr Hofer findet im Briefkasten eine an seine Gattin adressierte Ansichtskarte mit handschriftlichen Grüßen von einem Herrn „Black Jack". Bei oberflächlicher Betrachtung muss er annehmen, dass seine Gattin in New York einen Freund hat. Diese klärt den Umstand rasch auf: Sie hat keinen Freund und die Ansichtskarte ist eine Werbeaussendung einer Getränkefirma für ein Getränk der Marke „Black Jack".

Eine als private Mitteilung getarnte Werbesendung, die erst bei näherer Betrachtung dem Leser ihren wahren Charakter offenbart, ist sittenwidrig und auch eine mit dem Schutz der Privatsphäre unvereinbare Belästigung (OGH 14.3.2000, 4 Ob 64/00s, KRES 10/120).

Unzulässig ist auch das Ausbeuten fremder Leistung – die bewusste („sklavische") Nachahmung fremder Produkte, wobei man Verwechslungen zumindest in Kauf nimmt, wenn nicht sogar fördert.

## (Herabsetzende) Bezugnahme auf Mitbewerber

Auch hier hat sich ein Unternehmer nobel zurückzuhalten. Selbst wahre Behauptungen über den Konkurrenten, die geschäftsschädigend wirken können, dürfen nur gemacht werden, wenn sich die Kritik „im Maß des Erforderlichen hält" und zudem ein ausreichender Anlass besteht, die Aussage überhaupt zu machen (etwa zur Abwehr von unrichtigen Behauptungen oder Verwechslungen). Zulässig ist allerdings eine zutreffende vergleichende Werbung, sofern sie sachlich bleibt (den Konkurrenten nicht unnötig bloßstellt) und auf objektiv überprüfbaren Daten aufbaut. Wer vergleichend wirbt, muss auch alle Umstände mitteilen, die dem Werbeadressaten eine objektive Beurteilung ermöglichen.

## Besonders aufdringliche Kundenwerbung

Hier sind einige sehr „direkte" Formen der Kundenwerbung als unlauter zusammengefasst. So etwa das Ansprechen von Kunden vor dem Geschäftslokal des Mitbewerbers, selbst wenn dies nicht aufdringlich erfolgt, natürlich auch das „Anpacken" von Personen, das Anbieten von Geschenken größeren Werts, die im Geschäft abzuholen sind, wobei man mit dem Verkaufspersonal in Kontakt treten muss (wegen des dabei ausgeübten psychischen Kaufzwangs), oder zum Beispiel die Telefonwerbung (siehe Seite 20 f). Ebenso ist es unzulässig, das Mitleid und die soziale Hilfsbereitschaft planmäßig auszunützen, um damit eigene wirtschaftliche Interessen zu verfolgen (wenn die angebotene Leistung in keinem sachlichen Zusammenhang steht). Der Anhang zum UWG beinhaltet in diesem Zusammenhang auch das Verbot der Einbeziehung einer direkten Aufforderung an Kinder in eine Werbung, die beworbenen Produkte zu kaufen oder ihre Eltern oder andere Erwachsene dazu zu überreden, die beworbenen Produkte für sie zu kaufen. Verboten ist weiters, dem Verbraucher nicht bestellte Waren zuzusenden, die er entweder bezahlen oder rücksenden solle.

Generell ist eine Geschäftspraktik infolge ihrer Aggressivität unzulässig, wenn sie geeignet ist, die Entscheidungs- oder Verhaltensfreiheit des Marktteilnehmers in Bezug auf das Produkt durch Belästigung, Nötigung oder durch unzulässige Beeinflussung wesentlich zu beeinträchtigen. Dabei ist auch auf Hindernisse außerhalb des Vertrags abzustellen, mit denen der Unternehmer den Verbrauchern an der Ausübung seiner vertraglichen Rechte, insbesondere der Kündigungsrechte, zu hindern versucht. Verboten ist demnach zB, dem Verbraucher ein ihm zustehendes Rücktrittsrecht zu versagen oder an Bedingungen zu knüpfen, die nicht gesetzeskonform sind, zum Beispiel die Ausübung des Rücktrittsrechts von der Zahlung „einer Aufwandsentschädigung“ abhängig zu machen.

## Irreführung

Eine unzulässige irreführende Geschäftspolitik liegt vor, wenn der Unternehmer über sich oder sein Produkt unrichtige Angaben macht oder Angaben, die geeignet sind, den Verbraucher insbesondere über die Art des Produkts oder des Unternehmens oder über den Preis zu täuschen. Dabei kommt es nicht – wie bei einem Vertragstext – darauf an, wie ein Text objektiv zu verstehen ist, sondern nur auf den Eindruck, den der flüchtige Durchschnittsbetrachter gewinnt. Mit klein gedruckten Klauseln auf der Rückseite eines Flugblattes kann also eine Irreführung durch die Schlagzeile auf der Vorderseite nicht ungeschehen gemacht werden. Häufig liegt die Irreführung auch darin, dass wesentliche Informationen in der Werbung nicht erteilt werden, und die grundsätzlich korrekt, aber verkürzt erteilte Information dadurch in objektiv unrichtiger Weise verstanden wird.

### Typische Irreführungsfälle

- Vortäuschen privater Gelegenheiten durch Gewerbetreibende (die typischen „privaten“ Inserate von Immobilienmaklern oder Partnervermittlungsinstituten);
- Ankündigung eines Pauschalpreises, wenn tatsächlich daneben noch nennenswerte weitere Entgelte verlangt werden;
- Falschbezeichnung von Lebensmitteln;
- Ankündigung von unzutreffenden Wirkungen bei Lebens- oder Nahrungsergänzungsmitteln;
- unrichtige Angaben über die Zusammensetzung (etwa „100 Prozent Schurwolle“ bei einer Rheuma-Decke, wenn eine Abdeckschicht aus Baumwolle enthalten ist);
- Werbung mit Preisgegenüberstellungen, bei denen die Vergleichspreise nicht eindeutig klargestellt werden (oder wenn zum Beispiel mit einem schon Jahre zurückliegenden Listenpreis verglichen wird, der von Konkurrenten längst nicht mehr verlangt wird).

## Lockangebote

Für Konsumenten besonders unerfreulich ist es, wenn sie Lockangeboten auf den Leim gehen. Nach dem Anhang zum UWG ist es daher in jedem Fall unlauter, den Verbraucher zum Kauf von Produkten zu einem bestimmten Preis aufzufordern, ohne darüber aufzuklären, dass der Unternehmer hinreichende Gründe für die Annahme hat, dass er nicht in der Lage sein wird, dieses oder ein gleichwertiges Produkt zu dem genannten Preis für einen angemessenen Zeitraum und in einer ausreichenden Menge zur Lieferung bereitzustellen. Es sind also Waren, die als besonders günstig angeboten werden, in einer ausreichenden Menge bereitzuhalten, um die zu erwartende Nachfrage abdecken zu können. Diese Verpflichtung des Händlers kann nach der Rechtsprechung auch nicht durch den Hinweis „Solange der Vorrat reicht" ausgeschlossen werden. Auch in diesem Fall muss grundsätzlich ein entsprechender Vorrat vorhanden sein. Unvorhersehbare Lieferschwierigkeiten, durch die es zu Nachschubproblemen kommt, können dem Unternehmer aber nicht angelastet werden. Unlauter ist es natürlich auch, falsche Angaben – etwa unrichtige Preise – in ein Werbeprospekt oder Inserat aufzunehmen, da auch dadurch Kunden angelockt werden, die dann vielleicht andere Waren erwerben. Als einzelner Konsument hat man aber keinen Anspruch, die Ware zum beworbenen Preis dann auch tatsächlich zu erhalten.

**TIPP**

Wenn Sie sich von unlauteren Werbemethoden betroffen fühlen, geben Sie den Sachverhalt der Bundesarbeitskammer (1040 Wien, Prinz-Eugen-Straße 20–22) oder dem Verein für Konsumenteninformation (1060 Wien, Linke Wienzeile 18) bekannt. Diese Einrichtungen können gegen unlautere Geschäftspraktiken mit Verbandsklage vorgehen.

## Schutz vor der Werbeflut

Der Briefkasten quillt über: Prospekte „An einen Haushalt", persönlich adressierte Kataloge von Versandhäusern, Gewinnspiele und – in Vorwahlzeiten – auch Aussendungen der wahlwerbenden Parteien. An der Türschnalle der Wohnungstür erneut Prospekte, Preislisten, Zeitungen. Viel Papier, das oft ungelesen direkt zum Altpapier wandert. Für viele Konsumenten ein Ärgernis, denn es kostet Zeit, die Spreu vom Weizen, die (unerwünschte) Werbung von der sonstigen (erwünschten) Post zu trennen. Überquellende Briefkästen und prospektbeladene Eingangstüren sind außerdem für Einbrecher sichere Zeichen, dass die Wohnungsinhaber abwesend sind. Und schließlich stellen die unerwünschten Reklamesendungen für werbemüde Konsumenten auch eine Vergeudung von Ressourcen dar: Papierproduktion für den Altpapiercontainer. Aber die unerwünschte Werbeflut muss man sich nicht gefallen lassen.

Mit folgenden Möglichkeiten lässt sich die Werbeflut eindämmen:

## Adressierte Werbezusendungen – Robinson-Liste

Lässt man sich in die sogenannte „Robinson-Liste" eintragen, wird die Adresse aus den Listen der Direktwerbefirmen, Adressverlage und Versandhäuser gestrichen. Man erhält daher keine – persönlich adressierte – Werbung mehr.

**TIPP**

Ersuchen Sie beim Fachverband Werbung und Marktkommunikation über E-Mail an werbung@wko.at um Aufnahme in die Robinson-Liste. Das Antragsformular finden Sie auf der Homepage der Wirtschaftskammer unter www.wko.at.

## Zusendungen „An einen Haushalt" – Annahmeverweigerung

Mit einem von der Post dafür aufgelegten Formular kann man bei jedem Postamt im Voraus erklären, dass „An einen Haushalt" gerichtete Sendungen nicht übernommen werden. (Von Behörden und Ämtern ausgehende amtliche Mitteilungen werden aber trotzdem zugestellt.)

## Werbematerial an der Wohnungstür – „Bitte keine unadressierte Werbung"

Laut einer Selbstbeschränkung der Werbewirtschaft muss das Pickerl „Bitte keine unadressierte Werbung" an der Wohnungstür oder am Briefkasten angebracht sein, damit die Mitarbeiter der Verteilerfirmen diesen Wunsch respektieren. Die Gültigkeit des Aufklebers ist auf drei Jahre befristet, das „Ablaufdatum" auf dem Aufkleber ersichtlich.

**TIPP**

Der – kostenlose – Aufkleber „Bitte keine unadressierte Werbung" ist schriftlich (frankiertes Rückkuvert beilegen) unter Angabe von Namen und Wohnadresse zu bestellen bei „Die Werbemittelverteiler", Postfach 500, 1230 Wien, Kennwort „Bitte keine unadressierte Werbung".

Darüber hinaus kann man die Verteilung von Werbematerial aber auch ohne dieses Pickerl untersagen: Eine Verteilung von Werbematerial im Haus ist gegen den erklärten Willen des Hauseigentümers (zum Beispiel

Hinweistafel: „Verteilen von Werbematerial verboten!“) unzulässig und stellt eine Besitzstörung dar. Das gilt auch für den Eigentümer oder Mieter einer Wohnung, der das Einwerfen beziehungsweise Anbringen von Werbematerial an der Wohnungstür ausdrücklich untersagt. Der Hauseigentümer beziehungsweise der Eigentümer oder Mieter einer Wohnung könnten daher binnen einer Frist von maximal 30 Tagen ab Kenntnis der Übertretung des Verbotes beim örtlich zuständigen Bezirksgericht gegen das betreffende Werbemittelverteilungsunternehmen Besitzstörungsklage einbringen.

## Verbot der Zahlscheinwerbung für Branchenbücher

Es ist ausdrücklich verboten, für die Eintragung in Branchen-, Telefon- oder ähnliche Register mit Zahlscheinen, Rechnungen, Korrekturangeboten oder Ähnlichem zu werben, ohne deutlich darauf hinzuweisen, dass es sich lediglich um ein Vertragsangebot handelt.

## Telefon-, Telefax-, Telegramm- und E-Mail-Werbung

Nicht nur unerbetene schriftliche Werbung kann zur Belästigung werden, auch über Telefon, Telefax, SMS und E-Mail wird zuweilen versucht, Kunden zu keilen.

Bei der unerbetenen Telefonwerbung hat der Oberste Gerichtshof schon in den 1980er-Jahren entschieden, dass diese Werbemethode sittenwidrig ist (OGH 8.11.1983, 4 Ob 388/83, KRES 10/3), weil der Umworbene nicht in unzumutbarer Weise belästigt werden darf. Gerade bei einem Telefonanruf wird jedoch der Konsument genötigt, die Werbung zur Kenntnis zu nehmen, um überhaupt feststellen zu können, ob es sich um einen wichtigen Anruf handelt oder nicht. Dasselbe hat der Oberste Gerichtshof auch für unerbetene Werbeschriften über Telefax und Telegramm ausgesprochen (OGH 28.10.1997, 4 Ob 320/97f, KRES 10/70). Mit der Erlassung des Telekommunikationsgesetzes (TKG) wurde die unerbetene Telefon- und Telefaxwerbung ausdrücklich gesetzlich verboten. Auch Werbung über E-Mail oder SMS ist nur in engen Grenzen zulässig (vgl § 107 TKG). Verstöße gegen diese Werbeverbote sind mit empfindlicher Verwaltungsstrafe (bis zu 37.000 Euro) bedroht.

Auch für unerwünschte E-Mail-Werbung gibt es eine Robinsonliste. Sie wird von der Rundfunk und Telekom Regulierungs-GmbH geführt; die Eintragung ist kostenlos und kann durch eine E-Mail mit der einzutragenden E-Mail-Adresse als Absender an eingetragen@ecg.rtr.at bewirkt werden.

**TIPP**

So gehen Sie gegen belästigende Telefonwerbung vor:

- Fragen Sie genau nach der werbenden Firma, deren Anschrift und dem Namen Ihres Gesprächspartners.
- Notieren Sie diese Informationen, ebenso wie Tag und Uhrzeit des Anrufes und Namen allfälliger Zeugen.
- Senden Sie diese Daten in Form einer schriftlichen Sachverhaltsdarstellung an die Bundesarbeitskammer (1040 Wien, Prinz-Eugen-Straße 20–22) oder den Verein für Konsumenteninformation (1060 Wien, Linke Wienzeile 18). Diese können mit Verbandsklage nach dem UWG oder KSchG dagegen vorgehen.
- Senden Sie diese Daten in Form einer schriftlichen Sachverhaltsdarstellung auch an das zuständige Fernmeldebüro (in Wien, Linz, Innsbruck oder Graz).

Herr Schlau möchte einen Internet-Zugang erwerben und soll ein Vertragsformblatt unterzeichnen, in dem er zustimmt, über weitere Produkte und Dienstleistungen des Providers via E-Mail informiert zu werden.

Herr Schlau kann entweder diesen Passus im Vertrag gleich vorweg streichen, oder aber – wenn er Angst hat, sonst keinen Vertrag zu bekommen – seine Zustimmung auch nachträglich (mit eingeschriebenem Brief) widerrufen. Sein Internetzugang darf ihm deshalb keinesfalls gekündigt werden.

## Gewinnspiele

Auch Gewinnspiele stellen eine besondere Form von Werbung dar. Wer kennt nicht die Zusendungen: „Herr/Frau XY: Sie haben gewonnen! Diamant-Ring gefasst in 18-Karat-Gold oder € 20.000 in bar! Zur Überreichung Ihres Gewinns laden wir Sie und Ihre Freunde ins Gasthaus „Zum Schwarzen Adler“ auf ein tolles Mittagessen ein. Melden Sie sich gleich an!“

Im „Schwarzen Adler“ muss man dann eine mehrstündige Verkaufsveranstaltung über sich ergehen lassen und bekommt bestenfalls einen wertlosen Ring. Jedenfalls lässt das Geld regelmäßig auf sich warten. Der Wert für den Veranstalter liegt einerseits darin, dass seine vertriebenen Produkte höhere Aufmerksamkeit beim Käuferpublikum erzielen und andererseits mit den Adressen der Teilnehmer ein lukrativer Handel (mit Adressenverlagen) betrieben werden kann. Sofern eine „Gewinnübergabe“ in Form einer Werbefahrt stattfindet, verdient der Veranstalter zusätzlich an dem Verkauf der dort angepriesenen Waren, die die vermeintlichen Gewinner in vorauseilender Dankbarkeit erstehen.

Diese Täuschungen argloser Konsumenten sind ärgerlich. Viele fragen sich: Kann man den versprochenen Gewinn einklagen? Oder: Wie kann man solche Werbemethoden abstellen?

Tatsächlich können derartige Gewinnzusagen gemäß § 5j KSchG vom Adressaten der Werbung direkt eingeklagt werden; allerdings ist das Risiko, dass die Veranstalter finanziell nicht in der Lage sind, die in Aussicht gestellten Preise tatsächlich zu leisten, und nach einem klagsstattgebenden Urteil daher Insolvenz anmelden, relativ hoch. Eine derartige Klage sollte daher nur bei ausreichender Rechtsschutzdeckung eingebracht werden. Ansonsten können Sie sich mit dem Ansuchen um klagsweise Geltendmachung an die Arbeiterkammern oder den Verein für Konsumenteninformation wenden. Sollten diese Verbände den eingeklagten Preis auch tatsächlich einbringlich machen können, wird dieser allerdings karitativen Zwecken zur Verfügung gestellt.

Im Übrigen hat der von der Werbung betroffene Verbraucher Anspruch auf den Ersatz der ihm aufgrund der Täuschung entstandenen Kosten.

Frau Glücklich hatte eine Zusendung bekommen, sie habe beim Versandhaus „Der schnelle Schnitt" einen namhaften Geldbetrag gewonnen. Da sie solchen „Glücksspielen" gegenüber vorsichtig war, engagierte sie einen Rechtsanwalt, der den Geldbetrag geltend machen sollte. Den Anwalt musste sie freilich bezahlen, auch wenn sich bei genauer Prüfung herausstellte, dass sie keinen durchsetzbaren Anspruch auf den Gewinn hatte. Nun klagte sie jedoch das Unternehmen auf Schadenersatz. Wegen irreführender Werbung habe sie – unnötig – die Anwaltskosten aufgewendet. Der Oberste Gerichtshof gab dieser Klage statt. Konsumenten können also sehr wohl Schadenersatzansprüche bei Verletzungen des UWG geltend machen (OGH 24.2.1998, 4 Ob 53/98t, KRES 10/76).

**TIPP**

Klagen Sie nicht auf eigene Kosten solche Gewinn-Schwindel-Zusagen gerichtlich ein. (Wenn Ihre Rechtsschutzversicherung die Deckung der Kosten übernimmt, sieht die Sache anders aus.) Der Verein für Konsumenteninformation und die Arbeiterkammern führen Musterprozesse, um diese irreführenden Werbemethoden abzustellen. Die ersiegten Gelder kommen karitativen Institutionen zugute.

Eine erfolgreiche Klagsführung ist auch gegen Unternehmen möglich, die ihre unzutreffenden Gewinnversprechen aus dem Ausland nach Österreich absenden: In aller Regel kann ein österreichischer Verbraucher den Unternehmer in Österreich klagen, und es kommt jedenfalls das österreichische Recht zur Anwendung (OGH 29.3.2006, 3 Ob 230/05b).

## Kettenbriefe und Pyramidenspiele

Das Grundprinzip von Kettenbriefen besteht darin, dass auf einer Liste mit mehreren untereinander stehenden Namen jeder Teilnehmer seinen eigenen Namen an die unterste Stelle setzt und zugleich seinen Einsatz an denjenigen zahlt (schickt), der an der ersten Stelle der Liste steht. Außerdem muss er nun weitere Teilnehmer finden, die dieses Prinzip fortsetzen. Bald – so wird vorgegaukelt – rückt man im Verlauf des Spieles an die erste Stelle und wird von den Einsätzen weiterer Mitspieler überhäuft. In der Praxis funktioniert das allerdings nicht. Das liegt daran, dass – mathematisch berechnet – angenommen werden kann, dass bei Beendigung eines Kettenbriefes höchstens 13 Prozent der Teilnehmer gewonnen haben. Selbst wenn die gesamte Erdbevölkerung mitspielen würde, ändert sich daran nichts.

Der Gesetzgeber hat sogenannte Kettenbriefe und Pyramidenspiele gemäß § 168a StGB unter Strafe gestellt; das In-Gang-Setzen bzw Veranstalten und Verbreiten von „Ketten- und Pyramidenspielen“ ist mit Freiheitsstrafen bis zu 6 Monaten und Geldstrafen bis zu 360 Tagsätzen bedroht. Der OGH sieht solche Spiele ebenfalls als unzulässig an und ermöglicht den Teilnehmern die Rückforderung der an die Organisatoren bezahlten Beiträge (OGH 13.3.1996, 5 Ob 506/96, KRES 3/96). In der Praxis allerdings mit einer Einschränkung: wenn diese Organisatoren überhaupt noch greifbar sind und bei ihnen etwas zu holen ist.

Das UWG verbietet ein im Wesentlichen ähnliches System, nämlich Vertragsabschlüsse nach dem Schneeballsystem. Darunter versteht man Vereinbarungen, durch die einem Kunden gegen ein unbedingt zu leistendes Entgelt die Lieferung einer Ware oder die Erbringung einer Leistung unter der Bedingung zugesichert wird, dass der Kunde dem Unternehmen des Zusichernden oder einem Dritten weitere Abnehmer zuführt, die mit diesem Unternehmen in ein gleiches Vertragsverhältnis treten. Derartige Verträge sind nichtig, das vom Kunden Geleistete kann zurückgefordert werden, die klagebefugten Verbände oder Mitbewerber können Klagen auf Unterlassung und Urteilsveröffentlichung einbringen, und nicht zuletzt ist der Unternehmer einer Verwaltungsstrafe von bis zu € 2.900 ausgesetzt.

## Preisauszeichnung

Werbung verspricht allzu oft Träume. Der Preis für den Traum ist dann die harte Realität. Der Kunde soll Preise – das ist die zentrale Idee des Wettbewerbes in der Marktwirtschaft – vergleichen können. Daher kommt Preisangaben bereits in der Werbung eine besondere Bedeutung zu, und verschiedene Gesetze verlangen, dass insbesondere Preisangaben klar und deutlich und leicht auffindbar gemacht werden. So sind etwa Flugpreise in der Werbung „jederzeit", im Internet daher auf jeder Ebene, als Bruttopreise einschließlich aller vorhersehbaren Zuschläge auszuzeichnen (Art 23 Abs 1 der VO [EG] Nr 1008/2008 des Europäischen Parlaments und des Rates über gemeinsame Vorschriften für die Durchführung von Luftverkehrsdiensten in der Gemeinschaft). Im elektronischen Geschäfts- und Rechtsverkehr sind Preise, wenn sie angeführt werden, so auszuzeichnen, dass ein durchschnittlich aufmerksamer Betrachter sie leicht lesen und zuordnen kann (§ 5 Abs 2 ECG). Bei Vertragsabschlüssen im Fernabsatz muss der Verbraucher, bevor er seine Vertragserklärung abgibt, über den Preis der Ware oder Dienstleistung einschließlich aller Steuern klar und verständlich und in einer dem verwendeten Fernkommunikationsmittel angepassten Art und Weise informiert sein (§ 5c Abs 1 Z 3 und Abs 2 KSchG).

Gerade, weil die Werbung effektive Preisvergleiche oft nicht ermöglicht, setzen diese voraus, dass man die von den Unternehmern verlangten Preise leicht feststellen kann, ohne jedesmal ausdrücklich danach fragen zu müssen. Eine genaue und umfassende Preisauszeichnung ist daher eine wesentliche Voraussetzung für das Funktionieren einer Marktwirtschaft, in der die überwiegende Mehrzahl der Preise nicht amtlich festgesetzt wird.

Die wichtigste Grundlage für die Preisauszeichnungspflicht der Unternehmer bildet das Preisauszeichnungsgesetz samt den dazu ergangenen Verordnungen. Das Gesetz betrifft alle Waren, die Verbrauchern gewerbsmäßig angeboten werden, gilt also gleichermaßen im Großkaufhaus wie auf dem Bauernmarkt. Für die Preisauszeichnung bei Dienstleistungen ist der Anwendungsbereich aber auf jene Leistungen beschränkt, die von Gewerbetreibenden im Sinne der Gewerbeordnung erbracht werden; damit sind vor allem Freiberufler wie Ärzte oder Anwälte von der Preisauszeichnungspflicht nicht betroffen.

## Sachgüter

Sachgüter, die sichtbar ausgestellt oder in den Geschäftsräumlichkeiten in anderer Weise zum Verkauf bereitgehalten werden, müssen mit dem verlangten Preis ausgezeichnet werden. Um Umgehungsmöglichkeiten auszuschließen, ist ausdrücklich angeordnet, dass auch Attrappen oder Muster in gleicher Weise wie echte Waren auszuzeichnen sind.

Die Preise müssen bei sichtbar ausgestellten Waren so ausgezeichnet werden, dass sie ein „durchschnittlich aufmerksamer Betrachter" leicht lesen und zuordnen kann. Der Preis muss daher nicht auf dem Produkt selbst angegeben sein. Es reicht auch die Auszeichnung am Regal, wobei daraus jedoch klar hervorgehen muss, zu welchem Produkt der angegebene Preis gehört. Wenn man sich als Konsument erst mühsam auf die Suche nach den Preisangaben machen muss, ist die Auszeichnung unzureichend und nicht gesetzeskonform.

Für Waren, die nicht sichtbar ausgestellt sind, erfolgt die Preisauszeichnung durch Verzeichnisse, die im Geschäftslokal aufzulegen oder dem Kunden – auf Wunsch – zur Einsicht zur Verfügung gestellt werden müssen (Kataloge, Preislisten).

Die Preise sind unter Angabe der handelsüblichen Gütebezeichnung und Verkaufseinheit anzugeben. Bei vorverpackten und vorportionierten Waren muss der Preis pro Packung angegeben werden. Bei den meisten Lebensmitteln und manchen anderen Sachgütern, wie zB Farben und Lacken, Tapeten und Fliesen, Reinigungs-, Wasch- und kosmetischen Mitteln, Düngemitteln und Tiernahrung, sind darüber hinaus die Grundpreise (für 1 Kilogramm / Liter / Meter / Quadratmeter oder auch pro Stück, zB bei Gebäck) anzugeben.

**TIPP**

Die Angabe des Grundpreises erleichtert den Preisvergleich nicht nur zwischen verschiedenen Produktmarken, sondern auch dann, wenn ein ganz bestimmtes Produkt in unterschiedlichen Packungsgrößen angeboten wird – nicht immer bedeutet eine größere Packung auch einen günstigeren Kilo- oder Literpreis! Durch einen Blick auf die Grundpreisangaben (Preis pro Kilogramm bzw pro Liter) auf den Regaletiketten erhält man hier rasch ein realistisches Bild.

Scheint bei Selbstbedienung der Preis nicht auf der Ware beziehungsweise deren Verpackung auf und kommt eine Scannerkasse zum Einsatz, dann muss in der Rechnung beim Preis der Waren auch die handelsübliche Bezeichnung oder eine allgemein verständliche Abkürzung angeführt werden („sprechender Kassabon").

## Dienstleistungen

Im Bereich der Dienstleistungen besteht eine Preisauszeichnungspflicht nur für die in einer Verordnung des Wirtschaftsministers ausdrücklich genannten Branchen. Eine Neufassung der Verordnung im Jahr 2001 hat einige für Konsumenten wichtige Dienstleistungsgewerbe – wie etwa Gas-, Wasser- und Heizungsinstallateure – wieder aus der Preisauszeichnungspflicht „entlassen"; weiterhin zur Preisauszeichnung verpflichtet sind insbesondere

- Radio- und Videoelektroniker,
- Kraftfahrzeugtechniker und Karosseriebauer,
- Lackierer und Spengler für Arbeiten an Kfz,
- Reifendienste,
- Maler und Anstreicher, Tapezierer,
- Platten- und Fliesenleger, Bodenleger,
- Glaser,
- Friseure, Kosmetiker, Fußpfleger, Masseure, Solarien- und Saunabetreiber,
- Änderungsschneider, Kleider- und Kostümverleiher,
- Fotografen,
- Theaterkartenbüros,
- Pfandleihen und Wechselstuben,
- Schuhmacher,
- Textilreiniger,
- Optiker,
- Videotheken,
- Fitness-Center und Schlankheitsstudios,
- Schlüsseldienste,
- Unternehmer, die Serviceleistungen (zum Beispiel für Heizungsanlagen, Haushaltsgeräte oder Computer) durchführen.

Die Preisauszeichnung für Dienstleistungen hat durch Verzeichnisse zu erfolgen, die im Geschäftslokal deutlich sichtbar anzuschlagen sind. Zusätzlich müssen bestimmte Unternehmer die Preise so auszeichnen, dass sie auch außerhalb des Geschäftslokales deutlich lesbar sind. Derzeit gilt das für Friseure, Textilreiniger, Kosmetiker, Fußpfleger, Masseure, Wechselstuben sowie Betreiber von Fitness- und Schlankheitsstudios hinsichtlich der Zurverfügungstellung von Fitness- und Schlankheitsgeräten.

Dienstleistungsunternehmen müssen die Preise ihrer typischen Leistungen, die sie an Verbraucher erbringen, unter Angabe der Art und des Umfangs der Leistung angeben. Sofern es der Verkehrsübung entspricht, kann anstelle des Gesamtpreises auch der Preis je Leistungseinheit (Arbeitsstunde, Partiestunde, $m^2$ usw) angegeben werden.

Preise, die für die Fahrt vom oder zum Verbraucher verlangt werden, sind unter der Bezeichnung „Wegekosten" zusammenzufassen und getrennt auszuzeichnen. Sofern Mindestarbeitszeiten, Mindestarbeitswerte oder Mindestwegzeiten beziehungsweise -strecken berechnet werden, sind auch diese anzugeben.

Werden Arbeitsstunden angegeben, so hat der Unternehmer ein Verzeichnis aufzulegen, aus dem die zur Verrechnung kommenden Arbeitswerte zu ersehen sind. Bei unterschiedlichen Preisen je nach Qualifikation der Personen sind die maßgebliche Qualifikation beziehungsweise die Anzahl der Personen anzugeben – bei Partiestunden muss also aus dem Verzeichnis heraus klar werden, welche „Partie" gemeint ist.

Verrechnet der Unternehmer unterschiedliche Preise, je nachdem ob das Material von ihm oder vom Kunden beigestellt wird, so sind beide Preise auszuzeichnen. Egal ob für Sachgüter oder Dienstleistungen: Die Preise sind einschließlich Umsatzsteuer sowie aller sonstigen Abgaben und Zuschläge (Bruttopreis) anzugeben. Wird zusätzlich der Nettopreis ausgezeichnet, so ist der Bruttopreis in dessen unmittelbarer Nähe anzuführen.

Die Preisauszeichnung muss jedenfalls in Euro erfolgen, die Angabe nur in einer ausländischen Währung allein ist unzulässig. Ausnahmen von diesem Grundsatz gibt es für Reisekataloge ausländischer Herkunft, bei denen die Preisangabe in einer Fremdwährung ausreicht, wenn der Umrechnungsschlüssel an auffallender Stelle im Katalog und in gleich großer Schrift wie der Preis angegeben ist. Gibt ein Unternehmer freiwillig Preise an (obwohl er nach dem Preisauszeichnungsgesetz nicht dazu verpflichtet wäre), so hat er sich dennoch an die im Gesetz enthaltenen Regeln über die Art der Preisauszeichnung zu halten. Daher ist auch in der Werbung, wenn ein Preis angegeben wird, immer der Bruttopreis anzugeben. Die Verpflichtung, den Bruttopreis anzugeben, betrifft auch Angebote und Kostenvoranschläge.

Sondervorschriften über die Preisauszeichnung bestehen für Gastgewerbebetriebe, Tankstellen, Immobilienmakler, Kreditvermittler und Rauchfangkehrer.

## Gastgewerbebetriebe

Gastgewerbebetriebe haben Preisverzeichnisse (Speisen- und Getränkekarten) in ausreichender Anzahl bereitzuhalten und jedem Gast vor der Entgegennahme von Bestellungen (unaufgefordert) vorzulegen. Auf Verlangen muss die Speisekarte auch bei der Abrechnung vorgelegt werden. Nur kleinere Betriebe, die ihre (vollständigen!) Preisverzeichnisse leicht sichtbar im Lokal angebracht haben, sind von der Speisekarten-Verpflichtung ausgenommen. Bei Selbstbedienungsrestaurants ist ebenfalls ein Preisverzeichnis leicht sichtbar im Lokal anzubringen.

Soweit in einem Gasthaus regelmäßig warme Speisen verabreicht werden, ist auch ein von außen lesbares Preisverzeichnis für die angebotenen Speisen neben oder in der Nähe der Eingangstür anzubringen.

In Zimmern von Beherbergungsbetrieben sind die Zimmer- und Pensionspreise anzuschlagen (oder ein Preisverzeichnis aufzulegen). Desgleichen sind die Telefongebühren je Gesprächsimpuls anzugeben.

## Tankstellen

Tankstellen müssen den Preis von Normal- und Superbenzin sowie von Dieselkraftstoff auf dem Tankstellengelände so auszeichnen, dass sie für Autofahrer von der Fahrbahn aus leicht lesbar sind. Für andere Leistungen (zum Beispiel Autowäsche, Ölwechsel usw) gelten die normalen Vorschriften der Dienstleistungspreisauszeichnungsverordnung in Verbindung mit dem Preisauszeichnungsgesetz; – also im Wesentlichen die Preisauszeichnung durch deutlich sichtbar angebrachte Preisverzeichnisse.

In diesem Zusammenhang sei noch auf eine Preisregulierung bei Treibstoffen hingewiesen: Seit 30.6.2009 gebietet eine Verordnung des Bundesministers für Wirtschaft, Preiserhöhungen für Treibstoffe nur noch zu bestimmten Zeitpunkten (zunächst: zu Betriebsbeginn; derzeit: um 12 Uhr mittags) durchzuführen. Preissenkungen sind hingegen jederzeit zulässig. Die Verordnung wurde befristet erlassen und einmal nach Fristende neu erlassen. Die derzeitige Verordnung tritt am 31.12.2013 außer Kraft.

## Immobilienmakler

Immobilienmakler haben nach der Immobilienmaklerverordnung die Provisionshöchstbeträge (mit dem ausdrücklichen Hinweis, dass es sich um Höchstbeträge handelt) ersichtlich zu machen. Diese Ersichtlichmachung muss auch dann erfolgen, wenn die Vermittlung zum Beispiel in Schaufenstern, Schaukästen und dergleichen angeboten wird (leider nicht in Inseraten!). Auf die Höhe der Umsatzsteuer ist noch gesondert hinzuweisen.

## Personalkreditvermittler

Fast dieselbe Regelung gilt für Personalkreditvermittler nach der Personalkreditvermittlerverordnung. Diese müssen zusätzlich auch bei Werbemitteln wie Flugblättern, Faltern und dergleichen auf die Höchstprovisionen hinweisen.

## Rauchfangkehrer

Rauchfangkehrer haben in der ersten Rechnung nach einer Änderung des Kehrgegenstandes oder des Tarifes eine detaillierte Auflistung der einzelnen Rechnungspositionen vorzunehmen und darauf hinzuweisen, dass der Kunde den (gesamten) Tarif auf Wunsch beziehen kann. Für Leistungen, für die keine Höchsttarife festgesetzt sind, müssen auch sie den Preis für eine Regiestunde im Geschäftslokal auszeichnen.

Was passiert, wenn ein Unternehmer den Preisauszeichnungspflichten nicht nachkommt? Zunächst einmal sieht das Preisauszeichnungsgesetz Geldstrafen vor, die von den Bezirksverwaltungsbehörden verhängt werden können. Damit sollen die Unternehmer „motiviert" werden, die im öffentlichen Interesse liegende Preisauszeichnungspflicht einzuhalten. Der einzelne Kunde kann im Falle mangelnder Preisauszeichnung zwar eine Anzeige machen, hat aber letztlich keinen Einfluss darauf, ob es zu einer Verfolgung kommt oder nicht. Auf das Rechtsverhältnis zwischen Unternehmer und Kunden hat eine allfällige Verwaltungsstrafe auch keinerlei Auswirkung.

Wirksamer als die Verwaltungsstrafdrohung ist die Möglichkeit für Konkurrenten und bestimmte klagsbefugte Verbände, einen Verstoß gegen Preisauszeichnungsvorschriften durch Unterlassungsklage nach dem UWG zu verfolgen.

Aus Konsumentensicht werden im Zusammenhang mit der Preisauszeichnung vor allem zwei Fragen immer wieder gestellt:

**Muss ein Unternehmer ein Produkt zu dem angegebenen Preis auch wirklich verkaufen, selbst wenn irrtümlicherweise ein zu niedriger Preis angegeben wurde?**

Leider besteht kein Anspruch darauf, eine Ware tatsächlich um den angeschriebenen Preis zu erhalten. Zwar darf ein Unternehmer keinen höheren als den angegebenen Preis verlangen. Das hindert ihn jedoch nicht daran, einen Irrtum, der ihm bei der Auszeichnung unterlaufen ist, zu bereinigen und den dementsprechend korrigierten Betrag zu verlangen. Freilich ist er dann auch verpflichtet, die Preisauszeichnung sofort richtigzustellen. Ansonsten wird man ihm wohl den „Irrtum" nicht glauben, und es wäre eine irreführende Geschäftspraktik über den Preis anzunehmen.

Das Preisauszeichnungsgesetz untersagt übrigens auch, in einem Selbstbedienungsladen eine Preiserhöhung durchzuführen, nachdem der Kunde die Ware aus dem Regal genommen hat. Denn technisch ist es bei den modernen Kassensystemen im Handel ja kein Problem mehr, zentral über die EDV Preisänderungen einzugeben, die – über die Scannerkassen – sofort wirksam werden. Das umständliche Ändern der Preisauszeichnung am einzelnen Produkt entfällt, da die Preise praktisch nur mehr am Regal ausgezeichnet werden. Und an den Regalen finden sich zunehmend auch elektronische Preisschilder, sodass die gesamte Arbeit bei Durchführung einer Preisänderung am Computer erledigt werden kann, ohne dass irgendjemand vom Verkaufspersonal zum Regal gehen muss. Mit dem Verbot der Preiserhöhung zwischen Entnahme der Ware aus dem Regal und Abrechnung an der Kassa soll nun verhindert werden, dass man von einer Preiserhöhung gewissermaßen überrascht wird, während die Ware noch im Einkaufswagen liegt.

**Welche Konsequenzen hat es, wenn in einem Kostenvoranschlag „vergessen" wurde, die Umsatzsteuer einzurechnen?**

Hier muss man unterscheiden: Entweder wurden ausdrücklich Nettobeträge angegeben (etwa durch den Vermerk: „zuzügl. USt", „netto, ohne Mehrwertsteuer" oder dergleichen), oder es geht aus dem Kostenvoranschlag überhaupt nicht hervor, ob die Umsatzsteuer enthalten ist oder nicht.

Im ersten Fall ist alles klar: Als Konsument musste man erkennen, dass es sich nicht um einen Preis einschließlich aller Steuern handelte. Daher verstößt dieser Kostenvoranschlag zwar gegen die Preisauszeichnungsvorschriften (was zu einer Verwaltungsstrafe für den Unternehmer führen könnte), erteilt man aber den Auftrag, so muss der angegebene Nettopreis zuzüglich Steuer gezahlt werden.

Anders liegt der Fall, wenn sich der Kostenvoranschlag über die Frage „brutto oder netto" ausschweigt, der Unternehmer aber hinterher behauptet, die Preise wären selbstverständlich netto gemeint. Da gegenüber Konsumenten Preise grundsätzlich brutto anzugeben sind, kann man Preise ohne erklärenden Vermerk als Bruttopreise ansehen und sich darauf verlassen, dass nicht auch noch Steuern hinzugerechnet werden. Dies gilt natürlich nicht, wenn einem aus anderen Gründen – etwa schon getätigten Preisvergleichen – klar sein musste, dass es sich nur um Nettopreise handeln kann.

# Verbrauchervertrag

Bei Verträgen denkt man zunächst an Notar, Rechtsanwalt und komplizierte Schriftstücke. Im Konsumentenalltag wird die überwiegende Zahl von Verträgen aber ganz anders abgeschlossen.

Es muss gar nicht sehr förmlich zugehen, wenn man ein „Rechtsgeschäft“ tätigt.

Ob man eine Zeitung kauft oder ein Fertigteilhaus, eine Parkgarage benützt, eine Urlaubsreise bucht oder eine Überweisung durchführt – Tag für Tag geht jeder von uns als Konsument eine Vielzahl von Verträgen ein. Nicht für jeden Vertragsabschluss braucht man sich rechtskundig zu machen, und es wäre geradezu absurd, wollte man mit dem Trafikanten über die Vertragsmodalitäten beim Zeitungskauf verhandeln. Sobald es aber um größere Geldbeträge geht, oder wenn man an einen Vertrag längerfristig gebunden wäre, zahlt es sich jedenfalls aus, über die rechtlichen Grundlagen Bescheid zu wissen. Was ist überhaupt ein Vertrag? Ab welchem Zeitpunkt bin ich daran gebunden? Was sollte vereinbart werden? Darf der Unternehmer den Preis ändern? Kann ich auf bestimmte Zahlungsmodalitäten bestehen? Rechtsfragen rund um Verträge zwischen Konsumenten und Unternehmern sind keine abstrakte Wissenschaft – es geht um Fälle, wie sie Ihnen beinahe täglich passieren können.

## Wie kommt es zu einem Vertrag?

**Ohne Worte**

Herr Sauber nimmt im Supermarkt ein Paket Waschpulver aus dem Regal, hält an der Kassa wortlos einen Zehner hin, steckt Wechselgeld und Kassabon ein und eilt davon.

**Ein Reihenhaus-Kauf**

Großer Besprechungstermin beim Notar. Herr und Frau Baumann, begleitet von ihrem Anwalt, erörtern mit dem Geschäftsführer eines Bauträgers noch einmal den vom Notar im Auftrag des Bauträgers vorgelegten Vertragsentwurf. Es geht um den Erwerb eines neu zu errichtenden Reihenhauses,

Kaufpreis insgesamt rund € 300.000. An Ort und Stelle einigt man sich über zwei Änderungen; der korrigierte Vertragstext wird sodann vom Geschäftsführer des Bauträgers einerseits und von Herrn und Frau Baumann andererseits unterzeichnet, die Unterschriften werden vom Notar beglaubigt.

Zwei Beispiele, wie sie unterschiedlicher kaum sein könnten – und doch geht es rechtlich um dasselbe: das Zustandekommen eines Vertrags.

Das wesentlichste Element jedes Vertragsschlusses sind die übereinstimmenden Willenserklärungen der Vertragspartner. Im Gesetz liest sich das so: „Wer sich erklärt, dass er jemandem … etwas gestatten, etwas geben, dass er für ihn etwas tun oder seinetwegen etwas unterlassen wolle, macht ein Versprechen; nimmt aber der andere das Versprechen an, so kommt durch den übereinstimmenden Willen beider Teile ein Vertrag zustande“ (§ 861 ABGB).

Die Sprache mag ein wenig altertümlich klingen (immerhin ist der Text schon 200 Jahre alt), der Inhalt ist aber durchaus klar: Voraussetzung für einen Vertrag ist zunächst einmal ein Anbot („Versprechen“), oft auch Angebot, Offert oder auch Antrag genannt.

Das Anbot ist der Vorschlag, einen Vertrag mit einem bestimmten – im Anbot genannten – Inhalt zu schließen. Nimmt der andere den Vorschlag an, so kommt der Vertrag zustande.

Dabei ist es natürlich nicht erforderlich, dass man ausdrücklich von Anbot und Annahme spricht. Ein derart förmliches Wechselspiel ist im täglichen Leben überhaupt eher selten, und in den allermeisten Fällen wird man sich dieser Grundelemente eines Vertrages gar nicht bewusst. Sowohl Anbot als auch Annahme können nicht nur ausdrücklich, sondern auch schlüssig erklärt werden. Eine ausdrückliche Erklärung erfolgt „durch Worte und allgemein angenommene Zeichen“ (so § 863 ABGB), also beispielsweise auch durch einfaches Kopfnicken. Eine schlüssige Erklärung liegt hingegen dann vor, wenn man eine bestimmte Handlung setzt, die unter Berücksichtigung aller Umstände keinen Zweifel daran lässt, dass man damit ein bestimmtes Anbot stellen oder annehmen will.

So wurde etwa im obigen Beispiel im Supermarkt kein einziges Wort gewechselt und doch war völlig klar, dass Herr Sauber das Waschpulver kaufen wollte. Durch die Entnahme aus dem Regal und das Vorweisen an der Kassa hat er schlüssig angeboten, dieses Produkt um den angegebenen Preis zu erwerben. Dieses Anbot wurde mit der Geldannahme durch die Kassierin vom Supermarkt angenommen, der Vertrag kam damit zustande.

Beim Notar hingegen wurden die Inhalte des Vertragsentwurfs (Anbot des Bauträgers) ausführlich erörtert und es kam – nachdem auch noch Änderungen ausgehandelt worden waren – zu einer ausdrücklichen, schriftlichen Annahmeerklärung der Konsumenten (Unterzeichnung des Vertrags), die noch dazu in einer besonderen Form (notariell beglaubigt) abgegeben wurde.

## Das Anbot

Um von einem Anbot im Sinne des Gesetzes sprechen zu können, müssen zwei Voraussetzungen erfüllt sein:

- Das Anbot muss inhaltlich ausreichend bestimmt sein, also die wesentlichen Elemente des abzuschließenden Vertrages (Ware, Preis ...) bereits enthalten, oder diese „Eckpfeiler" des Vertrages müssen zumindest klar bestimmbar sein (zum Beispiel durch Bezugnahme auf einen Kurswert oder Listenpreis).
- Und es muss der endgültige Bindungswille des Anbotstellers zum Ausdruck kommen. Inserate, Schaufensterwerbung oder Kataloge sind keine Anbote, sondern – juristisch formuliert – lediglich eine Einladung zur Anbotstellung. Das eigentliche Anbot stellt also der Konsument, der zum Beispiel aufgrund des Kataloges seine Bestellung aufgibt. Der Vertrag kommt dann erst zustande, wenn auch der Verkäufer diese Bestellung annimmt. Das hat zur Konsequenz, dass der Verkäufer nicht an den im Katalog oder im Schaufenster genannten Preis gebunden ist. Er kann also das Anbot des Kunden, die Ware zu diesem Preis kaufen zu wollen, ablehnen und seinerseits den Verkauf zu einem anderen Preis anbieten. Der Kunde kann leider nicht darauf bestehen, die Ware zum angeschriebenen Preis zu bekommen. Falsche Preisangaben im Schaufenster oder Katalog sind aber irreführende Werbung und nach dem Gesetz gegen den unlauteren Wettbewerb (UWG) unzulässig (siehe Seite 30).

**Druckfehler oder Lockangebot?**

Eine Kaffeemaschine um nur € 19? Der Werbezettel, den Herr Schaller an seiner Haustüre gefunden hat, macht ihn neugierig. Gleich am nächsten Tag schaut er beim Supermarkt vorbei, der dieses Sonderangebot angepriesen hat. Die Angestellte der Elektroabteilung ist schon leicht genervt: Herr Schaller sei schon der zehnte Interessent, aber es handle sich leider um einen Druckfehler. Die Maschine koste € 29, aber das – so die Verkäuferin – sei ja auch noch sehr günstig.

Herr Schaller hat keinen Anspruch darauf, die Maschine um € 19 zu bekommen. Wenn ihm so etwas im selben Geschäft aber wieder einmal passiert, dann wird er kaum noch an einen Druckfehler glauben und sich vielleicht an den Schutzverband gegen den unlauteren Wettbewerb, an die Bundesarbeitskammer oder an den Verein für Konsumenteninformation wenden, die gerichtlich gegen den Unternehmer vorgehen könnten.

Auch wenn es faktisch zumeist der Unternehmer ist, der dem Konsumenten den Abschluss eines Vertrages anbietet, so wird in vielen Sparten des Wirtschaftslebens doch der Konsument in die Rolle des Anbotstellers gedrängt. Vor allem im Bereich des Kredit- und Versicherungswesens wird dem Konsumenten regelmäßig ein vom Unternehmer vorformuliertes Anbot zur Unterschrift vorgelegt. Für den unbefangenen Leser wirkt dies oft recht merkwürdig, wenn es etwa in dem von der Bank erstellten Kreditvertragsformular lautet: „Ich/wir biete(n) Ihnen an, als Sicherheit zwei von mir/uns akzeptierte Blankowechsel zu hinterlegen …“, wo es doch ausschließlich die Bank ist, die auf das Unterschreiben der Blankowechsel drängt. Ist aber formal der Konsument Anbotsteller, so hat dies für die Bank oder die Versicherung den Vorteil, dass der Konsument bereits ein ihn bindendes Anbot unterschrieben hat, während sie selbst noch immer prüfen kann, ob sie sich binden will oder nicht.

**Ein verbindliches Anbot – aber für wen?**

Über einen Makler hat Herr Bauer von einer Wohnung erfahren, die ihm zusagen könnte. Unbefristete Hauptmiete, 90 m², € 500 Nettomiete, dazu Betriebskosten von rund € 90. Auch bei der Wohnungsbesichtigung hat Herr Bauer einen guten Eindruck: Raumaufteilung, Lage, Bauzustand – alle für ihn wichtigen Umstände scheinen zu stimmen. Diese Traumwohnung will er sich daher schnellstens sichern, und da ihn der Makler schon auf „zahlreiche andere Interessenten" hinweist, unterschreibt er das ihm vom Makler vorgelegte „Mietanbot". Eine Woche später wird er vom Makler angerufen: Der Eigentümer möchte doch € 600 Nettomiete, außerdem wäre eine Kaution von sechs Monatsmieten zu hinterlegen und die Kosten der Vertragserrichtung durch einen Anwalt („so ungefähr € 1.500") kämen auch noch hinzu. Herr Bauer ist empört: Er habe doch ein verbindliches Anbot unterschrieben, da könne der Vermieter jetzt nicht einfach mehr verlangen, meint er. Er übersieht dabei leider, dass das Anbot ausschließlich für ihn selbst verbindlich ist. Eine Verbindlichkeit des Vermieters würde sich aber erst ergeben, wenn dieser das Anbot annehmen würde.

Wie verbindlich oder „unwiderruflich“ ist nun aber ein Anbot, das man als Konsument stellt? Zunächst einmal muss das Anbot, um überhaupt wirksam zu werden, natürlich dem – potenziellen – Vertragspartner zukommen. Rechtlich spricht man von einer „empfangsbedürftigen Willenserklärung“. Solange das Anbot den Empfänger noch nicht erreicht hat, kann es auch noch problemlos widerrufen werden. Eine mit Brief aufgegebene Bestellung könnte etwa durch ein rechtzeitiges Fax oder einen Telefonanruf noch widerrufen werden.

Ist das Anbot aber – durch Zugang an den Empfänger – wirksam geworden, so ist der Anbotsteller nunmehr eine bestimmte Zeit an sein Anbot gebunden und kann es nicht einseitig widerrufen. In dieser Zeit liegt es allein beim Empfänger, ob er das Anbot annimmt und damit der Vertrag zustande kommt oder nicht. Wurde keine ausdrückliche Frist angegeben, während der sich der Anbotsteller an das Anbot gebunden erklärt, so dauert bei schriftlichen Anboten (per Brief, Telefax, E-Mail, Bote) die Bindungswirkung so lange, wie üblicherweise der Transport des Anbots zum Empfänger, dessen angemessene Überlegungsfrist sowie die Übermittlung der Antwort an den Anbotsteller dauern (mündlich – oder auch telefonisch – gemachte Anbote müssten sofort angenommen werden). Im Inland wird man daher an Anbote, die per Brief übermittelt werden, üblicherweise nicht länger als etwa eine Woche gebunden sein.

**TIPP**

Die Bindungswirkung eines Anbots kann auch – durch Klauseln wie „freibleibend“, „ohne Obligo“, „unverbindlich“ und dergleichen – ausgeschlossen werden. In diesem Fall behält sich der Anbotsteller ausdrücklich vor, das Anbot jederzeit zu widerrufen.

In der Praxis viel häufiger sind hingegen jene Fälle, in denen der Anbotsteller sich ausdrücklich für einen bestimmten Zeitraum an sein Anbot gebunden erklärt. Problematisch ist dabei wiederum die Situation, wenn man als Konsument in die Rolle des Anbotstellers gedrängt wird. In vielen Formularen, die einem von den Unternehmern dabei vorgelegt werden, erklärt man als Konsument, an sein Anbot für mehrere Wochen, manchmal gar Monate, gebunden zu sein. In den Antragsformularen von Versicherungen oder Banken etwa werden typischerweise vier bis sechs Wochen lange Bindungsfristen für den Konsumenten festgelegt. Dies ist verständlich, wenn zum Beispiel für die Entscheidung der Versicherung über einen Lebensversicherungsantrag noch eine ärztliche Untersuchung und die Einsicht in diverse Krankengeschichten erforderlich ist. In anderen Fällen jedoch kann eine lange Bindungsfrist dazu führen, dass man als Konsument in eine unangenehme Zwickmühle gerät: Einerseits kann man das, was man anschaffen möchte, nicht anderswo besorgen, andererseits aber weiß man noch nicht, ob der Empfänger des Anbots dieses überhaupt annehmen wird.

**Eine günstige Wohnung verpasst ...**

Nehmen wir an, das von Herrn Bauer beim Makler unterschriebene Mietanbot enthält die Klausel „An dieses Anbot halte ich mich vier Wochen lang gebunden". Zwei Wochen nach der Unterschrift erfährt Herr Bauer von einem Bekannten zufällig von einer traumhaft günstigen Wohnung, die er – wenn er sich schnell entschließt – schon zum nächsten Monatsersten beziehen könnte. Herr Bauer hat zwar weder vom Makler noch vom Vermieter bislang definitiv gehört, dass sein Mietanbot angenommen sei. Da der Makler aber schon einen Termin beim Anwalt in Aussicht gestellt hat, zweifelt er nicht am Zustandekommen des Mietvertrags. Ende der vierten Woche nach der Unterschrift teilt ihm jedoch der Makler mit, dass der Vermieter das Anbot nicht annehmen wird, sondern eine höhere Miete verlangt. Inzwischen ist aber die „günstige Gelegenheit", auf die ihn sein Bekannter aufmerksam gemacht hat, bereits vergeben, und so akzeptiert Herr Bauer, der die neue Wohnung dringend braucht, zähneknirschend die höhere Miete.

Nach dem Konsumentenschutzgesetz sind Klauseln, mit denen man für eine unangemessen lange Zeit an sein Anbot gebunden wird, nicht wirksam. Damit ist jedenfalls klargestellt, dass es ein „unbefristetes unwiderrufliches Anbot" für einen Konsumenten nicht geben kann, auch wenn dies gelegentlich in Formularen (vor allem bei von Maklern formulierten Kauf- oder Mietanboten) zu finden ist. Bei genauer bestimmten Fristen ist die Beurteilung der Angemessenheit im Einzelfall jedoch schwierig. Eine sechswöchige Bindungsfrist wird etwa bei einem Lebens- oder Krankenversicherungsantrag zulässig sein. Ein Kreditantrag für einen typischen Privatkredit hingegen kann wesentlich rascher abgewickelt werden und eine sechswöchige Frist könnte daher schon unangemessen lang sein. Eindeutig zu lang – und damit unwirksam – wäre diese Bindungsfrist dann, wenn dem Bankangestellten bekannt ist, dass der Kredit für eine Kaufgelegenheit benötigt wird, die spätestens in zwei Wochen ausgenützt werden muss.

**TIPP**

Wenn Sie ein von einem Unternehmer vorformuliertes Anbot (Antragsformular) unterschreiben, achten Sie unbedingt darauf, dass Sie sich nur für eine möglichst kurze Zeit daran gebunden erklären. Streichen Sie zu lange Bindungsfristen durch und ersetzen Sie diese durch einen für Sie akzeptablen Zeitraum.

## Die Annahme

Wird ein Anbot nicht (innerhalb der Bindungsfrist) angenommen, so kommt auch kein Vertrag zustande. Wie das Anbot ist auch die Annahmeerklärung eine sogenannte „empfangsbedürftige Willenserklärung“, muss also dem Anbotsteller zugehen. Erst mit dem Zugang kommt der Vertrag zustande. Das Datum der Absendung oder gar der Unterschrift durch den Unternehmer ist dabei nicht relevant.

**Zu spät ...**

Frau Seeger hat bei einem Vermögensberater einen Antrag für eine stille Beteiligung an einem Unternehmen unterschrieben. Laut Antragsformular ist sie an das Anbot vier Wochen gebunden. Knapp fünf Wochen später erhält sie mit der Post ein Bündel von Unterlagen zu dieser Kapitalanlage übersandt, unter anderem auch ein vom Unternehmen gegengezeichnetes Vertragsexemplar. Frau Seeger, der inzwischen Zweifel über die Sinnhaftigkeit dieser Anlage gekommen sind, informiert sich bei einer Konsumentenberatungsstelle. Da die Annahmeerklärung mehr als vier Wochen nach ihrem Antrag bei ihr eingelangt ist, erfährt sie dort, ist kein Vertrag zustande gekommen und sie trifft daher keine weitere Verpflichtung.

Vom Erfordernis einer Annahmeerklärung gibt es eine Ausnahme: Wenn nach der Natur des Geschäftes oder nach der Verkehrssitte eine Annahmeerklärung nicht zu erwarten ist, so kommt der Vertrag zustande, wenn dem Angebot innerhalb der Annahmefrist tatsächlich entsprochen wird. Typisches Beispiel dafür ist die Bestellung im Versandhandel: Hier wird nicht erwartet, dass das Versandhaus bei jeder noch so geringfügigen Bestellung erst einmal eine Annahmerklärung (Auftragsbestätigung) versendet. Die Annahme des Anbots (der Bestellung durch den Konsumenten) erfolgt hier einfach durch das Zusenden der bestellten Waren. Mit dem Absenden der Waren kommt hier auch schon der Vertrag zustande.

## Schlüssige Vertragserklärung

Wie schon erwähnt, sind in rechtlicher Hinsicht nicht nur ausdrückliche Erklärungen relevant. Viele bedeutsame Erklärungen werden auch „schlüssig“ abgegeben. Eine schlüssige (in der Fachsprache „konkludente“) Erklärung, dass etwa ein Anbot angenommen wird, liegt aber nur dann vor, wenn eine Handlung objektiv nicht anders zu verstehen ist. Wenn man als Konsument ein Vertragsanbot erhält und sich daraufhin nicht ausdrücklich erklärt, sondern einfach schweigt, so ist dies nicht als Annahme des Anbots zu verstehen. „Wer schweigt, stimmt zu“, gilt für unverlangt zugesandte Warenangebote jedenfalls nicht. Man muss die Ware auch nicht aufheben oder gar zurücksenden. Im Gegenteil, der Gesetzgeber gibt dem Verbraucher ausdrücklich das Recht, solche unverlangten Zusendungen sogar einfach wegzuwerfen.

**Ein Roman als Überraschung**

Frau Pilcher bekommt vom Verlag „Herz und Schmerz" den Roman „Eine Träne geht auf Reisen" zugesandt, ohne mit dem Verlag jemals Kontakt gehabt zu haben. Dem Päckchen liegt ein Schreiben bei, dass Frau Pilcher den Roman, wenn er ihr gefällt, mit dem beiliegenden Zahlschein zahlen oder aber das Buch an den Verlag retourschicken soll. Frau Pilcher liest den Roman und schenkt das Buch dann an ihren Enkel weiter. Bezahlen braucht sie nichts dafür.

Erfolgte die unbestellte Zusendung der Ware aber offenbar aufgrund eines Irrtums – etwa durch Verwechseln der Anschriften –, so muss man die Ware allerdings sehr wohl aufheben und den Absender auf den Irrtum hinweisen.

**Mayer statt Meyer**

Herr Mayer bekommt einen – von ihm nicht bestellten – Kühlschrank geliefert. Am Lieferschein steht Meyer. Dieser Namensvetter wohnt zufällig im gleichen Haus einen Stock tiefer. Herr Mayer darf den Kühlschrank natürlich nicht als „unbestellte Ware" behalten, sondern muss den Irrtum aufklären.

Auch das Einzahlen eines Erlagscheins wird von Unternehmern oft als schlüssige Zustimmung zum Abschluss, zur Änderung oder zur Verlängerung eines Vertrages gewertet. Doch auch dabei kommt es darauf an, ob tatsächlich das bloße Bezahlen ohne jeden Zweifel nur als Zustimmung verstanden werden kann. Denkbar ist dies etwa dann, wenn eine Zusendung klar als Werbung erkennbar war und auch aus dem Zahlschein oder zumindest aus dem Begleitschreiben deutlich hervorgeht, dass durch Einzahlung ein Vertrag geschlossen werden soll. War hingegen der Erlagschein als Rechnung getarnt, so wird das Bezahlen alleine noch nicht für eine wirksame schlüssige Erklärung ausreichen.

**Post vom Fitness-Center**

Frau Fröhlich hat ihre Mitgliedschaft bei einem Fitness-Center rechtzeitig per Jahresende gekündigt. Aufgrund eines Versehens erhält sie Mitte Dezember dennoch einen Zahlschein, mit dem der Mitgliedsbeitrag für das folgende Jahr eingefordert wird. Ohne näher darüber nachzudenken, legt

Frau Fröhlich den Zahlschein zu einem Stapel offener Rechnungen in die Schublade des Vorzimmerkastens. Am Tag darauf hat Herr Fröhlich endlich einmal Zeit, zur Bank zu gehen, und er zahlt gleich alle Rechnungen aus dieser Schublade ein, darunter auch den Mitgliedsbeitrag für das Fitness-Center.

Durch diese irrtümliche Einzahlung kommt – da eine ausdrückliche Kündigung von Frau Fröhlich vorlag – kein neuerlicher Vertragsabschluss beziehungsweise eine Vertragsverlängerung zustande. Der eingezahlte Betrag kann zurückgefordert werden.

Anders wäre es, hätte das Fitness-Center auf die Kündigung der Konsumentin zum Beispiel mit folgendem Schreiben reagiert: „Wir bedauern, dass Sie sich zur Kündigung entschlossen haben, und es würde uns sehr freuen, würden Sie diese Entscheidung noch einmal überdenken. Als besonderes Zuckerl können wir Ihnen eine zehnprozentige Reduktion des Mitgliedsbeitrages für das kommende Jahr anbieten. Machen Sie von diesem Angebot Gebrauch und zahlen Sie noch heute mit beiliegendem Erlagschein Ihren ermäßigten Mitgliedsbeitrag für das kommende Jahr ein!" Hätte Frau Fröhlich nach Erhalt dieses Schreibens den Mitgliedsbeitrag einbezahlt, so wäre dies wohl als Zurücknahme der Kündigung und Zustimmung zur Vertragsverlängerung zu verstehen gewesen.

Die sogenannte „Erlagscheinwerbung" ist vor allem im Zusammenhang mit unterschiedlichsten Registern ein häufiges Ärgernis: Unseriöse Unternehmer versenden eine – oftmals behördlich anmutende – Aufforderung zur Überprüfung diverser Daten, zB zum Zweck der Eintragung in ein Berufs- oder Branchenverzeichnis, in ein „Sterberegister" oder Ähnliches. Dem Schreiben ist ein Zahlschein als Allonge angeschlossen. Nur wer das Schreiben genau liest, kann erfahren, dass hier nicht eine bereits beauftragte und erbrachte Leistung in Rechnung gestellt wird, sondern bloß ein Anbot zum Vertragsabschluss, welches durch Zahlung schlüssig angenommen werden kann. Eine derartige Werbung ist unlauter im Sinn des UWG, und der irrtümlich bezahlte Betrag kann zurückgefordert werden. In der Praxis scheitert dies allerdings oft daran, dass die Unternehmer ihren Sitz im Ausland haben und Zahlungsverpflichtungen auch nach entsprechenden Urteilen schlicht nicht erfüllen.

**TIPP**

Lesen Sie unbedingt das Begleitschreiben zu einem derartigen Erlagschein genau und sorgfältig durch. Überprüfen Sie, ob Sie dem Absender einen Auftrag erteilt haben oder ob es sich tatsächlich um eine Behörde handelt.

Im Zweifel erkundigen Sie sich bei Verbraucherschutzverbänden oder bei der Wirtschaftskammer. Ist das Geld einmal überwiesen, ist seine Rückerlangung eher unwahrscheinlich.

## Übereinstimmung oder nicht?

Ein Vertrag kommt nur zustande, wenn Anbot und Annahme inhaltlich übereinstimmen. In der Sprache der Juristen besteht „Konsens". Entspricht die Annahme nicht dem Anbot, so mangelt es am Grundprinzip des Vertrages, der Willensübereinstimmung. Es liegt – juristisch gesprochen – „Dissens" vor. Natürlich ist es einleuchtend, dass kein Vertrag zustande kommt, wenn der Unternehmer sagt: „Ich verkaufe Ihnen das Auto um 14.500 Euro", während der Konsument antwortet „Gut, ich kaufe es um 11.000 Euro". Oft ist eine mangelnde Übereinstimmung der Vertragserklärungen aber gar nicht so leicht erkennbar.

**Da stimmt etwas nicht**

Familie Sommer wird in Kürze den Rohbau für ihr neues Einfamilienhaus fertiggestellt haben. Fenster und Türen sollen bestellt werden. Nach ausführlichen Erkundigungen haben sich Herr und Frau Sommer für eine bestimmte Marke entschieden, zumal der Vertreter des Herstellers ihnen auch einen besonders attraktiven Preis und die Lieferung in höchstens sechs Wochen in Aussicht gestellt hat. Sie unterschreiben den vom Vertreter ausgefüllten Bestellschein und überprüfen dabei noch einmal genau, ob Preis und Liefertermin stimmen. Zwei Wochen später erhalten sie eine „Auftragsbestätigung". Bei genauer Durchsicht erkennen sie, dass in der EDV-erstellten, etwas unübersichtlichen Auftragsbestätigung eine andere Fenstermarke vorgesehen ist und dass der Liefertermin ebenfalls ein gutes Monat später liegt, als im Bestellschein angegeben ist.

Die Vertragserklärungen („Bestellschein" = Anbot der Konsumenten, „Auftragsbestätigung" = Annahme durch den Unternehmer) stimmen also nicht überein. Damit ist der Vertrag nicht zustande gekommen. Weder können die Konsumenten darauf bestehen, dass sie die von ihnen bestellten Fenster bekommen (weil die Bestellung eben noch nicht angenommen ist), noch kann der Unternehmer die in der „Auftragsbestätigung" genannten Fenster liefern (denn diese wurden von den Konsumenten nicht bestellt). Entweder Familie Sommer sieht sich also nach einer anderen Lieferfirma um oder sie kann mit diesem Unternehmen doch noch ihr entsprechende Konditionen aushandeln. Jedenfalls sollte auf den Dissens sofort (schriftlich) hingewiesen werden.

**TIPP**

Prüfen Sie alle Details einer Auftragsbestätigung. Häufig werden dabei kleinere oder auch größere Änderungen „hineingeschwindelt", was gar nicht immer absichtlich und schon gar nicht aus unlauteren Motiven passiert. Obwohl rechtlich betrachtet in solchen Fällen der Vertrag nicht zustande kommt, sollten Sie unverzüglich reagieren und den Unternehmer darauf aufmerksam machen. Übersehen Sie die Abweichungen von der Bestellung, könnte das bedeuten, dass die Änderungen als stillschweigend akzeptiert angesehen werden.

Auch im Rechtsleben gilt: (fast) keine Regel ohne Ausnahme. Für Versicherungsverträge gilt nämlich, dass der Vertrag auch zustande kommt, wenn die Annahmeerklärung des Versicherungsunternehmens (Polizze) vom Antrag des Konsumenten abweicht. Hat der Versicherer bei Aushändigung der Polizze durch besondere schriftliche Mitteilung oder durch einen auffälligen Vermerk auf der Polizze (zum Beispiel rote Unterstreichung) auf die Abweichung hingewiesen, so gilt der Vertrag mit diesen Abweichungen, wenn der Konsument nicht widerspricht. Auch auf diese Möglichkeit zum „Polizzeneinspruch" – innerhalb eines Monats nach Erhalt der Polizze – ist vom Versicherer hinzuweisen. Hat die Versicherung auf die Kenntlichmachung der Abweichungen vergessen (etwa weil Zusätze im Antragsformular schlicht übersehen wurden), dann gilt der Vertrag so, wie ihn der Konsument beantragt hat.

**TIPP**

Füllen Sie Versicherungsanträge vollständig, korrekt und wenn möglich auch selbst aus. Unter gar keinen Umständen sollten Sie blanko unterschreiben. Wenn Sie das Ausfüllen dem Versicherungsvertreter überlassen, so vergewissern Sie sich unbedingt, dass alle Angaben den Tatsachen entsprechen. Sie können sich später nicht auf den Versicherungsvertreter ausreden, denn Sie haben mit Ihrer Unterschrift alle Angaben bestätigt.

Der Vertreter ist übrigens verpflichtet, Ihnen unverzüglich eine Kopie Ihres Antrages auszufolgen. Haben Sie zu einem bestehenden Versicherungsvertrag keine Antragskopie mehr, so können Sie diese bei der Versicherung anfordern, sodass Sie – allenfalls mit Hilfe einer Beratungsstelle – die Übereinstimmung von Antrag und Polizze überprüfen können.

## Irrtum

Beim Dissens sind die Erklärungen objektiv widersprüchlich. Auch ein Außenstehender kann also nachvollziehen, dass keine Einigung zustande gekommen ist. Stimmen die Vertragserklärungen hingegen formal überein, hat aber ein Vertragspartner (oder auch beide) bei Abgabe der Erklärung geirrt, dann kommt das Geschäft grundsätzlich einmal zustande. Unter bestimmten Umständen ist dieser Vertrag jedoch wegen Irrtums anfechtbar.

**Das Auto vom Havariehändler**

Der Autohändler „Mobil" bietet einen Gebrauchtwagen als Angebot der Woche zu einem wesentlich günstigeren Preis an, als sich nach der „eurotax"-Liste eigentlich ergeben würde. Herr Streiter, dem das Auto gut gefällt, hat zunächst wegen des günstigen Preises Bedenken, versichert sich aber durch Einsicht in den Typenschein, dass es sich um einen Wagen aus Erstbesitz handelt, der auf eine Privatperson zugelassen war. Der Autohändler sichert ihm auch zu, dass das Fahrzeug unfallfrei wäre. Herr Streiter gibt sich einen Ruck und kauft das Fahrzeug daher trotz seiner anfänglichen Bedenken.

Ein Jahr später muss der Wagen wegen eines kleinen Parkschadens in die Werkstatt. Der Mechaniker macht ihn darauf aufmerksam, dass das Fahrzeug offensichtlich neu lackiert worden war und dass sich Spuren eines – sorgfältig reparierten – Unfallschadens feststellen lassen.

Aufgrund des Typenscheins macht Herr Streiter den Vorbesitzer ausfindig. Dieser bestätigt ihm, den Wagen nach einem Unfall billigst an einen Havarie-Händler verkauft zu haben.

In diesem Beispiel hat Herr Streiter eindeutig und zweifelsfrei erklärt, den Gebrauchtwagen kaufen zu wollen. Weder zum Preis noch zum Kaufgegenstand hat es irgendwelche Unklarheiten zwischen den Vertragspartnern gegeben. Allerdings hatte Herr Streiter eine falsche Vorstellung über die Vorgeschichte des Fahrzeugs. Hätte er vom Unfallschaden gewusst, so hätte er das Auto entweder gar nicht – oder jedenfalls nicht zu diesem Preis – gekauft. Herr Streiter befand sich also im Irrtum über für ihn zweifellos wichtige Umstände im Hinblick auf den zu erwerbenden Wagen.

Nicht jeder Irrtum aber berechtigt dazu, den Vertrag anzufechten (aufzuheben). Denn grundsätzlich geht das österreichische Recht davon aus, dass Erklärungen so gelten, wie sie der Vertragspartner objektiv verstehen durfte. Man soll sich auf die Worte des Gegenübers verlassen können. Ausnahmen von diesem Grundsatz gibt es dann, wenn der Erklärungsempfänger aus bestimmten Gründen nicht schutzwürdig ist. Das ist zum Beispiel dann der Fall, wenn er den Irrtum des Geschäftspartners selbst veranlasst hat.

Um klären zu können, ob ein Vertrag wegen Irrtums angefochten werden kann, muss man sich zunächst fragen,

- ob es sich um einen **Erklärungs-** oder **Geschäftsirrtum** handelt oder ob ein bloßer **Motivirrtum** vorliegt,
- ob der Irrtum **wesentlich** oder **unwesentlich** ist und schließlich,
- ob der Vertragspartner **„schutzwürdig“** ist.

Ein sogenannter **Erklärungsirrtum** liegt vor, wenn man meint, etwas anderes zu erklären, als man tatsächlich zum Inhalt seiner Erklärung macht. Das klingt reichlich theoretisch und kompliziert, kommt aber in der Praxis durchaus vor – vor allem in folgender Ausprägung: Man unterschreibt einen Vertrag, den man nicht (oder zumindest nicht genau) durchliest, weil man glaubt, es stehe darin ohnehin nur das, was man soeben mündlich vereinbart hat. Tatsächlich aber entspricht der Vertrag nicht diesen Vorstellungen. In diesem Fall ist man überzeugt von einem bestimmten Inhalt der schriftlichen Vertragserklärung – und irrt darin.

Davon zu unterscheiden ist übrigens der Fall, dass man einen Vertrag ungelesen unterschreibt, ohne eine bestimmte Vorstellung über den Inhalt der Vertragsurkunde zu haben: In diesem Fall nimmt man den Inhalt bewusst in Kauf und es liegt auch kein Irrtum vor: In etwas, worüber ich mir keine Gedanken mache, kann ich mich schließlich auch nicht irren. Der Inhalt der ungelesen unterschriebenen Vertragsurkunde gilt als meine Erklärung. Ich kann mich nicht darauf berufen, dass ich den Text nicht gelesen oder vielleicht auch nicht verstanden habe!

Beim **Geschäftsirrtum** weiß der Erklärende genau, was er sagt. Aber er irrt hinsichtlich Natur beziehungsweise Inhalt des Geschäftes, hinsichtlich Identität oder einer wesentlichen Eigenschaft seines Vertragspartners. Das obige Beispiel des Gebrauchtwagenkaufs zeigt einen typischen Fall eines Geschäftsirrtums.

Sowohl Erklärungs- als auch Geschäftsirrtum können – wenn sie wesentlich sind und Schutzwürdigkeit des Vertragspartners nicht gegeben ist – Grundlage für eine Vertragsanfechtung sein.

Unbeachtlich ist hingegen der sogenannte **Motivirrtum,** der sich auf Umstände bezieht, die außerhalb des Geschäftes liegen, wie das nächste Beispiel zeigt:

**Sendepause**

Herr Seher will in seinem Haus einen Kabel-TV-Anschluss einleiten lassen. Er hat von einer Bekannten gehört, dass nun auch ein italienischer Sender im Programm ist, und als ausgesprochener Italien-Liebhaber freut er sich schon darauf, endlich italienischsprachige Filme anschauen zu können. Sein alter Fernseher ist schon ziemlich störungsanfällig, und so kauft er sich in einem Diskontmarkt ohne viel zu fragen – Fernseher ist doch Fernseher – auch gleich einen billigen neuen. Als er kurz darauf den Vertrag mit der Kabel-TV-Gesellschaft unterzeichnet, teilt ihm diese mit, dass einige Sender – darunter der italienische – nur mit einem hyperbandtauglichen Gerät empfangen werden können. Sein billig erstandenes Auslaufmodell ist dazu ungeeignet.

Der Fernseher ist technisch einwandfrei in Ordnung, entspricht dem Prospekt und der Bedienungsanleitung. Das Motiv, das Herrn Seher zum Kauf verleitet hat, bestand allerdings darin, einen bestimmten Sender empfangen zu können – und darin hat er sich geirrt. Im Verhältnis zum Elektrohändler ist dieses – von Herrn Seher dem Verkäufer gegenüber auch nicht offengelegte – Motiv aber völlig unbeachtlich.

Die Grenze zwischen Geschäfts- und Motivirrtum ist in der Praxis oft sehr schwer zu ziehen. Eine Abgrenzungsregel aus der Rechtsprechung besagt, dass ein Irrtum über Eigenschaften einer Sache, die für den Preis wesentlich waren, jedenfalls einen Geschäftsirrtum darstellt.

Ein für den Vertragsschluss bedeutsames Motiv kann von den Vertragsparteien aber ausdrücklich zum Inhalt – zur Bedingung – des Vertrages gemacht werden und ist dann natürlich beachtlich.

**Kabeltaugliches TV-Gerät**

Hätte sich Herr Seher beim Elektrohändler beraten lassen und dabei auf sein Motiv für den Fernseherkauf hingewiesen, dann hätte die Möglichkeit, im Kabelnetz auch den italienischen Sender empfangen zu können, zumindest schlüssig Vertragsinhalt werden können.

**TIPP**

Wenn Sie bestimmte Vorstellungen haben, wofür Sie ein Produkt einsetzen wollen, dann sollten Sie dies dem Händler ausdrücklich sagen und sich die Eignung für den konkreten Verwendungszweck auch schriftlich zusichern lassen.

Streitfragen um die Abgrenzung von Geschäfts- und Motivirrtum ergeben sich häufig im Zusammenhang mit der Finanzierung des Kaufpreises.

Wenn Sie davon ausgehen, den Preis über eine Kreditaufnahme aufbringen zu können, die Bank Ihnen aber keinen ausreichenden Kredit gibt, dann haben Sie sich über einen Umstand geirrt, der nicht den Kaufvertrag betrifft. Es liegt also ein unbeachtlicher Motivirrtum vor. Wird aber die Finanzierungsmöglichkeit schon vom Verkäufer angepriesen und weiß dieser, dass Sie auf diesen Kredit angewiesen sind, dann kann man davon ausgehen, dass die Kreditgewährung zur Bedingung des Vertrages gemacht wurde oder zumindest ein Rücktrittsrecht gemäß § 3a Konsumentenschutzgesetz zusteht (siehe Seite 197 ff).

**TIPP**

Wenn Sie den Kaufpreis über einen Kredit oder eine Förderung finanzieren wollen, dann sollten Sie die Kredit- oder Förderungszusage (über den gesamten angestrebten Betrag) ausdrücklich zur Bedingung des Vertrages machen.

Zwei häufige Streitfälle im Zusammenhang mit der Abgrenzung von Motiv- und Geschäftsirrtum hat der Gesetzgeber ausdrücklich geregelt. Als Geschäftsirrtum gilt demnach in jedem Fall:

- ein Irrtum über einen Umstand, über den der Vertragspartner nach geltenden Rechtsvorschriften aufzuklären gehabt hätte, und
- ein Irrtum über das Vorliegen einer entsprechenden „verwaltungsrechtlichen Befugnis zur Erbringung der Leistung" beim Geschäftspartner (vor allem also ein Irrtum darüber, dass der Vertragspartner die erforderliche Gewerbeberechtigung hat).

**TIPP**

Um einen Vertrag wegen Irrtums anfechten zu können, muss dieser Irrtum auch ursächlich für den Vertragsabschluss gewesen sein. Es reicht daher für eine Irrtumsanfechtung nicht aus, dass der Unternehmer keine Gewerbeberechtigung hat. Sie müssen dann auch glaubhaft machen, dass Sie bei Kenntnis davon den Vertrag nicht geschlossen hätten!

Die zweite Unterscheidung ist jene zwischen einem **wesentlichen** und einem **unwesentlichen** Irrtum. Hätten die Vertragspartner ohne Irrtum das Geschäft überhaupt nicht abgeschlossen, so ist der Irrtum wesentlich. Hätten sie das Geschäft bloß anders abgeschlossen, so ist der Irrtum unwesentlich. In diesem Fall kann eine Vertragsanpassung erfolgen, sodass der Vertrag schließlich so gilt, wie ihn die Parteien in Kenntnis der wahren Sachlage geschlossen hätten.

**Musterbrief „Irrtumsanfechtung"**

Max Muster
Nirgendwostraße 12/16
1010 Wien

Anton Schlau
Gebrauchtwagenhandel
Schrottweg 34
1230 Wien

Wien, 8. Februar 2012

Betrifft: Anfechtung des Kaufvertrages vom 5. 2. 2012
über einen Gebrauchtwagen, Rechnung Nr. 133

Sehr geehrter Herr Schlau,

ich habe am 5. 2. 2012 bei Ihnen einen Gebrauchtwagen der Marke „Rucki", Type „Zucki", zum Preis von € 9.000 gekauft und den Kaufpreis bar bezahlt. Sie haben mir im Kaufvertrag schriftlich zugesichert, dass der Wagen erst 20.000 km gefahren wurde und keinen Vorschaden hat. Sie wussten, dass ich das Fahrzeug für meinen Beruf als Handelsvertreter dringend brauche und haben mir weiters versichert, dass das Fahrzeug fahrbereit sei.

Nun musste ich feststellen, dass am Kilometerzähler manipuliert wurde und mit dem Fahrzeug bereits 200.000 km gefahren worden sind. Außerdem hatte das Fahrzeug mehrere Vorschäden, darunter einen Totalschaden, und ist im derzeitigen Zustand keinesfalls fahrbereit. Vielmehr würde eine umfassende Reparatur zur Herstellung der Fahrbereitschaft rund € 4.000 kosten.

Ich fechte daher den genannten Kaufvertrag wegen (arglistiger) Irreführung, wegen Wucher, wegen Verkürzung über die Hälfte des wahren Wertes sowie aus jedem anderen tauglichen Rechtsgrund an und fordere Sie auf, mir binnen sieben Tagen den Kaufpreis von € 9.000 zuzüglich vier Prozent Zinsen seit dem Tag der Zahlung auf mein Girokonto bei der Sparbank (BLZ 80101), Kontonummer 007 126 482, zur Überweisung zu bringen. Zug um Zug gegen Rückzahlung des Kaufpreises werde ich Ihnen natürlich das Fahrzeug zurückstellen.

Sollte die Zahlung nicht fristgerecht einlangen, wäre ich gezwungen, gerichtliche Hilfe in Anspruch zu nehmen.

Mit freundlichen Grüßen

Wegen Irrtums anfechtbar ist ein Vertrag, wenn ein wesentlicher und für den Vertragsabschluss ursächlicher Erklärungs- oder Geschäftsirrtum vorliegt und darüber hinaus der **Vertragspartner** des Irrenden **nicht schutzwürdig** ist,

- weil er den Irrtum selbst veranlasst hat oder
- weil ihm der Irrtum aus den Umständen hätte auffallen müssen oder
- weil der Irrtum so rechtzeitig aufgeklärt wurde, dass er noch keine Disposition im Vertrauen auf das Geschäft getroffen hat.

Die Anfechtung muss binnen drei Jahren ab Geschäftsabschluss geltend gemacht werden. Wenn mit dem Vertragspartner keine Einigung zu erzielen ist, muss innerhalb dieser Frist die gerichtliche Anfechtungsklage eingebracht werden. Die erfolgreiche Anfechtung führt zur Aufhebung des Vertrages. Bereits erbrachte Leistungen sind zurückzustellen.

**Verkalkuliert**

Frau Böhm lässt sich von einem Mitarbeiter eines Möbelhauses einen Einrichtungsplan für die Küche erstellen und sich auch gleich ausrechnen, was das Ganze – samt Geräten – kosten würde. Der Einrichtungsberater ermittelt aus einer Vielzahl von Einzelpreisen (jedes kleine Kastl, ja fast jedes Scharnier und jeder Beschlag ist eine eigene Position) eine Gesamtsumme. Frau Böhm sagt der Einrichtungsvorschlag wie auch der Preis zu. Also unterschreibt sie den Bestellschein und erhält bald danach die Auftragsbestätigung.

Die Rechnung fällt jedoch um zweihundert Euro höher als laut Auftragsbestätigung aus. Bedauernd teilt man Frau Böhm in der Kundenbuchhaltung mit, dass sich der Berater leider verrechnet habe. Bei der Nachkalkulation habe sich herausgestellt, dass ein Oberschrank übersehen worden sei. Alle Preise seien aber im Katalog angegeben und Frau Böhm könne nachrechnen, der neue Rechnungsbetrag sei korrekt.

Häufig treten im Konsumentenalltag Probleme auf, wenn sich der Unternehmer bei der Anbotstellung verrechnet hat. Auch ein derartiger Kalkulationsirrtum ist nach den soeben erläuterten allgemeinen Irrtumsregeln zu beurteilen. Hat der Unternehmer den eigenen Aufwand oder die Kosten falsch eingeschätzt, so liegt ein unbeachtlicher Motivirrtum vor – Pech für den Unternehmer, der an den Preis, den er dem Konsumenten genannt hat, gebunden ist.

Anders ist es, wenn der Unternehmer sich – etwa beim Zusammenzählen mehrerer Posten – verrechnet. Bei einem derartigen Erklärungsirrtum kann der Unternehmer den Vertrag anfechten, wenn der Konsument den

Irrtum – zum Beispiel durch falsche Informationen – veranlasst hat, wenn der Irrtum noch rechtzeitig aufgeklärt wurde (der Konsument hat noch gar nicht das Geschäftslokal verlassen) oder wenn der Irrtum dem Konsumenten hätte auffallen müssen.

**Nochmals verkalkuliert**

Auch Herr Wirth hat sich eine Küche planen lassen. Der Verkäufer überträgt nun die umfangreiche Bestellung auf den Bestellschein und braucht dazu drei Blätter. Als er die Gesamtsumme bildet, übersieht er den Übertrag von der ersten Seite, auf der sämtliche Einbaugeräte angeführt sind. Herr Wirth unterschreibt eilig den Bestellschein und hält sich für besonders schlau: Er hofft schon auf die gesamte Küche samt Geräten zum Preis lediglich der Möbel. Selbst wenn der Irrtum bei der Auftragsbestätigung oder bei der Gegenzeichnung des Bestellscheins durch den Unternehmer nicht auffallen sollte, muss sich Herr Wirth den Einwand gefallen lassen, dass ihm der Irrtum des Verkäufers hätte auffallen müssen (und ja tatsächlich auch aufgefallen ist). Das besonders günstige Geschäft für Herrn Wirth fällt ins Wasser.

**Zu spät aufgeklärt**

Herr Swoboda will seinem Enkel Fritz eine Freude machen. Bei einem Einkaufsbummel in der Innenstadt darf sich Fritz im Spielzeugladen ein ferngesteuertes Auto aussuchen. Herr Swoboda bezahlt, übergibt das Auto gleich seinem Enkel und verlässt mit ihm das Geschäft. Noch während Fritz auf dem Gehsteig vor dem Geschäft die ersten Fahrversuche unternimmt, stürzt plötzlich die Geschäftsführerin des Spielzeugladens auf die Straße: Das Auto sei viel zu billig verkauft worden, der Lehrling habe sich beim Preis verschaut. Zu spät: Herr Swoboda hat das Auto schon seinem Enkel geschenkt, der Irrtum ist nicht mehr rechtzeitig aufgeklärt worden.

Die Irrtumsanfechtung ist grundsätzlich unabhängig davon, ob den Vertragspartner an der Irreführung auch ein Verschulden trifft oder nicht.

**Der Irrtum mit der Havarie**

Kommen wir nochmals zurück zu dem Beispiel mit dem Gebrauchtwagenkauf von Seite 44: Obwohl Unfallfreiheit zugesichert war, hat sich schließlich ein Vorschaden herausgestellt. Herr Streiter befand sich bei seiner Unterschrift unter den Kaufvertrag in einem wesentlichen Geschäftsirrtum und kann den Vertrag anfechten, weil sein Vertragspartner den Irrtum – durch die unrichtige Zusage der Schadensfreiheit – veranlasst hat. Die Anfechtung ist auch möglich, wenn der Autohändler gar nichts vom Vorschaden gewusst hat, weil er vielleicht das Auto selbst schon in repariertem Zustand erworben hat.

Hat der Händler aber absichtlich die Unwahrheit behauptet, so liegt Arglist vor und der Vertrag kann nicht nur innerhalb von drei Jahren, sondern sogar innerhalb von 30 Jahren angefochten werden. Übrigens wäre im vorliegenden Beispiel grundsätzlich auch ein Gewährleistungsanspruch des Konsumenten denkbar, da das Fahrzeug einen wesentlichen und unbehebbaren Mangel aufweist – allerdings hätte der Konsument dieses Recht innerhalb von höchstens 2 Jahren geltend machen müssen (siehe Seite 228 ff).

Konsequenz der Anfechtung ist, dass der Vertrag als von Beginn an aufgehoben gilt. Die Vertragspartner haben die aufgrund des Vertrages erhaltenen Leistungen wieder zurückzustellen.

### Zwang

Die für den Vertragsabschluss erforderliche Willensübereinstimmung kann auch noch aus einem anderen Grund als wegen Irrtums oder List gestört sein: nämlich dann, wenn man zwar sehr genau weiß, was man unterschreibt, man aber wegen einer vom Vertragspartner ausgehenden Drohung keine andere Wahl hat. Die Drohung ist jedoch in sehr strengem Sinne zu verstehen: Sie muss „ungerechte und gegründete Furcht" auslösen. Es ist daher keine Drohung, wenn der Mitarbeiter des Inkassobüros Ihnen ankündigt, dass die offene Forderung vom Gläubiger eingeklagt wird, sofern Sie die Ihnen vorgelegte Ratenvereinbarung nicht unterschreiben. Kreuzt der Inkassant aber mit zwei Dobermannhunden auf und „beschlagnahmt" er gleich einmal Ihren Videorecorder (auch das ist schon vorgekommen!), dann wird ein unter solchen Umständen unterschriebenes Schuldanerkenntnis anfechtbar sein.

## Vertragspartner

Was ich mit mir selbst ausmache, ist noch kein Vertrag – zu einem Vertrag gehören zumindest zwei Personen. Was so selbstverständlich ist und eigentlich ganz einfach klingt, birgt aber leider einige Stolpersteine. Und oft genug scheitert die Rechtsdurchsetzung daran, dass man sich mit dem falschen Gegner anlegt. Es ist daher von grundlegender Bedeutung, die

Partner eines Vertrages (Juristen sprechen meist von „Parteien“) klar zu identifizieren.

## Rechtsformen

In einer Zeit, in der auch die täglichen Kaufentscheidungen immer komplizierter werden, spielt die **Marke** eine bedeutende Rolle. Gerne verlässt man sich darauf, dass eine bekannte Marke auch für eine bestimmte Qualität eines Produktes steht. Die Marketingstrategen machen sich das Vertrauen der Konsumenten in einzelne Marken natürlich auch zunutze, etwa indem sie längst vereinheitlichte Produkte noch unter verschiedenen Marken weiter vertreiben, weil sie damit noch ein je nach Marke unterschiedliches Zielpublikum erreichen.

**Who is who?**

Familie Sommer aus dem Beispiel von Seite 42 hat sich doch nicht mit dem Fensterhersteller einigen können und will sich einen neuen Lieferanten suchen. Bei einer Messe werden sie auf einen Verkaufsstand aufmerksam, der mit großen Schildern für „Supernorm-Fenster“ wirbt. Sie lassen sich die Fenster vorführen und entscheiden sich schließlich, diese tollen Markenfenster zu erwerben, um auch noch den ihnen angebotenen „Messerabatt“ in Anspruch nehmen zu können. Auch auf dem Bestellschein steht mehrfach und in großen Lettern der Name „Supernorm“.

Nach der Lieferung und Montage treten einige Probleme auf, weil offenbar die Abdichtung der neuen Fensterstöcke nicht ordentlich gemacht wurde. Familie Sommer wendet sich unter der auf dem Bestellschein angegebenen Telefonnummer an den Verkäufer, der sie mehrfach vertröstet. Als er dann endlich einen Mitarbeiter vorbeischickt, macht dieser die Sache mit ungeschickten Verbesserungsversuchen eher noch schlimmer.

Herrn Sommer reißt die Geduld, er wendet sich direkt an die Zentrale von „Supernorm“. Dort wird sein Anruf freundlich entgegengenommen und ein Kundendienstmitarbeiter sagt auch zu, sich die Baustelle anzusehen. Herr Sommer wird aber darauf verwiesen, dass „Supernorm“ die Fenster zwar hergestellt, nicht aber montiert hat. Tatsächlich findet Herr Sommer bei genauem Durchlesen des Bestellscheins und der Auftragsbestätigung, dass darin die „Supernorm-Fenster Franz Weinfuchs GesmbH“ genannt wird.

Manchmal aber versuchen Unternehmer auch, sich hinter dem guten Ruf einer Marke gewissermaßen zu verstecken, wie das obige Beispiel zeigt. Herrn und Frau Sommer war aufgrund der Gestaltung des Firmenpapiers gar nicht bewusst, dass sie ihre Fenster nicht beim Hersteller selbst, sondern bei einem von diesem unabhängigen selbstständigen Unternehmer gekauft haben.

| TIPP |
| --- |
| Bei jedem Vertrag sollten Sie noch vor der Unterschrift genau studieren, wer Ihr tatsächlicher Vertragspartner wird. Lassen Sie sich nicht von Markennamen auf dem Firmenpapier beeindrucken: Sie sagen nicht unbedingt etwas über die Seriosität des konkreten Unternehmers aus, der diese Markenprodukte verkauft. |

Ein ähnliches Problem stellt sich auch beim **Franchising**. Dabei handelt es sich um ein Vertriebssystem, bei dem – etwas vereinfacht dargestellt – ein Franchisegeber seinen Franchisenehmern die Lizenz gibt, nicht nur einen bestimmten eingeführten Markennamen, sondern gleich eine ganze Unternehmensphilosophie zu nutzen und sich auch im Hinblick auf Werbemaßnahmen und dergleichen sozusagen unter den Schirm des Franchisegebers zu flüchten. Während dann sämtliche Betriebsstätten weitgehend einheitlich aussehen und auch dieselben Produkte oder Dienstleistungen anbieten, wird doch jedes Geschäft von einem anderen selbstständigen Unternehmer geführt, dessen Name meist völlig im Hintergrund bleibt. Zunehmend setzt sich das Franchising auch im Dienstleistungsbereich durch – von der Finanzberatung bis zum Fitness-Center. Und während dann auf dem Briefpapier die „Partner in allen Bezirksstädten" (oder manchmal auch „in ganz Europa") angeführt sind, sind Sie als Konsument im Falle eines Problems nicht mit einem mächtigen österreich- oder europaweit tätigen Unternehmen, sondern im Extremfall mit einem kleinen Franchisenehmer, der von seinem Wohnzimmer aus arbeitet, konfrontiert. Vor allem, wenn es darum geht, einen Schadenersatzanspruch durchzusetzen, kann das im Ergebnis einen bedeutenden Unterschied machen.

Als Konsument stehen Ihnen im Wirtschaftsleben sehr verschieden organisierte Unternehmer – vom Einzelunternehmer bis zur Aktiengesellschaft – als Vertragspartner gegenüber. Manche gelten als sogenannte „juristische Personen", manche nicht. Immer wieder stellt sich die praktische Frage:

- **Wer haftet?**
- **Wer ist zu klagen?**
- **Wer vertritt das Unternehmen?**

Ehe wir auf die verschiedenen Rechtsformen eingehen, die Unternehmern für ihre Tätigkeit offenstehen, sind noch einige Begriffsklärungen erforderlich. Wenn wir als Konsumenten von unseren Vertragspartnern sprechen, so verwenden wir im täglichen Sprachgebrauch oft Begriffe wie zum Beispiel „Firma“, „Betrieb“, „Geschäft“, „Unternehmen“, „Unternehmer“ oder noch einiges mehr. Juristisch haben manche – nicht alle – dieser Begriffe einen festgelegten Bedeutungsinhalt. Wesentlich sind in diesem Zusammenhang einmal Unternehmer und Firma.

Der Begriff **„Unternehmer“** ist für das Konsumentenrecht von zentraler Bedeutung: Denn das Konsumentenschutzgesetz (KSchG) ist nur dann anwendbar, wenn ein Vertrag zwischen einem Verbraucher einerseits und einem Unternehmer andererseits vorliegt. Das KSchG enthält eine eigenständige Definition des Unternehmers, die darauf abstellt, welche Rolle die Person beim jeweiligen konkreten Rechtsgeschäft spielt. Das KSchG sieht also keine generelle Einteilung der Menschen in „Unternehmer“ einerseits und „Nichtunternehmer = Verbraucher“ andererseits vor. Als Unternehmer ist derjenige anzusehen, für den das Rechtsgeschäft zum Betrieb seines Unternehmens gehört, und als Unternehmen wiederum wird „jede auf Dauer angelegte Organisation selbstständiger wirtschaftlicher Tätigkeit“ angesehen.

**Der Landwirt als Unternehmer**

Nebenerwerbslandwirt Franz Trattner hat auch zwei Reitpferde, die man stundenweise „mieten“ kann. Weil er sich nur wenig um die Pferde und die Reiter kümmern kann, verlangt er nur ein vergleichsweise geringes Entgelt, dafür müssen sich die Reiter aber auch selbst um das Satteln und Aufzäumen kümmern und die Pferde pflegen. Im Stall hat Herr Trattner zudem ein Schild angebracht: „Reiten auf eigene Gefahr“. Eines Tages stürzt die minderjährige Tochter des Rechtsanwaltes Dr. K. vom Pferd und bricht sich dabei das Bein. Dr. K. verlangt für seine Tochter Schmerzengeld und bringt vor, dass es sich bei der Tafel „Reiten auf eigene Gefahr“ um einen nach dem Konsumentenschutzgesetz unzulässigen Haftungsausschluss handelt.

Franz Trattner wendet ein, dass er kein Unternehmer, sondern Bauer sei, der überdies nur einen Nebenerwerbsbetrieb führe. Außerdem treffe ihn am Sturz der Reiterin kein Verschulden.

Das erste Argument nützt nichts: Auch ein landwirtschaftlicher Betrieb – wie klein er auch sein mag – ist ein Unternehmen im Sinne des KSchG, und der Bauer handelt bei einem Vertragsabschluss im Rahmen seines Betriebes daher als Unternehmer. Die Tafel „Reiten auf eigene Gefahr“ ist tatsächlich als ein nach dem KSchG unwirksamer Haftungsausschluss zu beurteilen.

Mehr Glück hat Franz Trattner übrigens mit seinem zweiten Argument. Da die Tochter von Dr. K. eine erfahrene und geübte Reiterin ist, war Franz

Trattner nicht zu ihrer „Überwachung" verpflichtet. Ursache des Sturzes war auch nicht ein Fehler von Sattel oder Zaumzeug, sondern schlicht eine Unaufmerksamkeit der Reiterin.

Gewinnabsicht ist keine Voraussetzung für die Unternehmereigenschaft, auch wirtschaftlich tätige Vereine sind daher Unternehmer im Sinne des Konsumentenschutzgesetzes. Wenn also ein Fitnesscenter nur für Mitglieder offen hat und man einem Verein beitreten muss, um trainieren zu können, dann ist der Verein unzweifelhaft Unternehmer und die Schutzbestimmungen des Konsumentenschutzgesetzes (KSchG) kommen zur Anwendung. Gemäß gesetzlicher Anordnung in § 1 Abs 5 KSchG sind auch solche Vereine Unternehmer, die dem Mitglied nicht unmittelbar eine wirtschaftliche Leistung erbringen, sondern die für ideelle Ziele Mitglieder werben, die zwar die Pflicht zur Zahlung von Mitgliedsbeiträgen haben, nicht aber auch die Möglichkeit, an der Willensbildung im Verein teilzunehmen (zB Tierschutzvereine). Man kann daher von solchen Verträgen, die im Rahmen eines Haustürgeschäftes geschlossen wurden (siehe Seite 177 ff), auch zurücktreten.

Um Unklarheiten zu vermeiden, hat der Gesetzgeber auch ausdrücklich geregelt, dass die sogenannten „juristischen Personen des öffentlichen Rechts" (das sind etwa die Gemeinden, aber auch die Kammern) immer als Unternehmer gelten.

**Der Tierschutzverein als Unternehmer**

Frau Gruber wird auf einer belebten Einkaufsstraße von Keilern des „Robben-Hilfswerkes" angesprochen, ob sie nicht auch beitragen wolle, die Robben zu retten. Sie zeigt sich interessiert und bekommt sofort eine Beitrittserklärung zum „Robben-Hilfswerk" unter die Nase gehalten. Sie soll unterschreiben, dass sich dieser Verein monatlich zwanzig Euro gleich vom Konto von Frau Gruber holen kann (Einzugsermächtigung). Genervt unterschreibt sie, um die Keiler loszuwerden. Zu Hause liest sie das Werbematerial und stellt fest, dass sie als „außerordentliches Mitglied" zwar Mitgliederversammlungen besuchen kann, dort aber weder ein Stimm- noch ein Wahlrecht hat. Im Wesentlichen soll sie nur zahlen. Sie will nun vom Beitritt wieder zurücktreten. Frau Gruber kann nunmehr gegenüber dem „Robben-Hilfswerk" (binnen einer Woche, bei fehlender Belehrung über das Rücktrittsrecht im Effekt jederzeit) ihren Rücktritt vom Beitritt erklären. Wird der Mitgliedsbeitrag von der Bank abgebucht, dann kann Frau Gruber binnen 42 Tagen von ihrer Bank verlangen, dass das Geld sofort zurückgebucht wird.

Die Unterscheidung zwischen Unternehmer und Verbraucher ist daher keine bloße Frage der Bezeichnung, sondern hat sehr reale Konsequenzen. Liegt ein Vertrag zwischen einem Unternehmer einerseits und einem Konsumenten andererseits vor, dann gilt das Konsumentenschutzgesetz. Es dürfen daher – unter anderem – praktisch keine Beschränkungen der Gewährleistung vereinbart werden und auch Haftungsausschlüsse sind nur in sehr geringem Umfang möglich. Bei Haustürgeschäften steht dem Konsumenten auch ein Rücktrittsrecht zu. All diese Schutzbestimmungen gelten weder bei einem Vertrag unter Privaten noch bei einem Vertrag zwischen Unternehmern.

**Der Bauer und der Zeitschriftenkeiler**

Nebenerwerbslandwirt Franz Trattner wird nunmehr von einem Vertreter heimgesucht. Er unterschreibt eine Bestellung für die Zeitschrift „Rinderzucht aktuell" und außerdem für seine Kinder ein Abonnement eines Comic-Magazins. Den ersten Vertrag hat er zweifelsfrei im Rahmen seines Betriebes abgeschlossen. Es liegt daher ein Vertrag zwischen zwei Unternehmern im Sinne des Konsumentenschutzgesetzes vor, und das Rücktrittsrecht nach § 3 KSchG besteht nicht. Mit dem Comic-Heft kann Franz Trattner aber in seiner unternehmerischen Tätigkeit als Bauer wohl nichts anfangen. Es handelt sich um ein Geschäft, das er als Verbraucher abgeschlossen hat. Für diesen Vertrag steht ihm das Rücktrittsrecht zu (siehe auch ab Seite 177 ff).

Vor allem im Gebrauchtwagenhandel kommt es gelegentlich vor, dass man ein Fahrzeug beim Händler besichtigt, sich mit ihm auch über den Preis einigt, und dann plötzlich einen Vertrag unterschreiben soll, bei dem als Verkäufer eine bisher nicht in Erscheinung getretene Privatperson aufscheint. Manchmal wird auch versucht, eine Blanko-Unterschrift unter den Kaufvertrag zu bekommen, und der Verkäufer wird erst im Nachhinein eingesetzt. Vor allem für Ihre Gewährleistungsrechte kann das unangenehme Auswirkungen haben (siehe Seite 228 ff).

**Rechtsformen unternehmerischer Tätigkeit**

→ **Einzelunternehmen**

„Tischlerei Anton Brett" – Anton Brett – eine „natürliche Person" – betreibt unter dieser Firma eine Tischlerei mit fünf Angestellten. Er selbst ist Träger der Rechte und Pflichten des Unternehmens, haftet also (unbeschränkt) für alle Schulden des Unternehmens, kann sich selbst vertraglich verpflichten und wäre als „Anton Brett" zu klagen.

→ **Gesellschaft bürgerlichen Rechtes (GesbR)**

„ARGE Semmeringautobahn" ist auf einer Baustellentafel zu lesen. Darunter fünf Namen (selbstständiger) Unternehmen, die sich am Bau beteiligen, also zusammenwirken, um gemeinsam einen Gewinn zu erzielen. Solche Gesellschaften bürgerlichen Rechtes haben keine eigene Rechtspersönlichkeit. Die teilnehmenden Gesellschafter (eben die einzelnen Unternehmen) haften unmittelbar und unbeschränkt (also mit ihrem jeweiligen gesamten Vermögen). Will man die Gesellschaft klagen, dann muss man alle Gesellschafter (Unternehmen) namentlich anführen.

→ **Offene Gesellschaft (OG)**

„Meier und Co." – Meier, Müller und Kunz betreiben gemeinsam unter der genannten Firma eine Handelsgesellschaft. Die Gesellschafter der OG haften unmittelbar und unbeschränkt (also mit dem Privatvermögen) für Schulden der Gesellschaft. Die Haftung der Gesellschafter ist auch „solidarisch", das heißt, dass jeder einzelne Gesellschafter für die ganzen Schulden einstehen muss und nicht etwa nur für einen bestimmten Anteil. Die OG ist zwar keine juristische Person, kann aber unter ihrer Firma klagen und geklagt werden.

→ **Kommanditgesellschaft (KG)**

„Meier & Co KG" – Meier, Müller und Kunz (als unbeschränkt haftende Gesellschafter = Komplementäre) bilden mit Huber und Gruber (als nur mit ihrer Einlage haftende Gesellschafter = Kommanditisten) eine Handelsgesellschaft. Auch die KG kann unter ihrer Firma klagen und geklagt werden.

→ **Gesellschaft mit beschränkter Haftung (GmbH)**

„Hausverwaltung Meier GmbH" – Die GmbH ist eine juristische Person, also von ihren Gesellschaftern streng zu unterscheiden. Die Gesellschafter der GmbH haften nur mit ihrer Einlage, nicht aber persönlich. Das Stammkapital der GmbH muss bei der Gründung zumindest € 35.000 betragen (davon müssen aber nur mindestens € 17.500 einbezahlt sein). Die Gesellschaft handelt über den (die) Geschäftsführer, dessen (deren) Vertretungsmacht nach außen unbeschränkt und unbeschränkbar ist. Die GmbH wird unter ihrer Firma geklagt; Exekution ist nur auf das Gesellschaftsvermögen möglich.

→ **Aktiengesellschaft (AG)**

„Pluto Allgemeine Versicherungs-AG" – Auch die AG ist eine juristische Person und besteht unabhängig davon, wer jetzt gerade die Gesellschafter (Aktionäre) des Unternehmens sind. Anders als bei der GmbH sind die einzelnen Gesellschafter nicht im Firmenbuch eingetragen, sondern es gibt potenziell eine Vielzahl von Aktionären, die mit Einlagen auf das in

Aktien zerlegte Grundkapital beteiligt sind, ohne persönlich für Schulden der Aktiengesellschaft zu haften. Das Grundkapital muss mindestens € 70.000 betragen. Der Vorstand vertritt die Gesellschaft nach außen. Die AG ist unter ihrer Firma zu klagen.

→ **Genossenschaften (reg. GenmbH)**

„Schöne Heimat reg.Gen.m.b.H." – wäre zum Beispiel eine Wohnbaugenossenschaft mit beschränkter Haftung. Auch Genossenschaften sind juristische Personen, bei denen aber das personelle Element – also eine größere Anzahl von Mitgliedern – stärker im Vordergrund steht als die Kapitalbeteiligung. Vorrangiges Ziel von Genossenschaften ist die Förderung des Erwerbs oder der Wirtschaft ihrer Mitglieder. Die Haftungsregelungen bei Genossenschaften können sehr verschieden gestaltet sein, zumeist wird jedoch die Haftung der Genossenschaftsmitglieder auf den doppelten Geschäftsanteil beschränkt. Auch die Genossenschaft kann unter ihrer Firma klagen und geklagt werden.

→ **Vereine**

„Fitnessclub Muskelprotz" – Bei Vereinen denkt man zunächst oft an diverse Geselligkeits- oder Sportvereine ohne unternehmerischen Hintergrund, in denen sich Idealisten zusammenfinden. Häufig werden aber auch Vereine unternehmerisch aktiv und bieten Leistungen gegen Entgelt an. Zwar dürfen sie gemäß dem Vereinsgesetz keinen Gewinn erzielen, doch ob ein Gewinn ausgewiesen wird oder der „Gewinn" im Wege eines Honorars an Mitarbeiter ausbezahlt wird, ist letztlich eine eher buchhalterische Frage. Gerade Fitness-Studios werden oft in der Rechtsform eines Vereins betrieben. Die Vertretungsbefugnis nach außen ist bei Vereinen in den Statuten geregelt, die auszugsweise im Vereinsregister bei der zuständigen Bezirksverwaltungsbehörde eingesehen werden können. Dort kann man auch die Mitglieder des Vorstandes erfragen. Der Verein haftet für seine Schulden mit dem Vereinsvermögen (sofern eines vorhanden ist). Eine Haftung der Mitglieder ist grundsätzlich nicht gegeben. Nur in seltenen Ausnahmefällen – etwa bei betrügerischer Krida – kann auch eine persönliche Haftung der Vorstandsmitglieder in Betracht kommen. Der Verein kann unter seinem Namen auch klagen und geklagt werden.

→ **Sonstige Rechtsformen**

Neben den bereits erwähnten Rechtsformen gibt es noch einige Sonderformen, so etwa Sparkassen nach dem Sparkassengesetz (die aber auch als Aktiengesellschaft betrieben werden können), Versicherungsvereine auf Gegenseitigkeit oder diverse Unternehmen der öffentlichen Hand, die manchmal durch eigens beschlossene Gesetze geschaffen wurden, wie beispielsweise der Österreichische Rundfunk.

Immer öfter werden übrigens auch ausländische Unternehmen in Österreich aktiv: Dabei sollten Sie bedenken, dass in manchen Staaten die Gründung einer Aktiengesellschaft oder einer Gesellschaft, die unserer GmbH entspricht („Ltd."), oft so einfach ist wie der Erwerb einer Fahrkarte beim Zugschalter – und auch nur etwa so viel Kapital erfordert.

→ **Die „öffentliche" Hand**

Und schließlich ist nicht zu vergessen, dass manchmal auch Gebietskörperschaften (eine Gemeinde, ein Bundesland oder der Bund) privatwirtschaftlich und unternehmerisch tätig werden. Dabei bedienen sich die Gebietskörperschaften oft auch anderer Rechtsformen, etwa in Form einer ausgegliederten Aktiengesellschaft, die aber im öffentlichen Besitz ist. In diesem Fall gelten die allgemeinen gesellschaftsrechtlichen Regeln. Viele Bereiche werden aber auch unmittelbar vor allem von den Gemeinden selbst wahrgenommen, so zum Beispiel Schwimmbäder oder Veranstaltungszentren. Verletzt man sich beispielsweise im Gemeindebad, so wäre der Vertragspartner, gegen den man allfällige Schadenersatzansprüche – etwa wegen mangelnder Reinigung – geltend machen kann, die Gemeinde selbst.

**TIPP**

Achten Sie beim Kauf gebrauchter Waren darauf, ob Sie wirklich vom Händler kaufen oder ob dieser vielleicht nur „in Kommission" für den privaten Vorbesitzer tätig wird!

Die **Firma** im Rechtssinn ist der Name, unter dem ein Kaufmann seine Geschäfte betreibt. Die Firma ist auch im Firmenbuch – dem früheren Handelsregister – eingetragen. Die Firma gibt zumeist auch Auskunft über die Rechtsform des Unternehmers.

Von der Firma zu unterscheiden ist die sogenannte **„Etablissement-Bezeichnung".** Darunter versteht man die rechtlich nicht weiter relevanten – oft mit Phantasienamen angereicherten – Bezeichnungen von Betriebsstätten, die in erster Linie Werbezwecken dienen. Ungeachtet aller Phantasiebezeichnungen ist nach der Gewerbeordnung aber der Inhaber eines Gewerbebetriebes von außen lesbar bei der jeweiligen Betriebsstätte ersichtlich zu machen. Mit „Babyboutique Barbara", wie auf dem Geschäft groß in Neonbuchstaben zu lesen ist, wird Ihr Vertragspartner nicht zuverlässig identifiziert. Wohl aber mit Barbara Meyer, dem Namen der tatsächlichen Betriebsinhaberin, der auf einem kleinen Schild an der Eingangstür zu finden ist. Phantasienamen werden gerne auch gewählt, um sich den – nicht immer zutreffenden – Anschein einer gewissen Größe oder Seriosität zu geben. Besonderer Beliebtheit erfreut sich dabei zum Beispiel die Bezeichnung „Institut“, die den Eindruck einer eher wissenschaftlich fundierten Tätigkeit erwecken soll. Doch die Bezeichnung allein – deren Verwendung jedem freisteht – bürgt keinesfalls für die Qualität der Leistungen.

Zu den wichtigsten Rechtsformen, in denen unternehmerische Tätigkeit ausgeübt wird, siehe Seite 56ff.

Bei der Erläuterung der verschiedenen Unternehmensformen wurde schon erwähnt, dass einige dieser Rechtsformen sogenannte **„juristische Personen“** sind, so vor allem GmbH, AG, Genossenschaft, Verein und auch die Gebietskörperschaften. Unter juristischen Personen versteht man Gebilde (Personenzusammenschlüsse, also Gesellschaften oder auch „Sachgesamtheiten“, das sind etwa Stiftungen), die keine Menschen sind, denen vom Gesetzgeber aber trotzdem die Eigenschaft zuerkannt wird, Träger von Rechten und Pflichten zu sein.

Die juristische Person ist zwar Träger von Rechten und Pflichten, kann aber nicht selbst handeln, sondern sie bedarf dazu jener einzelnen Menschen (= „natürlichen Personen“), die gemäß der Satzung (Statuten, Gesellschaftsvertrag) der juristischen Person als deren Organe für sie handeln.

**Ein Geschäftsführer mit zwei Hüten**

Herr Hauser schließt in seiner Eigenschaft als Geschäftsführer der Hausverwaltung „Meier Ges.m.b.H.“ einen Vertrag mit einem Hauseigentümer über die Verwaltung eines Mietshauses. Er handelt dabei für die Hausverwaltung „Meier Ges.m.b.H.“ und diese wird auch Vertragspartner mit allen Rechten und Pflichten. Sie ist es auch, die unter ihrem Namen (= Firma) klagen und geklagt werden kann. Herr Hauser selbst steht in keiner Vertragsbeziehung zum Hauseigentümer. Wenn dieser eine Forderung an die Verwaltung hat, muss er sich mit der Hausverwaltung „Meier Ges.m.b.H.“ auseinandersetzen.

Eine „juristische Person“ ist also ein abstraktes Gebilde – und als Konsument hält man sich oft gerne an die handelnden „natürlichen“ Personen. Dennoch sollten Sie unbedingt unterscheiden, ob Sie es mit dem Geschäftsführer als Person oder der GmbH, vertreten durch den Geschäftsführer, zu tun haben. Besonders wichtig ist die genaue Unterscheidung auch dann, wenn es mehrere ähnlich klingende Unternehmen gibt und diese vielleicht auch noch vom selben Geschäftsführer vertreten werden.

Wenn Sie einen Vertrag mit der „Zickzack Kapitalbeteiligungs-GesmbH" haben, dann nützt Ihnen im Ernstfall ein Zahlscheinabschnitt der „Zickzack Kapitalanlage GesmbH" genauso wenig wie eine Quittung, die auf das vom Geschäftsführer vielleicht nebenher noch betriebene Einzelunternehmen lautet.

Der Identifizierung Ihres Vertragspartners ist es nicht gerade förderlich, wenn Sie nur eine Postfachanschrift oder nur eine Telefonnummer (vielleicht gar nur eine Handy-Nummer) haben. Zwar sind Gewerbetreibende verpflichtet, nicht bloß eine Postfachanschrift oder eine Telefonnummer bekannt zu geben, in der Praxis wird dieses gesetzliche Gebot von unseriösen Unternehmern jedoch häufig ebenso missachtet wie die Bestimmung, dass am Firmenpapier sogar Firmenbuch und Firmenbuchnummer aufscheinen muss.

**TIPP**

Auf keinen Fall sollten Sie einen Vertrag mit einem Unternehmer eingehen, von dem Ihnen nur eine Postfachanschrift bekannt ist. In einem Streitfall – etwa wenn nicht geliefert wird oder die Waren mangelhaft sind – haben Sie in so einem Fall praktisch keine Chance, Ihr Recht durchzusetzen. An ein Postfach können Sie eine Klage nicht zustellen, es ist keine „ladungsfähige Adresse".

## Stellvertretung

**Der unberechtigte Inkassant**

Ein Herr klopft an der Wohnungstüre, stellt sich als Herr Keiler vor und bietet die Lieferung und Montage von Kunststoff-Fenstern an. Er legt einen „Bestellschein" vor, auf dem als Briefkopf zu lesen ist: „Weinfuchs Ges.m.b.H.". In Fettdruck in der Nähe der Unterschrift des Konsumenten findet sich deutlich hervorgehoben der Vermerk: „Unsere Vertreter sind nicht inkassoberechtigt!" Dennoch verlangt Herr Keiler eine Anzahlung von 200 Euro und bestätigt den Erhalt dieses Betrages als „Keiler" auf einem Kassa-Eingangsbeleg, auf dem kein vorgedruckter oder gestempelter Empfänger aufscheint. Am nächsten Tag schon tritt der Konsument (gemäß § 3 KSchG) vom Vertrag zurück und will seine Anzahlung retour. Die Firma „Weinfuchs Ges.m.b.H." verweist darauf, dass ihr Vertreter nicht inkassoberechtigt war. Der Konsument möge sich doch an Herrn Keiler wenden (von dem man im Übrigen nur eine Handy-Telefonnummer hat).

Grundsätzlich gilt: Wer handelt, handelt für sich selbst. Schließt Herr Keiler einen Kaufvertrag ab, so ist er berechtigt und verpflichtet. Dieser Grundsatz wird aber durch die Stellvertretung (= Handeln im fremden Namen) durchbrochen. In unserem Beispiel schließt er für die Firma „Weinfuchs Ges.m.b.H." den Vertrag ab. Diese – nicht Herr Keiler – ist aus dem Vertrag berechtigt und verpflichtet: Sie muss den Vertrag erfüllen und kann den vereinbarten Preis verlangen.

Voraussetzung für eine wirksame Stellvertretung ist, dass der Stellvertreter vom Vertretenen ermächtigt wurde, für ihn zu handeln. Weiters muss der Stellvertreter seinem Gegenüber offenlegen, dass er für den Vertretenen („in dessen Namen") handelt.

Die häufigste Begründung von Vertretungsmacht ist die (rechtsgeschäftliche) Bevollmächtigung. Also etwa die Vollmacht des Herrn Keiler, den Vertrag für die „Weinfuchs Ges.m.b.H." wirksam abzuschließen (= das Anbot des Konsumenten anzunehmen).

Daneben gibt es auch eine Vertretungsvollmacht, die auf dem Gesetz beruht: So sind im Regelfall die Eltern des ehelichen beziehungsweise die Mutter des unehelichen Kindes dessen gesetzliche Vertreter. Gesetzlicher Vertreter ist auch der Sachwalter, der für eine Person gerichtlich bestellt wurde.

Und – wie bereits erwähnt – benötigen auch juristische Personen Vertreter (Organe), um handlungsfähig zu sein. Diese organmäßige Vertretungsmacht basiert auf der Satzung (Gesellschaftsvertrag etc) der juristischen Person.

Vom Stellvertreter zu unterscheiden ist der Bote, der nur eine Art Briefträgerrolle ausübt. Während der Stellvertreter anstelle des Vertretenen in dessen Namen und mit Wirkung für ihn eine Willenserklärung abgibt, transportiert der Bote diese Erklärung nur.

**Bote oder Stellvertreter?**

Wenn Herr Keiler das Bestellformular entgegennimmt und der „Weinfuchs Ges.m.b.H." überbringt und diese nun selbst entscheidet, ob sie das Anbot annimmt – also den Auftrag bestätigt – oder nicht, dann ist er bloß (Empfangs-) Bote. Wenn Herr Keiler bevollmächtigt wäre, dem Kunden gegenüber sofort dessen Anbot – mit Wirkung für die „Weinfuchs Ges.m.b.H." – anzunehmen, dann ist er Stellvertreter.

In vielen Fällen aber steht man als Konsument jemandem gegenüber, von dem man nicht sicher weiß, ob er nun zur Vertretung des Unternehmers befugt ist oder nicht. Die bloße Behauptung des – vorgeblichen – Vertreters reicht verständlicherweise nicht aus, um den angeblich Vertretenen wirksam zu verpflichten.

Behauptet der Vertreter also fälschlicherweise, Inkassovollmacht zu haben, dann muss sich der – zu Unrecht – Vertretene eine Zahlung an den Vertreter nicht zurechnen lassen. Liefert der Vertreter den inkassierten Preis also beim angeblich Vertretenen nicht ab, muss man ihn vom Vertreter selbst zurückverlangen und unabhängig davon dem Unternehmer neuerlich zahlen.

In der Praxis kann man sich jedoch häufig auf eine sogenannte „Anscheinsvollmacht“ berufen. Dabei schließt man aus dem Verhalten des Vertretenen, dass dieser den Vertreter wohl bevollmächtigt hat. Dazu muss der Vertretene aber ein Verhalten gesetzt haben, das beim Vertragspartner „gegründeten Glauben“ an die Vollmacht geweckt hat. So schafft etwa die Überlassung von Geschäftspapier und -stampiglie einen äußeren Schein erteilter Vertretungsmacht, auf den man sich als Vertragspartner in der Regel verlassen kann. Hingegen darf man nicht auf eine erteilte Inkassovollmacht vertrauen, wenn eine erkennbare, ausdrückliche gegenteilige Erklärung vorliegt, wie dies im Beispiel auf Seite 61 der Fall war.

Eine ausdrückliche gesetzlich vermutete Vollmacht besteht auch hinsichtlich der Verkäufer im Geschäftslokal: Sie gelten als bevollmächtigt, den Kaufpreis zu kassieren („Ladenvollmacht“).

Reisebüros sind für viele bei ihnen gebuchte Reisen nur Vermittler. Vertragspartner wird der Reiseveranstalter, aus dessen Katalog man bucht. Den Reisepreis zahlt man jedoch in aller Regel direkt beim Reisebüro.

**Ein Reisebüro macht Pleite**

Frau Kainz hat im Reisebüro Holiday & Co. für den Sommer eine Urlaubsreise nach Griechenland gebucht. Wie auch im Katalog des Veranstalters verlangt, hat sie anlässlich der Buchung 20 % des Reisepreises als Anzahlung geleistet. Die restlichen 80 % des Reisepreises sind bei Erhalt der Reiseunterlagen zu bezahlen. Vierzehn Tage vor dem Abflug holt sie das Ticket ab und bezahlt den restlichen Reisepreis.

Vier Tage später wird sie von einem Mitarbeiter des Reiseveranstalters angerufen, der ihr mitteilt, dass das Reisebüro Konkurs angemeldet hat. Der vom Reisebüro kassierte restliche Reisepreis sei dem Veranstalter nicht zugekommen und wenn Frau Kainz die Reise antreten will, dann müsse sie diese 80 % nochmals bezahlen.

Aufgrund der branchenüblichen organisatorischen Abwicklung der Bezahlung über das Reisebüro geht die Rechtsprechung davon aus (OGH 28.10.1997, 4 Ob 276/97, KRES 10/71), dass das Reisebüro jedenfalls Inkassovollmacht hat, außer es würde vom Veranstalter besonders deutlich auf das Gegenteil verwiesen.

Frau Kainz aus dem vorigen Beispiel braucht daher die Reise kein zweites Mal zu bezahlen. Wenn das Geld vom Inkassobevollmächtigten nicht weitergeleitet wird, dann ist dies das Risiko des Veranstalters. Allerdings legen manche Veranstalter in den Katalogen genaue Zahlungsbedingungen fest und argumentieren, dass das Reisebüro daher nicht berechtigt sei, höhere Anzahlungen zu kassieren oder den restlichen Reisepreis früher entgegenzunehmen, als im Katalog angegeben ist. Doch wenn dies dem Konsumenten nicht bewusst gemacht wird, dann haftet der Veranstalter trotzdem und entgegenstehende Klauseln sind unwirksam (HG Wien 28.12.1998, 1 R 353/98b).

**TIPP**

Wenn Sie eine Reise buchen, dann lesen Sie auch die Zahlungsbedingungen im Katalog des Veranstalters. Keinesfalls sollten Sie dem Reisebüro früher Geld geben, als das in den Zahlungsbedingungen verlangt wird, da es sonst im Fall einer Insolvenz des Reisebüros Probleme geben kann.

## Geschäftsfähigkeit

Jeder Mensch ist „rechtsfähig", kann also Träger von Rechten oder Pflichten sein. Auch das eben erst geborene Kind kann zum Beispiel schon Eigentum an Liegenschaften oder Unternehmen haben. Das Baby ist jedoch noch nicht in der Lage, sich selbst durch eigenes rechtsgeschäftliches Handeln zu berechtigen oder zu verpflichten. Es kann insbesondere auch keine Verträge wirksam abschließen – juristisch spricht man von mangelnder Geschäftsfähigkeit.

Die Geschäftsfähigkeit hängt einerseits vom Alter und andererseits vom Geisteszustand ab. Geisteskranke und Geistesschwache können keine gültigen Geschäfte abschließen. Das gilt auch für Personen, die nur vorübergehend – zum Beispiel wegen starker Alkoholisierung oder Rauschgifteinfluss – nicht im Besitz ihrer geistigen Kräfte sind. Für geistig Behinderte und psychisch Kranke besteht auch die Möglichkeit, einen Sachwalter zu bestellen, der sie in dem ihm jeweils übertragenen Aufgabenbereich vertritt. Auch die Bestellung eines Sachwalters nur für die Abwicklung eines einzigen Rechtsgeschäftes ist möglich.

Zum Schutz Minderjähriger – das sind Personen unter 18 Jahren – vor Unbesonnenheit und Übervorteilung ist ihre – beschränkte – Geschäftsfähigkeit altersmäßig abgestuft.

- **Kinder** (Personen unter 7 Jahren) sind vollkommen geschäftsunfähig. Einzige Ausnahme sind für dieses Alter typische Rechtsgeschäfte, die geringfügige Angelegenheiten des täglichen Lebens betreffen. Dazu gehört etwa der Kauf von Süßigkeiten. Diese Regelung gilt generell für alle Minderjährigen, wobei mit wachsendem Alter natürlich auch der Umfang der „üblicherweise geschlossenen" Geschäfte zunimmt.
- **Unmündige Minderjährige** (Personen zwischen 7 und 14 Jahren) können bereits ein zu ihrem Vorteil abgegebenes Versprechen – ein Geschenk – annehmen. Vorteilhaft heißt, dass für den Minderjährigen keine Verpflichtungen (zum Beispiel Zahlung eines auch noch so günstigen Kaufpreises) entstehen dürfen. Alle Geschäfte, die mit einer wirtschaftlichen Last verbunden sind, sind daher unwirksam.

  Will sich der Unmündige also verpflichten, so muss entweder der gesetzliche Vertreter für ihn handeln oder jedenfalls seine Zustimmung erteilen. Geht der Unmündige jedoch ohne Zustimmung des gesetzlichen Vertreters eine Verpflichtung ein, so ist dieses Rechtsgeschäft schwebend unwirksam. Dies bedeutet, dass das Geschäft erst durch die nachträgliche Genehmigung des gesetzlichen Vertreters volle Gültigkeit erlangen kann. Bis zur Entscheidung des gesetzlichen Vertreters ist der Geschäftspartner an seine Erklärung gebunden. Er kann jedoch verlangen, dass sich der gesetzliche Vertreter binnen angemessener Frist äußert. Äußert sich dieser nicht oder verweigert er die Zustimmung, dann ist das Geschäft (von Anfang an) unwirksam.

  In wichtigen Fällen (Liegenschaften, Unternehmen …) reicht die Zustimmung des gesetzlichen Vertreters nicht aus, und es ist zusätzlich die Genehmigung des Pflegschaftsgerichtes einzuholen.
- **Mündige Minderjährige** (Personen zwischen 14 und 18 Jahren) können – zusätzlich zu den Möglichkeiten, wie sie auch für Unmündige bestehen – selbstständig über Sachen, die ihnen zur freien Verfügung überlassen wurden, und über Einkommen aus eigenem Erwerb verfügen und sich so weit verpflichten, als dadurch nicht ihr Lebensunterhalt gefährdet wird.

  Zu den Sachen, die zur freien Verfügung überlassen wurden, gehören Geldgeschenke und Taschengeld. Schenken Sie Ihrem Kind zum Beispiel zum Geburtstag € 100 (ohne ausdrückliche Zweckwidmung), so kann es das Geld nach Belieben ausgeben. Kleider, Bücher, Spiel- und

Sportgeräte werden hingegen üblicherweise nicht zur freien Verfügung, sondern nur zum Gebrauch überlassen. Schenken Sie Ihrer Tochter etwa zum Geburtstag ein neues Fahrrad, kann die junge Dame es fallweise verborgen, aber ohne Ihre Einwilligung nicht verschenken, verkaufen oder gegen eine andere Sache eintauschen.

**Das zu teure Fahrrad**

Der 17-jährige Peter jobbt in den Sommerferien in einer Notariatskanzlei. In den zwei Ferienmonaten wird er rund € 1.700 verdienen. Als Sportfanatiker hat er schon einiges an Geld in seine liebste Freizeitbeschäftigung gesteckt. Nun sieht er die Chance, endlich ein neues Leichtmetallfahrrad zu kaufen, und wird mit seinem Sportartikelhändler auch bald handelseins: € 1.300 zahlt er an, den Rest soll er in sechs Monatsraten zu je € 200 abzahlen. Durch ein paar Gelegenheitsjobs wird er das schon finanzieren können.

Die Eltern sind überrascht: Das ganze Geld vom Ferienjob ist weg, und auch für die Zukunft hat sich ihr Sohn schon festgelegt. Dabei wird das mit den Gelegenheitsjobs nichts werden, denn Peter sollte sich eigentlich ein wenig mehr um seinen Schulerfolg kümmern.

Der Vertrag übersteigt eindeutig die Möglichkeiten von Peter, vor allem wenn man bedenkt, dass er daneben auch noch seinen eigenen Lebensunterhalt sollte bestreiten können. Die Eltern können daher darauf bestehen, dass die Anzahlung zurückgezahlt wird und der Sportartikelhändler das Fahrrad zurücknimmt.

Bei der Beurteilung, ob durch eine Verpflichtung die Befriedigung der Lebensbedürfnisse des Jugendlichen gefährdet ist, sind die Beiträge der Eltern oder sonstiger Unterhaltsverpflichteter nicht einzurechnen. Bei der Berechnung ist davon auszugehen, dass sich der Jugendliche selbst erhalten müsste.

**TIPP**

Wenn Sie davon erfahren, dass Ihr Kind einen Vertrag abgeschlossen hat, der seine Geschäftsfähigkeit übersteigt, dann teilen Sie dem Unternehmer sofort mit, dass Sie diesen Vertrag nicht genehmigen und die Rückabwicklung verlangen. Dabei ist es egal, ob der Kaufgegenstand schon vom Jugendlichen verwendet wurde oder nicht. Der Unternehmer hat auch keinen Anspruch zum Beispiel auf eine Benützungsgebühr oder einen Ersatz der Wertminderung.

**Musterbrief „Nichtgenehmigung eines Geschäftes eines Minderjährigen"**

Max Muster
Nirgendwostraße 12/16
1010 Wien

Rad Blitz GmbH
Speichengasse 12
1070 Wien

Wien, 5.9.2012

Betrifft: Kaufvertrag über Leichtmetallfahrrad vom 1.9.2012
Rechnung Nr. 181, mein Sohn Peter Muster

Sehr geehrte Damen und Herren,

mein Sohn, Peter Muster, hat – ohne mein Wissen und meine Zustimmung – am 1.9.2012 bei Ihnen einen Kaufvertrag über ein Leichtmetallfahrrad zum Gesamtkaufpreis von € 2.500 unterzeichnet und eine Anzahlung von € 1.300 geleistet. Der Restkaufpreis soll laut Kaufvertrag in sechs Monatsraten zu je € 200 abbezahlt werden.

Da mein Sohn am 17.1.1995 geboren ist, daher erst 17 Jahre alt ist, noch zur Schule geht und über kein eigenes Einkommen verfügt, gefährdet das vorliegende Geschäft seinen Lebensunterhalt und ist ohne Zustimmung der Eltern unwirksam.

Als gesetzlicher Vertreter meines Sohnes teile ich Ihnen daher mit, dass ich dem obgenannten Kaufvertrag meine Zustimmung verweigere und fordere Sie auf, die erhaltene Anzahlung von € 1.300 binnen sieben Tagen auf mein Girokonto bei der Sparbank (BLZ 80101), Kontonummer 007 126 482, zur Überweisung zu bringen. Zug um Zug gegen Rückzahlung der Anzahlung werde ich Ihnen natürlich das Fahrrad zurückstellen.

Mit freundlichen Grüßen

Besonders bei Ratenvereinbarungen spielt auch die wahrscheinliche Entwicklung des Einkommens eine Rolle. Ist etwa schon abzusehen, dass demnächst die Einberufung zum Bundesheer oder zum Zivildienst kommt, dann wird eine höhere Ratenzahlungsverpflichtung nicht wirksam sein.

Als gesetzlicher Vertreter haben Sie weder eine moralische und schon gar keine rechtliche Verpflichtung, ein unwirksames Geschäft nachträglich zu genehmigen. Das Risiko liegt in diesem Fall ausschließlich beim Unternehmer.

Ein an sich unwirksames („schwebendes") Geschäft kann nicht nur von den gesetzlichen Vertretern des Minderjährigen, sondern auch von ihm selbst genehmigt werden. Und zwar dann, wenn er mittlerweile volljährig geworden ist.

**Nachträgliche Genehmigung**

Franz hat als 17-jähriger einen Kredit aufgenommen. Bei einem Einkommen von nur € 500 sollte er monatlich € 300 zurückzahlen. Da er damit eindeutig nicht mehr in der Lage wäre, seinen Lebensunterhalt zu bestreiten, war der Kreditvertragsabschluss – der von seinen Eltern nicht genehmigt worden war – unwirksam. Franz kommt auch tatsächlich in Zahlungsschwierigkeiten, kann aber den Rückstand zumindest teilweise wieder aufholen. Ein paar Monate nach seinem 18. Geburtstag vereinbart er schließlich mit dem Filialleiter, dass er während seiner Zeit beim Bundesheer nur € 100 monatlich bezahlt, danach aber die vollen € 300 wieder zahlen wird. Mit dieser Vereinbarung, die er schon als Volljähriger getroffen hat, hat Peter den von ihm eigentlich unwirksam eingegangenen Kreditvertrag nachträglich genehmigt.

Das Volljährigkeitsalter wurde mit 1. Juli 2001 von früher 19 Jahren auf nunmehr 18 Jahre herabgesetzt. Das bedeutet nicht nur mehr Freiheit für die „Neo-Volljährigen", sondern damit verbunden auch mehr Risiko und Verantwortung; unter Berufung auf die beschränkte Geschäftsfähigkeit des Minderjährigen lässt sich ab dem 18. Geburtstag kein Vertrag mehr rückgängig machen.

**TIPP**

Bevor Ihr Kind den 18. Geburtstag feiert, sollten Sie sich Zeit nehmen für ein ausführliches Gespräch mit ihm über die rechtliche und wirtschaftliche Dimension des Erwachsenwerdens. Versuchen Sie Ihrem Kind bewusst zu machen, dass alle Verträge gut überlegt und wenn möglich auch noch mit Ihnen oder neutralen Ratgebern wie einer Konsumentenberatungsstelle besprochen werden sollen, denn ein unüberlegter Vertrag – ob Auto, Wohnung, Versicherung oder Kredit – kann das eigenständige, „erwachsene" Leben auf Jahre hinaus gefährden.

## Jugendliche und Banken

Kredite, Kontoüberziehungen und Bürgschaften sind nur insoweit wirksam, als durch sie keine Gefährdung der Lebensbedürfnisse des Minderjährigen entsteht. Bei unwirksamen Verpflichtungen gilt: Nur unter der Voraussetzung, dass das Geld noch vorhanden oder an seine Stelle ein bleibender Wert getreten ist, kann die Bank den Betrag zurückverlangen.

Girokonten können ab dem 14. Lebensjahr wirksam eröffnet werden, sofern regelmäßige Einnahmen vorliegen, die ausreichen, um die Kosten der Kontoführung abzudecken.

Jugendkredite und Kontoüberziehungen durch Vierzehn- bis Achtzehnjährige sind nur dann wirksam, wenn vorher vereinbart wurde, dass die Rückzahlung in Raten erfolgt, die den Unterhalt (die Lebensbedürfnisse) des Jugendlichen nicht gefährden.

Das Bankwesengesetz stellt – neben den Schutzbestimmungen des ABGB – folgende Sorgfaltspflichten auf, die Kreditinstitute bei der Geschäftsbeziehung mit Jugendlichen zu beachten haben:

- Scheckkarten und Bankomatkarten dürfen ohne ausdrückliche Zustimmung des gesetzlichen Vertreters nicht vor Vollendung des 18. Lebensjahres, bei regelmäßigen Einkünften nicht vor Vollendung des 17. Lebensjahres, ausgegeben werden.
- Bankomatkarten dürfen nur zur Behebung von wöchentlich maximal € 400 berechtigen.

Das Risiko, ob ein Vertrag mit einem Jugendlichen wirksam zustande gekommen ist, trägt die Bank. Viele Institute sind sich dieser Gefahr bewusst und versuchen daher, die Zustimmung der Eltern vorweg oder nachträglich einzuholen. Selbst wenn die Erziehungsberechtigten die Zustimmung erteilt haben, haftet nur der Minderjährige. Eine Haftung der Eltern besteht nicht. Daher versuchen Banken vielfach, mit eigenen Bürgschaftserklärungen oder mit einem Schuldbeitritt eine vertragliche Haftung der Eltern herbeizuführen. Denken Sie daran, bevor Sie einen solchen Vertrag unterschreiben.

## Mehrere Vertragspartner

**Mitgefangen – mitgehangen**

Fredi Schnittig möchte unbedingt einen neuen Sportwagen kaufen, doch leider sind seine Finanzen schon ziemlich angespannt. Mit der Bank kann er aushandeln, dass ihm doch noch ein Kredit gewährt wird, „aber dazu brauchen wir dann auch noch die Unterschrift Ihrer Frau", sagt der Bankangestellte. Fredi Schnittig überzeugt seine Frau, dass sie – weil die Bank das halt so verlangt – und außerdem sei es ohnehin nur eine Formsache – den Kreditvertrag mitunterschreibt.

Ein Jahr später, die Eheleute leben mittlerweile getrennt, hat der flotte Fredi das Auto zu Schrott gefahren. Weil er beim Unfall stark alkoholisiert war, zahlt die Kaskoversicherung nicht. In der Folge bleibt er die Kreditraten schuldig, die Bank wendet sich an die arme Frau Schnittig, die nun plötzlich den offenen Kreditbetrag von immerhin 20.000 Euro zahlen soll.

An einem Vertrag können natürlich auch mehr als zwei Personen beteiligt sein. Eine Mehrzahl von Vertragspartnern kann es sowohl auf der Unternehmer- als auf der Verbraucherseite geben. Zumeist wird in solchen Fällen im Vertrag eine Haftung „zur ungeteilten Hand" (auch solidarische Haftung genannt) ausdrücklich vorgesehen.

Die gemeinsamen Vertragspartner haften dann jeder für sich für die gesamte Verbindlichkeit (Kaufpreis, Kreditbetrag etc). Haben sie dem Gläubiger mehr als ihren Anteil gezahlt, dann können sie das von ihren Mitverpflichteten zurückfordern („regressieren"). Sind diese aber zahlungsunfähig, dann bleibt das eine eher theoretische Möglichkeit.

In unserem Beispiel ist Frau Schnittig gemeinsam mit ihrem Mann Kreditnehmerin geworden. Der Bank stehen daher zwei Schuldner gegenüber, die sich gemeinschaftlich – „solidarisch" – verpflichtet haben, den Kredit zurückzubezahlen. Und zwar unabhängig davon, ob das mit dem Kredit angeschaffte Auto noch funktioniert, wer damit fährt oder auch wer überhaupt etwas von diesem Auto gehabt hat.

Kann oder will Herr Schnittig nicht bezahlen, so wendet sich die Bank an Frau Schnittig, die auch für den gesamten Kreditbetrag haftet.

**TIPP**

Es gibt keine Unterschrift, die „nur eine Formsache" wäre! Je stärker die Ihnen abverlangte Unterschrift bagatellisiert wird, desto misstrauischer sollten Sie werden. Eine Unterschrift bedeutet das Einverständnis zum unterzeichneten Vertragstext, auch wenn Sie ihn nicht gelesen haben – das sollten Sie gerade dann bedenken, wenn Sie „nur" als weiterer Mitunterzeichner zu einem Vertrag hinzugezogen werden.

**Der „bürgenlose Kredit"**

Karin brauchte dringend Geld, und da kam das Inserat gerade richtig: „Bis zu € 40.000 ohne Bürgen". Sie bat ihre Schwester Anneliese, sie nach Wien zu chauffieren. Beim Kreditvermittler war dann von „bürgenlos" keine Rede mehr. Aber Anneliese, eine Küchengehilfin mit rund € 750 im Monat und eigenen Schulden, könne doch als Bürgin gehen. Der Kreditvermittler sprach von einer reinen Formalität, und Anneliese – vor die Wahl gestellt, die Schwester hängen zu lassen und unverrichteter Dinge nach Hause zu fahren – willigte ein.

Karin kam in Zahlungsrückstand, und aus der Formalität wurde bitterer Ernst. Die Bank klagte einen Kreditrest von rund € 30.000 gegen beide Schwestern ein. Doch die Klage gegen Anneliese wurde abgewiesen. Die Bürgschaft sei sittenwidrig und unwirksam (OGH 10.7.1997, 2 Ob 156/97y, KRES 10/66).

**TIPP**

Im Fall von solchen Mithaftungen aus Gefälligkeit sollten Sie sich, werden Sie vom Gläubiger herangezogen, unbedingt rechtlich beraten lassen, bevor Sie eine Haftung anerkennen oder gar zahlen. Kommt eine Klage vom Gericht, muss man sich sofort wehren (siehe Seite 347 ff); ist ein Urteil – und sei es auch ein Versäumungsurteil oder ein Zahlungsbefehl – einmal rechtskräftig, kann Ihnen niemand mehr helfen!

Zur Eindämmung der durch die Solidarhaftung ansteigenden privaten Verschuldung hat der Gesetzgeber im Konsumentenschutzgesetz eine Reihe von Vorsorgen getroffen und Banken eine ganze Reihe von besonderen Pflichten auferlegt:

- Der Kreditgeber muss Ehegatten, die gemeinsam einen Kredit aufnehmen oder für einander bürgen, über die Besonderheiten der solidarischen Haftung darüber belehren, dass diese Haftung auch bei Auflösung der Ehe aufrecht bleibt und dass im Fall der Scheidung die Haftung eines der Ehegatten auf eine Ausfallsbürgschaft (siehe Seite 113) beschränkt werden kann, wenn dies innerhalb eines Jahres beantragt wird.
- Der Gläubiger muss dem Verbraucher, der als Solidarschuldner haftet, jede Mahnung des anderen Solidarschuldners auch zustellen. Ist der Verbraucher Bürge oder Garant, so hat der Kreditgeber den Verbraucher von der Säumigkeit des Hauptschuldners rechtzeitig zu informieren, ansonsten haftet der Verbraucher nicht für zwischenzeitlich auflaufende Zinsen und Kosten.

- Wenn der Verbraucher einer Verbindlichkeit (diese muss kein Kredit sein!) als Bürge, Mithaftender oder Garant beitritt, so muss ihn der Gläubiger auf die wirtschaftliche Lage des Hauptschuldners hinweisen, wenn erkennbar ist, dass der Hauptschuldner seine Verbindlichkeit nicht wird erfüllen können. Unterlässt der Gläubiger diesen Hinweis, so haftet der Verbraucher für die Verbindlichkeit nicht, wenn er die Verpflichtung nicht auch in Kenntnis dieser Umstände eingegangen wäre.
- Besteht zwischen der wirtschaftlichen Leistungsfähigkeit des Verbrauchers, der als Bürge, Mithaftender oder Garant einer Verbindlichkeit (abermals nicht auf Kredite beschränkt!) beitritt, und der Haftung, die er eingeht, ein erkennbares unbilliges Missverhältnis, dann kann der Richter die Verbindlichkeit mäßigen oder ganz erlassen.

Diese Bestimmungen gelten seit 1.1.1997. Für vor diesem Zeitpunkt eingegangene Haftungen gelten nach der Rechtsprechung im Wesentlichen ähnliche Grundsätze: Ist der Bank die schlechte Bonität des Hauptschuldners bewusst und weist sie den Bürgen, der finanziell auch nicht in der Lage ist, seiner Bürgschaftsverpflichtung nachzukommen, darauf nicht hin, so kann der Bürgschaftsvertrag wegen Sittenwidrigkeit unwirksam sein, wenn der Bürge zudem zum Abschluss überrumpelt oder das Risiko verharmlost wurde (OGH 27.3.1995, 1 Ob 544/95, KRES 3/86b; OGH 10.7.1997, 2 Ob 156/97y, KRES 10/66).

**TIPP**

Diese Bestimmungen sind aber sehr streng und sollen nicht als Freibrief für leichtfertige Bürgschaften verstanden werden.

Kaufen sich zum Beispiel Lebensgefährten gemeinsam ein Haus, so handelt es sich um einen Vertrag, bei dem (zumindest) auf einer Vertragsseite zwei Vertragspartner stehen. Davon zu unterscheiden sind jene Fälle, in denen man als Konsument zwar mehreren Vertragspartnern gegenübersteht, mit diesen jedoch unterschiedliche Verträge bestehen, die freilich oft erst mühsam auseinander geklaubt werden müssen – vor allem, wenn einzelne Personen für mehrere Vertragspartner handeln.

**Ein Vertragstrio**

Herr Kogler hat eine Substandard-Wohnung besichtigt, an der – nach entsprechenden Sanierungsarbeiten – Wohnungseigentum begründet werden soll. Der Immobilienmakler legt ihm ein Anbotsformular vor, mit dem Herr

Kogler dem Verkäufer anbietet, die Wohnung (das heißt: vorerst die entsprechenden Miteigentumsanteile am Haus) zu kaufen und zugleich dem Makler eine Provision von 3 % des Kaufpreises verspricht, falls der Verkäufer das Anbot annimmt. Außerdem erklärt der Makler, dass Herr Kogler die Wohnung nur bekommen wird, wenn er sich zugleich auch verpflichtet, die Sanierung vorzunehmen und dazu eine ganz bestimmte, vom Makler genannte Firma beauftragt. Herr Kogler unterschreibt schließlich sowohl das Kaufanbot als auch ein Anbot für diese Sanierungsarbeiten. Im Kaufanbot findet sich auch noch der Vermerk: „Vertragserrichtung durch Dr. P." Zuletzt unterschreibt auch der Makler das Kaufanbot mit dem Zusatz „angenommen für den Verkäufer".

Herr Kogler hat in diesem Beispiel mit zumindest drei Vertragspartnern zu tun:

- mit dem Immobilienmakler, mit dem er einen Vertrag über die Vermittlung dieser Wohnung eingegangen ist, und dem er im Erfolgsfall die Provision schuldet;
- mit dem Verkäufer der Wohnung (Miteigentumsanteile am Haus) – Kaufvertrag;
- mit dem Unternehmer, der die Sanierung der Wohnung durchführen wird – Werkvertrag;
- und schließlich wird er vermutlich auch mit dem im Anbot genannten Anwalt einen Vertrag über die Errichtung und Verbücherung des Kaufvertrages eingehen.

Der Immobilienmakler war in diesem Fall zum einen natürlich für sich selbst tätig, zum anderen aber auch Stellvertreter für den Verkäufer (für den er offenbar berechtigt war, den Vertrag abzuschließen) und wohl auch Stellvertreter für das Sanierungsunternehmen.

**TIPP**

Wenn Sie mit mehreren Vertragspartnern und unterschiedlichen Verträgen konfrontiert sind, sollten Sie – auch mit Hilfe einer Skizze – versuchen, die Angelegenheit für sich übersichtlich darzustellen, damit allfällige Probleme oder Fragen auch den jeweils richtigen Ansprechpartnern zugeordnet werden können.

In manchen Fällen hat man es zwar in der praktischen Abwicklung eines Vertrages mit einer Vielzahl von Unternehmern zu tun, unmittelbare vertragliche Beziehungen bestehen jedoch nur mit einem oder jedenfalls nicht mit allen dieser Unternehmer. Typisches Beispiel dafür wäre etwa der

Auftrag an einen Baumeister, als Generalunternehmer ein Haus zu errichten. Dieser Baumeister kann dann eine Reihe von Subunternehmern beschäftigen, mit denen man aber keine direkte vertragliche Beziehung hat.

**TIPP**

Manchmal kann es hilfreich sein, ein Problem direkt mit dem faktisch dafür verantwortlichen Unternehmer zu erörtern, auch wenn man zu ihm – weil er vielleicht nur Subunternehmer oder Lieferant ist – keine vertragliche Beziehung hat. Lassen Sie sich aber von Ihrem tatsächlichen Vertragspartner nicht mit einem Hinweis auf einen Lieferanten oder Subunternehmer abwimmeln – rechtlich verantwortlich bleibt Ihr Vertragspartner, und ihn müssten Sie im Streitfall auch klagen.

## Die Form des Vertrages

**Hotelstorno**

Herr Hofer hat sich Prospekte vom Fremdenverkehrsverband seines gewünschten Urlaubsorts kommen lassen. Er hat auch schon ein Hotel ausgewählt und ruft dort an. Am Telefon wird vereinbart, dass Herr Hofer am 24. Dezember ankommen und bis 1. Jänner bleiben wird. Der Hotelier fragt auch nach seinem genauen Namen und der Adresse und schickt Herrn Hofer kurz danach eine Buchungsbestätigung zu. Kurz vor Weihnachten erhält seine Firma noch einen ganz wichtigen Auftrag, sodass Herr Hofer seinen Urlaub absagen muss. Am 23.12. ruft er beim Hotel an. Er ist verwundert, als ihm der Hotelier mitteilt, dass er eine Stornogebühr in der Höhe des Aufenthaltspreises für drei Tage verlangt.

„Ich habe doch ohnehin nichts unterschrieben“ – das ist ein oft gehörter Satz in Konsumentenberatungsstellen. Die Vorstellung, ein Vertrag sei nur dann wirklich ein Vertrag, wenn er gewissermaßen durch die Unterschrift besiegelt wurde, ist weit verbreitet – aber unrichtig. Grundsätzlich gilt, dass Verträge ohne jegliche Formvorschriften abgeschlossen werden können. Eine mündliche Vereinbarung ist genauso wirksam wie ein Vertrag auf der Rückseite eines Bierdeckels oder auch ein aufwendig gebundener und besiegelter Notariatsakt.

Besondere Formgebote gibt es im Gesetz für Bürgschaften (sie können nur schriftlich erklärt werden) und für Schenkungsverträge, bei denen das Geschenk erst später übergeben werden soll (dafür ist ein Notariatsakt erforderlich). Für einige Vertragsarten – zum Beispiel Verbraucherkreditverträge oder Verbrauchergirokontoverträge – schreibt das Gesetz zwar Schriftlichkeit vor, ein Verstoß dagegen berührt aber nicht – wie bei der Bürgschaft – die Gültigkeit des mündlich abgeschlossenen Vertrages, sondern führt nur zu einer Verwaltungsstrafe für den Unternehmer.

Die Errichtung eines schriftlichen Vertrags hat natürlich den großen Vorteil, dass die darin getroffenen Vereinbarungen besser beweisbar sind. Häufig wird in den Vertragstexten dann auch festgehalten, dass neben dem schriftlichen Vertrag keine mündlichen Vereinbarungen bestehen oder dass mündliche Zusagen keine Wirksamkeit haben. Dies ist für Konsumenten eine Gefahr, da der Vertragstext ja in der Regel vom Unternehmer aufgesetzt wird und oft darauf „vergessen“ wird, das mündlich zwischen Konsument und Unternehmer (beziehungsweise dessen Vertreter) Besprochene dann noch im Vertrag schriftlich festzuhalten. Daher hat das Konsumentenschutzgesetz vorgesehen, dass die Rechtswirksamkeit formloser Erklärungen des Unternehmers oder seiner Vertreter vertraglich nicht ausgeschlossen werden kann.

**TIPP**

Auch mündliche Zusagen des Unternehmers oder seiner Vertreter sind wirksam. Aus Beweisgründen ist es jedoch zu empfehlen, solche Zusagen in den schriftlichen Vertragstext aufzunehmen.

Bei Geschäften über Liegenschaften wird so gut wie immer ein schriftlicher Vertrag geschlossen, der auch gerichtlich oder notariell beglaubigt wird, da damit die Voraussetzungen für die Grundbuchseintragung geschaffen werden. Dennoch bedeutet dies nicht unbedingt, dass erst mit der Unterschrift unter der „Vertragsurkunde“ die Willensübereinstimmung wirksam zustande kommt. So kann die Einigung etwa über den Kauf der Eigentumswohnung auch mündlich oder durch Unterzeichnung eines Kaufanbots (und dessen Annahme durch den Verkäufer) zustande kommen und man ist daher in diesen Fällen bereits vor Errichtung der grundbuchsfähigen Kaufvertragsurkunde vertraglich gebunden.

## Vertragstypen

Die Grundsätze des Vertragsrechts lassen sich auf alle Vertragsarten anwenden. Beschäftigt man sich näher mit den konkreten Pflichten, die sich aus einem Vertrag ergeben, so ist es sinnvoll, nach einzelnen Vertragstypen zu differenzieren.

Das österreichische Recht kennt keinen geschlossenen Katalog bestimmter Vertragstypen. Man kann also auch Verträge schließen, die sich keiner gängigen Kategorie (etwa Kauf- oder Werkvertrag) zuordnen lassen. Zahlreiche Vertragsarten haben sich zudem in der Wirtschaftspraxis herausgebildet, ohne dass es dafür besondere privatrechtliche Regelungen gäbe, so zum Beispiel der Kredit- und der Leasingvertrag. Häufig sind auch sogenannte gemischte Verträge, bei denen in einer Vereinbarung Elemente mehrerer Vertragsarten auszumachen sind.

**Eine Vertragsmischung**

Frau Mally bestellt im Möbelhaus einen Schrank, der auch von Mitarbeitern des Möbelhauses geliefert und aufgestellt werden soll. Es liegt ein Kaufvertrag mit werkvertraglichen Elementen vor.

Die Einordnung einzelner Verträge ist in der Praxis nicht immer einfach. Wegen manchmal unterschiedlicher Rechtsfolgen ist aber bei jedem Vertrag zu prüfen, ob er einer bestimmten Vertragskategorie so nahesteht, dass er den dafür aufgestellten Regelungen unterliegt. Denn natürlich kann etwa der Mieterschutz nicht umgangen werden, indem man statt eines Mietvertrages einen Leasingvertrag über eine Wohnung abschließt. Manchen Vertrag aber können selbst Juristen nicht mehr zuordnen. Dann nennen sie ihn einen „Vertrag sui generis“ (eigener Art), so etwa den Fernlehrvertrag.

## Kaufvertrag

Beim Kaufvertrag verpflichtet sich der Verkäufer, dem Käufer eine Sache ins Eigentum zu übergeben. Der Käufer verpflichtet sich zur Zahlung des Kaufpreises. Daneben können noch verschiedene Nebenpflichten, sowohl auf der Seite des Käufers wie auch des Verkäufers bestehen, die sich entweder aus der Vereinbarung oder aus der Verkehrssitte ergeben. So trifft den Verkäufer zum Beispiel die Verpflichtung, vor Gefahren, die mit dem Kaufgegenstand verbunden sind, zu warnen.

### Versandhandel

Im Versandhandel wird den Konsumenten häufig ein Rückgaberecht eingeräumt. Juristisch spricht man in solchen Fällen von einem „Kauf auf Probe“. Wenn die Ware nicht gefällt, kann sie innerhalb der Rückgabefrist zurückgesandt werden. Behält man sie aber, gilt der Kauf als genehmigt.

**TIPP**

Seit 1. Juni 2000 gilt im Versandhandel aufgrund des „Fernabsatz-Gesetzes" ein allgemeines Rücktrittsrecht innerhalb einer Frist von sieben Werktagen. Es gibt jedoch einige Ausnahmen, so insbesondere bei CDs, Videos oder Software, sobald das Siegel entfernt ist, und bei Waren, die nach Maß angefertigt werden (Näheres zu diesem Rücktrittsrecht finden Sie auf den Seiten 200 ff). Der Unternehmer kann freilich ein weiter gehendes Rückgaberecht oder auch eine längere Frist freiwillig einräumen. Bevor Sie etwas bestellen, sollten Sie daher den Katalog durchsehen, ob die vom Unternehmer angebotenen Rücktritts- oder Rückgabemöglichkeiten für Sie ausreichend sind.

Den „klassischen" Versandhandel – mit zwei Katalogen jährlich, schriftlicher oder telefonischer Bestellung und Lieferung per Post – schon überholt haben jene Vertriebsformen, bei denen vor allem auch über Telefon, „Tele-Shopping" oder Internet Bestellungen getätigt werden und häufig auch die Leistungserbringung über Telefon oder Internet erfolgt. In diesem Zusammenhang spricht man häufig von „Fernabsatz" bzw „E-Commerce", womit jedoch keine eigenständige Vertragsform bezeichnet wird, sondern eher der Vertriebskanal. Die Sondervorschriften für diese Absatzwege sind im Abschnitt „Fernabsatz und E-Commerce" näher dargestellt (Seiten 141 ff).

### Kauf auf Raten und drittfinanzierter Kauf

Vor allem im Möbel- und Elektrohandel ist es üblich geworden, Kunden Waren anzudienen, die mit einem längeren Zahlungsziel bezahlt werden können („Heute kaufen, in drei Monaten zahlen!"). Dabei kann der Händler selbst den Kaufpreis kreditieren; viel häufiger allerdings bedient er sich dazu einer Bank, mit der der Kunde – über die Vermittlung des Händlers und gleichsam *uno actu* mit Kaufvertragsabschluss – einen Kreditvertrag abschließt. Finanzierungen größeren Umfangs, so etwa der Kauf eines Autos, werden überwiegend unter Inanspruchnahme eines Bankenkredits getätigt. In diesen Fällen spricht man von einem „drittfinanzierten Kauf".

**Autofinanzierung durch die „Hausbank" des Händlers**

Herr Dorner will sein Auto – Kaufpreis € 22.000 – über einen Kredit finanzieren. Sein Autohändler kann ihm dabei gleich behilflich sein: Denn immerhin betreibt ein Tochterunternehmer des Autoherstellers auch in Öster-

> reich eine Bank, die auf Kredit- und Leasingfinanzierungen von Fahrzeugen ihrer Marke spezialisiert ist. Den Kreditantrag kann Herr Dorner gleich beim Autohändler ausfüllen, der ihn auch der Bank weiterleitet.

In diesen Fällen hat sich also eine Aufgabenteilung entwickelt: Der Händler verkauft, und eine mit dem Händler kooperierende Bank gewährt dem Konsumenten den Kredit, den er für den Kaufpreis braucht. Aus der Sicht des Konsumenten bedeutet dies, dass er den Anspruch auf ordnungsgemäße Lieferung gegen den Händler hat, seine Raten allerdings an die Bank bezahlen muss, und zwar grundsätzlich unabhängig davon, ob der Händler vertragsgemäß erfüllt. Gerade diese Konsequenz (Zahlungsverpflichtung des Konsumenten aus dem Kreditvertrag trotz Schlechterfüllung durch den Händler) soll durch den gesetzlich statuierten sogenannten „**Einwendungsdurchgriff**" vermieden werden, der sich (nunmehr) im Verbraucherkreditgesetz zum Schlagwort der „verbundenen Kreditverträge" befindet:

Ein verbundener Kreditvertrag ist ein Kreditvertrag, der ganz oder teilweise der Finanzierung eines Vertrags über die Lieferung bestimmter Waren oder die Erbringung einer bestimmten Dienstleistung dient und mit dem finanzierten Vertrag objektiv betrachtet eine wirtschaftliche Einheit bildet. Dies ist insbesondere dann der Fall, wenn

- der Lieferant oder Leistungserbringer selbst Kreditgeber ist,
- wenn sich der Kreditgeber bei der Vorbereitung oder dem Abschluss des Kreditvertrags der Mitwirkung des Lieferanten oder Leistungserbringers bedient,
- wenn im Kreditvertrag ausdrücklich die spezifischen Waren oder die Erbringung einer spezifischen Dienstleistung angegeben ist oder
- wenn der Kreditgeber und der Lieferant oder Leistungserbringer im Rahmen dieser Finanzierung zueinander in eine vertragliche Beziehung treten oder miteinander wegen derartiger Finanzierungen in ständiger Geschäftsverbindung stehen.

Liegen die Voraussetzungen für einen solchen „verbundenen Kreditvertrag" vor, kann der Konsument dem Kreditgeber all jene Einwendungen entgegenhalten, die er gegen den Händler hat (also zum Beispiel Preisminderungsansprüche aus Gewährleistung; Schadenersatzansprüche aus Verzug udgl). Tritt der Konsument vom Vertrag über das Grundgeschäft zurück, gilt der Rücktritt auch für den damit verbundenen Kreditvertrag, ohne dass der Kreditgeber eine Entschädigung oder Zinsen fordern könnte.

**Musterbrief „Einwendungsdurchgriff"**

Max Muster
Nirgendwostraße 12/16
1010 Wien

Darlehensbank Vienna AG
Kärntnerring 11
1010 Wien

Wien, 2012 02 08

Betrifft: Kreditvertrag Nr. 007 126 963
Bekanntgabe von Mängeln – Einwendungsdurchgriff

Sehr geehrte Damen und Herren,

ich habe am 15.1.2012 beim Autohaus Hurtig einen Neuwagen der Marke „Rasant", Type „Turboline", zum Gesamtkaufpreis von € 22.000 gekauft. Über Vermittlung des Autohauses Hurtig habe ich den Kaufpreis durch einen Kredit bei Ihnen – mit Vertrag vom 18.1.2012 – fremdfinanziert. Seit 1.2.2012 zahle ich daher an Sie monatliche Raten von € 550.

Nun musste ich feststellen, dass der Kolben des Fahrzeuges bereits bei Übergabe mangelhaft war. Dieser Mangel war zunächst nicht zu erkennen und wurde erst jetzt durch einen Motorschaden offenbar. Ich habe diesen Mangel mit Schreiben vom 8.2.2012 beim Autohaus Hurtig gerügt und Verbesserung verlangt.

Da Sie für die Finanzierung von Autokäufen mit der Firma Hurtig in ständiger Geschäftsverbindung stehen und der Kreditvertrag ausdrücklich zur Finanzierung des gegenständlichen Autos abgeschlossen wurde, mache ich vom Einwendungsdurchgriff gemäß § 13 Abs 2 Verbraucherkreditgesetz Gebrauch und stelle meine Ratenzahlungen an Sie ein, bis die Firma Hurtig ihrer Verpflichtung zur Verbesserung des gerügten Mangels nachgekommen ist.

Mit freundlichen Grüßen

**Kreditraten als Druckmittel**

Herr Dorner aus dem Beispiel von Seite 77 hat den Kredit bekommen. Das neue Auto macht jedoch Probleme: Immer wieder läuft der Motor aus unerfindlichen Gründen heiß. Der Autohändler hat zwar schon zweimal versucht, den Fehler zu finden, bisher aber erfolglos. Als Herr Dorner das dritte Mal zur Werkstatt kommt, ist der Autohändler nicht mehr bereit, etwas zu unternehmen. „Wahrscheinlich können's nicht fahren", sagt er zu Herrn Dorner.

Herr Dorner schreibt nun einen eingeschriebenen Brief an die Bank, teilt ihr den Mangel des Fahrzeugs mit, weist darauf hin, dass er vom Autohändler die Verbesserung verlangt, und kündigt zugleich an, bis zur vollständigen Behebung des Mangels die Zahlung der Kreditraten einzustellen. Nun kommt der Autohändler auch durch die Bank unter Druck und ist zumindest zu einem weiteren Verbesserungsversuch bereit.

Herr Dorner hat sein Zurückbehaltungsrecht, das ihm wegen der Mängel zusteht, zu Recht gegenüber dem Kreditgeber ausgeübt.

## Werkvertrag

Der neben dem Kaufvertrag für Konsumenten wohl wichtigste Vertrag ist der Werkvertrag. Hier geht es nicht um die Übergabe einer Sache, sondern – wie es in der Fachsprache heißt – um die Verwirklichung eines Erfolgs. Der „Werkunternehmer" verpflichtet sich also, ein bestimmtes Werk zu vollbringen, worunter sowohl körperliche als auch unkörperliche Werke zu verstehen sind. Ein „körperliches" Werk wäre etwa die Errichtung eines Gebäudes, ein „unkörperliches" Werk zum Beispiel die Organisation einer Reise. Die Reparatur einer Waschmaschine, das Ausmalen eines Zimmers, das Schreiben eines Zeitungsartikels, all das kann Gegenstand eines Werkvertrags sein. Dabei wird vom Werkunternehmer immer ein bestimmter Erfolg geschuldet – dass er sich bemüht hat, reicht allein noch nicht aus.

**Der Erfolg blieb aus ...**

Herr Rabe und Frau Dichter arbeiten bei einer Wochenzeitschrift. Während Herr Rabe dort fix angestellt ist, wird Frau Dichter als „freie Mitarbeiterin" auf Werkvertragsbasis tätig. Für die nächste Ausgabe soll Frau Dichter einen Artikel über Immobilienmakler schreiben, zu dem Herr Rabe ein Interview mit dem Bundesinnungsmeister beisteuern wird. Leider haben sich Herr Rabe und Frau Dichter beim Essen in der Kantine eine Lebensmittelvergiftung zugezogen und fallen diese Woche aus. Herr Rabe wird seinen

Gehalt dennoch bekommen, das Honorar für Frau Dichter fällt jedoch aus, weil auch ihr „Erfolg" – der Zeitschriftenartikel – ausgeblieben ist.

### Behandlungsvertrag

Auch das Aufsuchen eines Arztes ist kein Bittgang, sondern man schließt auch in diesem Fall einen Vertrag, der meist als Behandlungsvertrag bezeichnet wird. In der juristischen Fachwelt zögert man, den Behandlungsvertrag ausdrücklich als Werkvertrag zu bezeichnen, da der vom Patienten primär gewünschte Erfolg – die Heilung – natürlich nicht garantiert werden kann. Da der Arzt zu einer bestimmten Dienstleistung – der sorgfältigen Diagnose und Behandlung – verpflichtet ist, ohne dass der Patient ihm da viel dreinreden kann, spricht man oft von einem „freien Dienstvertrag". Die wesentlichen Regeln des Werkvertragsrechts werden aber bei der Beurteilung des Vertrags zumindest ergänzend herangezogen.

#### *Patientenrechte*

Auch als Patient ist man im weiteren Sinne Konsument. Man nimmt Dienstleistungen in Anspruch, für die man entweder direkt oder indirekt über Sozial- oder Privatversicherung auch ein entsprechendes Entgelt entrichtet. Schon aus dem Behandlungsvertrag, aber auch, weil es immerhin um Eingriffe in den eigenen Körper geht, hat man daher als Patient eine Reihe von wichtigen Rechten.

#### *Recht auf Aufklärung und Zustimmung*

Jede ärztliche Behandlung darf nur mit Zustimmung des Patienten vorgenommen werden. Davon ausgenommen sind Situationen, in denen man keine Zustimmung mehr einholen kann, etwa weil der Patient unansprechbar ist oder in unmittelbarer Lebensgefahr schwebt.

Eine wirksame Zustimmung kann man jedoch nur dann geben, wenn man über die vorgesehene Behandlung auch ausreichend informiert ist. Daraus ergibt sich das Recht auf umfassende Information und – vor allem natürlich bei operativen Eingriffen – auf Aufklärung über die damit verbundenen Risken.

**TIPP**

Der Arzt ist daher verpflichtet, Sie vor jedem Eingriff über Art, Tragweite, Folgen und Risken der Behandlung ebenso aufzuklären wie über Alternativen zur Operation und über die Konsequenzen, sollte der Eingriff unterbleiben.

Diese Information ist grundsätzlich (nur) dem Patienten zu geben. Bei Jugendlichen, die bereits urteilsfähig sind, müssen außerdem auch noch die Obsorgeberechtigten aufgeklärt werden. Prinzipiell dürfen Angehörige oder sonstige Personen nur mit Zustimmung des Patienten informiert werden. Diese Information ersetzt aber nicht die Aufklärung des Patienten. Der Patient kann jedoch ausdrücklich erklären, dass er selbst nicht (oder nicht voll) informiert werden will.

Die Information muss grundsätzlich persönlich durch den behandelnden Arzt erfolgen. Die schriftliche Information, wie sie sich vor allem in den Spitälern eingebürgert hat, kann die Information zwar ergänzen, nicht aber ersetzen. Der behandelnde Arzt darf sich auch nicht darauf verlassen, dass vielleicht ohnehin schon ein anderer Kollege ausreichend informiert hat.

Die Aufklärung hat Art und Schwere der Erkrankung sowie den Verlauf der vorgesehenen Behandlung darzulegen. Der heiklere Teil der Aufklärung betrifft die Risken des Eingriffs und die Darstellung der Alternativen (Risikoaufklärung). Zur Intensität und zum Umfang kann man sich an folgenden Faustregeln orientieren:

- Je dringlicher die Behandlung, desto weniger streng ist die geforderte Aufklärung.
- Je sicherer mit einem Erfolg des Eingriffs gerechnet werden kann, desto weniger genau ist auf die (in diesem Fall ja besonders unwahrscheinlichen) Risken einzugehen.
- Je schwerwiegender die Folgen sein können (zum Beispiel der Funktionsverlust von Sinnesorganen), desto strenger ist die Aufklärungspflicht.

Auf jeden Fall muss auf typische Risken hingewiesen werden, auch wenn diese nicht häufig vorkommen. So weist etwa die medizinische Fachliteratur Stimmbandschädigungen als typische Risken einer Kropfoperation aus, selbst wenn solche Schäden glücklicherweise nur selten eintreten. Der Arzt muss freilich keine Horrorszenarien entwerfen, in denen er darlegt, was alles schief gehen könnte. Ganz seltene, für die Operation untypische Risken sind daher nicht von der Aufklärungspflicht erfasst.

Über nachteilige Folgen, die bei einem verständigen Patienten keinen Einfluss auf die Entscheidung haben würden, ist nicht ausdrücklich aufzuklären. So muss etwa bei einem Eingriff aufgrund einer lebensbedrohenden Herzkrankheit der Chirurg dem Patienten nicht vor der Operation anhand von Schaubildern und Fotos zeigen, wo genau die Operationsnarben verlaufen und wie sie ungefähr aussehen werden. Handelt es sich aber um eine rein kosmetische Operation, so ist eine derart detaillierte Aufklärung tatsächlich geboten.

Die Erfüllung der Aufklärungspflicht ist für die behandelnden Ärzte von großer Bedeutung, da erst bei ausreichender Information des Patienten der Eingriff auch strafrechtlich überhaupt zulässig ist. Sonst handelt es sich laut Strafgesetzbuch um eine verbotene „eigenmächtige Heilbehandlung".

Die Aufklärung hat aber auch haftungsrechtlich Konsequenzen, denn grundsätzlich haftet ein Arzt nicht, wenn sich – ohne dass ein Behandlungsfehler vorliegt – ein Operationsrisiko einstellt. Ein Mensch ist eben keine Maschine, und der Erfolg von „Reparaturarbeiten" kann nicht garantiert werden. Bestimmte Risken können auch bei sorgfältiger Behandlung nicht hundertprozentig vermieden werden. Wurde jedoch keine Zustimmung eingeholt, so wird der Arzt auch beim Auftreten typischer Risken – ohne Verschulden – haftpflichtig.

*Einsicht in die Krankengeschichte*

Ärzte wie auch Krankenanstalten sind zur Dokumentation der Behandlung verpflichtet. In diese Unterlagen, vor allem also in die Krankengeschichte, dürfen Sie – aber auch andere Personen, die von Ihnen benannt werden, etwa ein Vertrauensarzt – Einblick nehmen. Gegen Kostenersatz können Sie sich auch Kopien anfertigen lassen. Nur aus therapeutischen Gründen kann die Einsicht – während einer laufenden Behandlung – verweigert werden. Ein Vertrauensarzt darf dennoch Einblick nehmen, um zu klären, ob die Verweigerung zu Recht erfolgt.

*Schadenersatz bei Behandlungsfehlern*

Kommen Sie durch einen Behandlungsfehler (Kunstfehler) zu Schaden, so ist der Arzt oder – geschieht der Eingriff in einem Spital – der Krankenanstaltenträger zum Schadenersatz verpflichtet. Da der Arzt keinen bestimmten „Erfolg" schulden kann, sondern nur für die gewissenhafte Ausübung der ärztlichen Kunstkenntnisse einstehen muss, kann allein aus dem Umstand, dass eine Operation schief gelaufen ist, noch nicht eine Haftung des Arztes (beziehungsweise Krankenhauses) abgeleitet werden. Schließlich können Probleme auch trotz fachgerechter ärztlicher Tätigkeit auftreten, und der Beweis, dass dem Arzt tatsächlich ein Kunstfehler unterlaufen ist, ist vom Patienten zu erbringen. Überdies muss – auch vom Patienten – nachgewiesen werden, dass der Schaden ursächlich auf den Kunstfehler zurückzuführen ist. Rechtsstreitigkeiten im Zusammenhang mit möglichen Behandlungsfehlern sind daher mit einem sehr hohen Ungewissheitsrisiko behaftet. In den Bundesländern wurden daher verschiedene Stellen geschaffen, die Patienten bei der Durchsetzung von Ansprüchen aus Behandlungsfehlern, aber auch bei sonstigen Problemen mit Ärzten oder Krankenanstalten unterstützen (Patientenanwaltschaft, Spitalsombudsmann, Schlichtungsstellen bei den Ärztekammern usw).

**TIPP**

Erkundigen Sie sich bei der Ärztekammer oder beim jeweiligen Amt der Landesregierung.

## Pauschalreisevertrag

Die in den Katalogen der Reiseveranstalter angebotenen Reisearrangements sind in der Regel sogenannte Pauschalreisen. Neben der Beförderung zum Urlaubsort (Flug, Bus, Bahn usw) enthält die angebotene Reiseleistung auch noch die Unterbringung vor Ort (Hotel, Bungalow, Appartement usw) sowie andere touristische Dienstleistungen (zum Beispiel Besichtigungsprogramm). Sind zumindest zwei solcher Dienstleistungen zu einem Gesamtpreis angeboten, dann spricht das Konsumentenschutzgesetz von einem Reiseveranstaltungsvertrag und sieht besondere Schutzbestimmungen für Verbraucher vor.

Das Gegenstück wäre die bloße Buchung zum Beispiel eines „Fly-Only“-Tickets über ein Reisebüro bei einer Fluglinie. Dies ist keine Pauschalreise, und die besonderen Schutzbestimmungen kommen dort nicht zur Anwendung, ebensowenig bei Direktbuchungen – sei es von Transportmitteln, sei es von Unterkünften.

### *Kataloge und Prospekte*

Buchen Sie auf der Grundlage eines Prospektes oder Reisekataloges, so ist dieser nicht bloß unverbindliche Werbeaussage. Wird Ihnen vor Ihrer Buchung nicht ausdrücklich anderes erklärt, haben Sie Anspruch auf die im Prospekt beschriebene oder abgebildete Qualität des Hotels, des Strandes, der Transportmittel usw. Es gilt der Grundsatz der Prospektwahrheit.

Schon den Katalogen bzw Prospekten muss der Konsument folgende Informationen über die Angebote entnehmen können:

- Bestimmungsort(e) und allenfalls die Reiseroute (inkl. Zeiträume der Aufenthalte und Termine);
- Transportmittel;

- Art der Unterbringung (Lage, Komfort, Kategorie, Anzahl der inbegriffenen Mahlzeiten);
- genauer Reisepreis und die Fälligkeit der Zahlungen;
- Firmenwortlaut des Veranstalters;
- Produktname des Programmes;
- Reisebedingungen;
- Insolvenzabsicherung des Veranstalters.

Die Geschäftsbedingungen regeln wichtige Einzelheiten Ihres Vertrages, vor allem auch die Stornobedingungen, die bei den Veranstaltern unterschiedlich gestaltet sein können. Häufig richten sich Veranstalter nach den Allgemeinen Reisebedingungen 1992 (ARB 92), die vom konsumentenpolitischen Beirat zwischen Branchenvertretern und Konsumentenschützern ausgehandelt wurden und eine Art österreichischen Standard für Reiseverträge darstellen. Die ARB 92 wurden zwar ursprünglich im Jahr 1992 ausgehandelt, allerdings an die seither eingetretenen Gesetzesänderungen angepasst, zuletzt im Jahr 2001 an das damals novellierte Gewährleistungsrecht. Hält sich ein Reiseveranstalter nicht an die ARB 92, so hat er die von den Standardbedingungen abweichenden Bestimmungen im Katalog abzudrucken.

Dazu gehören der Hinweis, ob eine Mindest-Teilnehmerzahl für das Zustandekommen der Reise erforderlich ist und der Zeitpunkt, bis zu dem der Veranstalter ein etwaiges Nichtzustandekommen bekannt geben müsste, sowie Informationen für den Insolvenzfall (siehe Seite 278).

### *Buchung*

Sie können Reisen entweder im Reisebüro auswählen oder aufgrund von Werbeaussendungen beim Veranstalter direkt buchen. Buchungsplattformen im Internet sind in aller Regel nur Reisevermittler, die Transport- und Beherbergungsverträge schließen Sie mit den Luftfahrtunternehmen und den Hotels direkt. Im Reisebüro unterschreiben Sie meist einen Buchungsschein, der die wesentlichen Merkmale Ihrer Wunschreise enthalten sollte. Sie sind an diese Buchung grundsätzlich gebunden, können also nicht wieder davon zurücktreten. Der Vertrag kommt aber erst zustande, wenn auch der Reiseveranstalter mündlich oder schriftlich Ihre Buchung annimmt. Dies geschieht in der Praxis meist so, dass das vermittelnde Reisebüro telefonisch das O.K. des Veranstalters zur Buchung einholt. Wird Ihnen das mitgeteilt, ist der Vertrag perfekt und für beide Seiten verbindlich.

Bei einer Pauschalreise ist das Reisebüro nach Vertragsabschluss verpflichtet, Ihnen umgehend eine Reisebestätigung auszustellen. Diese enthält die wesentlichen Bedingungen der gebuchten Reise sowie beispielsweise verbindlich vereinbarte Sonderwünsche oder Hinweise auf Abgaben und Gebühren, die nicht im Preis inbegriffen sind, u.a.m.

Kontrollieren Sie, ob die Reisebestätigung Ihrer Buchung entspricht. Achten Sie dabei besonders darauf, ob Ihnen Sonderwünsche (zum Beispiel Gitterbett für Ihr Kind) auch in der Reisebestätigung verbindlich zugesagt sind. Reklamieren Sie bei Abweichungen sofort, um späteren Ärger zu vermeiden.

Auch eine telefonische Buchung ist verbindlich. Bei Einigung über Reiseziel, Reisedatum und Preis ist der Vertrag zustande gekommen.

Achten Sie darauf, dass Sie sogleich eine schriftliche Bestätigung erhalten. Damit können Sie etwaige Unklarheiten darüber, was mündlich vereinbart wurde, sofort ausräumen. Reklamieren Sie umgehend, wenn der Inhalt der Bestätigung von Ihrer Buchung abweicht.

Üblich ist, vom Reisenden schon bei der Buchung eine Anzahlung zu verlangen. Anzahlungen über 20 Prozent des Reisepreises sind grundsätzlich verboten. Nur wenn der Veranstalter diese Zahlungen besonders absichert und genehmigen lässt (siehe Seite 278 ff), können höhere Anzahlungen verlangt werden. Nach den ARB 92 ist die Restzahlung erst bei Aushändigung der Reisedokumente (Flugticket usw) fällig – also meist kurz vor der Abreise.

Zur Frage von Preis- bzw Leistungsänderungen siehe Seite 129 ff.

### *Storno*

Immer wieder kommt es vor, dass Konsumenten den schon abgeschlossenen Reisevertrag aus persönlichen Gründen (etwa, weil die Großmutter krank wird oder man sich bei einem Unfall verletzt hat) stornieren müssen. In den Reisebedingungen legen die Veranstalter die Stornobedingungen fest. Sie sollen die Ansprüche des Veranstalters für den Fall, dass Sie die Reise absagen, pauschal abgelten (siehe Seite 175).

**TIPP**

Geben Sie zu Beweiszwecken die Rücktrittserklärung eingeschrieben auf; wenn Sie das Schreiben persönlich übergeben, dann lassen Sie sich auf einer Kopie den Eingang bestätigen.

Eine Reiserücktrittskostenversicherung deckt das Risiko der Stornogebühr für viele Fälle ab. Diese Versicherung ist zuweilen bereits im Pauschalpreis der Reise enthalten, ansonsten sollten Sie eine solche Versicherung bei der Buchung der Reise extra abschließen.

Sie können der Bezahlung einer Stornogebühr auch entgehen, indem Sie einen Ersatzreisenden besorgen. Das Reisebüro muss bei Pauschalreisen den Ersatzreisenden akzeptieren, wenn er die Voraussetzungen für die Reise erfüllt, etwa weil er noch rechtzeitig ein Visum einholt oder sich impfen lässt. Auch haften Sie dem Reisebüro für die Bezahlung des Reisepreises, wenn der Ersatzreisende den Preis nicht rechtzeitig erlegt. Kosten, die dem Reisebüro durch den Reisendenwechsel entstehen, müssen ersetzt werden. Das können etwa Kosten für die neue Ausstellung der Reisedokumente, für ein Telefonat oder Fax sein.

Zu den besonderen Bestimmungen bei Mängeln der Reise (Gewährleistung) siehe Seite 243 ff.

## Bestandvertrag

Unter diesem Begriff werden Miete und Pacht zusammengefasst. Beide haben gemeinsam, dass sich der Bestandgeber (Vermieter oder Verpächter) zur Überlassung des Gebrauchs an einer Sache verpflichtet, der Bestandnehmer (Mieter oder Pächter) zur Zahlung eines Entgelts. Von Pacht spricht man, wenn nicht nur – wie bei der Miete – der Gebrauch der Sache möglich ist, sondern der Bestandnehmer die Sache auch wirtschaftlich – im Sinne eines „Fruchtbezugs" – nützen kann (zum Beispiel bei einem Unternehmen oder einem Bauernhof).

Für Mietverträge über Wohnungen oder Gebäude gelten besondere – und besonders komplizierte – Rechtsvorschriften, die wir hier nicht darstellen können. Mietverträge können aber auch über andere Sachen abgeschlossen werden, etwa über ein Fahrzeug, eine Skiausrüstung, eine DVD, ein Buch und so weiter. Auch wenn umgangssprachlich meist von einer Leihbücherei oder vom Ausleihen einer DVD gesprochen wird, so liegt doch ein Mietvertrag vor. Eine Leihe im juristischen Sinne ist nur bei Unentgeltlichkeit gegeben.

Die wichtigste Pflicht des Mieters ist die Zahlung des vereinbarten Mietzinses. Er darf die Mietsache entsprechend der Vereinbarung gebrauchen und muss sie bei Beendigung des Mietverhältnisses in dem Zustand, in dem er sie übernommen hat, wieder zurückgeben. Allerdings braucht er für die gewöhnliche Abnützung nicht aufzukommen, diese wird durch den Mietzins abgegolten.

Die Gefahr, dass das Mietobjekt seinen Geist aufgibt oder abhanden kommt, trägt der Vermieter. Trifft aber den Mieter ein Verschulden, dann hat er dafür aufzukommen. In den Geschäftsbedingungen, wie sie zum Beispiel von Fahrzeugvermietern verwendet werden, finden sich aber regelmäßig sehr detaillierte Bestimmungen, die auch die Gefahrtragung betreffen.

**TIPP**

Wenn Sie ein Auto mieten oder ein Heimwerkergerät, so sollten Sie sich vor Unterschrift unter den Vertrag auch über die Regeln informieren, für welche allfälligen Schäden Sie aufkommen müssen und welche vom Vermieter oder von einer Versicherung gedeckt sind.

Ähnlichkeiten mit der Miete weist auch der Leasingvertrag auf, der im Gesetz allerdings nicht ausdrücklich geregelt ist.

## Leasingvertrag

Die Grundidee eines Leasingvertrages ist, dass der Leasinggeber eine Ware für den Leasingnehmer kauft und diesem für eine bestimmte Zeit – gegen Entgelt – zur Verfügung stellt. Während also für den Konsumenten bei einem Kaufvertrag der Erwerb von Eigentum im Vordergrund steht, ist beim Leasingvertrag lediglich die Nutzung der Sache Kernstück des Vertrags. Es gibt aber auch Vertragsgestaltungen, bei denen der Leasingnehmer am Ende des Vertragszeitraumes auch Eigentum am Leasinggut erwirbt beziehungsweise erwerben kann. Für Verbraucher hat bislang wohl nur das Autoleasing eine gewisse Verbreitung erlangt.

**TIPP**

Prüfen Sie die jeweiligen Vorteile und Nachteile von Barkauf, Ratenkauf oder Leasing – anhand Ihrer eigenen Interessen – genau. Die Konditionen sind allerdings oft nur sehr schwer vergleichbar. Holen Sie also vor Vertragsabschluss Rat in einer Konsumentenberatungsstelle oder bei einer Autofahrerorganisation ein.

### Autoleasing

Beim Autoleasing bleibt der Leasinggeber Eigentümer des geleasten Fahrzeuges, der Typenschein des Fahrzeuges bleibt daher auch regelmäßig bei der Leasingfirma. Der Leasingnehmer scheint nur im Zulassungsschein auf. Der Leasinggeber hat dafür zu sorgen, dass das Fahrzeug ohne Mängel ordnungsgemäß übergeben wird. Für die Dauer des Leasingvertrages hat jedoch der Leasingnehmer auf das Auto Acht zu geben. Er muss in der Regel eine Kaskoversicherung abschließen und auch alle Inspektionen und Wartungsdienste beim Vertragshändler durchführen lassen. Er trägt auch die Gefahr des Unterganges des Leasinggutes, muss also etwa trotz eines Totalschadens weiter zahlen. (Er hat aber Anspruch darauf, die Leistung der Versicherung angerechnet zu bekommen.)

**TIPP**

Wird Ihr Leasingfahrzeug etwa im Zuge eines Verkehrsunfalles beschädigt, setzen Sie sich mit dem Leasinggeber ins Einvernehmen. Es muss abgeklärt werden, wer die Reparatur des Fahrzeuges veranlasst und wie ein allfälliger Schadenersatz gegen den Schuld habenden Unfallgegner durchgesetzt wird.

*Gewährleistung*

In den meisten Leasingverträgen schließt der Leasinggeber seine Haftung für Mängel des Leasinggutes aus. Dieser Gewährleistungsausschluss ist aber nur wirksam zu vereinbaren, wenn gleichzeitig die aus dem Kaufvertrag gegebenen Garantie- und Gewährleistungsansprüche an den Leasingnehmer abgetreten werden. Oft ist damit auch die Verpflichtung für den Leasingnehmer enthalten, die Gewährleistung im Fall der Fälle auch tatsächlich einzufordern und durchzusetzen. Der Leasingnehmer hat sich also – kommen am Leasingfahrzeug Mängel zutage – in den meisten Fällen direkt an den Händler zu halten. Von diesem muss er Verbesserung, Preisminderung oder sogar Wandlung verlangen.

*Leasingentgelt*

Der Leasingnehmer verpflichtet sich üblicherweise, für eine bestimmte Vertragslaufzeit auf jedes Kündigungsrecht zu verzichten. Die monatliche Leasingrate fällt umso geringer aus, je länger die vereinbarte Vertragslaufzeit ist. Andererseits hängt die Höhe der Leasingrate auch von einer allenfalls geleisteten Anzahlung ab. Häufig wird vom Leasingnehmer auch eine Depotzahlung zur Sicherstellung verlangt.

**TIPP**

Achten Sie darauf, dass Ihre Depotzahlung während der Vertragslaufzeit angemessen verzinst wird.

### *Vertragsformen*

Im Übrigen ist Leasing nicht gleich Leasing. Man unterscheidet

- Leasing mit Vollamortisation und
- Restwertleasing.

Bei der Vollamortisation deckt der Leasingnehmer mit den Raten sämtliche Aufwendungen für das Leasinggut im Laufe der vereinbarten Vertragslaufzeit ab.

Beim Restwertleasing gibt es niedrigere Raten, dafür rechnet der Leasinggeber zu Vertragsbeginn den Restwert aus, den das Auto nach Vertragsablauf haben wird. Der Leasingnehmer trägt hier aber das Restwertrisiko. Ist der tatsächliche Restwert niedriger als der kalkulierte Restwert, dann muss der Leasingnehmer die Differenz berappen.

**TIPP**

Bestehen Sie darauf, dass der kalkulatorische Restwert möglichst realistisch angesetzt wird. Niedrige Raten und hoher Restwert führen zu Nachzahlungen bei Vertragsende.

Die Variante Restwertleasing gibt es auch mit einem sogenannten Andienungsrecht des Leasinggebers. Dieser kann nach Ablauf der Vertragsdauer vom Leasingnehmer verlangen, das Leasingfahrzeug zum kalkulierten Restwert zu übernehmen. Umgekehrt kann aber der Leasingnehmer nicht darauf bestehen, dass er das Fahrzeug auch tatsächlich angedient bekommt.

### *Geschäftsbedingungen*

Leasingverträge enthalten regelmäßig seitenlange Passagen klein gedruckter Geschäftsbedingungen, die das Verhältnis zwischen dem Leasinggeber und dem Leasingnehmer regeln. Dies liegt insbesondere auch daran, dass der Leasingvertrag vom Gesetzgeber bislang in keiner Weise geregelt wurde.

So enthalten Leasingverträge oft Zinsgleitklauseln, also Klauseln, die eine Änderung des vereinbarten Leasingentgeltes für zulässig erklären, wenn sich bestimmte Umstände für die Berechnung des Leasingentgeltes ändern. Solche Klauseln stellen aber keineswegs einen Freibrief dar, Leasingentgelte nach Belieben zu ändern. Vielmehr müssen die Umstände, die zu einer Änderung des Leasingentgeltes führen können, zum einen im Vertrag genau beschrieben und zum anderen vom Willen des Unternehmers unabhängig sein (siehe Seite 129 f).

Bedenklich wird es für den Leasingnehmer bei Zahlungsproblemen. Da wird bei Terminsverlust vonseiten des Leasinggebers in der Regel der Vertrag vorzeitig aufgelöst, es werden umgehend alle noch offenen Raten fällig gestellt, und es ist gut möglich, dass das Fahrzeug auch gleich von eigenen Rückholdiensten abgeholt wird. Auf Klagen wegen Besitzstörung und allfällige Schadenersatzansprüche müssen die Kunden in vielen Geschäftsbedingungen bereits im Voraus verzichten. Zwar muss sich der Leasinggeber nun auch anrechnen lassen, was er sich durch die vorzeitige Vertragsauflösung erspart hat (Leasingraten und kalkulierter Restwert sind abzuzinsen), doch diese Abrechnungen sind für den Leasingnehmer oft kaum durchschaubar.

**TIPP**

Lassen Sie in solchen Fällen die Abrechnung von Experten der Autofahrerklubs überprüfen.

Darüber hinaus enthalten viele Leasingverträge auch noch weitere Fußangeln. So verbieten einige Leasingverträge Fahrten ins Ausland oder verlangen vorher ein schriftliches Ansuchen beim Leasinggeber dafür; einige verbieten das Verleihen des Fahrzeuges, andere verlangen, dass der Ersatzschlüssel beim Leasinggeber hinterlegt wird.

### *Vertragsende*

Leasingverträge enden in der Regel – handelt es sich um befristete Verträge – durch Zeitablauf, sonst durch eine vertraglich vorgesehene Kündigung. Versäumt man die Kündigung, dann läuft der Vertrag weiter und man muss Leasingraten bezahlen, obwohl die kalkulierte Nutzungsdauer des Leasingfahrzeuges vielleicht schon abgelaufen ist.

Ist der Vertrag zu Ende, muss der Leasingnehmer – es sei denn, er erwirbt Eigentum am Fahrzeug – das Fahrzeug dem Leasinggeber zurückgeben. Bei der Ablieferung wird ein Rücknahmeprotokoll erstellt.

**TIPP**

Bevor Sie ein Rücknahmeprotokoll unterschreiben, kontrollieren Sie genau, ob dieses – samt den darin aufgelisteten Mängeln – auch den Tatsachen entspricht.

Oft wird der Wert des Fahrzeuges nun von einem Kfz-Sachverständigen geschätzt. Hat man Bedenken gegen den Schätzwert, sollte man diese sofort (mit eingeschriebenem Brief) anmelden. Denn oft geht alles sehr rasch, das Fahrzeug ist (billig) weiterverkauft und man wird wegen Differenzen beim Restwert (siehe oben) zur Kasse gebeten.

## Verwahrungsvertrag

„Wenn jemand eine fremde Sache in Obsorge übernimmt, so entsteht ein Verwahrungsvertrag", heißt es im Gesetz. Den Verwahrer trifft die Verpflichtung, die ihm übergebene Sache sorgfältig aufzubewahren und nach Ablauf des Vertrages dem Vertragspartner zurückzustellen. Zur Benutzung ist er nicht berechtigt.

Ein Verwahrungsvertrag wird zum Beispiel bei einer Garderobe eingegangen, aber auch bei der Führung eines Wertpapierdepots durch die Bank. In vielen Fällen ist die Verwahrung nicht Hauptgegenstand des Vertrages, sondern ergibt sich als vertragliche Nebenpflicht, etwa wenn die Putzerei die gereinigten Kleidungsstücke eine gewisse Zeit zur Abholung bereithalten muss.

**Parkschaden in der Parkgarage**

Franz Stark fährt mit dem Auto nach Wien und stellt sein Fahrzeug in einer Tiefgarage ab. Bei der Einfahrt nimmt er bei der automatischen Schrankenanlage ein Ticket und sucht sich einen freien Platz. Nach Erledigung seiner Einkäufe in der Innenstadt zahlt er beim Kassenautomaten und verlässt die Garage wieder. Zu Hause stellt er fest, dass er einen kleinen Parkschaden hat – offenbar ist ihm in der Garage jemand zu nahe gekommen. Auf seinem Parkschein stand „Für Schäden durch Dritte wird nicht gehaftet." – Was aber, wenn der Garagenbetreiber seiner Pflicht zur sorgfältigen Verwahrung nicht nachgekommen ist? Er hätte doch zumindest einige Aufseher anstellen müssen. In diesem Fall ist der Garagenbetreiber jedoch im Recht. Der Oberste Gerichtshof hat entschieden, dass die typischen Garagen-Kurzparkverträge keine Verwahrungsverträge sind, sondern Bestandverträge. Man gibt dabei sein Auto nicht in Verwahrung, sondern mietet bloß einen Abstellplatz. Den Garagenbetreiber treffen daher keine besonderen Sorgfaltspflichten wie einen Verwahrer (OGH 25.4.1995, 4 Ob 522/95, KRES 1h/17). Anderes gilt, wenn die Garage etwa zu einem Hotel gehört; dann gilt die strenge Gastwirtehaftung (OGH 15.1.1998, 7 Ob 299/97i).

## Kredit- und Darlehensvertrag

Das Allgemeine Bürgerliche Gesetzbuch kennt nur das Darlehen, bei dem „vertretbare Sachen" (im Regelfall Geld, es könnte aber theoretisch auch Weizen, Kohle etc sein) in das Eigentum des Darlehensempfängers übertragen werden. Der Darlehensnehmer verpflichtet sich, die gleiche Menge gleicher Art und Güte wieder zurückzugeben und zumeist auch, dafür Zinsen zu bezahlen. Das Darlehen ist ein sogenannter „Realvertrag", das bedeutet, dass er erst zustande kommt, wenn tatsächlich die Darlehensvaluta übergeben wird.

In der Praxis hat sich daneben der Kreditvertrag herausgebildet, bei dem bereits die bloße Vereinbarung, dass ein Kredit gewährt werden soll, für die Vertragsbegründung ausreicht.

### Kreditvertrag

In einem Kreditvertrag wird die Auszahlung eines Kapitalbetrages gegen die Verpflichtung zur Rückzahlung und zur Verzinsung vereinbart. Für den im heutigen Wirtschaftsleben üblichen Kreditvertrag bestehen keine besonderen zivilrechtlichen Regelungen, sodass neben den allgemeinen Bestimmungen des Vertragsrechts – etwa zum Zustandekommen eines Vertrags durch Anbot und Annahme – vor allem die konkrete Ausgestaltung des Vertrags durch die von der Bank vorgelegten Vertragsformulare maßgeblich ist. Eine bedeutende Rolle spielen auch die Allgemeinen Geschäftsbedingungen, die den Verträgen zugrunde gelegt werden (insbesondere die AGB der österreichischen Kreditunternehmungen).

#### *Rahmenkredit, Krediteröffnungsvertrag*

Die Hauptpflichten aus einem Kreditvertrag sind auf der Seite des Kreditgebers die Zurverfügungstellung des Kapitals und auf der Seite des Kreditnehmers die Rückzahlung des Kapitals und die Zahlung der Zinsen. Neben dem klassischen Ratenkredit, bei dem eine klare Vereinbarung getroffen wird, dass die Rückzahlung innerhalb einer bestimmten Zeit in gleichmäßigen (meist monatlichen) Raten zu erfolgen hat, gibt es auch andere Kreditformen, bei denen der Kreditnehmer eine größere Flexibilität hat. Dies gilt etwa für den Überziehungskredit auf dem Girokonto oder für – den Überziehungskrediten ähnliche – revolvierend ausnützbare Kredite (Rahmenkredite). Bei diesen Verträgen kann im Rahmen einer vertraglich vereinbarten Höchstgrenze der Kreditbetrag auch nach (teilweiser) Rückzahlung immer wieder ausgenützt werden (oder auch ständig offen bleiben, wenn zumindest die Zinsen bezahlt werden). Vom Kreditvertrag im engeren Sinn zu unterscheiden ist auch eine Vereinbarung, wonach der (zukünftige) Kreditnehmer bei der Bank Kredit in Anspruch nehmen darf; die Bank stellt dem Kunden damit gewissermaßen die Möglichkeit zur Verfügung, bei Bedarf sofort Kredit bis zur vereinbarten Höchstgrenze in Anspruch zu nehmen. Für diese Zusage ist neben den im Ausnützungsfall fälligen Zinsen im Regelfall eine laufende Provision zu bezahlen, mit der die Bereitstellung abgegolten werden soll.

*Vertragsinhalt*

Für die mit Verbrauchern abgeschlossenen Kreditverträge gelten Sonderbestimmungen des Verbraucherkreditgesetzes, die vor allem vorvertragliche Informationspflichten, die Information über den Vertragsinhalt und die sich aus dem Vertrag ergebenden Belastungen betreffen. Das Verbraucherkreditgesetz basiert auf der EU-Richtlinie vom 23.4.2008 über Verbraucherkreditverträge und gilt seit 10.6.2010. Zuvor war der zwingende Inhalt von Kreditverträgen im Bankwesengesetz geregelt.

Nach der neuen Rechtslage hat die Bank vor Abschluss des Kreditvertrags dem Verbraucher, basierend auf ihren Kreditbedingungen und auf den vom Verbraucher geäußerten Präferenzen und Auskünften, Informationen zur Verfügung zu stellen, die er benötigt, um verschiedene Angebote vergleichen und eine fundierte Entscheidung über den Abschluss des Kreditvertrags treffen zu können. Diese Informationen sind schriftlich oder auf einem anderen dauerhaften Datenträger (zB USB-Stick; CD-Rom; DVD) zu erteilen; hierfür gibt es ein standardisiertes Informationsformular, die sogenannten „Europäischen Standardinformationen für Kreditierungen nach dem Verbraucherkreditgesetz". Zu informieren ist unter anderem über den Gesamtkreditbetrag, die Laufzeit, den Sollzinssatz und dessen Änderungsmöglichkeiten, den effektiven Jahreszinssatz, letzterer erläutert durch ein repräsentatives Beispiel; ferner über Betrag, Anzahl und Fälligkeit der vom Verbraucher zu leistenden Zahlungen, über Kontoführungsentgelte und deren Änderungsmöglichkeiten, Verzugszinsen, gegebenenfalls verlangte Sicherheiten und das Recht auf vorzeitige Rückzahlung samt Informationen über den Anspruch der Bank auf Entschädigung für den Fall vorzeitiger Rückzahlung sowie die Art deren Berechnung. Bei einem Fremdwährungskredit ist auf das mit der anderen Währung verbundene Wechselkurs-und Zinsänderungsrisiko hinzuweisen, und zwar in klarer und prägnanter Form. Die gleiche Aufklärungspflicht hinsichtlich des Risikos trifft die Bank bei Krediten mit Tilgungsträgern.

Jeder sodann mit einem Konsumenten abgeschlossene Kreditvertrag muss schriftlich oder auf einem anderen dauerhaften Datenträger erstellt werden. Dem Kreditnehmer ist eine Ausfertigung des Vertrags bei Abschluss auszuhändigen. Der Kreditvertrag hat „klar und prägnant" im Wesentlichen dieselben Inhalte zwingend aufzuweisen wie die vorvertraglichen Informationen. Verstöße dagegen sind mit Verwaltungsstrafbestimmung sanktioniert, nur das Unterlassen bestimmter Inhalte hat auch zivilrechtliche Folgen, so etwa der – in der Praxis wohl selten vorkommende – Fall, als der Kreditvertrag keine Angaben zum Sollzinssatz, zum effektiven Jahreszins oder zu dem vom Verbraucher zu zahlenden Gesamtbetrag enthielte: diesfalls käme der in ABGB vorgesehene Zinssatz von acht Prozentpunkten über dem Basiszinssatz als Sollzinssatz zur Verrechnung, sofern nicht ein niedrigerer Sollzinssatz vereinbart war. Ist im Kreditvertrag der effektive Jahreszins zu niedrig angegeben, so gilt ein Sollzinssatz als vereinbart, der dieser Angabe unter Berücksichtigung der sonstigen Inhalte entspricht. Enthält der Kreditvertrag keine Angaben zu den Bedingungen, unter denen der Sollzinssatz oder sonstige Entgelte geändert werden können, können derartige Änderungen zum Nachteil des Verbrauchers nicht vorgenommen werden; ebenso wenig kann die Bank im Falle einer vorzeitigen Rückzahlung eine Entschädigung verlangen, wenn der Kreditvertrag keine Angaben dazu enthält. Sollten diese Informationen bereits vorvertraglich erteilt worden sein, kommen diese zivilrechtlichen Sanktionen nicht zur Anwendung.

### Der effektive Jahreszinssatz

Auch wenn man meinen würde, dass die Zinsenberechnung eine relativ einfache Rechenoperation ist, die schon von Handelsschülern fehlerfrei beherrscht wird, so hat sich in der Praxis gezeigt, dass die Banken bei der Vereinbarung und Berechnung von Zinsen höchst unterschiedlich vorgehen. Zum einen wurden und werden unterschiedliche Zinsberechnungszeiträume angewandt (etwa 30 Tage pro Monat, egal ob Februar oder Dezember, oder 360 Tage pro Jahr, oder auch taggenau), zum anderen sind unterschiedliche Zeitpunkte der Zinskapitalisierung in Verwendung. (Es macht natürlich einen Unterschied, ob Zinsen jedes Quartal abgerechnet, dem Kapital zugeschlagen und damit weiter verzinst werden oder ob dies nur halbjährlich geschieht.) Dazu kommt noch die besonders ungewöhnliche – heute aber nur mehr in besonderen „Ausreißerfällen" gebräuchliche – antizipative Verzinsung. Dabei werden die Zinsen schon zu Beginn des Kreditverhältnisses im Voraus berechnet und dem Kapital zugeschlagen, was natürlich bei gleichem nominellem Zinssatz zu einer bedeutend höheren Belastung führt. Und schließlich gibt es noch die Variante, dass neben dem Zinssatz laufend weitere Entgelte verlangt werden (etwa laufende Kreditprovisionen in Form eines Promillesatzes des offenen Kapitals oder fixe Gebühren für die Führung des Kreditkontos).

Bei fast jedem Kredit wird zu Beginn auch eine sogenannte Bearbeitungsgebühr oder auch Bereitstellungsprovision verrechnet, die entweder von der auszuzahlenden Kreditsumme abgezogen oder dem Kreditkonto angelastet wird. Auch daraus ergeben sich wieder unterschiedliche Auswirkungen auf die tatsächlichen Kreditkosten.

**TIPP**

Wenn Sie über den Zinssatz verhandeln, sollten Sie auf die Bearbeitungsgebühr nicht vergessen. Es macht einigen Unterschied, ob diese Gebühr, wie weithin üblich, drei oder vielleicht doch nur ein Prozent ausmacht.

Wie man aus den bisherigen Ausführungen leicht erkennen kann, ist die Angabe bloß des zur Anwendung kommenden Sollzinssatzes nicht ausreichend, um die Günstigkeit eines Kredites zu beurteilen. Diese Vergleichsmöglichkeit soll die Angabe des effektiven Jahreszinssatzes bieten, der nach strengen, komplizierten finanzmathematischen gesetzlichen Vorgaben zu ermitteln ist und der unter Einbeziehung sämtlicher mit dem Kreditvertrag verbundenen Kosten die sich über die Laufzeit ergebende tatsächliche Zinsenbelastung des Verbrauchers abbilden soll.

**TIPP**

Beachten Sie: Der effektive Jahreszinssatz ist der einzige objektive Orientierungspunkt zur Beurteilung der Kosten eines Kreditverhältnisses. Alle anderen, oft in der Werbung besonders herausgestrichenen Zinssätze sind nicht zum Vergleich geeignet.

Eine Bank muss, wenn sie unter Verwendung von Zinssatzangaben (oder von sonstigen Angaben über die Kreditkosten) Werbung betreibt, klar, prägnant und auffallend anhand eines repräsentativen Beispiels unter anderem auch den effektiven Jahreszinssatz angeben.

Der effektive Jahreszinssatz dient der Information des Konsumenten, hat aber für die vertragliche Abwicklung keine unmittelbare Bedeutung. Insbesondere wird bei der tatsächlichen Berechnung der Zinsen nicht der effektive Jahreszinssatz angewandt, sondern der sogenannte Sollzinssatz, auf den sich auch die Vereinbarung im Kreditvertrag bezieht. Auch allfällige Zinssatzänderungen beziehen sich auf den Sollzinssatz, wirken sich aber natürlich auf den effektiven Jahreszinssatz – der unter anderem aus dem Sollzinssatz berechnet wird – aus.

Wird der effektive Jahreszinssatz nicht angegeben, so kann gegen die Bank eine Verwaltungsstrafe verhängt werden. Auf die Gültigkeit des Kreditvertrages wirkt sich das Fehlen dieser Information jedoch nicht aus, außer man könnte daraus einen Geschäftsirrtum ableiten (siehe Seite 44 f).

Erfolgt eine Zinssatzänderung aufgrund einer im Kreditvertrag vereinbarten Zinsgleitklausel (siehe Seite 130 f), so wird die Ratenhöhe entsprechend angepasst, um die Rückzahlung in der urspünglich vorgesehenen Zeit zu ermöglichen. Dies bedeutet, dass es auch zu durchaus nennenswerten Ratenerhöhungen kommen kann, die man bei Abschluss des Kreditvertrags in der Finanzplanung berücksichtigen sollte. Zwar kann man auch vereinbaren, dass anstelle der Ratenänderung eine entsprechende Änderung der Laufzeit erfolgen soll, dies muss jedoch individuell ausgehandelt werden und ist zudem gerade in der Anfangsphase eines langfristigen Kredites wenig sinnvoll. Im Extremfall könnte es sogar dazu kommen, dass durch die Rate nicht einmal mehr die Zinsen abgedeckt würden, sodass mit der ursprünglich vereinbarten Ratenhöhe die Rückzahlung gänzlich unmöglich würde.

Das Verbraucherkreditgesetz brachte auch die Verpflichtung, dass der Kreditgeber bei einem Kreditvertrag mit fester Laufzeit dem Verbraucher auf dessen Verlangen kostenlos jederzeit eine Aufstellung in Form eines Tilgungsplans zu Verfügung stellen muss. Aus diesem muss hervorgehen, welche Zahlungen in welchen Zeitabständen zu leisten sind und welche Bedingungen für diese Zahlungen gelten. Es sind die periodischen Rückzahlungen nach der Kredittilgung, die nach dem Sollzinssatz berechneten Zinsen und allfälligen zusätzlichen Kosten aufzuschlüsseln. Ferner muss der Kreditgeber dem Verbraucher im ersten Quartal eines jeden Kalenderjahres eine zum 31.12. des Vorjahres erstellte Kontomitteilung aushändigen.

### Wertstellung

Die Zahlungen, die man als Konsument aufgrund eines Kreditvertrags erbringt, müssen von der Bank am Tag des tatsächlichen Einlangens der Beträge bei der Bank wertgestellt werden. In der Praxis geschieht es leider öfter, dass Banken den sogenannten „Buchungsschnitt“ verwenden. Dabei werden Geschäftsfälle, die ab einer bestimmten Uhrzeit (meist 11 oder 12 Uhr) anfallen, erst am nächsten Tag gebucht und daher auch Einzahlungen so behandelt, als wären sie erst am nächsten Tag bei der Bank eingelangt. Das ist bei Einzahlungen auf Konten von Verbrauchern, egal ob Kredit, Girokonto oder Sparbuch, gesetzwidrig.

### Vorzeitige Rückzahlung

Obwohl Kreditverträge üblicherweise auf eine bestimmte Laufzeit abgeschlossen werden, kann der Kreditnehmer grundsätzlich jederzeit die noch offene Kreditsumme ganz oder auch teilweise vorzeitig zurückzahlen. Dabei dürfen die Zinsen und laufzeitabhängigen Kosten (etwa laufende Kreditprovisionen oder Kontoführungsentgelte) für die nicht ausgenützte Laufzeit nicht verrechnet werden; man spricht von kontokorrentmäßiger Abrechnung des Kredits. Eine Rückverrechnung der Bearbeitungsgebühr und sonstiger Fixkosten zu Beginn erfolgt jedoch nicht. Unter bestimmten Umständen kann der Kreditgeber vom Verbraucher eine angemessene und objektiv gerechtfertigte Entschädigung für den ihm aus der vorzeitigen Rückzahlung voraussichtlich unmittelbar entstehenden Vermögensnachteil verlangen; diese Entschädigung darf die Zinsen, die der Verbraucher bis zum Ende der Laufzeit des Kreditvertrags für den betreffenden Kreditbetrag hätte zahlen müssen, nicht übersteigen. Wenn der Kreditvertrag keine Angaben zum Recht auf vorzeitige Rückzahlung oder zum Anspruch auf Entschädigung enthält, so kann der Kreditgeber keine Entschädigung verlangen.

Abweichungen gelten nur für hypothekarisch besicherte Kredite, unabhängig von Verwendungszweck und Laufzeit. Bei diesen Krediten kann eine Kündigungsfrist von sechs Monaten vereinbart werden. Wurde auch eine Festzinsvereinbarung getroffen (dass zum Beispiel während der ersten fünf Jahre eine Änderung des Zinssatzes keinesfalls erfolgt), dann darf die Kündigungsmöglichkeit auch bis zum Ende der Festzinsperiode hinausgeschoben werden.

## Verzug

Will man den Kredit nicht vorzeitig zurückzahlen, sondern kommt man umgekehrt in Zahlungsschwierigkeiten, dann wird der Kredit teurer. In diesem Fall ist mit **Verzugszinsen** zu rechnen, die üblicherweise bereits im Kreditvertrag vereinbart werden. Obwohl bereits die Verzugszinsen eine Konventionalstrafe oder Pönale darstellen, mit der ein aus dem Verzug resultierender Schaden abgedeckt werden soll, wird im Kreditvertrag meist auch noch vereinbart, dass weitere sich aus dem Verzug ergebende Kosten ebenfalls noch vom Kreditnehmer zu tragen sind, also etwa Mahnkosten oder Anwaltskosten. Manche Banken sind sich auch nicht zu fein, noch ein Inkassobüro zu beauftragen.

**TIPP**

Die Verzugszinsen unterliegen als Vertragsstrafe grundsätzlich dem richterlichen Mäßigungsrecht! Eine Überschreitung des Vertragszinssatzes von mehr als fünf Prozent ist gesetzlich verboten. Mahn- und Inkassokosten können nur für Schritte der zweckentsprechenden Rechtsverfolgung verlangt werden.

In Kreditverträgen wird so gut wie immer **Terminsverlust** vereinbart, sodass bei einem Verzug von mehr als sechs Wochen (und nach erfolglos gebliebener Mahnung mit Nachfristsetzung von mindestens zwei Wochen) die Bank den gesamten noch aushaftenden Kreditbetrag fällig stellen – und bei Nichtbezahlung einklagen – kann. Zwar wird in der Regel nicht bereits nach sechs Wochen und bloß einer Mahnung fällig gestellt, doch sollte man sich keinesfalls darauf verlassen und unbedingt versuchen, diese Eskalation zu verhindern, indem vielleicht eine kurzfristige Stundung oder vorübergehende Ratenherabsetzung ausgehandelt wird. Mit der Fälligstellung sind jedenfalls weitere Kosten verbunden, darüber hinaus aber meist auch die Meldung an die Kleinkredit-Evidenz. Je nach Kreditvertrag werden dann auch die gegebenen Sicherheiten in Anspruch genommen (zum Beispiel Bürgen zur Zahlung aufgefordert oder Wechsel fällig gestellt), und schließlich kann es auch dazu kommen, dass der Eigentumsvorbehalt an Sachen, die mit dem Kredit angeschafft wurden, geltend gemacht wird.

Eine Fälligstellung des offenen Betrages ist darüber hinaus auch in einigen gesondert vereinbarten Fällen möglich, selbst wenn sich daraus unmittelbar noch kein Rückstand ergeben hat. Dies betrifft insbesondere Fälle, in denen der Kreditnehmer wesentlichen Verpflichtungen nicht nachkommt, die er gegenüber dem Kreditgeber übernommen hat, oder wenn Sicherheiten, die für den Kredit bestellt wurden, wegfallen. Daher kann theoretisch auch der plötzliche Tod eines Bürgen dazu führen, dass die Bank den Kredit fällig stellt. Im Einzelfall wird dabei jedoch zu prüfen sein, ob die Fälligstellung nicht eine gröbliche Benachteiligung des Konsumenten darstellt. So hat es der OGH als unzulässig beurteilt, den Kredit allein wegen Verlust des Arbeitsplatzes fällig zu stellen, obwohl dies in den Kreditbedingungen vorgesehen war (OGH 3.7.1990, 5 Ob 554/90, KRES 1e/9).

### Kreditevidenz

Die meisten von österreichischen Banken vergebenen Kredite werden – aufgrund einer entsprechenden Ermächtigungsklausel im Kreditvertrag – an die vom Kreditschutzverband von 1870 geführte Konsumentenkredit-Evidenz gemeldet. Kreditgeber haben bereits bislang vor Kreditgewährung im Regelfall angefragt, ob in dieser Evidenz Kredite des Konsumenten aufscheinen. Dies diente natürlich der Bonitätsprüfung, in gewissem Maß aber auch dem Schutz des Kreditnehmers davor, sich unverhältnismäßig hoch weiter zu verschulden. Seit dem Inkrafttreten des Verbraucherkreditgesetzes sind Kreditgeber – eben zum Schutz der Verbraucher vor allzu hoher Verschuldung – verpflichtet, vor Abschluss des Kreditvertrags die Kreditwürdigkeit des Verbrauchers zu prüfen, wobei sie erforderlichenfalls auch Auskünfte aus einer zur Verfügung stehenden Datenbank einzuholen haben. Damit wurde Führung und Nutzung der Konsumentenkredit-Evidenz gesetzlich implementiert. Gespeichert wird nicht nur der Umstand, dass ein Kredit gegeben wurde (oder dass eine Bürgschaft übernommen wurde), sondern erfasst werden auch „Negativdaten", etwa die Klagsführung oder (erfolglose) Exekution. Das abfragende Kreditinstitut erfährt aber nicht, bei welchem Kreditinstitut ein Kredit offen ist und auch nicht – das wird auch gar nicht gespeichert – welcher Betrag noch offen ist.

**TIPP**

Bei Unklarheiten können Sie beim Kreditschutzverband von 1870, 1120 Wien, Wagenseilgasse 7, Telefon 0501870-0, nachfragen. Dort erhalten Sie als Betroffener nach dem Datenschutzgesetz Auskunft, welche Daten gespeichert sind.

### Sicherheiten

Kredite werden nur dann gewährt, wenn die Bank hinlänglich sicher sein kann, den Kreditbetrag wieder zurückbezahlt zu bekommen. Daher wird auch Wert darauf gelegt, dass der Kreditnehmer nicht nur seinen guten Willen zur Zahlung dokumentiert, sondern auch Sicherheiten bereitstellt. An erster Stelle steht dabei bei unselbstständig Erwerbstätigen immer die Verpfändung der Lohn- und Gehaltsansprüche. Damit wird der Kreditgeber ermächtigt, im Säumnisfall – im Regelfall nach Einschaltung des Gerichts – auf die dem Konsumenten zustehenden Lohnforderungen zu greifen. Der Vorteil der Verpfändung für die Bank liegt darin, dass die Verpfändung dem Arbeitgeber bereits vor dem Verzugsfall oder unmittelbar bei ersten Anzeichen von Schwierigkeiten offengelegt werden kann und damit der Vorrang vor etwaigen nachdrängenden Gläubigern gewahrt wird. (Der Arbeitgeber hat die Verpfändung ebenso wie gerichtliche Lohnpfändungen nach dem Zeitpunkt der Offenlegung ihm gegenüber zu berücksichtigen.) Weiters wird häufig eine Bürgschaft oder eine Kreditrestschuldversicherung verlangt. Weitere Sicherheiten können noch in der Verpfändung von Wertpapieren, Liegenschaften (Hypothek) oder durch die Hingabe von (Blanko-)Wechseln liegen (siehe Seite 111 ff).

## Versicherungsvertrag

Im Versicherungsvertrag verpflichtet sich der Versicherer, bei Eintritt des Versicherungsfalles eine bestimmte Leistung zu erbringen, zum Beispiel bei der Feuerversicherung den durch einen Brand entstandenen Vermögensschaden abzudecken oder bei der Ablebensversicherung im Todesfall die vereinbarte Versicherungssumme auszuzahlen. Er übernimmt also ein bestimmtes – in der Polizze und den jeweiligen Bedingungen näher umschriebenes – Risiko für den Versicherungskunden. Dieser hat die dafür vereinbarte Prämie zu bezahlen.

Schließt man einen Versicherungsvertrag ab, so erwirbt man kein Produkt, das man unmittelbar wahrnehmen oder gar angreifen kann wie etwa einen Fernseher oder ein Auto. Diese „Unsichtbarkeit" des Versicherungsschutzes ist auch Ausgangspunkt für zahlreiche Probleme, die Konsumenten im Versicherungsbereich haben. Denn was man eigentlich erwirbt, das kann man nur verstehen, wenn man Antrag und alle anwendbaren Bedingungen beziehungsweise Tarife durchliest, und es ist nicht jedermanns Sache, sich aus den trockenen und verklausulierten Beschreibungen in den Bedingungen ein verlässliches Bild darüber zu machen, wofür der Versicherer denn tatsächlich haftet, wieweit dieser unsichtbare Schutzschirm reicht.

### Versicherungsbedingungen

Dennoch muss man auf die besondere Bedeutung gerade der Versicherungsbedingungen hinweisen. Während etwa die Allgemeinen Geschäftsbedingungen eines Möbelhändlers im Regelfall nur Bedeutung haben, wenn bei der Vertragserfüllung etwas schief läuft, so wird bei den Versicherungsbedingungen das vom Versicherer zu übernehmende Risiko erst in den Bedingungen überhaupt definiert!

Da die Bedingungen der verschiedenen in Österreich auftretenden Versicherer durchaus unterschiedlich sind, ist es unbedingt notwendig, vor Abschluss eines Versicherungsvertrages die verschiedenen Versicherungsbedingungen zu studieren und zu vergleichen.

Ob die Verschiedenheiten zum Vorteil oder zum Nachteil der Versicherungsnehmer wirken, kann immer nur anhand der jeweiligen persönlichen Interessenlagen beurteilt werden. Wenn etwa der geografische Geltungsbereich einer Kfz-Haftpflichtversicherung enger als üblich gefasst ist (zum Beispiel unter Ausschluss auch des europäischen Teils der Türkei), dann wird das viele Versicherte kaum berühren. Für den Unglücklichen jedoch, der dort einen Schaden hat, kann das zur finanziellen Katastrophe werden.

### Vom Antrag zur Polizze

In den meisten Fällen erfolgt das Anbot zum Abschluss eines Versicherungsvertrages formell durch den Konsumenten durch das Ausfüllen eines Antragsformulars, in dem die wesentlichen für den Vertrag erforderlichen Daten festgehalten werden. Neben Name, Anschrift, Versicherungsbeginn und Laufzeit, Prämienhöhe und Zahlungsweise kommt es dabei auch auf die verlässliche Umschreibung des von der Versicherung zu übernehmenden Risikos an. Der Versicherungskunde ist gesetzlich verpflichtet, dem Versicherer all jene Umstände bekannt zu geben, die für die Übernahme des Risikos durch den Versicherer wichtig sind. Dazu gehören alle Umstände, nach denen im Antragsformular ausdrücklich gefragt wird (zum Beispiel bei der Kranken- oder Lebensversicherung nach Vorerkrankungen, bei einer Feuerversicherung nach der brandhemmenden Ausstattung usw). Eine Verletzung dieser Pflicht kann zum Rücktritt des Versicherers vom Vertrag führen, vor allem aber auch zur Leistungsfreiheit im Schadensfall, wenn der verschwiegene Umstand Einfluss auf den Schadenseintritt hatte.

Gerade bei Gefahrumständen sind manche Vertreter allzu gern bereit, gewisse Umstände zu bagatellisieren („die zwei Tage im Spital brauchen wir wirklich nicht zu erwähnen"), um zu einem Abschluss zu kommen. Sie sollten dabei nicht mitmachen, da es letztlich zu Ihrem Nachteil ausgehen kann. So muss dem Krankenversicherer zum Beispiel Einsicht in die Krankengeschichte gewährt werden, und es kann sich dann nach mehreren Jahren herausstellen, dass Sie die ganze Zeit zwar Prämien gezahlt haben, aber für die für Sie wirklich wichtigen Fälle keine Deckung erhalten.

**TIPP**

- Übergeben Sie den Antrag unmittelbar dem Versicherer oder einem Vertreter, haben Sie Anspruch auf sofortige Aushändigung einer Kopie (Durchschrift).
- Ihr Versicherungsvertrag kommt bei Annahme des Antrags durch den Versicherer zustande und wird durch den Versicherungsschein (die Polizze) dokumentiert.

Abweichend von den normalen Regeln des Vertragsrechts kommt der Vertrag auch zustande, wenn die Versicherung zu anderen Bedingungen annimmt. In diesem Fall muss sie aber die Abweichungen vom Antrag deutlich kennzeichnen. Als Kunde können Sie die Abweichungen jedoch binnen einem Monat nach Erhalt der Polizze schriftlich ablehnen (Polizzeneinspruch). Werden die Abweichungen nicht deutlich gekennzeichnet, werden sie nicht Vertragsinhalt; es gilt das ursprünglich Vereinbarte.

Für Versicherungsverträge gelten – neben dem Rücktrittsrecht bei Haustürgeschäften – besondere Rücktrittsrechte: Generell steht dem Verbraucher ein 14-tägiges Rücktrittsrecht zu, im Bereich der Lebensversicherung kann er binnen 30 Tagen seinen Rücktritt erklären. Näheres siehe Seite 205 f.

### Schriftliche und elektronische Kommunikation zwischen Versicherer und Kunden

Die wesentliche gesetzliche Grundlage für Versicherungsverträge ist das Versicherungsvertragsgesetz („VersVG“), welches mit 1.7.2012 novelliert wurde. Diese Novelle ist insofern bemerkenswert, als sie einerseits eine neue Form, gleichsam eine „Schriftform light“ und andererseits detaillierte Regelungen für die elektronische Kommunikation zwischen Versicherer und Kunden gebracht hat:

Sofern gesetzlich nicht anders geregelt, können vertragsrelevante Erklärungen in jeglicher Form abgegeben werden. Es ist also gleichgültig, ob Sie mit Ihrem Vertragspartner in ein persönliches Gespräch treten, ein Telefonat führen oder Erklärungen in einem Fax, einem E-Mail oder einem Brief abgeben. Für diverse Erklärungen, zum Beispiel für Rücktritte und Kündigungen, wird – oft aus Gründen der Beweissicherung – die Schriftform verlangt. Darunter versteht man nach allgemeinen Rechtsgrundsätzen nicht nur die Schriftlichkeit, sondern vor allem, dass die schriftlichen Erklärungen vom Aussteller persönlich unterzeichnet sind („Schriftlichkeit bedingt die Unterschriftlichkeit“). Da bei Faxen nicht mit Sicherheit erkennbar ist, ob die Unterschrift vom Aussteller stammt oder manipuliert wurde, gelten Faxe in der Regel als nicht dem Schriftformgebot entsprechend. Sofern das Schriftformgebot in erster Linie aber dazu dient, die Beweisbarkeit sicherzustellen, dass und wann eine bestimmte Vertragserklärung abgegeben wurde, und es weniger darauf ankommt, ob diese Erklärung auch vom Aussteller stammt, hat die Judikatur im Sinne der praktischen Handhabung auch Faxe als dem Schriftformgebot genügend anerkannt. Diese Problematik verschärfte sich in den letzten Jahren mit der Zunahme des E-Mail-Verkehrs. Da E-Mails überhaupt keine Unterschrift aufweisen, entsprechen sie jedenfalls nicht dem Schriftformgebot, es sei denn, sie wären mit einer qualifizierten elektronischen Signatur (Seite 152) versehen. Eine solche qualifizierte elektronische Signatur setzt voraus, dass der Absender des E-Mails über ein Zertifikat eines Zertifizierungsdiensteanbieters verfügt, welches die Identität des Absenders bestätigt. Der einzige bislang in Österreich akkreditierte Zertifizierungsdiensteanbieter ist die A-Trust Gesellschaft für Sicherheitssysteme im elektronischen Datenverkehr GmbH. Es liegt auf der Hand, dass Verbraucher im Allgemeinen nicht über ein solches Zertifikat verfügen und sich daher der qualifizierten elektronischen Signatur nicht bedienen können.

Diesen Überlegungen trägt die Novelle des VersVG jetzt Rechnung, indem einerseits die sogenannte „geschriebene Form" für die schriftliche Kommunikation zwischen Versicherer und Kunden implementiert wird. Darunter versteht man einen Text in Schriftzeichen, aus dem die Person des Erklärenden hervorgeht, etwa durch Anführung von Name und Adresse, der aber weder unterschrieben noch mit einer qualifizierten Signatur versehen sein muss. Diese „geschriebene Form" ist zulässig, wenn das Gesetz nichts anderes anordnet und die Parteien auch nicht – zulässigerweise – anderes vereinbart haben. Diese Frage wird nicht immer leicht und eindeutig zu beantworten sein. Das Gesetz verpflichtet daher den Versicherer, den Versicherungsnehmer unverzüglich auf die Unwirksamkeit einer Erklärung in geschriebener Form hinzuweisen, sofern der Versicherer sich auf die Unwirksamkeit dieser Erklärung berufen möchte. Der Kunde hat nach dem Erhalt des Hinweises des Versicherers 14 Tage Zeit, um eine schriftliche Erklärung abzugeben, wobei die Absendung der Erklärung innerhalb der 14-tägigen Frist zur Fristwahrung ausreicht.

Andererseits regelt das VersVG nunmehr, dass zwischen Versicherer und Kunden die elektronische Kommunikation vereinbart werden kann. Diese Vereinbarung muss gesondert, also außerhalb der AGB erfolgen, und ist jederzeit einseitig widerrufbar, worauf der Versicherer den Kunden auch hinzuweisen hat. Die elektronische Kommunikation besteht in zwei Varianten, nämlich entweder in der Zurverfügungstellung von Versicherungsbedingungen und anderen Informationen auf einer Website, wobei der Versicherungsnehmer darauf aufmerksam zu machen und zu den Informationen hinzuleiten ist, oder im unmittelbaren elektronischen Austausch von Erklärungen und Informationen zwischen den Vertragsparteien. In der Vereinbarung der Verwendung elektronischer Kommunikation muss auch die Übermittlungsart festgelegt werden; ferner müssen die Inhalte tatsächlich übersendet bzw die Abrufbarkeit auf der Website muss sichergestellt sein, der Verbraucher muss nachweislich einen regelmäßigen Zugang zum Internet haben und es muss ihm möglich sein, die Inhalte dauerhaft zu speichern und laufend wiederzugeben. Auch muss der Versicherer klar und deutlich darauf hinweisen, wenn er eine Polizze oder eine andere relevante Information elektronisch übermittelt, um zu vermeiden, dass derart wichtige Vertragserklärungen im E-Mail-Postfach

„untergehen" oder als Werbemails gelöscht werden. Bei der Vereinbarung der elektronischen Kommunikation können sich Versicherer und Kunde die Schriftform für Erklärungen, die Bestand oder Inhalt des Versicherungsverhältnisses betreffen, ausbedingen, wenn dies aus Gründen der Rechtssicherheit sachlich gerechtfertigt und für den Versicherungsnehmer nicht gröblich benachteiligend ist. Letztlich verbleibt sowohl dem Versicherer als auch dem Versicherungsnehmer das Recht, ihre Erklärungen und Informationen trotz Vereinbarung der elektronischen Kommunikation auf Papier zu übermitteln, und der Kunde kann jederzeit die elektronisch übermittelten Inhalte auf Papier verlangen, wobei dem ersten Verlangen kostenfrei zu entsprechen ist. Will der Versicherer diese Übermittlungsart wählen, so muss er den Versicherungsnehmer rechtzeitig elektronisch darüber verständigen.

**TIPP**

Die Möglichkeit der elektronischen Kommunikation zwischen Versicherer und Kunden kann für den Kunden zu Erleichterungen führen, insbesondere, weil er schriftliche und damit nachweisbare Erklärungen nicht mehr unbedingt in Form eines (eingeschriebenen) Briefes abgeben muss. Allerdings sollte die Vereinbarung der elektronischen Kommunikation vorab gut überlegt werden, weil davon auch maßgebliche Vertragsinhalte (Polizze) und wichtige Erklärungen des Versicherers, nicht zuletzt Mahnungen, Kündigungen und Deckungsablehungen umfasst sind. Hier sollte jeder für sich im Einzelfall klären, ob ihm eine Übermittlung über einen Link auf eine Website oder in einem E-Mail tatsächlich geeigneter erscheint als die Übermittlung per Post.

### Laufzeit

Mit dem in der Polizze festgelegten Termin beginnt die Deckung, der Versicherungsschutz. In bestimmten Fällen kann auch vorläufige Deckung gegeben werden, sodass bereits ab Antragstellung Versicherungsschutz gegeben ist (üblich vor allem in der Kfz-Haftpflichtversicherung, wo eine Versicherungsbestätigung für die Anmeldung des Kfz erforderlich ist). Übt der Verbraucher nach Gewährung der vorläufigen Deckung sein Rücktrittsrecht aus, gebührt dem Versicherer für deren Dauer eine entsprechende Prämie.

Versicherungsverträge können grundsätzlich auf beliebige Zeit und auch unbefristet abgeschlossen werden. In der Praxis wird – außer in der Krankenversicherung – üblicherweise eine konkrete Laufzeit des Vertrages mit bestimmtem Endtermin (Befristung) vereinbart. In der Kfz-Haftpflicht sind die Verträge grundsätzlich mit einem Jahr limitiert. Grundsätzlich kann der Konsument auch Versicherungsverträge mit längerer Laufzeit nach drei Jahren jeweils zum Jahresende unter Einhaltung einer einmonatigen Kündigungsfrist kündigen.

Erfolgt eine Kündigung nach diesen Bestimmungen vor Ablauf der vertraglich vorgesehenen Befristung, so kann der Versicherer einen allenfalls gewährten Dauerrabatt rückverrechnen. Dies aber nur, wenn der Dauerrabatt im Vertrag ausdrücklich vereinbart wurde und die Höhe des Rabattes für den Versicherungsnehmer klar bestimmbar war. Zudem sind allgemein gehaltene Klauseln zur Rückforderung von Dauerrabatten, so zum Beispiel die Klausel „Bei der Berechnung der Jahresprämie wurde ein Dauerrabatt von 20 % (das sind bei einer Jahresprämie von € XXX jährlich € XXX) berücksichtigt, dessen Rückerstattung der Versicherer bei vorzeitiger Auflösung verlangen kann" dann nichtig, wenn sie vom Versicherer so ausgelegt werden, dass die Rückforderung umso teurer wird, je länger der Verbraucher am Versicherungsvertrag festhält (OGH 21.4.2010, 7 Ob 266/09g).

Wie lange und in welchem Umfang Verbraucher, die Dauerrabattrückzahlungen geleistet haben, diese vom Versicherer wieder zurückverlangen können, ist derzeit Gegenstand von Musterprozessen, welche der Verein für Konsumenteninformation führt.

**TIPP**

Haben Sie Ihren Versicherungsvertrag vor Ablauf der ursprünglich vereinbarten Vertragsdauer aufgekündigt und sehen Sie sich mit einer Rückforderung des Dauerrabatts durch den Versicherer konfrontiert oder haben Sie eine solche in der Vergangenheit bezahlt, so überprüfen Sie die Rückforderung dahin, ob sie mit längerer Vertragsdauer ansteigt. Sollte dies der Fall sein, informieren Sie sich beim Verein für Konsumenteninformation unter www.verbraucherrecht.at über den aktuellen Stand der Judikatur und darüber, wie Sie weiter vorgehen sollen.

Wird ein befristet abgeschlossener Versicherungsvertrag nicht gekündigt, so sehen die Bedingungen (außer natürlich in der Lebensversicherung) üblicherweise vor, dass der Vertrag sich automatisch immer wieder um ein weiteres Jahr verlängert. Das kann auch für den Konsumenten von Vorteil sein, da er sich nicht jedes Jahr um den Abschluss einer neuen Versicherung bemühen muss. An sich aber verstößt eine derartige Automatik (außer in der Kfz-Haftpflichtversicherung, wo sie gesetzlich vorgesehen ist) dann gegen das Konsumentenschutzgesetz, wenn man nicht rechtzeitig vorher darauf hingewiesen wird. Will man in so einem Fall die Verlängerung nicht, braucht man keine Kündigung auszusprechen. Es reicht, die Prämie nicht mehr zu bezahlen. Erfahrungsgemäß reagieren die Versicherer dann jedoch mit Mahnungen, und es bedarf häufig der Intervention einer Konsumentenberatungsstelle, bis die Auflösung akzeptiert wird. Daher ist jedenfalls eine ausdrückliche Kündigung zu empfehlen.

### Prämien und Verzug

Um den Versicherungsschutz aufrechtzuerhalten, hat der Versicherungsnehmer die vereinbarten Prämien zu bezahlen.

**TIPP**

Die erste (oder einmalige) Prämie müssen Sie unmittelbar nach Abschluss des Vertrages (also nach Zugang der Polizze) bezahlen. Leisten Sie diese Prämie trotz Aufforderung des Versicherers nicht innerhalb von 14 Tagen, dann besteht keine Leistungspflicht im Schadensfall, und Ihr Versicherer kann auch vom Vertrag zurücktreten.

Beim Verzug mit Folgeprämien (weiteren Prämien nach der Erstprämie) muss der Versicherer zunächst „qualifiziert“ mahnen. Er muss in der Mahnung eine Nachfrist von mindestens 14 Tagen setzen und darauf hinweisen, dass bei Nichtzahlung Leistungsfreiheit eintritt und er vom Vertrag zurücktreten kann. Bei der Kfz-Haftpflichtversicherung ist das auch der Zulassungsbehörde zu melden und es kommt zur Einziehung der Kennzeichentafeln. Diese strengen Konsequenzen gelten nicht, wenn es um einen nur geringfügigen Verzug geht (der Rückstand darf nicht mehr als zehn Prozent der Jahresprämie, höchstens aber 60 Euro ausmachen). Damit wird vor allem verhindert, dass es bei den häufigen Prämiennachverrechnungen zum Beispiel nach Indexanpassungen zu unverhältnismäßig drastischen Problemen kommt.

### Obliegenheiten

Nicht nur vor Vertragsabschluss, sondern auch während des aufrechten Versicherungsverhältnisses muss der Versicherungsnehmer den Versicherer von Gefahrerhöhungen in Kenntnis setzen, will er im Ernstfall nicht der Gefahr einer Leistungsfreiheit oder Leistungseinschränkung gegenüberstehen. Eine Gefahrerhöhung kann etwa dann vorliegen, wenn der Verwendungszweck des versicherten Gebäudes verändert wird, wenn also zum Beispiel in einem bisher als Gemüsekeller verwendeten Raum eine komplette Werkstatt samt Schweißgerät eingerichtet wird und überdies auch noch diverse feuergefährlichen Materialien dort verwendet beziehungsweise aufbewahrt werden.

Die Pflicht, Gefahrerhöhungen dem Versicherer anzuzeigen, zählt zu den sogenannten Obliegenheiten. Das sind Pflichten des Versicherungsnehmers, die der Versicherer zwar nicht klagsweise durchsetzen kann, deren Verletzung jedoch zu anderen Sanktionen – vor allem der Leistungsfreiheit – führt. Weitere typische Obliegenheiten sind etwa die Meldepflicht nach einem Unfall bei der Sicherheitsbehörde oder in der Haushaltsversicherung die Verpflichtung, die Eingangstür beim Verlassen der Wohnung zu versperren. Neben den Pflichten, die während des laufenden Vertrages ohne Bezug auf einen konkreten Schadensfall zu erfüllen sind, gibt es vor allem auch eine Reihe von Obliegenheiten, die erst im Schadensfall zum Tragen kommen.

Nur die schuldhafte Verletzung von Obliegenheiten kann zur Leistungsfreiheit des Versicherers führen. Auch bei fahrlässiger Verletzung ist der Versicherer jedoch zur Leistung verpflichtet, wenn die Obliegenheitsverletzung weder Einfluss auf den Schaden noch auf die Schadensfeststellung hatte.

Die Konsequenzen von Obliegenheitsverletzungen sind im Gesetz recht detailliert geregelt. Nicht immer ist eine Berufung der Versicherung auf angeblich verletzte Obliegenheiten berechtigt. Lassen Sie sich daher bei konkreten Problemen beraten.

Grundsätzlich gilt: Die im Versicherungsvertrag vereinbarten Obliegenheiten sollten peinlichst genau erfüllt werden. Besonders ist auch auf diverse Fristen zur Schadensmeldung beziehungsweise zur polizeilichen Anzeige von Unfällen und dergleichen zu achten. Bei der Verzögerung solcher Meldungen kann die Versicherung häufig mit gutem Grund argumentieren, dass dadurch eine korrekte Schadensfeststellung verhindert wurde.

### Versicherungsfall

Im Versicherungsvertrag ist die Leistungspflicht des Versicherers bei Eintritt bestimmter Ereignisse vorgesehen. Man spricht dann vom Versicherungsfall. Während es etwa bei einer Erlebensversicherung keine Probleme macht, den Eintritt des Versicherungsfalles – der Versicherte hat den Endtermin erlebt – zu belegen, kommt es vor allem in der Schadensversicherung häufig zu Problemen. Der Versicherungsnehmer hat den Eintritt des Versicherungsfalles natürlich zu melden und sodann an der Feststellung des Schadens mitzuwirken. Dazu sind dem Versicherer auch alle notwendigen Informationen zu geben. Nur dann ist auch die Leistungspflicht des Versicherers gewährleistet. Grundsätzlich sind alle Meldungen bei Eintritt eines Versicherungsfalles so rasch wie möglich, auf jeden Fall aber innerhalb der in den Bedingungen angegebenen Fristen zu erstatten.

**TIPP**

Es spricht nichts dagegen, Ihren Betreuer bei der Versicherung telefonisch zu verständigen. Aus Beweisgründen sollten Sie aber die Schadensmeldung zusätzlich zumindest in „geschriebener Form“ abgeben. Das gilt generell für alle Erklärungen gegenüber der Versicherung.

Die Leistung des Versicherers ist fällig, sobald die zur Feststellung der Leistungspflicht und des Leistungsumfangs notwendigen Erhebungen abgeschlossen sind. Braucht der Versicherer dazu mehr als ein Monat, so ist – wenn die Leistungspflicht dem Grund nach feststeht – eine erste Zahlung in der Höhe des mindestens fälligen Betrages zu leisten. Hat der Versicherer schon zwei Monate lang erhoben und noch immer nicht entschieden, so kann man eine Begründung dafür verlangen. Wird diese nicht innerhalb eines Monats gegeben, ist der Anspruch fällig. Mit dieser Bestimmung sollte ein gewisser Druck auf den Versicherer ausgeübt werden, die Erhebungen nicht in die Länge zu ziehen. Es ist davon auszugehen, dass innerhalb von drei Monaten die absolut überwiegende Zahl der Fälle geklärt sein muss.

**TIPP**

- Schon aus Beweisgründen ist es zweckmäßig, wenn Sie Ihre Ansprüche möglichst rasch geltend machen. Die Verjährung von Forderungen aus dem Versicherungsverhältnis tritt jedoch erst nach drei Jahren ein.
- Haben Sie Ihren Anspruch schriftlich geltend gemacht, so ist der Lauf der Verjährungsfrist gehemmt. Die Frist läuft erst weiter, wenn Ihr Versicherer seine ablehnende Entscheidung schriftlich begründet.
- Lehnt Ihr Versicherer Ihren Anspruch mit Begründung ab, dann bleibt Ihnen noch ein Jahr, um Ihren Anspruch auf Leistung gerichtlich geltend zu machen. Versäumen Sie diese Frist, dann ist Ihr Versicherer von seiner Leistung frei. Er muss allerdings auf diese Konsequenz in seiner Leistungsablehnung hinweisen, ansonsten bleibt es bei der dreijährigen Verjährungsfrist.
- Die einjährige Frist zur Klage ist überdies für Zeiten von Vergleichsverhandlungen gehemmt. Das gilt auch dann, wenn der Versicherungsnehmer ohne sein Verschulden an der rechtzeitigen Klage gehindert ist.

Wenn die Versicherung eine Leistung erbringt, wird meist die Unterfertigung einer sogenannten Abfindungserklärung verlangt. Damit akzeptiert man, aus dem Schadensfall keine weiteren Forderungen mehr zu haben. Ist die Versicherung Ihnen gegenüber leistungspflichtig, dann sind Sie zur Unterschrift unter eine Abfindungserklärung jedoch nicht verpflichtet, und vor allem bei Körperverletzungen ist dringend vor einer vorschnellen Unterfertigung abzuraten. Nach den üblichen Formulierungen wird damit nämlich auch auf die Geltendmachung erst künftig eintretender Schäden verzichtet! Die Versicherung muss auch ohne Abfindungserklärung zahlen.

Nur wenn der Leistungsanspruch gegen die Versicherung strittig ist oder die Versicherung überhaupt aus Kulanz leistet (also, obwohl sie nach dem Vertrag nicht müsste), dann kann die Unterfertigung der Abfindungserklärung zweckmäßig sein.

**TIPP**

Geht es um höhere Beträge oder handelt es sich um Körperverletzungen, lassen Sie sich unbedingt fachkundig beraten, bevor Sie unterschreiben.

### Beendigung der Versicherung

Neben den weiter oben schon unter der Überschrift „Laufzeit“ angeführten Beendigungsmöglichkeiten durch Kündigung beziehungsweise Ablauf der Befristung kommt als Auflösungsgrund für eine Versicherung auch der Untergang des versicherten Risikos in Betracht. Ist etwa das versicherte Kfz verschrottet, so macht die Versicherung keinen Sinn mehr. Ab Mitteilung an die Versicherung fällt die Versicherung daher weg. Die Prämie ist „pro rata temporis“ abzurechnen, also aliquot nach der tatsächlichen Versicherungsdauer. Ein allenfalls gewährter Dauerrabatt kann jedoch zurückgefordert werden.

Eine Kündigungsmöglichkeit für beide Seiten besteht bei manchen Sparten auch innerhalb einer bestimmten Frist nach Eintritt eines Versicherungsfalles. Für die Versicherung ist das eine Möglichkeit, jene Versicherungsnehmer, die ihr wegen laufender Schäden zu teuer kommen, loszuwerden, ohne die gesamte Vertragslaufzeit abwarten zu müssen.

Und schließlich besteht eine Kündigungsmöglichkeit, wenn eine versicherte Sache verkauft wird. Denn grundsätzlich geht ein für diese Sache bestehender Versicherungsvertrag mit der Sache auf den neuen Besitzer über. Dieser ist jedoch berechtigt, binnen einem Monat nach Eigentumsübergang (bei Liegenschaften daher binnen einem Monat nach Zustellung des Grundbuchsbeschlusses über die Eintragung des Eigentumsrechts) die Versicherung zu kündigen.

## Sicherheiten

Wenn Leistungen nicht „Zug um Zug" abgewickelt werden, so geht derjenige, der eine Vorausleistung erbringt, ein gewisses Risiko ein, ob der andere Vertragspartner dann auch tatsächlich in der Lage sein wird, seinen Verpflichtungen nachzukommen. Um sich hier besser abzusichern, besteht der Vorausleistende häufig darauf, dass gewisse Sicherheiten gegeben werden: eine Bankgarantie, eine Bürgschaft oder auch die Verpfändung von Sachen (zum Beispiel Autos oder Liegenschaften) oder Forderungen (zum Beispiel Lohn- und Gehaltsforderungen). Vor allem bei Kreditverträgen werden so gut wie immer Sicherheiten verlangt, sie kommen aber auch bei anderen Verträgen vor. Und nicht vergessen sollte man, dass man auch als Konsument, wenn man Vorausleistungen erbringt, auf eine Absicherung bestehen sollte. Im Fall der Insolvenz des Unternehmers haben Sie keinen Anspruch auf Rückzahlung Ihrer Vorleistung! Dies gilt übrigens auch für Gutscheine.

**TIPP**

Halten Sie Anzahlungen und Vorausleistungen so gering wie möglich! Wenn Sie größere Vorausleistungen erbringen müssen, so versuchen Sie, die Bestellung von Sicherheiten auf Seiten des Unternehmers (zum Beispiel eine Bankgarantie) auszuhandeln. Bedenken Sie dies auch, bevor Sie um größere Beträge Gutscheine erwerben.

Eine gesetzliche Pflicht zur Absicherung von Vorauszahlungen besteht für Pauschalreisen: Die Reiseveranstalter müssen durch eine Versicherung oder Bankgarantie vorsorgen, dass die Reisenden auch im Insolvenzfall ihre Vorauszahlungen zurückerhalten und allenfalls auch vom Urlaubsort zurücktransportiert werden (siehe Seite 278 f).

### Bürgschaft

Die Bürgschaft ist ein Vertrag, mit dem sich der Bürge verpflichtet, dem Gläubiger eine bestimmte Leistung zu erbringen, sofern ein Dritter (der Hauptschuldner) seine Verbindlichkeit nicht erfüllt. Der wichtigste Anwendungsbereich der Bürgschaft ist in der Praxis als Sicherheit für den Kreditgeber bei Abschluss eines Kreditvertrages. Aber man kann sich auch für die Erfüllung anderer Verpflichtungen verbürgen. Relativ häufig kommt es auch vor, dass vom Hauseigentümer bei Abschluss eines Mietvertrages mit einer Person ohne eigenes Einkommen (zum Beispiel in Ausbildung befindliche Jugendliche, Studenten) die Bürgschaft beispielsweise der Eltern für die Bezahlung des Mietzinses verlangt wird.

### Mitschuldner

Kennzeichnend für die Bürgschaft ist, dass man sich für eine fremde Schuld verbürgt, also im Ernstfall für etwas zahlen muss, von dem man in der Regel selbst nichts hat. Dadurch unterscheidet sich die Bürgschaft auch von der Mithaftung als „Solidarschuldner", bei der man eine Verbindlichkeit gemeinsam mit einer weiteren Person eingeht. Umgangssprachlich wird auch in solchen Fällen der Mitschuldnerschaft oft von einer Bürgschaft gesprochen; vor allem dann, wenn es dem (vermeintlichen) Bürgen nicht wirklich klar ist, dass eine gemeinschaftliche Verpflichtung eingegangen wurde, bei der beide Solidarschuldner in absolut gleicher Weise berechtigt und auch verpflichtet sind.

Am Beispiel des Mietvertrages wird deutlich, dass es sehr wohl einen wesentlichen Unterschied macht, ob man Solidarschuldner ist (beide Schuldner sind dann Mieter und scheinen als gemeinschaftliche Mieter im Mietvertrag auf) oder bloß die Bürgschaft für die Zahlung des Mietzinses übernommen hat, ohne dass man deshalb aber als Bürge auch Mietrechte geltend machen kann.

Die Situation bei Kreditverträgen ist in der Praxis hingegen häufig anders. Hier macht zum Beispiel ein Ehepartner alle Details über Kreditsumme und Rückzahlung mit der Bank aus, der zweite Ehepartner wird dann nur „zur Unterschrift" zugezogen und glaubt, „bloß" gebürgt zu haben, während er in Wahrheit eine gemeinschaftliche Verpflichtung eingegangen ist. Anders als bei der Bürgschaft sind bei einer gemeinschaftlichen Verpflichtung beide Schuldner nicht nur verpflichtet, sondern auch zur Forderung der Leistung berechtigt. (Dies ist jedoch bei Kreditverträgen, in denen in aller Regel über die Art der Auszahlung nur einmal, und das gleich im Vertrag, zu entscheiden ist, kaum relevant.) Dafür sind jedoch auch beide Schuldner unabhängig voneinander zur Zahlung verpflichtet: Der Gläubiger kann sich willkürlich aussuchen, von wem er Zahlung verlangt und von jedem auch die volle Summe einfordern. Wenn der Vertrag mit einem Schuldner aus irgendeinem Grund nichtig ist, so berührt das nicht die Gültigkeit gegenüber dem zweiten Schuldner.

## Ausfallsbürge oder Bürge und Zahler?

Auch die echte Bürgschaft – im Unterschied zur Mitschuldnerschaft – bedeutet jedoch nicht immer, dass der Gläubiger zunächst den Hauptschuldner bedrängen muss, bevor er auf den Bürgen zurückgreifen kann. Kreditgeber – egal ob Banken oder auch Versandhäuser – versuchen natürlich, in den von ihnen vorbereiteten Geschäftsbedingungen und Vertragsformularen die für sie günstigste Form der Bürgenhaftung vorzusehen, sodass in der Praxis fast ausschließlich die Haftung als „Bürge und Zahler" vereinbart wird.

Wer als „Bürge und Zahler" haftet, kann vom Gläubiger – auch ohne Verzug des Hauptschuldners – sofort in Anspruch genommen werden. Hier braucht der Gläubiger sich also nicht einmal bemühen, vom Hauptschuldner eine Leistung zu erhalten, sondern kann nach eigener Wahl entweder den Bürgen oder den Hauptschuldner oder auch beide zugleich belangen.

Bei der „gewöhnlichen" Bürgschaft hingegen muss der Gläubiger den Hauptschuldner erst mahnen, bevor er eine Leistung des Bürgen verlangen kann. Zur gerichtlichen Eintreibung ist er aber auch bei der „gewöhnlichen" Bürgschaft nicht verpflichtet. Keiner Mahnung bedarf es, wenn der Schuldner im Konkurs oder unbekannten Aufenthalts ist.

Nur wenn ausdrücklich eine Ausfallsbürgschaft (oder die Haftung als „Entschädigungsbürge") vereinbart wurde, muss der Gläubiger zunächst alle zumutbaren Schritte setzen, um eine Zahlung des Hauptschuldners zu erlangen. Dazu gehört das Einklagen der Forderung und das Führen der Exekution, außer der Schuldner ist unauffindbar oder die Exekutionsführung völlig aussichtslos. Solche von vornherein im Kreditvertrag vereinbarten Ausfallsbürgschaften haben in der Praxis des Verbraucherkreditvertrages keine Bedeutung, wohl aber im Rahmen der sogenannten Ehegattenhaftung.

**TIPP**

Auch wenn Sie „nur" Ausfallsbürge sind, liegt es in Ihrem Interesse, dass die Schuld so rasch wie möglich bezahlt wird. Es hat wenig Sinn, die Bank zu immer neuen unergiebigen Betreibungsversuchen gegen den Hauptschuldner aufzuhetzen, da dadurch Kosten verursacht werden, die von Ihnen zu tragen sind (sofern der Hauptschuldner nicht mehr zu Geld kommt). Außerdem laufen die Zinsen weiter.

## Formpflicht

Für jede Form der Bürgschaft gilt, dass sie nur schriftlich gültig abgegeben werden kann. Ein Telefax reicht dazu nicht aus (OGH 27.3.1995, 1 Ob 515/95, KRES 10/27), ebensowenig ein E-Mail. Eine bloß mündlich erklärte Bürgschaft ist unwirksam.

## Umfang der Bürgschaft

Wichtig ist, dass der Umfang der Bürgschaft genau abgegrenzt wird. Die Verbindlichkeit des Bürgen richtet sich nämlich nach der ausdrücklich zwischen ihm und dem Gläubiger getroffenen Vereinbarung, nicht automatisch nach dem zwischen Gläubiger und Kreditnehmer geschlossenen Kreditvertrag. In den Kreditvertrags- oder Bürgschaftsformularen, wie sie von Banken verwendet werden, wird die Haftung jedoch generell für sämtliche Verbindlichkeiten aus dem Kreditvertrag vorgesehen, sodass die Summe, für die der Bürge letztlich aufkommen muss, auch – unter Berücksichtigung von Verzugszinsen, Mahnspesen, Gerichtskosten und dergleichen mehr – deutlich über der eigentlichen Kreditsumme liegen kann. Die Vereinbarung einer klaren betraglichen Begrenzung der Haftung ist daher sinnvoll, um für den Fall des Falles zumindest die höchstmögliche Belastung einschätzen zu können. Manchmal reicht es auch, die Haftung als Bürge bloß für einen Teilbetrag des Kredites zu vereinbaren, wenn der Hauptschuldner andere Sicherheiten für den restlichen Betrag vorweisen kann. Auch wenn der Hauptschuldner mehrere Bürgen beibringen kann, sollte man versuchen, für jeden dieser Bürgen nur einen anteiligen Höchstbetrag der Haftung mit dem Kreditgeber zu vereinbaren.

Lesen Sie die Vereinbarung über die Bürgschaft besonders genau durch. In einigen Formularen wird von Banken versucht, die Bürgschaftsverpflichtung nicht nur auf den konkreten Kreditvertrag zu beziehen, sondern auch auf alle sonstigen Forderungen der Bank gegen den Hauptschuldner – „aus allen gegenwärtigen und künftigen Geschäftsbeziehungen" – zu erstrecken. Für zukünftige Kreditverhältnisse sind solche Vereinbarungen gegenüber dem Konsumenten rechtlich nicht wirksam, und auch für bereits bestehende Verbindlichkeiten ist die Zulässigkeit solcher Klauseln durchaus umstritten. Trotzdem sollte man solche uferlosen Bestimmungen vor Unterzeichnung des Vertrages ersatzlos streichen. Ein derart ungewisses Risiko ist keinesfalls vertretbar.

Auf eine betragliche Begrenzung der Bürgschaft – wie hoch auch immer – kann man nur dann verzichten, wenn man sichergestellt hat, dass man über die Entwicklung des Kreditkontos laufend informiert wird. Denn grundsätzlich obliegt es dem Bürgen, sich beim Hauptschuldner über den Stand des Kreditkontos zu informieren. Die Bank hat nur in Ausnahmefällen – wenn eine Einholung der Information beim Hauptschuldner völlig unzumutbar ist – eine Auskunftspflicht gegenüber dem Bürgen. Dies bedeutet, dass man als Bürge oft zunächst gar nichts davon erfährt, wenn der Schuldner in Verzug ist, solange er nur irgendwelche Zahlungen leistet und die Bank noch hofft, dass sich die Lage stabilisieren wird. Auch von Laufzeitverlängerungen, Zinssatz- oder Ratenänderungen, Stundungen oder dergleichen wird man als Bürge nicht informiert! Lediglich Mahnungen und sonstige Erklärungen der Bank im Fall der Säumigkeit des Hauptschuldners müssen auch dem Bürgen zugestellt werden. Werden aber etwa Stundungen vereinbart oder erfolgt eine Ratenanpassung, muss man als Bürge nicht informiert werden.

**TIPP**

Damit es keine bösen Überraschungen gibt, vereinbaren Sie als Bürge ausdrücklich für alle wesentlichen Umstände eine Verpflichtung der Bank zur Verständigung. Lassen Sie sich außerdem vom Hauptschuldner regelmäßig die geleisteten Zahlungen nachweisen und nehmen Sie in den jährlichen Auszug des Kreditkontos Einsicht.

Für jede Bürgschaft gilt die Grundregel, dass man tatsächlich nur für Verträge bürgen soll, die man – wenn auch vielleicht unter Entbehrungen – auch tatsächlich selbst erfüllen könnte, ohne in eine wirtschaftlich bedrohliche Situation zu geraten.

Wer eine Bürgschaft im Vertrauen auf die Zahlungsfähigkeit und -willigkeit des Hauptschuldners übernimmt, ohne selbst über ausreichende Reserven oder Einnahmen zu verfügen, um jederzeit (auch schon ein Monat nach Vertragsabschluss) selbst die Leistungen zu erbringen, hat das Wesen der Bürgschaft nicht begriffen und gefährdet grob fahrlässig die eigene wirtschaftliche Existenz (und gegebenenfalls auch den Unterhalt seiner Angehörigen). Eine Verpflichtung zur Übernahme einer Bürgschaft besteht auch gegenüber Angehörigen nicht! Die Finanzbehörden akzeptieren übrigens Zahlungen aus Bürgschaften in der Regel nicht als außergewöhnliche Belastung, weil sie nicht zwangsläufig entstanden sind und nicht nur keine rechtliche, sondern nicht einmal eine sittliche Verpflichtung zur Bürgschaftsübernahme besteht.

Der Bestand einer Bürgschaft hängt immer vom Bestand des Hauptvertrags ab, für dessen Einhaltung gebürgt wird. War der Vertrag unwirksam, so ist es auch die Bürgschaft – allerdings mit einer wesentlichen Ausnahme:

Hat man sich für einen Minderjährigen verbürgt, so bleibt nicht nur die Bürgschaft aufrecht, auch wenn der Minderjährige zum Abschluss des Kreditvertrages gar nicht geschäftsfähig war. Man wird darüber hinaus sogar zum Mitschuldner und muss damit die Leistung aus dem Vertrag erbringen, unabhängig von einem allfälligen Verzug des (nicht ausreichend geschäftsfähigen) Minderjährigen.

### Ehegattenhaftung

Zahlreiche Bürgschaften, aber auch gemeinsam als Mitschuldner abgeschlossene Kreditverträge werden von Eheleuten eingegangen, die natürlich darauf vertrauen, dass die Ehe Bestand hat und die Rückzahlung der Verbindlichkeiten aus dem gemeinsamen Einkommen möglich ist. Zumeist betreffen die Kredite auch gemeinsame Anschaffungen oder zumindest Investitionen, die beiden Ehegatten in irgendeiner Form zugute kommen, etwa Wohnung, Einrichtungsgegenstände oder ein Auto.

Nicht immer ist es den Bürgen oder Mitschuldnern klar, worauf sie sich dabei einlassen, und dass insbesondere eine Scheidung – bei der es zur Aufteilung des vorhandenen Vermögens kommt – nichts an der Verbindlichkeit gegenüber der Bank ändert. Auch wenn daher zum Beispiel das Auto dem besserverdienenden Ehegatten verbleibt, weil dieser (und nur dieser) auch den dafür aufgenommenen Kredit zurückzahlen kann, haftet der andere Ehegatte weiterhin der Bank für die Zahlung der Kreditraten.

Nach § 98 des Ehegesetzes kann allerdings innerhalb eines Jahres nach Rechtskraft der Scheidung der Antrag gestellt werden, dass das Gericht bei gemeinsamen Kreditverbindlichkeiten ausspricht, dass einer der beiden Ex-Ehegatten dem Kreditgeber nur als Ausfallsbürge, der andere hingegen als Hauptschuldner haftet.

Dies ist Folge der Aufteilung auch der Vermögenswerte und der Schulden, die im Zuge einer Scheidung zu erfolgen hat (entweder durch gerichtlichen Beschluss oder einvernehmliche Vereinbarung der Ehegatten). Dabei wird zum Beispiel festgelegt, dass die frühere Ehewohnung der Frau verbleibt und sie auch den dafür aufgenommenen Kredit weiterzahlt, während dem Mann das Auto samt den dafür offenen Raten zukommt. Entgegen einer sehr weit verbreiteten Meinung bedeutet das aber nicht, dass die gemeinsam für diese Gegenstände aufgenommenen Kredite damit fein säuberlich getrennt wären und den jeweils nach Aufteilungsbeschluss nicht zahlungspflichtigen Ex-Gatten nichts mehr angingen. Kommt einer der Ex-Gatten mit der Zahlungsverpflichtung gegenüber der Bank in Rückstand, kann die Bank weiterhin auf den anderen Ex-Ehegatten zurückgreifen. Zwar wurde dieser gewissermaßen „zurückgestuft" und ist statt vielleicht Mitschuldner oder Bürge und Zahler nun nur mehr Ausfallsbürge, doch ändert dies im Ergebnis leider wenig.

Kann der Hauptschuldner nicht zahlen oder ist er untergetaucht, so muss auch der Ausfallsbürge die Schuld zurückzahlen. In der Praxis wird daher die Situation für den Bürgen kaum gebessert. Aufgrund der besonderen psychologischen Situation kommt es oft sogar eher zu einer Verschlechterung der objektiven Situation. Häufig bestehen die Ausfallsbürgen der Bank gegenüber dann wirklich darauf, dass gegen den Hauptschuldner alle möglichen Zwangsmittel ausgeschöpft werden, auch wenn dort wirklich nichts zu holen ist. Alle Kosten, die jedoch durch die erfolglose Betreibung beim Hauptschuldner entstehen, sind letztlich vom Ausfallsbürgen zu tragen. Dabei ist nicht nur an die Kosten der Exekution und die Gerichts- und Anwaltskosten zu denken, sondern auch an die während dieser Zeit ständig weiterlaufenden Verzugszinsen, sodass es in solchen Fällen oft zu einem raschen und unverhältnismäßigen Anwachsen der Schuld kommt.

**TIPP**

Sehen Sie daher auch als Ausfallsbürge nicht tatenlos zu, wie ohne Aussicht auf Erfolg der Hauptschuldner exekutiert wird. Rechtzeitige Zahlungsvereinbarungen mit dem Gläubiger können das Explodieren der Schulden verhindern. Sinnvoll ist auch die enge Kooperation mit der Bank, wenn Sie Informationen haben, wo sich der Hauptschuldner aufhält (arbeitet) oder ob und wo er über Vermögen verfügt.

Gerade bei Bürgschaften unter Ehegatten ist aber auch zu prüfen, ob nicht Umstände vorliegen, die die Bürgschaft anfechtbar machen (siehe Seite 71 f).

### Der Regress des Bürgen

Musste der Bürge zahlen, so kann er vom säumigen Hauptschuldner diese Leistungen zurückfordern (Regress). Freilich sind in der Praxis die Chancen, das Geld doch noch zu erhalten, sehr gering. Dennoch kann es zweckmäßig sein, diese Beträge einzuklagen – auch wenn man vorerst die Kosten des Verfahrens selbst tragen muss. Kommt der Hauptschuldner jedoch später zu Vermögen oder zu einem Einkommen, so kann mit einem rechtskräftigen Gerichtsurteil rasch die Exekution eingeleitet werden. Bevor man aber zu Gericht geht, sollte man sich nicht nur rechtlich beraten lassen, sondern auch versuchen, die wirtschaftliche Zukunft des

Hauptschuldners realistisch einzuschätzen. Ist etwa demnächst der Privatkonkurs zu erwarten, wird sich eine gerichtliche Vorgangsweise nicht mehr lohnen.

## Bankgarantie

Bei einer Bankgarantie erklärt eine Bank dafür Gewähr zu leisten, dass der Begünstigte der Bankgarantie von einem Dritten eine Leistung erhält. So verlangen so manche Fertighausunternehmen eine Bankgarantie ihrer Kunden, dass jeweils nach Fertigstellung eines Bauabschnittes auch fristgerecht Zahlung geleistet wird. Andererseits gibt es auch Bankgarantien von Bauunternehmen, in denen für die Zeit der Gewährleistung (bei unbeweglichen Sachen drei Jahre) zugesichert wird, für Mängel einzustehen (Haftrücklassgarantie). Auch die Insolvenzabsicherung bei Reiseveranstaltern kann in Form einer Bankgarantie erfolgen.

**Bankgarantie: Geld auf Abruf**

Der Fertighaushersteller verlangt von den Konsumenten die Vorlage einer Bankgarantie, die er nach Maßgabe des Baufortschrittes abrufen darf. Wenn in der Garantie vorgesehen ist, dass Voraussetzung für die Leistung der Bank die bloße Behauptung des erreichten Baufortschrittes durch den Unternehmer ist, dann besteht die Gefahr, dass sich der Unternehmer eigenmächtig bedient – und zwar schon früher als er dürfte. Zwar wäre dies im Verhältnis zu den Konsumenten rechtswidrig, die Bank aber müsste zahlen. Wenn der Fertighaushersteller auf dem Weg in die Insolvenz ist, wird dann aber der jedenfalls gegebene Rückforderungsanspruch gegen ihn nicht mehr viel nützen.

Die Garantie sollte daher zumindest irgendeine Form der „Fremdkontrolle" aufweisen – etwa (im Streitfall) die Bestätigung eines Ziviltechnikers, dass der jeweilige Fertigstellungsgrad erreicht ist.

Eine Bankgarantie ist regelmäßig mit einem Höchstbetrag begrenzt und – was ihrem Wesen als Sicherungsmittel entspricht – unwiderruflich gestaltet. Wenn also zum Beispiel bei einem Bauvertrag die Teilzahlungen des Kunden nach Baufortschritt zu erbringen sind und diese Teilzahlungsverpflichtung mit einer Bankgarantie besichert ist, dann hat die Bank – je nachdem, wie die Garantieerklärung im Einzelnen formuliert ist – bei Nachweis der Erreichung eines bestimmten Baufortschrittes an den Bauunternehmer Zahlung zu leisten. Und zwar auch dann, wenn der Kunde – weil er mit der Leistung unzufrieden ist – die Garantie lieber widerrufen würde. Nur wenn die Inanspruchnahme der Bankgarantie durch den Begünstigten einen klaren Rechtsmissbrauch darstellen würde und dies der Bank offenkundig ist, kann sie trotz ihrer Garantieerklärung die Zahlung verweigern.

**TIPP**

Teilen Sie daher alle Umstände, die für einen Rechtsmissbrauch bei der Inanspruchnahme einer Bankgarantie durch den Vertragspartner sprechen, sofort (mit eingeschriebenem Brief) der Bank mit.

Wenn die Bank vom Begünstigten aus der Bankgarantie zur Kasse gebeten wird, hat sie gegen den Auftraggeber einen Anspruch auf Ersatz ihrer Aufwendungen. Dieser Aufwandersatzanspruch entfällt nur, wenn die Bank – wegen eines offensichtlichen Rechtsmissbrauches durch den Begünstigten – gar nicht hätte zahlen müssen beziehungsweise dürfen.

**TIPP**

- Wenn Sie zur Besicherung Ihrer Zahlungsverpflichtung bei einem Bauvertrag eine Bankgarantie bestellen sollen, dann achten Sie darauf, dass die Auszahlung der Teilzahlungen nach Baufortschritt möglichst an objektive Kriterien gebunden ist und nicht der Unternehmer durch einfache Erklärung die Zahlungen – ohne Kontrolle – abrufen kann.
- Bietet man Ihnen eine Bankgarantie zur Besicherung einer Forderung an, dann achten Sie ebenfalls darauf, dass die Zahlungsverpflichtung der Bank von objektiven Kriterien abhängt und nicht der Besteller der Bankgarantie die Möglichkeit hat, im Fall der Fälle eine Auszahlung der Summe zu verhindern.
- Beachten Sie auch den Gültigkeitszeitraum der Bankgarantie. Wenn Sie etwa dem Unternehmer eine längere Frist zur Mängelbehebung einräumen, sollten Sie auch eine entsprechende Verlängerung der Gültigkeit seiner Bankgarantie für den Haftrücklass verlangen.

## Gehaltsverpfändung

Gehaltsverpfändungen zur Besicherung – insbesondere von Bankkrediten – sind zulässig und üblich. Dabei werden Lohn- und Gehaltsforderungen des Konsumenten, die er an seinen Dienstgeber hat, zur Besicherung eines aushaftenden Kredites verpfändet. Zahlt der Konsument den Kredit nicht zurück, dann kann der Gläubiger auf die gepfändete Forderung zugreifen. Allerdings muss dazu entweder der Konsument den Lohnabzügen ausdrücklich zustimmen oder aber die Bank muss ihre Forderung gerichtlich geltend machen und kann dann im Exekutionsweg die Lohn- oder Gehaltsforderung pfänden und einziehen.

Dagegen ist eine Gehaltsabtretung zur Besicherung einer nicht fälligen Forderung nach dem Konsumentenschutzgesetz verboten. Der Gesetzgeber will den Verbraucher damit vor Übereilung schützen, weil die Gehaltsabtretung den Gläubiger ohne weitere Schritte (Zustimmung des Verbrauchers oder gerichtliche Klage) in die Lage versetzt, auf das Einkommen des Verbrauchers zu greifen. In einem Musterprozess des Vereines für Konsumenteninformation konnte geklärt werden, dass dieses Verbot von Gehaltsabtretungen für nicht fällige Forderungen analog auch auf Gehaltsverpfändungen dann anwendbar ist, wenn mit der Gehaltsverpfändung – für eine nicht fällige Forderung – zugleich auch vereinbart wird, dass der Gläubiger sein Pfandrecht – bei Fälligkeit der Forderung – verwerten darf, ohne noch die Zustimmung des Verpflichteten einholen oder gar Klage führen zu müssen. Eine Gehaltsverpfändung mit unwiderruflicher Vereinbarung der außergerichtlichen Verwertung ist also gesetzwidrig (OGH 9.9.1997, 4 Ob 215/97i, KRES 1e/23).

## Hypotheken

Mit dem Begriff „Hypothek“ wird ein Pfandrecht an einer Liegenschaft bezeichnet, manchmal (entsprechend dem Sprachgebrauch in Deutschland) auch die diesem Pfandrecht zugrunde liegende Geldforderung. Die Hypothek entsteht durch Einverleibung im Lastenblatt („C-Blatt“) der jeweiligen Grundbucheinlage. Sie ist mit einem ziffernmäßig einzutragenden Betrag begrenzt, wird aber im Regelfall bei Hypothekarkrediten als sogenannte Höchstbetragshypothek einverleibt. Dabei wird in der Urkunde, die für die Einverleibung notwendig ist (Pfandbestellungsurkunde), ein Höchstbetrag angegeben, bis zu dem die Hypothek reichen soll. Dieser Betrag kann (und wird in der Regel) höher sein als der tatsächlich offene Betrag aus dem Kredit- bzw Darlehensvertrag. Zusätzlich ist es noch möglich, eine Sicherstellung für die allfälligen Nebenkosten (Verzugszinsen, Betreibungskosten etc) einzutragen (Nebengebührensicherstellung).

Ist man Eigentümer mehrerer Liegenschaften, so kann eine Hypothek auch auf allen oder einigen dieser Liegenschaften eingetragen werden (Simultanhypothek). Dem Gläubiger steht es im Verzugsfall frei, auf welche der mit der Simultanhypothek belasteten Liegenschaften er zurückgreift.

Hypotheken können nicht nur durch Einverleibung aufgrund einer Vereinbarung begründet werden, sondern auch im Wege der zwangsweisen Pfandrechtsbegründung bei Exekution. Für manche Forderungen besteht zudem ein gesetzliches Pfandrecht, so etwa für bestimmte Forderungen aus ersatzweise vorgenommenen Erhaltungsarbeiten an Liegenschaften im Anwendungsbereich des Mietrechtsgesetzes. Solche Hypotheken gehen aufgrund gesetzlicher Anordnung auch anderen eingetragenen Rechten im Grundbuch vor (Vorzugspfandrecht).

## Wechsel

Wechsel sind Wertpapiere, in denen sich der Wechselschuldner zur Zahlung an den Inhaber des Wechsels verpflichtet. Wechsel haben insofern eine Sicherungsfunktion, als die Durchsetzung von Wechselforderungen in einem vereinfachten, schnelleren Gerichtsverfahren möglich ist. Zudem kann die – grundsätzlich vom Grundgeschäft unabhängige („abstrakte") – Wechselforderung durch Weitergabe des Wechsels an Dritte abgetreten werden („Orderwechsel"). Im Geschäft mit Verbrauchern allerdings sind Orderwechsel nicht zulässig. Der Wechsel muss also einen Vermerk tragen, wonach diese Weitergabe nicht möglich ist (zum Beispiel „nicht an Order"). Man spricht dann von einem sogenannten Rektawechsel. Dennoch akzeptierte Orderwechsel sind allerdings gültig!

**TIPP**

Sofern Sie einen Wechsel unterzeichnen müssen, achten Sie darauf, dass er den Vermerk „nicht an Order" trägt!

Zur Besicherung von Krediten wird häufig die Unterzeichnung von Blankowechseln (also Wechseln, bei denen insbesondere kein Betrag eingesetzt ist) verlangt. In diesem Fall wird zumeist im Kreditvertrag eine ausdrückliche Vereinbarung getroffen, wonach die Wechsel im Fall des Zahlungsverzuges mit dem dann offenen Saldo ausgefüllt und fällig gestellt werden können („Wechselwidmungserklärung"). Wenn auch die Unterzeichnung von Blankowechseln immer ein gewisses Unbehagen bereitet, so kann man bei einer Bank im Regelfall immerhin mit einer seriösen, der Wechselwidmungserklärung entsprechenden Vorgangsweise rechnen. Außerhalb von Bankgeschäften aber sollten Sie die Unterzeichnung von Wechseln – insbesondere auch von Blankowechseln – vermeiden.

## Treuhandschaft

Besonders beim Kauf von Liegenschaften oder Eigentumswohnungen wird zur Abwicklung des Vertrages von den Vertragsparteien oft ein Dritter – ein Rechtsanwalt oder Notar – als Treuhänder eingeschaltet. Der

Käufer bezahlt dann zwar den Kaufpreis bei Vertragsabschluss an den Treuhänder, dieser bekommt aber den unwiderruflichen Auftrag, die Summe erst an den Verkäufer auszubezahlen, wenn zum Beispiel das (lastenfreie) Eigentum im Grundbuch eingetragen ist.

Natürlich muss man dem Treuhänder vertrauen können. Die Notare und Rechtsanwälte haben daher besondere Sorgfaltspflichten bei der Übernahme von Treuhandschaften zu beachten und unterliegen dabei einer besonderen Kontrolle ihrer Standesbehörde. Die Treuhandschaften sind in ein Register aufzunehmen, ihre Abwicklung wird von der Notariats- bzw der Rechtsanwaltskammer streng überwacht, und es besteht eine besondere Vertrauensschadenhaftpflichtversicherung.

## Preise und Kostenvoranschläge

**Ein Auslaufmodell zum vollen Preis**

Herr Winter hat sich eine neue Skiausrüstung gekauft. Wenige Tage später sieht er dieselben Ski in einem anderen Geschäft deutlich billiger. Er erkundigt sich nun auch noch bei einigen anderen Geschäften und erfährt, dass die von ihm erworbenen Ski ein Auslaufmodell sind, für das niemand mehr den früheren „Listenpreis" verlangt. Niemand offenbar, außer dem Händler, bei dem Herr Winter eingekauft hat. Voller Ärger sucht er ihn auf und verlangt, dass er ihm den zu viel bezahlten Betrag zurückerstattet. Doch der Händler ist dazu nicht bereit.

Ein wesentliches Entscheidungskriterium bei jedem Vertragsabschluss ist natürlich der Preis. Ob der verlangte Preis für eine Ware oder Dienstleistung angemessen ist, müssen zuallererst einmal Sie einschätzen. Abgesehen von ganz wenigen Ausnahmen sind in Österreich die Preise durch die Unternehmen prinzipiell frei kalkulierbar. Preis- und Leistungsvergleiche lohnen sich daher! Sehen Sie nach dem Kauf dieselbe Ware in einem anderen Geschäft billiger, ist es zu spät: Der (ungünstige) Kauf kann nicht mehr rückgängig gemacht werden. Herr Winter aus dem vorigen Beispiel hat daher Pech gehabt, dass er gerade an den teuersten Händler der Stadt geraten ist.

Eine behördliche Preisbestimmung ist seit Inkrafttreten des Preisgesetzes 1992 im Allgemeinen auf Versorgungsengpässe oder Krisenzeiten beschränkt. Ausnahmen von dieser Regelung gibt es praktisch nur mehr für Arzneimittel. Für leitungsgebundene Energieträger wie Erdgas, Strom und Fernwärme bestehen teilweise noch Sonderregeln, die vor allem die

Möglichkeit der Vorgabe von bestimmten Tarifgrundsätzen oder -strukturen vorsehen oder auf vorgelagerten Stufen (also gewissermaßen im „Großhandel“) eine Preisfestsetzung im Streitfall ermöglichen. Auch in den früher streng preisgeregelten, dafür jedoch monopolistischen Strom- und Telekom-Märkten kann sich der Kunde seit der Liberalisierung zwischen mehreren Anbietern am Markt entscheiden, muss sich aber auch entsprechend über die für ihn günstigsten Tarife informieren.

**TIPP**

Für die Telekom- und Elektrizitätswirtschaft wurden im Zuge der Liberalisierung eigene Regulierungsbehörden geschaffen, die auf ihren Internet-Seiten auch Übersichten über die am Markt angebotenen Tarife zur Verfügung stellen. Für den Telekom-Bereich ist dies die Rundfunk und Telekom Regulierungs-GmbH mit der Homepage www.rtr.at, für den Elektrizitätsbereich die Energie-Control Austria für die Regulierung der Elektrizitäts- und Erdgaswirtschaft mit der Homepage www.e-control.at.

Weitere behördlich festgelegte Höchstpreise gibt es vor allem noch für die Kehrtarife der Rauchfangkehrer, die Provisionen der Immobilienmakler und der Personalkreditvermittler und schließlich für die Miethöhe bei bestimmten Wohnungen (Richtwertmietzins).

Weil der Staat kaum eingreift, muss sich der Konsument selbst die nötigen Informationen beschaffen, um vom Wettbewerb des „offenen“ Marktes zu profitieren. Strenge Vorschriften im Bereich der Preisauszeichnung helfen ihm dabei (siehe ab Seite 24 ff).

## Kostenvoranschlag

Bei Werkverträgen, vor allem wenn es um umfangreiche Arbeiten geht, steht im Vorhinein oft noch nicht fest, wie teuer die Sache wird. Um abschätzen zu können, mit welchen Kosten zu rechnen ist, sollten Sie daher einen Kostenvoranschlag verlangen.

Nicht jede Aussage des Unternehmers über den voraussichtlichen Preis ist schon ein Kostenvoranschlag, aus dem sich für den Konsumenten bestimmte Rechte ableiten lassen. Außerdem ist eine bloß mündliche Zusage des Unternehmers im Ernstfall fast wertlos, weil sie vom Konsumenten nur schwer bewiesen werden kann.

Der Kostenvoranschlag enthält vor allem die detaillierte Aufgliederung des mutmaßlichen Gesamtpreises des Werkes nach Arbeits-, Material- und sonstigen Kosten. Diese sollen nach technisch-kaufmännischen Gesichtspunkten ausführlich kalkuliert sein, und Einheitssätze die Grundlage für die Gesamtsumme des Werklohnes bilden.

Grundsätzlich ist zwischen dem **verbindlichen** und dem **unverbindlichen** Kostenvoranschlag zu unterscheiden. Beim verbindlichen Kostenvoranschlag ist der Unternehmer an den genannten Preis in jedem Fall gebunden. Dieser Preis stellt also garantiert die Obergrenze des Entgeltes dar. Wenn der Unternehmer nicht ausdrücklich das Gegenteil erklärt, so ist ein Kostenvoranschlag, der einem Konsumenten gegenüber abgegeben wird, immer verbindlich.

Sollte bei einem verbindlichen Kostenvoranschlag entgegen den Berechnungen des Unternehmers dennoch eine Überschreitung des genannten Preises notwendig sein, dürfen diese Kosten nicht in Rechnung gestellt werden, egal wie hoch die Überschreitung ist. Nur wenn der Grund für die Mehrarbeit oder die Mehrkosten dem Besteller zuzurechnen ist, zum Beispiel weil die Verzögerung einer Baubewilligung ausschlaggebend für einen erforderlichen Mehraufwand war, kann der Unternehmer diese Kosten zusätzlich verlangen.

**Ein Zusatzauftrag**

Herr Horn hat sich einen Kostenvoranschlag für Installationen im Badezimmer machen lassen. Während der Installateur noch bei der Arbeit ist, fällt ihm ein, dass eigentlich doch noch ein zweites Waschbecken und ein kleines Bidet ganz praktisch wären. Die Zusatzkosten für diese Installationen sind nicht im Kostenvoranschlag enthalten, dafür steht dem Installateur ein angemessenes Entgelt zu.

**TIPP**

Der Wert eines Kostenvoranschlages hängt ganz wesentlich davon ab, ob tatsächlich alle notwendigen Arbeiten berücksichtigt sind. Spätere Zusatzaufträge oder Änderungen können auch bei einem verbindlichen Kostenvoranschlag den letztlich zu zahlenden Preis beträchtlich in die Höhe treiben. Auch solche Zusatzaufträge sollten Sie daher nur geben, wenn Sie dafür wiederum einen (Zusatz-)Kostenvoranschlag eingeholt haben.

Beim unverbindlichen Kostenvoranschlag gibt es für die angegebene Summe keine Garantie. Sie müssen damit rechnen, dass Mehrkosten entstehen können. Allerdings können Sie als Besteller auf die seriöse Erstellung des Kostenvoranschlages vertrauen, sodass Sie durch Mehrkosten, die für den Fachmann erkennbar gewesen wären, nicht überrascht werden dürften. Das Risiko für unvorhergesehene Mehraufwendungen – etwa wenn sich im Zug der Bauausführung erst herausstellt, dass der Boden härter als angenommen ist und daraus Mehrkosten entstehen – tragen jedoch Sie.

Unverbindlich ist ein Kostenvoranschlag gegenüber einem Konsumenten dann, wenn er einen entsprechenden ausdrücklichen Hinweis enthält. Auch die Anführung von „Zirka-Preisen“ oder die Klausel „abgerechnet wird nach Naturmaß“ bewirken, dass der Kostenvoranschlag für die jeweiligen Positionen unverbindlich bleibt.

Die Überschreitung eines unverbindlichen Kostenvoranschlages ist nur zulässig, wenn die Mehrkosten sachlich begründet und unvermeidlich sind. Ist die Überschreitung gering, so müssen die zusätzlichen Kosten dem Unternehmer bezahlt werden. Stellt sich jedoch heraus, dass eine beträchtliche Überschreitung (etwa 10 bis 15 Prozent) des Kostenvoranschlages unvermeidlich ist, so hat der Unternehmer die Arbeit vorerst einzustellen und dem Besteller unverzüglich mitzuteilen, um wie viel mehr die Arbeit voraussichtlich kosten wird.

Der Besteller kann dann entweder vom Vertrag zurücktreten, wobei er dem Unternehmer die bisher erbrachte Arbeit durch ein angemessenes Entgelt vergüten muss, oder er kann den Vertrag bestehen lassen und muss dann für die zusätzlich anfallenden Kosten aufkommen.

Meldet der Unternehmer die zu erwartende beträchtliche Überschreitung nicht sofort, verliert er seinen Anspruch auf Abgeltung. Der Auftraggeber braucht die Mehrkosten dann nicht zu bezahlen.

Oft wird kein genauer Kostenvoranschlag erstellt, sondern der Unternehmer schätzt die Kosten bloß überschlagsmäßig, um dem Auftraggeber eine grobe Orientierung geben zu können. Auch bei einem solchen „Schätzungsanschlag“ ist der Unternehmer aber verpflichtet, bevorstehende Erhöhungen anzuzeigen, wenn er seinen Anspruch auf das höhere Entgelt nicht verlieren will (LG Korneuburg 10.3.1998, 21 R 52/98i).

**Ein paar Hunderter auf oder ab ...**

Das Auto von Herrn Kellner ist bei einem Unfall schwer beschädigt worden. Herr Kellner lässt es von seinem Mechaniker anschauen, der ihm auch sagen soll, wie teuer eine Reparatur sein würde. Als der Mechaniker ihm mitteilt, dass die Reparatur zwischen € 2.000 und € 2.200 kosten werde, erteilt Herr Kellner den Reparaturauftrag.

Nach ein paar Tagen telefoniert Herr Kellner mit dem Mechaniker; dabei meint dieser, dass er mit dem ursprünglich genannten Kostenbetrag nicht auskommen werde. Herr Kellner meint nur „Auf ein paar Hunderter auf oder ab wird es mir nicht ankommen."

Schließlich erhält Herr Kellner die Rechnung: Sie lautet auf satte € 4.200. Da der Unternehmer auf das Ausmaß der Erhöhung nicht hingewiesen hat – der bloße Hinweis, mit den genannten Kosten nicht auszukommen, reicht nicht! – braucht Herr Kellner den Mehrbetrag nicht zu bezahlen.

Wird die Arbeit weniger aufwändig als vorhergesehen, so kann der Unternehmer nicht den Betrag laut Kostenvoranschlag fordern, sondern muss die Unterschreitung bei der Verrechnung des Werklohnes – unaufgefordert – berücksichtigen.

Vom Kostenvoranschlag (und auch vom Schätzungsanschlag) zu unterscheiden ist die **Pauschalpreiszusage,** bei der für den Besteller nicht ersichtlich ist, wie sich die genannte Summe zusammensetzt. Ein zugesagter Pauschalpreis ist unabhängig von den später tatsächlich anfallenden Kosten verbindlich, selbst wenn sich herausstellt, dass die übernommenen Arbeiten die veranschlagte Summe ganz erheblich übersteigen. Sollte der Auftrag aber billiger ausgeführt werden können, so ist der Besteller dennoch zur Bezahlung des vollen Preises verpflichtet.

**Der übereifrige Tischler**

Frau Karl möchte für ihr Wochenendhaus eine neue Holzstiege. Sie erkundigt sich bei einigen Anbietern und lässt sich auch Kostenvoranschläge geben. Tischlermeister „Holzer" meint, dass er bloß mit den von Frau Karl genannten Abmessungen nichts anfangen kann und sich das Haus lieber selber anschaut und ausmisst, wozu er sich mit Frau Karl einen Termin vereinbart. Da der daraufhin erstellte Kostenvoranschlag für Frau Karl zu teuer ausfällt, bekommt ein anderes Unternehmen den Auftrag. Tischlermeister „Holzer" stellt Frau Karl daraufhin eine Rechnung über € 200 für „Maßaufnahme und Planung".

Nun, so einfach ist die Sache nicht: In der Regel ist der Kostenvoranschlag Teil des Anbotes und daher unentgeltlich. Es gibt aber auch Kostenvoranschläge, die eine selbstständige Arbeit darstellen, etwa wenn umfangreiche Planungsarbeiten bei einem Hausbau geleistet werden. Als Konsument müssen Sie jedoch für die Erstellung eines Kostenvoranschlages nur dann etwas bezahlen, wenn der Unternehmer von Anfang an darauf hingewiesen hat.

Gibt es bei umfangreichen Planungsarbeiten keinen Kostenvoranschlag und ist auch keine Vereinbarung über den zu zahlenden Preis getroffen worden, so schuldet der Auftraggeber dem Unternehmer ein angemessenes Entgelt. Als Orientierungshilfen für die Angemessenheit – zum Beispiel eines Stundenlohnes – können Tarife oder Honorarrichtlinien, die von einer Berufsgruppe erstellt wurden, herangezogen werden. Diese müssen aber auch tatsächlich von der jeweiligen Branche angewendet werden, ansonsten sind sie nicht als Maßstab gültig.

**TIPP**

Wenn Ihnen der geforderte Preis zu hoch erscheint, erkundigen Sie sich daher bei der Innung der jeweiligen Branche nach den üblichen Preisen. Auch ein Preisvergleich bei anderen Unternehmern der gleichen Branche kann Ihnen bei der Einschätzung der Preisangemessenheit helfen.

# Vertragsänderungen

## Leistungsänderungen

**Falsches Parkett**

Bei Familie Sommer sind endlich die Mängel an den neuen Fenstern ihres Einfamilienhauses behoben, nun soll im Wohnzimmer ein Fertigparkett verlegt werden. Beim Händler sehen sich Herr und Frau Sommer verschiedene Muster an und entscheiden sich schließlich für einen Boden der Marke „Parketta". Sowohl im Bestellschein als auch in der Auftragsbestätigung sind die Marke und das Muster korrekt angegeben. Als der Parkettboden geliefert wird und auch gleich verlegt werden soll, fällt Frau Sommer auf, dass das Muster zwar stimmt, dass auf der Verpackung aber nicht „Parketta", sondern „Super-Legno" als Marke angegeben ist.

Von diesem italienischen Hersteller haben die Konsumenten noch nie gehört, die Marke „Parketta" eines skandinavischen Erzeugers haben sie gewählt, weil ihnen auch einige Bekannte erzählt hatten, dass sie damit gute Erfahrungen gemacht haben.

Der Bodenleger meint nur, dass die „Parketta"-Böden derzeit nicht lieferbar seien, er sich aber bemüht habe, einen völlig gleichwertigen Boden mit einem so gut wie identischen Muster zu besorgen. Im Übrigen sei in den Geschäftsbedingungen ohnehin festgehalten, dass er sich Änderungen der Ausführung vorbehalte.

Die Konsumenten möchten aber mit dem ihnen nicht bekannten Boden kein Risiko eingehen und verweigern die Abnahme.

Der Bodenleger in diesem Beispiel macht es sich zu leicht: Denn was einmal vertraglich vereinbart ist, kann grundsätzlich einseitig nicht wieder abgeändert werden. Eine einseitige Leistungsänderung kann von Unternehmern in AGB nur insoweit vorgesehen werden, als diese Änderung dem Verbraucher zumutbar ist, weil sie sachlich gerechtfertigt und geringfügig ist.

**Eigenmächtige Vertragsänderung**

Frau Singer erhält Post von der Pluto-Versicherung. Der Versicherungsvertreter, der Frau Singer betreut, schreibt ihr, dass er ihre Unfallversicherung den aktuellen Erfordernissen angepasst habe. Für nur € 2 Mehrprämie im Monat sei die Versicherungssumme um fast das Doppelte angehoben worden und außerdem finden dann auch die neuen Unfallversicherungs-Bedingungen Anwendung. Sollte Frau Singer damit nicht einverstanden sein, so möge sie das bitte in den nächsten zwei Wochen mitteilen. Frau Singer reagiert nicht und erhält wenig später tatsächlich einen Zahlschein, der bereits auf die geänderte Prämie lautet.

Frau Singer ist nicht verpflichtet, diese Änderung zu akzeptieren – egal, ob sie mit dem Versicherungsvertreter Kontakt aufnimmt oder nicht. Die versuchte eigenmächtige Vertragsänderung durch die Pluto-Versicherung ist rechtswidrig und unwirksam.

Eine Änderung, durch die der Vertragszweck beeinträchtigt wird, ist jedenfalls unzulässig. Auch die Lieferung einer anderen als der bestellten Marke – wie im Beispiel mit dem Parkettboden – wird in der Regel nicht als geringfügige Änderung anzusehen sein.

## Leistungsänderungen beim Reisevertrag

Wenn vom Reiseveranstalter Leistungen einseitig geändert werden, sei es, dass ein Flug um mehrere Stunden verschoben oder das Hotel ausgetauscht wird, so ist vor Antritt der Reise zu prüfen, ob die Leistungsänderungen so wesentlich sind, dass sie Sie zum Rücktritt berechtigen und Sie allenfalls Schadenersatzansprüche geltend machen können. Außerdem haben Sie das Recht, wenn wesentliche Bestandteile des Vertrages geändert werden, statt des Rücktrittes auch die Teilnahme an einer gleichwertigen Ersatzreise zu fordern. Allerdings muss der Veranstalter auch tatsächlich in der Lage sein, eine solche anzubieten. Ist dies nicht der Fall, bleibt nur die Möglichkeit, vom Vertrag zurückzutreten, eine andere gleichwertige Reise zu buchen und die Mehrkosten beim Veranstalter geltend zu machen.

**TIPP**

- Ein Rücktritt ist nur bei einer wesentlichen Leistungsänderung möglich. Schadenersatz bekommt man nur, wenn den Veranstalter überdies an der Leistungsänderung ein Verschulden trifft. Holen Sie daher rechtzeitig rechtlichen Rat ein.
- Einfacher ist, Sie nehmen die Leistungen mit Vorbehalt an und fordern nach Rückkehr von Ihrer Reise sofort Preisminderung ein. Wichtig ist jedoch, dass Sie schon vor Antritt der Reise schriftlich vermerken, dass Sie nur unter Vorbehalt von Gewährleistungsansprüchen die Leistungsänderung hinnehmen. Sonst könnte Ihre Bezahlung des Reisepreises als Einverständnis zur Leistungsänderung gewertet werden.

## Preisänderungen

Wenn Vertragspartner in einem Vertrag für eine Leistung ein bestimmtes Entgelt festlegen, dann gehen sie von den Verhältnissen zum Zeitpunkt des Vertragsabschlusses aus. Wenn die Leistungen aber nicht sofort, sondern etwa erst in Monaten erbracht werden, dann stellt sich das Problem, dass sich die Verhältnisse zum Zeitpunkt des Vertragsabschlusses – zum Beispiel die Kalkulationsgrundlagen für den Unternehmer – bis dahin verändert haben können. In vielen Geschäftsbedingungen von Unternehmern finden sich daher sogenannte Preisgleitklauseln.

**Indexklausel**

Auch Herr Friedmann glaubt, dass ihm seine Versicherung eine stillschweigende Vertragsänderung bei seiner Eigenheimversicherung „unterschieben" möchte. Er hat ein Schreiben erhalten, wonach sich die Prämie aufgrund des gestiegenen Baukosten- wie auch des Verbraucherpreisindex im kommenden Jahr um € 50 erhöhen wird. Er könne die Erhöhung aber ablehnen, wenn er dies binnen vierzehn Tagen der Versicherung mitteile. Für diesen Fall würde sich aber im Schadensfall auch die Versicherungsleistung entsprechend vermindern. In der Konsumentenberatungsstelle sieht sich die Versicherungsberaterin die Vertragsunterlagen (Antrag, Polizze und Versicherungsbedingungen) durch und muss Herrn Friedmann mitteilen, dass die Versicherung korrekt gehandelt hat. Bei Abschluss der Versicherung wurde nämlich eine Wertsicherungsklausel vereinbart, die zu einer automatischen Steigerung der Prämie entsprechend der Indexsteigerung führt. Zusätzlich wurde dem Konsumenten aber ausdrücklich das Recht eingeräumt, die Wertsicherung abzulehnen – also die Indexklausel (unabhängig vom „restlichen" Versicherungsvertrag) zu kündigen.

Das ist die Absicherung, dass der vereinbarte Preis beim Eintritt bestimmter Umstände verändert – in der Regel erhöht – werden kann. Das Konsumentenschutzgesetz schützt allerdings den Verbraucher vor unbegründeten Preiserhöhungen. Es sieht vor, dass – im Verhältnis Unternehmer zum Verbraucher – solch eine Klausel nur wirksam ist, wenn die Umstände, die eine Preisänderung rechtfertigen, im Vertrag genau umschrieben sind.

Der Konsument soll sich also auf mögliche Preisänderungen einstellen und diese – im Fall der Fälle – überprüfen können. Zum anderen dürfen die Umstände, die zu einer allfälligen Erhöhung führen können, nicht vom Willen des Unternehmers abhängig und müssen auch sachlich gerechtfertigt sein. In der Preisgleitklausel darf also zum Beispiel auf Steuererhöhungen, Kollektivvertragserhöhungen und Ähnliches Bezug genommen werden, nicht aber zum Beispiel auf die – vom Unternehmer selbst erstellten – Listenpreise.

Weiters verlangt der Gesetzgeber, dass die Klausel nicht nur einseitig die mögliche Erhöhung von Preisen vorsieht, sondern dass der Unternehmer auch verpflichtet ist, die Preise abzusenken, wenn sich die Umstände, von denen er die Preisänderung abhängig macht, nach unten entwickeln.

**TIPP**

Eine Preis- oder Zinsgleitklausel berechtigt den Unternehmer nicht nur zu einer Erhöhung, sondern verpflichtet ihn – wenn die maßgeblichen Bestimmungsfaktoren sinken – immer auch zu einer Senkung des Preises (Zinssatzes). Gerade bei Kreditverträgen reagieren manche Banken auf sinkende Zinsen nicht so rasch wie auf steigende. Hier zahlt sich hartnäckiges Nachfragen aus.

Schließlich ist eine solche Klausel in Geschäftsbedingungen nur wirksam, wenn die Leistung des Unternehmers erst in zwei Monaten oder mehr zu erbringen ist. Für kurzzeitig zu erfüllende Verträge kann eine Preisgleitklausel nur dann wirksam vereinbart werden, wenn die Vertragsparteien dies ausdrücklich aushandeln.

### Zinsgleitklausel

In Kreditverträgen, Leasingverträgen usw findet sich in der Regel eine sogenannte Zinsgleitklausel. Bis 1.3.1997 waren viele dieser Klauseln so unbestimmt gehalten, dass sie dem Gesetz nicht entsprochen haben.

**Zinsgleitklausel (alt)**

Der Begriff „Änderungen der Geldmarktverhältnisse" ist kein hinreichend bestimmter Wertmaßstab für eine Zinsgleitklausel, die nach § 6 Abs 1 Z 5 KSchG an objektive und klar festgelegte Maßstäbe zu binden ist (OLG Wien 30.8.1995, 6 R 571/94, KRES 1d/31).

Mit der Novelle zum Konsumentenschutzgesetz wurde diese Judikatur vom Gesetzgeber ausdrücklich ins Gesetz übernommen und die Kreditwirtschaft hat die Zinsgleitklauseln neu gestaltet. Nun wird in der Regel auf nachvollziehbare Faktoren (Sekundärmarktrendite uÄ) abgestellt, und die Zinsänderungen lassen sich – mit mathematischem Fachwissen – auch tatsächlich nachvollziehen.

Soweit man aber heute noch auf Altkredite (vor 1.3.1997) Rückzahlungen leistet, hat es Sinn, diese Kredite nach der jeweils neuen Zinsgleitklausel nachrechnen zu lassen.

Diese neue Klausel ist zwar nicht direkt anwendbar, wenn aber die seinerzeit vereinbarte Klausel sich als unwirksam herausstellt, kann man durchaus argumentieren, dass es dem Willen der Vertragsparteien entspricht, sich an den Leitzinsen für Geld- und Kapitalmarkt und damit an der neuen Zinsgleitklausel zu orientieren (OGH 26.4.2006, 3 Ob 236/05k).

**TIPP**

- Lassen Sie insbesondere Altkredite vom Verein für Konsumenteninformation (www.verbraucherrecht.at) oder den Arbeiterkammern nachrechnen. Vielleicht haben Sie bereits viel zu viel zurückbezahlt.
- Wenn Sie bei einem Kredit noch zurückzahlen und – aufgrund einer genannten Berechnung – Unstimmigkeiten gegenüber der Bank geltend gemacht haben, dann sollten Sie zur Vorsicht gegen jede Saldomitteilung der Bank schriftlich (mit eingeschriebenem Brief) Widerspruch erheben, bis die Unstimmigkeiten in Ihrem Sinn geklärt sind.
- Rückforderungsansprüche verjähren nach der Rechtsprechung des Obersten Gerichtshofes in drei Jahren.
- Dennoch sind viele Banken auf Urgenz bereit, Rückzahlungen anzubieten; mit den meisten Bankinstituten haben die Konsumentenschutzorganisationen Rückerstattungen von 70% der zu viel bezahlten Zinsen vereinbart.

Vorsicht ist aber auch bei neueren Zinsgleitklauseln geboten: Manche Banken sehen zwar vor, dass sich der Zinssatz entsprechend konkret genannter Änderungen bestimmter Indikatoren (zum Beispiel der Sekundärmarktrendite) verändert, allerdings wird bei jeder Anpassung auf ganze Achtel- oder Viertelprozentpunkte aufgerundet. Erfolgen hier häufige Veränderungen, summieren sich die Aufrundungen! Auch diese Praxis hat der Oberste Gerichtshof in Musterverfahren des Vereins für Konsumenteninformation als gesetzwidrig beurteilt, und zwar unabhängig von der Frage, ob es durch die Aufrundungen zu einer „Aufrundungsspirale" kommt oder nicht (OGH 71.12.2002, 4 Ob 265/02b, KRES 1d/52; OGH 17.11.2004, 7 Ob 207/04y).

### Preisänderungen beim Reisevertrag

Zu einer Preisänderung kann es nur kommen, wenn sich der Reiseveranstalter das im Vertrag – beziehungsweise in den Reisebedingungen – vorbehalten hat. Allerdings gibt es dafür vom Gesetzgeber enge Grenzen: 20 Tage vor der Abreise kann es bei Pauschalreisen auf keinen Fall mehr zu einer Preiserhöhung kommen. Davon abweichende Vereinbarungen in den AGB sind unwirksam. Preisänderungen sind darüber hinaus generell nicht möglich, wenn Sie den Reisevertrag nicht mehr als zwei Monate vor der Abreise geschlossen haben. Ausnahme: Das Reisebüro hat mit Ihnen ausdrücklich anderes ausgehandelt. Liegen zwischen Vertragsabschluss und Reiseantritt mehr als zwei Monate, sind Preisänderungen – ausgenommen 20 Tage vor Abreise – möglich, allerdings nur, wenn ihr Grund in der Änderung von Beförderungskosten (Benzinpreiserhöhung, Änderungen der Abgaben – zum Beispiel Flughafentaxe – oder der Änderung von Wechselkursen) liegt. Es müssen aber auch die Preise entsprechend gesenkt werden, wenn es statt der Verteuerung, die zur Preiserhöhung berechtigt, zu einer Verbilligung dieser Kostenelemente kommt.

Kommt es in den wenigen Fällen, in denen eine Preiserhöhung überhaupt zulässig ist, zu einer erheblichen Preiserhöhung, können Sie vom Vertrag zurücktreten. Wann die Erhöhung als erheblich bezeichnet werden kann, ist von Fall zu Fall verschieden. Als Richtwert gelten zehn Prozent Preiserhöhung. Treten Sie zurück, so können Sie entweder die bereits geleisteten Zahlungen zurückfordern oder aber an einer gleichwertigen Ersatzreise teilnehmen, sofern der Veranstalter eine solche im Angebot hat. Akzeptieren Sie eine minderwertigere Reise, können Sie darauf bestehen, dass Ihnen die Preisdifferenz finanziell abgegolten wird.

## Vertragsübernahme

Änderungen können nicht nur den Vertragsgegenstand – also Preis oder Gegenleistung – betreffen, sondern auch die Vertragspartner. So kann etwa vorgesehen werden, dass die Rechte und Pflichten aus dem Vertrag auf einen bestimmten anderen Unternehmer übertragen werden dürfen. Nach dem Konsumentenschutzgesetz ist dies jedoch nur zulässig, wenn der andere Unternehmer bereits im Vertrag genannt ist (oder wenn man gerade diesen Punkt im Einzelnen ausgehandelt hat). Ohne vertragliche Vereinbarung ist natürlich überhaupt keine Änderung zulässig. Das gilt übrigens auch, wenn der Unternehmer in Konkurs geht und sich ein sogenanntes Nachfolgeunternehmen mit einem Brief einstellt, dass dieses den Vertrag „übernommen" habe.

**TIPP**

Prüfen Sie genau, ob Sie eine solche Vertragsübernahme wirklich akzeptieren wollen. Sie sind jedenfalls nicht dazu verpflichtet.

**Vollendete Tatsachen**

Die Wohnungseigentümer des Hauses Bahnhofstraße 2 haben für ihre Gemeinschaftsantennenanlage einen zehnjährigen Wartungsvertrag mit der Firma „Tele-Blitz" abgeschlossen. Schon nach zwei Jahren erhalten die Wohnungseigentümer ein Schreiben, in dem „Tele-Blitz" mitteilt, dass sie sich aus diesem Geschäftsfeld zurückzieht und in Hinkunft nur mehr Anlagen installieren, aber nicht mehr warten wird. Den Wartungsvertrag übernehme mit allen Rechten und Pflichten die Firma „Blitz-Funk", an die auch die im Vertrag vereinbarte Servicepauschale zu zahlen sei.

Die Wohnungseigentümer waren zwar unzufrieden mit der Firma „Tele-Blitz", sehen aber auch nicht ein, warum sie nun ein neues Unternehmen akzeptieren müssen, das – so haben einige Wohnungseigentümer gehört – zudem nicht gerade den besten Ruf haben soll.

Tatsächlich sind die Konsumenten auch nicht verpflichtet, den neuen Unternehmer zu akzeptieren. Will der ursprüngliche Unternehmer die Arbeiten nicht mehr erbringen, dann würde er eine Vertragsverletzung begehen, die den Konsumenten letztlich den vorzeitigen Ausstieg aus diesem ungeliebten Vertrag ermöglichen würde.

Eine Vertragsänderung ist selbstverständlich kein Problem, wenn sie einvernehmlich erfolgt, also der Vertragspartner der Änderung zustimmt.

# Beendigung des Vertrages

## Erfüllung

Viele der im Alltagsleben geschlossenen Verträge sind gewissermaßen ebenso rasch erledigt, wie sie geschlossen wurden. Beim Einkauf in der Boutique etwa fallen Anbot und Annahme praktisch mit der Erfüllung des Vertrages – dem Austausch von Geld gegen das neu erworbene Kleidungsstück – zusammen.

Grundsätzlich aber ist der Vertragsschluss von der Ausführung der im Vertrag festgelegten Verpflichtungen zu unterscheiden. Wenn man mit dem Elektriker vereinbart, dass er eine neue Satellitenantenne liefern, montieren und verkabeln soll, dann wird er seinen Verpflichtungen – hoffentlich – zu dem im Vertrag vereinbarten Termin nachkommen. Er wird – wie man das juristisch ausdrückt – den Vertrag erfüllen. Ist nichts anderes vereinbart, dann steht ihm bei Vollendung seines Werks das vereinbarte Entgelt zu.

Wenn keine abweichende Vereinbarung getroffen wurde, dann sind Verträge grundsätzlich „Zug um Zug" zu erfüllen, das heißt: Man muss seine Leistung nur erbringen, wenn auch der Vertragspartner seine Leistung – unmittelbar – erbringt. Bis zum Bewirken der Gegenleistung kann man die eigene Leistung zurückbehalten.

**Bargeld sofort**

Herr Unterberger hat für seine kaputte Therme den Servicedienst gerufen. Nach Behebung des Mangels stellt der Monteur die Rechnung aus, übergibt dem Konsumenten einen Durchschlag und will das Geld kassieren. Herr Unterberger möchte lieber per Erlagschein zahlen. Der Monteur macht ihn aber darauf aufmerksam, dass in diesem Fall noch ein Verwaltungszuschlag von € 3 dazugerechnet wird. Tatsächlich findet sich auf der vom Monteur ausgefertigten Rechnung ein Aufdruck „Der Rechnungsbetrag ist bei Rechnungslegung fällig. Unsere Mitarbeiter sind inkassoberechtigt. Für die durch die Bezahlung mit Zahlschein entstehenden Verwaltungsaufwendungen wird ein Zuschlag von € 3 in Rechnung gestellt."

Das ist durchaus so möglich: Eine Konsequenz des Zug-um-Zug-Prinzips ist nämlich auch, dass bei einem Werkvertrag das Entgelt in der Regel unmittelbar nach Vollendung des Werks – also nach Abschluss der Arbeiten – fällig ist. Die Bezahlung einer Rechnung mit Erlagschein oder ein bestimmtes „Zahlungsziel" muss vom Unternehmer nicht akzeptiert werden. Es ist daher auch zulässig, für die Einräumung eines Zahlungszieles oder auch schon dafür, dass man die Bezahlung mit Zahlschein akzeptiert, ein weiteres Entgelt zu verlangen.

Davon zu unterscheiden sind die Fälle, in denen die Rechnung übermittelt wird und für bestimmte Zahlungsarten Entgelte verlangt werden, so vor allem das sogenannte „Zahlscheinentgelt" für Überweisungen, das für den Fall der Erteilung eines Einziehungsauftrags nicht verrechnet wird. Derartige Entgelte sind nach bisheriger österreichischer Judikatur zum Zahlungsdienstegesetz unzulässig, die Entscheidung durch den Europäischen Gerichtshof (EuGH) steht noch aus.

Ebenso unzulässig ist das Verlangen eines Entgelts für die Zusendung einer Papierrechnung: Vor allem im Telekommunikationsbereich haben die Anbieter in der letzten Zeit versucht, in ihren AGB vorzusehen, die monatlichen Rechnungen grundsätzlich elektronisch abrufbar zu halten, vom Kunden aber für die Übersendung einer Papierrechnung ein gesondertes Entgelt zu verlangen. Nun ist es evident, dass viele Kunden ihre Rechnung schon zu deren Überprüfung in Papierform in Händen halten (und nicht nur elektronisch, allenfalls über das Handy kleinstformatig einsehen) wollen, weiters nicht gewillt sind, sich selbst um den faktischen Zugang der Rechnung zu kümmern, was ja voraussetzt, dass man sie über das Internet abruft und selbst ausdruckt. Ferner wurde der Zugang der Rechnung mit dem Zeitpunkt unterstellt, zu dem der Kunde die Rechnung „üblicherweise" abrufen kann. Dieser Zeitpunkt ist indes nicht eruierbar, weil Konsumenten ihre elektronische Post nicht zu bestimmten Zeiten oder mit bestimmer Häufigkeit abrufen bzw auch nicht jeder jederzeit über den notwendigen Internetzugang verfügt. Der Verein für Konsumenteninformation hat gegen derartige Klauseln Verbandsklagen geführt und obsiegt (OGH 28.2.2012, 4 Ob 141/11f).

Der Gesetzgeber hat darauf reagiert, indem er mit Wirkung vom 21.2.2012 dem Kunden ausdrücklich ein unabdingbares Wahlrecht zwischen Papier- und elektronischer Rechnung eingeräumt hat, wobei die Papierrechnung unentgeltlich sein muss (§ 100 Telekommunikationsgesetz).

**TIPP**

Überprüfen Sie Ihre Rechnungen dahin, ob sie Zahlscheinentgelte oder Entgelte für die Papierrechnung enthalten. Letztere müssen Sie jedenfalls nicht bezahlen; Zahlscheinentgelte sollten Sie unter Vorbehalt begleichen, weil hier zur endgültigen Abklärung die Entscheidung des EuGH abzuwarten ist. Über die Website des Vereins für Konsumenteninformation www.verbraucherrecht.at können Sie sich jederzeit über den aktuellen Stand informieren.

Auch die in manchen Geschäftsbereichen üblichen Skontoabzüge bei rascher Bezahlung einer Rechnung sind ausdrücklich zu vereinbaren, wenn man sie nützen möchte. Wird nichts vereinbart, dann ist eine Rechnung sofort fällig und muss ohne Skontoabzug bezahlt werden.

**TIPP**

Erkundigen Sie sich vor Erteilung eines Auftrags nach den Zahlungsmodalitäten. Wenn nichts anderes vereinbart wurde, müssen Sie damit rechnen, sofort nach Fertigstellung bar bezahlen zu müssen!

**Quittung**

Frau Salcher hat in ihrem Haus eine neue Solarenergie-Anlage errichten lassen. Beim Amt der Landesregierung kann sie für diese Förderung alternativer Energiegewinnung einen Zuschuss erhalten, allerdings muss sie dazu eine genaue Abrechnung einsenden. Der Installateur hat ihr aber nur einen Kassa-Eingangsbeleg gegeben, auf dem neben Firmenstempel, Datum und Unterschrift nur der Vermerk „Solaranlage Frau Salcher", ihre Adresse sowie der Gesamtbetrag aufscheint.

Wer eine Forderung bezahlt hat, der kann jedenfalls eine **Quittung** verlangen, die das Gesetz als „schriftliches Zeugnis der erfüllten Verbindlichkeit" definiert. In der Quittung müssen die Namen der Vertragspartner sowie Zeit, Ort und Gegenstand der bezahlten Forderung aufscheinen, und sie muss vom Gläubiger unterschrieben werden. Ob der Konsument darüber hinaus eine detaillierte Rechnung verlangen kann, ist nur im Einzelfall zu beurteilen. Ein generelles Recht darauf, dass der Unternehmer die einzelnen Positionen einer Leistung aufgliedert, gibt es nicht. War etwa ein Pauschalpreis vereinbart, so kann eine Detaillierung der Rechnung nicht gefordert werden (sie wäre ja auch zwecklos, da jedenfalls der vereinbarte Pauschalpreis zu bezahlen ist).

Wurde hingegen eine umfangreichere Leistung erbracht, für die im Vorhinein kein bestimmtes Entgelt vereinbart worden war, so ist die Rechnung so weit zu detaillieren, dass eine Überprüfung der Angemessenheit des Rechnungsbetrages möglich ist. Ähnliches gilt auch für eine nach Kostenvoranschlag erbrachte Leistung: Die Überprüfung der einzelnen Positionen des Kostenvoranschlages muss möglich sein.

Eine Verpflichtung zur detaillierten Rechnungslegung besteht auch dann, wenn der Unternehmer weiß, dass dies für den Konsumenten aus bestimmten Gründen (zum Beispiel Einreichung beim Finanzamt, bei einer Förderungsstelle oder dergleichen) erforderlich ist. Daher wird man beim obigen Beispiel von einer Verpflichtung des Installateurs zur Erstellung einer detaillierteren Rechnung ausgehen müssen; der Verpflichtung zur Erteilung einer Quittung wäre er schon nachgekommen.

**TIPP**

Wenn Sie eine detaillierte Rechnung benötigen, sollten Sie dies zur Vermeidung späterer Auseinandersetzungen bereits bei Vertragsabschluss klarmachen!

Manchmal sind detaillierte Rechnungen gesetzlich vorgesehen, so etwa im Bereich der Telekommunikation. § 100 Telekommunikationsgesetz (TKG) bestimmt, dass die Teilnehmer berechtigt sind, Rechnungen mit und ohne Einzelentgeltnachweise zu erhalten. Für Papierrechnungen darf im Übrigen kein Entgelt in Rechnung gestellt werden. Damit wurde der Praxis der Telekommunikationsanbieter, ihre Rechnungen nur noch im Internet einsehbar zu halten und sie ihren Kunden nicht mehr in Papierform zu übermitteln, gesetzlich ein Riegel vorgeschoben.

Eine Schuld ist nur dann erfüllt, wenn die Erfüllung dem richtigen Vertragspartner gegenüber erbracht wird. Daher sollten Sie jedenfalls darauf achten, dass Sie Banküberweisungen nur auf jenes Konto durchführen, das Ihnen vom Unternehmer bekannt gegeben wurde, beziehungsweise dass als Zahlungsempfänger tatsächlich der Vertragspartner oder ein von diesem ausdrücklich als zur Empfangnahme der Gelder Ermächtigter aufscheint.

Geldschulden sind – wenn nichts anderes vereinbart wurde – im Zweifel sogenannte „Schickschulden", bei denen der Schuldner das Geld fristgerecht an den Gläubiger absenden muss und auch die Gefahr trägt, dass das Geld dort ankommt. Nach dem Gesetz trägt das Verspätungsrisiko – also wenn das Geld zu lange „unterwegs" ist – zwar der Gläubiger, in vielen Fällen wird aber ausdrücklich vereinbart, dass der Konsument dafür sorgen muss, dass das Geld auch spätestens bis zu einem bestimmten Tag beim Gläubiger einlangt.

## Fristablauf und Kündigung

Im Unterschied zu den sogenannten „Zielschuldverhältnissen", die mit Erbringen der beiderseitigen Leistungen erfüllt und abgeschlossen sind (beispielsweise einem Kaufvertrag), wird bei „Dauerschuldverhältnissen" eine auf längere Zeit angelegte vertragliche Bindung eingegangen, in der entweder ein andauerndes Verhalten geschuldet wird (zum Beispiel Überlassung einer Sache zur Miete) oder zumindest periodisch wiederkehrende Leistungen zu erbringen sind (etwa bei einem Zeitschriftenabonnement).

Grundsätzlich ist zwischen **befristeten** und **unbefristeten** Verträgen zu unterscheiden. Liegt ein befristeter Vertrag vor, so endet dieser mit dem vertraglich vereinbarten Endzeitpunkt – ohne dass eine Kündigung ausgesprochen werden muss. Ein unbefristeter (auf unbestimmte Zeit eingegangener) Vertrag läuft sozusagen unendlich weiter, sofern er nicht von einem Vertragspartner gekündigt wird. Die näheren Voraussetzungen für die Kündigung (Gründe, Termine, Fristen) ergeben sich entweder aus der vertraglichen Vereinbarung oder – zum Beispiel bei Mietverträgen – aus dem Gesetz.

**Verlängerungsautomatik**

Herr Schwarzenegger hat einen Vertrag mit einem Fitness-Center abgeschlossen. Als Vertragslaufzeit wurde ein Jahr vereinbart. Weil Herr Schwarzenegger beruflich ziemlich belastet ist, verlängert er den Vertrag nicht und geht nach Ablauf dieses Jahres nicht mehr trainieren. Ein Monat später erhält er eine Mahnung, da der Beitrag für das zweite Jahr noch nicht bezahlt ist. Der Betreiber des Fitness-Centers beruft sich auf eine Bestimmung in den „Trainingsbedingungen", die auf der Rückseite des Vertrages abgedruckt sind. Danach verlängert sich der Vertrag automatisch, wenn er nicht zwei Monate vor Ablauf gekündigt wird.

Manche Unternehmer versuchen auch bei an sich befristeten Verträgen eine „Automatik" einzubauen, mit der die Konsumenten an den Vertrag gebunden bleiben sollen. Rechtlich handelt es sich dabei um sogenannte „Erklärungsfiktionen": Aus einem bestimmten Verhalten des Konsumenten – dem Nichtabgeben einer Kündigung – wird ein Erklärungswert abgeleitet (fingiert), nämlich dass der Konsument den Vertrag fortführen möchte. Das Konsumentenschutzgesetz lässt solche „Fiktionen" nur gelten, wenn sie vertraglich vereinbart sind und wenn der Konsument vom Unternehmer auch rechtzeitig darauf hingewiesen wird, dass sich – sollte er nun nicht kündigen – der Vertrag weiter verlängern wird. Der Konsument muss auch nach diesem Hinweis durch den Unternehmer eine angemessene Zeit zur Verfügung haben, eine ausdrückliche Erklärung (zum Beispiel eben die Kündigung) abzugeben. Im obigen Beispiel war kein rechtzeitiger Hinweis durch den Betreiber des Fitness-Centers erfolgt. Herr Schwarzenegger braucht den Beitrag für das zweite Jahr daher auch nicht zu bezahlen.

**TIPP**

Ein befristeter Vertrag kann – wenn nichts anderes vereinbart wurde – vor Ablauf der Befristung grundsätzlich nicht gekündigt werden! Beim Abschluss längerfristiger Verträge ist daher rechtzeitig zu überlegen, ob sich während der Laufzeit allenfalls Umstände ergeben können, bei denen eine Vertragsauflösung notwendig wäre (zum Beispiel ein Umzug in eine andere Stadt). In solchen Fällen sollten Sie sich daher ausdrücklich und schriftlich ein vorzeitiges Kündigungsrecht sichern.

Aus „wichtigem Grund" können allerdings sowohl befristete als auch unbefristete Verträge jederzeit vorzeitig aufgelöst werden (man spricht dann von einer außerordentlichen Kündigung). Ein solcher wichtiger Grund im rechtlichen Sinne liegt vor, wenn die Fortsetzung des Vertragsverhältnisses aus Gründen, die beim Vertragspartner liegen, nicht mehr zumutbar ist. Nicht jede Unfreundlichkeit des Unternehmers ist jedoch schon Grund für eine außerordentliche Kündigung!

Der Gesetzgeber hat für längerfristige Verträge gewisse Einschränkungen vorgesehen. Bei **Verträgen über wiederkehrende Leistungen** – bei denen der Unternehmer zur wiederholten Lieferung beweglicher körperlicher Sachen und der Konsument zu wiederholten Geldzahlungen verpflichtet ist – kann der Konsument bereits zum Ablauf des ersten Jahres kündigen (unter Einhaltung einer zweimonatigen Kündigungsfrist). Nach Ablauf eines Jahres kann – mit derselben Kündigungsfrist – sogar halbjährlich gekündigt werden. Ist jedoch die Lieferung als „unteilbare Leistung" anzusehen – typischerweise zum Beispiel eine 24-bändige Enzyklopädie, bei der Monat für Monat ein Band ausgeliefert wird –, dann kann durch Vereinbarung in den Geschäftsbedingungen der erste Kündigungstermin bis zum Ablauf des zweiten Jahres hinausgeschoben und auch die Kündigungsfrist (auf bis zu sechs Monate) verlängert werden. Davon abweichende Kündigungstermine und -fristen können allerdings dann wirksam vereinbart werden, wenn die Erfüllung eines derartigen Vertrages erhebliche Aufwendungen des Unternehmers erfordert und er dies dem Verbraucher spätestens bei Vertragsabschluss bekannt gegeben hat, was häufig auf Energieversorgungsverträge, insb. Fernwärme, zutrifft.

Versicherungsverträge, die seit dem 31. März 1994 neu abgeschlossen wurden, können jedenfalls zum Ende des dritten Jahres (und danach jährlich) unter Einhaltung einer einmonatigen Frist gekündigt werden. Bei älteren Verträgen beträgt die Kündigungsfrist 6 Monate. Kündigt man nach diesen Bestimmungen, so kann von der Versicherung – wenn vereinbart –

ein wegen der längeren Laufzeit gewährter Prämiennachlass („Dauerrabatt“) zurückverlangt werden (Seite 106).

Besondere Bestimmungen über die Laufzeit und Verlängerung des Versicherungsvertrages bestehen bei der Kfz-Haftpflichtversicherung: Sie darf nicht auf mehr als ein Jahr abgeschlossen werden, verlängert sich allerdings – kraft Gesetzes! – automatisch, sofern sie nicht ein Monat vor Ablauf des jeweiligen Versicherungsjahres gekündigt wird.

Bei einer **Kündigung** ist die Kündigungsfrist, der Kündigungstermin und schließlich der Zeitpunkt, zu dem die Kündigung abgegeben wird, auseinander zu halten. Ausgangspunkt der Überlegungen ist der – gesetzlich oder vertraglich mögliche – Kündigungstermin. Das ist jener Zeitpunkt, zu dem die Auflösung des Vertrages wirksam werden soll. Von diesem Zeitpunkt – nehmen wir als Beispiel das Ende eines Kalenderjahres – rechnet man die wiederum vertraglich oder gesetzlich festgelegte Kündigungsfrist zurück. Unter der Annahme einer dreimonatigen Kündigungsfrist sind wir damit bei Ende September angelangt. Die Kündigung muss daher so abgegeben werden, dass sie spätestens am 30. September beim Unternehmen einlangt.

**TIPP**

Für die Rechtzeitigkeit der Kündigung ist das Einlangen beim Vertragspartner maßgeblich, weil die Kündigung eine „empfangsbedürftige Willenserklärung“ ist! Verfassen Sie die Kündigung daher jedenfalls schriftlich, bedenken Sie die Dauer des Postwegs und geben Sie das Kündigungsschreiben rechtzeitig und eingeschrieben auf! Auch wenn Sie mit einem Mitarbeiter Ihres Vertragspartners (zum Beispiel einem Versicherungsvertreter) laufend zu tun haben, sollten Sie die Kündigung direkt an das Unternehmen schicken.

# Fernabsatz und E-Commerce: Vom Versandhauskatalog zum Einkauf im Internet

Verträge kommen nicht nur zustande, wenn sich die Vertragspartner persönlich gegenüberstehen und das Geschäft mit Handschlag besiegeln. Der Versandhandel, bei dem Waren aus gedruckten Katalogen ausgewählt und per Post oder telefonisch bestellt werden, hat jahrzehntelange Tradition. Mit der Weiterentwicklung der Kommunikationstechnologien – Telefax, Mobiltelefonie, Internet – haben sich auch die Möglichkeiten für derartige „Distanzgeschäfte" erweitert: neben den traditionellen Versandhandel treten vielfältige Formen der elektronischen Geschäftsabwicklung, bei denen oftmals auch der Leistungsaustausch elektronisch erfolgt. „E-Commerce" – elektronischer Geschäftsverkehr – ist zu einem häufig benutzten Schlagwort geworden und hat mit dem „E-Commerce-Gesetz", das mit 1.1.2002 in Kraft getreten ist, auch Eingang in die offizielle österreichische Rechtssprache gefunden. Schon 1999 war dies einer anderen sprachlichen Neuschöpfung gelungen: dem „Fernabsatz", einer Übersetzung des englischen Begriffs „distance selling", für den aufgrund einer EU-Richtlinie besondere Schutzbestimmungen im Konsumentenschutzgesetz aufgenommen wurden.

## Vertragsabschlüsse im Fernabsatz

Unter einem Fernabsatzvertrag versteht man ein Verbrauchergeschäft, bei dem sich die Vertragsparteien nicht körperlich begegnen, sondern die Vertragserklärungen unter Verwendung eines Fernkommunikationsmittels – Katalog/Bestellschein, Telefon, E-Mail oder Internet usw – ausgetauscht werden.

- Frau Prohaska bestellt aus dem Katalog von „3 Hofdamen" eine schicke Sommerjacke.
- Herr Blasil ordert über eine Hotline einen Fitness-Trainer, den er im Werbefernsehen gesehen hat.
- Frau Bauer besucht regelmäßig ihre Buchhandlung im Internet und lässt sich Neuerscheinungen via Mausklick schicken.

Solche Fernabsatzverträge sind an sich keine besonderen Vertragstypen: es handelt sich – je nachdem – um Kaufverträge, Mietverträge, Werkverträge wie andere auch, und es gelten daher grundsätzlich die allgemeinen vertragsrechtlichen Regeln. Ist also beispielsweise das bestellte Produkt mangelhaft, hat der Verbraucher Anspruch auf Gewährleistung. Der Besonderheit des „Fernabsatzgeschäfts" – keine Möglichkeit zur sorgfältigen Prüfung der Ware im Geschäft – trägt der Gesetzgeber aber dadurch Rechnung, dass er neben einem **Rücktrittsrecht** (siehe dazu ausführlich Seite 200ff) auch besondere **Informationspflichten** des Unternehmers vorgesehen hat sowie **Fristen für die Leistungserbringung** und Schutzvorschriften im Fall des **Missbrauchs von Kreditkarten**.

Diese besonderen Bestimmungen für Fernabsatzverträge gelten jedoch nicht bei jeder telefonischen oder E-Mail-Bestellung, sondern nur dann, wenn sich der Unternehmer eines für den Fernabsatz organisierten Vertriebs- und Dienstleistungssystems bedient. Nimmt er nur gelegentlich, im Ausnahmefall, Bestellungen per E-Mail an, dann unterliegen diese nicht dem Fernabsatzgesetz; bewirbt er jedoch seine E-Mail-Adresse (vielleicht noch mit dem Hinweis auf rasche Auftragsabwicklung per E-Mail) oder hat er auf seiner Website sogar ein Online-Bestellformular, dann kann man von einem für den Fernabsatz organisierten Vertriebssystem ausgehen. Dieses System muss nicht auf elektronische oder auch nur telefonische Abwicklung ausgelegt sein. Auch das Aussenden von Drucksachen mit oder ohne Anschrift („An einen Haushalt"), Pressewerbung mit Bestellschein oder auch Fernseh- oder Hörfunkwerbung mit einem entsprechenden Anreiz zur unmittelbaren Bestellung sind „Fernkommunikationsmittel" im Sinne der gesetzlichen Bestimmungen.

- Herr Rogner hat sich ausgesperrt. Die Wohnungstür ist zu und sein Schlüssel hängt drinnen am Schlüsselbord. Er kennt einen Schlosser von früheren Aufträgen, ruft dort an und vereinbart mit der Sekretärin, dass der Meister in einer Stunde vorbeikommt und aufsperrt. Ein Beispiel, wo man trotz telefonischer Bestellung nicht von einem Fernabsatzvertrag sprechen kann.
- Frau Rogner passiert dasselbe Missgeschick. Sie kennt keinen Schlosser und blättert bei der Nachbarin im Branchenverzeichnis. Sie findet eine Nummer eines „Schlüsseldienstes", der überhaupt nur telefonisch – über ein Call-Center – zu erreichen ist. Hier liegt ein Fernabsatzvertrag vor.

Der Gesetzgeber hat aber folgende – zum Teil wesentliche – Verträge vom Schutz des Fernabsatzgesetzes generell ausgenommen:

- Verträge über Finanzdienstleistungen (Bank- und Versicherungsverträge, Wertpapierdienstleistungen; hiefür gilt das Fern-Finanzdienstleistungs-Gesetz mit differenzierten Regelungen)
- Verträge über den Bau und den Verkauf von Immobilien, ausgenommen die Vermietung von Immobilien

- Verträge unter Verwendung von Warenautomaten oder automatisierten Geschäftsräumen
- Versteigerungen, worunter allerdings nur die „klassischen" Versteigerungen in Auktionshäusern oder gerichtliche Versteigerungen zu verstehen sind. Dort ist die Ausnahme gerechtfertigt, weil die Waren vor der Versteigerung von Sachverständigen begutachtet, beschrieben und bewertet werden. Onlineauktionen über Plattformen wie Ebay hingegen sind keine Versteigerungen im Sinne dieser Bestimmung.

**TIPP**

Wenn Sie auf einer Auktionsplattform wie Ebay mit einem Unternehmer einen Vertrag schließen, gelten für das Rechtsgeschäft die Bestimmungen des Fernabsatzgesetzes.

Weiters sind die wesentlichen Bestimmungen des Fernabsatzgesetzes auch nicht anwendbar für „Hauslieferungen" (das sind Lieferungen von Lebensmitteln, Getränken oder sonstigen Haushaltsgegenständen des täglichen Bedarfes, die an den Wohnsitz bzw Aufenthaltsort des Verbrauchers im Rahmen häufiger und regelmäßiger Fahrten geliefert werden) und für „Freizeit-Dienstleistungen" (das sind Dienstleistungen im Bereich von Tourismus und Freizeitgestaltung, wenn sich der Unternehmer bei Vertragsabschluss verpflichtet, seine Leistungen zu einem bestimmten Zeitpunkt oder innerhalb eines genau angegebenen Zeitraumes zu erbringen).

**Ausnahmen „Hauslieferungen"**
- Pizza-Zustelldienste
- Lieferung von Heizöl
- Einkaufs-Zustelldienste

**Ausnahmen „Freizeit-Dienstleistungen"**
- Buchung einer Pauschalreise via Internet
- Buchung von Bahn- oder Flugtickets via Telefon
- Miete eines Ferienhauses via Internet
- Bestellung von Opernkarten via Telefon

## Informationspflichten

Wesentlicher Eckpfeiler des Fernabsatzgesetzes sind umfassende Informationspflichten des Unternehmers. Der Verbraucher soll vom Unternehmer rechtzeitig vor Vertragsabschluss über folgende wesentliche Punkte informiert werden:

- Name (Firma) und ladungsfähige Anschrift des Unternehmers,
- die wesentlichen Eigenschaften der Ware oder Dienstleistung,
- den Preis der Ware oder Dienstleistung einschließlich aller Steuern,
- allfällige Lieferkosten,
- die Einzelheiten der Zahlung und der Lieferung oder Erfüllung,
- das Bestehen eines Rücktrittsrechts,
- die Kosten für den Einsatz des Fernkommunikationsmittels, sofern sie nicht nach dem Grundtarif berechnet werden,
- die Gültigkeitsdauer des Angebots oder des Preises sowie
- die Mindestlaufzeit des Vertrages, wenn dieser eine dauernde oder wiederkehrende Leistung zum Inhalt hat.

Diese Information muss klar und verständlich sein. Zwar ist nicht vorgeschrieben, dass die Information in Deutsch erfolgen muss, doch wird man davon ausgehen können, dass die Information in der Sprache zu erteilen ist, in der auch die Werbung bzw das Vertragsanbot verfasst ist.

## Bestätigungspflichten

Wird ein Vertrag abgeschlossen, müssen die genannten Informationen (mit Ausnahme der drei letztgenannten) auch noch rechtzeitig während der Erfüllung des Vertrages bzw bei Lieferung der Ware schriftlich, also durch Übermittlung einer Urkunde oder eines E-Mails bestätigt werden. Die Informationserteilung auf einem „dauerhaften Datenträger", der für den Konsumenten verfügbar ist, steht der schriftlichen Bestätigung gleich. Es reicht also aus, wenn der Unternehmer dem Verbraucher einen USB-Stick, eine DVD, eine Festplatte oder eine CD-Rom schickt, die die Informationen enthält; die Bereitstellung der Information auf einer Website reicht nicht aus, auch nicht, wenn darauf in einem Hyperlink verwiesen wird (EuGH 5.7.2012, C-49/11). Diese Verpflichtung entfällt nur, wenn diese Informationen bereits vor Vertragsabschluss schriftlich bzw auf „dauerhaftem Datenträger" gegeben wurden.

Der Unternehmer muss aber zudem auch folgende Angaben – schriftlich oder auf „dauerhaftem Datenträger" – übermitteln:

- Informationen über die Bedingungen und die Einzelheiten der Ausübung des Rücktrittsrechts,
- die geografische Anschrift der Niederlassung des Unternehmers, bei der der Verbraucher allfällige Beanstandungen vorbringen kann,
- Informationen über den Kundendienst und die geltenden Garantiebedingungen sowie

- bei unbestimmter oder mehr als einjähriger Vertragsdauer die Kündigungsbedingungen.

Eine Ausnahme besteht für Dienstleistungen über Mehrwertnummern. Werden diese auf einmal erbracht und über die Telefonrechnung abgerechnet, dann reicht es aus, dass der Verbraucher die geografische Anschrift der Niederlassung des Unternehmers erfahren kann; auch muss der Dienstleistungserbringer – vor dem entgeltlichen Teil der Dienstleistung – seiner genauen Firmenwortlaut, seine ladungsfähige Adresse und den Preis der Dienstleistung bekannt geben (OGH 29.4.2003, 4 Ob 92/03p).

**TIPP**

Telekom-Unternehmen zögern oft, die Namen und Anschriften der Unternehmer bekannt zu geben, die unter einer Mehrwertnummer Geschäfte machen. Wenn Sie Anrufe zu solchen Rufnummern gemacht haben und mit der Leistung nicht zufrieden sind, dann wenden Sie sich mit Ihrer Telefonrechnung an Ihren Telefonbetreiber und verlangen Sie, dass er zumindest bekannt gibt, wer hinter der angerufenen Nummer steckt. Sollte keine Lösung erzielt werden können, wenden Sie sich an die Schlichtungsstelle bei der Rundfunk- und Telekom Regulierungs-GmbH, 1060 Wien, Mariahilfer Straße 77–79, Tel: 580 58-0.

Verletzt der Unternehmer die Informations- und Bestätigungspflichten, so drohen ihm Verwaltungsstrafen, allenfalls eine Verbandsklage des Vereines für Konsumenteninformation oder der Bundesarbeitskammer bzw Schadenersatzforderungen des geschädigten Verbrauchers. Eine Verletzung der Bestätigungspflichten verlängert im Übrigen die Rücktrittsfrist (siehe Seite 202 ff) auf drei Monate.

Fernabsatz führt nicht selten zu grenzüberschreitenden Rechtsgeschäften. Die Fragen, wo man – im Fall der Fälle – klagen und geklagt werden kann und welches Recht zur Anwendung kommt, werden im Kapitel „Einkaufen im Ausland“ (siehe Seite 299 ff) beantwortet. Sitzt also ein Anbieter etwa in Übersee, so kann man nicht von vornherein davon ausgehen, dass man – etwa aus einer Verletzung des Fernabsatzgesetzes – in Österreich erfolgreich klagen kann bzw dass das Fernabsatzgesetz allenfalls von einem Gericht im Staat des Unternehmers angewendet wird.

## Lieferfrist

Der Unternehmer ist bei Fernabsatzgeschäften verpflichtet, dem Verbraucher sofort Mitteilung zu machen, wenn er das Anbot des Verbrauchers

(Bestellung) nicht annimmt bzw wenn er die Bestellung nicht ausführen kann, weil die bestellte Ware oder Dienstleistung nicht verfügbar ist. Bereits geleistete Zahlungen sind zurückzuerstatten.

Nimmt der Unternehmer das Anbot des Verbrauchers an und wurde keine besondere Lieferfrist vereinbart, dann muss er seine Leistung binnen 30 Tagen nach Einlangen der Bestellung erbringen. Tut er dies nicht, so ist ein allenfalls bereits geschlossener Vertrag hinfällig. Der Verbraucher braucht keine Nachfrist zu setzen und auch nicht extra seinen Rücktritt zu erklären. Hat er bereits Zahlungen geleistet, dann muss der Unternehmer diese rückerstatten.

**Internet- und Katalog-Bestellung**

Herr Leber bestellt im Internet das Buch „Zeit ist Geld". Es wird keine besondere Lieferfrist vereinbart. Als das Buch nicht innerhalb von dreißig Tagen bei ihm einlangt, verlangt er seine Anzahlung zurück. Er muss weder eine Nachfrist setzen noch besonders seinen Rücktritt vom Vertrag erklären.

Frau Farber bestellt aus einem Katalog das Computerspiel „Ende nie" und akzeptiert dabei Geschäftsbedingungen, die eine Lieferfrist von 6 Wochen vorsehen. Als sie nach 30 Tagen eine Nachfrist setzen will, verweist das Unternehmen auf seine Geschäftsbedingungen und verspricht innerhalb der ursprünglich vereinbarten Frist zu liefern.

## Missbrauch von Zahlungskarten

Vertragsabschlüsse im Internet setzen häufig die Bezahlung mit Kreditkarte voraus. Der Kunde kann unter Angabe seines Namens und seiner Kreditkartennummer gültige Verfügungen vornehmen.

Rudi Flitzer surft gerne auf Sex-Sites im Internet. Viele Seiten sind kostenpflichtig. Dennoch kann man schnell die Seiten einsehen. Man tippt seinen Namen und die Kreditkartennummer ein und schon steht die verborgene Welt zur Einsicht frei.

Solange man selbst Verfügungen vornimmt, ist das eine komfortable Zahlungsart. Wenn aber ein unberechtigter Dritter die Daten verwendet, dann kann man zum Handkuss kommen. Schließlich ist die Nummer der Kreditkarte nicht geheim zu halten; jeder Kellner im Restaurant, in dem man zahlt, jeder Hotelportier an der Rezeption und umso mehr jeder Hacker im Internet kann sich die Nummer merken und diese missbrauchen.

Rudi Flitzer bekommt die Abrechnung seiner Kreditkartenfirma. Da findet er so manche Abbuchung für Betreiber von Sex-Sites im Internet. Aber er findet auch die Abbuchung von 7.000 Euro für den angeblichen Ankauf von Wertpapieren. Da Rudi Flitzer ausschließen kann, selbst diese Verfügung vorgenommen zu haben, muss ein unberechtigter Dritter seine Daten verwendet haben.

Der Gesetzgeber sieht für einen derartigen Missbrauch von Daten von Zahlungskarten im Zuge eines Fernabsatzgeschäftes vor, dass der Karteninhaber gegen den Kartenaussteller einen Anspruch auf Rückbuchung bzw Rückzahlung solcher missbräuchlichen Verfügungen geltend machen kann. Dieses Recht ist zwingend, es kann einem Verbraucher also auch nicht durch entsprechende Vertragsklauseln des Kreditkartenausstellers genommen werden.

Die Kreditkartenunternehmen verlangen von ihren Kunden vor allem, dass diese die Abrechnungen sofort und genau überprüfen und so rasch wie möglich, jedenfalls innerhalb bestimmter Fristen (siehe in den jeweiligen AGB) gegen falsche Buchungen (schriftlich und eingeschrieben) Widerspruch erheben. Außerdem enthalten manche Kreditkartenbestimmungen Klauseln, wonach elektronische Zahlungsanweisungen nur „in sicheren Systemen" erfolgen dürfen.

**TIPP**

- Verwenden Sie Ihre Kreditkartennummer im Internet nie ohne Verschlüsselung. Ungesicherte Zahlungen bieten Hackern leichtes Spiel.

  Informieren Sie sich auf der Website Ihres Kreditkartenunternehmens darüber, auf welchem technischen Standard die Karten im Internet – zumindest aus der Sicht der Kreditkartenunternehmen – sicher verwendet werden können.
- Geben Sie Kreditkartennummern auch nicht bekannt, wenn Sie dazu aufgefordert werden, um Ihre „Volljährigkeit zu überprüfen".
- Überprüfen Sie Ihre Kreditkartenabrechnungen immer sofort und genau auf allfällige missbräuchliche Verfügungen unbekannter Dritter.
- Stellen Sie unerklärliche Buchungen fest, dann sollten Sie unbedingt sofort (mit eingeschriebenem Brief) dagegen Widerspruch erheben und die Gutbuchung verlangen.

## E-Commerce

Shopping im Internet bietet auf der einen Seite faszinierende neue Möglichkeiten: größere Auswahl, Preisvergleiche, einfachere Bestellung und rasche Lieferung (manchmal sogar sofortige elektronische Übermittlung, etwa bei Software). Auf der anderen Seite aber ist eine gewisse Skepsis durchaus noch angebracht, denn im weltweiten Datennetz tummeln sich auch zahlreiche wenig seriöse Anbieter. Die „Grenzenlosigkeit" im World Wide Web, sonst einer seiner größten Vorteile, stellt für die Durchsetzung von Konsumentenrechten ein großes Problem dar. Auch die Schnelllebigkeit mancher Angebote und die vielfachen Möglichkeiten der „Anonymisierung" stellen ernsthafte Risken für den Kunden dar.

Da das Vertrauen der Verbraucher aber für den Erfolg des „E-Business" wesentlich ist, hat die Europäische Union mit der „E-Commerce"-Richtlinie einige allgemeine Regeln aufgestellt, die von „E-Commerce"-Anbietern einzuhalten sind, um das Vertrauen der Verbraucher und Unternehmer in elektronische Vertragsabwicklungen zu stärken. Darüber hinaus enthält die Richtlinie – und ihre österreichische Umsetzung mit dem E-Commerce-Gesetz – jedoch vor allem Bestimmungen, die es Unternehmern erleichtern, innerhalb der gesamten Europäischen Union ihre Tätigkeit auszuüben. Erklärtes Ziel der E-Commerce-Richtlinie ist es nämlich, auch rechtliche Hemmnisse – wie beispielsweise unterschiedliche Werbungsvorschriften – abzubauen, die der grenzüberschreitenden Erbringung von E-Commerce-Angeboten innerhalb der Europäischen Union entgegenstehen. Im Wesentlichen gilt daher für E-Commerce-Anbieter das sogenannte „Herkunftslandprinzip", das heißt, dass der Diensteanbieter sich nur nach den Regeln seines Sitzstaates richten muss und nicht auch das Recht des Staates zu beachten hat, in dem sein Dienst abgerufen wird. Gerade im Bereich des Verbraucherschutzes (etwa bei irreführender Werbung) gibt es aber Ausnahmen vom Herkunftslandprinzip, sodass auch gegen einen ausländischen Anbieter österreichisches Recht anwendbar sein kann.

Das E-Commerce-Gesetz gilt für sogenannte „Dienste der Informationsgesellschaft": mit dieser Sammelbezeichnung erfasst man Dienstleistungen, die (in der Regel entgeltlich) elektronisch „im Fernabsatz" – also ohne gleichzeitige Anwesenheit der Vertragspartner – erbracht werden. Im Wesentlichen sind dies der Online-Vertrieb von Waren und Dienstleistungen, Online-Informationsangebote, Online-Werbung, elektronische Suchmaschinen und Datenabfragemöglichkeiten und die Vermittlung des Zugangs zu elektronischen Netzen (zum Beispiel Internet-Provider).

Keine „Dienste der Informationsgesellschaft“ im Sinne des E-Commerce-Gesetzes sind klassische Sprachtelefonie und Telefax-Dienste, anwaltliche oder medizinische Beratung über das Telefon und Hörfunk bzw Fernsehen.

> Herr Günther sucht sich die günstigste Pauschalreise aus dem Online-Angebot eines Reiseveranstalters und reserviert auch gleich übers Internet.
>
> Seine Eltern sind noch nicht „online“ und begeben sich daher ins Reisebüro. Der Reisebüroangestellte nimmt das elektronische Buchungssystem zu Hilfe und zeigt seinen Kunden auch gleich im Internet, wie das ins Auge gefasste Hotel aussieht. Die Kunden sind zufrieden und buchen.
>
> Im ersten Fall liegt ein „E-Commerce“-Vertrag vor, denn hier wurde die Reise dem Endkunden „online“ angeboten. Im zweiten Fall waren zwar elektronische Hilfsmittel im Spiel, aber dass der Unternehmer elektronische Unterstützung heranzieht und seinen Kunden in den Geschäftsräumlichkeiten vielleicht auch eine elektronische Präsentation zur Verfügung stellt, macht den Vertrag noch nicht zu einem „E-Commerce-Vertrag“.

Das E-Commerce-Gesetz regelt „Online-Geschäfte“ nicht abschließend: grundsätzlich gilt auch im Internet das allgemeine Vertragsrecht bzw das Konsumentenschutzgesetz. Das Internet ist kein „rechtsfreier Raum“, wie oft behauptet wird, allerdings ist es aufgrund der Technologie für Anbieter sehr einfach, grenzüberschreitend präsent zu sein, und leider ist es auch sehr leicht möglich, sich gewissermaßen im Netz zu verstecken. Konsumentenprobleme entstehen daher sehr oft bei der Durchsetzung von Ansprüchen, insbesondere wenn die Anbieter nicht eindeutig identifizierbar sind oder sich im Ausland befinden; vielfach ist auch gar nicht mehr nachvollziehbar, was eigentlich Inhalt des Angebots war.

Wesentlicher Inhalt des E-Commerce-Gesetzes ist daher die Sicherstellung der notwendigen Information des Verbrauchers, bevor (und während) er ein Angebot in Anspruch nimmt. Wer E-Commerce-Dienste anbietet, muss den Nutzern ständig zumindest folgende Informationen zur Verfügung stellen:

- Namen oder Firma,
- geografische Anschrift,
- Angaben für raschen und unmittelbaren Kontakt (Telefonnummer und E-Mail-Adresse),
- sofern vorhanden die Firmenbuchnummer und das Firmenbuchgericht,

- zuständige Aufsichtsbehörde (soweit die Tätigkeit einer behördlichen Aufsicht unterliegt, zB Banken, Versicherungen, Telekomunternehmen),
- sofern vorhanden die Umsatzsteuer-Identifikationsnummer.

Bei einem Diensteanbieter, der gewerbe- oder berufsrechtlichen Vorschriften unterliegt, ist zusätzlich die Kammer oder der Berufsverband anzugeben (zB Wirtschaftskammer oder Architekten- und Ingenieurkammer); auch die Berufsbezeichnung ist anzugeben und der Mitgliedstaat, in dem diese verliehen worden ist („Rechtsanwalt" könnte beispielsweise aus Deutschland oder Österreich sein); außerdem ist ein Hinweis auf die anwendbaren gewerbe- oder berufsrechtlichen Vorschriften aufzunehmen.

**TIPP**

Die allgemeinen Informationspflichten verlangen von jedem in der EU tätigen Diensteanbieter, gewissermaßen seine Visitenkarte in die elektronische Auslage zu stellen. Wenn diese Mindestangaben fehlen, sollte man jeden geschäftlichen Kontakt meiden.

Natürlich kann man nicht immer sicher sein, dass die Angaben auf der „Visitenkarte" auch tatsächlich zutreffen – aber zumindest sind hier schon gewisse Plausibilitätsprüfungen möglich. Vor allem kann man sich beispielsweise bei den angegebenen Berufsverbänden (Kammern) erkundigen, ob der Unternehmer ihnen tatsächlich angehört.

Bevor es tatsächlich zum Vertragsabschluss kommt, muss der Diensteanbieter den Kunden noch über die technischen Schritte informieren, die zu einer Vertragserklärung führen, und er muss ihm insbesondere auch die technischen Mittel zu Erkennung und Berichtigung von Eingabefehlern darlegen. Bei den „Webshops" ist nämlich verpflichtend vorgesehen, dass der Kunde „angemessene, wirksame und zugängliche" technische Mittel zur Verfügung hat, um Eingabefehler vor Abgabe der Vertragserklärung zu erkennen und zu berichtigen. Füllt man also ein Web-Formular aus, so darf es nicht bereits „mit dem ersten Klick" an den Unternehmer abgesandt und damit verbindlich werden. Vor dem Abschicken muss der Kunde noch einmal die Möglichkeit zur Prüfung seines Warenkorbs erhalten und erst danach darf die verbindliche Bestellung erfolgen.

Die verwendeten Geschäftsbedingungen müssen dem Kunden so zur Verfügung gestellt werden, dass er sie speichern und wiedergeben kann. Nach einer elektronisch durchgeführten Bestellung ist diese vom Unternehmer umgehend elektronisch zu bestätigen, sodass der Kunde erkennt, dass das abgesandte Web-Formular auch tatsächlich beim Unternehmer angekommen ist.

Sofern der Anbieter sich freiwilligen Verhaltenskodizes unterwirft, muss er auch diese bekannt geben und auch darauf hinweisen, wie diese elektronisch zugänglich sind. Angesichts der Probleme in der praktischen Rechtsdurchsetzung kommt solchen Verhaltenskodizes („Wohlverhaltensregeln", die in der Regel von Anbieterverbänden ausgearbeitet werden) und auch freiwilligen „Gütezeichen" besondere Bedeutung zu. In Österreich wurde auf Initiative des Österreichischen Instituts für angewandte Telekommunikation das „Österreichische E-Commerce-Gütezeichen" geschaffen. Auf der Website www.guetezeichen.at können Sie die europäischen Partnervereine und die Liste aller österreichischen und europäischen zertifizierten Shops einsehen.

Dieses Gütezeichen ist kein Qualitätssiegel für die online angebotenen Produkte oder Dienste, sondern beurteilt nur den Prozess der elektronischen Geschäftsabwicklung. Dafür wurden in Zusammenwirken zwischen Wirtschaft und Konsumentenschützern Kriterien entwickelt, die ein Unternehmen erfüllen muss, um das Gütezeichen zu erhalten. Zu diesen Kriterien gehören neben klarer Identifizierung des Anbieters und genauer Beschreibung der Produkte einschließlich eindeutiger Preisauszeichnung die Anerkennung eines Streitschlichtungsverfahrens, in dessen Rahmen der „Internetombudsmann" und der „Österreichisches E-Commerce-Gütezeichen – Verein zur kundenfreundlichen Nutzung des Internet" als außergerichtliche Schlichtungsstellen anerkannt werden. Auf diese Möglichkeiten einer raschen und unbürokratischen Streitschlichtung hat der Diensteanbieter auch hinzuweisen und die entsprechenden Kontaktmöglichkeiten anzuführen. Kommt es zu einer Schlichtungsempfehlung des Internetombudsmannes bzw der Streitschlichtungsstelle des Gütezeichens, so muss der Inhaber des Gütezeichens dieser Empfehlung Folge leisten.

**TIPP**

Welcher Anbieter das österreichische E-Commerce-Gütezeichen verwenden darf, ist auf der Website www.guetezeichen.at überprüfbar; dort kann man auch die genauen Vergabekriterien für das Gütezeichen nachlesen. Die Einhaltung dieser Kriterien sollte man von jedem seriösen E-Commerce-Anbieter erwarten können – aber nur wer tatsächlich das Gütezeichen tragen darf, hat sich zur Einhaltung auch verpflichtet.

## Elektronische Signatur

Die allermeisten Verträge können in Österreich formfrei abgeschlossen werden, daher ist grundsätzlich auch ein Vertragsabschluss über E-Mail oder Internet möglich; wesentlich ist ja nur, dass zwei übereinstimmende Willenserklärungen vorliegen. Problematisch ist allerdings, dass die Kommunikation über E-Mail fehleranfällig ist und vor allem auch eine Veränderung oder Fälschung von E-Mails mit recht einfachen technischen Mitteln möglich ist. Diensteanbieter versuchen sich hier meist abzusichern, etwa indem Waren erst geliefert werden, wenn diese bereits bezahlt wurden, wovon freilich aus Konsumentensicht jedenfalls abzuraten ist. Andererseits ist es verständlich, dass auch Unternehmer nicht Waren ausliefern wollen, wenn sie nicht sicher sein können, dass die Bestellung tatsächlich von der in einem E-Mail angegebenen Person stammt.

Es gibt daher seit längerem bereits Bemühungen, der sogenannten „elektronischen Signatur" zum Durchbruch zu verhelfen, mit der man – wie bei einer normalen Unterschrift – möglichst eindeutig feststellen kann, ob das „unterschriebene" Dokument tatsächlich dieser Person zugeordnet werden kann. Mit der elektronischen Signatur wird ein eindeutiger Bezug zwischen dem „Unterschreibenden" und dem Dokument hergestellt. Dem Dokument wird mit Hilfe einer „Signaturerstellungseinheit" (in der Regel eine Chipkarte, auf der der private Schlüssel gespeichert ist) gewissermaßen ein „elektronisches Siegel" angefügt, das vom Empfänger des Dokuments auf seine Unversehrtheit überprüft werden kann. Wichtig für die Funktion von elektronischen Signaturen ist natürlich auch, dass nicht nur festgestellt werden kann, ob ein Dokument unterschrieben wurde (und danach unverändert angekommen ist), sondern auch, wem die elektronische Unterschrift tatsächlich zurechenbar ist. Diese Identitätsprüfung erfolgt mit Hilfe der von „Zertifizierungsdiensteanbietern" ausgestellten „Zertifikate". Eine elektronische Signatur hat für sich genommen noch keine besondere Beweiskraft, lediglich sogenannte „qualifizierte Signaturen" sind in ihrer Rechtswirkung ausdrücklich einer eigenhändigen Unterschrift gleichgestellt.

Über die Anbieter von Zertifizierungsdiensten informiert die Website der Aufsichtsstelle www.rtr.at; dort finden sich auch Antworten auf häufige Fragen zur Funktionsweise elektronischer Signaturen und die rechtlichen Rahmenbedingungen.

# Allgemeine Geschäftsbedingungen – Kleingedrucktes mit großer Bedeutung

Das Kleingedruckte wird vielfach unterschätzt. Doch vor allem dann, wenn es nach Vertragsabschluss zu Problemen kommt, berufen sich Unternehmer gerne auf die eine oder andere Klausel. Nicht immer zu Recht, wie Sie im folgenden Kapitel erfahren werden.

## Was sind Allgemeine Geschäftsbedingungen?

**Herr Siegfried nimmt sich frei ...**

Herr Siegfried hat sich heute freigenommen, um endlich einmal ein paar private Angelegenheiten erledigen zu können. Zeitig in der Früh bringt er sein Auto zum Jahresservice und fährt gleich wieder mit der Straßenbahn nach Hause, weil er für acht Uhr den Servicedienst zur Reparatur der Waschmaschine erwartet. Anschließend holt er bei der Bank seine Kontoauszüge, überweist gleich die Fernwärmerechnung und die Lebensversicherungsprämie und hebt beim Bankomaten Geld ab. Anschließend muss er zum E-Werk, den Stromanschluss für sein neues Wochenendhaus beantragen, bei der Post auch gleich die Einleitung eines Telefons, und dann hat er endlich Zeit für Einkäufe. Nachdem er fast das ganze vom Bankomaten geholte Geld schon im Einrichtungshaus für eine wunderschöne Designer-Stehlampe ausgegeben hat, bezahlt er den neuen Pullover in der Boutique mit der Kreditkarte. Er muss sich langsam beeilen, denn er hat an diesem Tag noch viel vor: Lebensmitteleinkauf (mit Kundenkarte), einen Besuch im Solarium, das Auto von der Werkstatt abholen und gleich auch zur Waschanlage fahren und am Abend schließlich einen Konzertbesuch im Rahmen eines Abonnements.

Herr Siegfried hat ein dichtes Tagesprogramm absolviert: Rechtlich gleicht es fast einem Zick-Zack-Lauf zwischen unterschiedlichen Vertragsarten und ebenso unterschiedlichen Geschäftsbedingungen, die von den jeweiligen Unternehmern aufgestellt wurden. Mit zumindest 15 verschiedenen „Allgemeinen Geschäftsbedingungen" – von den Reparaturbedingungen der Werkstatt bis zu den Abonnementbedingungen für das Konzert-Abo – ist Herr Siegfried an diesem Tag in Berührung gekommen.

Betrachten wir die Angelegenheit aber einmal von der anderen Seite: Während Herr Siegfried sein Auto ein- oder zweimal im Jahr zum Mechaniker bringt, bewältigt die Werkstatt gut 20 bis 25 Reparaturaufträge pro

Tag. Mit der Straßenbahn fährt Herr Siegfried zwar öfter, aber die Verkehrsbetriebe verzeichnen einige Hunderttausend Fahrten pro Tag. Über sieben Millionen Bankomatkarten sind in Österreich in Verwendung, beim E-Werk war Herr Siegfried, obwohl er um zehn Uhr vormittags gekommen ist, schon „Nummer 117" an diesem Tag – kurzum: die Unternehmer schließen typischerweise jeden Tag eine Vielzahl von gleichartigen Geschäften ab. Dabei können und wollen sie nicht mit jedem Kunden alle Details einzeln ausmachen.

Allgemeine Geschäftsbedingungen (kurz: AGB) haben daher den Zweck, sozusagen „ein für allemal" jene Vertragsbedingungen festzulegen, die der Unternehmer den von ihm geschlossenen Verträgen zugrunde legen will. Das ist vor allem für Vertragstypen, die gesetzlich nur sehr ansatzweise geregelt sind, auch durchaus notwendig. Während bei einem Kaufvertrag auch die Einigung über Preis und Ware für einen wirksamen Vertrag schon ausreichen würde, ist dies etwa bei einem Leasing- oder einem Versicherungsvertrag doch etwas komplizierter: Da das Gesetz hier sehr viel offen lässt, muss im Vertrag auch noch eine wesentlich genauere „Leistungsbeschreibung" vereinbart werden. Und weil es um eine Vielzahl gleichartiger Verträge geht, erfolgt die Leistungsbeschreibung durch die vom Unternehmer aufgestellten AGB.

Das faktisch ohnehin schon bestehende Ungleichgewicht zwischen einem fachlich wie rechtlich auf seinen Bereich spezialisierten Unternehmer einerseits und dem Verbraucher, der unterschiedlichsten Verträgen gegenübersteht, andererseits, wird durch die einseitig vom Unternehmer entworfenen AGB natürlich noch verschärft. Denn die AGB dienen selbstverständlich auch – manchmal sogar: vor allem – der Sicherung einer günstigen Rechtsposition für den Unternehmer, der sie formuliert und seinem Vertragspartner faktisch „aufzwingt". Nicht zufällig wird von Juristen meist davon gesprochen, dass man sich den AGB des Vertragspartners „unterwirft".

Das Konsumentenschutzgesetz und das Allgemeine Bürgerliche Gesetzbuch enthalten daher auch einige Schutzvorschriften, mit denen Unternehmer an einer allzu konsumentenfeindlichen Gestaltung von AGB gehindert werden sollen. Dabei versteht man unter AGB alle für eine Vielzahl von Verträgen einseitig von einem Vertragspartner vorformulierten Vertragsbedingungen, gleichgültig in welcher äußeren Form. Es geht also nicht nur um tatsächlich „Kleingedrucktes" sondern etwa auch um maschinschriftlich erstellte, kopierte Formulare. Unerheblich ist die Bezeichnung und auch der Umfang: Versorgungsbedingungen, Kundenrichtlinien, Verkaufsbedingungen, „Hausordnungen" usw sind ebenso als

AGB anzusehen wie vereinzelte Vertragsklauseln ohne jede Überschrift, wie man sie zum Beispiel auf Konzertkarten, Abholscheinen für Fotoarbeiten und Ähnlichem oft sieht.

## Wann gelten AGB?

**Die verschobene China-Reise**

Frau Kaindl hat bei ihrem Reisebüro telefonisch eine vierzehntägige Pauschalreise nach China gebucht. Zum Zeitpunkt der Buchung liegt ihr nur der „China-Spezialprospekt" des Veranstalters vor, in dem keine Geschäftsbedingungen abgedruckt sind. Am vorgesehenen Abreisetag findet sich Frau Kaindl am Flughafen ein – und wartet. Nach mehreren Stunden Verzögerung wird endlich mitgeteilt, dass wegen eines Flugzeugdefekts der Abflug erst am nächsten Morgen stattfinden könne. Doch auch am nächsten Tag ist die Maschine noch nicht startklar. Nachdem Frau Kaindl mehr als 24 Stunden zugewartet hat, entschließt sie sich, die Reise – falls sie überhaupt je stattfinden würde – nicht mehr anzutreten.

Unter Berufung auf seine Geschäftsbedingungen lehnt der Reiseveranstalter die vollständige Rückzahlung des Reisepreises ab. Verschiebe sich die Abreise um mehr als 24 Stunden – so sei darin vorgesehen – könne der Verbraucher unter Zahlung einer zehnprozentigen Stornogebühr vom Vertrag zurücktreten. Daher wird eine Refundierung zu 90 % angeboten.

Frau Kaindl möchte aber 100 % – und außerdem gut € 150, die sie für nun nutzlos gewordene Impfungen aufgewendet hat.

Kann sich der Reiseveranstalter auf seine Geschäftsbedingungen berufen? Wenn ja, darf für einen solchen Fall eine Refundierung von nur 90 % des bezahlten Preises vereinbart werden?

AGB sind keine „Privatgesetze". Wenn sich der Unternehmer auf seine Geschäftsbedingungen berufen will, dann muss er zuerst dafür Sorge tragen, dass sie auch Vertragsinhalt werden. Und Vertragsinhalt wird prinzipiell nur das, was zwischen den Vertragspartnern vereinbart wurde. Eine quasi „objektive" Geltung der AGB, nur weil sie der Unternehmer aufgestellt hat, kommt daher grundsätzlich nicht in Frage.

Im Fall der verschobenen China-Reise ist die erste Frage daher leicht zu lösen. Über die Geschäftsbedingungen wurde nie gesprochen, sie scheinen nicht einmal im Prospekt auf, eine wirksame Vereinbarung liegt daher nicht vor.

Geschäftsbedingungen, die durch Gesetz oder Verordnung festgelegt werden und ohne jegliche Vereinbarung gelten, sind im Zuge der Liberalisierung so gut wie verschwunden: gerade noch das Eisenbahnbeförderungsgesetz kann als gesetzlicher AGB-Ersatz angesehen werden. Die früher hoheitlich festgelegten Geschäftsbedingungen für Post und Telekom („Postordnung", „Fernsprechordnung"), die Kfz-Haftpflichtversicherung oder das „Gasregulativ" für den Gasbezug sind mittlerweile durch Geschäftsbedingungen ersetzt worden.

Die Vereinbarung von Geschäftsbedingungen kann ausdrücklich, aber auch stillschweigend erfolgen. Erklärt der Unternehmer, zu einem Vertragsabschluss nur unter Zugrundelegung seiner AGB einverstanden zu sein, und lässt man sich auf den Vertrag ein, so hat man die Geltung dieser AGB anerkannt – auch wenn man sie nie gesehen hat. Allerdings ist Voraussetzung, dass eine Kenntnisnahme überhaupt möglich gewesen wäre.

Gewerbetreibende sind aufgrund der Gewerbeordnung dazu verpflichtet, die von ihnen verwendeten AGB im Geschäftslokal auszuhängen (dasselbe gilt nach dem Bankwesengesetz für Banken). Versicherungen sind verpflichtet, die Versicherungsbedingungen dem Konsumenten spätestens mit der Polizze unaufgefordert zu übersenden.

**Vor der China-Reise**

Nehmen wir an, Frau Kaindl nimmt die Buchung persönlich im Reisebüro vor. Im Prospekt sind keine AGB abgedruckt, auf dem Buchungsschein aber, den sie bei ihrer Bestellung unterfertigt hat, steht knapp oberhalb der Unterschrift: „Für diesen Vertrag gelten die Allgemeinen Reisebedingungen (ARB 1992) sowie die jeweiligen besonderen Bedingungen der gebuchten Reiseveranstalter."

In diesem Fall hat Frau Kaindl mit ihrer Unterschrift den Hinweis auf die AGB zur Kenntnis genommen und damit ihre Geltung – gleich wie bei einem ungelesen unterschriebenen Vertrag – akzeptiert. Daher stellt sich nun die Frage, ob die konkrete Klausel, die den Rückforderungsanspruch begrenzt, wirksam ist.

**TIPP**

**Wenn in einem Vertragstext auf irgendwelche Geschäftsbedingungen verwiesen wird, sollten Sie jedenfalls – noch vor Unterschrift – Einsicht nehmen und sich ein Exemplar geben lassen.**

Ist der Vertrag – ohne Einbeziehung der AGB – einmal zustande gekommen, dann können die AGB auch nicht nachträglich „hineingeschwindelt" werden. Ein Aufdruck erst auf der Rechnung („Es gelten unsere Allgemeinen Verkaufs- und Lieferbedingungen") ist zu spät; zu diesem Zeitpunkt ist der Vertrag bereits zustande gekommen und eine Änderung nur mehr mit Zustimmung des Vetragspartners möglich.

Auch der Gesetzgeber geht davon aus, dass in vielen Fällen die AGB nicht oder nur flüchtig gelesen werden. Daher wurde gesetzlich festgelegt, dass ungewöhnliche und für den Konsumenten nachteilige AGB-Klauseln, mit denen er nach den Umständen nicht rechnen musste, nicht Vertragsbestandteil werden – außer der Unternehmer hat ihn besonders darauf hingewiesen. In diesem Fall gelten dann zwar die – ungelesenen – AGB, nicht aber die einzelnen ungewöhnlichen und nachteiligen Klauseln darin.

**Ungültige Klausel**

Die Klausel in den Reisebedingungen des Veranstalters der China-Reise ist für Frau Kaindl eindeutig nachteilig. Gäbe es diese Klausel nicht, so könnte sie – der Reiseveranstalter war ja schon im Verzug – vom Vertrag zurücktreten und den ganzen Preis zurückfordern; die Beschränkung auf 90 % ist ein klarer Nachteil.

Die Klausel ist auch ungewöhnlich, denn Vergleichbares findet sich zum Beispiel auch nicht in den von der Reisebürobranche weithin verwendeten „Allgemeinen Reisebedingungen (ARB 1992)". Und schließlich wurde Frau Kaindl im Reisebüro nicht besonders darauf hingewiesen.

Vor allem im Baubereich spielen auch für Konsumenten oft Önormen eine wichtige Rolle. Diese gelten aber – von wenigen Ausnahmen, vor allem im Sicherheitsbereich, abgesehen – nicht kraft Gesetzes. In der Praxis wird bei Verträgen jedoch häufig die Anwendbarkeit bestimmter Normen vereinbart – dann sind diese wie AGB zu behandeln.

**Exkurs: Önormen**

Önormen sind Richtlinien für die Beschaffenheit von Waren, aber auch für die Ausgestaltung von Verträgen. Sie werden im österreichischen Normungsinstitut unter Beteiligung der interessierten Fachkreise erarbeitet. Da viele Normen auch für Konsumenten von großer Bedeutung sind – vor allem wegen der darin festgelegten Sicherheitsanforderungen – beteiligt sich auch der Verein für Konsumenteninformation mit seinen Experten an der Normungsarbeit. Um Konsumentenschutzanliegen noch gezielter einbringen zu können, wurde im Normungsinstitut der Verbraucherrat eingerichtet. Er sorgt unter anderem für die Koordination aller Konsumentenschutzexperten und für deren Information über aktuelle Normungsvorhaben.

Im elektronischen Bereich gibt es anstelle von Önormen die vom Österreichischen Verband für Elektrotechnik (ÖVE) erarbeiteten ÖVE-Normen.

Grundsätzlich sind Önormen beziehungsweise ÖVE-Normen – entgegen einer weit verbreiteten Meinung – nicht automatisch verbindlich. In manchen Bereichen, vor allem hinsichtlich der elektrotechnischen Sicherheit, aber sehr oft auch für bestimmte Prüfmethoden und dergleichen, werden Normen jedoch vom Gesetzgeber für verbindlich erklärt und sind dann, so wie eine Verordnung oder ein Gesetz, auch einzuhalten. Die überwiegende Mehrzahl der Normen jedoch gilt nicht kraft Gesetzes, sondern muss – wenn man sie anwenden will – ausdrücklich zum Bestandteil des Vertrages gemacht werden.

Bevor Sie eine entsprechende Vereinbarung treffen, sollten Sie sich die jeweilige Önorm beschaffen und lesen!

Auch wenn die Anwendung einer Norm nicht vereinbart wurde, kann sie vielfach doch einen Anhaltspunkt dafür geben, was im jeweiligen Fachgebiet Stand der Technik ist. Von Professionisten kann man voraussetzen, dass sie die Normen ihres Fachgebietes kennen.

Zahlreiche Normen für Produkte sehen vor, dass eine Kennzeichnung „Önorm geprüft" möglich ist, wenn das Produkt von einer autorisierten Prüfanstalt auf Übereinstimmung mit der Norm geprüft wurde. Im Unterschied dazu ist allerdings die ebenfalls oft verwendete Kennzeichnung „entspricht der Önorm" lediglich eine vom Hersteller oder Händler gegebene Zusage, die nicht von unabhängiger Seite nachgeprüft wurde.

In den letzten Jahren hat sich im österreichischen Normenwerk geradezu eine Umwälzung ergeben, da die Bedeutung europäischer Normen durch den Integrationsprozess rasch angestiegen ist. Die europäischen Normen werden von den europäischen Normungsorganisationen CEN, CENELEC (für den elektronischen Bereich) und ETSI (Telekommunikationsnormen) erarbeitet, wobei die nationalen Normungsinstitutionen als Mitglieder dieser Gremien mitarbeiten. Wird die Norm auf europäischer Ebene beschlossen (zum Beispiel im CEN), dann ist sie auch in Österreich zu übernehmen (erkennbar ist dies daran, dass die Norm dann als „Önorm EN" bezeichnet wird). Die EN-Normen haben besondere Bedeutung bei der Konkretisierung der in zahlreichen Richtlinien der Europäischen Union vorgegebenen „grundlegenden Sicherheitserfordernisse". Im Regelfall wird angenommen, dass etwa ein Spielzeug, das der Normenreihe EN 71 entspricht, damit auch die Sicherheitserfordernisse der „Spielzeugrichtlinie" der EU erfüllt.

Neben den Önormen und den europäischen Normen gibt es schließlich auch noch gewissermaßen „weltweite" Normen, die von der ISO (International Standards Organization) herausgegeben werden, aber auch Produkte entsprechend deutscher (DIN, VDI oder VDE) oder amerikanischer Normen (ANSI) sind vielfach in Österreich erhältlich.

**TIPP**

Wenn Sie bei einem Bauvorhaben Wert auf eine „normgerechte" Ausführung legen, dann sollten Sie auf eine Aufnahme der Önormen in den Vertrag bestehen!

Bevor Sie aber einer Einbeziehung Ihnen unbekannter Önormen zustimmen, sollten Sie sich über deren Inhalt erkundigen (Österreichisches Normungsinstitut / Austrian Standards Institute bzw Austrian Standards plus GmbH, 1020 Wien, Heinestraße 38, Tel.: (01) 21300-0, www.as-plus.at.). Insbesondere bei Abrechnungsfragen oder Massenberechnungen gibt es darin gelegentlich für Konsumenten überraschende Regelungen.

## Inhalt von AGB

Allgemeine Geschäftsbedingungen sind Teil des Vertrages, und darin kann all das geregelt werden, was auch sonst in einem Vertrag Platz findet. Ein allgemein gültiges „Inhaltsverzeichnis" kann man daher nicht aufstellen – und das nicht nur wegen der oft unübersichtlichen Gestaltung.

**TIPP**

AGB sollten Sie nicht nur verlangen und vor Vertragsabschluss lesen, sondern auch zusammen mit den sonstigen Vertragsunterlagen aufbewahren. Oft enthalten sie Informationen, die erst beim Auftreten von Problemen oder wenn der Vertrag aufgelöst werden soll von Bedeutung sind.

**Was in AGB zu erwarten ist**

- Eine genauere Leistungsbeschreibung (also was der Unternehmer schuldet; manchmal finden sich dabei Einschränkungen gegenüber dem, was mündlich oder auf der ersten Seite des Vertrages angegeben wurde!);
- Möglichkeiten zur Leistungsänderung (zum Beispiel: „Ausstattungsänderungen nach Maßgabe des technischen Fortschritts");
- Zahlungsbedingungen (was der Konsument schuldet und wann er bezahlen muss);

- Möglichkeiten zur Preisänderung (Preisgleitklauseln, Wertsicherungsvereinbarungen);
- Regelungen zum Ort und zum Zeitpunkt der Vertragserfüllung;
- Nebenpflichten der Vertragspartner – insbesondere des Konsumenten (zum Beispiel die Bekanntgabe von Adressänderungen, zur Meldung bestimmter Umstände etc);
- Beschränkungen oder Besonderheiten der Gewährleistung;
- Haftungsregeln (zum Beispiel Ausschluss der Haftung bei leichter Fahrlässigkeit);
- Regelungen zur Beweislastverteilung;
- Die Verteilung von Risiken unter den Vertragspartnern (zum Beispiel wer bei Missbrauch der Bankomatkarte haftet);
- Regelungen für den Verzugsfall (lange Nachfristen für den Unternehmer; Verzugszinsen und Inkassokosten für den Konsumenten);
- Stornoregelungen (Stornogebühr) beziehungsweise Rücktrittsrechte;
- Regeln zur Kündigung und Verlängerung;
- Vom Unternehmer vorformulierte Erklärungen des Konsumenten (mit denen er zum Beispiel bestätigt, gesundheitlich in der Lage zu sein, den Vertrag zu erfüllen, für den Kaufpreis keinen Kredit zu benötigen, über bestimmte Punkte informiert worden zu sein, eine Kopie des Antrags bekommen zu haben und so weiter);
- Zustimmung des Konsumenten zur Datenweitergabe;
- Formvorschriften und besondere Zugangserfordernisse (zum Beispiel: „Schadensmeldung ist an die Landesdirektion zu richten“);
- Beschränkungen oder Modifikationen diverser Rechte des Konsumenten (zum Beispiel: „Forderungen aus diesem Vertrag dürfen nicht an Dritte abgetreten werden“);
- Möglichkeit zum Wechsel der Vertragspartner;
- Sicherheiten (zum Beispiel Verpflichtung zur Beibringung einer Bankgarantie);
- Festlegung eines Gerichtsstandes;
- Rechtswahl (zum Beispiel: „Auf diesen Vertrag ist deutsches Recht anzuwenden“).

Bei Versicherungen spielen die Vertragsbedingungen eine besonders wichtige Rolle.

**TIPP**

Bei Versicherungen ist anzuraten, im Schadensfall die Meldung zwar unverzüglich zu erstatten, wenn möglich aber noch vorher anhand der Bedingungen auch abzuklären, was überhaupt versichert ist und welche Obliegenheiten im Schadensfall einzuhalten sind.

**„Gedankenverloren ..."**

Frau Richter ist bei einer Freundin zu Besuch und hilft beim Kaffeekochen. Sie nimmt – in den Plausch vertieft – die heiße Kaffeekanne vom Herd und stellt sie auf den Holztisch. Dort hinterlässt die Kanne einen hässlichen Brandfleck. Der Schaden – in diesem Fall ein neuer Tisch – beläuft sich auf rund 300 Euro.

Die Freundin verlangt natürlich von Frau Richter Ersatz und diese meldet den Schaden ihrer Haushaltsversicherung. Schließlich ist in dieser Versicherung ja auch eine Privathaftpflichtversicherung enthalten.

Die Versicherung lehnt den Schaden unter Hinweis auf die sogenannte „Tätigkeitsklausel" in ihren Versicherungsbedingungen ab. Die Versicherung beziehe sich nicht auf Schäden an beweglichen Sachen, die „bei oder infolge ihrer Benützung, Beförderung, Bearbeitung oder einer sonstigen Tätigkeit an oder mit ihnen entstehen". Erst das Gericht gibt Frau Richter Recht. Da sie in ihrer Schadensmeldung – ganz richtig – angemerkt hatte, dass sie die Kaffeekanne „gedankenverloren" auf den Tisch gestellt habe, sei von einer „bewussten" Tätigkeit an der beschädigten Sache keine Rede und der Versicherungsschutz sei aufrecht (Handelsgericht Wien 3.12.1993, 1 R 317/93).

AGB sind grundsätzlich keine unveränderliche Größe. Da sie nur nach Vereinbarung in den Vertrag einbezogen werden, können sie vorher noch – im Einvernehmen – beliebig geändert werden. Oft lehnen Unternehmer eine Änderung ab, beteuern zugleich aber, dass die AGB ohnehin keine Bedeutung hätten und dass man in der Praxis sehr kulant und konsumentenfreundlich sei. Da ist Vorsicht angebracht.

**TIPP**

Auch wenn der Unternehmer persönlich noch so glaubwürdig seine lauteren Absichten verkündet: Wenn er die AGB nicht abändert, dann müssen Sie mit deren Anwendung rechnen. Wenn es zu Problemen kommt, dann wird spätestens der Rechtsanwalt des Unternehmers die Anwendung der AGB auf Punkt und Beistrich einfordern.

## Inhaltskontrolle von AGB

Wenn Sie noch einen vor einigen Jahren abgeschlossenen Versicherungsvertrag haben, dann können Sie irgendwo auf der Polizze oder auf den Versicherungsbedingungen einen Vermerk sehen: „Genehmigt vom Bundesministerium für Finanzen am …, GZ …“.

Die Zeit der behördlichen Vorwegkontrolle von Geschäftsbedingungen ist nun jedoch auch im Versicherungsbereich vorbei. Einzig bei einigen AGB im Bereich der Telekommunikation, bei den Bedingungen für Seilbahnen und Straßenbahnen und bei den AGB von Elektrizitätsversorgungsunternehmen gibt es noch ein behördliches Genehmigungsverfahren, bevor diese verwendet werden dürfen. Doch auch in diesen Verfahren ist die Einhaltung des Konsumentenschutzes nicht unbedingt primäres Ziel. Auch solcherart „genehmigte AGB“ können von den Gerichten überprüft werden.

Abgesehen davon sind Unternehmer grundsätzlich einmal frei in der Abfassung ihrer Bedingungen. Manchmal finden sich einige Unternehmen zusammen, um Musterbedingungen auszuarbeiten, gelegentlich werden AGB auch mit Konsumentenvertretern besprochen (so etwa die schon erwähnten „Allgemeinen Reisebedingungen“). Immer aber bleibt es letztlich die Entscheidung des einzelnen Unternehmers, welche AGB er verwenden will.

Eine präventive Inhaltskontrolle hat der Gesetzgeber den Sozialpartnern und insbesondere dem Verein für Konsumenteninformation eingeräumt: Mit Abmahnungen und Verbandsklagen soll der Verbraucher vorbeugend vor gesetz- oder sittenwidrigen Klauseln geschützt werden. Aber auch in jedem Einzelfall muss sich das Gericht – wendet der Verbraucher die Unwirksamkeit von Klauseln in Kleingedrucktem ein – mit der Inhaltskontrolle von Klauseln beschäftigen.

**Die China-Reise vor Gericht**

Wieder zurück zur misslungenen China-Reise. Nehmen wir an, die Reisebüroangestellte weist Frau Kaindl besonders darauf hin, dass bei einer Vertragsauflösung wegen einer unzumutbaren Verspätung nur 90 % des Reisepreises refundiert werden. Vielleicht hat sie auch schon einen ähnlichen Fall erlebt, denn sowohl die beteiligte Fluglinie wie auch der Veranstalter sind nicht gerade durch Verlässlichkeit bekannt.

In diesem Fall würde also die „90 %-Klausel“ Vertragsinhalt. Allerdings ist weit und breit keine Rechtfertigung zu erkennen, weshalb ein gesetzlicher Anspruch der Konsumentin hier verkürzt werden soll: Vor allem gibt es dafür auch keinerlei Art der „Gegenleistung". Da das Reisebüro nicht zahlt, klagt Frau Kaindl schließlich die restlichen 10 % – und die nutzlos gewordenen Impfkosten – ein. Auch das Gericht bestätigt, dass es sich um eine gröblich benachteiligende Klausel handelt (Bezirksgericht für Handelssachen Wien 4.8.1993, 4 C 1805/92f, KRES 3/78).

Inhaltliche Schranken für AGB werden vor allem vom Konsumentenschutzgesetz aufgestellt, das einen ganzen Katalog „unzulässiger Vertragsbestimmungen" enthält. Ergänzend legt das Allgemeine Bürgerliche Gesetzbuch fest, dass eine Klausel in AGB nichtig (also unwirksam) ist, wenn sie unter Berücksichtigung aller Umstände des Falles einen Vertragspartner gröblich benachteiligt.

**Ein Vertrauensverhältnis besonderer Art**

Herr Eybl hat seine Miete pünktlich bezahlt und ist daher verwundert, als sich die Hausverwaltung mit einer Mahnung bei ihm einstellt. Also schickt er der Hausverwaltung erst mal eine Kopie seines Überweisungsauftrages und geht der Sache auch bei der Bank nach: Dort sagt man ihm, dass die Überweisung auftragsgemäß, pünktlich und korrekt durchgeführt worden wäre. Schließlich fällt einem Mitarbeiter der Hausverwaltung doch auf, dass die Kontonummer falsch angegeben war. Tatsächlich: Herr Eybl hat zwar als Empfänger die „Hausverwaltung Meier GesmbH" angegeben, aber statt 1245-780-134, wie die Kontonummer richtig lautet, 1245-780-184 geschrieben.

Bei der Bank sagt man Herrn Eybl, dass die Überweisung nur nach der Nummer durchgeführt wird, und es sei eben sein Problem, wie er vom unrichtigen Empfänger – dessen Konto übrigens hoffnungslos überzogen sei – sein Geld wieder zurückbekäme.

Als Herr Eybl hartnäckig bleibt und fragt, warum man nicht auch auf den Namen schaue, erklärt ihm schließlich der Filialleiter, dass das mit den Computern halt nicht möglich sei. Außerdem stehe das alles in den AGB des Kreditinstitutes.

Also liest Herr X nach: „Das Geschäftsverhältnis zwischen Kunden und Kreditunternehmung ist ein Vertrauensverhältnis", heißt es da, und weiter: „Der Kunde darf sich darauf verlassen, dass die Kreditunternehmung seine Aufträge mit der Sorgfalt eines ordentlichen Kaufmanns und unter Wahrung seiner Interessen erledigt" – also wie ist das jetzt mit der Überweisung, denkt Herr Eybl, aber da hat er noch einen Halbsatz übersehen: „soweit sie dazu im Einzelfall imstande ist."

> Auf der dritten klein gedruckten Seite findet Herr Eybl schließlich die einschlägige Bestimmung: „Die Kreditunternehmung ist berechtigt, Aufträge ... auf Grundlage der angegebenen Kontonummer durchzuführen. Sie ist nicht verpflichtet, die Übereinstimmung zwischen Kontonummer und Kontowortlaut zu überprüfen."
>
> Da der Konsument durch diese Klausel selbst bei geringfügigen Schreibfehlern gegebenenfalls mit sehr hohen Schäden konfrontiert wäre, hat sie der Oberste Gerichtshof (OGH 24.10.1990, 1 Ob 672/90, KRES 3/62 und OGH 25.10.1994, 1 Ob 580/94, KRES 3/83) als gröblich benachteiligend eingestuft. Auch das Interesse der Bank, den Zahlungsverkehr rationell und EDV-unterstützt abzuwickeln, lässt keine Überwälzung des Risikos zu.

Betrifft die „gröbliche Benachteiligung" durch eine Klausel aber die Hauptleistung des Vertrages, dann kann diese gesetzliche Bestimmung nicht angewendet werden. Wäre Frau Kaindl also deswegen benachteiligt, weil sie für die Reise „gröblich" zu viel bezahlt hat, dann könnte sie nur bei Vorliegen einer „Verkürzung über die Hälfte" oder allenfalls wegen „Wucher" dagegen vorgehen (siehe Seite 270 ff).

Die Beurteilung, wann eine Klausel als gröblich benachteiligend anzusehen ist, erweist sich in der Praxis als schwierig und stellt auch Juristen manchmal vor gröbere Probleme. Ohne Kenntnis der Rechtsprechung und nur „nach Gefühl" geht es freilich überhaupt nicht.

Das Verbot gröblich benachteiligender AGB-Bestimmungen ist eine „Generalklausel" – eine Auffangbestimmung, wenn keine speziellere Vorschrift greift. Für Verträge zwischen Konsumenten und Unternehmern zählt das Konsumentenschutzgesetz eine ganze Reihe von unzulässigen Bestimmungen auf.

Im Folgenden daher ein kurzer Überblick über die in der Praxis wichtigsten „verbotenen Klauseln":

- **Überlange Bindung an einen Vertrag, überlange oder unbestimmte Fristen zur Annahme eines Anbots**

  Sachlich nicht gerechtfertigte überlange Bindungen des Konsumenten sowohl an Anbote als auch an Verträge sind unzulässig; das Gesetz gibt dazu keine genauen Zeiträume an, sodass es jeweils auf die Umstände des Einzelfalls ankommt.

**Was die Gerichte dazu sagen**

- Wenn im Vertrag die „sofortige" Durchführung von Arbeiten vereinbart wurde, dann ist eine dem widersprechende Vereinbarung, das Rücktrittsrecht wegen Verzuges erst nach 6 Monaten geltend machen zu können, zweifellos als unangemessen lange Frist zu beurteilen (KG Wels R 232/81, 14.6.1982, KRES 1d/5).
- Im Möbelhandel ist eine vertraglich festgelegte Nachfrist von acht Wochen bei Lieferverzug des Unternehmers eine unangemessen lange Bindung des Verbrauchers und daher nichtig (OLG Wien 30.3.1994, 4 R 3/94, KRES 1h/7), bei einem Vertrag über einen Mobiltelefonanschluss sind zwei Wochen Bindung zwischen Vertragsabschluss und Freischaltung zu lang (OGH 20.3.2007, 4 Ob 227/06w, KRES 1d/96).
- Die Vereinbarung eines Kündigungsverzichts für zwei oder drei Jahre in einem Vertrag mit einem Fitnesscenter ist als überlange Vertragsbindung unzulässig, auch wenn dies mit geringeren Mitgliedsbeiträgen „belohnt" wird, insbesondere, wenn auch keine Möglichkeit der außerordentlichen Kündigung vorgesehen ist (OGH 29.5.2012, 9 Ob 69/11d).

- **„Erklärungsfiktionen"**

Unzulässig sind Klauseln, wonach ein bestimmtes Verhalten des Konsumenten als Abgabe oder Nichtabgabe einer Erklärung gilt, außer man wird bei Beginn der dafür vorgesehenen Frist darauf besonders hingewiesen und hat zur Abgabe einer ausdrücklichen Erklärung eine angemessene Frist. Diese Bestimmung ist insbesondere auf die stillschweigende Verlängerung von befristeten Verträgen anzuwenden (siehe Seite 138).

Grundsätzlich bedeutet Stillschweigen keine Zustimmung („wer schweigt, stimmt zu" gilt gerade nicht!); daher sind derartige Klauseln streng zu prüfen.

Besonders kritisch sind Erklärungsfiktionen zu beurteilen, wenn der Konsument durch Stillschweigen einer Entgelterhöhung zustimmen soll. Entgelterhöhungen in AGB sind nur zulässig, wenn die dafür maßgeblichen Umstände im Vertrag umschrieben und sachlich gerechtfertigt sind sowie ihr Eintritt vom Willen des Unternehmers unabhängig ist (zB Bindung an den Verbraucherpreisindex oder – im Bankensektor – an Referenzzinssätze wie den EURIBOR). Außerdem muss die Klausel für den Fall der Entgelterhöhung auch die Verpflichtung zur Senkung vorsehen, sollten sich die Parameter in die Gegenrichtung entwickeln.

Eine Klausel, einer Entgelterhöhung zuzustimmen, sofern man ihr nicht ausdrücklich widerspricht, ist daher immer im Spannungsverhältnis zu eben diesen Einschränkungen zu sehen und kann daher unter diesem Gesichtspunkt unzulässig sein, selbst wenn die formalen gesetzlichen Vorgaben – besonderer Hinweis auf die Konsequenz, die die Nichtreaktion auslöst und ausreichende Frist für den Konsumenten, dem ausdrücklich zu widersprechen – erfüllt sind.

Auch wird besonderes Augenmerk darauf zu legen sein, wie klar der Unternehmer die mit der geplanten Änderung verbundenen tatsächlichen Konsequenzen auf das Vertragsverhältnis darstellt. Letztlich ist fraglich, ob durch Erklärungsfiktion überhaupt die Hauptleistungspflichten des Vertrags – einerseits die vom Unternehmer zu erbringende Leistung, andererseits der vom Konsumenten zu entrichtende Preis – geändert werden können, weil die Bestimmung dafür schlicht nicht vorgesehen war.

Der Verein für Konsumenteninformation hat mehrere Verbandsklagen zu dieser Frage eingebracht, die derzeit aber noch zu keiner rechtskräftigen Entscheidung geführt haben.

Hinterfragenswert sind daher zB Klauseln in den AGB einer Bank wie „Über Änderungen der Entgelte sowie Änderungen des Leistungsumfanges oder der Verzinsung wird der Kunde gesondert verständigt. Sie werden zwei Monate nach Verständigung des Kunden wirksam, sofern nicht bis dahin ein schriftlicher Widerspruch des Kunden beim Kreditinstitut einlangt. Das Kreditinstitut wird den Kunden in der Verständigung auf die jeweils gewünschte Änderung sowie darauf aufmerksam machen, dass sein Stillschweigen mit Fristablauf als Zustimmung gilt“, ebenso die Verständigung eines Telekommunikationsanbieters an seine Kunden mittels SMS, den bestehenden Vertrag um einen – vom Kunden nicht bestellten – Zusatzdienst zu erweitern, womit eine Entgelterhöhung von € 2 monatlich verbunden ist, sofern der Kunde nicht innert bestimmter Frist ein SMS mit „Nein“ zurücksendet.

**TIPP**

Sollten Sie derartige Mitteilungen Ihres Vertragspartners erhalten, holen Sie rechtlichen Rat bei den Konsumentenschutzeinrichtungen ein. Möglicherweise sind Sie an die beabsichtigte Änderung auch dann nicht gebunden, wenn Sie ihr nicht in der vom Unternehmer gesetzten Frist widersprochen haben.

**Was die Gerichte dazu sagen**

Die Klausel in den AGB eines Kreditkartenunternehmens, wonach der Karteninhaber mit Unterfertigung oder Verwendung der Karte die Geschäftsbedingungen für den Gebrauch der Karte „anerkennt", ist eine unzulässige Erklärungsfiktion (OGH 28.1.2009, 10 Ob 70/07b, KRES 1d/127).

- **„Zugangsfiktionen"**

  Es darf nicht vereinbart werden, dass eine rechtlich bedeutsame Erklärung des Unternehmers dem Konsumenten als zugekommen gilt, wenn dies nicht tatsächlich der Fall ist. Ausnahme: Der Konsument ist verzogen und hat die Änderung seiner Anschrift, obwohl er nach dem Vertrag dazu verpflichtet wäre, nicht bekannt gegeben.

**Was die Gerichte dazu sagen**

Eine unzulässige Zugangsfiktion stellen zum Beispiel folgende Klauseln in den AGB einer Bank dar:

- „Diese Kontoauszüge gelten mit dem Tag der Abrufbarkeit auf dem Kontoauszugsdrucker als dem Kunden zugestellt."
- „Diese Unterlagen gelten mit dem Tag der Bereitstellung zur Abholung am Schalter als dem Kontoinhaber zugegangen." (OGH 22.3.2001, 4 Ob 28/01y)
- „Poststücke betreffend Ihr Wertpapierkonto gelten mit dem ersten Bankarbeitstag nach Bereitstellung als zugegangen" (OGH 7.8.2008, 6 Ob 253/07 k, KRES 1d/122)
- „Die Änderungen der AGB werden wirksam, wenn Sie ihnen nicht binnen vier Wochen ab Aushang im Schalterraum der Bank widersprechen" (OGH 21.12.2005, 3 Ob 238/05d).

- **Besondere Formerfordernisse**

  Für Erklärungen des Konsumenten darf keine strengere Form als die Schriftform verlangt werden (zum Beispiel auch nicht das Absenden als eingeschriebener Brief). Auch das Verlangen besonderer „Zugangserfordernisse" (etwa, dass eine Erklärung bestimmten Personen zukommen muss) ist unzulässig.

**Was die Gerichte dazu sagen**

Unzulässige Formerfordernisse stellen zum Beispiel folgende Klauseln dar:

- „Ihre Kündigung ist nur wirksam, wenn sie gegenüber der Generaldirektion abgegeben wird" (OGH 17.1.2007, 7 Ob 131/06z, KRES 1d/92).

- „Die Kündigung kann durch den Teilnehmer jederzeit, jedoch nur in der Form eines eingeschriebenen Briefes erfolgen." (OGH 22.9.1994, 6 Ob 551/94, KRES 1h/12)

- **Preisgleitklauseln, die nicht an objektive Faktoren gebunden sind**

  Siehe dazu ausführlich auf Seite 129 ff.

- **Ausschluss von Zurückbehaltungsrechten des Konsumenten**

  Das Recht des Konsumenten, das gesamte Entgelt zurückzubehalten, wenn er zum Beispiel im Falle eines Mangels Verbesserung verlangt, darf nicht ausgeschlossen oder eingeschränkt werden.

**Was die Gerichte dazu sagen**

Als unzulässige Beschränkung von Zurückbehaltungsrechten wurde folgende Klausel erkannt: „Bei Geltendmachung von Gewährleistungsansprüchen ist der Käufer nur berechtigt, den für die Mängelbehebung notwendigen Aufwand zurückzubehalten." (OGH 23.2.1999, 1 Ob 58/98f)

- **Aufrechnungsverbote**

  Das Recht des Kunden, seine Verbindlichkeit gegenüber dem Unternehmer durch Aufrechnung zu begleichen, darf für den Fall der Zahlungsunfähigkeit des Unternehmers, weiters, wenn die Forderungen in rechtlichem Zusammenhang stehen, gerichtlich festgestellt oder vom Unternehmer anerkannt worden sind, nicht ausgeschlossen werden. Unzulässig sind insbesondere generelle Aufrechnungsverbote wie „Eigene Forderungen des Leasingnehmers können nicht mit Forderungen des Leasinggebers aufgerechnet werden" (OGH 8.9.2009, 4 Ob 59/09v).

- **Einschränkungen der Schadenersatzpflicht des Unternehmers**

  Die Pflicht des Unternehmers zum Ersatz eines von ihm (oder seinen Mitarbeitern) vorsätzlich oder grob fahrlässig verschuldeten Schadens darf nicht ausgeschlossen oder beschränkt werden. Für Körperschäden ist ein Ausschluss der Schadenersatzpflicht auch bei nur leichter Fahrlässigkeit des Unternehmers unzulässig.

**Was die Gerichte dazu sagen**

Einen unzulässigen Haftungsausschluss enthalten etwa folgende Formulierungen:

- „Eine Haftung des Fitnesscenters bei Benützung der Trainingsgeräte oder anderer Einrichtungsgegenstände ist ausgeschlossen." (OLG Wien 31.10.1994, 2 R 20/94 KRES 1d/26)

> • „Jegliche Folgeschäden, untypische oder unvorhersehbare Schäden, Schäden aus Verzögerungen sind von der Haftung ausgeschlossen" (OGH 7.10.2003, 4 OB 130/03a, KRES 3/117).

- **Beweislastverschiebungen**

  Dem Verbraucher darf im Vertrag keine Beweislast auferlegt werden, die ihn nicht schon von Gesetzes wegen trifft. So ist etwa die Klausel eines Garagierungsunternehmens „Das Unternehmen haftet nur für Schäden, die nachweislich von ihm oder seinen Gehilfen vorsätzlich oder grob fahrlässig verursacht wurden" unzulässig, weil sie gegen die gesetzliche Beweislastverteilung bei vertraglichen Schadenersatzansprüchen verstößt (siehe dazu genauer Seite 269, OGH 17.1.2001, 6 Ob 324/00a).

- **Verfallsklauseln mit zu kurzer Frist**

  Die Rechte des Verbrauchers auf eine Sache, die der Unternehmer zur Bearbeitung (zum Beispiel in einer Reparaturwerkstätte, einer Putzerei usw) übernommen hat, dürfen nicht in unangemessen kurzer Frist verfallen. Die Angemessenheit der Frist ist auch je nach dem Wert der Sache zu beurteilen. Eine Klausel, wonach sich eine Putzerei die Verwertung von nicht abgeholten Kleidungsstücken bereits nach zwei oder drei Wochen vorbehält, wäre jedenfalls unwirksam.

- **Überhöhte Verzugszinsen**

  Der im Vertrag vereinbarte Zinssatz im Fall des Verzuges des Verbrauchers darf den Zinssatz, den er bei vertragsgemäßer Erfüllung zu zahlen hätte, nicht um mehr als fünf Prozent übersteigen.

- **Ausschluss der Irrtumsanfechtung bzw des Einwandes des Wegfalles der Geschäftsgrundlage**

  Das Recht zur Irrtumsanfechtung bzw zum Einwand, dass die Geschäftsgrundlage weggefallen sei, kann vertraglich gegenüber einem Verbraucher nicht ausgeschlossen werden.

- **Unnötige Inkassokosten**

  Wenn der Verbraucher bereits im Verzug ist und vom Inkassobüro gemahnt wird, wäre ein vertraglich vereinbartes Anerkenntnis von Inkassokosten dann unwirksam, wenn diese Kosten nicht gesondert aufgeschlüsselt sind oder zur zweckentsprechenden Betreibung der Forderung nicht notwendig waren.

- **Gewährleistungsausschluss**

  Die Rechte des Konsumenten aus der gesetzlichen Gewährleistung (siehe dazu ausführlich Seite 228 ff) dürfen grundsätzlich nicht ausgeschlossen oder eingeschränkt werden; insbesondere darf also – mit einer Ausnahme – keine kürzere als die gesetzliche Frist vereinbart werden. Die Ausnahme betrifft den Kauf gebrauchter Waren: hier darf durch Vereinbarung im Einzelfall die Gewährleistungsfrist von zwei Jahren auf ein Jahr herabgesetzt werden. Eine Klausel in AGB, die diese Verkürzung vorsieht, ist also weiterhin nicht zulässig, die Verkürzung muss nach dem Gesetz „im Einzelnen ausgehandelt" werden.

**Was die Gerichte dazu sagen**

Hier ein Beispiel für einen unzulässigen Gewährleistungsausschluss: „Offene Mängel der Ware sind unverzüglich bei Warenübernahme auf den Warenbegleitpapieren festzuhalten, später sichtbar werdende sind dem Verkäufer sofort schriftlich bekanntzugeben." (OGH 14.4.1994, 2 Ob 523/94, KRES 1h/8)

- **Ausschluss der Wirksamkeit mündlicher Zusagen**

  Die Wirksamkeit mündlicher Zusagen des Unternehmers oder seiner Vertreter darf vertraglich ebenfalls nicht ausgeschlossen werden.

**Was die Gerichte dazu sagen**

Die Klausel „Mündliche Absprachen oder Nebenabreden bedürfen zu ihrer Gültigkeit der Schriftform" wurde als nichtig angesehen (OLG Wien 3.9.1997, 4 R 124/97b, KRES 1h/20), ebenso wie Formulierung „... wenn nichts Gegenteiliges schriftlich vereinbart ist" (OGH 20.3.2007, 4 Ob 221/06p).

- **Gerichtsstandvereinbarungen**

  Für eine Klage gegen den Konsumenten darf nur die Zuständigkeit eines Gerichts vereinbart werden, in dessen Sprengel der Arbeits- oder Wohnort des Konsumenten (zum Zeitpunkt des Vertragsabschlusses) liegt, sofern dieser Ort jedenfalls in Österreich liegt.

Die bisher aufgezählten, nach dem KSchG „verbotenen" Klauseln sind in jeglichen Verträgen zwischen Unternehmern und Konsumenten unzulässig, egal ob es sich um vorformulierte AGB oder um einen individuell erstellten Vertrag handelt.

Darüber hinaus begegnet der Gesetzgeber noch einigen weiteren Klauseln mit Misstrauen, akzeptiert sie aber, wenn sie im Einzelnen zwischen den Vertragspartnern ausgehandelt wurden, nicht aber, wenn sie in AGB versteckt werden. Es handelt sich dabei um Klauseln, wonach

- der Unternehmer ohne sachliche Rechtfertigung vom Vertrag zurücktreten kann;
- dem Unternehmer das Recht eingeräumt wird, seine Pflichten oder den gesamten Vertrag auf einen im Vertrag nicht namentlich genannten Dritten zu übertragen;
- der Unternehmer eine von ihm zu erbringende Leistung einseitig ändern oder von ihr abweichen kann (Ausnahme: die Änderung beziehungsweise Abweichung ist dem Verbraucher zumutbar, besonders weil sie geringfügig und sachlich gerechtfertigt ist);
- dem Unternehmer für seine innerhalb von zwei Monaten nach Vertragsabschluss zu erbringende Leistung ein höheres Entgelt als ursprünglich vereinbart zusteht;
- eine Pflicht des Unternehmers zum Schadenersatz für eine Sache, die er zur Bearbeitung übernommen hat, ausgeschlossen oder beschränkt wird,
- ein Rechtsstreit zwischen Unternehmer und Verbraucher durch ein Schiedsgericht entschieden werden soll,
- beim Kauf gebrauchter Waren eine Verkürzung der Gewährleistungsfrist (bis zu einer Untergrenze von einem Jahr) erfolgt.

Wie diese Übersicht zeigt, ist es nicht immer einfach, die Spreu vom Weizen, das Verbotene vom gerade noch Zulässigen zu trennen.

Aufgrund einer Richtlinie der EU gegen missbräuchliche Klauseln in Verbraucherverträgen hat der Gesetzgeber im Konsumentenschutzgesetz überdies klargestellt, dass Klauseln in AGB jedenfalls klar und verständlich abgefasst sein müssen. Unklare und unverständliche Klauseln sind schlicht unwirksam. In der Rechtsprechung hat das Transparenzgebot, das erst 1997 ausdrücklich in das Konsumentenschutzgesetz aufgenommen wurde, mittlerweile schon große Bedeutung gewonnen. Aus ihm erfließen die Gebote, Geschäftsbedingungen in ihrem Gesamtzusammenhang sinnverständlich zu formulieren, den anderen Vertragsteil auf bestimmte Rechtsfolgen hinzuweisen und sie ihm nicht zu verschweigen, die AGB inhaltlich so bestimmt zu gestalten, dass dem Unternehmer kein ungerechtfertigter Beurteilungsspielraum verbleibt, dass sie die Rechtslage nicht verschleiern und sie vollständig wiedergeben. Der Oberste Gerichtshof hat insbesondere Klauseln zur Datenweitergabe, bei denen die Empfänger der Daten für den Konsumenten nicht eindeutig erkennbar waren, als intransparent und damit unwirksam beurteilt. Auch bei Entscheidungen über die Geschäftsbedingungen der Banken und von Versicherungen wurde das Transparenzgebot immer wieder zur Begründung der Unzulässigkeit zahlreicher Klauseln herangezogen.

## Abmahnungen und Verbandsklagen

Nun kann man kaum erwarten, dass ein Verbraucher bei jedem Rechtsgeschäft des täglichen Lebens die AGB des Unternehmers studiert und nachteilige Klauseln aufspürt. In vielen Fällen würde das auch wenig nützen. Man kann gegenüber seiner Bank zwar die allfällige Gesetzwidrigkeit so mancher Bestimmung in den Allgemeinen Geschäftsbedingungen der Kreditunternehmungen rügen, will man diese Klauseln aber streichen, wird man kein Girokonto eröffnen können.

Das Konsumentenschutzgesetz sieht daher vor, dass die Sozialpartner, aber insbesondere auch der Verein für Konsumenteninformation, von Unternehmern im Geschäftsverkehr mit Konsumenten verwendete AGB präventiv prüfen und gegen gesetz- und sittenwidrige Klauseln mit Abmahnung und Verbandsklagen vorgehen können. Der Gesetzgeber will so in der Praxis eine Vorwegkontrolle von AGB ermöglichen.

Der Verein für Konsumenteninformation führt seit 1992 – im Auftrag des jeweils für Konsumentenschutz zuständigen Bundesministers – quer durch alle Branchen eine solche AGB-Kontrolle durch. Werden gesetz- oder sittenwidrige Klauseln erkannt, wird der Verwender förmlich abgemahnt. Ist er nicht zur Abgabe einer – mit saftiger Vertragsstrafe besicherten – Unterlassungserklärung bereit, dann wird er – mit Verbandsklage – auf Unterlassung geklagt. Pro Jahr wickelt der VKI rund 120 solcher Verfahren ab. Diese Verfahren tragen wesentlich dazu bei, dass Rechtsunklarheiten beseitigt werden und viele Branchen begonnen haben, ihre AGB gesetzeskonform zu gestalten.

**TIPP**

Wenn Sie Bedenken gegen Klauseln in den AGB eines Unternehmens haben, senden Sie eine Kopie der AGB an den Verein für Konsumenteninformation (z.H. Bereich Recht – 1060 Wien, Linke Wienzeile 18).

# Rücktrittsrechte

„Pacta sunt servanda“ (Verträge sind einzuhalten) – auf diesem alten römischen Grundsatz baut auch das moderne Vertragsrecht auf. Wer sich in einem Vertrag gültig verpflichtet hat, der kann es sich nicht am nächsten Tag wieder anders überlegen. Aus diesem Grund werden Konsumentenschützer auch nicht müde, vor übereilten Vertragsabschlüssen zu warnen.

Doch manche Vertriebsmethoden haben es sich zum Ziel gesetzt, die Konsumenten so direkt anzusprechen, dass es ihnen psychologisch schwer fällt, „nein“ zu sagen – vor allem bei Haustürgeschäften, Partyverkäufen oder Werbefahrten. Das Rücktrittsrecht bei „Haustürgeschäften“ ist aber nur der Ausgangspunkt für den Gesetzgeber, der zwischenzeitlich für die verschiedensten Situationen – in denen Verbraucher tendenziell überrumpelt werden – unterschiedliche Rücktrittsrechte geschaffen hat. Dennoch bleibt festzuhalten: die Möglichkeit zum Rücktritt ist die Ausnahme, die die Regel bestätigt.

## Rücktritt – Umtausch – Storno

Ein gültig abgeschlossener Vertrag kann grundsätzlich nicht mehr rückgängig gemacht werden. Nur in wenigen, gesetzlich genau umschriebenen Ausnahmefällen kann man als Konsument von einem schon unterschriebenen Vertrag zurücktreten. Dass man eine Entscheidung übereilt getroffen hat, ist allein jedoch kein Grund für einen Rücktritt.

**TIPP**

Eine Entscheidung sollte man überschlafen, bevor man sie trifft. Die beste Möglichkeit, Streitigkeiten um Rücktritt oder Storno zu vermeiden, ist einfach, den Vertrag erst gar nicht in Eile abzuschließen.

Eine alte Weisheit der Konsumentenschützer lautet: Der kostbarste Besitz, den man als Konsument hat, ist die eigene Unterschrift. Mit einer Unterschrift kann man mehr ausgeben, als man je verdient hat.

Ist es bereits zum Vertragsschluss gekommen, dann ist ein einseitiges Abgehen davon nur in den gesetzlich geregelten Fällen möglich: Einerseits betrifft das Fälle der Irrtumsanfechtung (siehe Seite 44 ff), den Verzug des Vertragspartners (siehe Seite 214 ff), wesentliche unbehebbare

Mängel (siehe Seite 228 ff) oder wenn der gesamte Vertrag gesetz- oder sittenwidrig ist. Andererseits – und vor allem darum geht es in diesem Kapitel – hat der Gesetzgeber auch eine Vielzahl von Rücktrittsrechten geschaffen, die insbesondere bei Vertragsabschlüssen in typischen Überrumpelungssituationen zur Anwendung kommen.

Außerhalb der gesetzlich geregelten Fälle ist man als Konsument auf die Kulanz der Unternehmer oder auf rechtzeitig getroffene vertragliche Vereinbarungen angewiesen.

**TIPP**

Wenn Ihr Festhalten am Vertrag noch durch irgendwelche äußere Umstände in Frage gestellt werden könnte, dann vereinbaren Sie für diesen Fall ausdrücklich ein kostenloses Rücktrittsrecht oder machen Sie den Eintritt der relevanten Umstände zur Bedingung des Vertrages!

**Kein Recht auf Umtausch**

Herr Fischer hat eine neue Boutique entdeckt und kauft dort für seine Freundin einen wunderschönen Pullover. Sein Pech: Auch seiner Freundin ist die Neueröffnung nicht entgangen – den gleichen Pullover hat sie schon am Vortag erstanden. Als Herr Fischer den Pullover umtauschen will, erlebt er eine unangenehme Überraschung, denn die Inhaberin der Boutique nimmt ihn nicht zurück: „Bei mir ist Umtausch grundsätzlich ausgeschlossen, und außerdem war das noch ein Eröffnungsangebot, das können Sie schon überhaupt nicht zurückbringen."

Die Möglichkeit zum Umtausch ist – vor allem in der Textilbranche – so weit verbreitet, dass viele sie schlechterdings als Recht ansehen. Doch ein gesetzliches Recht auf Umtausch – wenn die Ware mangelfrei ist – besteht keineswegs. Der Umtausch beruht auf einer vertraglichen Vereinbarung (in manchen Geschäftsbedingungen) oder schlicht darauf, dass ihn Unternehmer ohne jegliche Vereinbarung einfach zulassen, um die längerfristige Zufriedenheit ihrer Kunden zu sichern.

**TIPP**

Wenn Sie unsicher sind, ob das Gekaufte passt oder Ihnen auch morgen noch gefällt, dann lassen Sie sich ein Recht zum Umtausch ausdrücklich (zum Beispiel gleich auf der Rechnung) bestätigen! Achten Sie auf die Fristen zur Ausübung des Umtauschrechts, die von Geschäft zu Geschäft verschieden sein können.

Wurde kein vertragliches Rücktritts-, Umtausch- oder Rückgaberecht vereinbart und kann der Vertrag auch aus einem gesetzlichen Rücktrittsgrund nicht aufgelöst werden, so bleibt nur mehr das „Storno". Mit diesem im Gesetz nicht vorkommenden Begriff bezeichnet man im Allgemeinen eine Vertragsauflösung durch einen – gesetzlich oder vertraglich nicht vorgesehenen – Rücktritt des Konsumenten, der vom Unternehmer letztlich akzeptiert wird.

Meist verlangt der Unternehmer dafür eine sogenannte „Stornogebühr", die regelmäßig auch in den Geschäftsbedingungen bereits vorgesehen ist. Rechtlich handelt es sich dabei um einen pauschalierten Schadenersatz: Die Stornogebühr soll den Schaden abdecken, der dem Unternehmer durch die Auflösung des Vertrages entsteht (Gewinnentgang, bereits getätigte Aufwendungen etc). Eine überhöhte Stornogebühr kann vom Gericht gemäßigt werden.

**Stornogebühr – aber nicht unbegrenzt**

Ein Installateur hatte in seinen AGB eine Stornogebühr von 30 % der Auftragssumme festgelegt. Das Handelsgericht Wien beurteilte dies als unverhältnismäßig hoch und damit sittenwidrig, zumal auch in keiner Weise auf einen Schadenseintritt beziehungsweise die Höhe eines allfälligen Schadens Bezug genommen wurde (HG Wien, 20.2.1995, 20 Cg 330/94a-10, KRES 1d/28).

**Stornogebühren bei Reisen**

Die von sehr vielen Reisebüros verwendeten „Allgemeinen Reisebedingungen (ARB 1992)" sehen vor, dass der Konsument prinzipiell vom Vertrag zurücktreten kann und dafür eine je nach Rücktrittszeitpunkt gestaffelte Stornogebühr zu zahlen hat. Diese beträgt bei Charterflügen, Gruppenpauschalreisen im Linienverkehr und Autobusgesellschaftsreisen folgende Prozentsätze des Reisepreises:

| Storno | |
|---|---|
| bis 30. Tag vor Reiseantritt | 10 % |
| ab 29. bis 20. Tag vor Reiseantritt | 25 % |
| ab 19. bis 10. Tag vor Reiseantritt | 50 % |
| ab 9. bis 4. Tag vor Reiseantritt | 65 % |
| ab dem 3. Tag (72 Stunden) vor Reiseantritt | 85 % |

Wann eine Stornogebühr als überhöht anzusehen ist, hängt vor allem davon ab, welcher Schaden dem Unternehmer durch die Auflösung des Vertrags entsteht. Zulässig ist eine Stornogebühr in der Höhe des Schadens, den der Unternehmer tatsächlich erlitten hat (OGH 19.12.1991, 8 Ob 591/90 KRES 3/71) oder durchschnittlich erleidet (OGH 21.9.1994, 3 Ob 558/94). Bei einem durchschnittlichen Kauf- oder Werkvertrag wird man jede Stornogebühr, die über 15 % liegt, zunächst einmal als bedenklich ansehen und näher prüfen müssen.

Dass in den AGB Stornogebühren vorgesehen sind, heißt übrigens noch nicht, dass der Unternehmer ein „Storno" auch tatsächlich akzeptieren muss. Der Konsument hat also in der Regel kein Wahlrecht zwischen Vertragserfüllung und Zahlung der Stornogebühr; der Unternehmer könnte auch darauf bestehen, dass der Konsument den Vertrag zur Gänze erfüllt.

Anders liegt der Fall bei der – in der Praxis eher seltenen – Vereinbarung eines **„Reugeldes".** Die Reugeldabrede gewährt dem Rücktrittsberechtigten eine Wahlmöglichkeit: Er kann sich unter Hingabe des Reugeldes von der Erfüllungspflicht befreien oder erfüllen. Dem Vertragspartner steht auf diese Entscheidung kein Einfluss zu. Allerdings steht diese Wahlmöglichkeit nur bis zur Erfüllung bzw Erbringung der ersten Teilleistungen zu.

**Reugeld**

Frau Schürz schloss einen Wäschesparvertrag ab und leistete auch einige der geforderten Ratenzahlungen. Erst nach einiger Zeit entdeckte sie im Vertrag die Vereinbarung eines „Reugeldes von 20 % des Kaufpreises", trat vom Vertrag zurück und ging davon aus, dass sie – sie hatte bereits über 20 % bezahlt – keine Zahlung mehr leisten müsse. Die Klage des Unternehmers hatte dennoch Erfolg. Da Frau Schürz bereits Teilleistungen erbracht hatte, hatte sie kein Recht mehr, die Erfüllung des Vertrages gegen Zahlung des Reugeldes zu verweigern (LG ZRS Wien 12.11.1997, 36 R 884/97k, KRES 10/47).

Die vom Gesetzgeber geschaffenen Rücktrittsrechte dagegen geben dem zum Rücktritt Berechtigten ein einseitiges Gestaltungsrecht: Er kann – mit Erklärung innerhalb einer bestimmten Frist – den Vertrag einseitig auflösen und muss dafür keine „Strafe" zahlen.

**Gesetzliche Rücktrittsrechte**

- Rücktritt bei „Haustürgeschäften" und ähnlichen Situationen (§ 3 KSchG)
- Rücktritt von Zeitschriftenabonnements (§ 26a KSchG)
- Rücktritt wegen Verstoßes gegen die Gewerbeordnung (§ 3 Abs 5 KSchG)
- Rücktritt bei Partnervermittlerverträgen (§ 4 Partnervermittlerverordnung)

- Rücktritt bei Vorauszahlungskäufen (§ 27 KSchG)
- Rücktritt bei Nichteintritt wesentlicher Umstände (§ 3a KSchG)
- Rücktritt bei Vertragsabschluss im Fernabsatz (§§ 5e–f KSchG; § 8 FernFinG)
- Rücktritt von Teilzeitnutzungsverträgen (Time Sharing) (§§ 8,9 TNG)
- Rücktritt von Versicherungsverträgen (§§ 5b, 5c und 165a VVG)
- Rücktritt von Wertpapiergeschäften (§ 63 WAG)
- Rücktritt bei Immobiliengeschäften (§ 30a KSchG)
- Rücktritt bei Bauträgerverträgen (§ 5 BTVG)
- Rücktritt vom Kreditvertrag (§ 12 VKrG)

## Das Rücktrittsrecht nach § 3 Abs 1 KSchG

Zweck des gesetzlich festgelegten Rücktrittsrechts im Konsumentenschutzgesetz (KSchG) ist der Schutz vor Überrumpelung. Oder besser: vor den Folgen der Überrumpelung. Denn das Rücktrittsrecht ermöglicht es, eine bereits rechtswirksam abgegebene Vertragserklärung (Anbot oder Annahme eines Anbots) wieder rückgängig zu machen, wenn sie in einer Situation zustande kam, in der typischerweise wenig Zeit oder Gelegenheit zur Überlegung ist.

Das betrifft vor allem – aber nicht nur – die „Haustürgeschäfte“, bei denen der Vetreter den Konsumenten unangemeldet und unaufgefordert an seiner Wohnadresse „heimsucht“.

Die genauen Voraussetzungen, unter denen ein Rücktrittsrecht ausgeübt werden kann, sind in § 3 Abs 1–4 KSchG festgelegt. Das Gesetz stellt dabei nicht darauf ab, ob im jeweiligen Einzelfall der Konsument tatsächlich „überrumpelt“ wurde, sondern knüpft die Rücktrittsmöglichkeit recht schematisch im Wesentlichen daran, wo der Vertrag zustande gekommen ist und von welchem der Vertragspartner dabei die Initiative ausging.

Die – im Folgenden dann näher erklärten – Voraussetzungen für das Rücktrittsrecht sind:

- es muss sich um ein Verbrauchergeschäft handeln,
- die Vertragserklärung darf nicht in den Geschäftsräumlichkeiten des Unternehmers (oder auf dessen Messe- oder Marktstand) abgegeben worden sein (außer der Konsument wurde durch eine Werbefahrt oder durch Ansprechen auf der Straße in die Geschäftsräumlichkeiten „gelockt“),

- die „Anbahnung des Vertrags“ (Initiative zu den Vertragsverhandlungen) muss vom Unternehmer ausgegangen sein,
- es darf sich nicht um einen Vertrag handeln, der ohne vorangegangene Besprechungen geschlossen wird (wie zum Beispiel im Versandhandel),
- es muss eine gewisse Betragsgrenze überschritten sein, und schließlich
- darf die für den Rücktritt vorgesehene Frist noch nicht abgelaufen sein.

## Voraussetzung „Verbrauchergeschäft"

Bereits im ersten Kapitel wurde darauf verwiesen, dass das Konsumentenschutzgesetz nur für Geschäfte gilt, die zwischen einem Konsumenten einerseits und einem Unternehmer andererseits geschlossen wurden (siehe dazu Seite 54 f).

Weil die Unternehmereigenschaft immer im Hinblick auf das jeweilige Geschäft beurteilt wird, ist daher etwa die Ärztin, die eine nicht fachspezifische Enzyklopädie bestellt, als Verbraucherin anzusehen, bei Bestellung eines medizinischen Fachbuchs für ihre Praxis ist sie Unternehmerin (LGZ Wien 26.7.1984, 45 R 435/84, KRES 1a/17; OLG Wien 11.5.1987, 14 R 72/87, KRES 1a/22; BG Klosterneuburg 31.7.1998. 10 C 211/98y, KRES 1a/39). Ausdrücklich wurde im Gesetz festgehalten, dass ein Unternehmer, der seine Tätigkeit erst aufnimmt, bei den sogenannten „Gründungsgeschäften“ noch als Verbraucher anzusehen ist.

**Der harte Weg in die Selbstständigkeit**

Frau Schachinger wird von einer Bekannten angerufen, von der sie schon jahrelang nichts mehr gehört hat. Sie hätte da eine ganz interessante Sache, es gehe darum, wie man mit Geschmack und ein wenig Initiative viel Geld verdienen könne – ob sie einmal vorbeikommen kann?

Ein paar Tage später im Wohnzimmer von Frau Schachinger: Die Bekannte unterbreitet ihr ein ganz exklusives System, wie man durch die „Präsentation" von Kosmetika bei Freundinnen und Bekannten eigentlich ganz nebenbei viel Geld verdienen könne. Frau Schachinger, die einen Nebenverdienst durchaus brauchen könnte, lässt sich schließlich überreden und unterschreibt: Sie soll als „Kosmetik-Beraterin" selbstständig tätig sein. Natürlich braucht Frau Schachinger auch die nötige Erstausstattung – eine Musterkollektion „im Wert von 4.000 Euro", zum Sonderpreis von nur 3.800 Euro.

Am nächsten Tag rechnet sich Frau Schachinger einmal ihre Verdienstmöglichkeiten durch und erkennt, dass es für sie ein schlechtes Geschäft war.

Auch wenn es sich eigentlich um einen Vertrag handelt, mit dem Frau Schachinger zur Unternehmerin werden soll, wird sie dabei noch als Konsumentin angesehen und sie kann daher – weil auch die anderen Voraussetzungen erfüllt sind – vom Vertrag zurücktreten.

## Voraussetzung „nicht im Geschäftslokal" oder „Werbefahrt" bzw „Schlepper"

Im Zusammenhang mit § 3 KSchG wird oft vereinfachend von einem „Rücktrittsrecht bei Haustürgeschäften" gesprochen. Nach dem Gesetz kommt es jedoch nicht darauf an, dass der Unternehmer – oder sein Vertreter – zur Haustür des Konsumenten kommt, sondern dass umgekehrt der Konsument nicht in die Geschäftsräume des Unternehmers kommt.

Ausgangspunkt für diese Umschreibung des „Haustürgeschäfts" ist die Überlegung, dass kaum eine Überrumpelungsgefahr besteht, wenn man als Konsument ein Geschäftslokal betritt. Wer diesen Schritt setzt, wird sich nicht wundern, wenn ihm dort auch etwas zum Kauf angeboten wird. Hingegen rechnet man außerhalb der Geschäftsräumlichkeiten nicht damit, von einem Unternehmer angesprochen zu werden.

Grundsätzlich kein Rücktrittsrecht besteht daher, wenn man als Konsument seine Vertragserklärung in den vom Unternehmer dauernd für seine geschäftlichen Zwecke benützten Räumlichkeiten abgibt. Auch Messe- und Marktstände des Unternehmers sind – zumindest nach Ansicht des Gesetzgebers – den Geschäftsräumlichkeiten vergleichbar: wird dort ein Vertrag abgeschlossen (oder ein Anbot unterschrieben), so gibt es ebenfalls kein Rücktrittsrecht.

Ein „Haustürgeschäft", von dem man unter den in diesem Abschnitt geschilderten weiteren Voraussetzungen zurücktreten kann, liegt daher zum Beispiel dann vor, wenn der Konsument seine Vertragserklärung

- im Kaffeehaus,
- am Arbeitsplatz,
- in seiner Wohnung,
- in der Wohnung des Unternehmers,
- auf der Straße,
- in Straßen- oder Eisenbahn, Autobus …,
- in den Räumen eines anderen Unternehmers oder
- in Räumlichkeiten, die der Unternehmer nur vorübergehend benützt,

abgibt.

**Der Leasingvertrag beim Autohändler**

Herr Moser hat sich für ein neues Auto entschieden. Obwohl er eigentlich geplant hat, die Finanzierung über einen Kredit bei seiner Hausbank abzuwickeln, lässt er sich vom Autoverkäufer in ein Gespräch über günstige Finanzierungsmöglichkeiten verwickeln. Dabei wird ihm ein Leasingvertrag als günstigste Variante angepriesen, und schließlich lässt sich Herr Moser überzeugen: Er unterschreibt einen Leasingantrag, den der Autohändler gleich für ihn ausfüllt und an „seinen Leasingpartner" weiterleitet. Am nächsten Tag hat sich Herr Moser bei seiner Bank erkundigt; da er dort bessere Konditionen bekommt, will er den Leasingvertrag auflösen.

Er hat Glück: Da er den Vertrag im Autohaus unterzeichnet hat, kann er nach § 3 KSchG zurücktreten: Es handelt sich nicht um die von der Leasingfirma dauernd benützten Geschäftsräumlichkeiten.

Anderes gilt für Vertragsabschlüsse bei Vertretern von Unternehmern, wenn derartige Verträge üblicherweise bei diesen Vertretern abgeschlossen werden: Von einem Liegenschaftskaufvertrag, den Sie in einer Notariats- oder Anwaltskanzlei oder beim Immobilienmakler unterchreiben, können Sie nicht nach § 3 KSchG zurücktreten (OGH 10.3.1992, 5 Ob 509/92).

Auch wenn die Vertragserklärung in den Geschäftsräumlichkeiten des Unternehmers abgegeben wurde, besteht – ausnahmsweise – doch eine Rücktrittsmöglichkeit, wenn der Unternehmer einiges dazu beigetragen hat, den Konsumenten überhaupt ins Geschäft zu bringen: durch Veranstaltung einer „Werbe- oder Ausflugsfahrt" oder durch persönliches Ansprechen auf der Straße. Dem persönlichen Ansprechen auf der Straße kann ein „Ins-Geschäft-Ziehen" mit unrichtigen Annoncen gleich gestellt sein, so etwa, wenn eine Modellagentur in Stelleninseraten nach Modellen für Werbespots sucht und die zum vorgeblichen „Casting" Erscheinenden sodann zum Abschluss eines kostenpflichtigen Modellseminars überrumpelt werden.

Veranstalter der Werbefahrt muss nicht der Unternehmer selbst sein, sie kann auch von einem „mit ihm zusammenwirkenden Dritten" – etwa einem Autobus-Unternehmer – organisiert werden. Charakteristikum einer Werbe- oder Ausflugsfahrt ist, dass nicht nur der Transport des Konsumenten in die Geschäftsräume des Unternehmers erfolgt, sondern zusätzliche Werbemaßnahmen gesetzt werden, um die Konsumenten zur Teilnahme beziehungsweise zum Kauf zu motivieren (zum Beispiel wird der Eindruck erweckt, dass besondere Vorteile winken oder durch besonders günstige Bedingungen beim Verbraucher ein „schlechtes Gewissen" erzeugt, sollte er nichts kaufen).

**Keine Werbefahrt**

Das Kaufhaus „Huber" ist etwas verkehrsungünstig am Stadtrand gelegen und mit öffentlichen Verkehrsmitteln schlecht erreichbar. Daher entschließt sich die Geschäftsleitung, einen Gratisbus für Konsumenten einzurichten, der halbstündlich vom Stadtzentrum aus das Kaufhaus ansteuert. Da dabei nur der Transport im Vordergrund steht, liegt keine Werbefahrt vor.

Auch dann, wenn der Konsument durch persönliches Ansprechen auf der Straße ins Geschäftslokal gelockt wurde, hat er ein Rücktrittsrecht.

**Ansprechen auf der Messe**

Bei einer Messeveranstaltung hat auch die Firma „Luxus" einen Stand errichtet, bei dem sie die von ihr vertriebenen Zeitschriftenabonnements bewirbt. Die Mitarbeiter der Firma begnügen sich allerdings nicht damit, bei ihrem Stand auf Interessenten zu warten, sondern schwärmen auch aus, um die vorbeischlendernden Messebesucher direkt anzusprechen und sie zum Messestand zu bitten. Auch Herr Bacher wurde persönlich angesprochen und hat daraufhin beim Messestand eine Abo-Bestellung unterschrieben.

Grundsätzlich gibt es bei Vertragserklärungen, die auf einem Messestand abgegeben werden, kein Rücktrittsrecht. Hier kommt aber die Ausnahmeregel zum Tragen, wonach das Rücktrittsrecht doch besteht, wenn die Konsumenten persönlich, individuell auf der Straße angesprochen und so ins Geschäftslokal (oder an den Messestand) gelockt werden. „Straße" ist dabei nicht eng auszulegen – darunter fallen auch andere öffentliche Flächen wie zum Beispiel Bahnhöfe, das Messegelände, die Halle eines Einkaufszentrums etc.

## Voraussetzung „Anbahnung durch den Unternehmer"

Das Rücktrittsrecht – als Schutz vor Überrumpelung – ist dort nicht angebracht, wo der Konsument selbst die Initiative ergriffen hat. Wird der Konsument aktiv und lädt er den Unternehmer zu sich ein, so soll ihm kein Rücktrittsrecht zustehen. Das Gesetz schließt das Rücktrittsrecht daher aus, wenn der Konsument „selbst die geschäftliche Verbindung zum Unternehmer oder dessen Beauftragten zum Zweck der Schließung dieses Vertrages angebahnt hat."

„Anbahnung" bedeutet zum Ausdruck bringen, dass man mit dem Unternehmer in Verhandlungen zwecks Abschlusses eines bestimmten Vertrages treten wolle. Ein telefonisches Ersuchen um Prospektmaterial mit dem Einverständnis, dass dieses vom Unternehmer persönlich überbracht wird, kann noch nicht als Anbahnung bezeichnet werden (OGH 8.11.1983, 2 Ob 546/82, KRES 1b/10).

**Ihre Adresse bitte ...**

Frau Leiter kämpft mit der aufsteigenden Feuchtigkeit in ihrem Haus. Bei einer „Häuslbauermesse" informiert sie sich über verschiedene Mauertrockenlegungs-Verfahren, darunter auch jenes der Firma „Wunderwerk".

Der bei der Messe anwesende Mitarbeiter dieses Unternehmens erklärt ihr, dass er das trockenzulegende Haus besichtigen müsse, um Frau Leiter richtig beraten zu können. Also hinterlässt Frau Leiter ihre Anschrift und Telefonnummer. Ein paar Wochen später taucht der Mitarbeiter der Firma „Wunderwerk" unangemeldet bei ihr auf und überredet sie zum Kauf des von ihm angebotenen Systems (zB BG Gleisdorf 15.1.1993, 2 C 1392/91h, KRES 1b/33).

Hinterlässt man bei einem Unternehmer nur seine Anschrift und/oder Telefonnummer, um von ihm informiert zu werden, so liegt darin in der Regel noch keine Anbahnung eines bestimmten Vertrages.

Vereinbart man jedoch schon einen Termin, um ein konkretes Gespräch über einen ins Auge gefassten Vertragsabschluss zu führen, dann kann das als Anbahnung durch den Konsumenten ausgelegt werden: Schließt man dann einen Vertrag ab, so gibt es kein Recht zum Rücktritt.

**TIPP**

Bei Unternehmern, die ein bloßes Ersuchen um Prospekte oder um unverbindliche Information gleich nützen, um persönlich bei Ihnen vorbeizukommen und die Sie dann auch noch zu einem sofortigen Vertragsabschluss drängen (oft mit einem angeblichen „Messerabatt" und dergleichen), ist grundsätzlich Vorsicht geboten! Besser die Unterschrift noch einmal ein paar Tage überdenken, als nachträglich darüber streiten, wer denn nun den Vertrag angebahnt hat.

Ein Rücktrittsrecht besteht nur, wenn der Unternehmer den Kontakt angebahnt hat. Dazu reicht es allerdings nicht aus, wenn er durch Inserate oder sonstige Werbebotschaften an die Öffentlichkeit getreten ist: Die Anbahnung muss sich konkret auf den jeweiligen Konsumenten beziehen.

**Anbahnung des Unternehmers**

Das Unternehmen „Automatika" inserierte wegen interessanter Nebenjobs. Herr Magerl meldet sich auf dieses Inserat, sucht den Unternehmer in einem für wenige Tage angemieteten Raum auf und bekommt Automaten zum Kauf angeboten, die er aufstellen soll.

Er verabschiedet sich, überlegt, sucht den Unternehmer erneut auf und unterzeichnet den Kaufvertrag. Später tritt er vom Kauf zurück. Zu Recht sagt das Gericht, denn der Unternehmer war es, der Herrn Magerl – außerhalb seiner dauernd benutzten Geschäftsräume – den Ankauf von Automaten einzureden versuchte; dass in der Folge Herr Magerl von sich aus den Unternehmer nochmals aufsuchte, ändere daran nichts (OGH 21.4.1993, 7 Ob 508/93, KRES 1b/34).

Wie aus diesen Beispielen hervorgeht, ist die Abgrenzung, wann eine Anbahnung durch den Konsumenten (und damit keine Rücktrittsrechtsmöglichkeit) vorliegt und wann der Unternehmer initiativ war (und somit ein Rücktritt möglich ist), nicht immer einfach. Eine Anbahnung durch den Unternehmer liegt aber jedenfalls vor, wenn er unaufgefordert zum „Hausbesuch" erscheint oder wenn er den Kontakt selbst telefonisch herstellt.

Die Anbahnung durch den Konsumenten, die das Rücktrittsrecht ausschließt, muss im Streitfall vom Unternehmer behauptet und auch bewiesen werden.

**Rücktritt vom Hausverkauf**

Herr Koller wollte sein Haus verkaufen und inserierte in einer Zeitung. Ein Makler meldete sich bei ihm, nach der Besichtigung wurde ein Alleinvermittlungsauftrag unterzeichnet. Sechs Tage später erklärte Herr Koller nach dem Konsumentenschutzgesetz seinen Rücktritt vom Vertrag.

Der Makler meinte, dass der Konsument das Geschäft angebahnt hätte und daher der Rücktritt nicht zulässig sei. Er klagte die Provision ein. Der OGH hielt fest, dass das bloße Inserieren einer Liegenschaft keinesfalls ein Anbahnen eines Auftrages an einen Makler darstellt. Dies wäre ein höchst umständlicher und kostspieliger Weg. Im Übrigen sei es Aufgabe des Maklers zu beweisen, dass Herr Koller auf andere Weise das Geschäft angebahnt hätte. Dieser Nachweis gelang vor Gericht aber nicht, daher wurde das Klagebegehren abgewiesen (OGH 29.11.2000, 3 Ob 94/00w).

**TIPP**

Manche Unternehmer nehmen in ihre Bestellformulare schon den Satz auf: „Ich bestätige, das Geschäft im Sinne des § 3 KSchG angebahnt zu haben". Auch wenn Sie dies – unzutreffenderweise – unterschrieben haben, enthebt das den Unternehmer nicht von seiner Pflicht, im Streitfall die Anbahnung durch Sie nachzuweisen.

## Voraussetzung „Besprechungen"

Das Rücktrittsrecht ist ausgeschlossen, wenn vor dem Zustandekommen des Vertrages keine Besprechungen zwischen Konsument und Unternehmer (oder deren Beauftragten) stattgefunden haben. Dabei ist natürlich nicht daran gedacht, dass ein „Haustürkeiler" plötzlich sprachlos geworden wäre und der Konsument trotzdem unterschreibt. Mit dieser Bestimmung wird vielmehr der Versandhandel vom Anwendungsbereich des „§ 3-Rücktritts" ausgenommen. Denn auch beim Versandhandel unterfertigt man als Konsument seine Vertragserklärung (Bestellkarte) nicht in den Geschäftsräumen des Unternehmers, sondern in der Regel in den eigenen vier Wänden. Da man dabei aber nicht der Überredungskunst eines Vertreters ausgeliefert ist, besteht keine unmittelbare Überrumpelungsgefahr und daher auch kein Rücktrittsrecht nach § 3 Abs 1 KSchG.

Beachten Sie aber das Rücktrittsrecht bei Fernabsatzgeschäften, also insbesondere im Versandhandel, beim Teleshopping und Internet-Kauf (siehe Seite 200 ff).

## Voraussetzung „Mindestbetrag"

Auch für Bagatellgeschäfte soll es kein Rücktrittsrecht geben. Bei Bargeschäften, die üblicherweise außerhalb von Geschäftsräumen getätigt werden, gibt es kein Rücktrittsrecht, wenn das Entgelt weniger als € 15 beträgt (va Kauf beim Zeitungskolporteur oder Eiswagen). Wird das Unternehmen selbst normalerweise gar nicht in ständigen Geschäftsräumlichkeiten betrieben (etwa Taxigewerbe), so beträgt die Grenze € 45.

## Voraussetzung „formgerecht"

„Der Rücktritt bedarf zu seiner Rechtswirksamkeit der Schriftform", heißt es im § 3 KSchG. Ein bloß mündlich – oder telefonisch – erklärter Rücktritt ist daher grundsätzlich nicht wirksam. Die Schriftform soll allerdings vor allem der Beweissicherung dienen. Daher kann es auch ausreichend sein, wenn ein mündlich erklärter Rücktritt des Konsumenten vom Unternehmer schriftlich festgehalten wird (so etwa LGZ Wien 3.1.1991, 45 R 933/90, KRES 1b/28).

Ob eine Rücktrittserklärung mit Telefax oder E-Mail zulässig ist, kann nicht eindeutig beantwortet werden. Wie im Zusammenhang mit den Versicherungsverträgen dargestellt wurde, bedeutet „Schriftlichkeit" im österreichischen Zivilrecht grundsätzlich „Unterschriftlichkeit" (Seite 103). Faxe und E-Mails ohne qualifizierte elektronische Signatur entsprechen daher grundsätzlich nicht der Schriftform.

Da das Schriftformgebot des § 3 KSchG vor allem Beweissicherungszwecken dienen soll, sollte trotz dieser Grundsätze ein per Fax oder E-Mail erklärter Rücktritt wirksam sein. Selbst die mündliche Erklärung des Rücktritts wurde in einer neueren Entscheidung des Obersten Gerichtshofes (OGH 13.2.2002, 2 Ob 11/02k) als ausreichend angesehen, wenn der Unternehmer den mündlich erklärten Rücktritt akzeptiert hat (was allerdings wieder durch den Verbraucher zu beweisen ist). Sicherheitshalber sollte allerdings der Rücktritt brieflich, idealerweise mit Rückschein, erklärt werden.

**TIPP**

Senden Sie unbedingt auch eine eigenhändig unterschriebene Rücktrittserklärung per Post, selbst wenn Sie bereits ein Fax übermittelt haben. Selbstverständlich sollte eine Rücktrittserklärung eingeschrieben übermittelt werden, um nicht in Beweisschwierigkeiten zu geraten (Kopie des Rücktrittsschreibens und Aufgabeschein aufbewahren!).

Die Rücktrittserklärung braucht – abgesehen von der Schriftform – keinen besonderen Formvorschriften zu entsprechen. Aus dem Schreiben muss nur hervorgehen, dass man an den Vertrag nicht mehr gebunden sein will – nicht einmal das Wort „Rücktritt" braucht vorzukommen, und schon gar nicht muss man sich ausdrücklich auf § 3 KSchG berufen. Auch wenn man also schreibt: „Ich storniere" oder „Ich ersuche um Vertragsauflösung", so wäre dies – wenn die Voraussetzungen des § 3 KSchG vorliegen – eine wirksame Rücktrittserklärung.

Das Gesetz nennt auch die Möglichkeit, den Vertrag oder das Anbot an den Unternehmer zurückzuschicken, versehen mit einem Vermerk, aus dem erkennbar ist, dass man das Zustandekommen oder die Aufrechterhaltung des Vertrages ablehnt. Diese Vorgangsweise ist freilich aus Beweisgründen nicht zu empfehlen!

**Musterbrief „Rücktritt nach § 3 KSchG"**

Max Muster
Nirgendwostraße 12/16
1010 Wien

Royal ImmobilienverwertungsGesmbH & Co KG
Sternstraße 4
4020 Linz

Wien, 2012 06 28

Betrifft: Zeichnungsschein Nr. 785634 vom 11. Juni 2012
Rücktritt gemäß § 3 Konsumentenschutzgesetz

Sehr geehrte Damen und Herren,

ich habe am 11. Juni 2012 einen Zeichnungsschein zum Erwerb einer Beteiligung an Ihrem Unternehmen unterzeichnet. Dieser Antrag wurde von Ihnen mit Schreiben vom 21. Juni, bei mir eingelangt am 25. Juni, angenommen.

Ich trete von diesem Vertrag gemäß § 3 Konsumentenschutzgesetz sowie aus jedem anderen tauglichen Rechtsgrund innerhalb offener Frist zurück.

Mit freundlichen Grüßen

**TIPP**

Selbst wenn man vom Vertrag zurücktritt, sollte man die Vertragserklärungen nicht aus der Hand geben, sondern aufbewahren, falls sich doch noch Auseinandersetzungen – etwa über die Rechtmäßigkeit des Rücktritts – ergeben sollten.

**Verwirrspiel**

Herr Otto hat an der Haustür eine Abo-Bestellung unterschrieben. Auf der Bestellschein-Durchschrift, die ihm der Keiler überlassen hat, steht „Fa. IWO – Abonnement-Werbung", darunter aber steht „Die Erfüllung des Vertrages erfolgt durch die Firma BUCHKREIS"; und schließlich findet sich – ein wenig versteckt unter den Abonnementbedingungen – auch noch die Klausel: „Die Rechte aus diesem Vertrag werden auch von der Fa. ZEIBULIT wahrgenommen ..."

Nicht immer ist auf den ersten Blick klar, wer denn nun der Vertragspartner des Konsumenten werden soll, und so stellt sich die Frage, an wen man die Rücktrittserklärung schicken soll. Das Gesetz sieht vor, dass die Rücktrittserklärung an den Unternehmer oder an „dessen Beauftragten, der an den Vertragsverhandlungen mitgewirkt hat", gesendet werden kann. Wenn daher ein Vertrag von einem Unternehmer für einen anderen geworben wird (wie dies bei Zeitschriften-Abos üblich ist) oder wenn ein Unternehmer einem anderen einen Vertrag abtritt, dann würde es rechtlich gesehen ausreichen, die Rücktrittserklärung nur an einen der beiden zu senden.

**TIPP**

Schon um Kommunikationsprobleme und Unklarheiten zu vermeiden, ist jedoch zu empfehlen, ein Rücktrittsschreiben sicherheitshalber an alle im Vertrag aufscheinenden Unternehmer zu senden.

## Voraussetzung „fristgerecht"

Das Rücktrittsrecht währt nicht ewig. Nach § 3 KSchG kann der Rücktritt bis zum Zustandekommen des Vertrags und danach binnen einer Woche erklärt werden.

**Rücktritt vor Zustandekommen des Vertrages**

Frau Juric hat bei einem Haustürgeschäft einen Antrag für eine Kapitalanlage unterschrieben. Dabei hat sie auch unterzeichnet, dass sie sich an den Antrag vier Wochen gebunden erklärt. Nach rund zwei Wochen überlegt sie es sich anders: sie erklärt ihren Rücktritt nach § 3 KSchG. Da der Vertrag noch gar nicht zustande gekommen ist (dazu fehlt noch die Annahmeerklärung durch den Unternehmer), ist auch die Rücktrittserklärung jedenfalls fristgerecht.

Die einwöchige Rücktrittsfrist beginnt erst zu laufen, wenn dem Konsumenten eine „Urkunde" (also etwa eine Vertragsdurchschrift oder ein gesondertes Informationsblatt) mit folgenden Informationen übergeben worden ist:

- Name und Anschrift des Unternehmers,
- die zur Identifizierung des Vertrages notwendigen Angaben,
- eine Belehrung über das Rücktrittsrecht.

Wird diese Information schon vor dem Zustandekommen des Vertrages übergeben – etwa bei Unterzeichnung des Anbots durch den Konsumenten – so beginnt die einwöchige Frist dennoch erst zu laufen, wenn der Vertrag zustande kommt (ein Anbot des Konsumenten also vom Unternehmer angenommen wird). Das sollte eigentlich der Regelfall sein, da die Unternehmer nach dem Gesetz verpflichtet sind, die „Urkunde" bereits bei Entgegennahme der Vertragserklärung des Konsumenten zu übergeben. Wird diese „Urkunde" dennoch erst später übermittelt, dann beginnt die Rücktrittsfrist mit ihrer Übergabe an den Konsumenten.

**Ein klarer Fall**

Frau Skarec hat am 5. Februar 2012 bei einem Vertreterbesuch eine Bestellung unterschrieben. Die Information mit Name und Anschrift des Unternehmers sowie der korrekten Belehrung über das Rücktrittsrecht hat sie, wie es dem Gesetz entspricht, gleich bei der Unterschrift ausgefolgt bekommen. Am Donnerstag, dem 1. März, erhält sie dann die Auftragsbestätigung des Unternehmers. Die Rücktrittsfrist endet am darauf folgenden Donnerstag, dem 8. März, um 24 Uhr.

Für die Berechnung der Frist gelten die Regeln des Allgemeinen Bürgerlichen Gesetzbuchs. Demnach gilt, dass die einwöchige Frist jeweils mit Ablauf des gleichnamigen Wochentags endet, an dem das „fristauslösende Ereignis" stattfand.

Das Absenden der Rücktrittserklärung am letzten Tag der Frist (bis 24 Uhr) reicht aus, um die Frist zu wahren. Allerdings ist zu beachten, dass der Poststempel zählt! Wirft Frau Skarec ihr Rücktrittsschreiben am Abend des 8. März in einen Briefkasten, der erst am nächsten Tag wieder ausgehoben wird, dann hat sie die Frist versäumt! Geht sie hingegen auf die Hauptpost, so kann sie ihren Brief dort noch bis 22 Uhr (beachte: Auch die Hauptpost hat nicht mehr rund um die Uhr geöffnet!) abstempeln lassen und damit die Frist einhalten.

Fällt das Ende der Frist auf einen Samstag oder Sonntag, auf einen anerkannten Feiertag oder den Karfreitag, dann endet sie am nächstfolgenden Werktag.

**Der Karfreitag**

Nehmen wir an, Frau Skarec hat die Auftragsbestätigung am Freitag, dem 30. März 2012 erhalten. Der darauf folgende Freitag, der 6. April 2012, ist Karfreitag, sodass die Frist – deren Ablauf auch durch Samstag, Sonntag und Ostermontag gehemmt wird – erst am Dienstag, dem 10 April 2012 endet. Wenn Frau Skarec ihre Rücktrittserklärung an diesem Tag bis spätestens 22 Uhr (Poststempel!) bei einem noch offenen Postamt aufgibt, hat sie die Frist gewahrt.

Solange die notwendige schriftliche Information – Name und Anschrift des Unternehmers, vollständige und richtige Belehrung über das Rücktrittsrecht – nicht übergeben wurde, solange beginnt auch die Rücktrittsfrist gar nicht erst zu laufen. Nur bei Versicherungsverträgen endet das Rücktrittsrecht einen Monat nach Zustandekommen des Vertrages, auch wenn keine oder eine fehlerhafte Belehrung erteilt worden ist.

**Keine Rücktrittsbelehrung**

Herr Klug hat bei einem Haustürgeschäft einen Vertrag für eine Wohnungssanierung unterzeichnet. Bei seiner Unterschrift hat er zwar einen Durchschlag des Bestellscheins erhalten, der aber keine Information über das Rücktrittsrecht enthält. Auch bei Zusendung der Auftragsbestätigung hat ihn der Unternehmer darüber nicht informiert. Die Rücktrittsfrist hat daher noch gar nicht zu laufen begonnen und Herr Klug kann jederzeit noch zurücktreten.

**Falsche Rücktrittsbelehrung**

Frau Hütter wird von einem Vertreter der Firma „A&F Computerkurse" angerufen, vereinbart mit diesem einen Termin in ihrer Wohnung und unterschreibt dabei einen Vertrag für einen Computerkurs. Der Vertrag enthält unter anderem folgende Klauseln:

„Sie werden hiermit darauf hingewiesen, dass Sie den Vertrag innerhalb einer Woche, gerechnet ab dem heutigen Tag, laut KSchG § 3 widerrufen können. Der Widerruf ist mittels eingeschriebenen Briefes an die obige Adresse zu richten. Es wird vereinbart, dass die Einschreibgebühr bei eventuellem Rücktritt vom Vertrag einbehalten wird."

Drei Wochen nach Unterzeichnung des Vertrages möchte Frau Hütter zurücktreten. Es liegt ein Haustürgeschäft vor, das vom Unternehmer – noch dazu mit sittenwidriger Telefonwerbung – angebahnt wurde. Alle Voraussetzungen des Rücktrittsrechts liegen also vor. Die Firma „A&F" beruft sich jedoch darauf, dass sie die Konsumentin über die Rücktrittsmöglichkeit belehrt habe. Daher habe die Frist nur eine Woche betragen und sei bereits abgelaufen.

Dennoch erhält die Konsumentin vor Gericht Recht, denn die Rücktrittsbelehrung war gleich mehrfach unrichtig.

Erstens wurde der Fristbeginn mit „heutigem Tag" – also der Unterzeichnung durch die Konsumentin – angegeben. Da zu diesem Zeitpunkt die Gegenzeichnung durch das Unternehmen noch nicht vorlag (der Vertreter war nicht bevollmächtigt, das Anbot der Konsumentin für die Fa. „A&F" wirksam anzunehmen), war der Vertrag noch nicht zustande gekommen.

Erst mit Zusendung der Annahmeerklärung hätte die Frist frühestens zu laufen begonnen.

Zweitens ist das Formerfordernis des eingeschriebenen Briefes unzulässig. Eine Belehrung, in der für die Rücktrittserklärung diese besondere Form verlangt wird, ist unrichtig und nicht ausreichend, um die einwöchige Frist in Gang zu setzen.

Drittens schließlich wurde für den Fall des Rücktritts noch vorgesehen, dass die Einschreibgebühr einbehalten wird. Da das Rücktrittsrecht nach § 3 KSchG aber jedenfalls kostenlos ist, bedeutet diese Klausel eine unzulässige Bedingung, sodass die Belehrung auch diesbezüglich falsch ist.

(Derartige Fälle wurden mehrfach gerichtlich entschieden; unter anderem LG Innsbruck, 28.10.1994, 2 R 540/94, KRES 1b/43.)

Überraschend häufig sind die in Geschäftsbedingungen oder auf Bestellscheinen vorgedruckten Rücktrittsbelehrungen fehlerhaft. Die Belehrung muss zwar nicht den Gesetzestext des § 3 KSchG enthalten, es genügt eine ausreichend verständliche, sinngemäße Belehrung. Bloß der Hinweis „Rücktrittsrecht nach § 3 KSchG" reicht daher keinesfalls (OGH 24.9.1981, 7 Ob 647/81, KRES 1b/2).

Eine unrichtige oder unvollständige Belehrung ist so gut wie gar keine: Sie ist „als nicht beigegeben anzusehen", wie das in einschlägigen Gerichtsurteilen formuliert wird. Wenn man daher einen Fehler in einer Rücktrittsbelehrung entdeckt, dann hat man, auch wenn der Vertragsschluss schon länger zurück liegt, noch eine Chance zum Rücktritt.

**TIPP**

Auch wenn seit Zustandekommen des Vertrags schon mehr als eine Woche vergangen ist, kann es sich auszahlen, durch Rücksprache mit einer Konsumentenberatungsstelle abzuklären, ob die Rücktrittsbelehrung überhaupt ausreichend war, um den Lauf der einwöchigen Rücktrittsfrist auszulösen.

Die Beweispflicht dafür, dass dem Konsumenten die notwendige schriftliche Information („Urkunde") mit Namen und Anschrift des Unternehmers sowie einer ausreichenden Rücktrittsbelehrung ausgefolgt wurde, trägt der Unternehmer (LGZ Wien 16.6.1992, 45 R 381/92, KRES 1b/32).

## Konsequenzen des Rücktritts – Rückabwicklung

Das Rücktrittsrecht nach § 3 KSchG ermöglicht einen kostenlosen Rücktritt. Jegliche Verknüpfung des Rücktrittsrechts mit „Stornogebühren", „Verwaltungskosten" und dergleichen mehr ist daher unzulässig.

Wurden im Hinblick auf den Vertrag schon Leistungen erbracht, dann sind diese dem Vertragspartner wieder zurückzustellen:

- Der Unternehmer hat das bereits entgegengenommene Entgelt samt der gesetzlichen Zinsen von 4 % p.a. zurückzuzahlen. Hat der Verbraucher einen „notwendigen und nützlichen Aufwand" für die Sache getragen, dann wäre auch dieser zu ersetzen.
- Der Verbraucher hat die empfangene Leistung zurückzustellen und – falls er die Sache schon benützt hat – ein angemessenes Benützungsentgelt sowie allenfalls eine Wertminderung wegen der Benützung zu bezahlen (allein dass der Verbraucher die Ware schon übernommen hatte, ist aber keinesfalls als Wertminderung anzusehen).

In der Praxis erfolgt in den allermeisten Fällen eine Rückstellung und Rückzahlung ohne Zahlung eines Benützungsentgelts einerseits und ohne Zinsen andererseits. Angesichts der meist vergleichsweise geringen Beträge, um die es hier geht, ist dies wohl auch die sinnvollste Vorgangsweise.

**TIPP**

Sofern es jedoch um größere Beträge geht, die vom Unternehmer zurückzuzahlen sind, sollte man auf die Zinsen nicht vergessen!

Immer wieder kommt es vor, dass Unternehmen anstelle einer Rückzahlung einfach einen Gutschein anbieten.

**TIPP**

Bei einem Rücktritt nach § 3 KSchG haben Sie Anspruch darauf, die von Ihnen bereits geleisteten Zahlungen in bar zurückzuerhalten. Einen Gutschein brauchen Sie nicht zu akzeptieren!

## Rücktritt von Zeitschriftenabonnements

Ein Zeitschriftenabonnement liegt vor, wenn man bei einem Unternehmer die wiederholte Lieferung einer Zeitschrift gegen wiederholte Bezahlung eines Entgelts bestellt.

Da Zeitschriftenabonnements sehr häufig von Keilern an der Haustür beziehungsweise auf der Straße vertrieben werden, hat der Gesetzgeber im Konsumentenschutzgesetz besondere Schutzvorschriften erlassen. Diese Schutzvorschriften beziehen sich nicht nur auf den Kauf einer Zeitschrift, sondern – so die Rechtsprechung – auch analog auf sogenannte Lesezirkelverträge, also Verträge, wo Zeitschriften lediglich gemietet werden (LGZ Wien 25.5.1988, 45 R 38/88, KRES 1b/18).

Verträge über Zeitschriftenabonnements sind immer schriftlich abzuschließen. Darüber hinaus muss Ihnen eine Kopie des Bestellscheins, den Sie auch unterschrieben haben, ausgehändigt werden.

**TIPP**

- Achten Sie darauf, dass Ihnen beim Unterschreiben des Bestellscheins nicht ein zweiter unterschoben wird, den Sie unbemerkt mitunterzeichnen.
- Unterschreiben Sie keinesfalls einen Blanko-Bestellschein, den der Vertreter dann nachträglich ausfüllen kann.

Derjenige, der Ihnen die Zeitschrift tatsächlich zusendet, muss Ihnen zusätzlich mit der Post eine Urkunde übersenden.

Diese übersendete Urkunde hat nochmals die Angaben der Vertragsurkunde (des Bestellscheins) zu enthalten. Dazu gehört neben den Angaben zum Unternehmer, Tag und Ort Ihrer Unterschrift, der Vertragsgegenstand (Titel der Zeitschrift), Höhe und Fälligkeit der Zahlungen sowie eine ausreichend verständliche Belehrung über das Rücktrittsrecht gemäß § 3 KSchG.

Darin müssen Sie ausdrücklich darauf hingewiesen werden, dass Sie das Recht haben, ohne Angabe von Gründen innerhalb einer Woche ab Erhalt der Urkunde vom Vertrag zurückzutreten. Ein bloßer Hinweis auf § 3 KSchG ist nicht ausreichend.

Ein Rücktrittsrecht besteht aber nur bei Haustürgeschäften im Sinne des § 3 KSchG (siehe Seite 177 f). Kein Rücktrittsrecht besteht dann, wenn Sie den Vertrag selbst angebahnt haben oder aber, wenn Sie die Zeitschrift (mittels Bestellschein) per Post bestellt haben.

**Musterbrief „Rücktritt beim Zeitschriftenabonnement"**

Max Muster
Nirgendwostraße 12/16
1010 Wien

Herr und Meister
Pressevertriebs-GmbH
Zeitungsweg 2
6020 Innsbruck

Wien, 2012 07 02

Betrifft: Zeitschrift „Bravissimo", Abo-Nummer 0815
Rücktritt gemäß § 3 Konsumentenschutzgesetz

Sehr geehrte Damen und Herren,

ich habe am 7. Juni 2012 anlässlich eines unaufgeforderten Besuches eines Vertreters der Firma OVA – Organisation für den Vertrieb von Abonnements – ein Abonnement der Zeitschrift „Bravissimo" bestellt.

Am 28. Juni habe ich von Ihnen eine Auftragsbestätigung erhalten, in der Ihr Unternehmen die Erfüllung des Vertrages übernimmt.

Ich trete von diesem Vertrag gemäß § 3 Konsumentenschutzgesetz sowie aus jedem anderen tauglichen Rechtsgrund innerhalb offener Frist zurück.

Mit freundlichen Grüßen

Bei Tageszeitungen besteht für den Unternehmer keine Verpflichtung, Ihnen extra eine Urkunde mit der Post zu übersenden. Werden Tageszeitungen allerdings im Wege eines Haustürgeschäftes vertrieben, dann haben Sie natürlich auch ein Rücktrittsrecht. In diesem Fall beginnt die Frist jedoch mit Zustandekommen des Vertrages und hängt nicht von der Zusendung einer Urkunde ab.

Grundsätzlich ist das Rücktrittsrecht gegenüber Ihrem Vertragspartner auszuüben. Da aber häufig unklar bleibt, wer das eigentlich ist, weil auf Bestellschein und zugesandter Urkunde mitunter verschiedene Namen aufscheinen, sieht der Gesetzgeber vor, dass der Rücktritt nicht nur gegenüber dem Vertragspartner, sondern auch gegenüber demjenigen erklärt werden kann, der die Urkunde zugesandt hat.

## Das Rücktrittsrecht infolge Verstoßes gegen die Gewerbeordnung

§ 3 Abs 5 KSchG ermöglicht unter gewissen Voraussetzungen einen Rücktritt vom Vertrag, wenn Gewerbetreibende sich nicht an die Spielregeln der Gewerbeordnung halten. Verstößt der Gewerbetreibende gegen die Vorschriften, die seine Möglichkeiten zur „Kundengewinnung“ regeln, so steht den solcherart geworbenen Kunden ein Rücktrittsrecht zu.

Die Gewerbeordnung enthält einige Bestimmungen, die das „Sammeln und die Entgegennahme von Bestellungen“ durch Gewerbetreibende näher regeln.

Verboten ist das Aufsuchen von Privatpersonen, um Bestellungen entgegenzunehmen

- für Genussscheine,
- für Adressenbüros,
- für Kontaktlinsenoptiker
- und wenn in irgendeiner Form der Eindruck erweckt wird, dass das Entgelt zumindest zum Teil gemeinnützigen, mildtätigen oder kirchlichen Zwecken zugute kommt (die „Mitleidsmasche“).

Ebenfalls untersagt ist es, Privatpersonen aufzusuchen, um Bestellungen auf folgende Waren entgegenzunehmen:

- Nahrungsergänzungsmittel,
- kosmetische Mittel,
- Gifte, Arzneimittel und Heilbehelfe,
- Uhren aus Edelmetall, Gold- und Platinwaren, Juwelen und Edelsteine,
- Waffen und Munition,
- pyrotechnische Artikel,
- Grabsteine und Grabdenkmäler und deren Zubehör, Kränze und sonstigen Gräberschmuck.

Hinsichtlich dieser Waren sind auch in Privathaushalten stattfindende Werbeveranstaltungen einschließlich Werbe- und Beratungspartys, die sich an Privatpersonen richten, verboten, egal ob sie vom Gewerbetreibenden selbst oder von jemand anderem organisiert werden.

Für alle anderen Waren dürfen Gewerbetreibende grundsätzlich Bestellungen auch „von Haustür zu Haustür“ sammeln. Werbeveranstaltungen haben sie zuvor der Bezirksverwaltungsbehörde anzuzeigen. Gewerbetreibenden ist es ferner untersagt, Warenbestellungen von Privatpersonen auf der Straße oder bei Werbeveranstaltungen außerhalb ihrer Geschäftsräumlichkeiten entgegenzunehmen.

Hat sich der Gewerbetreibende nicht an die eben aufgezählten Bestimmungen gehalten, so kann der Konsument innerhalb einer Woche nach Abschluss des Vertrages schriftlich zurücktreten. Wie auch beim Rücktritt nach § 3 Abs 1 KSchG genügt es, wenn die Rücktrittserklärung innerhalb der Frist abgesendet wird.

**Rücktritt nach § 3 Abs 5 KSchG**

Herr Brandner ersucht die Firma „Edel" um einen Vertreterbesuch, da er sich für die von ihr angebotenen Golduhren interessiert. Als der Vertreter der Firma Herrn Brandner aufsucht, ist dieser von den Uhren begeistert und bestellt das Modell „Möchtegern". Der Handelsvertreter hat Abschlussvollmacht und kassiert auch gleich eine Anzahlung.

Nach drei Tagen kommen Herrn Brandner Bedenken und er will vom Vertrag zurücktreten. Ein Rücktritt gemäß § 3 Abs 1 KSchG scheidet aus, da er den Vertragsabschluss selbst angebahnt hat.

Der Rücktritt nach § 3 Abs 5 KSchG hingegen ist möglich, da hier die Anbahnung keine Rolle spielt und das Aufsuchen von Privatpersonen zum Zwecke der Entgegennahme der Bestellung einer Golduhr verboten ist.

Das Rücktrittsrecht nach § 3 Abs 5 KSchG ist also einerseits enger als jenes nach § 3 Abs 1 KSchG, da es nur für bestimmte Waren (und nur ganz wenige Dienstleistungen) gilt, andererseits ist es aber auch weiter, da die Frage der Anbahnung durch den Kunden (siehe Seite 181 ff) keine Rolle spielt.

Ein Rücktritt nach § 3 Abs 5 KSchG kann also vor allem dann in Frage kommen, wenn ein Rücktritt nach § 3 Abs 1 KSchG wegen der vom Konsumenten ausgehenden Anbahnung ausgeschlossen ist!

## Rücktrittsrecht bei Partnervermittlungsverträgen

Aufgrund der Ausübungsvorschriften für Partnervermittler müssen Partnervermittler ihren Kunden ein einwöchiges Rücktrittsrecht einräumen, wenn der Vertrag nicht in den Geschäftsräumen des Unternehmers zustande gekommen ist. Wesentlicher Unterschied zum Rücktritt nach § 3 Abs 1 KSchG ist, dass es auf die Anbahnung durch den Konsumenten (siehe Seite 181 ff) nicht ankommt.

## Rücktrittsrecht bei Vorauszahlungskäufen

**Wäschesparvertrag**

Der Cousin von Frau Früwirth hat einen neuen Nebenjob als Vertreter. Er besucht seine Cousine und überredet sie zum Abschluss eines „Wäscheansparvertrages". Sie könne den Kaufpreis „ansparen" und bekomme, nach Zahlung von 24 Raten, ein Wäschepaket ausgefolgt.

Das Wäschepaket mit dem klingenden Namen „Florida" enthält nur eine beispielhafte Beschreibung der Wäschestücke, die man letztendlich erwirbt. Ein günstiger Weg zur Heiratsausstattung. Frau Früwirth unterschreibt – mehr aus Mitleid – den Vertrag. Im Vertrag findet sich eine korrekte Belehrung über das Rücktrittsrecht gemäß § 3 KSchG. Nach drei Monaten – Frau Früwirth hat bereits drei Raten bezahlt – hört sie vom Cousin, dass sich dessen Erwartungen an den neuen Nebenjob nicht erfüllt haben. Sie will daher aus dem Wäschesparvertrag aussteigen.

Das Wesensmerkmal dieser Verträge ist, dass zunächst der Verbraucher zahlen soll und den Kaufpreis „anspart", er die Ware aber erst nach Zahlung des gesamten oder eines Teiles des Kaufpreises erhält.

Der Gesetzgeber will Verbraucher vor unüberlegten Vertragsabschlüssen durch ein Rücktrittsrecht schützen. Dieser Rücktritt kann so lange ausgeübt werden, als der Vertrag von beiden Seiten nicht vollständig erfüllt ist. Solange man also noch Raten schuldet bzw die Ware noch nicht erhalten hat, kann der Rücktritt erklärt werden.

Der Gesetzgeber sieht aber folgende weitere Voraussetzungen für einen Rücktritt vor:

- Gegenstand des Kaufvertrages muss eine bewegliche körperliche Sache sein;
- der Verbraucher zahlt den Kaufpreis in Teilbeträgen vor Erhalt der Ware;
- die Ware ist bei Vertragsabschluss nicht konkret festgelegt, sondern wird erst durch spätere Auswahl des Unternehmers oder des Verbrauchers (OGH 27.9.2000, 7 Ob 23/00h KRES 1g/42) konkretisiert oder
- der Preis ist nicht zu den Preisverhältnissen zum Zeitpunkt des Vertragsabschlusses festgelegt.

**Listenpreis bei Lieferung**

Wird bei einem Vorauszahlungskauf festgelegt, dass der Preis sich nach dem Listenpreis zum Zeitpunkt der Lieferung bestimmt, dann besteht ein Rücktrittsrecht gemäß § 27 KSchG (LGZ Wien 4.2.1998, 36 R 888/97y, KRES 1b/51). Ebenso steht dem Verbraucher ein Rücktrittsrecht nach § 27 KSchG zu, wenn im Vertrag zwar Waren und ein Pauschalkaufpreis bestimmt sind, dem Käufer aber das Recht eingeräumt wird, auch andere Waren zu beziehen, für die kein Kaufpreis festgelegt ist (OGH 27.9.2000, 7 Ob 23/00h KRES 1g/59).

Frau Früwirth kann, da die Ware nicht konkret festgelegt worden war, auch noch drei Monate nach Vertragsabschluss vom Vertrag zurücktreten.

Beim Rücktritt kommt es – ebenso wie beim Rücktritt von einem Haustürgeschäft (siehe Seite 191) – zur Rückabwicklung der Leistungen.

## Rücktrittsrecht bei Nichteintritt wesentlicher Umstände

Diesem Problem der Überrumpelung durch Zusagen, die sich nicht realisieren, wollte der Gesetzgeber vorbeugen. Wenn der Unternehmer im Zuge der Vertragsverhandlungen

- die nötige Zustimmung eines Dritten (etwa des Hauseigentümers bei baulichen Veränderungen in der Mietwohnung),
- eine Förderung,
- steuerrechtliche Vorteile oder
- eine Kreditfinanzierung

als wahrscheinlich dargestellt hat und wenn diese Umstände dann nicht oder nur in erheblich geringerem Ausmaß eintreten, soll der Verbraucher vom Vertrag zurücktreten können.

Die Frist zum Rücktritt beträgt eine Woche und beginnt zu laufen, sobald der Konsument erkennen kann, dass die erwarteten Umstände nicht eintreffen und der Unternehmer ihn über das Rücktrittsrecht (schriftlich) informiert hat. Informiert der Unternehmer über das Rücktrittsrecht nicht, dann kann man bis ein Monat nach beiderseitiger Erbringung der Leistungen zurücktreten.

**Sanierung zum Nulltarif**

Der Vertreter Hurtig keilt für die Firma Sanofix Kunden für Wohnungssanierungen. Er geht von Tür zu Tür und trift auf Herrn Vavra. Er erzählt diesem über günstige Förderungen („der Staat fördert 80 Prozent des Kaufpreises“), wenn Herr Vavra seine alten Holzfenster gegen neue Kunststofffenster austauschen lasse.

Als Herr Vavra darauf hinweist, dass er nur Mieter ist und sein Hausherr wohl keine Zustimmung geben werde, flunkert Hurtig, dass diese Zustimmung kein Problem sei und von der Firma Sanofix eingeholt werde. Herr Vavra unterzeichnet einen Auftrag und zahlt eine Anzahlung von 730 Euro. Er bekommt eine Kopie des Auftrages ausgefolgt; darin findet sich eine korrekte Belehrung über das Rücktrittsrecht gemäß § 3 KSchG.

Drei Monate später teilt die Firma Sanofix mit, dass die Förderung geringer ausfalle: Es würden nur 30 Prozent des Kaufpreises gefördert. Auch die Zustimmung des Hauseigentümers sei doch nicht so leicht einzuholen. Als Herr Vavra vom Vertrag zurücktreten will, verlangt die Firma Sanofix eine Stornogebühr in Höhe der geleisteten Anzahlung.

Davon gibt es eine Ausnahme: Bei Versicherungs- und Bankverträgen mit einer Laufzeit von über einem Jahr kann man den Nichteintritt der erwarteten Umstände nur innerhalb eines Monats ab Zustandekommen des Vertrages geltend machen.

Das Rücktrittsrecht besteht nicht, wenn

- der Verbraucher bereits bei Vertragsabschluss wusste oder wissen musste, dass die maßgeblichen Umstände nicht oder nur in einem erheblich geringeren Ausmaß eintreten werden,
- der Ausschluss des Rücktrittsrechtes im Einzelnen ausgehandelt wurde (eine Klausel in den Allgemeinen Geschäftsbedingungen reicht dafür sicher nicht aus),
- sich der Unternehmer zu einer entsprechenden Vertragsanpassung bereit erklärt.

Da Verträge aber auch durchaus unter der ausdrücklichen Bedingung des Eintrittes bestimmter Umstände geschlossen werden können („Dieser Werkvertrag gilt nur bei Förderung des Bauvorhabens im Ausmaß von …“), empfehlen wir einen allfälligen Rücktrittsbrief so zu formulieren, dass man

- in erster Linie damit argumentiert, dass die – allenfalls auch mündlich vereinbarte – Bedingung nicht eingetreten ist,

- erst in zweiter Linie – für den Fall, dass in einem Rechtsstreit ein Gericht nicht davon ausginge, dass eine Bedingung vereinbart wurde – den Rücktritt gemäß § 3a Konsumentenschutzgesetz erklärt und sich
- zur Vorsicht auch auf jeden erdenklichen Rechtsgrund für den Rücktritt (also zum Beispiel auch auf Irreführung durch den Vertragspartner) beruft.

**Musterbrief „Rücktritt bei Nichteintritt von Zusagen"**

Max Muster
Nirgendwostraße 12/16
1010 Wien

Schnellbau GesmbH
Fertighausgasse 14
1100 Wien

Wien, 2012 06 14

Betrifft: Werkvertrag vom 1.6.2012
über die Errichtung eines Fertigteilhauses –
Rücktritt nach § 3a Konsumentenschutzgesetz

Sehr geehrte Damen und Herren,

ich habe am 1.6.2012 einen Werkvertrag über ein Fertigteilhaus bei Ihnen unterschrieben. Es wurde mir von Ihrer Seite die Vermittlung eines Kredites über € 100.000 in Aussicht gestellt.

Leider musste ich am 11.6.2012 von dem von Ihnen vermittelten Finanzberater der Immobilienbank erfahren, dass ich maximal einen Kredit über € 80.000 erhalten könnte. Damit ist ein wesentlicher Umstand, der für meine Einwilligung zum Vertragsabschluss maßgeblich war, nicht, beziehungsweise nur in erheblich geringerem Ausmaß, eingetreten.

Dadurch ist eine Bedingung für meine Einwilligung zum Vertragsabschluss nicht eingetreten und der Vertrag auch nicht wirksam zustande gekommen.

Zur Vorsicht erkläre ich überdies, dass ich von dem Werkvertrag gemäß § 3a KSchG sowie aus jedem anderen tauglichen Rechtsgrund innerhalb offener Frist zurücktrete.

Mit freundlichen Grüßen

Als Folge eines Rücktrittes werden – wie beim Rücktritt von einem Haustürgeschäft (siehe Seite 191) – die beiderseitigen Leistungen rückabgewickelt.

**Sanierung zum Nulltarif – Rücktritt**

Herr Vavra hat seinen Rücktritt zu Recht erklärt. Der Unternehmer hat keinen Anspruch auf eine Stornogebühr und muss die Anzahlung zurückzahlen.

## Rücktrittsrecht bei Fernabsatzgeschäften

Es ist ein Zug der Zeit: Bestellungen im Fernabsatz nehmen zu. Das betrifft sowohl den traditionellen Versandhandel über Katalog und schriftliche Bestellung von Waren, zunehmend aber auch neue Formen, wie Teleshopping, Bestellungen über Mausklick im Internet oder via E-Mail.

Zum Schutz der Verbraucher hat daher die EU die Fernabsatzrichtlinie erlassen. Österreich hat die neuen Regeln im Konsumentenschutzgesetz umgesetzt. Kern der Bestimmungen ist ein Rücktrittsrecht bei Fernabsatzverträgen.

Unter einem Fernabsatzvertrag versteht man ein Verbrauchergeschäft, bei dem sich die Vertragsparteien nicht körperlich begegnen, sondern die Vertragserklärungen unter Verwendung eines Fernkommunikationsmittels – Katalog/Bestellschein, Telefon, E-Mail oder Internet usw – ausgetauscht werden. Der Unternehmer muss sich eines für den Fernabsatz organisierten Vertriebs- und Dienstleistungssystems bedienen (siehe dazu genauer Seite 141 ff).

Die Regelung des Rücktrittsrechtes im Fernabsatz kann man pointiert als „Käse mit großen Löchern" bezeichnen. Neben den auf Seite 142 f bereits genannten Ausnahmen kommt ein Rücktrittsrecht auch in folgenden Fällen **nicht** zur Anwendung:

- Dienstleistungen, mit deren Ausführung dem Verbraucher gegenüber vereinbarungsgemäß innerhalb von sieben Werktagen ab Vertragsabschluss begonnen wird (und der Verbraucher über die Konsequenz, dass deshalb das Rücktrittsrecht wegfällt, informiert wird),
- Waren oder Dienstleistungen, deren Preis von der Entwicklung der Sätze auf den Finanzmärkten, auf die der Unternehmer keinen Einfluss hat, abhängt,

- kurzfristige Versicherungsverträge mit einer Laufzeit von weniger als einem Monat (zB Reise- und Gepäckversicherung),
- Waren, die nach Kundenspezifikationen angefertigt werden, die eindeutig auf die persönlichen Bedürfnisse zugeschnitten sind, die aufgrund ihrer Beschaffenheit nicht für eine Rücksendung geeignet sind, die schnell verderben können oder deren Verfallsdatum überschritten würde,
- Audio- oder Videoaufzeichnungen oder Software, sofern die gelieferten Sachen vom Verbraucher entsiegelt worden sind,
- Zeitungen, Zeitschriften und Illustrierte mit Ausnahme von Abonnementverträgen,
- Wett- und Lotterie-Dienstleistungen,
- Hauslieferungen und Freizeit-Dienstleistungen (siehe Seite 143).

**Es besteht also kein Rücktrittsrecht für**

- Buchungen von Flügen, Bahnreisen, Pauschalreisen, Ferienhäusern
- Lieferungen von Pizzas, Sushis oder auch Schnitzel mit Erdäpfelsalat
- Lieferungen von Software oder Audio- oder Videokassetten, sobald diese entsiegelt worden sind
- Lieferungen von Zeitungen oder Zeitschriften
- Lieferungen von – auf Kundenwunsch extra – angefertigten Kleidungsstücken
- Inanspruchnahme von Mehrwertnummern (zB Sex-Hotlines)
- Verträge mit einem Internet-Provider, wenn mit dessen Leistungen gegenüber dem Verbraucher vereinbarungsgemäß binnen sieben Tagen begonnen wird und der Verbraucher darauf hingewiesen wurde, dass in diesem Fall ein Rücktrittsrecht ausscheidet.

**Es besteht ein Rücktrittsrecht bei**

- typischen Bestellungen aus Versandhauskatalogen (Kleidung, Spielzeug, Haushaltswaren)
- CDs, Videos und Computerspielen bzw Software, solange diese nicht entsiegelt werden
- Zeitschriftenabonnementverträgen
- Verträgen mit einem Internet-Provider, bei dem der Provider die Verbindung nicht binnen sieben Werktagen ab Vertragsabschluss freischaltet

- Verträgen mit einem Internet-Provider, bei dem zwar binnen sieben Werktagen vereinbarungsgemäß mit der Dienstleistung gegenüber dem Verbraucher begonnen, dieser aber über den Wegfall des Rücktrittsrechtes nicht aufgeklärt wurde.

Die **Rücktrittsfrist** beträgt grundsätzlich – wird der Verbraucher korrekt informiert – **sieben Werktage**. Sie beginnt bei Lieferungen von Waren mit deren Lieferung, bei Dienstleistungen mit dem Tag des Vertragsabschlusses. Samstage zählen nicht als Werktage. Der Tag des Auslösens der Frist (Vertragsabschluss bzw Lieferung) zählt nicht mit. Das Absenden am letzten Tag der Frist reicht aus. Natürlich sollte das Schreiben eingeschrieben gesendet werden. Zum Nachweis sollte man sich eine Kopie aufheben.

## Berechnung der Frist

Frau Berghofer bestellt über Versandhauskatalog eine Getreidemühle. Diese wird am Montag, dem 6.2.2012, geliefert. Der 6.2.2006 zählt also nicht mit. Ebenso zählt man Samstag und Sonntag nicht mit. Die Frist endet also am Mittwoch, dem 15.2.2012. An diesem Tag muss die Rücktrittserklärung spätestens abgesendet werden.

Hat der Unternehmer aber seine Bestätigungspflichten (siehe Seite 144 f) nicht erfüllt – fehlt etwa eine Aufklärung über das Rücktrittsrecht oder eine andere Information – dann kann man innerhalb von drei Monaten ab Lieferung der Ware bzw – bei Dienstleistungen – ab Vertragsabschluss den Rücktritt erklären.

Bei Verträgen, die im Zuge eines unerwünschten Werbetelefonats erfolgt sind (Seite 20 f), gilt folgende Sonderregelung (§ 5 Abs 4 und 5 KSchG): Verträge im Zusammenhang mit Gewinnzusagen oder Wett- und Lotteriedienstleistungen sind nichtig. Von derartigen Verträgen braucht der Verbraucher seinen Rücktritt also gar nicht zu erklären; er kann alle Zahlungen, die er an den Unternehmer geleistet hat, zurückfordern.

Werden sonstige Verträge über Dienstleistungen in einem unerwünschten Werbetelefonat abgeschlossen, beginnt die Rücktrittsfrist erst, sobald der Unternehmer mit der Dienstleistung beginnt oder, wenn er die Dienstleistung erst nach deren Beginn in Rechnung stellt, mit der ersten Rechnungslegung.

**Musterbrief „Rücktritt nach § 5e KSchG"**

Max Muster
Nirgendwostraße 12/16
1010 Wien

„3 Hofdamen Versand"
Beglückungsweg 5
4020 Linz

Wien, 2012 04 20

Betrifft: Getreidemühle „Goldkorn"
Rücktritt vom Vertrag

Ich habe bei Ihnen am 4.4.2012 die Getreidemühle „Goldkorn" bestellt und diese am 11.4.2012 geliefert bekommen.

Ich trete von diesem Vertrag gemäß § 5e Konsumentenschutzgesetz sowie aus jedem anderen tauglichen Rechtsgrund innerhalb offener Frist zurück.

Mit freundlichen Grüßen

Erfüllt der Unternehmer innerhalb der dreimonatigen Frist doch noch seine Bestätigungspflichten, dann kann der Verbraucher immer noch binnen sieben Werktagen ab Zugang der Informationen seinen Rücktritt vom Vertrag erklären.

Tritt der Verbraucher nach § 5e vom Vertrag zurück, so hat **Zug um Zug**

- der Unternehmer die vom Verbraucher geleisteten Zahlungen zu erstatten und den vom Verbraucher auf die Sache gemachten notwendigen und nützlichen Aufwand zu ersetzen sowie
- der Verbraucher die empfangenen Leistungen zurückzustellen und dem Unternehmer ein angemessenes Entgelt für die Benützung, einschließlich einer Entschädigung für eine damit verbundene Minderung des gemeinen Wertes der Leistung, zu zahlen; die Übernahme der Leistungen in die Gewahrsame des Verbrauchers ist für sich allein nicht als Wertminderung anzusehen.

Nur wenn es die Parteien (allenfalls auch in Allgemeinen Geschäftsbedingungen) vereinbart hätten, darf der Verbraucher auch mit den unmittelbaren Kosten der Rücksendung der Ware belastet werden.

**Musterbrief „Rücktritt nach § 5e KSchG"**

Max Muster
Nirgendwostraße 12/16
1010 Wien

Net-Cash
Technologiegasse 12
1060 Wien

Wien, 2012 06 10

Betrifft: CD – „Abenteuer Internet"
Rücktritt vom Vertrag

Ich habe bei Ihnen über Ihre Homepage am 24.3.2012 die CD „Abenteuer Internet" bestellt und am 6.4.2012 geliefert bekommen. Ich habe die CD nicht entsiegelt. Sie haben es unterlassen, mich schriftlich bzw auf einem „dauerhaften Datenträger" über mein Rücktrittsrecht aufzuklären. Ich habe daher das Recht, binnen drei Monaten ab Lieferung der Ware vom Vertrag zurückzutreten.

Ich trete von diesem Vertrag gemäß § 5e Konsumentenschutzgesetz sowie aus jedem anderen tauglichen Rechtsgrund innerhalb offener Frist zurück.

Mit freundlichen Grüßen

## Rücktrittsrecht von Timesharing-Verträgen

Auch das Teilzeitnutzungsgesetz (TNG) räumt Verbrauchern ein Rücktrittsrecht ein: Das TNG regelt in seiner aktuellen Fassung vom 23.2.2011 nicht mehr nur „Timesharingverträge" über längerfristige Nutzungsrechte an Ferienwohnungen im In- und Ausland, sondern sämtliche Verträge über wiederkehrende Nutzungsrechte an für Ferienzwecke genutzte Immobilien und Mobilien wie Wohnmobile und Hausboote aber auch Raumeinheiten auf Kreuzfahrtschiffen, sofern die Nutzungsdauer ein Jahr überschreitet.

Da derartige Verträge in ihren Auswirkungen, insbesondere wenn sie unter dem Eindruck des schönen Urlaubs vorort abgeschlossen werden, nicht immer realistisch eingeschätzt werden, stellt der Gesetzgeber hohe Anforderungen an die vorvertragliche Aufklärung und räumt dem Konsumenten ein 14-tägiges Rücktrittsrecht ein. Der Rücktritt muss in Papierform oder auf einem dauerhaften Datenträger mitgeteilt werden, wobei die Absendung innerhalb der Frist ausreicht. Der Unternehmer hat dem Konsumenten dafür vor Vertragsabschluss ein Formblatt zur Verfügung zu stellen, das der Verbraucher für seine Rücktrittserklärung benutzen kann, aber nicht benutzen muss. Die Frist beginnt mit dem Tag des Abschlusses des Vertrags oder verbindlichen Vorvertrags, nicht aber, bevor der Verbraucher Vertrag oder Vorvertrag mit sämtlichen gesetzlich geforderten Informationen erhalten hat. Kommt der Unternehmer seinen Informationspflichten nicht nach, verlängert sich die Rücktrittsfrist um bis zu 3 Monate; nach 3 Monaten und 14 Tagen kann der Rücktritt aber nicht mehr erklärt werden.

## Rücktrittsrecht nach dem Fern-Finanzdienstleistungs-Gesetz (FernFinG)

Schließen Sie im Fernabsatz Verträge über Bankdienstleistungen einschließlich Kreditgewährung, Versicherung, Altersversorgung oder Geldanlagen ab, steht Ihnen nach dem Fern-Finanzdienstleistungs-Gesetz ein Rücktrittsrecht zu. Es bedarf keiner weiteren Voraussetzung oder Begründung und ist innerhalb von 14 Tagen, bei Verträgen über Lebensversicherungen und Altersvorsorge binnen 30 Tagen auf Papier oder dauerhaftem Datenträger zu erklären. Auch hier genügt die Absendung innerhalb der Frist. Der Fristenlauf beginnt mit dem Vertragsabschluss, aber nicht vor Erhalt der Versicherungsbedingungen. Allerdings bestehen zahlreiche Ausnahmen vom Rücktrittsrecht, insbesondere im Zusammenhang mit Finanzdienstleistungen, deren Preis Schwankungen auf dem Finanzmarkt unterliegt (va Devisen, Wertpapiere, Finanztermingeschäfte udgl). Über das Bestehen oder Nichtbestehen des Rücktrittsrechts und dessen Einzelheiten ist der Verbraucher schriftlich aufzuklären, bevor er seine Vertragserklärung abgibt.

## Rücktrittsrecht bei Versicherungsverträgen

Ein Verbraucher kann von einem Versicherungsvertrag bzw seiner im Zusammenhang mit einem Versicherungsvertrag abgegebenen Vertragserklärung binnen 14 Tagen ohne Angaben von Gründen zurücktreten. Die Rücktrittserklärung hat in der nunmehr im VersVG eingeführten „geschriebenen Form“ zu erfolgen (Seite 104), was bedeutet, dass die Erklärung in Form eines Faxschreibens oder eines E-Mails ohne qualifizierte elektronische Signatur ausreichend ist. Die Frist zur Ausübung des Rücktrittsrechts beginnt mit Übermittlung bzw Übergabe von Versicherungsschein und Versicherungsbedingungen einschließlich der Bestimmungen über die Prämienfestsetzung oder -änderung, der Erteilung verschiedener Informationen und der Belehrung über das Rücktrittsrecht an den Verbraucher. Es erlischt aber jedenfalls spätestens einen Monat nach dem Zugang des Versicherungsscheins und der Belehrung über das Rücktrittsrecht.

Im Bereich der Lebensversicherung kann der Verbraucher binnen 30 Tagen nach seiner Verständigung vom Zustandekommen des Vertrages samt Bekanntgabe der Anschrift des Versicherers und Belehrung über das Rücktrittsrecht von diesem zurücktreten.

Kein Rücktrittsrecht besteht bei Kurzzeitverträgen mit einer Laufzeit von weniger als sechs Monaten.

## Rücktrittsrecht von Wertpapiergeschäften

Zur Abwehr von Überrumpelungen von Verbrauchern bei Wertpapiergeschäften hat der Gesetzgeber im Wertpapieraufsichtsgesetz (WAG) eine Reihe von Schutzbestimmungen und insbesondere eine Modifikation des Rücktrittsrechtes von Haustürgeschäften (siehe Seite 177 ff) geschaffen.

So ist es allen Unternehmen, die auf dem Kapitalmarkt tätig sind, verboten, Verbraucher zum Zweck der Werbung für den Erwerb von Wertpapieren oder zum Zweck des Abschlusses von Verträgen über Veranlagungen aufzusuchen, wenn nicht eine Einladung des Verbrauchers vorliegt. Auch ist Telefon- und Faxwerbung untersagt, es sei denn, der Verbraucher hätte zuvor sein Einverständnis gegeben; die Zulässigkeit dieser Werbeform wie auch der Werbung über E-Mail und SMS richtet sich nach § 107 TKG (siehe dazu genauer Seite 20 f).

Wenn der Verbraucher seine Vertragserklärung auf den Erwerb bestimmter Veranlagungen oder Wertpapiere außerhalb der Geschäftsräume des Unternehmers abgibt, dann kann er davon gemäß § 3 KSchG (siehe Seite 177 ff) auch dann zurücktreten, wenn er die Geschäftsverbindung zum Unternehmer selbst angebahnt hätte.

**TIPP**

Im Fall des übereilten Abschlusses von Wertpapiergeschäften holen Sie sofort rechtlichen Rat ein, ob Sie vom Vertrag allenfalls noch zurücktreten können.

## Rücktritt bei Immobiliengeschäften

Dieses Rücktrittsrecht betrifft jegliche Verträge mit Bauträgern, Wohnungseigentumsorganisatoren und auch privaten Hauseigentümern, ja sogar Privatpersonen. Es gilt nicht nur gegenüber Immobilienmaklern.

**Rücktritt vom Hauskauf**

Herr Reich interessierte sich für ein Einfamilienhaus. Aufgrund eines Inserates eines Immobilienmaklers nahm er Kontakt auf und bekam zunächst die Grundstückadresse des Objektes seiner Begierde genannt. Er besichtigte das Objekt von außen. Zwei Tage später wurde das Haus – mit dem Makler – auch innen besichtigt und ein Kaufanbot unterzeichnet. Am Tag darauf wollte der Makler ein neues – inhaltlich identes – Anbot unterzeichnet bekommen. Das Anbot vom Vortag wurde vernichtet.

Herr Reich erklärte binnen einer Woche seit Unterzeichnung des ersten Anbotes seinen Rücktritt gemäß § 30a KSchG. Der Makler wies den Rücktritt zurück, da das Anbot nicht am Tag der Erstbesichtigung (von außen) unterzeichnet worden wäre bzw weil das zweite Anbot eben erst einen Tag nach der Zweitbesichtigung (innen) erstellt worden sei.

Damit blitzte der Makler bei Gericht ab: Eine Außenbesichtigung eines Einfamilienhauses stellt keine „Erstbesichtigung" im Sinne des § 30a Abs 1 KSchG dar. Wird am Tag der erstmaligen Besichtigung (von innen) ein Anbot unterfertigt, so besteht das Rücktrittsrecht nach § 30a KSchG auch dann, wenn das unterfertigte Anbot am Tag danach durch ein – abgesehen vom Datum identes – Anbot ersetzt wird (OLG Wien 11.3.1998, 3 R 7/98s, KRES 1b/52).

Wesentlich für das Rücktrittsrecht ist nur, dass der Wohninteressent selbst Verbraucher ist und der Erwerb der Wohnung der Deckung eines dringenden Wohnbedürfnisses des Verbrauchers selbst oder eines nahen Angehörigen dienen soll.

Dieses Rücktrittsrecht erfasst sowohl den Erwerb eines Bestandrechtes (Miete) als auch sonstiger Gebrauchs- oder Nutzungsrechte sowie den Erwerb des Eigentums an einer Wohnung oder aber auch an einem Einfamilienhaus. Auch der Erwerb eines Grundstückes zwecks Errichtung eines Eigenheimes wird von der Regelung erfasst.

**Musterbrief „Rücktritt von Immobiliengeschäft"**

Max Muster
Nirgendwostraße 12/16
1010 Wien

Duoreal Immobilien GesmbH
Chorknabengasse 12
1180 Wien

Wien, 2012 07 12

Betrifft: Kaufanbot vom 6. Juli 2012
Wohnung Salettlgasse 2/4, 1010 Wien
Rücktritt gemäß § 30a Konsumentenschutzgesetz

Sehr geehrte Damen und Herren,

wir haben für den 6. Juli 2012 einen Besichtigungstermin für die von Ihnen in einem Zeitungsinserat angebotene Wohnung, Salettlgasse 2/4, 1010 Wien, vereinbart. Anlässlich der Wohnungsbesichtigung habe ich ein Kaufanbot für diese Wohnung unterzeichnet und mich zugleich verpflichtet, Ihnen für den Fall des Zustandekommens des Kaufvertrages eine Provision in der Höhe von drei Prozent des Kaufpreises zu bezahlen.

Ich trete von meinem Kaufanbot sowie vom Vermittlungsauftrag gemäß § 30a Konsumentenschutzgesetz sowie aus jedem anderen tauglichen Rechtsgrund innerhalb offener Frist zurück.

Eine Kopie dieses Schreibens geht auch an den mir von Ihnen genannten Verkäufer, Herrn Peter Struzzi.

Mit freundlichen Grüßen

Vom Rücktrittsrecht können Verbraucher dann Gebrauch machen, wenn eine Vertragserklärung (zB Unterzeichnung eines Miet- oder Kaufanbotes) am selben Tag abgegeben wurde, an dem die Wohnung zum ersten Mal besichtigt wurde. Unerheblich ist der Ort der Unterzeichnung. Ist ein Makler eingeschritten und wird die Rücktrittserklärung an diesen gerichtet, so gilt sie auch für einen mit der Vertragserklärung (Anbot) abgeschlossenen Maklervertrag (Provisionsvereinbarung). Der Makler kann in diesem Fall also keine Rücktrittsprovision verlangen.

Vor Ablauf der Rücktrittsfrist können Anzahlungen oder Angelder nicht wirksam vereinbart und dürfen auch nicht entgegengenommen werden.

Der Rücktritt kann binnen einer Woche nach Abgabe der Vertragserklärung erklärt werden. Die Frist für den Rücktritt beginnt erst zu laufen, wenn der Konsument eine Zweitschrift seiner Vertragserklärung und eine schriftliche Belehrung über das Rücktrittsrecht erhalten hat. Ohne Erhalt einer Belehrung erlischt es spätestens einen Monat nach dem Tag der erstmaligen Besichtigung.

## Rücktritt von Bauträgerverträgen

Auch im Bauträgervertragsgesetz (BTVG) wurden zwei Rücktrittsrechte verankert. Rücktritte sind möglich, wenn entweder der Wohnungsinteressent nicht eine Woche vor Vertragserklärung alle Unterlagen erhält oder wenn eine dem Vertrag zugrunde gelegte Wohnbauförderung unterbleibt.

## Rücktritt bei nicht rechtzeitigem Erhalt der Vertragsunterlagen

Der Erwerber einer Wohnung sollte vom Bauträger spätestens eine Woche vor der geplanten Vertragsunterzeichnung alle wesentlichen Unterlagen schriftlich erhalten. Dies sind insbesondere

- alle wesentlichen Informationen über den Vertragsinhalt (bestimmt bezeichneter Vertragsgegenstand inklusive Pläne, Baubeschreibung, Ausstattung und Zustand des Objektes, allenfalls der Hinweis auf die Lage in einer Gefahrenzone, zum Beispiel hinsichtlich Lawinen oder Hochwasser bzw Altlasten, das zu zahlende Entgelt und dessen Fälligkeit, der späteste Übergabetermin, allenfalls zu übernehmende Lasten, die Art der Sicherung und der Treuhänder, sofern ein solcher zu bestellen ist);
- der genaue Wortlaut der geplanten Absicherung des Erwerbers.

Ist der Bauträger damit säumig, dann kann der Verbraucher seinen Rücktritt erklären.

Der Rücktritt ist bis zum Zustandekommen des Vertrags oder danach binnen 14 Tagen zu erklären. Die Frist beginnt mit dem Tag, an dem der Erwerber die genannten Informationen und eine schriftliche Belehrung über das Rücktrittsrecht erhalten hat, nicht aber vor dem Zustandekommen des Vertrags. Es erlischt – sofern eine solche Belehrung nicht erfolgt – spätestens sechs Wochen nach dem Zustandekommen des Vertrags. Der Rücktritt kann gegenüber dem Bauträger oder gegenüber dem Treuhänder erklärt werden. Zu den formellen Voraussetzungen verweist das BTVG auf § 3 Abs 4 KSchG (Seite 183 ff). Der Rücktritt muss daher schriftlich verfasst werden und es genügt, die Erklärung innerhalb der Vierzehntagefrist abzusenden.

## Rücktritt wegen Unterbleibens der Wohnbauförderung

Wenn eine von den Parteien dem Vertrag zugrunde gelegte Wohnbauförderung ganz oder in erheblichem Ausmaß unterbleibt, kann der Erwerber ebenfalls binnen zweier Wochen vom Vertrag zurücktreten. Die Gründe für das Unterbleiben der Förderung dürfen allerdings nicht beim Erwerber liegen. Dies wäre zB der Fall, wenn der Erwerber erforderliche Unterschriften nicht leistet oder andere Schritte, die zur Erlangung der Förderung notwendig sind, unterlässt.

Wenn die Wohnbauförderung ganz oder in erheblichem Ausmaß unterbleibt, beginnt die Frist von zwei Wochen für den Rücktritt zu laufen, sobald der Erwerber vom Unterbleiben der Förderung Kenntnis und gleichzeitig oder danach eine schriftliche Belehrung über das Rücktrittsrecht erhalten hat. Ohne Belehrung erlischt das Recht jedenfalls spätestens sechs Wochen nach Kenntnis des Wegfalls der Förderung.

## Rücktritt vom Verbraucherkreditvertrag

Von einem Kreditvertrag kann der Verbraucher binnen 14 Tagen ohne Angabe von Gründen zurücktreten. Die Frist beginnt mit dem Tag des Vertragsabschlusses. Das Verbraucherkreditgesetz (VKrG) sieht umfangreiche Informationspflichten des Kreditgebers gegenüber dem Verbraucher vor (Seite 94). Sollte der Verbraucher diese Informationen nicht erhalten haben, beginnt die Rücktrittsfrist erst mit deren Erhalt zu laufen. Der Rücktritt muss auf Papier oder einem anderen dauerhaften Datenträger erklärt und innerhalb der Frist abgesendet werden. Spätestens binnen 30 Kalendertagen nach Absenden der Rücktrittserklärung hat der Verbraucher dem Kreditgeber den ausbezahlten Betrag samt den seit der Auszahlung aufgelaufenen Zinsen und den Zahlungen, die der Kreditgeber an öffentliche Stellen entrichtet hat (zB Kreditvertragsgebühr) zurückzuzahlen. Der Rücktritt gilt auch für eine allfällige Vereinbarung über eine Restschuldversicherung oder sonstige Leistungen, die der Verbraucher im Zusammenhang mit dem Kreditvertrag erhalten hat. Das Rücktrittsrecht gilt nicht für hypothekarisch gesicherte Kredite, wohl aber auch für bestimmte Leasingverträge und bei entgeltlichen Zahlungsaufschüben, die sonstige Unternehmer (nicht Banken) Verbrauchern gewähren.

# Leistungsstörungen

Ein Vertrag wurde abgeschlossen. Jetzt geht es darum, dass sich die Beteiligten auch an alles halten, was sie vereinbart haben. Wenn bei der Abwicklung eines Vertrages Probleme auftreten, dann sprechen Juristen von „Leistungsstörungen". Da im Konsumentenalltag nur selten alles glatt geht, geben wir Ihnen im Folgenden die nötigen Tipps.

## Vieles kann schief gehen

Denken Sie nur an das, was Ihnen bereits alles widerfahren ist. Ursachen für Ärger gibt es wirklich mehr als genug. Im Wesentlichen können folgende Probleme auftauchen:

- Der Unternehmer hält sich nicht an die vereinbarte Lieferfrist. Juristen sagen: Er gerät mit seiner Leistung in **Verzug**.

> **Das Warten auf die Küche ...**
> Frau Reiter bestellt im Juni 2012 im Möbelhaus „Klex" eine Einbauküche und vereinbart, dass die Küche in der 34. Woche geliefert und montiert wird. Als sie sich am 21.8.2012 nach dem Liefertermin erkundigt, muss sie erfahren, dass sich die Lieferung verzögert. Der Zulieferer aus Italien hat wegen eines Streiks noch nicht geliefert. Sie möge sich bis Ende September 2012 gedulden. Muss Frau Reiter dies hinnehmen?

- Der Unternehmer liefert zwar fristgerecht, die gelieferte Ware hat aber Mängel. In einem solchen Fall geht es um gesetzliche **Gewährleistung** beziehungsweise um eine möglicherweise vertraglich vereinbarte **Garantie.**

> **Der neue CD-Player geht nicht**
> Herr Berger kaufte im Elektromarkt „Blitz" eine Stereoanlage, bestehend aus Verstärker, Kassettenrecorder und CD-Player. Er kämpft sich durch die Bedienungsanleitungen und muss bei der Inbetriebnahme des CD-Players feststellen, dass der Suchlauf nicht funktioniert. Als er diesen Mangel des Gerätes bei „Blitz" reklamiert, bekommt er den Tipp, er möge das Gerät gleich selbst zum Hersteller tragen und dort richten lassen. Muss Herr Berger sich abweisen lassen?

- Der Unternehmer liefert ein mangelhaftes Werk ab. Durch den Mangel entstehen überdies noch Folgeschäden. Somit stellt sich die Frage, ob der Unternehmer **Schadenersatz** leisten muss.

> **Die rostigen Wasserrohre**
>
> Familie Mayer ließ durch die Baufirma „Hohlziegel" ein Einfamilienhaus errichten. Der von „Hohlziegel" als Subunternehmer beschäftigte Installateur Kupfer verletzte bei der Installation der Wasserrohre die sogenannte „Fließregel": Er kombinierte Eisenrohre mit Kupferrohren. Erst fünf Jahre nach Übergabe des Hauses muss Familie Mayer an verschiedenen Stellen des Rohrsystems undichte Stellen feststellen. Ein Sachverständiger bestätigt, dass es sich dabei um Roststellen handelt. Dieser Rost werde durch die Kombination der beiden Metalle in einer Leitung hervorgerufen. Das gesamte Rohrsystem wäre auszuwechseln. Die Baufirma „Hohlziegel" verweist auf den Ablauf der Gewährleistungsfrist von drei Jahren und weist im Übrigen jede Schuld für die Tätigkeit des Installateurs Kupfer weit von sich. Muss Familie Mayer den Schaden selbst tragen?

- Schließlich kann es noch vorkommen, dass ein Unternehmen eine Leistung bietet, die weit weniger wert ist, als dies bei Vertragsabschluss angenommen wurde. Dann könnte **Wucher** oder **Verkürzung über die Hälfte** vorliegen. Und ein solcher Vertrag ist eventuell anfechtbar.

> **Die Jugendstil-Vase um 900 Euro**
>
> Frau Bergmann kauft in einem Antiquitätengeschäft eine sogenannte „Jugendstil"-Vase zum Kaufpreis von € 900. Als wenige Wochen später ein Bekannter – zufällig ein Gutachter für Kunstgegenstände – bei ihr zu Gast ist, kommt das böse Erwachen. Die Vase stammt zwar aus der Zeit des Jugendstils, ist aber eine billige Reproduktion und würde im Fachhandel höchstens rund € 360 kosten. Als Frau Bergmann vom Antiquitätenhändler ihr Geld zurückhaben will, zuckt der nur mit den Achseln und sagt: „Geschäft ist Geschäft". Was kann Frau Bergmann tun?

Auf den nächsten Seiten zeigen wir Ihnen, wie Sie sich bei solchen Leistungsstörungen erfolgreich zur Wehr setzen können.

## Verzug

Egal, ob man eine Waschmaschine, ein Auto oder den Einbau neuer Fenster bestellt: Sie können vom Unternehmer mit Recht erwarten, dass er zum vereinbarten Zeitpunkt seine Leistung ordnungsgemäß erbringt. Das gilt schließlich auch umgekehrt: Auch eine Firma erwartet wohl, dass Sie pünktlich bezahlen. Wer nun seine Leistung – sei es die Lieferung der Ware, sei es die Zahlung – nicht zum vereinbarten Zeitpunkt erbringt, der befindet sich im sogenannten Verzug. Unabhängig davon, ob der Vertragspartner den Verzug (etwa durch Schlamperei) verschuldet hat oder aber ohne jedes Verschulden (etwa wegen eines Produktionsausfalles) die Vereinbarung nicht einhalten kann: Man muss nicht ewig auf die Lieferung warten, sondern kann unter Einhaltung bestimmter Regeln vom Vertrag zurücktreten. Trifft den Vertragspartner am Verzug überdies auch ein Verschulden, dann kann man darüber hinaus Schadenersatz verlangen.

## Fälligkeit

Ein Vertragspartner ist immer dann im Verzug, wenn er zum vereinbarten Zeitpunkt seine Leistung nicht ordnungsgemäß erbringt. In der Praxis stellt sich somit als erste Frage: Wann hätte der Vertragspartner – vereinbarungsgemäß – die Leistung erbringen sollen oder anders ausgedrückt: Wann war seine Leistung fällig? Nun, es kommt auf die schriftliche (allenfalls auch mündliche) Vereinbarung zu diesem Punkt an.

**TIPP**

Je genauer Sie den Liefertermin vereinbaren, desto besser ist es. Mündliche Zusagen sollten zu Beweiszwecken unbedingt schriftlich festgehalten werden!

**Liefertermin von bis?**

- *„Lieferung am 20.4.2012"*: ein klarer Fälligkeitstag. Wird bis zum 20.4.2012, 24.00 Uhr, nicht geliefert, so ist der Schuldner ab 21.4.2012, 0.01 Uhr, in Verzug.
- *„Liefertermin: 35. Woche"*: legt den Termin weniger genau fest. Aber auch hier ist der Schuldner mit Ende des letzten Tages der 35. Woche in Verzug.
- *„Prompte Lieferung"*: eine sehr vage Formulierung. Hier wird es notwendig sein, durch einen (eingeschriebenen) Brief den Liefertermin im Sinn der Vereinbarung „prompt" zu terminisieren. Wird dieser Termin nicht eingehalten, so ist der Schuldner in Verzug.

Wurde hingegen keine Vereinbarung getroffen, dann ist eine Leistung – im Zweifel – sofort fällig, wenn sie eingemahnt wird.

**TIPP**

In vielen Fällen ist es daher notwendig, dass mit einem (eingeschriebenen) Brief überhaupt erst einmal ein Liefertermin schriftlich festgesetzt wird. Erst wenn dieser Termin vom Unternehmer nicht eingehalten wird, tritt der Verzug ein.

**Musterbrief „Setzung einer Lieferfrist bei unbestimmtem Liefertermin"**

Max Muster
Nirgendwostraße 12/16
1010 Wien

Möbelfix AG
Paraventstraße 24
5020 Salzburg

Wien, 2012 06 12

Betrifft: Bestellung einer Einbauküche vom 24. 4. 2012
Liefertermin – Auftrag Nr. 2103

Sehr geehrte Damen und Herren,

ich habe am 24. 4. 2012 in Ihren Schauräumen die Lieferung und Montage der Einbauküche „Rotkäppchen" zu einem Kaufpreis von € 9.300 bestellt. Auf einen konkreten Liefertermin wollte sich Ihr Angestellter nicht festlegen; er hat mir jedoch die baldige Lieferung zugesagt.

Nachdem ich nun bereits mehrmals erfolglos telefonisch urgiert habe, setze ich Ihnen hiermit eine nunmehr verbindliche Lieferfrist bis spätestens zum

**30. 6. 2012**

und ersuche Sie, sich wegen eines konkreten Liefertermines mit mir telefonisch (01/15 03 861) ins Einvernehmen zu setzen.

In Erwartung Ihrer fristgerechten Lieferung verbleibe ich

mit freundlichen Grüßen

## Ordnungsgemäße Lieferung

Doch pünktliche Lieferung ist noch nicht alles. Der Vertragspartner muss seine Leistung auch in der vereinbarten Art und Weise erbringen. Stellen sich bereits bei der Lieferung offene Mängel heraus oder wird überhaupt etwas ganz anderes geliefert, als man bestellt hat, dann kann man die nicht ordnungsgemäße Leistung zurückweisen. Damit gerät der Vertragspartner wiederum in Verzug.

**Ohne Airbag geliefert**

Herr Müller hat einen Neuwagen mit Airbag bestellt. Als er das Fahrzeug vom Autohändler „Rasant" abholen will, muss er feststellen, dass dasselbe Modell – aber ohne Airbag – zur Auslieferung bereitgehalten wird. Obwohl der Händler versichert, er werde den Airbag beim 1.000-km-Service nachträglich einbauen, bleibt Herr Müller hart: Das bereitgehaltene Fahrzeug entspricht nicht seiner Bestellung. Er verweigert daher die Übernahme und besteht auf Lieferung eines Fahrzeuges mit Airbag.

**TIPP**

Prüfen Sie die Ware bei Übergabe genau auf Mängel. Verweigern Sie die Übernahme, wenn Sie Abweichungen von der Bestellung feststellen.

Die Übergabe muss in Wirklichkeit nicht immer die förmliche Übergabe der Ware aus der Hand des Unternehmers in die Hand des Verbrauchers sein. So wird eine Wohnung in der Regel durch die Aushändigung der Wohnungsschlüssel übergeben, ein Bauwerk durch Begehung und Aufnahme eines Übergabeprotokolls und ein Waldgrundstück kann durch das gemeinsame Abschreiten der Grenzen übergeben werden.

Die Verweigerung der Übernahme bei Vorliegen von Mängeln bedeutet, dass man die Leistung des Unternehmers nicht als vertragsgemäße Leistung anerkennt und dies auch klar zum Ausdruck bringt. Am deutlichsten zeigt man dies, indem man die Ware nicht entgegennimmt und dies auch schriftlich (eingeschriebener Brief) begründet. Aber auch der Vermerk auf einem Lieferschein: „Keine Annahme der Einbauküche, weil folgende Mängel festgestellt wurden: …" bringt eine Verweigerung der Übernahme der Ware zum Ausdruck. Die – gerechtfertigte – Verweigerung der Übernahme hat jedenfalls eine Konsequenz: Man kann weiterhin ordnungsgemäße Leistung verlangen und allenfalls auch vom Vertrag zurücktreten.

**TIPP**

Liefert ein Unternehmen entweder nicht fristgerecht oder nicht ordnungsgemäß, können Sie im Gegenzug auch die Zahlung zurückbehalten.

## Folgen des Verzuges

Nehmen wir an, eine Firma hat Ihnen nun entweder nicht fristgerecht oder zwar pünktlich, aber etwas anderes oder Mangelhaftes geliefert. Unabhängig davon, ob dieses Unternehmen daran ein Verschulden trifft – Sie haben nun grundsätzlich zwei Möglichkeiten:

- Sie können vom Vertragspartner weiterhin Erfüllung des Vertrages verlangen und ihn allenfalls sogar auf Erfüllung klagen.
- Sie geben dem Unternehmer sozusagen noch eine Chance und fordern ihn auf, seine Leistung innerhalb einer – angemessenen! – Frist nachzuholen. Mit dieser Aufforderung sollten Sie auch gleich ankündigen, dass Sie vom Vertrag zurücktreten, wenn es abermals nicht klappen sollte.

**Musterbrief „Setzung einer Nachfrist samt Rücktrittsdrohung"**

Max Muster
Nirgendwostraße 12/16
1010 Wien

Möbelfix AG
Paraventstraße 24
5020 Salzburg

Wien, 2012 07 03

Betrifft: Bestellung einer Einbauküche vom 24. 4. 2012
Nachfrist – Bestellnummer 4711

Sehr geehrte Damen und Herren,

ich habe am 24. 4. 2012 in Ihren Schauräumen die Lieferung und Montage der Einbauküche „Rotkäppchen" zu einem Kaufpreis von € 9.300 bestellt. Mit Schreiben vom 12. 6. 2012 habe ich Ihnen eine Lieferfrist bis zum 30. 6. 2012 eingeräumt. Diese Lieferfrist ist zwischenzeitlich ungenutzt verstrichen. Damit befinden Sie sich im Lieferverzug.

Ich setze Ihnen daher nunmehr eine angemessene Nachfrist von drei Wochen bis spätestens zum

**21. 7. 2012**

und erkläre bereits jetzt, für den Fall, dass auch dieser Termin ungenützt verstreichen sollte, meinen Rücktritt vom Kaufvertrag und fordere für diesen Fall die Rückzahlung der Anzahlung samt vier Prozent Zinsen seit dem Tag der Zahlung.

Ich weise Sie auch darauf hin, dass ich in diesem Fall die Einbauküche bei einem anderen Händler beschaffen werde. Sollten daraus Mehrkosten entstehen, so würde ich von Ihnen die Differenz aus dem Titel des Schadenersatzes ersetzt verlangen.

Ich ersuche Sie, sich wegen eines konkreten Liefertermins mit mir telefonisch (01/15 03 861) ins Einvernehmen zu setzen.

Mit freundlichen Grüßen

Im Fall des – gerechtfertigten – Rücktrittes müssen Sie natürlich auch nichts mehr bezahlen. Bereits geleistete Zahlungen können Sie samt Zinsen zurückfordern. Es könnte überdies für Ihren säumigen Vertragspartner noch dicker kommen: Hat er den Verzug selbst verschuldet, kann er zum Schadenersatz herangezogen werden. Das gilt für Schäden aus verzögerter Lieferung ebenso wie für die Mehrkosten einer Ersatzbeschaffung im Fall Ihres Rücktrittes vom Vertrag.

Der Rücktritt vom Vertrag ist nur wirksam, wenn er – so der Gesetzgeber – „unter Setzung einer angemessenen Frist zur Nachholung", also einer angemessenen **Nachfrist,** erfolgt.

Wichtig ist, dass die Nachfrist mit der Rücktrittserklärung verbunden ist. Es reicht also nicht aus, Erfüllung des Vertrages zu verlangen und sich den Rücktritt nur vorzubehalten oder zunächst einige Zeit zuzuwarten und dann (ohne Nachfrist) gleich zurückzutreten.

Die Nachfrist muss angemessen sein. Dabei sind alle Umstände des Einzelfalles und sowohl die Interessen des Schuldners (an der Erbringung der Leistung) als auch des Gläubigers (nicht ewig warten zu müssen) zu berücksichtigen. Es muss dem Schuldner möglich sein, die Leistung nachzuholen, nicht aber jetzt erst mit den Leistungsvorbereitungen zu beginnen. Ebenso ist zu berücksichtigen, wie dringend der wartende Vertragspartner die Leistung bereits benötigt.

**TIPP**

Es kommt sehr auf die Umstände des Einzelfalles an. Aber üblicherweise wird eine Nachfrist von zwei Wochen ausreichend sein. Bei Bauaufträgen, bei Neuwagen und im Möbelhandel können Fristen von drei bis vier Wochen angemessen sein.

Nur dann, wenn der Unternehmer die Erfüllung ernstlich und endgültig verweigert, kann man von einer Nachfristsetzung absehen und sofort den Rücktritt vom Vertrag erklären.

**Mit Airbag – geht nicht mehr**

Nehmen wir das Beispiel von Seite 205. Der Autohändler „Rasant" teilt mit, dass ein Fahrzeug der bestellten Marke und Type nicht mehr mit (dem an sich bestellten) Airbag erzeugt wird und daher auch nicht mehr geliefert werden kann. In diesem Fall kann Herr Müller – ohne Nachfristsetzung – sofort vom Vertrag zurücktreten.

Wichtig ist, dass die Nachfrist „angemessen" ist. Wurde nämlich die Nachfrist zu kurz bemessen und der Unternehmer erbringt seine Leistung zwar nicht innerhalb der gesetzten, aber einer angemessenen Nachfrist, hat die Rücktrittserklärung keine Wirkung.

**Fünf Tage, aber pronto ...**

Herr Gruber hat bei der Firma „Rimini" italienische Designermöbel bestellt und eine Lieferfrist von sechs Wochen vereinbart. Als die Firma „Rimini" nicht fristgerecht liefert, setzt Herr Gruber eine „angemessene Nachfrist" von fünf Tagen und erklärt ansonsten den Rücktritt vom Vertrag. Die Firma „Rimini" teilt sofort schriftlich mit, dass die fünftägige Frist zu kurz ist und sie die Möbel binnen zwei Wochen liefern werde. Tatsächlich erfolgt die Lieferung dann 10 Tage nach dem ursprünglich vereinbarten Liefertermin. Diese Lieferung kann Herr Gruber nicht zurückweisen, sein Rücktritt ist nicht wirksam.

Wenn sich der Unternehmer aber innerhalb der gesetzten Frist nicht meldet und keine Verlängerung der Frist für die Leistung verlangt (und die Leistung auch nicht in der angemessenen First erbringt), dann ist der Rücktritt – trotz allenfalls zu kurzer Nachfrist – wirksam. Der Unternehmer kann sich später also nicht darauf berufen, die Nachfrist sei zu kurz gewesen.

Herr Schüchtern hatte an einen Partnervermittler € 2.500 bezahlt, um innerhalb von 24 Monaten 24 Partnerinnenvorschläge zu bekommen. Zwar bekam er Vorschläge von Partnerinnen, doch jeweils ohne Angabe von Telefonnummer oder Adresse. Er konnte aktiv also keinen Kontakt aufnehmen. Die vermittelten Damen haben aber auch von sich aus nicht mit ihm Kontakt aufgenommen. Herr Schüchtern ist daher – wegen Leistungsverzuges des Unternehmers – vom Vertrag zurückgetreten und hat die Rückzahlung des Honorars verlangt.

Vor Gericht wendete der Unternehmer ein, dass der Verbraucher ihm eine angemessene Nachfrist hätte setzen müssen, bevor er vom Vertrag hätte zurücktreten können. Das Berufungsgericht gab der Klage dennoch statt. Der Unternehmer muss den Verbraucher über die Notwendigkeit einer Nachfristsetzung aufklären, ansonsten ist ein Rücktritt auch ohne Nachfrist bei Verzug des Unternehmers rechtswirksam. (LGZ Wien 8.4.1998, 35 R 289/98, KRES 8/71)

Oft sehen Allgemeine Geschäftsbedingungen vor, wie lange die vom Kunden zu setzende angemessene Nachfrist dauern soll. Im Regelfall wird man diese Frist einhalten und im Fall des Verzuges eine entsprechende Nachfrist setzen. Unternehmer versuchen jedoch, sich auf diese Weise oft sehr lange Nachfristen auszubedingen. Der Gesetzgeber hat daher festgelegt, dass unangemessen lange Fristen in den AGB unwirksam sind.

**Kein Warten auf St. Nimmerlein**

Die Festlegung einer Nachfrist von mindestens acht Wochen in den AGB eines Möbelhändlers wurde von der Rechtsprechung als unangemessen lange Bindung des Verbrauchers an den Vertrag und damit als sittenwidrig und unwirksam erkannt (OLG Wien 30.3.1994, 4 R 3/94, KRES 1h/7).

## Fixgeschäfte

Wenn die Vertragspartner vereinbaren, dass die Leistung zu einem bestimmten Zeitpunkt erbracht werden muss, da sonst der Vertrag automatisch als aufgelöst gilt, handelt es sich um ein sogenanntes Fixgeschäft. Ein solches Fixgeschäft wird etwa durch die Formulierung: „Lieferung am 20.4.2012 – Fixtermin“ beschrieben.

Ist für den Vertragspartner aus dem Sinn und Zweck der Leistung klar erkennbar, dass diese nur zum vereinbarten Termin oder gar nicht zu erbringen ist, dann liegt ebenfalls ein – stillschweigend vereinbartes – Fixgeschäft vor.

**Der Hochzeitsfotograf**

Ein Fotograf wird zum Standesamt bestellt, um Hochzeitsbilder zu knipsen. Auch ohne besondere Vereinbarung gilt, dass im Fall der Verspätung der Vertrag aufgelöst ist, weil ein typisches Fixgeschäft vorliegt.

Gerät der Schuldner beim Fixgeschäft in Verzug, so ist der Vertrag hinfällig. Man braucht – naturgemäß – weder eine Nachfrist zu setzen noch ausdrücklich seinen Rücktritt zu erklären.

## Rückabwicklung

Durch den Rücktritt vom Vertrag wird man von der eigenen Leistungsverpflichtung befreit. Man braucht also zum Beispiel keine Zahlung zu leisten. Bereits geleistete Zahlungen können samt gesetzlichen Zinsen (derzeit 4 % p.a.) ab dem Tag der Zahlung zurückgefordert werden.

## Schadenersatz

Hat der Vertragspartner den Verzug überdies verschuldet, ist es außerdem möglich, Schadenersatz zu verlangen. Im Fall des Rücktrittes kann der Schaden in jenem Betrag bestehen, den man nun mehr bezahlen muss, um sich dieselbe Ware bei einem anderen Unternehmer zu besorgen.

**Die verschlampte Autobestellung**

Herr Müller bestellt einen PKW zum Preis von € 22.800. Der Händler verschlampt den Kaufvertrag und vergisst daher, das Fahrzeug zu ordern. Erst nach Ablauf der sechswöchigen Lieferfrist und aufgrund einer Urgenz von Herrn Müller klärt sich der Irrtum des Händlers auf. Nun bestehen Engpässe bei der Auslieferung des Fahrzeuges. Wenn der Händler erst jetzt die Bestellung weitergibt, dann müsste Herr Müller auf sein Fahrzeug sogar sechs Monate warten. Daher erklärt Herr Müller seinen Rücktritt vom Vertrag. Er braucht den Kaufpreis nicht zu bezahlen. Da der Händler diesen Verzug überdies auch klar verschuldet hat, kann Herr Müller seine Mehrkosten, die darin bestehen, dass bei einem anderen Händler – der den gleichen Pkw noch lagernd hatte – dieser Wagen € 24.600 kostet, geltend machen. Herr Müller verlangt also von dem säumigen Händler auch einen Schadenersatz in Höhe von € 1.800.

Verlangt man dagegen weiter die Erfüllung des Vertrages, dann kann man nur Schäden aus der Verspätung der Leistung geltend machen.

**Das Haus wird nicht fertig ...**

Familie Neureich hat ein Einfamilienhaus gekauft. Die Finanzierung des Kaufpreises war knapp kalkuliert und daher wurde die vorhandene Mietwohnung bereits für ein Monat nach der geplanten Fertigstellung und Übergabe des Hauses aufgekündigt. Nun verzögert sich die Fertigstellung des Hauses um drei Monate. In dieser Zeit stünde Familie Neureich nun auf der Straße. Also muss sich Familie Neureich – zum Übergang – ein Appartement mieten. Diese Mehrkosten kann sie von der Baufirma ersetzt verlangen, wenn diese an der Verzögerung ein Verschulden trifft.

Keinen Schadenersatz gibt es für all jene Stunden (Freizeit, Urlaub), die man selbst zu Hause mit dem Warten auf eine Lieferung zubringt, die dann entweder gar nicht oder nicht ordnungsgemäß erfolgt. Nur wenn man jemanden dafür bezahlt, dass er die Lieferung erwartet und diese Kosten – mangels Lieferung – nutzlos ausgegeben wurden, dann kann man – trifft den Unternehmer am Verzug ein Verschulden – diese Kosten als Schadenersatz geltend machen.

**Die Bedienerin springt ein ...**

Frau Renner hat eine Einbauküche bestellt. Nachdem bei einem ersten Liefertermin – als sie sich in ihrer Firma extra freigenommen hatte – niemand erschienen war, beauftragte sie ihre Bedienerin, beim nächsten Liefertermin die Küche in Empfang zu nehmen. Als wieder niemand erscheint und daher die Kosten für die Bedienerin unnütz ausgegeben wurden, verlangt Frau Renner diesen Betrag nun von der Möbelfirma als Schadenersatz ersetzt. Für ihre verlorene Zeit beim ersten Lieferungstermin kann sie jedoch keinen Ersatz verlangen.

In Bauverträgen ist es üblich, für jeden Tag (jede Woche) einer verzögerten Fertigstellung beziehungsweise Übergabe des Bauwerkes eine bestimmte Vertragsstrafe – auch „Pönale" genannt – zu vereinbaren. Sie müssen dann einen konkreten Schaden nicht auch noch nachweisen, sondern bekommen einen pauschalierten Schadenersatz für die verzögerte Fertigstellung. Haben Sie eine solche Vereinbarung jedoch nicht im Vertrag festgelegt, dann können Sie für Verzögerungen mit der Fertigstellung des Bauwerkes keine solche Pönale verlangen.

## Ansprüche geltend machen

Wird eine Ware nicht rechtzeitig geliefert, ist man oft versucht, die Sache telefonisch zu regeln. Häufig wird man jedoch dann immer wieder auf neue Termine vertröstet. Deshalb ist – von Beginn an – die schriftlich erklärte Nachfrist samt Erklärung des Rücktrittes für den Fall der Versäumung ein viel stärkeres Druckmittel. Auf Ersuchen des Unternehmers kann man die Nachfrist immer noch verlängern.

Da man wohl nicht ewig auf eine Ware warten wird, wird man irgendwann die Konsequenz ziehen und – unter Setzung einer letzten angemessenen Nachfrist – vom Vertrag zurücktreten. Bereits bezahlte Anzahlungen kann man nun postwendend zurückverlangen. Trifft den Unternehmer am Verzug ein Verschulden, dann kann man sogar noch Schadenersatz geltend machen. Sollten Sie dafür klagen müssen, werden Sie die Fälligkeit der Leistung, den Verzug und die Setzung einer Nachfrist beweisen müssen.

Bestreitet der Unternehmer die Angemessenheit der Nachfrist, dann liegt es an ihm, darzulegen, weshalb die Frist zu kurz gewesen wäre.

**Das Warten auf die Küche ...**

In unserem Beispiel von Seite 213 nimmt Frau Reiter nunmehr die Sache in die Hand. Sie wird zunächst in den AGB des Möbelhauses „Klex" nachsehen, ob dort eine Nachfrist vorgeschrieben ist. Sollte eine Nachfrist von zum Beispiel „4 Wochen" enthalten sein, so wird sie sich – um unnötigen Streit zu vermeiden – an diese Frist halten und sofort in einem eingeschriebenen Brief an die Firma „Klex" unter Hinweis auf den Lieferverzug und auf die AGB des Unternehmens eine angemessene Nachfrist bis 20.9.2012 setzen. Sollte bis dahin keine Lieferung erfolgen, so erklärt sie bereits jetzt in dem Schreiben ihren Rücktritt vom Vertrag, fordert ihre Anzahlung zurück und droht an, Schadenersatz für die Ersatzbeschaffung in einem anderen Möbelhaus in Rechnung zu stellen.

# Mängel

Wer eine Ware (zum Beispiel ein Elektrogerät) kauft oder ein Werk (zum Beispiel die Verfliesung des Badezimmers) bestellt, geht zu Recht davon aus, dass die Ware oder das Werk so geliefert wird, wie es mit dem Vertragspartner vereinbart wurde beziehungsweise wie es nach den Umständen erwartet werden durfte. Weichen Ware oder Werk davon ab, so könnte man die Leistung eigentlich zurückweisen und der Unternehmer käme in Leistungsverzug (siehe Seite 214 ff). Hat man Ware oder Werk aber einmal übernommen und entdeckt man erst jetzt Mängel, dann kann man nur noch seine Rechte aus der gesetzlichen Gewährleistung geltend machen. In erster Linie bedeutet dies, dass man Verbesserung oder Austausch geltend machen kann; erst in zweiter Linie kann man Preisminderung oder gar Wandlung (= Vertragsauflösung und Rückabwicklung) verlangen.

Von der Gewährleistung ist die vertraglich eingeräumte Garantie streng zu unterscheiden. Deren Inhalt hängt von der konkreten Vereinbarung

(„Garantieschein“) ab. Im Folgenden erfahren Sie, wie Sie sich gegen mangelhafte Leistungen zur Wehr setzen können.

## Gewährleistung – Garantie

Die **Gewährleistung** ist ausdrücklich im Gesetz (im Wesentlichen im Allgemeinen Bürgerlichen Gesetzbuch und im Konsumentenschutzgesetz) geregelt.

- Der Käufer einer mangelhaften Ware hat danach den Anspruch, dass der Händler in erster Linie den Mangel behebt bzw die mangelhafte Sache austauscht oder – in zweiter Linie – eine Preisminderung gewährt oder die Sache gegen Rückzahlung des Kaufpreises zurücknimmt (Wandlung). Ob der Vertragspartner den Mangel verschuldet hat oder nicht, ist unwesentlich. Das Argument eines Händlers, er habe das Gerät ja nicht erzeugt und daher sei er für Mängel auch nicht verantwortlich, ist also unrichtig. Der Händler haftet – unabhängig vom Verschulden – für die Mangelfreiheit der Ware. Diese gesetzliche Gewährleistung kann vom Unternehmer gegenüber einem Verbraucher weder ausgeschlossen noch wesentlich eingeschränkt werden.

**TIPP**

Vorsicht bei Vertragsabschlüssen mit Privatpersonen! In Verträgen zwischen Privaten kann der Ausschluss der Gewährleistung wirksam vereinbart werden.

- Der Gewährleistungsanspruch richtet sich immer gegen den Vertragspartner, von dem man die mangelhafte Sache gekauft hat. Da man ja nur selten beim Produzenten einkauft, muss man sich also an den Händler, nicht an den Hersteller wenden.
- Die gesetzliche Frist, innerhalb der ein Gewährleistungsanspruch geltend zu machen ist, beträgt für bewegliche Sachen zwei Jahre (für unbewegliche Sachen drei Jahre). Nur für Gebrauchtwaren kann eine Einschränkung der Gewährleistungsfrist auf wenigstens ein Jahr vereinbart werden (siehe Seite 241).
- Die Behebung des Mangels hat kostenlos zu erfolgen – weder Material noch Arbeitszeit noch – falls notwendig – Wegkosten dürfen dem Konsumenten angelastet werden.
- Größtes Problem bei der Gewährleistung: Sie betrifft nur Mängel, die zum Zeitpunkt der Übergabe der Ware bestanden haben. Tritt ein Man-

gel daher erst im Lauf der Gewährleistungsfrist – durch Abnützung oder Fehlbedienung – auf und kann man ihn auch nicht auf einen – wenn auch verborgenen – Mangel zurückführen, der schon beim Kauf bestanden hat, dann ist das schlicht Pech. Ein Gewährleistungsanspruch besteht in diesem Fall nicht.

Die **Garantie** – oft ein marktschreierisches Werbeargument – ist eine freiwillige, vertragliche Zusage des Händlers oder Herstellers, für Mängel einzustehen. Der Gesetzgeber hat nur wenige formale Erfordernisse für Garantiezusagen geregelt. Der Inhalt einer Garantiezusage ist daher nicht aus dem Gesetz, sondern vielmehr aus der Garantieerklärung zu entnehmen.

- Daher bestimmt sich der Umfang der Garantieleistungen ausschließlich nach den Garantiebedingungen. Meist wird aber Reparatur oder Austausch der mangelhaften Sache zugesagt. Manchmal müssen Sie, um überhaupt in den Genuss der Garantie zu kommen, auch noch gewisse Bedingungen erfüllen – zum Beispiel eine Garantiekarte ausfüllen und zurücksenden oder ein regelmäßiges Service durchführen lassen.

**Gefinkelte Garantiezusagen**

Im Kaufvertrag über einen Neuwagen fand sich in den Bedingungen für eine sechsjährige „Rostschutzgarantie" die Klausel, dass sich die Garantie nur auf „Durchrostschäden von innen nach außen" beziehe. Nach etwa zwei Jahren musste der Käufer umfangreiche Rostschäden feststellen und er beanspruchte die „Rostschutzgarantie". Der Hersteller lehnte jedoch mit dem Argument ab, dass die festgestellten Rostschäden kein Durchrosten von ganz innen nach ganz außen darstellten, sondern der Rost – so ein Sachverständiger – von der schlecht zur Lackierung vorbereiteten Außenseite des Bleches nach außen drang.

Das Gericht verstand die Garantiebedingungen im Sinne des allgemeinen Sprachgebrauches, dass durch die Formulierung „von innen nach außen" nur die Richtung des Rostfraßes angegeben werde. Die Mängel seien daher aus der Garantiezusage zu beheben (BG Mauthausen 8.2. 1991, 1 C 132/90 – in KRES 5/127).

**TIPP**

Halten Sie sich an die in den Garantiebedingungen gemachten Auflagen! Tun Sie das nicht, sind Garantieansprüche nicht mehr gegeben. Heben Sie Garantieurkunden gut auf, um sich auf die Garantiezusagen auch berufen zu können, wenn es Auffassungsunterschiede gibt.

- Garantieansprüche richten sich immer an denjenigen, der die Garantie gewährt, das ist meist der Hersteller oder der Generalimporteur und eher nur in Ausnahmefällen der Händler.
- Auch die Frist wird durch Garantiebedingungen festgelegt – oft gibt es auch abgestufte Garantien, wobei für einzelne Bestandteile länger, für andere kürzer und für manche wieder gar nicht garantiert wird.
- Viele Garantien umfassen nur einen Teil der Kosten, die bei der Mängelbehebung entstehen; manchmal muss der Konsument für Arbeitszeit, Wegkosten oder Versandspesen aufkommen.
- Großer Vorteil der meisten Garantien: Sie gelten für alle Mängel, die innerhalb der Garantiefrist entstehen; die umstrittene Frage, ob der Mangel schon beim Kauf zumindest in Ansätzen vorhanden war, kann man sich daher sparen.

**TIPP**

Innerhalb der Gewährleistungsfrist wendet man sich am besten an den Händler. Ist die Gewährleistungsfrist verstrichen oder handelt es sich um einen Mangel, der bei Übergabe der Ware noch nicht vorlag, dann ist zu prüfen, ob man aus allfälligen Garantiezusagen noch die Verbesserung oder den Austausch der Ware verlangen kann.

## Garantie

Der Gesetzgeber hat einige formale Punkte für Garantieerklärungen im Verbrauchergeschäft geregelt:

- Der Garantiegeber ist verpflichtet, den Verbraucher im Rahmen der Garantieerklärung auf das Bestehen der gesetzlichen Gewährleistungsrechte hinzuweisen; er muss auch klarstellen, dass die gesetzliche Gewährleistung durch die Garantie nicht eingeschränkt wird.
- Der Garantiegeber ist an seine Zusagen in der Garantieerklärung, aber auch an den in der Werbung bekannt gemachten Inhalt der Garantie gebunden; dies gilt auch dann, wenn nicht unmittelbar Eigenschaften der Ware betroffen sind („Geld-Zurück-Garantie“).
- Die Garantieerklärungen sollen transparent gestaltet sein: Der Unternehmer hat seinen Namen (Firma) und seine Anschrift (Sitz) anzugeben. Weiters muss er einfach und verständlich über den Inhalt, die Dauer und die räumliche Geltung der Garantie informieren. Insbesondere muss auch klar dargestellt werden, welche Schritte zur Inanspruchnahme der Garantie notwendig sind. Geht aus der Garantieerklärung

nicht hervor, welche Eigenschaften der Ware „garantiert“ werden, dann hat der Garantiegeber für die gewöhnlich vorausgesetzten Eigenschaften der Sache einzustehen.

- Die Garantieerklärung ist dem Verbraucher – auf sein Verlangen – schriftlich oder auf einem für ihn verfügbaren dauerhaften Datenträger (CD-ROM, DVD, USB-Stick udgl) bekannt zu geben.

Eine Garantieerklärung auf einer Web-Site eines Unternehmens ist kein „dauerhafter Datenträger“, weil diese Web-Site vom Unternehmen jederzeit geändert werden kann.

Verstößt ein Unternehmer gegen diese gesetzlichen Vorschriften, dann bleibt die Garantie natürlich dennoch gültig; der Unternehmer wird aber unter Umständen schadenersatzpflichtig. Dazu kommt, dass unter anderem der VKI und die Bundesarbeitskammer diese Regelungen des Gesetzgebers auch mit Verbandsklage durchsetzen können.

## Gewährleistung

**Was ist ein Mangel?**

- Das Funktionieren des Motors wird beim Kauf eines Neuwagens kaum ausdrücklich vereinbart werden. Diese Eigenschaft eines Neuwagens wird von den Geschäftspartnern sozusagen stillschweigend vorausgesetzt. Funktioniert der Motor nicht, dann fehlt dem Wagen eine „gewöhnlich im Geschäftsverkehr vorausgesetzte Eigenschaft“ und es liegt ein Mangel vor.
- Wenn man einen Neuwagen kauft, um damit im Urlaub auch einen Wohnwagen zu ziehen, und es stellt sich heraus, dass der Wagen das Mobilheim nicht von der Stelle bringt, liegt dann ein Mangel vor, wenn mit dem Verkäufer die Eignung des Kfz ausdrücklich vereinbart worden ist. Es muss aber nicht unbedingt bei allen Fahrzeugen zu den vorausgesetzten Eigenschaften gehören, damit Wohnwägen problemlos ziehen zu können.
- Der Benzinverbrauch ist bei Neuwagen oft durchaus unterschiedlich. Man wird daher von einem „gewöhnlich im Geschäftsverkehr vorausgesetzten“ Benzinverbrauch nicht ausgehen können. Wenn aber Werbeaussagen, Prospekte und Ähnliches sehr wohl klare Angaben zum Benzinverbrauch enthalten und das Fahrzeug weicht davon ab, dann ist die Leistung nicht „vertragsgemäß“ und daher mangelhaft.

Eine Ware muss „dem Vertrag entsprechen“, ansonsten ist sie mangelhaft.

Von einem Mangel spricht man dann, wenn die gekaufte und übergebene Ware entweder

- die im Geschäftsverkehr gewöhnlich vorausgesetzten Eigenschaften
- oder ausdrücklich zwischen den Vertragsparteien vereinbarte Eigenschaften vermissen lässt.

Wenn einem Kaufvertrag eine Beschreibung der Ware oder eine Probe bzw ein Muster zugrunde liegt, dann muss die Ware der Beschreibung, der Probe oder dem Muster entsprechen. Auch auf die Verwendbarkeit der Ware ist abzustellen: Man muss die Sache der Natur des Geschäftes entsprechend oder entsprechend der getroffenen Vereinbarung verwenden können.

Bei Beurteilung der Frage, ob eine „vertragsgemäße" Leistung vorliegt, ist auch auf alle öffentlichen Äußerungen des Vertragspartners (= Übergeber), aber auch von Dritten, wie dem wirklichen oder dem scheinbaren Hersteller und dem Importeur in den EWR, abzustellen. Werbeaussagen, Produktaufmachung und Gebrauchsanleitungen spielen eine Rolle, wenn man beurteilen will, ob eine Ware „vertragsgemäß" ist.

## Beispiele für Werbeaussagen zu Produkteigenschaften

- Kraftstoffverbrauch eines Kraftfahrzeuges
- Kompatibilität einer Software zu einer bestimmten Hardware
- Energieverbrauch eines Elektrogerätes

Solche „öffentlichen Äußerungen" binden aber den Vertragspartner und Übergeber dann nicht, wenn

- er sie weder kannte noch kennen musste,
- die Äußerungen beim Vertragsabschluss berichtigt waren oder
- die Äußerungen den Vertragsabschluss nicht beeinflusst haben konnten.

Herr Berger möchte ein Kombigerät Drucker/Kopierer/Scanner/Fax kaufen. Auf der Homepage des Herstellers im Internet steht zu lesen: „Das Gerät beinhaltet eine Faxweiche". Tatsächlich stellt sich nach dem Kauf heraus, dass das Gerät in Österreich nur ohne Faxweiche ausgeliefert wird.

- Der Händler muss sich die öffentliche Äußerung des Herstellers auf dessen Homepage zurechnen lassen. Das Fehlen der Faxweiche stellt einen Mangel dar.
- Anders liegt der Fall, wenn der Händler vor dem Kauf darauf hinweist, dass die österreichische Version des Gerätes nur ohne Faxweiche zu haben ist. Dann wurde die öffentliche Äußerung bei Vertragsabschluss berichtigt und es liegt kein Mangel vor.

- Wenn der Händler selbst auf die deutschsprachige Homepage des Herstellers verweist, wird er nicht argumentieren können, dass er die dort gemachten Produktangaben nicht kennen musste. Wenn aber diese Produktangaben nur in einem Prospekt vorhanden wären, der ausschließlich Händlern in den USA zugänglich wäre, dann würde der Hersteller sehr wohl gute Argumente gegen das Vorliegen eines Mangels anführen können.
- Wenn der Käufer über keinen Internet-Anschluss verfügt, ihm die Produktangabe also – im Zeitpunkt des Vertragsabschlusses – gar nicht bekannt war, dann kann er sich auch nicht auf die Mangelhaftigkeit des Gerätes berufen.

Der Mangel muss bereits bei Übergabe der Sache vorhanden sein. Ist er für jedermann leicht erkennbar, so spricht man von einem **offenen Mangel**. Dieser sollte sofort gerügt werden.

**Offener Mangel**

Bei Übergabe des neu errichteten Reihenhauses sind an einigen Wänden deutliche Risse im Verputz feststellbar. Diese sollten sofort (mit eingeschriebenem Brief) gerügt werden.

Ist ein Mangel zwar vorhanden, aber nicht erkennbar, so spricht man von einem **verdeckten Mangel.** Wird dieser (innerhalb der Gewährleistungsfrist) erkennbar, so sollte er ebenfalls sofort gerügt werden.

**Verdeckter Mangel**

Das neu errichtete Reihenhaus wird im Sommer und bei Sonnenschein übergeben. Als es im Herbst eine Woche lang regnet, sammeln sich an der Zimmerdecke Wasserflecken. Eine Nachschau am Dach ergibt, dass das Dach undicht ist. Ein bereits bei der Übergabe vorhandener, damals aber verdeckter Mangel tritt nun offen zutage.

Von den verdeckten Mängeln, die schon bei der Übergabe vorlagen, sind all jene Probleme zu unterscheiden, die erst nach der Übergabe durch Abnützung und Ähnliches überhaupt entstehen. In der Praxis kann diese Abgrenzung aber durchaus problematisch werden.

**Kein Mangel**

Die Balkontür im neu errichteten Reihenhaus wird durch die drei Kinder der Hausbesitzer täglich mehr als in Anspruch genommen. Auf, zu, auf, zu – einen Sommer lang. Im Herbst schließt die Türe nicht mehr richtig. Hier stellt sich die Frage: War die Tür für eine vorhersehbare Belastung nicht richtig konstruiert? Wenn dem so wäre, läge ein Mangel vor. War die Türe aber durchaus richtig konstruiert und wurde sie einfach überbeansprucht, dann liegt kein Mangel vor. Die Baufirma trifft dann keine Gewährleistungsverpflichtung.

Im Verbrauchergeschäft stellt auch der Montagefehler einen Mangel dar:

- War der Unternehmer nicht nur zur Übergabe der Ware, sondern auch zur Montage derselben verpflichtet, dann haftet er – verschuldensunabhängig – auch für einen durch unsachgemäße Montage verursachten Mangel.

**Montagefehler des Verkäufers**

Familie Prohaska kauft ein Bücherregal in einem Möbelgroßmarkt und entschließt sich bei der Warenübergabe, das Regal auch noch – gegen Entgelt – liefern und montieren zu lassen. Die Monteure liefern das – bis dahin mangelfreie – Regal in Einzelteilen und setzen diese so ungeschickt zusammen, dass das Regal schließlich nur windschief im Raum steht. Der Mangel ist durch die Montage verursacht worden. Familie Prohaska hat – wegen des Montagefehlers des Verkäufers (bzw seiner Leute) – Anspruch auf Verbesserung.

- Aber auch wenn die Sache zur Montage durch den Verbraucher bestimmt ist und dieser durch eine unsachgemäße Montageanleitung selbst einen Mangel verursacht, hat der Verkäufer – wegen der unsachgemäßen Montageanleitung – für diese Mängel einzustehen.

**Montagefehler des Verbrauchers**

Führen wir das Beispiel von Familie Prohaska fort. Man hat das Regal selbst übernommen und nach Hause transportiert. Dann versucht man es – getreu der beigepackten Montageanleitung – aufzustellen. Die Montageanleitung ist derart schlecht, dass am Schluss das Regal windschief im Raum steht. Auch jetzt haftet der Verkäufer aus dem Titel der Gewährleistung.

Im Gesetz wird nicht verlangt, dass die Montageanleitung schriftlich sein muss. Auch mündliche Tipps zur Selbstmontage, die sich als Flop herausstellen, führen zur Gewährleistung des Unternehmers. Freilich wird der Verbraucher diese Tipps im Streitfall beweisen müssen.

## Beweislast

Bis zum Beweis des Gegenteils wird vermutet, dass ein Mangel, der in den ersten sechs Monaten nach der Übergabe hervorkommt, schon bei der Übergabe vorhanden war. Der Gesetzgeber hat also – für die ersten sechs Monate der Gewährleistungsfrist – die Beweislast zum Verkäufer und Übergeber verschoben. Wenn sich in einem Gerichtsverfahren nicht feststellen lässt, ob der Mangel bereits bei Übergabe vorlag oder erst danach durch Abnützung entstanden ist, geht das zum Nachteil des Verkäufers. Man geht vom Vorliegen eines Mangels aus. Der Verkäufer ist gewährleistungspflichtig. Kann dagegen der Verkäufer den Gegenbeweis führen, dass der Mangel erst später entstanden ist, dann entfällt die Gewährleistungspflicht. Nach Ablauf von sechs Monaten trifft die Beweislast den Käufer oder Übernehmer der Sache.

**Beweislast**

Frau Gloria hat sich einen Haarföhn gekauft. Nun ist – nach einiger Zeit des Gebrauches – der Motor kaputt. Die Frage, ob der Verkäufer Gewähr leisten muss, hängt – würde man Prozess führen – vom Gutachten des gerichtlich bestellten Sachverständigen ab:

- Stellt der Sachverständige eindeutig fest, dass der Motor falsch konstruiert war und daher kaputtgehen musste, liegt eindeutig ein Mangel vor.
- Stellt der Sachverständige fest, dass eine Heftklammer, die möglicherweise der fünfjährige Sohn von Frau Gloria in den Föhn geschoben hat, dessen Funktion hat erlöschen lassen, dann liegt eindeutig kein Mangel vor.
- Kann der Sachverständige nicht feststellen, ob der Mangel bereits bei Übergabe vorgelegen hat oder erst später verursacht wurde, dann
  - trägt bis sechs Monate nach der Übergabe der Verkäufer die Beweislast und muss Gewähr leisten
  - trägt danach der Käufer die Beweislast; Frau Gloria kann sich nicht auf Gewährleistung berufen.

Diese Beweislastverschiebung gilt nicht, wenn dies mit der Art des Mangels (etwa bei verderblichen Waren) oder nach der Art des Mangels (typische Abnützungen) unvereinbar wäre.

## Gewährleistungsbehelfe

Für die Wahl der Mittel im Fall eines Mangels gilt die Grundidee: Zuerst soll der Käufer und Übernehmer vom gewährleistungspflichtigen Verkäufer und Übergeber **Verbesserung** oder **Austausch** der mangelhaften Sache verlangen; nur in zweiter Linie kann man **Preisminderung** oder – bei nicht geringfügigen Mängeln – sogar die **Vertragsauflösung** (Wandlung) verlangen. Diese gilt nicht nur für Kaufverträge, sondern ebenso für Werkverträge.

### Verbesserung – Austausch

Je nachdem, welcher Mangel zu beklagen ist, kann man also zunächst nur Verbesserung (Nachbesserung oder Nachtrag des Fehlenden) oder einen Austausch verlangen.

**Nachbesserung – Nachlieferung – Austausch**

- Herr Huber hat bei einem Baumeister die Errichtung eines Einfamilienhauses bestellt und muss schwere Mängel bei der Dacheindeckung feststellen. Er wird diese Mängel detailliert rügen und Verbesserung innerhalb angemessener Frist verlangen.
- Frau Obermaier hat einen DVD-Player erworben. Die Standbildtaste funktioniert nicht. Sie kann es sich aussuchen, ob sie Verbesserung – also Reparatur – durch den Händler will, oder – was wohl viel angenehmer ist – den Austausch gegen ein tadellos funktionierendes Gerät.
- Familie Koch hat eine Einbauküche bestellt. Alle Küchenkästen werden geliefert, die Arbeitsplatte fehlt aber. Hier wird man Nachlieferung der fehlenden Arbeitsplatte verlangen.

Die Wahl zwischen Verbesserung und Austausch liegt beim Käufer. Man kann sich also grundsätzlich aussuchen, ob der Vertragspartner reparieren oder austauschen soll. Das Wahlrecht hat aber eine Grenze: Wenn das gewählte Mittel unmöglich zu bewerkstelligen ist oder einen unverhältnismäßigen Aufwand erfordern würde, dann bleibt nur das jeweils andere Mittel.

**Grenzen der Wahlfreiheit**

Am Beispiel des DVD-Players von Frau Obermaier kann man folgende Situationen unterscheiden:

- Wenn der Händler weitere – mangelfreie – DVD-Player derselben Marke und Type auf Lager hat und andererseits der Mangel an sich auch reparabel wäre, dann kann es sich Frau Obermaier aussuchen, ob sie Verbesserung oder Austausch begehrt.
- Wenn der Händler glaubhaft versichert, dass er keinen DVD-Player derselben Marke und Type auf Lager hat und auch nicht bestellen kann, dann ist ein Austausch unmöglich und es bleibt nur die Verbesserung.

- Wenn dagegen noch ausreichend – mangelfreie – Geräte im Lager stehen, sich der konkrete Mangel aber als unbehebbar erweist, dann ist eine Verbesserung unmöglich und es bleibt nur der Austausch.

**TIPP**

- Insbesondere bei fabriksneuen Waren „von der Stange" – seien es Elektrogeräte oder Neuwagen – wird sich häufig der Austausch gegen eine mangelfreie Ware empfehlen.
- Wenn man Verbesserung verlangt, sollte man schriftlich festhalten, dass es sich um eine „kostenlose Verbesserung" und nicht um einen kostenpflichtigen Reparaturauftrag handelt.
- Egal welchen Behelf man wählt, man sollte jedenfalls verlangen, dass der Verkäufer der Aufforderung innerhalb einer angemessenen Nachfrist (Enddatum angeben) entspricht.

In folgenden Fällen kann man aber entweder sofort oder als Reaktion auf Untätigkeit des Vertragspartners **Preisminderung** oder **Vertragsauflösung (Wandlung)** verlangen:

- wenn eine Verbesserung oder ein Austausch unmöglich ist;
- wenn Verbesserung oder Austausch für den Verkäufer (Übergeber) einen unverhältnismäßig hohen Aufwand darstellen würde;
- wenn der Übergeber Verbesserung oder Austausch ablehnt oder damit in Verzug kommt.

**Keine Verbesserung – Preisminderung/Wandlung**

- Frau Trittsicher kauft in einem Wiener Nobelschuhgeschäft italienische Sandalen zum Preis von € 220. Zwei Tage später ist das erste Lederband – ohne ihr Zutun – gerissen. Sie sucht den Schuhhändler auf, um den Mangel zu rügen, und wird – zur ihrer höchsten Überraschung – im rüden Tonfall aus dem Geschäft geworfen. Der Händler lehnt jede Verbesserung oder einen Austausch ab. Frau Trittsicher kann nun nur auf Wandlung klagen.
- Herr Wohlton kauft eine teure Stereoanlage. Diese gibt aber CDs nur mono wieder. Er urgiert den Mangel und verlangt Austausch. Der Händler hat keine mehr auf Lager und bietet Verbesserung an. Nach drei Wochen wird Herr Wohlton vertröstet. Die Anlage befinde sich im Werk in Norwegen und er solle sich weitere zwei Wochen gedulden. Die angemessene Frist für eine Verbesserung ist damit überschritten und Herr Wohlton kann auf Wandlung klagen.

- wenn mit einer Verbesserung oder einem Austausch erhebliche Unannehmlichkeiten für den Übernehmer verbunden wären

**Erhebliche Unannehmlichkeiten**

Familie Ehrlich hat eine Eigentumswohnung gekauft und von einem Maler neu ausmalen lassen. Die alte Mietwohnung ist zum 31.1.2012 bereits aufgekündigt. Am 30.1.2012 wird die neue Wohnung besichtigt. Die Malerei zeigt in einigen Zimmern an der Decke Flecken. Der Malermeister sagt, er könne diese Mängel erst in vierzehn Tagen sanieren. So lange kann Familie Ehrlich mit dem Einzug nicht warten. Zwar müsste sie eigentlich zunächst Verbesserung durch den Maler zulassen, doch diese ist mit erheblichen Unannehmlichkeiten verbunden. Familie Ehrlich wird also auch gleich Preisminderung verlangen können.

- wenn Verbesserung oder Austausch aus einem beim Übergeber liegenden Grund unzumutbar wären

**Unzumutbarkeit**

Familie Ehrlich hat auch einen (vermeintlichen) Elektriker beschäftigt. Bei Abnahme des Werkes stellt sich heraus, dass einige Installationen „kriminell" (gegen alle Regeln der Technik) ausgeführt sind. Der Elektriker gibt sich uneinsichtig und dokumentiert durch sein Verhalten, die Mängel wohl kaum zur Zufriedenheit beheben zu können. Eine Verbesserung durch den Elektriker ist unzumutbar. Familie Ehrlich muss nicht noch Verbesserung verlangen, sondern kann sogleich Preisminderung oder Wandlung begehren.

Wenn der Vertragspartner die Verbesserung ablehnt oder unangemessen verzögert, wird bei Waren häufig der Rücktritt vom Vertrag (Wandlung) das Mittel der Wahl sein. Bei einem halbfertigen Einfamilienhaus ist der Rücktritt häufig nicht so sinnvoll. In diesen Fällen kann man zur **Ersatzvornahme** schreiten. Man fordert den Werkunternehmer zur Verbesserung auf und teilt ihm gleichzeitig mit, dass man, sollte er diese nicht in angemessener Frist bewirken, einen anderen gewerblich berechtigten Unternehmer mit der Vornahme der Verbesserung betrauen und die Mehrkosten aus dem Titel des Schadenersatzes vom gewährleistungspflichtigen Unternehmer ersetzt verlangen wird.

Solange der Kunde Verbesserung oder Austausch verlangt, hat er auch noch ein starkes Recht: Er kann den gesamten restlichen aushaftenden Betrag – bis die Verbesserung ordnungsgemäß erfolgt ist – zurückbehalten.

Oft versuchen Unternehmer dieses **Zurückbehaltungsrecht** zu unterlaufen, indem sie hohe Anzahlungen beziehungsweise Vorauszahlung vereinbaren. Darauf sollte man sich tunlichst nicht einlassen: Wer bereits 90 Prozent des Preises – bei Auftragserteilung – bezahlt, ohne dass das Bauunternehmen noch einen Strich gearbeitet hat, der gibt ein starkes Druckmittel für mangelfreie Arbeit auf.

Bei Bauverträgen ist es auch nicht unüblich, sogenannte **Haftrücklässe** zu vereinbaren. Dies bedeutet, dass zum Beispiel drei Prozent des Preises für drei Jahre ab Übergabe des Bauwerkes (Gewährleistungsfrist) zurückbehalten werden. Tauchen innerhalb dieser Zeit noch (verborgene) Mängel auf, kann immerhin auch auf den Haftrücklass gegriffen werden. Bleibt das Werk mangelfrei, wird auch der Haftrücklass an die Baufirma ausbezahlt.

**TIPP**

- Solange die Ware oder das Werk mangelhaft sind und man zu Recht Verbesserung verlangt, kann der gesamte noch nicht bezahlte Betrag zurückbehalten werden.
- Achten Sie bei Vertragsabschluss darauf, nicht zu hohe Vorausleistungen zu vereinbaren, damit Sie überhaupt in die Lage kommen, allenfalls einen aushaftenden Betrag zurückbehalten zu können.

**Erst die Arbeit, dann das Geld**

Familie Smutny hat ein Einfamilienhaus errichten lassen. Bei der Übergabe werden Mängel an allen 20 Fenstern festgestellt. Der Baumeister hat vergessen, die Fensterdichtungen aufzubringen. Die Kosten der Verbesserung dieser Mängel würden rund € 450 betragen. Familie Smutny hat auf den Gesamtkaufpreis von € 230.000 bereits € 200.000 bezahlt. Die letzten € 30.000 kann Familie Smutny nun so lange zurückbehalten, bis der Baumeister die Mängel ordnungsgemäß behoben hat.

Das gilt nicht bei ganz geringfügigen Mängeln. Das Zurückbehaltungsrecht des gesamten Preises würde in einem solchen Fall als schikanös bewertet werden.

Sobald man aber – weil eine angemessene Frist abgelaufen wäre – eine Verbesserung durch den Unternehmer ablehnt und zur Ersatzvornahme schreitet, besteht keine Berechtigung mehr, den gesamten aushaftenden Preis zurückzubehalten. Nun kann man nur jenes **Deckungskapital** aufrechnungsweise zurückbehalten, das die Verbesserung durch einen Dritten tatsächlich kosten wird.

**Verbesserung – Ersatzvornahme**

Nehmen wir das Beispiel von Familie Smutny. Der Baumeister wurde aufgefordert, die Fensterdichtungen ordnungsgemäß herzustellen; bis dahin werde man den Restkaufpreis von € 30.000 zurückbehalten. Der Baumeister wird säumig. Was soll Familie Smutny tun?

- Zuerst sollte man dem Baumeister eine letzte angemessene Nachfrist setzen und ihm gleichzeitig ankündigen, dass man, sollte er die Mängel nicht beheben, diese Behebung durch ein anderes befugtes Unternehmen vornehmen lassen und diese Kosten mit dem aushaftenden Betrag gegenverrechnen wird.
- Gleichzeitig holt man sich Kostenvoranschläge von anderen Unternehmen zur Behebung der Mängel ein.
- Bevor ein anderes Unternehmen die Mängel behebt, muss man Beweis sichern. Geht es um viel Geld, dann sollte man ein gerichtliches Beweissicherungsverfahren anstreben. Auch ein privater Sachverständiger kann hilfreich sein. Oft werden gute Fotos und Zeugen ausreichen. Erst nach der Beweissicherung kann das neue Unternehmen die Mängel beheben.
- Ab dem Zeitpunkt, an dem man eine Verbesserung durch den Baumeister als verspätet ablehnt und zur Ersatzvornahme schreitet, muss man an sich den Kaufpreis bezahlen. Man kann diesen nicht mehr mit dem Argument der begehrten Verbesserung zurückbehalten. Man kann aber vom Preis jene Kosten in Abzug bringen, die man dem neuen Unternehmer für die Behebung der Mängel bezahlen muss.

Bleibt schließlich noch der Fall, dass der Unternehmer zwar eilfertig „verbessert“, allein der Mangel nicht behoben wird. In diesem Fall müssen Sie einem Unternehmer nicht endlos weitere Versuche zur Verbesserung einräumen. Scheitert die Verbesserung, haben Sie Anspruch auf Preisminderung oder Vertragsauflösung.

**Verbesserung gescheitert**

- Frau Kaufmann kauft sich einen teuren Pelzmantel und muss feststellen, dass sich die Nähte auftrennen. Sie reklamiert den Mangel, der Händler übernimmt den Mantel und sagt zu, diesen zum Hersteller einzuschicken. Das Nachnähen werde rund drei Wochen dauern. Als der Pelzmantel nach drei Wochen nicht übergeben wird, setzt Frau Kaufmann (mit eingeschriebenem Brief) noch eine angemessene Nachfrist von zwei Wochen. Und sie kündigt gleich an, dass sie im Fall, dass diese Frist verstreicht, vom Vertrag zurücktritt. Als der Pelzmantel dann immer noch nicht übergeben wird, verlangt Frau Kaufmann vom Händler ihr Geld zurück.

- Herr Pammer muss nach Installationsarbeiten in seiner Wohnung feststellen, dass der Siphon undicht ist und Wasser austritt. Als er beim Installateur den Mangel telefonisch rügt und auf sofortige Verbesserung dringt, teilt man ihm mit, dass alle Arbeiter ausgebucht seien und erst in vierzehn Tagen jemand zur Behebung des Mangels vorbeigeschickt werden könne. Herr Pammer macht sofort darauf aufmerksam, dass er keinesfalls so lange warten könne und droht an, dass er – wenn nicht am nächsten Tag ein Arbeiter anrücke – eine andere Firma mit der Mängelbehebung beauftragen und die Mehrkosten als Schadenersatz verlangen werde. Als am nächsten Tag niemand erscheint, macht er seine Drohung wahr und beauftragt eine andere Firma. Bevor diese die Mängel behebt, muss Herr Pammer aber noch den Beweis sichern, dass der Mangel tatsächlich vorliegt. In seinem Fall wird eine Besichtigung durch Zeugen (und deren Gedächtnisprotokoll) ausreichen. Wären größere Baumängel zu beklagen, sollte man jedoch bei Gericht ein Beweissicherungsverfahren beantragen.

Der Unternehmer ist verpflichtet, die Verbesserung grundsätzlich an dem Ort vorzunehmen, an dem er den Vertrag erfüllt hat. Wenn er das mangelhafte Möbelstück also geliefert hat, dann muss er es vor Ort verbessern oder auf seine Kosten zur Verbesserung abholen.

Wie ist das aber bei einem Abholmarkt? Da müssen Sie sich mit dem Möbelstück wieder auf den Weg machen. Es sei denn, die mangelhafte Sache ist sperrig, schwer oder mittlerweile durch Einbau unbeweglich geworden. Dann muss der Unternehmer vor Ort seine Gewährleistung erfüllen.

Nach Burundi muss er sich deswegen nicht bemühen. Denn der Ort, wo sich das reklamierte Stück befindet, muss im Inland gelegen und darf für den Unternehmer auch nicht überraschend sein. Der Unternehmer kann – sofern dies überhaupt möglich ist – auch verlangen, dass Sie ihm die mangelhafte Sache auf seine Kosten und Gefahr zusenden.

Der Gesetzgeber stellt im Übrigen auch klar: Die notwendigen Kosten der Verbesserung oder des Austausches, insbesondere Versand-, Arbeits- und Materialkosten, hat der Unternehmer zu tragen.

**Verbesserung *und* Preisminderung**

Herr Fuchs kaufte einen Neuwagen der Marke „Hochglanz" und musste gleich nach der Übergabe Lackschäden feststellen. Der Händler war zwar bereit, den Wagen neu zu lackieren, doch dies war Herrn Fuchs zuwenig. Er argumentierte, dass auch bei tadelloser Neulackierung der Wagen in der Verkehrsauffassung möglicher anderer Käufer weniger wert sei und begehrte zudem Preisminderung. Das Gericht sprach auch diese Preisminderung zu (OGH 6.10.1982, 3 Ob 577/82, KRES 5/95).

Nun kann man einen Neuwagen, dessen Lackierung mangelhaft ist, durch Neulackierung zwar verbessern, dennoch wird der Verkaufswert für dieses Auto gemindert. Immer dann, wenn ein Mangel durch die Verbesserung zwar behoben wird, der Wert der Ware aber dennoch gemindert bleibt, kann der Käufer neben der Verbesserung zusätzlich auch eine entsprechende Preisminderung verlangen.

### Preisminderung

Außer in den Fällen, wo eine Verbesserung oder ein Austausch unmöglich oder untunlich ist (siehe Seite 233 f), kann man Preisminderung erst verlangen, wenn das Begehren auf Verbesserung oder Austausch erfolglos geblieben ist.

Natürlich kann man dem Unternehmer auch gleich eine bestimmte Preisminderung anbieten. Steigt dieser darauf ein, dann gilt diese Einigung. Man kann eine Preisminderung nur nicht gerichtlich durchsetzen, ohne zuvor – vergeblich – auf Verbesserung gedrungen zu haben.

Bei der Preisminderung wird der vereinbarte Preis der mangelfreien Sache einem geminderten Preis der Sache aufgrund des Mangels gegenübergestellt. Es ist also kein Argument, wenn der Unternehmer meint, die Ware sei so billig gewesen, dass nun – bei Auftauchen von Mängeln – der bezahlte Preis immer noch gerechtfertigt sei und er keine Preisminderung gewähre. Der Grundsatz lautet also: Der Zusammenhang zwischen Wert und Preis muss gewahrt bleiben.

**Günstig bleibt günstig**

Ein Altwarenhändler verkauft einen alten venezianischen Spiegel um € 280. Ein Sachverständiger hätte den Wert des Spiegels durchaus auf € 460 geschätzt. Nach der Übergabe muss der Käufer feststellen, dass das Spiegelglas an zwei Stellen nahe dem Rahmen zerborsten ist. Der Käufer rügt den Mangel.

Der Händler verweist darauf, dass der Spiegel immer noch den Kaufpreis wert wäre. Käme es zu einem Gerichtsverfahren, so würde ein gerichtlicher Sachverständiger folgende Rechnung anstellen:

Der Spiegel war ohne Mangel € 460, dagegen mit Mangel nur die Hälfte, also € 230 wert. Der Kaufpreis für den Spiegel betrug € 280. Die Minderung des objektiven Wertes des Spiegels beträgt die Hälfte seines Wertes, daher beträgt die Preisminderung € 140, also die Hälfte des bezahlten Kaufpreises. Die Günstigkeit des ursprünglichen Kaufes muss für den Käufer erhalten bleiben.

**TIPP**

In welcher Höhe die Preisminderung im konkreten Fall gerechtfertigt ist, kann im Konfliktfall vom Gericht nur unter Beiziehung eines Sachverständigen entschieden werden.

Wenn Sie Preisminderungsansprüche bewerten wollen, holen Sie auch fachlichen Rat bei Konsumentenberatungsstellen ein.

### Wandlung

Außer in Fällen, wo eine Verbesserung oder ein Austausch unmöglich oder untunlich ist (siehe Seite 233 f), kann man Wandlung erst verlangen, wenn das Begehren auf Verbesserung oder Austausch erfolglos geblieben ist. Wandlung ist nur dann ausgeschlossen, wenn es sich um einen geringfügigen Mangel handelt; dann bleibt nur die Preisminderung.

Die Rechtsprechung geht allerdings auch dann von einem geringfügigen Mangel aus, wenn die Auflösung des Vertrages angesichts des geltend gemachten Mangels unverhältnismäßig wäre. Sie verlangt eine Interessenabwägung der Vertragsparteien im Einzelfall (OGH 24.5.2005, 1 Ob 14/05y).

Wandlung bedeutet: Rücktritt vom Vertrag mit der Konsequenz, dass wechselseitig bereits erbrachte Leistungen zurückzugeben sind („Ware retour – Geld retour“).

**TIPP**

In einem solchen Fall muss man sich im Übrigen nicht mit einer Gutschrift abspeisen lassen. Rückabwicklung bedeutet Rückzahlung von Bargeld.

Hat der Käufer die Ware bereits über längere Zeit nutzbringend verwendet, dann kann der Verkäufer allenfalls ein Entgelt für die Nutzung verlangen.

## Grenzen der Gewährleistung

Wenn Sie als Verbraucher mit einem Unternehmer einen Vertrag abschließen, dann kann dieser Ihre Rechte auf Gewährleistung nicht ausschließen oder einschränken. Insbesondere ist es unzulässig, dem Konsumenten eine Untersuchungs- und Rügepflicht aufzuerlegen, bei deren Missachtung der Anspruch auf Gewährleistung erlöschen soll. Solche Klauseln sind unter Geschäftsleuten üblich, aber gegenüber Konsumenten schlicht unwirksam.

**Verbotene Klauseln**

Klauseln wie etwa:

- „Verschleißteile sind von der Gewährleistung ausgeschlossen",
- „Das Fahrzeug wurde vom Käufer eingehend besichtigt, geprüft und probegefahren und verzichtet dieser daraufhin ausdrücklich auf jede Gewährleistung einschließlich für verborgene Mängel",
- „Sichtbare Mängel müssen unverzüglich nach Feststellung, spätestens aber 10 Tage nach Übernahme der Ware durch den Kunden schriftlich angezeigt werden",

sind in Verträgen zwischen Unternehmern und Verbrauchern unzulässig und – gegenüber dem Verbraucher – unwirksam.

Bei der Veräußerung von gebrauchten beweglichen Sachen kann allerdings die Gewährleistungsfrist auf ein Jahr verkürzt werden. Dies muss aber zwischen den Vertragsparteien im Einzelnen ausgehandelt werden; eine vorgedruckte Klausel im Kleingedruckten wäre kein Aushandeln und daher unwirksam. Bei Kraftfahrzeugen ist eine solche Verkürzung im Übrigen nur dann wirksam, wenn seit dem Tag der ersten Zulassung des Fahrzeuges mehr als ein Jahr verstrichen ist. Der Trick, einen Neuwagen für einige Wochen anzumelden und ihn dann als „Gebrauchtwagen" weiterzuverkaufen, zieht also nicht.

Dagegen sind Gewährleistungsbeschränkungen und -ausschlüsse in Geschäften zwischen zwei Privatleuten nicht generell verboten. Hier wäre im konkreten Streitfall nur zu prüfen, ob eine solche Vereinbarung nicht dennoch anfechtbar ist.

**Privat an Privat**

Wenn Herr Krause sein gebrauchtes Auto an Herrn Schilcher – beide treten als Privatpersonen auf – verkauft und im Kaufvertrag festhält, dass das Fahrzeug „besichtigt und probegefahren" wurde und daher „jede Gewährleistung" ausgeschlossen sei, so ist dies zulässig und grundsätzlich wirksam. Sollte Herr Krause dennoch schwere Mängel des Fahrzeuges – die nicht offenkundig waren – Herrn Schilcher arglistig verschwiegen haben, dann kann Herr Schilcher den Kaufvertrag allenfalls – wegen eines Geschäftsirrtums – anfechten.

Wer schließlich beim Abschluss des Kaufvertrages **offenkundige Mängel** übersieht und den Vertrag dennoch abschließt, kann für solche Mängel keine Gewährleistung einfordern. Dies gilt aber nur für Mängel, die schon bei Vertragsabschluss erkennbar sind, aber keinesfalls für Mängel, die erst bei Auslieferung – also der Vertragserfüllung durch den Vertragspartner – für den Käufer offenkundig sind.

**Kein Anspruch bei offenkundigen Mängeln**

- Herr Binder kauft bei einem Möbelhändler einen Einbauschrank in der Farbe „Buche natur". Bevor der Kaufvertrag unterzeichnet wird, besichtigt er den Schrank von allen Seiten. Nach Übergabe des Schrankes stellt er fest, dass die Oberkästchen dunkler lackiert sind als der Rest des Schrankes. Dies war schon bei der Besichtigung ersichtlich, ist Herrn Binder in der Hitze der Verkaufsverhandlungen aber nicht aufgefallen.

  Der Händler könnte sich darauf zurückziehen, dass es sich um einen offenkundigen Mangel handle, für den er nicht zur Gewährleistung verpflichtet sei. In Kulanz wird er – wenn er einen zufriedenen Kunden erhalten möchte – den Mangel wohl dennoch beheben.
- Wenn Herr Binder dagegen beim selben Möbelhändler den Einbauschrank gar nicht besichtigen kann, weil der Schrank noch im Lager steht und Herr Binder nur aufgrund der Anpreisungen des Verkäufers den Kaufvertrag unterzeichnet und erst bei der Übergabe des Schrankes die unterschiedliche Lackierung übersieht, dann kann er – wenn er den Mangel innerhalb der Gewährleistungsfrist rügt – sehr wohl Gewährleistung geltend machen.

Wäre der Mangel nur für einen Sachverständigen erkennbar, so liegt kein „offenkundiger" Mangel vor. Wenn der Verkäufer überdies die Mangelfreiheit ausdrücklich zusagt, dann haftet der Verkäufer auch für – bei Vertragsabschluss – offenkundige Mängel. Schließlich soll der Käufer sich auf die Zusagen des Verkäufers verlassen können.

Letztlich muss – als eine weitere Grenze für die Gewährleistung – die **Gewährleistungsfrist** zur Geltendmachung der Ansprüche beachtet werden. Diese Frist beginnt ausnahmslos mit Übergabe der Ware zu laufen. Die Gewährleistungsfrist beträgt bei

- **beweglichen Sachen: zwei Jahre**
- **beweglichen gebrauchten Sachen: mindestens ein Jahr (wenn Beschränkung ausgehandelt)**
- **unbeweglichen Sachen: drei Jahre**

Unbewegliche Sachen sind etwa Grundstücke und damit fest verbundene Sachen wie Häuser, die eingebaute Zentralheizung oder die Fliesen an der Wand. Alles andere, was ohne Beschädigung wieder getrennt werden kann, gilt als beweglich.

**TIPP**

Wer Fliesen im Baumarkt kauft und selbst verlegt, hat zwei Jahre Gewährleistung. Wer Fliesen beim Fliesenleger kauft und von diesem verlegen lässt, hat dagegen drei Jahre Gewährleistung.

Hat ein Unternehmer eine Sache zur Verbesserung übernommen, so beginnt die Gewährleistungsfrist – aber nur für den gerügten Mangel – mit der neuerlichen Übergabe von neuem zu laufen.

**Kein Bild, kein Ton**

- Herr Stummvoll hat bei einem – am 15.1.2010 neu erworbenen – Fernsehgerät den Ausfall des Tons als Mangel gerügt. Der Händler hat das Gerät am 19.5.2010 zur Verbesserung übernommen. Vier Wochen später bekommt Herr Stummvoll das Gerät wieder ausgefolgt und es funktioniert – jedenfalls vorerst. Herr Stummvoll muss beruflich ins Ausland und benützt das Gerät lange nicht. Im Jänner 2012 will er erstmals wieder fernsehen und es fällt der Ton – beim ersten Einschalten – erneut aus.
  Als Herr Stummvoll diesen Mangel am 20.1.2012 rügen will, verweist der Händler darauf, dass die zweijährige Gewährleistungsfrist bereits abgelaufen sei. Damit hat er jedoch Unrecht. Die Frist hat mit Ausfolgung des angeblich verbesserten Gerätes am 19.5.2010 neu zu laufen begonnen. Die Rüge von Herrn Stummvoll ist also fristgerecht.
- Wenn dagegen beim gleichen TV-Gerät des Herrn Stummvoll im Jänner 2012 statt des Ausfalls des Tons nunmehr ein verdeckter Mangel bei der Bildwiedergabe hervorkommen würde, dann hätte der Händler Recht: Die Gewährleistungsfrist wäre – hinsichtlich dieses Mangels – am 16.1. 2012 bereits abgelaufen gewesen.

## Exkurs: Reisemängel

Der Flug ist verspätet, das zugesagte Schwimmbad unbenützbar, der Reiseleiter erscheint nicht, ein Zielort der Rundreise wird ausgelassen, das Hotel liegt nicht – wie vereinbart – am Meer, sondern zwei Kilometer vom Strand entfernt. Es gibt unzählige Möglichkeiten für kleine Ärgernisse oder schwer wiegende Mängel, die während einer Reise auftreten können.

Sie haben einen gesetzlichen Anspruch auf Gewährleistung gegen den Reiseveranstalter. Es kommt dabei nicht darauf an, dass der Veranstalter die Mängel – etwa durch fehlende Sorgfalt – verschuldet hat. Er haftet allein, weil die Leistung nicht seinen Zusagen entspricht.

**TIPP**

In jedem Fall gilt: Beweismaterial sichern! Machen Sie Fotos, lassen Sie sich Adressen von anderen Urlaubern geben, die bereit sind, als Zeugen für die Mängel vor Gericht aufzutreten. Melden Sie die Mängel dem örtlichen Reiseleiter, falls dieser leicht zu erreichen ist, und lassen Sie sie von ihm bestätigen.

Bei Pauschalreisen müssen die Mängel unverzüglich einem Repräsentanten des Veranstalters angezeigt werden, falls Ihnen ein solcher genannt wurde. Das gilt aber nur, wenn dieser an Ort und Stelle und ohne nennenswerte Mühe erreichbar ist. Sie müssen also nicht Ihre wertvolle Urlaubszeit dafür verwenden, um diese Repräsentanten erst ausfindig zu machen.

**TIPP**

Falls Sie die Mängelrüge aus irgendwelchen Gründen unterlassen haben, lassen Sie sich dadurch nicht von der späteren Reklamation von Mängeln abhalten. Ihre Gewährleistungsansprüche bleiben trotzdem bestehen.

Auch im Reiserecht gilt der Vorrang der Verbesserung. Man sollte also nicht still dulden, sondern alle Mängel rügen und deren Verbesserung vor Ort verlangen. Bei wesentlichen Mängeln bieten Veranstalter oft von sich aus eine Ersatzleistung (etwa den Umzug in ein anderes Hotel) an. Sie müssen Umzugsangebote jedoch nur dann annehmen, wenn sie der vertraglich vereinbarten Leistung gleichwertig sind.

**TIPP**

- Wenn Sie ein Ersatzanbot nicht annehmen, vermerken Sie schriftlich, aufgrund welcher Qualitätskriterien das Anbot der vereinbarten Leistung nicht gleichwertig ist.
- Dies ist auch dann besonders wichtig, wenn Sie das Anbot zwar annehmen, es aber nicht als gleichwertig akzeptieren und daher trotzdem Preisminderungsansprüche geltend machen wollen. Vermerken Sie also in diesem Fall, dass mit der Akzeptanz des Umzuges noch nicht alle Mängel behoben sind. Sonst kann der Umzug als Zustimmung zur Leistungsänderung gewertet werden.

Liegen gravierende Mängel vor, bei deren Kenntnis Sie die Reise nie gebucht hätten (Felsküste statt Sandstrand), dann könnten Sie die Reise theoretisch auch abbrechen und die Rückzahlung des gesamten Reisepreises sowie Ihrer Mehraufwendungen aus dem Titel des Schadenersatzes verlangen. Aber auch dann, wenn wesentliche Mängel nach Ihrer Rüge vom Veranstalter nicht abgestellt werden, könnten Sie zur Selbsthilfe greifen und zum Beispiel vom geringwertigen Hotel in ein Hotel der gebuchten Klasse übersiedeln. Sie müssen aber im von Ihnen vor Ort gebuchten Hotel die Kosten zunächst selbst bezahlen und können erst nach der Rückkehr versuchen, diese Kosten vom Veranstalter – vorausgesetzt, diesen trifft ein Verschulden – zurückzuverlangen. Weigert sich dieser zu zahlen, dann kann aber auch eine – kostspielige – gerichtliche Rechtsdurchsetzung notwendig werden.

Nach der Rückkehr von Ihrer Reise sollten Sie Ansprüche aus einer mangelhaften Reiseleistung grundsätzlich so rasch wie möglich gegen den Reiseveranstalter geltend machen.

Gewährleistungsansprüche, insbesondere die Forderung auf Preisminderung, müssen Sie spätestens zwei Jahre nach Ihrer Rückkehr gerichtlich geltend machen, wenn keine außergerichtliche Lösung erzielbar war. Schadenersatzansprüche verjähren in drei Jahren, wobei ein Verschulden des Veranstalters vorliegen muss.

Zunächst sollte man sich überlegen, welchen Betrag man angesichts der aufgetretenen Mängel erwartet, also um wie viel die mangelhafte Leistung weniger wert ist als die vertraglich vereinbarte. Bei der Berechnung ist dabei nicht von den Kosten des Reiseveranstalters auszugehen, sondern vom Wertverlust für den Konsumenten. Auch wenn der Reiseveranstalter für den Flug viel mehr bezahlt hat als für die – mangelhafte – Unterkunft, ist der Preisminderungsanspruch vom gesamten Pauschalpreis aus zu bewerten.

Als Orientierungshilfe für die Bemessung von Preisminderungsansprüchen bei Pauschalreisen wird auch von den österreichischen Gerichten die sogenannte **Frankfurter Liste** herangezogen. Ein Senat des Landesgerichtes Frankfurt, der ausschließlich mit Reisestreitigkeiten befasst ist, hat für typische und immer wieder vorkommende Mängel bestimmte Prozentsätze in einer Liste zusammengefasst. Diese „Frankfurter Liste zur Reisepreisminderung“ ist grundsätzlich auch in Österreich von den Gerichten zur Orientierungshilfe anwendbar (HG Wien 19.4.1994, 1 R 573/93, KRES 6/121e).

Neben Gewährleistungsansprüchen kann bei einem vom Reiseveranstalter zurechenbar verschuldeten erheblichen Abweichen von der geschuldeten Leistung auch Schadenersatz für die entgangene Urlaubsfreude gefordert werden (siehe dazu Seite 260 f).

**TIPP**

- Reklamieren Sie nach Rückkehr von der Reise schriftlich, am besten gleich direkt beim Reiseveranstalter. Bei einer Bewertung der Mängel – anhand der Frankfurter Liste (siehe www.konsument.at) – sind Ihnen Konsumentenberatungsstellen gerne behilflich.
- Schicken Sie eine Kopie der Beschwerde auch an das Reisebüro.
- Listen Sie in diesem Schreiben alle aufgetretenen Mängel übersichtlich auf und fordern Sie unter Setzung einer angemessenen Frist (im Regelfall etwa 14 Tage) eine entsprechende Abgeltung Ihrer Ansprüche in bar.
- Sie haben Anspruch auf Geldersatz und müssen einen Gutschein nicht akzeptieren.

## Exkurs: Fluggastrechte

Der europäische Gesetzgeber hat in den letzten Jahren verschiedene Regelungen erlassen, welche die Rechte von Flugreisenden im Fall der Nichtbeförderung, Annullierung und großer Verspätung von Flügen und die Transparenz bei der Preisauszeichnung von Flugtickets gestärkt haben. Diese Regelungen zielen in erster Linie nicht darauf ab, Ansprüche gegen Reiseveranstalter im Falle von Pauschalreisen einzuräumen, sondern sollen insbesondere die Rechte der Passagiere bei Buchung von Flügen direkt bei der Fluglinie definieren. Dies trägt der tatsächlichen Entwicklung Rechnung, weil gerade Flugbuchungen von sogenannten „Billigfluglinien" in aller Regel vom Konsumenten, zumeist über das Internet, direkt und nicht mehr über Einschaltung eines Reisebüros vorgenommen werden.

Die Regelungen beginnen bei der Preisauszeichnung: Gemäß Art 23 der Verordnung Nr 1008/2008 über gemeinsame Vorschriften für die Durchführung von Luftverkehrsdiensten in der Gemeinschaft sind die der Öffentlichkeit zugänglichen Flugpreise – auch im Internet – stets als Endpreis auszuweisen, welcher alle Steuern und Gebühren, Zuschläge und Entgelte, die unvermeidbar und zum Zeitpunkt der Veröffentlichung vorhersehbar sind, einzuschließen hat. Dies gilt nicht nur für Luftfahrtunternehmen, sondern auch für Reiseveranstalter und -vermittler. Ferner gilt, dass fakultative Zusatzleistungen wie zum Beispiel Reiseversicherungen, entgeltliche Stornomöglichkeiten und dergleichen im Internet nicht als Voreinstellungen vorgegeben sein dürfen, die der Reisebuchende erst „wegklicken" müsste. Vielmehr dürfen derartige Zusatzleistungen nur mehr in der Weise angeboten werden, dass der Kunde, will er sie in Anspruch nehmen, die Möglichkeit hat, sie aktiv auszuwählen.

**TIPP**

Sollte die Buchungsseite im Internet diesen Anforderungen nicht entsprechen, liegt ein unlauteres Verhalten des Werbenden vor, welches unter anderem die Bundesarbeitskammer, allenfalls auch der Verein für Konsumenteninformation, zum Gegenstand einer Unterlassungsklage machen kann (Seite 13f).

Sollte der Fluggast trotz rechtzeitigem Erscheinen vor dem Abflug aus Gründen, die nicht in seiner Sphäre liegen, nicht befördert werden, hat er nach der Verordnung 261/2004 über Ausgleichs- und Unterstützungsleistungen für Fluggäste gegenüber dem den Flug konkret ausführenden Luftfahrtunternehmen Anspruch auf Betreuungs-, Unterstützungs- und Ausgleichsleistungen.

Diese Ansprüche bestehen also nur, wenn die Fluglinie die Beförderung nicht zu Recht verweigert hat, beispielsweise, wenn der Passagier sich weigert, seine Gepäckstücke einer Sicherheitskontrolle zu unterziehen, ihm aufgrund unvollständiger Reiseunterlagen die Einreise im Zielland verweigert werden könnte, er aufgrund starker Alkoholisierung eine Gefahr für Mitreisende oder die Crew darstellt und dergleichen. Ferner muss der Fluggast rechtzeitig erscheinen, also zu der von der Fluglinie bzw dem Reiseveranstalter oder dem Reisebüro schriftlich bekannt gegebenen Zeit, spätestens aber 45 Minuten vor der geplanten Abflugzeit einchecken. Eine unvorhersehbar lange Wartezeit am Check-in liegt nicht in der Sphäre des Fluggastes, sondern in jener des Luftfahrtunternehmens; selbstverständlich aber liegt es am Fluggast, darauf zu achten, rechtzeitig am Flughafen zu erscheinen, die übliche Wartezeit am Check-in hat er einzukalkulieren.

Das den Flug ausführende Luftfahrtunternehmen muss nicht der Vertragspartner des Fluggastes sein: Im Fall der Buchung über einen Reiseveranstalter oder ein Reisebüro wären diese Vertragspartner des Fluggastes. Ebenso aber kann auch ein Flug bei einer bestimmten Fluglinie gebucht werden, die den Flug nicht selbst durchführt, sondern ein anderes Luftfahrtunternehmen als „operating carrier“ einsetzt. Die Ansprüche bestehen jedenfalls gegen das ausführende Luftfahrtunternehmen.

Häufigster Grund für eine Nichtbeförderung ist, dass ein Flug überbucht ist. Dies ist der Fall, wenn die Fluglinie mehr Tickets verkauft, als Plätze im Flugzeug vorhanden sind, weil sie davon ausgeht, dass ein gewisser Prozentsatz der Passagiere den Flug nicht antreten wird. Ist eine derartige Überbuchung für das Luftfahrtunternehmen absehbar, muss es zunächst versuchen, Freiwillige zu finden, die gegen Erstattung des Flugpreises bzw anderweitige Beförderung sowie gegen eine zu vereinbarende Ersatzleistung auf den Flug verzichten. Allen anderen nicht Beförderten muss das Luftfahrtunternehmen Betreuungsleistungen in Form von Verpflegung, Hotelunterbringung, zwei Telefonate, Telefaxe oder E-Mails sowie die Beförderung zwischen dem Flughafen und dem Ort der Unterbringung bezahlen. Ferner können die nicht Beförderten wählen zwischen

- der Erstattung des Flugpreises binnen sieben Tagen für nicht zurückgelegte Reiseabschnitte sowie für bereits zurückgelegte Reiseabschnitte, wenn der Flug im Hinblick auf den ursprünglichen Reiseplan zwecklos geworden ist oder
- einer anderweitigen Beförderung zum Endziel unter vergleichbaren Bedingungen zum frühestmöglichen Zeitpunkt oder
- einer anderweitigen Beförderung zum Endziel zu einem späteren Zeitpunkt nach Wahl des Passagiers.

Letztlich hat der Fluggast Anspruch auf eine Ausgleichsleistung, die je nach Entfernung des Fluges zwischen € 250 (bis 1.500 km) und € 600 (ab 3.500 km) beträgt. Sie kann um 50 % gekürzt werden, wenn der Passagier sich für die anderweitige Beförderung entscheidet und diese innerhalb bestimmter Fristen (zwischen zwei und vier Stunden, je nach Entfernung) erfolgt.

Wurde der Flug annulliert, also gar nicht durchgeführt, bestehen im Wesentlichen dieselben Ansprüche. Die Fluglinie muss keine Ausgleichsleistung zahlen, wenn die Annullierung auf außergewöhnlichen Umständen beruht, deren Eintritt die Fluglinie durch ihr zumutbare Maßnahmen nicht vermeiden konnte.

Darunter fallen zum Beispiel widrige Wetterbedingungen wie Vulkanasche, Sicherheitsrisiken wie akute Terrorwarnungen, den Betrieb der Fluglinie beeinträchtigende Streiks. Im Fall von technischen Gebrechen liegen außergewöhnliche Umstände nur vor, wenn sie nicht im Rahmen der normalen Ausübung der Tätigkeit des betroffenen Luftfahrtunternehmens auftreten und von diesem tatsächlich zu beherrschen sind. Die Frage, wann außergewöhnliche Umstände vorliegen, ist durchaus diffizil zu beantworten und wird von Fall zu Fall unterschiedlich zu beurteilen sein.

**TIPP**

Wurde die Annullierung mit einem außergewöhnlichen Umstand begründet und verweigert die Fluglinie daher die Zahlung einer Ausgleichsleistung, verlangen Sie eine schriftliche Bestätigung dafür, dass ein außergewöhnlicher Umstand vorlag und die Fluglinie alle ihr zumutbare Maßnahmen zur Vermeidung dieses Gebrechens getroffen hat.

Sollte Ihre Reklamation bei der Fluglinie ergebnislos verlaufen, können Sie sich an die **Servicestelle für Fluggastrechte** im Bundesministerium für Verkehr, Innovation und Technologie wenden: 1030 Wien, Radetzkystraße 3; Telefon: 01/711 62 65 DW 9204 Fax: DW 9699; E-Mail: fluggastrechte@bmvit.gv.at. Diese kann von der Fluglinie die Vorlage der entsprechenden Beweisunterlagen verlangen.

Die Fluglinie muss auch dann keine Ausgleichsleistung zahlen, wenn sie die Passagiere zeitgerecht über die Annullierung des Fluges informiert und ihnen ein entsprechendes Ersatzangebot gemacht hat.

Informiert die Fluglinie mindestens 14 Tage vor dem geplanten Abflug über die Streichung des Fluges, steht keine Ausgleichsleistung zu. Bei Information zwischen 14 und sieben Tagen vor dem Abflug steht keine Ausgleichsleistung zu, wenn den Passagieren ein Ersatzangebot gemacht wird, mit welchem sie nicht mehr als 2 Stunden vor der ursprünglichen Abflugzeit abfliegen und am Endziel nicht mehr als 4 Stunden später als ursprünglich geplant ankommen.

Bei Information weniger als sieben Tage vor dem Abflug steht nur dann keine Ausgleichsleistung zu, wenn der Abflug des Ersatzangebots nicht mehr als 1 Stunde vor der ursprünglichen Abflugzeit stattindet und der Passagier am Endziel nicht mehr als 2 Stunden später als ursprünglich geplant ankommt.

Betreuungsleistungen schuldet das ausführende Luftfahrtunternehmen auch im Fall von großen Verspätungen. Eine solche relevante Verspätung liegt unter nachstehenden Umständen vor:

- Flugstrecke von bis zu 1500 km: ab zwei Stunden Abflugverspätung
- Flugstrecke zwischen 1.500 km und 3.500 km: ab drei Stunden Abflugverspätung
- Flugstrecke ab 3.500 km: ab vier Stunden Abflugverspätung.

Auch in diesem Fall bestehen die Betreuungsleistungen in Verpflegung bzw Hotelunterbringung, zwei Telefonaten, Telefaxen oder E-Mails sowie der Beförderung zwischen dem Flughafen und dem Ort der Unterbringung.

Wenn die Verspätung mehr als fünf Stunden beträgt, kann der Passagier die Erstattung des Ticketpreises binnen sieben Tagen für nicht zurückgelegte Reiseabschnitte, aber auch für bereits zurückgelegte Reiseabschnitte verlangen, wenn der Flug im Hinblick auf den ursprünglichen Reisepass zwecklos geworden ist.

Nach einem Urteil des EuGH (C 432/07 vom 19.11.2009) stehen bei Ankunftsverspätungen von mehr als 3 Stunden ferner Ausgleichsleistungen zwischen € 250 und € 600 zu.

Die Fluglinie hat die Passagiere über die vorstehend geschilderten Rechte zu unterrichten. Sie hat daher jedem Passagier, dem sie die Beförderung verweigert, dessen Flug sie annulliert oder dessen Flug eine Verspätung von mindestens zwei Stunden aufweist, eine schriftliche Information auszuhändigen, welche auch die Kontaktdaten der Beschwerdestelle, in Österreich der Schlichtungsstelle für Fluggastrechte beim Bundesministerium für Verkehr, Innovation und Technologie, zu enthalten hat.

Wenn Sie Ihren Flug im Rahmen einer Pauschalreise gebucht haben, können Sie Flugverspätungen auch als Reisemangel gegenüber dem Veranstalter geltend machen. Allerdings nimmt die Frankfurter Liste einen Reisemangel erst ab vier Stunden Verspätung an und gewährt 5% des Pauschalreisepreises pro Stunde Verspätung (ab der 5. Stunde). Häufig wird die Ausgleichsleistung nach der Verordnung 261/2004 also höher sein als die vom Veranstalter zu leistende Preisminderung.

Sie können beide Anspruchsgrundlagen parallel heranziehen, müssen sich aber gegenüber dem Luftfahrtunternehmen erhaltene Reisepreisminderungen des Veranstalters auf den Ausgleichsanspruch anrechnen lassen.

**TIPP**

Lesen Sie sich die schriftlichen Informationen des Luftfahrtunternehmens, die Ihnen im Falle einer Nichtbeförderung, Flugannullierung oder großer Verspätung übergeben werden, genau durch. Die Betreuungsleistungen müssen Sie vor Ort einfordern; werden sie nicht gewährt, heben Sie alle Rechnungen Ihnen entstandener Kosten auf und fordern sie das ausführende Luftfahrtunternehmen prompt schriftlich zu deren Ersatz, allenfalls zuzüglich einer Ihnen zustehenden Ausgleichsleistung, auf. Sollten Ihre Ansprüche trotz Urgenz nicht befriedigt werden, wenden Sie sich an die Schlichtungsstelle für Fluggastrechte beim BM für Verkehr, Innovation und Technik (Seite 249). Bei sonstigen Unklarheiten wenden Sie sich an die Konsumentenschutzeinrichtungen des VKI oder der Arbeiterkammern.

## Ansprüche geltend machen

### Mängelrüge

Wichtigster Grundsatz: Sobald ein Mangel entdeckt wird, sollte er gegenüber dem Vertragspartner schriftlich gerügt werden.

**Musterbrief „Mängelrüge und Wandlung“**

Max Muster
Nirgendwostraße 12/16
1010 Wien

PC Blitz GmbH
Mausgasse 12
1070 Wien

Wien, 2012 06 12

Betrifft: Kaufvertrag über Laptop vom 7. 6. 2012
Mängelrüge – Wandlung, Rechnung Nr. 4711

Sehr geehrte Damen und Herren,

ich habe am 7. 6. 2012 bei Ihnen einen Laptop der Marke „Husch Pfusch“ zum Kaufpreis von € 1.000 erworben.

Als ich das Gerät gestern in Betrieb nehmen wollte, musste ich feststellen, dass sich der Laptop nicht einmal starten ließ. Ich habe daraufhin mit Ihrem Verkäufer telefoniert und dieser hat mir mitgeteilt, dass offensichtlich die Festplatte kaputt sei, Sie aber weder die Festplatte tauschen noch mir ein anderes Gerät der Marke „Husch Pfusch“ anbieten können. Ihr Verkäufer hat mir lediglich angeboten, das Gerät gegen einen anderen Laptop der Marke „Power On“ auszutauschen. In diesem Fall hätte ich aber noch einen Aufpreis von € 300 zu bezahlen.

Da somit der gekaufte Laptop einen von Ihnen nicht verbesserbaren Mangel aufweist, mache ich Wandlung geltend und fordere Sie auf, mir den Kaufpreis von € 1.000 zuzüglich vier Prozent Zinsen seit dem Tag der Zahlung binnen sieben Tagen auf mein Girokonto bei der Sparbank (BLZ 80101), Kontonummer 007 126 482, zur Überweisung zu bringen. Zug um Zug gegen Rückzahlung des Kaufpreises werde ich Ihnen natürlich den Laptop zurückstellen.

Mit freundlichen Grüßen

Sie müssen sich nunmehr auch entscheiden, welches Mittel der Gewährleistung Sie anwenden wollen. Dabei ist zu beachten, dass Sie – außer in Ausnahmefällen (siehe Seite 234 ff) – in erster Linie zunächst nur Verbesserung oder Austausch verlangen können. Erst wenn dies verweigert oder nicht in angemessener Zeit bewirkt wird, kommen Preisminderung und Wandlung zum Zug.

Für Ihre weitere Vorgangsweise werden Sie in Erwägung ziehen, ob der Preis der Ware oder Leistung bereits (zur Gänze oder zum Großteil) bezahlt wurde oder nicht:

- Hat man noch nicht (alles) bezahlt, so kann man, wenn man Verbesserung begehrt, einen Teil oder den gesamten noch offenen Betrag zurückbehalten. Der Vertragspartner hat nach Rechnungslegung (beziehungsweise der Möglichkeit der Rechnungslegung) drei Jahre Zeit, auf Zahlung zu klagen. Wurde die Mängelrüge innerhalb der Gewährleistungsfrist erhoben, so kann man diese Mängelrüge und damit die Zurückbehaltung des Preises aufgrund der Gewährleistung einer Klage auf Zahlung auch über die Gewährleistungsfrist hinaus entgegenhalten.

**Ein Mahnschreiben 30 Monate nach der Mängelrüge**

Herr Bernegger ließ in seinem Wochenendhaus an der Eingangstür eine (bewegliche) Alarmanlage montieren. Als er wenige Wochen später feststellen muss, dass diese nicht funktioniert, rügt er diesen Mangel sofort und verlangt Verbesserung und kündigt an, den Kaufpreis von rund € 1.500 so lange nicht zu bezahlen, als der Mangel nicht behoben wird. Die Firma rührt sich nicht.

Herr Bernegger hat keine Zeit, sich um eine Ersatzvornahme durch eine andere Firma zu bemühen und wartet einfach ab. Nach 30 Monaten bekommt er ein Mahnschreiben der Montagefirma. Er möge den Rechnungsbetrag samt Zinsen und Mahnspesen bezahlen, ansonsten würde er geklagt. Herr Bernegger verweist auf seine – fristgerechte – Mängelrüge und verweigert die Zahlung.

Als er geklagt wird, wendet er bei Gericht ein, dass er den Mangel innerhalb der zweijährigen Gewährleistungsfrist gerügt und Verbesserung verlangt habe. Bis zu einer Verbesserung habe er das Recht, den Kaufpreis zurückzubehalten. Das Gericht wird daher die Klage der Montagefirma abweisen.

Natürlich kann man auch dann, wenn man noch nicht bezahlt hat, eine Klärung der Sachlage aber betreiben möchte, die Rechte aus der Gewährleistung auch aktiv durchsetzen.

**Musterbrief „Verbesserung – Zurückbehaltung"**

Max Muster
Nirgendwostraße 12/16
1010 Wien

Baufix GmbH
Ziegelteichgasse 34
1230 Wien

Wien, 2012 04 12

Betrifft: Bauauftrag St. Marx – Auftrag Nr. 0815
Mängelrüge – Aufforderung zur Verbesserung

Sehr geehrter Herr Klotz,

ich habe Sie mit der Errichtung eines Einfamilienhauses beauftragt und das von Ihnen erbaute Haus am 10.3.2012 schlüsselfertig übergeben bekommen.

Inzwischen musste ich folgende wesentliche Baumängel feststellen:

- Die Fensterflügel des Wohnzimmerfensters schließen schlecht, wodurch im Raum permanent Zugluft herrscht.
- Die Fliesen im Badezimmer wurden uneben verlegt. Zwei Fliesen, die hohl verlegt waren, sind inzwischen gebrochen.
- Auf der Terrasse sammelt sich bei starkem Regen Wasser, das nicht abfließen kann.

Ich fordere Sie daher auf, die gerügten Mängel innerhalb von 14 Tagen bis spätestens zum

**28. 4. 2012**

zu verbessern, ansonsten ich eine Verbesserung durch Sie ablehnen und die Verbesserungsarbeiten durch ein anderes gewerberechtlich befugtes Unternehmen vornehmen lassen würde. Die Mehrkosten aus dieser Ersatzvornahme würde ich Ihnen aus dem Titel des Schadenersatzes anlasten.

Schließlich weise ich Sie nochmals darauf hin, dass ich den restlichen Werklohn von € 36.000 bis zur ordnungsgemäßen Verbesserung durch Sie zurückbehalten werde.

Ich ersuche Sie, sich wegen eines konkreten Termins mit mir telefonisch (01/15 03 861) ins Einvernehmen zu setzen.

Mit freundlichen Grüßen

**Musterbrief „Preisminderung"**

Max Muster
Nirgendwostraße 12/16
1010 Wien

Wait&Fly ReiseveranstaltungsGmbH
Sonnentorplatz 11
1010 Wien

Wien, 2012 08 11

Betrifft: Pauschalreise Türkei
Club Raki/22. 7. bis 5. 8. 2012
Mängelrüge – Preisminderung

Sehr geehrte Damen und Herren,

ich habe bei Ihnen am 15.3.2012 aufgrund Ihres Sommerkataloges „Wait& Fly 2012" eine Pauschalreise in die Türkei für die Zeit vom 22.7.2012 bis 5.8.2012 zum Gesamtpreis von € 1.017,42 gebucht.

Im Zusammenhang mit der genannten Pauschalreise sind folgende Mängel zu rügen:

- Wir wurden statt im gebuchten Club Raki (direkt am Meer) im Hotel Nirwana, zwei Kilometer im Landesinneren, untergebracht.
- Der im Katalog zugesicherte Swimmingpool fehlte ebenfalls.

Für diese Reisemängel mache ich – unter Heranziehung der Frankfurter Liste für Reisepreisminderung – folgende Preisminderungsansprüche geltend:

| | | |
|---|---|---|
| 1. andere Unterkunft | € | 254,35 |
| 2. fehlender Swimmingpool | € | 203,48 |
| insgesamt somit den Betrag von | € | 457,83 |

Ich fordere Sie auf, mir diesen Betrag zuzüglich vier Prozent Zinsen seit dem Tag der Zahlung binnen sieben Tagen auf mein Girokonto bei der Sparbank (BLZ 80101), Kontonummer 007 126 482, zur Überweisung zu bringen.

Mit freundlichen Grüßen

- Hat man bereits den gesamten Preis oder einen Großteil davon bezahlt, bleibt einem kaum eine Wahl. Nun muss die Verbesserung oder – in zweiter Linie – die Preisminderung oder die Wandlung jedenfalls aktiv durchgesetzt werden. Dies ist in vielen Fällen außergerichtlich möglich.

Anerkennt der Unternehmer daraufhin den Mangel und erklärt er sich zur Verbesserung oder gar zur Preisminderung oder Wandlung bereit, so sollte man diese Erklärung (zu Beweiszwecken) auf jeden Fall schriftlich verlangen.

### Klage

Ist eine außergerichtliche Einigung nicht zu erzielen, bleibt nur die Klage bei Gericht. Diese Klage muss aber innerhalb der Gewährleistungsfrist ab dem Zeitpunkt der Übergabe der Ware oder des Werkes bei Gericht eingebracht werden.

**TIPP**

Die Klage muss fristgerecht bei Gericht einlangen, die rechtzeitige Postaufgabe reicht nicht aus!

Versäumt man die Frist, kann der Anspruch nicht mehr durchgesetzt werden.

Die **Gewährleistungsfrist** läuft:

- bei beweglichen Sachen: zwei Jahre ab Übergabe
- bei beweglichen gebrauchten Sachen: mindestens ein Jahr (wenn ausgehandelt)
- bei unbeweglichen Sachen: drei Jahre ab Übergabe
- bei Abzahlungsgeschäften: bis zur Fälligkeit der letzten Teilzahlung.

Trifft den Unternehmer aber an der Mangelhaftigkeit der Ware oder seines Werkes ein Verschulden (zum Beispiel weil er oder sein Gehilfe nicht die Regeln der Technik beachtet haben), dann kann er auch, über die Gewährleistungsfrist hinaus, auf Schadenersatz geklagt werden (siehe Seite 256 ff).

### Beweissicherung

Zur Beweissicherung sollte man Mängel – insbesondere vor einer Ersatzvornahme durch eine andere Firma – immer genau dokumentieren. Bei einer verpatzten Urlaubsreise werden Fotos, Videoaufnahmen und Zeugen ausreichen. Bei Waren im Wert von bis zu € 1.000 werden diese Beweismittel wohl auch ausreichen. Geht es dagegen um Mängel an einem Neuwagen, so sollte man sehr wohl ein Sachverständigengutachten – zum

Beispiel von einem Autofahrerklub – einholen. Bei Baumängeln ist schließlich auch an ein gerichtliches Beweissicherungsverfahren zu denken.

**TIPP**

Sachverständige für Privatgutachten können beim Hauptverband der allgemein beeideten und gerichtlich zertifizierten Sachverständigen erfragt werden (Wien 1, Doblhoffgasse 3, Tel.: 01/405 45 46 0; www.sachverstaendige.at). Privatgutachten kosten jedoch Geld. Diese Kosten kann man dann, wenn der Mangel feststeht, vom Verkäufer – der sich weigerte, den Mangel anzuerkennen – ersetzt verlangen.

Die **gerichtliche Beweissicherung** ist der sicherste Weg, Mängel festzuhalten. Gleichzeitig ist er auch der teuerste und möglicherweise langwierigste Weg. Die gerichtliche Beweissicherung ist beim Bezirksgericht, in dessen Sprengel die Beweissicherung vorgenommen werden soll, zu beantragen. Das Gericht bestellt einen gerichtlich beeideten Sachverständigen und zieht auch den Verkäufer – als potenziellen Prozessgegner – zur Befundaufnahme durch den Sachverständigen bei. Nur ein Gutachten in einem solchen Beweissicherungsverfahren kann in einem nachfolgenden Gerichtsverfahren als gerichtliches Gutachten direkt verwertet werden. (Ein Privatgutachten dagegen wird vom Gericht kaum als alleinige Entscheidungsgrundlage akzeptiert. Dann bestellt das Gericht im Streitfall jeweils erneut einen gerichtlich beeideten Sachverständigen.)

## Schadenersatz

Wenn das Dach nur mangelhaft isoliert wurde und beim nächsten Regen das Haus unter Wasser steht, wenn beim Tauschen der Winterreifen am Auto eine Schraube nicht angezogen wird und der Fahrer deshalb im Straßengraben landet, wenn der Zahnarzt pfuscht und die Brücke schmerzhaft wackelt oder der Rechtsanwalt einen Termin übersieht und der Prozess verloren geht – in all diesen Fällen erleidet der Konsument einen Schaden, den er – unter bestimmten Voraussetzungen – ersetzt verlangen kann. Hier erfahren Sie, wie Sie dabei am besten vorgehen:

### Vertragsverletzung

Die wesentlichen Voraussetzungen, dass Sie jemanden für einen eingetretenen Schaden verantwortlich machen und Schadenersatz begehren können, sind:

- Der Schädiger muss **rechtswidrig** gehandelt haben. Das kann, wenn etwa eine Stopptafel übersehen wird, der Verstoß gegen ein Gesetz (hier: Straßenverkehrsordnung) sein, das kann aber auch die Verletzung einer Vertragspflicht sein. Wenn der Dachdecker nach den „Regeln der Technik" ein Dach zu decken hat und solche Regeln – zum Beispiel der Isolierung des Daches – verletzt, dann handelt er ebenfalls – im Sinn des Schadenersatzrechtes – „rechtswidrig".
- Wenn nun der Baumeister zwar das Dach verpfuscht, die Überschwemmung im Haus aber durch einen Rohrbruch hervorgerufen wird, dann ist einsehbar, dass er für diesen Wasserschaden nicht zu haften hat. Sein Verhalten war keine Ursache für die Überflutung. Schadenersatz ist also nur zu leisten, wenn der Schaden vom Schädiger auch **verursacht** wurde.
- Schließlich muss dem Schädiger sein Verhalten auch vorwerfbar sein. Er muss **schuldhaft** gehandelt haben. Ein drastisches Beispiel: Wer die Schraube am Reifen absichtlich nicht anzieht, um seinen Nebenbuhler aus dem Weg zu räumen, handelt mit der puren Absicht, einen Schaden zu stiften. Aber auch – und das sind wohl die Fälle im Verbraucheralltag – der Lehrbub, der das Anziehen der Schraube schlicht vergisst, weil er in Gedanken bereits im Wochenende ist, handelt fahrlässig und damit schuldhaft. Sein Lehrherr und Unternehmer wird für den Schaden aufzukommen haben.

Der Gesetzgeber versucht bei der **Fahrlässigkeit** auch noch abzustufen: Fehler, die jedermann passieren können, werden als „leichte Fahrlässigkeit", Fehler, die einem sorgsamen Menschen eigentlich nicht passieren, werden als „grobe Fahrlässigkeit" bezeichnet.

Diese Unterscheidung ist sowohl für den Umfang des Schadenersatzes wichtig als auch für die Möglichkeit eines Unternehmers, sich gegenüber einem Verbraucher von seiner Haftung freizuzeichnen. Das Konsumentenschutzgesetz legt nämlich fest, dass eine **Freizeichnung** von der Haftung für vorsätzlich oder grob fahrlässig verursachte Schäden unzulässig und unwirksam ist. Dagegen könnten sich Unternehmer der Haftung für „leichte Fahrlässigkeit" durch Klauseln in ihren Allgemeinen Geschäftsbedingungen durchaus entziehen. Allerdings gibt es zwei wichtige Ausnahmen:

- Wenn der Unternehmer (zum Beispiel eine Reparaturwerkstätte) eine Sache (etwa ein Auto) zur Bearbeitung übernimmt, dann haftet er für alle Schäden an der Sache, auch wenn diese Schäden nur leicht fahrlässig verursacht wurden. Eine Haftungseinschränkung müsste ausdrücklich ausgehandelt werden.

- Für Personenschäden – das sind Körperverletzungen und Gesundheitsschädigungen – können sich die Unternehmer auch für die leichte Fahrlässigkeit nicht von ihrer Haftung freizeichnen.

**Kleingedrucktes zur Haftung**

- Die Klausel „Keine Haftung für Sach- und Körperschäden" auf der Rückseite von Konzertkarten ist in dieser Form gesetzwidrig, weil auch die Haftung für grob fahrlässige und vorsätzlich verursachte Sachschäden und generell die Haftung für Körperschäden ausgeschlossen werden soll.
- Die Klausel in den AGB einer Änderungsschneiderei: „Für Schäden an übernommenen Kleidungsstücken haften wir nur bei Vorsatz und grober Fahrlässigkeit", ist ebenfalls zu weitgehend. Da Sachen zur Bearbeitung übernommen werden, darf die Haftung auch für leichte Fahrlässigkeit nicht ausgeschlossen werden.

Der Unternehmer ist im Übrigen nicht nur für sein eigenes Verhalten verantwortlich. Er hat auch für Fehler seiner Gehilfen – egal ob Angestellte seines Unternehmens oder von ihm beauftragte Subunternehmer – einzustehen.

**Der Meister haftet für den Lehrling**

Herr Müller beauftragt den Malermeister Klex, seine Wohnung auszumalen. Tatsächlich erscheinen ein Malergeselle und ein Lehrbub und führen die Malerarbeiten aus. Als sie unvorsichtig mit der Leiter hantieren, geht ein Kristallluster zu Bruch. Obwohl der Malermeister selbst gar nicht anwesend war, muss er für die von seinen Gehilfen verursachten Schäden einstehen.

Schaden ist nicht Schaden. Es gibt feine Unterschiede – mit zum Teil beträchtlich unterschiedlichen Konsequenzen:

- Der sogenannte **Mangelschaden,** also der Schaden, den jemand erleidet, weil eine Ware oder ein Werk mangelhaft ist. Innerhalb der Gewährleistungsfristen wird man solche Mängel aus der Gewährleistung (siehe Seite 228 ff) geltend machen. Bei der Gewährleistung reicht ja bereits das Vorliegen des Mangels, um vom Unternehmer Verbesserung oder – in zweiter Linie – Preisminderung oder Wandlung fordern zu können. Auf ein Verschulden des Unternehmers kommt es dabei nicht an.

  Ist die Installation zum Beispiel einer Therme mangelhaft, dann kann darin auch ein Schaden gesehen werden, den der Unternehmer (hat er die mangelhafte Installation fahrlässig verursacht) zu ersetzen hat. Insbesondere dann, wenn die Gewährleistungsfristen abgelaufen sind, bietet die Möglichkeit – bei Verschulden des Unternehmers –, Schadenersatz zu verlangen, oft doch noch eine Chance auf Rechtsdurchsetzung.

**Gewährleistung oder Schadenersatz?**

- Der Baumeister hat einen Stiegenaufgang statisch falsch berechnet und die Stiegen brechen bei der ersten Belastung – drei Wochen nach Übergabe – zusammen. Hier wird der Auftraggeber aus der Gewährleistung die statisch richtige Neuherstellung der Stiegen verlangen. Über die Frage eines Verschuldens des Unternehmers braucht er sich nicht den Kopf zu zerbrechen.
- Wenn dagegen die Stiegen erst nach vier Jahren einstürzen, ist die Gewährleistungsfrist abgelaufen. Nun kann er die Neuherstellung der Stiegen nur aus dem Titel des Schadenersatzes verlangen. Voraussetzung ist nun auch, dass den Baumeister an der falschen Konstruktion auch ein Verschulden trifft.

- Der sogenannte **Mangelfolgeschaden,** der als Folge eines gewährleistungspflichtigen Mangels auftreten kann. Wenn durch die mangelhafte Isolierung des Daches beim nächsten Regenguss das Haus unter Wasser steht, dann ist die mangelhafte Isolierung der Mangel. Das wegen der Überschwemmung kaputte Parkett dagegen ist der Folgeschaden. Für solche Folgeschäden kann immer nur Schadenersatz verlangt werden – für die Gewährleistung ist da kein Raum.

Im Zuge einer Vertragserfüllung können aber auch noch andere Schäden auftauchen:

- Wenn der Malermeister beim Ausmalen der Wohnung mit der Leiter den Kristallleuchter ruiniert, dann handelt es sich um einen Schaden, der durch die Erfüllung einer Vertragspflicht verursacht wurde und der Unternehmer haftet für eigenes und das Verschulden seiner Gehilfen.
- Wenn dagegen der Lehrbub im Zuge des Ausmalens der Wohnung die Geldbörse des Auftraggebers mitgehen lässt, dann haftet der Unternehmer für dieses Verhalten seines Gehilfen – das ja mit der Erfüllung des Vertrages in keinem Zusammenhang steht – nur, wenn er von dessen Neigung zum Gelegenheitsdiebstahl wusste und ihn dennoch weiter eingesetzt beziehungsweise nicht entsprechend überwacht hat.

Ist einmal der Schaden eingetreten, dann gibt es im Grunde immer zwei Möglichkeiten, ihn zu beheben:

- Der Baumeister aus dem Beispiel oben kann die eingestürzten Stiegen selbst wieder aufbauen und damit den Schaden selbst beheben oder
- die Behebung des Schadens erfolgt durch einen anderen Baumeister und der Schädiger muss die Kosten dieser Schadensbehebung durch einen Dritten bezahlen, also Ersatz in Geld leisten.

Dann kann noch dazukommen, dass die Sache trotz der Reparatur auch eine Wertminderung erlitten hat. Diese Wertminderung muss dann jedenfalls in Geld ersetzt werden.

Der Gesetzgeber geht davon aus, dass der verursachte Schaden in erster Linie durch den Schädiger selbst behoben werden muss (Vorrang der Verbesserung). Nur bei Vorliegen der Ausschlussgründe wie bei der Gewährleistung (siehe Seite 234) kann man gleich Geldersatz verlangen. So immer dann, wenn der Kunde aufgrund des verschuldeten Fehlers des Unternehmers jedes Vertrauen in dessen Fähigkeiten – zu Recht – verloren hat. Man braucht den Schädiger nicht selbst verbessern zu lassen, sondern kann sofort jemand anderen mit der Schadensbehebung beauftragen und Geldersatz verlangen. Es ist nicht einmal notwendig, dass man diese Arbeiten zuerst durchführen lässt und aus der eigenen Tasche bezahlt und erst dann Ersatz verlangt. Man kann vielmehr – aufgrund eines Kostenvoranschlages – bereits jenen Geldbetrag verlangen, der notwendig sein wird, den Schaden zu beheben. Dieses sogenannte „Deckungskapital" kann man – notfalls auch gerichtlich – einfordern. Ob man den Schaden dann tatsächlich beheben lässt oder nicht, hat mit der Forderung an sich nichts zu tun. Die Rechtsprechung dazu ist allerdings von Fall zu Fall verschieden; zu bedenken ist jedenfalls auch, dass den Geschädigten die Pflicht trifft, den Schaden so gering als möglich zu halten (sog. „Schadensminderungspflicht").

**TIPP**

Bevor man von einem Dritten einen Schaden beheben lässt, sollte man jedenfalls Beweise sichern. Dies reicht von Fotos, Zeugen (Gedächtnisprotokoll) bis zu Privatgutachten und allenfalls – wenn es um größere Schäden geht – bis zu einem gerichtlichen Beweissicherungsverfahren.

## Exkurs: Schadenersatz für entgangene Urlaubsfreude

Pauschalreisende haben einen Anspruch auf angemessenen Ersatz der „entgangenen Urlaubsfreude", wenn der Reiseveranstalter einen erheblichen Teil der vertraglich vereinbarten Leistung nicht erbringt und ihn daran ein zurechenbares Verschulden trifft. Bei der Bemessung des Ersatzanspruches ist vor allem auf die Schwere und Dauer des Mangels, den Grad des Verschuldens, den vereinbarten Zweck der Reise und die Höhe des Reisepreises Bedacht zu nehmen. Nach dem Willen des Gesetzgebers soll ein Ersatzanspruch von € 50–60 pro Tag und Person als Richtwert genommen werden, der allerdings auch erheblich unter- oder überschritten werden kann. Nach der Rechtsprechung werden die Ersatzansprüche tendenziell geringer bewertet, allerdings ist zu bedenken, dass sie zusätzlich zum Ersatz aus dem Titel der Gewährleistung (Preisminderung oder bei wesentlichen Mängeln auch Wandlung) zugesprochen werden.

So wurde ein Pauschalbetrag von € 15 pro Person und Tag als Ersatz für entgangene Urlaubsfreude als angemessen erachtet, wenn bei der rund einwöchigen Reise durch Jordanien nur 80 statt der zugesagten 270 km auf dem Fahrrad zurückgelegt wurden (LG Ried, 21.3.2006, 6 R 57/06h). Schadenersatz wurde auch für einen Tauchurlaub zugesprochen, bei welchem dem Reiseveranstalter bekannt war, dass es den Reisenden vordringlich um die hervorragende Qualität des Tauchortes ging, der mit „erstklassig und die erfahrendsten Taucher begeisternd" beschrieben, tatsächlich – wenn auch nur geringfügig – von der Korallenbleiche betroffen und durch Dynamitfischen beschädigt war (OGH 23.11.2004, 5 Ob 242/04f). Auch die Unterbringung eines Ehepaars samt Kind und (Schwieger-)Mutter in einem Vierbett- anstelle eines Familienzimmers mit zwei getrennten Schlafräumen berechtigte zur Einforderung von Schadenersatz für entgangene Urlaubsfreude, wobei der Oberste Gerichtshof den vom Berufungsgericht zugesprochenen Ersatz von € 8,93 pro Tag und Person für unbedenklich erachtete (OGH 23.5.2005, 10 Ob 20/05x).

## Exkurs: Haftung für falsche Anlageberatung

Sein Geld gut anzulegen ist regelmäßig eine komplizierte Sache. Die Anleger sind in vielen Fällen Laien und daher vor allem auf die Informationen durch Werbeaussagen, Prospekte, besonders aber auf Berater – Angestellte von Banken oder Versicherungen, aber auch freie Anlageberater – angewiesen. Für den Kunden besteht dabei in der Anlageberatung ein besonderes Risiko, nämlich die Verkaufsorientierung der sogenannten Finanzberater. Denn obwohl gerne die Bezeichnung „Berater" verwendet wird, handelt es sich zumeist nicht um wirklich unabhängige Berater, sondern schlicht um Verkäufer. Es gilt – und das ist aus der Sicht des Verkäufers verständlich – Produkte zu verkaufen und dafür Provisionen zu kassieren. Eine mögliche Folge der Provisionsabhängigkeit von Finanzberatern ist, dass Sie mit falschen, halbwahren oder unvollständigen Verkaufsargumenten konfrontiert werden. Die Seriosität einer Beratung hängt also nicht unbedingt von der jeweiligen Firma ab, mit der Sie es zu tun haben, sondern vom Berater und seiner Informationsgestaltung. Gängige Argumente wie „Garantierte Rendite von 13 bis 15 Prozent" sind in der Regel nicht in den Verträgen enthalten. Auch die Ankündigung der „jederzeitigen Kündbarkeit eines Vertrages ohne finanzielle Verluste" stellt sich oft als halbwahres Argument heraus. Diverse Finanzprodukte sind darüber hinaus derart komplex, dass sie von Finanzmathematikern kaum, von „normalen" Bankangestellten aber bereits nicht mehr durchschaut werden. Es ist daher möglich, dass Sie ein Finanzprodukt erwerben, von dem Sie eine gänzlich falsche Vorstellung vermittelt bekommen haben. Aber auch in der Anlageberatung ergeben sich – nach den allgemein gültigen Rechtsgrundsätzen – (vor)vertragliche Schutz- und Aufklärungspflichten. Der Berater haftet dem Kunden gegenüber als Sachverständiger.

**TIPP**

- Wichtig ist daher, dass Sie den Berater zu klaren Aussagen bewegen und die eigenen Erwartungen und Vorstellungen beziehungsweise Anforderungen offenlegen.
- Je genauer die Aufzeichnungen bei Vertragsabschluss, je eindeutiger belegbar Ihre Erwartungen und je besser dokumentiert die Empfehlungen des Beraters sind, desto größer sind Ihre Chancen in einem Gerichtsverfahren.

Besondere Vorsicht ist bei sogenannten „Grauen Markt"-Produkten geboten. Unter „Grauem Kapitalmarkt" versteht man all jene Formen der Finanzierung, die ohne Ausgabe von Wertpapieren eine gemeinschaftliche Kapitalaufbringung bezwecken. Das heißt, dass eine Veranlagung nicht wertpapierrechtlich verbrieft ist. Dazu gehören im Besonderen Stille Gesellschaften oder Kommanditbeteiligungen, die als Risikokapital gelten. Das bedeutet, dass im Extremfall (zum Beispiel bei Konkurs des Emittenten) das eingesetzte Kapital verloren geht.

Stellt sich im Nachhinein – oft erst nach Jahren – heraus, dass ein Rat falsch war, so fragen die Geschädigten zu Recht, wer ihnen für den erlittenen Schaden haftet. Diese Frage wurde in der jüngsten Vergangenheit auch in vielen Fällen von Gerichten beantwortet, wie die zahlreichen Urteile zur Haftung des Anlageberaters zeigen.

## Prospekthaftung

Eine wesentliche Quelle für Informationen vor der Veranlagung sind „Prospekte“. Das Kapitalmarktgesetz (KMG) schreibt für bestimmte Wertpapiere und Veranlagungen zwingend die Erstellung eines Prospektes vor. Auf den Prospekt muss auch in der Werbung für die Veranlagung hingewiesen werden. Der Emittent (der die Wertpapiere oder Veranlagungen herausgibt), der Prospektkontrollor, die Vertriebspersonen und schließlich auch der Abschlussprüfer haften – allerdings sehr unterschiedlich – für die Richtigkeit der im Prospekt gemachten Angaben. Der Emittent hat für eigene (sogar leichte) Fahrlässigkeit sowie für jedes Verschulden seiner Hilfspersonen einzustehen. Der Prospektkontrollor dagegen haftet nur bei grober Fahrlässigkeit. Den Vertreiber der Wertpapiere oder Veranlagungen – also zum Beispiel Ihre Bank – schließlich trifft eine Prospekthaftung nur, wenn er die Unrichtigkeit des Prospektes kannte oder grob fahrlässig nicht kannte. Dazu kommt, dass die Haftung – für alle – auf den Erwerbspreis zuzüglich Zinsen und Spesen beschränkt wurde und Schadenersatzansprüche binnen zehn Jahren nach Beendigung des Angebotes verjähren.

Alles in allem eine höchst unbefriedigende Regelung. Insbesondere wenn man bedenkt, dass im Detail höchst strittig ist, ob eine bestimmte Veranlagung überhaupt unter die Prospektpflicht fällt, und immer dann, wenn einfach kein Prospekt erstellt wird, auch keine Prospekthaftung nach dem KMG besteht. Ein Verbraucher kann sich in solchen Fällen nur mit einem Rücktritt gemäß § 5 KMG helfen.

Neben dem KMG werden aber auch allgemeine zivilrechtliche Grundsätze einer Prospekthaftung von der österreichischen Rechtsprechung anerkannt. Gerade im Bereich von sogenannten „Publikumsgesellschaften“ (bei denen der Anleger verschiedene Formen von – stillen – Beteiligungen erwerben soll) wird vom Obersten Gerichtshof (OGH) anerkannt, dass die Anleger vor allem den Initiatoren und Gründern, die das Management bilden und beherrschen, besonderes Vertrauen schenken (müssen). Die Interessenten dürfen – so der OGH – darauf vertrauen, dass die für den Prospekt Verantwortlichen diesen mit der erforderlichen Sorgfalt erstellt und geprüft haben und sie über alle Umstände aufklären, die für den Entschluss der Beteiligung von wesentlicher Bedeutung sind. Diese Personen haften daher dem Anleger – bereits bei leichter Fahrlässigkeit – für die Verletzung von vertraglichen wie vorvertraglichen Schutz- und Aufklärungspflichten. Diese Haftung kann zum einen binnen drei Jahren ab Schadenseintritt, zum anderen aber nur binnen dreißig Jahren ab Vertragsabschluss gerichtlich geltend gemacht werden. Bei grober Fahrlässigkeit kann insbesondere auch der entgangene Gewinn ersetzt verlangt werden.

### Haftung für (falsche) Anlageberatung

In vielen Fällen wird die Entscheidung zur Kapitalveranlagung weniger aufgrund eines Prospektes, sondern vielmehr aufgrund der persönlichen Beratung durch einen Anlageberater getroffen. Dieser muss für falsche Ratschläge sowie für die Verletzung von vertraglichen und vorvertraglichen Schutz- und Aufklärungspflichten einstehen. Ist der Berater als Angestellter einer Bank oder Versicherung tätig, dann haftet sein Dienstgeber auch für dessen Verschulden. Was kann nun aber als „falsche Beratung" angesehen werden? Die Rechtsprechung hatte sich in letzter Zeit mit durchaus exemplarischen Fällen zu beschäftigen.

**Geldanlage „risikolos"**

Eine Bankkundin wollte ihr Geld „risikolos, festverzinslich und mit einem jährlichen Ertrag von etwa sieben Prozent" veranlagen. Ein Bankmitarbeiter empfahl ihr daraufhin Investment-Zertifikate, die aus steuerlichen Gründen günstig und absolut ohne Risiko seien. In der Folge kam es aber zu erheblichen Kursverlusten und die Bankkundin verkaufte schlussendlich die Papiere wieder. Den Verlust – immerhin umgerechnet rund € 11.300 – wollte die Kundin von ihrer Bank ersetzt bekommen. Der OGH gab ihr Recht. Die Bank müsse die Nachteile ersetzen, die der Kundin aus der falschen Beratung durch ihren Angestellten entstanden sind (OGH 8.6.1993, 4 Ob 516/93, KRES 9/26).

**Trotz Sachkunde des Kunden Aufklärungspflicht**

Ein Kunde beauftragte seine Bank mit dem Ankauf von Optionsscheinen und erlitt aufgrund von Unklarheiten bei der Auftragserteilung bzw -durchführung einen Schaden von umgerechnet rund € 31.000. Der OGH konnte – da wesentliche Sachverhaltsfeststellungen fehlten – nicht endgültig entscheiden, hielt in seinem Aufhebungsbeschluss jedoch fest, dass an die Sorgfalt einer Bank im Effektengeschäft ein besonders strenger Maßstab anzuwenden sei. Der Kunde dürfe zum einen vertrauen, dass die Bank über spezifisches Sachwissen im Wertpapierhandel verfüge und zum anderen, dass sie den Kunden bei Abschluss und Durchführung solcher Geschäfte umfassend berate. Selbst wenn der Kunde sachkundig sei, so hätte sich der Anlageberater durch Kontrollfragen darüber Gewissheit verschaffen müssen, ob dem Kunden auch die Tragweite der – hier vom Anlageberater vorformulierten – Kauforder bewusst gewesen sei (OGH 15.7.1993, 7 Ob 575/93, KRES 9/27).

**Hinweis auf Risiko**

Der Anlageberater ist zur Aufklärung seiner Kunden über die Risikoträchtigkeit der in Aussicht genommenen Anlage verpflichtet. Stellt er ein typisches Risikogeschäft als sichere Anlageform dar, haftet er für die fehlerhafte Beratung auch dann, wenn er selbst von der Seriosität des Anlagegeschäftes überzeugt gewesen sein sollte (OGH 15.7.1997, 1 Ob 182/97i, KRES 9/63).

So entwickelte die Rechtsprechung – insbesondere auch in Deutschland – konkrete Verhaltenspflichten für Anlageberater, aus deren Verletzung dann die Pflicht zum Schadenersatz entsteht. Der Gesetzgeber hat mit dem Wertpapieraufsichtsgesetz diese Richtlinien der Judikatur übernommen und festgeschrieben:

- Die Anlageberater müssen mit der erforderlichen Sachkenntnis, Sorgfalt und Gewissenhaftigkeit im Interesse ihrer Kunden tätig sein,
- sich bemühen, Interessenkonflikte zu vermeiden,
- von ihren Kunden Angaben über deren Erfahrungen oder Kenntnisse in solchen Geschäften, deren Anlageziele und deren finanzielle Verhältnisse einholen,
- die Kunden über Risken und Eigenheiten der Veranlagungsart aufklären.

Verletzt der Berater diese „Wohlverhaltensregeln“, kann man Schadenersatz verlangen. In Vertragsformblättern kann der Unternehmer zwar seine Haftung für leichte Fahrlässigkeit ausschließen, doch ist ein solcher Ausschluss nur wirksam, wenn diese Klausel deutlich hervorgehoben ist.

Darüber hinaus wurde eine eigene Aufsichtsbehörde zur Überwachung zahlreicher weiterer Ordnungsvorschriften geschaffen.

**TIPP**

Österreichische **Finanzmarktaufsicht**
1090 Wien, Otto-Wagner-Platz 5
Tel.: (01) 249 590
Internet: www.fma.gv.at

Will man Schadenersatz geltend machen, so ist zu beachten, dass der Anspruch – wie jeder Schadenersatzanspruch – binnen 3 Jahren ab Kenntnis des Schadens verjährt.

**Verjährung bei falscher Beratung**

Der Schaden aus falscher Beratung – zB der Erwerb eines riskanten Wertpapieres entgegen den Vorstellungen des Anlegers, der „risikolos" veranlagen wollte – muss binnen 3 Jahren ab dem Zeitpunkt, in dem die Beratung als falsch erkennbar war, gerichtlich geltend gemacht werden. Wenn zu diesem Zeitpunkt, etwa weil die Kursverluste schwanken, der Schaden noch nicht (abschließend) beziffert werden kann, muss man zumindest auf Feststellung klagen (OGH 3.12.1997, 7 Ob 253/97z, KRES 9/67).

**TIPP**

Wenn Sie feststellen, dass Sie falsch beraten wurden, sollten Sie sofort rechtlichen Rat einholen und Schadenersatzansprüche geltend machen.

## Einwendungsdurchgriff

In vielen Fällen werden Anlageformen angeboten, wo der Anleger nicht bereits vorhandenes Kapital für sich arbeiten lässt, sondern seine „Anlage" über einen Kredit bei einer Bank finanziert werden soll. Im Klartext: Die Bank zahlt direkt an die Beteiligungsgesellschaft auf den Geschäftsanteil des Anlegers ein, der Anleger sieht das Geld nie, muss aber an die Bank den Kredit in Raten abstottern. Wenn nun das Beteiligungsunternehmen in Konkurs geht, die prognostizierten Renditen nicht realisiert werden oder die aufgewendeten Geldbeträge zweckwidrig verwendet werden, stellt sich die Frage, ob der Anleger Einwendungen gegen das Beteiligungsunternehmen auch der drittfinanzierenden Bank entgegenhalten und die Rückzahlungen einfach einstellen kann.

Der Einwendungsdurchgriff bei drittfinanzierten Geschäften von Verbrauchern ist in § 13 Verbraucherkreditgesetz (VKrG) geregelt. Grundsätzlich besteht ein solcher Durchgriff bei „verbundenen Kreditverträgen" (Seite 78). Gerade Kreditverträge, die der Finanzierung des Erwerbs von Finanzinstrumenten dienen, sind aber von den Regelungen über den Einwendungsdurchgriff ausgeschlossen. Vergleicht man die Regelung des (österreichischen) VKrG mit der Verbraucherkredit-Richtlinie, auf der dieses Gesetz beruht, ist diese generelle Ausnahme aber nicht gerechtfertigt (sondern nur für den Fall des Rücktritts des Verbrauchers vom Vertrag über das Finanzprodukt gewollt). Man kann davon ausgehen, dass der Einwendungsdurchgriff gerade im Fall von Schadenersatzansprüchen gegen den Verkäufer des Finanzprodukts besteht. Eine abschließende Klärung wird vermutlich erst durch ein Erkenntnis des EuGH erwartet werden können.

## Ansprüche geltend machen

Wenn Sie durch Verschulden eines anderen zu Schaden kommen, dann ist der erste und wichtigste Schritt, Beweise zu sichern. Alle wesentlichen Voraussetzungen für einen Schadenersatzanspruch müssen belegt sein:

- die Vertragsverletzung (Vertrag, AGB, Korrespondenz usw aufheben und ordnen);
- die Verursachung des Schadens durch den Schädiger (Zeugen, Sachverständiger ...);
- Hinweise auf ein Verschulden des Schädigers;
- der Umfang des Schadens und die Höhe eines Schadenersatzes (Kostenvoranschläge).

**TIPP**

Zur Feststellung der Höhe von Reparaturkosten sollte man mindestens einen, besser mehrere Kostenvoranschläge von gewerblich befugten Unternehmern einholen. Diese dürfen aber – vor einer Klärung der Sachlage beziehungsweise einer Beweissicherung – die Schäden nicht sofort beheben!

**Musterbrief „Anspruchsschreiben für Schadenersatz"**

Max Muster
Nirgendwostraße 12/16
1010 Wien

Robert Fleck – Chemisch Reiniger
Saubermanngasse 47
1110 Wien

Wien, 2012 06 21

Betrifft: Reklamation Reinigungsgut/Rechnung Nr. 4711
Schadenersatz

Sehr geehrter Herr Fleck,

ich habe Ihnen am 26.5.2012 einen Frack zur Spezialreinigung übergeben. Am 9.6.2012 habe ich das Kleidungsstück bei Ihnen abgeholt und € 36 bezahlt. Da das Kleidungsstück verpackt war, konnte ich den Zustand nicht überprüfen. Beim Auspacken des Kleidungsstückes musste ich nun aber feststellen, dass an zahlreichen Stellen das Gewebe irreparabel zerstört wurde und mehrere Löcher aufweist.

Ich habe den Frack am 2.6.2010 zum Kaufpreis von € 690 erworben (Kopie der Rechnung liegt bei). Unter Hinweis auf die Allgemeinen Geschäftsbedingungen für das Chemischreiniger-, Wäscher- und Färbergewerbe fordere ich Sie auf, für den irreparabel zerstörten Frack Schadenersatz in Höhe von 70 Prozent des Neuwertes, somit den Betrag von € 483, zu leisten. Weiters fordere ich Sie auf, mir den Werklohn in Höhe von € 36 zurückzuerstatten.

Ich fordere Sie daher auf, binnen sieben Tagen den Betrag von € 519 auf mein Girokonto bei der Sparbank (BLZ 80101), Kontonummer 007 126 482, zur Überweisung zu bringen. Sollte der Betrag nicht fristgerecht einlangen, werde ich gerichtliche Hilfe in Anspruch nehmen.

Mit freundlichen Grüßen

Sodann muss man sich entscheiden, ob der Schädiger selbst den Schaden beheben soll oder ob man – aus guten Gründen (wegen mangelnden Vertrauens) – die Behebung der Schäden durch einen Dritten vornehmen lassen wird und das Deckungskapital als Schadenersatz verlangt. Müsste man selbst dem Unternehmer, der den Schaden zu verantworten hat, noch Zahlungen erbringen, dann kann man den Schadenersatzanspruch von der noch zu erbringenden Leistung in Abzug bringen. Dieser Vorgang heißt Aufrechnung. Diese kann in den Allgemeinen Geschäftsbedingungen eines Unternehmens im Verhältnis zu Verbrauchern nicht wirksam ausgeschlossen werden.

Hat man sich zu einer bestimmten Vorgangsweise entschlossen, so sollte man seine Ansprüche – unter Darlegung des Sachverhaltes, Beschreibung der Schäden und der Schadensursache – dem Schädiger mitteilen. Kann der Schaden der Höhe nach noch nicht beziffert werden, dann kann man den Schädiger dazu auffordern, zunächst einmal den Anspruch dem Grunde nach anzuerkennen; die Höhe bleibt vorerst noch offen. Sind Folgeschäden zu befürchten (va gesundheitliche Spätfolgen bei Körperverletzungen), so kann vom Schädiger auch die Erklärung verlangt werden, dass er für alle kausalen Folgeschäden – ebenfalls dem Grunde nach – die Haftung übernimmt.

**TIPP**

Wenn Körperschäden zu beklagen sind oder die Sachschäden über wenige Hundert Euro hinausgehen, dann sollte man jedenfalls erwägen, auch einen Rechtsanwalt mit der Durchsetzung der Ansprüche zu betrauen.

In vielen Fällen wird eine außergerichtliche Streitbeilegung zu erzielen sein, zumal viele Unternehmen für solche Fälle über eine betriebliche Haftpflichtversicherung verfügen. Solche Versicherungen bieten dann oft eine Abschlagszahlung an. Im Gegenzug muss man jedoch regelmäßig eine sogenannte Abfindungserklärung unterschreiben. Damit erklärt man, dass man aus diesem Schadensfall später keine weiteren Ansprüche mehr stellen wird.

**TIPP**

Eine solche Abfindungserklärung sollten Sie nur unterschreiben, wenn Sie ganz sicher sind, dass nicht noch irgendwelche Folgeschäden auftreten können. Treten solche Folgeschäden völlig überraschend dennoch auf, kann eine abgegebene Abfindungserklärung allenfalls auch noch erfolgreich angefochten werden (OGH 10.7.1997, 2 Ob 130/97z, KRES 10/67).

Wenn eine außergerichtliche Streitbeilegung misslingt, dann müssen Sie – um Ihre Ansprüche weiterzuverfolgen – den Gang zum Gericht antreten. Als Kläger müssen Sie den Eintritt und die Höhe des Schadens, die Verursachung des Schadens durch den Schädiger sowie dessen vertragswidriges oder sonst rechtswidriges Verhalten beweisen.

Dagegen ist es bei Vertragsverletzungen Sache des Schädigers, die Behauptung, den Schaden nicht verschuldet zu haben, auch selbst zu beweisen. Wenn diese Beweislast in Allgemeinen Geschäftsbedingungen dem Verbraucher aufgetragen werden soll, dann sind solche Klauseln gesetzwidrig und damit unwirksam. Diese Beweislast für den Unternehmer endet – bei Schadenersatz aus Vertragsverletzung – allerdings zehn Jahre nach Vertragsabschluss. Ab diesem Zeitpunkt muss der Geschädigte nunmehr auch das Verschulden seines Vertragspartners unter Beweis stellen.

Eine Klage auf Schadenersatz muss auch in bestimmten Fristen bei Gericht einlangen, sonst könnte der Anspruch verjähren:

- Die absolute Verjährungsfrist für Schadenersatzansprüche aus Vertragsverletzungen beträgt 30 Jahre ab dem Zeitpunkt des Vertragsabschlusses.
- Noch wichtiger ist jedoch die konkrete Frist von 3 Jahren ab dem Zeitpunkt, wo man die Person des Schädigers und den Eintritt des Schadens so weit kennt, dass man erfolgreich eine Klage einbringen könnte.

Anders als bei der Gewährleistungsfrist setzt die dreijährige Verjährungsfrist von Schadenersatzansprüchen also erst ein, wenn der Schaden und die Verantwortung des Unternehmers offenbar werden. Daher ist insbesondere bei sogenannten Mangelschäden nicht nur die Gewährleistungsfrist zu beachten. Diese kann schon abgelaufen sein, dennoch ist der Anspruch auf das Deckungskapital für eine Behebung des Mangels durch Dritte – gestützt auf Schadenersatz – durchaus noch durchsetzbar.

**Familie Mayer und die Firma Hohlziegel**

Auch Familie Mayer aus dem Beispiel von Seite 214 muss nicht verzagen. Sie muss den Schaden durch rostige Wasserrohre nicht selbst tragen. Die Firma Hohlziegel haftet für das Verschulden des Installateurs Kupfer, dessen sie sich zur Erfüllung des Vertrages als Subunternehmer bedient hat. Der Anspruch auf Schadenersatz ist auch noch lange nicht verjährt, auch wenn die Gewährleistungsfrist bereits abgelaufen ist.

## Wertdifferenzen

Wer eine Ware kauft und später feststellt, er hätte dieselbe Ware woanders billiger bekommen, der hat grundsätzlich einmal nur Pech. Am Kaufvertrag ist nicht zu rütteln. Preisvergleiche sollte man vorher anstellen, im Nachhinein kann man ein ungünstiges Geschäft nicht mehr rückgängig machen. Dieser Grundsatz hat aber eine Einschränkung: Wenn der Wert der Ware eklatant geringer als der bezahlte Kaufpreis ist, dann kann man prüfen, ob das Geschäft wegen Wuchers oder wegen Verkürzung über die Hälfte angefochten werden kann.

### Wucher

**Frau Schneider in Not**

Frau Schneider lebt nach der Scheidung in sehr beengten finanziellen Verhältnissen und hat zwei kleine Kinder zu versorgen. Eines Tages sucht sie einen Goldschmied auf, um ihren goldenen Ehering – der immerhin einmal € 545 gekostet hatte – zu verkaufen. Der Goldschmied erkennt die Zwangslage der Frau und denkt für sich an ein günstiges Geschäft: Er bietet Frau Schneider lediglich € 70. Da sie das Geld so dringend benötigt, verkauft sie den Ring. Als Frau Schneider dies abends ihrer Nachbarin erzählt, ist diese über das Vorgehen des Goldschmieds so empört, dass sie Frau Schneider Geld borgt, um ihr aus der Notlage zu helfen. Am nächsten Tag verlangt Frau Schneider beim Goldschmied ihren Ring – gegen Rückzahlung des Kaufpreises – zurück. Sie wird das Geschäft wohl wegen Wuchers anfechten können.

Ein krasses Missverhältnis zwischen Wert und Kaufpreis einer Ware oder Leistung reicht noch nicht aus, um von Wucher sprechen zu können. Zum Wucher gehört noch der Umstand, dass eine Zwangslage, Verstandesschwäche, die Unerfahrenheit oder die Gemütsaufregung des Vertragspartners ausgenützt wurde.

## Verkürzung über die Hälfte

Wenn die Leistung des einen Vertragspartners sogar weniger als die Hälfte der Leistung des anderen Vertragspartners wert ist, dann liegt – allein aufgrund dieser objektiven Wertdifferenz – Verkürzung über die Hälfte vor.

**100 statt 49 Euro**

Verkürzung über die Hälfte liegt also vor, wenn eine Sache zum Beispiel € 49 wert ist, der Kaufpreis aber € 100 beträgt. Dagegen liegt keine Verkürzung über die Hälfte vor, wenn der Wert der Sache € 50 und der Kaufpreis € 100 betragen würde.

Der Vertragspartner, der weniger als die Hälfte erhalten hat (der „verkürzte Teil") hat ein Aufhebungsrecht, das etwa dem Recht auf Wandlung oder Rücktritt entspricht – also den Vertrag ungültig macht. Die Aufhebung kann nur durch Vereinbarung beider Parteien, also einvernehmlich – oder aber gerichtlich – geschehen. Für die Wertberechnung ist der Zeitpunkt des Vertragsabschlusses maßgebend.

Der verkürzende Partner kann den Vertrag jedoch dadurch „retten", dass er dem Verkürzten die Differenz zwischen dem gemeinen Wert der von ihm und der vom Verkürzten erbrachten Leistung ersetzt.

**Aufzahlung, sonst Auflösung**

War die eine Leistung € 49 wert, die andere € 100, so müsste der „verkürzende Partner" € 51 aufzahlen, um den Vertrag zu retten.

Im Streitfall hat ein Sachverständiger den gemeinen Wert zu ermitteln.

**Der gemeine Wert ist nicht vom Diskonter**

Der gemeine Wert ist der Wert, den eine Sache am Ort und zur Zeit der Schätzung für jedermann hat. Es wird in der Regel der durchschnittliche Marktpreis ermittelt. Es kommt also nicht auf den tiefstmöglichen Preis bei einem Diskonter an, sondern es wird auf einen Durchschnittswert abgestellt.

Auch die Verkürzung über die Hälfte kann vertraglich nicht ausgeschlossen werden. Sie kann allerdings nicht in Anspruch genommen werden, wenn das gute Stück „aus besonderer Vorliebe", in Kenntnis des wahren Wertes oder im Rahmen einer gerichtlichen Versteigerung erstanden wurde.

**TIPP**

Wenn sich also – insbesondere in Kaufverträgen über Grundstücke – immer wieder Klauseln finden, mit denen eine Anfechtung wegen Verkürzung über die Hälfte ausgeschlossen werden soll, dann sind solche Klauseln unwirksam.

**Zurück mit der Jugendstil-Vase**

Nun wird auch Frau Bergmann den Fall mit ihrer überteuren Jugendstil-Vase (siehe Seite 214) lösen können. Sie wird den Kaufvertrag wohl wegen Verkürzung über die Hälfte anfechten. Und ihre Chancen, dabei erfolgreich zu sein, stehen gut.

## Insolvenz des Vertragspartners

Wenn ein Unternehmen oder auch ein Privater zahlungsunfähig ist und daher auch seine Zahlungen einstellt, bzw auch dann, wenn eine Handelsgesellschaft überschuldet ist, spricht man von einer Insolvenz. Dann kann durch das Gericht – auf Antrag der Gläubiger bzw des Schuldners – ein Konkursverfahren eröffnet werden. Der Schuldner kann aber auch ein Sanierungsverfahren beantragen. Der wesentliche Unterschied zwischen Sanierung und Konkurs ist, dass der Schuldner, wenn eine Mehrheit der Gläubiger seinen Sanierungsplan annimmt und er dessen Bedingungen erfüllen kann, seine Schulden endgültig los ist. Dagegen kommt es beim Konkurs zum einen nicht auf die Zustimmung der Gläubiger an, zum anderen wird der Schuldner auch nicht endgültig von seinen Schulden erlöst. Beide Verfahren sollen sicherstellen, dass die andrängenden Gläubiger gleich behandelt werden. Vor Eröffnung eines Insolvenzverfahrens gilt das Prinzip: „Wer zuerst kommt, mahlt zuerst!" Wer also zuerst Exekution führt, dessen Forderung wird vorrangig befriedigt. Wer später dran ist, kann auch leer ausgehen. Dagegen sollen im Insolvenzverfahren die Forderungen der Gläubiger gleich und daher nur anteilig befriedigt werden (Zur Insolvenz von Privatpersonen erfahren Sie mehr auf Seite 365 ff).

Wird über einen Unternehmer ein Insolvenzverfahren eröffnet, so stellen sich für seine Vertragspartner eine Reihe von Problemen:

- Soll beziehungsweise muss man weitere Zahlungen leisten?
- An wen sind Zahlungen zu leisten?
- Wird man noch die Gegenleistungen erhalten?
- An wen soll man sich mit Gewährleistungsansprüchen wenden?

Als erste Frage ist in jedem Fall zu klären, ob über das bestimmte Unternehmen tatsächlich bereits ein Insolvenzverfahren (Konkurs- oder Sanierungsverfahren) eröffnet worden ist. Diese Auskunft kann man beim zuständigen Insolvenzgericht – das ist üblicherweise das Landesgericht, in dessen Sprengel das Unternehmen betrieben wird – bekommen. In Wien ist für Insolvenzverfahren das Handelsgericht Wien zuständig. Die Eröffnung eines Insolvenzverfahrens kann man im Internet (www. ediktel. justiz.gv.at) feststellen; in der Ediktsdatei sind auch alle wesentlichen Fortschritte des Insolvenzverfahrens zu veröffentlichen.

Der verschuldete Unternehmer – er heißt nun „Schuldner" – verliert mit der Insolvenzeröffnung seine Verfügungsmacht über sein Vermögen, das nun als Konkursmasse bezeichnet wird. Zur Verwaltung dieses Vermögens wird durch das Insolvenzgericht der sogenannte Insolvenz- oder Masseverwalter, das ist üblicherweise ein Rechtsanwalt, bestellt. Dieser tritt nun an die Stelle des Schuldners. Er allein kann über die Konkursmasse Verfügungen treffen. Damit ist er auch Ansprechpartner für alle Gläubiger und all jene Personen, die sich noch Leistungen des Schuldners erwarten.

Der Masseverwalter unterliegt in seinen Verfügungen der Aufsicht des Insolvenzgerichtes und ist in bestimmten Fragen auch den Weisungen des Gerichtes unterworfen. Er ist mit der Abwicklung des Konkurses betraut. Er hat das Vermögen und die Schulden zu ermitteln, die Masse zu verwalten und schließlich zu verwerten sowie die Verwertungsergebnisse an die Gläubiger zu verteilen. Es ist seine Aufgabe, für eine maximale Befriedigung aller Gläubiger zu sorgen.

**TIPP**

Müssen Sie annehmen, dass sich ein Unternehmen, mit dem Sie in vertraglicher Beziehung stehen, in einem Insolvenzverfahren befindet (etwa weil keine Leistungen mehr erbracht werden, das Telefon abgeschaltet wurde, Zahlungen nicht erbracht werden usw), nehmen Sie Einsicht in die Ediktsdatei (www.edikte1.justiz.gv.at); haben Sie diese Möglichkeit nicht, erkundigen Sie sich beim zuständigen Gericht, ob ein Insolvenzverfahren anhängig ist. Sie müssen dazu allerdings den genauen Firmenwortlaut und die Geschäftsanschrift kennen.

Ist ein solches Verfahren anhängig, sollten Sie folgende Daten erfragen (sie sind allesamt in der Ediktsdatei veröffentlicht):

- Tag der Eröffnung des Insolvenzverfahrens,
- Geschäftszahl,
- Person und Anschrift des Insolvenzverwalters,
- Frist für die Anmeldung von Forderungen,
- Datum der Gläubigerversammlung,
- Datum der Prüfungstagsatzung,
- Datum der Sanierungsplantagsatzung.

Mit dem Tag der Konkurseröffnung kann der Schuldner über sein Vermögen nicht mehr verfügen. Er kann daher auch keine Erklärungen, Vereinbarungen, Zusagen, Zahlungen usw wirksam vornehmen. Daher sind auch Zahlungen an den Schuldner nach Konkurseröffnung im Grunde unwirksam, und im schlimmsten Fall kann man gezwungen sein, diese Zahlungen nochmals an den Masseverwalter zu leisten. Nur dann, wenn man in schuldloser Unkenntnis diese Zahlungen an den Schuldner erbracht hat, kann man vom Masseverwalter nicht nochmals zur Kasse gebeten werden. Durch die nunmehr allgemein leicht ermöglichte Information über die Ediktsdatei wird die schuldlose Unkenntnis von der Insolvenzeröffnung allerdings nicht mehr immer beweisbar sein, insbesondere wenn man schon Verdachtsmomente hatte oder haben musste (Zeitungsberichte; Unternehmen ist nicht erreichbar udgl).

**TIPP**

Haben Sie den Verdacht, dass eine Insolvenz droht (anhaltender und unerklärlicher Lieferverzug, Schließung des Geschäftes, Abschaltung der Telefonnummer, Nichtannahme der Post usw), so halten Sie ausstehende Zahlungen zurück. Nehmen Sie sofort Einsicht in die Ediktsdatei – www.edikte1.justiz.gv.at – oder erkundigen Sie sich beim Insolvenzgericht, ob ein Insolvenzverfahren anhängig ist.

Die Insolvenzeröffnung allein berechtigt jedoch einen Vertragspartner nicht dazu, vom Vertrag einfach zurückzutreten. Wenn also der von Ihnen beauftragte Baumeister mit der Errichtung des Einfamilienhauses zügig vorankommt und plötzlich ein Insolvenzverfahren eröffnet wird, so ist die Verfahrenseröffnung allein kein Grund zum Rücktritt. Wenn jedoch der Schuldner mit seinen Leistungen in Verzug gerät, dann kann man sehr wohl – unter Setzung einer angemessenen Nachfrist für die Erbringung der Leistung – vom Vertrag zurücktreten. Eine solche Fristsetzung und bedingte Rücktrittserklärung ist jedoch – wie jede andere Erklärung nach

Insolvenzeröffnung auch – an den Masseverwalter zu richten. Die Frage, ob es günstiger ist, den Vertrag aufrechtzuerhalten und weiter Lieferung zu verlangen oder vom Vertrag zurückzutreten, ist im Einzelfall sehr genau zu überlegen.

Bevor Sie etwas unternehmen, suchen Sie unbedingt eine Konsumentenberatungsstelle auf. Wenn Sie bereits große Vorleistungen erbracht haben, denen noch keine entsprechende Gegenleistung gegenübersteht, so ist es günstiger, den Vertrag möglichst aufrechtzuerhalten und noch allfällige Lieferungen vonseiten der Masse zu lukrieren. Wenn Sie dagegen keine großen Vorauszahlungen erbracht haben, mag ein Ausstieg aus dem Vertrag und ein Vertragsabschluss mit einem anderen Unternehmer günstiger sein.

Wenn ein Vertrag von beiden Seiten noch nicht vollständig erfüllt ist, also zum Beispiel das Einfamilienhaus noch nicht fertig gestellt und der Kaufpreis noch nicht zur Gänze bezahlt ist, dann stellt sich die Frage, ob der Masseverwalter in den Vertrag eintritt oder aber den Rücktritt erklärt. In solchen Fällen ist es daher sinnvoll, mit dem Masseverwalter Kontakt aufzunehmen und eine ausdrückliche Erklärung zu verlangen. Über Weisung des Konkursgerichtes kann dem Masseverwalter auch eine Frist zur Erklärung gesetzt werden. Sollte der Schuldner bereits in Verzug sein, hat Ihnen der Masseverwalter auf Ihr Ersuchen hin längstens binnen fünf Arbeitstagen (ohne Zwischenschaltung des Insolvenzgerichts) seine Erklärung abzugeben; erklärt er sich in dieser Frist nicht, wird angenommen, dass er vom Vertag zurücktritt.

Tritt der Masseverwalter in den Vertrag ein, so muss der Vertrag von beiden Seiten vollständig erfüllt werden. Dies bedeutet, dass das Einfamilienhaus vonseiten des Masseverwalters fertig gestellt werden muss, der Besteller aber auch den vollen Kaufpreis zu bezahlen hat. Erklärt der Masseverwalter dagegen seinen Rücktritt vom Vertrag, dann sind wechselseitig keine Leistungen mehr zu erbringen. Hat man jedoch Vorauszahlungen geleistet, so hat man grundsätzlich gegen die Konkursmasse einen Anspruch auf Rückzahlung. Dieser Anspruch muss jedoch als Konkursforderung geltend gemacht werden und man hat lediglich die Aussicht, einen Teil der Forderung als Ergebnis des Konkursverfahrens zurückbezahlt zu bekommen.

In der Praxis kommt es immer wieder vor, dass der Masseverwalter im Zuge der Realisierung des Vermögens des Schuldners längerfristige Verträge – zum Beispiel Wartungsverträge für Antennenanlagen – an dritte Unternehmer weitergibt. Es kann also durchaus vorkommen, dass sich bei Ihnen ein Ihnen unbekannter Unternehmer meldet und behauptet, den

Vertrag des Schuldners übernommen zu haben. Dabei ist zum einen zu beachten, dass von einer Vertragsübernahme nur dann die Rede sein kann, wenn der neue Unternehmer auch alle von Ihnen erbrachten Zahlungen gegen sich gelten lässt und tatsächlich zur Gänze in die Verpflichtungen des Schuldners eintritt. Trotzdem muss man sich als Konsument eine solche Vertragsübernahme durch einen unbekannten Dritten nicht aufzwingen lassen.

**TIPP**

Sind Sie mit einer Vertragsübernahme nicht einverstanden, teilen Sie dies zur Klärung der Sach- und Rechtslage dem neuen Unternehmen (eingeschrieben) mit.

Hat man selbst, etwa aus dem Titel des Schadenersatzes, gegen den Schuldner Geldforderungen, so muss man sich überlegen, ob man diese Forderungen im Zuge des Insolvenzverfahrens geltend macht. Will man an der Verwertung des Vermögens teilnehmen, so muss man seine Forderung beim Insolvenzgericht förmlich anmelden. Diese Forderungsanmeldung hat innerhalb der vom Gericht gesetzten Frist zu erfolgen. Verspätete Anmeldungen sind an sich zulässig, aber mit höheren Kosten für eine neuerliche Prüfungstagsatzung verbunden.

**TIPP**

- Stellen Sie Ihre Forderungsanmeldung schriftlich; vorgedruckte Formulare finden Sie auf der Homepage des Justizministeriums unter www.bmj.gv.at unter dem Link „Formulare“ oder in einschlägigen Drucksortenhandlungen.
- Eine Forderungsanmeldung müssen Sie in zweifacher Ausfertigung und entsprechend vergebührt beim Insolvenzgericht einbringen.
- Der Inhalt der Forderungsanmeldung ist für die Frage der Anerkennung der Forderung essenziell.

  Kompliziertere Ansprüche sollten Sie daher über einen Gläubigerschutzverband (Kreditschutzverband von 1870, 1120 Wien, Wagenseilgasse 7, Tel: 050-1870-0, www.ksv.at; Alpenländischer Kreditorenverband, 1041 Wien, Schleifmühlgasse 2, Tel: 05 04 100-0, www.akv.at; Österreichischer Verband Creditreform, 1190 Wien, Muthgasse 36–40, www.creditreform.at) anmelden.

In der Prüfungstagsatzung werden die angemeldeten Forderungen vom Masseverwalter überprüft, der dann erklärt, ob er diese Forderungen ganz oder auch nur teilweise anerkennt oder bestreitet. Falls der Masseverwalter eine Forderung bestreitet, dann kann der Gläubiger – wenn dieser Aufwand zweckmäßig erscheint – die Frage der Rechtmäßigkeit seiner Forderung durch das Gericht klären lassen. Er muss den Masseverwalter innerhalb einer vom Insolvenzgericht festgesetzten Frist klagen. Aber immer dann, wenn im Konkurs kaum mit einer besonders hohen Quote für die Gläubiger zu rechnen ist, könnte sich eine Klagsführung als wirtschaftlich nicht empfehlenswert erweisen.

**TIPP**

Haben Sie im Insolvenzverfahren eine Forderung angemeldet, so hat es Sinn, schon vor der Prüfungstagsatzung mit dem Masseverwalter Kontakt aufzunehmen und ihm die notwendigen Bescheinigungs- beziehungsweise Beweismittel (Schriftverkehr, Vertrag, Kostenvoranschlag, Gutachten usw) in Fotokopie zu übermitteln. Der Masseverwalter kann sich so über Ihre angemeldete Forderung ein besseres Bild machen und wird vermeiden, die Forderung etwa nur vorsichtshalber zu bestreiten. Diese Bescheinigungsmittel sollten Sie unbedingt auch Ihrer Forderungsanmeldung anschließen, weil ein allfälliger Prüfungsprozess strikt auf den Inhalt der Forderungsanmeldung beschränkt ist!

Es besteht für den betreibenden Gläubiger keine Anwesenheitspflicht bei der Prüfungstagsatzung. Wenn seine Forderung bestritten wird, wird ihm das vom Insolvenzgericht mitgeteilt. Darüber hinaus besteht im Insolvenzverfahren auch keine Anwaltspflicht. Der betreibende Gläubiger kann daher – in erster Instanz – alle Verfahrenshandlungen, wie zum Beispiel die Forderungsanmeldung oder den Besuch der Prüfungstagsatzung, selbst vornehmen oder sich von einer Person seines Vertrauens vertreten lassen. Wenn man sich von einem Rechtsanwalt oder von einem der bevorrechteten Gläubigerschutzverbände vertreten lässt, hat man allerdings – im Unterschied zum Zivilverfahren – keinen Anspruch auf Kostenersatz. Das bedeutet, dass der Gläubiger die Verfahrenskosten unabhängig vom Ausgang des Verfahrens selbst zu tragen hat.

**TIPP**

Wenn Sie eine Forderung anmelden, sollten Sie daher auch überlegen, ob sich eine Vertretung durch einen Rechtsanwalt oder einen Gläubigerschutzverband wirtschaftlich lohnt. Ist Ihre Forderung gering und die Aussicht auf eine Quote schlecht, so mag sich eine Vertretung nicht lohnen. Handelt es sich dagegen um hohe Forderungen, ist eine Vertretung durch einen Rechtsanwalt oder einen bevorrechteten Gläubigerschutzverband (Seite 276) ratsam.

Das Vermögen des Schuldners wird durch den Masseverwalter verwertet und der Erlös unter den Konkursgläubigern verteilt.

**TIPP**

Die beste Absicherung gegen Verluste bei der Insolvenz eines Unternehmers ist, wenn Sie möglichst keine oder nicht allzu hohe Vorauszahlungen erbringen.

## Insolvenz eines Reiseveranstalters

Aufgrund einer Richtlinie der Europäischen Union sieht die sogenannte Reisebüro-Sicherungsverordnung ein spezielles Sicherungssystem für Kundengelder für den Fall der Insolvenz eines Reiseveranstalters vor. Dieses Sicherungssystem wird allerdings nur auf Pauschalreisen, das sind Reisen, bei denen der Veranstalter zumindest zwei Reiseleistungen, wie zum Beispiel die Beförderung und die Unterbringung, erbringt, angewendet. Das Sicherungssystem bezieht sich auch nur auf die Insolvenz eines österreichischen Reiseveranstalters.

Geht dagegen ein Reisevermittler (Reisebüro) in Konkurs, dann ist grundsätzlich davon auszugehen, dass der Reiseveranstalter die in seinem Namen vom Reisebüro vom Kunden kassierten Beträge anerkennen muss. Wenn Sie im Reisebüro bereits die Anzahlung für eine Pauschalreise geleistet haben und das Reisebüro kurz vor Ausfolgung der Reiseunterlagen Insolvenz anmeldet, dann muss Ihnen der Reiseveranstalter – gegen Zahlung des Restpreises – die Reiseunterlagen direkt ausfolgen und darf die Durchführung der Reise nicht von einer nochmaligen Anzahlung abhängig machen (OGH 28.10.1997, 4 Ob 276/97, KRES 10/71). Achten Sie aber darauf, nie mehr im Voraus zu bezahlen, als im Katalog des Reiseveranstalters vorgesehen ist.

Das Sicherungssystem für Kundengelder sieht vor, dass die betroffenen Reiseveranstalter durch eine Versicherung oder eine Bankgarantie das Insolvenzrisiko abdecken müssen. Im Fall einer Insolvenz des Reiseveranstalters haben daher seine Kunden gegen die Versicherung beziehungsweise die Bank Anspruch auf Rückzahlung all jener Zahlungen, die an den Reiseveranstalter zwar erbracht wurden, denen aber infolge der Insolvenz des Veranstalters nun keine Gegenleistung gegenübersteht.

Wenn also die Reise nicht mehr angetreten werden kann, ist der gesamte bezahlte Reisepreis zurückzuerstatten. Wird man dagegen von der

Insolvenz des Reiseveranstalters am Urlaubsort überrascht, hat man Anspruch auf Erstattung der Kosten des Rücktransportes in das Heimatland.

**Koffer gegen Geld**

Im Herbst 1995 ging der Reiseveranstalter Karthago Reisen in Konkurs. Von der Insolvenz wurden Verbraucher auch an ihren Reisezielen vor Ort überrascht. So auch Reisende auf Kreta. Diese hatten – wie im Pauschalreisegeschäft üblich – bereits vor Antritt den Reisepreis vollständig bezahlt.

Nachdem jedoch nun der örtliche Hotelier von der Zahlungsunfähigkeit von Karthago Reisen Kenntnis erlangt hatte, verlangte er von den Reisenden die Bezahlung sämtlicher Übernachtungen in seinem Hotel, wobei er die Reisenden mit physischer Gewalt am Verlassen des Hotels hinderte. Um den ursprünglich gebuchten und bereitstehenden Rückflug antreten zu können, bezahlten die Verbraucher die geforderten Kosten für die Unterbringung im Hotel. Die Insolvenzversicherung lehnte die Ersatzansprüche zunächst ab.

Der VKI erreichte aber in einem Musterprozess beim Europäischen Gerichtshof, dass diese Ansprüche ebenfalls von der Absicherung umfasst sein müssen (EuGH 14.5.1998 – Rs.C-364/96, KRES 10/83).

Gewährleistungs- und Schadenersatzansprüche aus verpatzten Urlaubsreisen können dagegen nicht aus dem Sicherungssystem für Kundengelder verlangt werden.

**TIPP**

- Kommt es zur Insolvenz Ihres Reiseveranstalters, zahlen Sie nichts mehr für die gebuchte Reise!
- Melden Sie Ihre Forderung auf Rückzahlung von bereits erbrachten Leistungen bei dem im Sicherungsschein vermerkten Abwickler unverzüglich schriftlich (eingeschrieben) an.
- Werden Sie von der Insolvenz in Ihrem Urlaubsort überrascht, leisten Sie keine Zahlungen an örtliche Hoteliers, die sich auf Aufenthaltskosten vor Bekanntwerden der Insolvenz beziehen. Darauf haben die örtlichen Leistungsträger nämlich keinen Anspruch.
- Versuchen Sie, zur Klärung der Modalitäten des Rücktransportes ins Heimatland so rasch wie möglich mit dem Abwickler, den Sie dem Sicherungsschein des Reiseveranstalters entnehmen können, Kontakt aufzunehmen. Sie haben zwar Anspruch auf Erstattung aller Kosten, die Ihnen für den Rücktransport in die Heimat erwachsen, sind aber zum anderen auch verpflichtet, den Schaden möglichst in Grenzen zu halten.

Darüber hinaus ist zu berücksichtigen, dass die Kunden immer dann, wenn die Versicherungssumme beziehungsweise die Bankgarantie nicht ausreicht, die Forderungen aller Kunden zur Gänze zu bezahlen, gleich behandelt werden und lediglich eine bestimmte Quote ihrer Forderung ersetzt bekommen. Allerdings wurden die Versicherungssummen angepasst und eine Schirmversicherung eingeführt, sodass in Zukunft die Versicherungssummen ausreichen sollten.

Der Gesetzgeber hat auch eine strenge Aufsicht über die Einhaltung dieser Vorschriften eingeführt. Die Reiseveranstalter müssen sich im sogenannten Veranstalterregister registrieren lassen und in den Werbeunterlagen klar darstellen, wie sie abgesichert sind.

Der Veranstalter muss auch eine Stelle im Inland (= **Abwickler**) bekannt geben, die rund um die Uhr erreichbar ist und an die sich der Reisende im Fall der Insolvenz des Veranstalters zur Geltendmachung seiner Ansprüche, aber insbesondere auch zur Organisation des Rücktransportes in die Heimat wenden kann.

**TIPP**

Notieren Sie unbedingt Name, Adresse und Telefon sowie Faxnummer des Abwicklers, bevor Sie die Reise antreten, und nehmen Sie diese Daten unbedingt mit auf die Reise.

Schließlich hat der Gesetzgeber Anzahlungen über 20 Prozent des Reisepreises verboten. Ausnahmen bestehen nur für jene Veranstalter, die eine Bewilligung eingeholt haben und den Mehrbetrag der Anzahlung zu 100 Prozent abgesichert haben.

**TIPP**

Lassen Sie sich nicht von sogenannten „Frühbucheraktionen" locken und zahlen Sie nie mehr als 20 Prozent des Reisepreises als Anzahlung.

## Insolvenz eines Kreditinstituts

Das Bankwesengesetz sieht für den Fall des Konkurses eines Kreditinstitutes ein Sicherungssystem für Kundengelder vor. So werden Spareinlagen und Einlagen auf Girokonten bis zu einem Höchstbetrag von € 100.000 erstattet. Hat ein Konsument bei einem in Konkurs befindlichen Kreditinstitut mehrere Einlagen, so werden diese zusammengerechnet, sodass die

Sicherungssumme nur einmal ausbezahlt wird. Lautet ein Konto beziehungsweise ein Sparbuch auf mehrere Personen (zum Beispiel Ehegatten), dann kann der genannte Höchstbetrag auch nur einmal erlangt werden.

# Produkthaftung

Wenn Sie durch ein fehlerhaftes Produkt Schaden erleiden, können Sie vom Hersteller, Importeur oder Händler Ersatz verlangen. Grundlage dafür ist das Produkthaftungsgesetz (PHG).

## Was bringt die Produkthaftung?

Wer eine Ware verkauft, ist dafür verantwortlich, dass sie auch in Ordnung ist. Damit ist gemeint, dass sie – wie es in der Juristensprache heißt – die im Geschäftsverkehr vorausgesetzten oder aber im Vertrag ausdrücklich vereinbarten Eigenschaften aufweist. Der Händler und Vertragspartner haftet also aus der Gewährleistung (siehe Seite 228 ff) dafür, dass die Ware keine Mängel hat.

Höchst fraglich hingegen ist, ob den Händler eine Haftung für Schäden trifft, die als Folge eines Produktfehlers eintreten können. So werden Sie einem Fahrradhändler kaum ankreiden können, er sei an einem Materialfehler bei der Erzeugung der Radgabel schuld. Kommen Sie daher aufgrund dieses Fehlers zu Sturz und dadurch zu Schaden, so werden Sie gegen den Händler – abseits der Produkthaftung – kaum Ansprüche auf Schadenersatz durchsetzen können. Tatsächlich verantwortlich für diesen Produktionsmangel ist ja wohl der Hersteller des Fahrrades, mit dem Sie aber in keinerlei Vertragsverhältnis stehen.

Nach dem Produkthaftungsgesetz haftet ein Unternehmer, der eine Ware herstellt und in Verkehr bringt, für Schäden, die aus Fehlern des Produktes herrühren. Und zwar unabhängig von einem etwaigen Verschulden. Wird durch ein fehlerhaftes Produkt ein Mensch getötet, am Körper verletzt oder sonstwie gesundheitlich geschädigt, dann trifft die Produkthaftung zunächst einmal den Hersteller. Diese Haftung gilt auch für Folgeschäden an anderen Sachen (zum Beispiel für jene Schäden, die ein explodierender Kochtopf an der Kücheneinrichtung verursacht). Für solche Sachschäden müssen Sie allerdings einen Selbstbehalt von € 500 beisteuern.

**Der Sturz vom Mountainbike ...**

Herr Maier kauft zu Weihnachten 2011 seinem Sohn Hans bei der Firma „Supersprint" ein nagelneues Mountainbike. Im Frühjahr 2012 probiert Hans das Rad in der Stadt ein wenig aus. Aber erst im Juni 2012 geht es in die Berge. Als Hans einen Güterweg steil bergab über den Hang rumpelt, verbiegt sich plötzlich die vordere Radgabel. Das Vorderrad blockiert und Hans segelt über die Lenkerstange gegen einen Baum. Er verletzt sich am Kopf und bricht sich die rechte Hand. Das Rad ist schwer beschädigt, sein Fahrradhelm verbeult, Spezialschuhe, Dress und Rucksack sind zerrissen.

Ein Materialfehler am Mountainbike hat somit eine Reihe von Folgen:
- Hans ist am Körper verletzt und hat Schmerzen.
- Seine Ausrüstung ist zu erneuern. Alles zusammen waren Helm, Schuhe, Dress und Rucksack rund € 720 wert.
- Schließlich muss das Mountainbike wieder repariert werden.

Nach dem Produkthaftungsgesetz sind zu ersetzen:
- die Heilungskosten und ein Schmerzengeld für Hans,
- die Kosten der zerstörten Ausrüstungsgegenstände in Höhe von € 720 abzüglich eines Selbstbehaltes von nunmehr € 500, somit nur ein Betrag von € 220.

Nach dem Produkthaftungsgesetz nicht ersatzfähig:
- das beschädigte Produkt selbst, also das Mountainbike.

Um eine aufwändige und manchmal aussichtslose Rechtsdurchsetzung zu vermeiden, haftet neben dem ausländischen Hersteller auch jener Unternehmer, der das fehlerhafte Produkt nach Österreich beziehungsweise in den gemeinsamen Wirtschaftsraum des EWR eingeführt hat. Auch hier kommt es auf ein Verschulden des Importeurs nicht an.

Sind aber weder der Hersteller noch der Importeur feststellbar, dann haftet der Händler, bei dem die Ware gekauft wurde, sofern er nicht in angemessener Frist den Hersteller, Importeur oder zumindest seinen Vorlieferanten bekannt gibt. Damit soll vermieden werden, dass die Produkthaftung bei Produkten, die weder den Namen des Herstellers noch eines Importeurs aufweisen, ins Leere geht.

**Produkthaftung – Gewährleistung – Schadenersatz**

Die Produkthaftung umfasst nicht das Einstehen für Mängel an der Ware. Hier müssen Sie gegen den Verkäufer Gewährleistung geltend machen. Die Produkthaftung erfasst auch nicht jene Schäden, die als Folge eines Mangels (sogenannte „Mangelfolgeschäden") am Produkt selbst auftreten können.

Diese Schäden können nur nach dem allgemeinen Schadenersatzrecht geltend gemacht werden.

Die Produkthaftung greift also dann ein, wenn etwas passiert ist. Dagegen versucht das **Produktsicherheitsgesetz** Unfällen durch gefährliche Produkte vorzubeugen.

**TIPP**

Wenn Ihnen gefährliche Produkte auffallen, können Sie diese dem Produktsicherheitsbeirat (Bundesministerium für Arbeit, Soziales und Konsumentenschutz, 1010 Wien, Stubenring 1, Tel.: 01/711 00-0) melden.

Das zuständige Ministerium kann in solchen Fällen zum Beispiel eine Verbesserung von Gebrauchsanweisungen, Verkaufsverbote, öffentliche Warnungen und letztendlich auch Rückrufaktionen anordnen. Die Durchführung einer Rückrufaktion ändert aber nichts daran, dass der Hersteller bzw Importeur weiter für allfällige Schäden aus dem fehlerhaften Produkt zur Haftung herangezogen werden kann.

## Wer haftet aus der Produkthaftung?

Die Produkthaftung trifft zunächst einmal nur Unternehmer. Wenn also Ihr Nachbar ein Modellflugzeug baut, Ihnen verkauft und der selbstgebaute Flugzeugmotor in der Folge explodiert und Schaden anrichtet, so können Sie sich ihm gegenüber nicht auf das Produkthaftungsgesetz berufen. In erster Linie soll jener Unternehmer für Schäden eines fehlerhaften Produktes einstehen, der das Produkt selbst hergestellt und in Verkehr gebracht hat. Oft kommt es vor, dass ein Unternehmen Produkte nur von einem anderen Hersteller zukauft, ein eigenes Markenschild darauf anbringt und damit den Anschein erweckt, dieses Produkt selbst erzeugt zu haben. Dann haftet er als sogenannter „Anscheinshersteller" neben dem tatsächlichen Hersteller. Denn der Grundsatz ist: Wer nach außen hin zu erkennen gibt, ein Produkt selbst hergestellt zu haben, der haftet ebenfalls für Fehler des Produktes.

In den seltensten Fällen wird ein Produkt von einem Hersteller vom Rohstoff bis zum fertigen Produkt alleine hergestellt. Das beste Beispiel dafür ist ein Auto: Dutzende Firmen liefern unzählige Einzelteile an den Autohersteller, der alles zu einem Neuwagen einer bestimmten Marke zusammenfügt und ausliefert. Ein weiterer Grundsatz der Produkthaftung ist es nun, dass jener Hersteller, der das Endprodukt in Verkehr bringt, auch für alle Fehler von Produkten haftet, die zugeliefert wurden. Der Hersteller des Endproduktes Auto haftet also etwa auch für Fehler an den Reifen oder Bremsbelägen. Egal, ob ihn daran ein Verschulden trifft oder nicht.

**Explodierende Mineralwasserflaschen**

Der Abfüller des Mineralwassers, der auch seine Marke auf der Flasche anbringt, ist Hersteller im Sinn des Produkthaftungsgesetzes. Er hat auch für Fehler an der Flasche – zB Haarrisse – einzustehen. Es ist in diesen Fällen allerdings sehr wichtig, zur Beweissicherung die Scherben der Flasche aufzuheben (OGH 8.4.1997, 4 Ob 87/97s, KRES 4/29).

Nicht immer wird der Hersteller eines Produktes leicht greifbar sein. Oftmals sitzt er in fernen Ländern. Seit dem Produkthaftungsgesetz haftet aber auch jener Unternehmer, der das Produkt nach Österreich beziehungsweise in den EWR importiert und in Verkehr gebracht hat.

**Der Importeur in der EU**

Das Mountainbike wurde von der Firma „Ying-Yang" in Seoul (Korea) hergestellt und von der Firma „Grenzenlos" mit Sitz in Innsbruck nach Österreich eingeführt. In diesem Fall haftet die Firma „Ying-Yang" als Hersteller und die Firma „Grenzenlos" als Importeur.

Wird dagegen das Mountainbike der Firma „Ying-Yang" aus Seoul (Korea) von der Firma „Transborder" mit Sitz in München nach Deutschland und von der Firma „Grenzenlos" mit Sitz in Innsbruck von Deutschland nach Österreich importiert, dann haftet weiterhin die Firma „Ying-Yang" als Hersteller, als Importeur aber haftet zusätzlich die Firma „Transborder".

Wenn ein Produkt innerhalb des EWR erzeugt wird, dann gibt es keinen Importeur im Sinn des Produkthaftungsgesetzes und man kann nur den Hersteller klagen.

Auch der Importeur im – von Österreich aus gesehen – „EWR-Ausland" (also zB der Importeur mit Sitz in Portugal) kann am Ort des Schadenseintrittes geklagt werden: Wenn also der Schaden in Österreich eintritt, vor einem österreichischen Gericht und nach österreichischem Recht. Das Urteil kann dann im Heimatstaat des Unternehmers – falls nötig – vollstreckt werden.

Immer wieder kommt es in der Praxis vor, dass weder auf dem Produkt noch in der Gebrauchsanleitung ein Hinweis auf Hersteller oder Importeur zu finden ist. In solchen Fällen ist dem Geschädigten also lediglich jenes Unternehmen bekannt, das ihm das Produkt verkauft hat. Es ist wohl anzunehmen, dass diese Firma ihre Vorlieferanten und damit auch Importeur oder Hersteller kennt. Daher geht der Gesetzgeber davon aus, dass auch der Händler dem Geschädigten – verschuldensunabhängig – für Schäden aus Produktfehlern haftet. Dieser Haftung kann sich der Händler allerdings entledigen, indem er innerhalb angemessener Frist seinen Vorlieferanten, den Importeur oder den Hersteller bekannt gibt. Sie müssen den Händler dazu aber ausdrücklich auffordern.

**Sag mir, woher die Räder sind ...**

Im Beispiel unseres fehlerhaften Mountainbikes wird also Vater Maier zunächst die Firma „Supersprint" anschreiben und die Ansprüche von Hans auf Schadenersatz nach dem Produkthaftungsgesetz geltend machen. Er wird gleichzeitig die Firma „Supersprint" auffordern, ihm binnen einer angemessenen Frist von 14 Tagen den allfälligen Vorlieferanten, Importeur oder Hersteller des Produktes zu nennen.

Kommt die Firma „Supersprint" dieser Aufforderung nach, dann haftet sie für die entstandenen Schäden nicht. Kommt die Firma „Supersprint" innerhalb der angemessenen Frist der Aufforderung nicht nach, so kann der gesamte Schaden auch ihr gegenüber geltend gemacht werden. Würde die Firma „Supersprint" erst im Rahmen eines Zivilprozesses den Hersteller oder Importeur nennen, so wäre dies zu spät, um der Haftung zu entgehen. Die Nennung von Vorlieferant, Händler oder Importeur muss innerhalb angemessener Frist nach Aufforderung durch den Geschädigten geschehen.

Wichtig ist, dass die Haftung des Herstellers, des Importeurs und des Händlers nebeneinander bestehen. Man kann also jeden aus diesem Trio auf den gesamten Schadenersatz klagen, sie haften solidarisch. Man darf allerdings den Schaden nur einmal ersetzt bekommen. Derjenige, der den Schaden ersetzt hat, kann sich dann an die anderen halten.

Schließlich hat der Gesetzgeber auch noch der Gefahr vorgebeugt, dass ein Hersteller oder Importeur sich angesichts saftiger Schadenersatzansprüche auf Zahlungsunfähigkeit herausreden kann oder in einen Konkurs verabschiedet. Die Unternehmen haben nämlich Vorsorge zu treffen, dass auch in einem solchen Fall Produkthaftungsansprüche befriedigt werden können. Im Regelfall werden daher von Unternehmen entsprechende Haftpflichtversicherungen abgeschlossen, die im Fall der Fälle einspringen. Verstößt ein Unternehmen gegen diese Verpflichtung, so kann der Anspruch auf Schadenersatz unter Umständen auch gegen die für das Unternehmen persönlich Verantwortlichen (Geschäftsführer, Aufsichtsrat) geltend gemacht werden.

## Wann wird gehaftet?

Die Produkthaftung greift nur dann ein, wenn durch den Fehler eines Produktes ein Personen- oder (an einer vom Produkt verschiedenen Sache) Sachschaden verursacht worden ist. Kann der Eintritt des Schadens nicht auf einen Produktfehler zurückgeführt werden, gibt es auch keine Produkthaftung.

**Ursache – Wirkung**

Mountainbiker Hans düst wiederum mit seinem Gefährt den Hang hinunter. Und wieder stürzt er. Diesmal aus einem anderen Grund: Ein Ast gerät in die Speichen. Dadurch blockiert das Vorderrad und Hans segelt über die Lenkerstange. Erst durch den Aufprall des Rades am Boden wird die vordere Radgabel verbogen. Ein Sachverständiger stellt zwar fest, dass die Radgabel aus zu weichem Material gefertigt ist, dennoch trifft den Hersteller oder Importeur in diesem Fall keine Produkthaftung, da der Fehler des Produktes nicht die Ursache des Schadens war.

## Was ist ein Produkt?

Ein Mountainbike, eine Waschmaschine, ein Bügeleisen, das alles sind sogenannte „bewegliche körperliche Sachen", für die das Produkthaftungsgesetz in jedem Fall gilt. Aber auch dann, wenn zum Beispiel eine komplizierte Heizungsanlage, die bei der Anlieferung auf die Baustelle eine durchaus „bewegliche" Sache darstellt, dann aber in der Wohnung durch Einbau so fix mit der Mauer verbunden wird, dass sie als Teil einer unbeweglichen Sache gilt, ist das Produkthaftungsgesetz anzuwenden. Dagegen findet das Gesetz auf „unbewegliche Sachen" – also Bauwerke – aller Art keine Anwendung.

**Produkthaftung am Bau**

Der Hersteller von Baumaterial haftet für alle Schäden, die durch fehlerhaftes Material verursacht werden, auch wenn das Material inzwischen Teil eines Gebäudes ist. Dagegen haftet der Bauunternehmer, der ja das Bauwerk errichtet, nach dem Produkthaftungsgesetz nicht, da das Gebäude selbst eine unbewegliche Sache ist.

Beim Bauhandwerker (Tischler, Maurer ...) kommt es darauf an: Stellt er zunächst eine bewegliche Sache (zum Beispiel ein Fenster) her und baut dieses ein, dann unterliegt er damit dem Produkthaftungsgesetz.

Stellt der Handwerker nichts her, sondern nimmt Arbeiten am Haus (zum Beispiel den Verputz) vor, dann kann ihn aus der Produkthaftung kein Anspruch treffen.

Auch Energie – insbesondere Strom – unterliegt grundsätzlich dem Produkthaftungsgesetz. Der Oberste Gerichtshof hat aber festgestellt, dass Energieversorgungsunternehmen für plötzlich auftretende Überspannung – wenn sie diese nicht selbst schuldhaft verursachen – nach dem Produkthaftungsgesetz nicht haften (OGH 16.4.1997, 7 Ob 2414/96 t, KRES 4/30).

Auch Tiere gelten als Produkte; ebenso alle land- und forstwirtschaftlichen Erzeugnisse sowie Erzeugnisse der Fischerei.

**Der verdorbene Magen**

Herr Meier bestellt im Kaffeehaus zum Frühstück ein weiches Ei. Das Ei schmeckt nicht besonders gut, aber er ist in Eile und will darauf nicht verzichten. Doch es dauert nicht lange und ihm wird schrecklich übel.

Im Krankenhaus wird festgestellt, dass er durch das verdorbene Ei eine Lebensmittelvergiftung erlitten hat.

Herr Meier wird – wenn der Zusammenhang zwischen der Lebensmittelvergiftung und dem Ei eindeutig nachweisbar ist – gegen den Inhaber des Lokals Schadenersatzansprüche geltend machen können. Denn dieser ist der Hersteller des Produktes „weiches Ei im Glas“.

Für mangel- beziehungsweise fehlerhafte Dienstleistungen kann nach dem Produkthaftungsgesetz kein Ersatzanspruch gestellt werden.

**Das Ohr ist ab ...**

Wenn zum Beispiel der Friseur beim Haarschnitt allzu flott zur Sache geht, das Ohr erwischt und den Kunden verletzt, dann ist das kein Produkthaftungsfall. Dennoch wird der Figaro – sein Verschulden vorausgesetzt – nach dem allgemeinen Schadenersatzrecht seinem Opfer Schadenersatz zu leisten haben.

Die sogenannte „Dienstleistungshaftung“ richtet sich in Österreich nach dem allgemeinen Schadenersatzrecht. Voraussetzung für Schadenersatz ist, dass den Schädiger ein Verschulden trifft. In der Praxis wird das nicht immer leicht zu beweisen sein.

## Was ist ein Fehler?

Ein „Fehler" und ein „Mangel" – das ist nicht grundsätzlich dasselbe. Für Juristen gibt es da feine Unterschiede: Lässt sich ein Auto wegen einer defekten Batterie nicht starten, dann spricht man von einem „Mangel" des Produktes. Lässt sich dieses Auto jedoch wegen einer defekten Bremsanlage nicht bremsen und besteht die Gefahr, dass dadurch jemand zu Schaden kommt, spricht man von einem „Fehler". Mangelhaft ist eine Sache insbesondere dann, wenn sie zum vertraglich festgelegten Gebrauch nicht taugt. Sie als Käufer können in einem solchen Fall Gewährleistung verlangen (siehe Seite 228 ff). Fehlerhaft ist die Sache dagegen dann, wenn sie üblichen Sicherheitserwartungen nicht entspricht. Natürlich kann ein „Mangel" zugleich auch ein „Fehler" sein. Verursacht dieser Fehler einen Schaden, greift die Produkthaftung.

Der Gesetzgeber geht davon aus, dass ein Produkt dann fehlerhaft ist, wenn es nicht die Sicherheit bietet, die man unter Berücksichtigung aller Umstände erwarten darf. Die Sicherheitserwartung knüpft aber nicht nur am Produkt selbst an. Es kommt auch auf die Darbietung des Produktes, also die Werbung und insbesondere die beigepackten Gebrauchs- und Bedienungsanleitungen an.

**Sicherheit und Werbung**

Die Flasche eines Geschirrspülmittels zeigt wunderschöne Zitronen, frisch und appetitlich. Der Inhalt muss nicht nur für den eigentlichen Zweck, das Geschirrspülen, „fehlerfrei" sein. Der Hersteller muss auch in Erwägung ziehen, dass das Produkt zum Beispiel von Kindern mit Zitronenlimonade verwechselt werden könnte und entsprechende Absicherungen treffen. Viele solcher Mittel sind daher mit kindersicheren Verschlüssen ausgestattet.

Die Sicherheitserwartung der Käufer hängt natürlich auch ganz besonders von den Warn- und Gefahrenhinweisen in Beipackzetteln, Gebrauchs- oder Montageanweisungen ab. Das Fehlen von solchen Hinweisen kann ebenfalls dazu führen, dass ein Produkt als fehlerhaft anzusehen ist.

**Keine Warnung vor Fehlgebrauch**

Ein Fall aus der Praxis, der vor Gericht landete: In einem Kleinschweiß-Set wurden drei verschiedene Düsen angeboten. Mit dem beigepackten Gas hätte eine dieser Düsen nicht verwendet werden dürfen. Geeignet war diese Düse für ein anderes – nicht beigepacktes – Gas. Da der Hersteller vor dem möglichen Fehlgebrauch nicht ausdrücklich gewarnt hat, wurde das Produkt als fehlerhaft beurteilt. Der Hersteller hatte einem verletzten Heimwerker Schadenersatz zu leisten (BG Innsbruck 28.6.1991, 28 C 384/90w, KRES 4/5).

Je größer die Gefahr beziehungsweise je größer ein möglicher Schaden sein kann, desto deutlicher muss ein Gefahrenhinweis ausfallen. Auf der anderen Seite gibt es oft Gebrauchsanleitungen, die seitenlang klein gedruckt alle nur denkbaren Hinweise geben und Geduld und Aufmerksamkeit der Konsumenten besonders strapazieren. Wichtiges kann leicht überlesen werden. Auch mit einer solchen Darstellung könnte die Warnpflicht verletzt werden, denn Warnhinweise müssen klar und übersichtlich sein.

Ein Produkt muss nicht nur für den „bestimmungsgemäßen Gebrauch" die erforderliche Sicherheit aufweisen, sondern der Hersteller muss auch Fehlanwendungen einkalkulieren. Dabei wird der Hersteller daran denken müssen, ob das Produkt (zum Beispiel eine gefährliche Chemikalie) nur an Experten geht, die damit umzugehen wissen, oder vielleicht auch an Nichtfachleute gelangen kann.

**Fehlgebrauch**

Die Sicherheit eines Produktes muss für den Gebrauch ausreichen, mit dem billigerweise gerechnet werden kann. Der Hersteller muss sogar mit einem gewissen Missbrauch rechnen, welcher ebenfalls gefahrlos möglich sein muss. Entscheidend sind die berechtigten Sicherheitserwartungen eines durchschnittlichen Produktbenützers (LG Wels, 8.9.1995, 6 Cg 180/94 s, KRES 4/22a).

## Wofür wird gehaftet?

Zur Erinnerung: Wird durch einen Fehler eines Produktes ein Mensch getötet, am Körper verletzt oder anders gesundheitlich beeinträchtigt oder eine – vom fehlerhaften Produkt verschiedene – Sache beschädigt, dann greift die Produkthaftung. Reine Vermögensschäden – also etwa den entgangenen Verdienst aus dem Ausfall der (fehlerhaften) Nähmaschine – erhält man aus dem Produkthaftungsgesetz nicht ersetzt. Ebenso werden Schäden am Produkt selbst nicht ersetzt.

**Durch die Finger geschaut**

Herr Lebefroh kauft sich einen Neuwagen, um mit seiner Familie nach Italien auf Urlaub zu fahren. Er hat auch schon einen Bungalow mit Garage gebucht. Doch dann passiert das Malheur: Am Tag der Abfahrt hat das neue Auto einen Motorschaden. Das Fahrzeug ist kaputt und Herr Lebefroh und seine Familie müssen mit der Bahn nach Italien reisen. Herr Lebefroh kann weder die Kosten der Reparatur des Autos noch die Kosten der Bahnfahrt bzw die Kosten der Aufzahlung der Garage als Vermögensschaden nach dem Produkthaftungsgesetz geltend machen.

## Personenschäden

Schäden an Personen sind zur Gänze – also ohne Selbstbehalt – zu ersetzen. Denken Sie dabei an folgende Kosten:

- Heilungs- und Pflegekosten;
- entgangener und künftig entgehender Verdienst;
- Ersatz für eine das Fortkommen verhindernde Verunstaltung;
- ein angemessenes Schmerzengeld.

Das Schmerzengeld wird im Fall einer gerichtlichen Auseinandersetzung von einem medizinischen Sachverständigen ermittelt. Dieser stellt in der Regel fest, wie viele Tage „starke", „mittelstarke" beziehungsweise „leichte" Schmerzen erduldet werden mussten. Die Gerichte sprechen dann pro Tag und Schmerzintensität unterschiedliche Beträge zu.

**Geld für Schmerzen**

Das Schmerzengeld soll die Gesamtheit der „Unlustgefühle" im Zusammenhang mit Schmerzen abgelten. Daher kommt es jeweils auf den Einzelfall an. Die ständige Judikatur (des OLG Wien) gibt aber Anhaltspunkte für die Berechnung des Schmerzengeldes (jeweils pro Tag):

- rund € 300 für schwere Schmerzen
- rund € 200 für mittelschwere Schmerzen
- rund € 100 für leichte Schmerzen

**TIPP**

Machen Sie im Schadensfall beim Schmerzengeld zunächst eher mehr geltend. Sind bei der Geltendmachung von Ansprüchen noch nicht alle Unfallfolgen verheilt und Spätfolgen nicht auszuschließen, dann verlangen Sie vom Haftenden (beziehungsweise dessen Versicherung) zusätzlich zum Schmerzengeld eine Erklärung, dass auch für weitere Unfallfolgen die Haftung übernommen wird.

Kommt jemand durch einen Produktfehler gar zu Tode, dann können die unterhaltsberechtigten Hinterbliebenen den entfallenen Unterhalt als Entschädigung fordern.

### Sachschäden

In Frage kommen nur Schäden an vom fehlerhaften Produkt verschiedenen Sachen. Dabei kann man entweder die Reparaturkosten samt einer Wertminderung oder – falls eine Reparatur nicht mehr möglich ist – den Zeitwert der Sache verlangen.

Aber Achtung: Bei den Sachschäden haben Sie als Geschädigter einen **Selbstbehalt** von € 500 zu tragen.

## Grenzen der Haftung

Ansprüche nach dem Produkthaftungsgesetz können auch verjähren. Dafür sind zwei Fristen zu beachten.

- In der sogenannten „absoluten" Verjährungsfrist von **zehn Jahren** ab dem Zeitpunkt, zu dem der Unternehmer das fehlerhafte Produkt in Verkehr gebracht hat, ist die Durchsetzung von Ersatzansprüchen jedenfalls verjährt. Wenn also ein Produktfehler im elften Jahr Schaden stiftet, können Ersatzansprüche nach dem Produkthaftungsgesetz nicht mehr gerichtlich durchgesetzt werden.
- Tritt durch ein fehlerhaftes Produkt ein konkreter Schaden ein, dann hat der Geschädigte **drei Jahre** ab dem Zeitpunkt, zu dem er Kenntnis vom Schaden und seiner näheren Umstände hat, Zeit, seine Ersatzansprüche einzuklagen. Später wäre der Ersatzanspruch wegen Ablauf der sogenannten „relativen" Verjährungsfrist von drei Jahren verjährt.

Allfällige Ansprüche auf Produkthaftung können dadurch gemindert werden, dass den Geschädigten am Unfall ein Mitverschulden trifft. In solchen Fällen ist der Schaden verhältnismäßig zu teilen. Bestehen Zweifel über die Anteilshöhe, dann ist der Schaden zu gleichen Teilen zu tragen.

**Mitverschulden**

Noch ein Fall aus der Praxis, der ebenfalls vom Gericht entschieden wurde: Wenn der Hersteller eines Desinfektionsmittels auf der Packung nicht besonders auf die Gefährlichkeit des Produktes hinweist, haftet er zwar nach dem Produkthaftungsgesetz; den Geschädigten, der das Mittel ohne Lesen der Gebrauchsanweisung verwendet hat, trifft allerdings ein Mitverschulden.

Er bekommt daher nur einen Teil seines Ersatzanspruches zugesprochen (OGH 25.6.1992, 8 Ob 556/92, KRES 4/9).

## Wie setze ich meine Ansprüche durch?

- Im Hinblick darauf, dass Hersteller, Importeur und allenfalls Händler zehn Jahre lang für allfällige Schäden aus Produktfehlern haften, sollten Sie Einkaufsbelege, Rechnungen, Lieferscheine und ähnliche Unterlagen mindestens 10 Jahre lang aufbewahren, um im Schadensfall den Ersatzpflichtigen feststellen zu können.
- Ist ein Schaden eingetreten, so gilt es, Beweise zu sichern, um für einen allfälligen Prozess gut vorbereitet zu sein.

**TIPP**

Die wichtigsten Grundregeln zur Beweissicherung:

- Unfallverlauf von Zeugen bestätigen lassen und Gedächtnisprotokolle anfertigen;
- Sachschäden fotografieren, von Zeugen (allenfalls von Sachverständigen) besichtigen lassen; vor der Beweissicherung nichts verändern; nicht gleich Reparaturaufträge erteilen, sondern nur Kostenvoranschläge einholen;
- bei Körperverletzungen unbedingt Bestätigung vom Arzt oder Krankenhaus einholen;
- das fehlerhafte Produkt nicht aus der Hand geben, sondern von einem Sachverständigen auf Fehler hin untersuchen lassen;
- Belege über Aufwendungen (Taxifahrten, Heilbehelfe, Heimhilfen ...) sammeln.

- Sind Hersteller oder Importeur auf den Kaufbelegen oder auf den Produkten klar ersichtlich, dann sind die Ansprüche gegen diese zu richten. Handelt es sich beim Produkt um eine Handelsmarke und sind allfällige andere Hersteller oder Importeure nicht ersichtlich, kann der Anspruch auch gegen den Inhaber der Handelsmarke gerichtet werden. Können Hersteller oder Importeur jedoch nicht festgestellt werden, dann ist der Händler mit eingeschriebenem Brief aufzufordern, binnen einer angemessenen Frist (in der Regel 14 Tage) Hersteller oder Importeur bekannt zu geben.

**TIPP**

Anspruchsschreiben immer eingeschrieben aufgeben! Kopie des Schreibens mit Postaufgabeschein gut aufheben.

**Musterbrief „Bekanntgabe des Vorlieferanten"**

Max Muster
Nirgendwostraße 12/16
1010 Wien

Sporthaus Muskelkraft
Spielgasse 14
1040 Wien

Wien, 2012 06 11

Betrifft: Fahrrad der Marke „Rückenwind", Rechnung Nr. 4711
Produkthaftung – Bekanntgabe des Vorlieferanten

Sehr geehrte Damen und Herren,

ich habe am 15.5.2012 bei Ihnen ein Fahrrad der Marke „Rückenwind", Type „R4", zum Kaufpreis von € 490 erworben.

Als ich am 9.6.2012 eine Radtour unternahm, blockierten plötzlich die Bremsen und ich kam zu Sturz. Dabei zog ich mir einen Bruch des linken Unterarmes zu.

Da ich ohne mein Verschulden durch einen Fehler des Produktes verletzt wurde, mache ich, gestützt auf das Produkthaftungsgesetz, Schadenersatzansprüche geltend, deren Bezifferung der Höhe nach ich mir derzeit noch vorbehalte.

Ich fordere Sie – unter Hinweis auf § 1 PHG – auf, mir binnen 14 Tagen bis zum

**30. 6. 2012**

den Hersteller und/oder Importeur und/oder Vorlieferanten des genannten Produktes unter Angabe von dessen genauer Firmenbezeichnung und Adresse schriftlich mitzuteilen.

Mit freundlichen Grüßen

- Steht der Anspruchsgegner fest, dann können diesem gegenüber die Schadenersatzansprüche geltend gemacht werden. Neben einer kurzen Darstellung des Unfalls, der genauen Bezeichnung des fehlerhaften Produkts und einer Beschreibung der Schäden ist der Anspruchsgegner aufzufordern, binnen einer angemessenen Frist die Ansprüche – zumindest dem Grunde nach – anzuerkennen.

  Die Bekanntgabe der Höhe von Ansprüchen können Sie sich noch als weiteren Schritt vorbehalten. Steht die Höhe der Ansprüche allerdings schon fest, dann ist es sinnvoll, auch bereits eine bestimmte Summe zu nennen. Die Ansprüche sollten der Höhe nach detailliert werden und in Forderungen aus Personenschäden und Sachschäden gegliedert werden. Bei den Sachschäden ist der Selbstbehalt abzuziehen.

**Musterbrief „Schadenersatz nach PHG“**

Max Muster
Nirgendwostraße 12/16
1010 Wien

Fahrradwerk Rückenwind OEG
Am Wadl 16
6380 St. Johann in Tirol

Wien, 2012 07 12

Betrifft: Fahrrad der Marke „Rückenwind“
Produkthaftung

Sehr geehrte Damen und Herren,

ich habe am 15.5.2012 im Sporthaus Muskelkraft in Wien ein Fahrrad der Marke „Rückenwind“, Type „R4“ zum Kaufpreis von € 490 erworben. Sie sind der Hersteller des genannten Produktes.

Als ich am 9.6.2012 eine Radtour unternahm, blockierten plötzlich die Bremsen und ich kam zu Sturz. Dabei zog ich mir einen Bruch des linken Unterarmes zu. Weiters wurde meine Fotoausrüstung zerstört.

Da ich ohne mein Verschulden durch einen Fehler des Produktes verletzt wurde, mache ich, gestützt auf das Produkthaftungsgesetz, Schadenersatzansprüche gegen Sie als Hersteller geltend:

| | | |
|---|---|---|
| 1. Personenschäden | | |
| Unterarmbruch – Schmerzengeld | € | 1.820 |
| Honorar für physikalische Therapie (lt. Beilage) | € | 73 |
| 2. Sachschäden | | |
| Fotoausrüstung (lt. Beilage) | € | 1.020 |
| abzüglich Selbstbehalt bei Sachschäden | – € | 500 |
| insgesamt somit | € | 2.413 |

Ich fordere Sie daher auf, binnen sieben Tagen den Betrag von € 2.413 auf mein Girokonto bei der Sparbank (BLZ 80101), Kontonummer 007 126 482, zur Überweisung zu bringen.

Da gesundheitliche Folgeschäden aus dem Unfall nicht auszuschließen sind, fordere ich Sie weiters auf, auch Ihre Haftung für alle künftigen unfallkausalen Schäden dem Grunde nach anzuerkennen.

Mit freundlichen Grüßen

- In vielen Fällen wird auf Ihr Anspruchsschreiben bereits die Haftpflichtversicherung des Unternehmers antworten. Es kann Ihnen aber auch passieren, dass Ihr Anspruch zunächst einmal abgelehnt, Ihnen aber eine Abfindungszahlung angeboten wird. Wenn Sie mit dieser Summe einverstanden sind, spricht nichts dagegen, ein solches Angebot anzunehmen. Damit sind allerdings sämtliche Unfallfolgen abgegolten. Wenn Sie also noch Spätfolgen befürchten, sollten Sie vor Annahme einer Abfindung noch eine Erklärung verlangen, dass künftige Schäden dennoch anerkannt werden.

**TIPP**

Geht es um höhere Summen beziehungsweise um Schmerzengeld, ist es empfehlenswert, rechtlichen Rat und allenfalls die Hilfe eines Rechtsanwaltes einzuholen.

- Ist eine vergleichsweise Einigung nicht zu erzielen, dann bleibt nur der Gang zu Gericht. Eine Klage muss aber jedenfalls binnen drei Jahren ab Kenntnis des Schadens und des Anspruchsgegners (und binnen zehn Jahren ab Inverkehrbringen des Produktes durch den Beklagten) bei Gericht einlangen.

In einem Gerichtsverfahren hat der Geschädigte den Schadenseintritt, den Produktfehler sowie den ursächlichen Zusammenhang zwischen dem Fehler und dem Eintritt des Schadens zu beweisen. Weiters ist nachzuweisen, dass der Anspruchsgegner tatsächlich Hersteller oder Importeur des Produktes ist. Das klingt noch relativ einfach, aber in einem Verfahren ist natürlich damit zu rechnen, dass das beklagte Unternehmen alles versuchen wird, sich aus der Affäre zu ziehen. Letztlich würde es darauf ankommen, dass es seine Einwände – zum Beispiel den Vorwurf eines Mitverschuldens des Geschädigten – dem Gericht auch plausibel machen kann.

# Einkauf im Ausland

Wenn Sie etwas im Ausland kaufen oder mit einem Unternehmen mit Sitz jenseits unserer Grenzen einen Vertrag abschließen, sollten Sie nicht nur an den Preis denken. Auch rechtliche Aspekte spielen eine Rolle, besonders dann, wenn bei diesen Geschäften etwas schief läuft.

## Grenzüberschreitende Geschäfte

Die Möglichkeiten, sein Geld auszugeben, machen an den österreichischen Grenzen nicht Halt. Ob man nun im Urlaub Reiseandenken erwirbt, im Internet Waren aus dem Ausland bestellt oder auch nur zum Einkaufen über die Grenze fährt – immer gilt es, mehr im Auge zu behalten als bloß den aktuellen Wechselkurs. Selbst innerhalb der Europäischen Union, wo man bei grenzüberschreitenden Geschäften von Zöllen und sonstigen Einfuhrabgaben (fast) nicht mehr belästigt wird, können unterschiedliche nationale Rechtsvorschriften und Schwierigkeiten bei der Rechtsdurchsetzung oft die Vorteile aus niedrigeren Preisen durchaus aufwiegen.

**Der Teppich aus Istanbul**

Ein Städteflug nach Istanbul. Bei der Stadtrundfahrt werden auch die berühmten Basare besichtigt. Von einem Teppichhändler werden die Reisenden freundlichst empfangen und mit Tee bewirtet. Herr Moser lässt sich von den besonders günstigen Preisen überzeugen und obwohl er zunächst eigentlich skeptisch war, will er sich die einmalige Gelegenheit nun doch nicht entgehen lassen. Mit der Kreditkarte wird bezahlt, der Teppich soll per Spedition direkt in die Wiener Wohnung zugestellt werden.

Wieder zurück in Wien wird Herr Moser nach einigen Wochen ungeduldig. Der Rechnungsbetrag ist ihm von seinem Kreditkartenunternehmen schon abgebucht worden, der Teppich aber lässt auf sich warten. Ein Anruf bei der Spedition, die ihm in der Türkei genannt wurde, bleibt erfolglos. Schließlich kann er telefonisch Kontakt zum Händler herstellen: Der freundliche, deutschsprechende Verkäufer aber ist nicht zu erreichen, und so mühen sich Herr Moser und ein Angestellter des Händlers mit ihren bescheidenen englischen Sprachkenntnissen, bis die Angelegenheit endlich geklärt ist. Die Bestellung war offenbar schlicht übersehen worden.

Zwei Wochen später erhält Herr Moser die Verständigung von der Spedition, dass er den Teppich nun abholen könne. Ein wenig verärgert, weil eigentlich die Hauszustellung zugesagt war, macht sich Herr Moser auf den Weg zur Spedition. Dort muss er zur Kenntnis nehmen, dass er auch die Einfuhrabgaben zahlen muss, um endlich zu seinem Teppich zu kommen.

Kaufen Sie im Ausland ein oder schließen Sie sonst einen Vertrag mit einem ausländischen Unternehmer, so stellen sich ganz besondere Rechtsfragen.

Meist gilt dann auch ausländisches Recht. Es geht dabei nicht nur um jene Fälle, in denen man sich als Konsument selbst zwecks Einkauf ins Ausland begibt. Auch schriftliche oder telefonische Bestellungen bei ausländischen Unternehmen sind grenzüberschreitende Geschäfte, bei denen es zur Anwendung ausländischen Rechts kommen kann.

**Eine Reise nach Indien**

Frau Kaiser interessiert sich besonders für die indische Kultur und Lebensweise. Für eine seit langem geplante Indienreise haben ihr die von ihrem österreichischen Reisebüro angebotenen Reisen nicht zugesagt. Sie selbst hat schließlich einen kleinen, auf Indien spezialisierten Reiseveranstalter in Deutschland ausfindig gemacht, von dem sie auch genauere Informationen angefordert hat. Mit diesen Unterlagen sucht sie wieder ihr Reisebüro in Linz auf. Sie beauftragt das Reisebüro, eine bestimmte Reise für sie bei diesem Spezialveranstalter zu buchen. Das Reisebüro handelt dabei nur als Vermittler, der Vertrag kommt also zwischen Frau Kaiser und dem deutschen Reiseveranstalter zustande.

Seit Österreich Mitglied der Europäischen Union ist, sind die administrativen Hindernisse, die einem Einkauf im Ausland oft entgegenstanden, im Verhältnis zu den anderen EU-Mitgliedstaaten beseitigt. Bei einer Einfuhr von einem EU-Staat in einen anderen sind daher keine Zollerklärungen mehr auszufüllen. Dient der Import privaten Zwecken, dann entfällt auch die etwas verwirrende Rückverrechnung der Mehrwertsteuer. Die Mehrwertsteuer wird dort bezahlt, wo die Ware gekauft wird. Ausgenommen von dieser Regelung sind allerdings Kraftfahrzeuge und Boote – hier bleibt Ihnen der Weg zum Finanzamt (und zur Zulassungsbehörde) nicht erspart.

Für Bier, Wein, Spirituosen und Zigaretten hat man sich auf Richtwerte geeinigt, bis zu denen der private Verwendungszweck angenommen wird. Hat man mehr als 110 Liter Bier, 90 Liter Wein, 10 Liter Spirituosen, 10 kg Kaffee oder 800 Zigaretten dabei, dann wird ein gewerblicher Zweck vermutet und der Konsument müsste den Gegenbeweis antreten.

**Sommerfest bei Dr. K.**

Dr. K. hat in Italien Wein eingekauft: 25 Kartons zu je sechs Bouteillen sind sorgsam in seinem Auto verstaut. Dem Zollbeamten, der sich für diese Fracht interessiert, zeigt Dr. K. eine gedruckte Einladungskarte für sein großes Sommerfest, bei dem dieses Jahr unter dem Motto „Bella Italia" ausschließlich italienische Köstlichkeiten serviert werden sollen. In diesem Fall wird – obwohl Dr. K. mehr als 90 Liter Wein mit sich führt – der private Verwendungszweck anerkannt werden.

Für Einfuhren aus Staaten, die nicht der EU angehören, gelten für Zigaretten eine Höchstmenge von 200 Stück, für Alkohol beträgt das Limit vier Liter Wein bzw 16 Liter Bier sowie entweder ein Liter hochprozentiger Schnaps oder zwei Liter mit einem Alkoholgehalt von unter 22 Prozent. Für alle anderen Waren, auch Kaffee, Tee, Edelmetalle und Parfums, gilt eine Freigrenze von insgesamt € 430. Alles, was über die genannten Grenzen hinausgeht, muss beim Zoll deklariert werden.

**TIPP**

Genaue Informationen zu den Zollvorschriften im Zusammenhang mit Auslandsreisen finden Sie auf der Homepage des Bundesministeriums für Finanzen: http://www.bmf.gv.at/zoll/

Der „Binnenmarkt", so heißt es im Vertrag zur Gründung der Europäischen Gemeinschaft, „umfasst einen Raum ohne Binnengrenzen, in dem der freie Verkehr von Waren, Personen, Dienstleistungen und Kapital ... gewährleistet ist." Nicht nur Waren können daher in anderen EU-Mitgliedstaaten problemlos erworben werden, auch Verträge mit ausländischen Dienstleistungsanbietern – seien es Handwerker, Banken oder Versicherungen – und grenzüberschreitende Geldtransfers unterliegen keinen nennenswerten Einschränkungen. Nicht alles aber, was rechtlich möglich ist, muss deshalb auch schon sinnvoll sein. Wenn der Unternehmer seinen Sitz im Ausland hat, so ist damit – auch innerhalb der Europäischen Union – immer ein zusätzliches Risiko gegeben, vor allem dann, wenn es um die Durchsetzung von Rechtsansprüchen geht.

**TIPP**

Wägen Sie ab, welches Risiko Sie eingehen wollen: Bei kleineren Anschaffungen spielt der Sitz des Vertragspartners im Ausland wohl eine untergeordnete Rolle. Anders bei Möbeln, teuren Haushaltsgeräten oder größeren

Dienstleistungsaufträgen. Natürlich kann alles gut gehen. Wenn es Probleme gibt und der Gerichtsstand im Ausland ist, dann könnte es langwierig werden.

Bei jedem Vertragsabschluss sollte man auch bedenken, dass viele der in Österreich selbstverständlichen Rahmenbedingungen in anderen Ländern vielleicht nicht – oder anders – gegeben sind. So sind zum Beispiel die Behörden in manchen Ländern relativ zurückhaltend, wenn es um die Bekämpfung von Markenpiraterie geht: Die am Strand angebotene Nobeluhr muss ebenso wenig echt sein wie die „Markenjeans" in der Boutique. Ähnliche Probleme gibt es bei Edelmetallgegenständen: Unter „Gold" kann man sehr Verschiedenes verstehen, und während in Österreich strenge Punzierungsvorschriften einen tatsächlich hohen Goldanteil gewährleisten, gibt es in manchen Ländern dazu keine oder weniger strenge Regeln. Außerdem sind Nebenkosten zu beachten, die entweder schon beim Vertragsschluss anfallen oder die durch den Versand beziehungsweise Transport nach Österreich entstehen.

**TIPP**

Verschaffen Sie sich Klarheit: Was ist im genannten Preis enthalten? Welche Kosten (Versand, Transport) kommen noch dazu? Wenn Sie außerhalb der EU kaufen: Welche Einfuhrabgaben sind in Österreich zu entrichten?

Kommt es zu Streitigkeiten, stellen sich regelmäßig folgende Fragen:

- Wo kann ich meine Ansprüche einklagen bzw wo kann ich geklagt werden?
- Welches Recht kommt zur Anwendung?
- Wie kann ein Urteil eines Staates im anderen Staat durchgesetzt werden?

## Wo kann ich klagen bzw geklagt werden?

Recht haben heißt noch lange nicht, es auch durchsetzen zu können. Schon innerhalb Österreichs ist es mühsam genug, wenn man seine Ansprüche als Konsument gerichtlich durchsetzen muss. Umso mehr gilt dies natürlich, wenn man es mit einem ausländischen Unternehmer zu tun hat. Zunächst wird man in einem Streitfall natürlich – wie auch bei einem inländischen Unternehmer – eine gütliche Einigung versuchen und gegebenenfalls Rat bei einer Konsumentenberatungsstelle einholen. Hier wird man

Ihnen zwar nicht alle Fragen über ausländisches Recht verlässlich beantworten können, aber jedenfalls dabei behilflich sein, das weitere Vorgehen zu überlegen. Denn oft ist es wesentlich wichtiger, sich zunächst über die praktische Durchsetzbarkeit eines möglichen Anspruchs klarzuwerden, als im Detail nach den ausländischen Rechtsvorschriften zu forschen.

**TIPP**

Wenn Sie mit einem Unternehmer in einem Mitgliedstaat der Europäischen Union eine Auseinandersetzung haben, können Sie sich auch an die Europäischen Verbraucherzentren wenden. Das sind besondere Konsumentenberatungsstellen, die sich grenzüberschreitender Probleme annehmen. Bei diesen Beratungsstellen bekommen Sie Auskunft über die Rechtslage in den jeweiligen Ländern und es wird auch versucht, Sie bei der Durchsetzung Ihrer Ansprüche zu unterstützen. Das österreichische Europäische Verbraucherzentrum beim VKI erreichen Sie unter der Adresse 1060 Wien, Mariahilfer Straße 81 (Hotline 0810 810 225 – aus ganz Österreich zum Ortstarif oder Internet: www.europakonsument.at).

Eine zentrale Rolle bei der Einschätzung, ob ein Streitfall gerichtlich ausgetragen werden soll, spielt natürlich die Frage, an welchem Ort eine Klage einzubringen wäre (Gerichtsstand). Wenn man als Konsument einen Anspruch gegen einen ausländischen Unternehmer durchsetzen möchte (zum Beispiel Preisminderung, Mangelbehebung, Kaufpreisrückforderung im Rücktrittsfall), dann wird man in der Regel das Gericht am Sitz des Unternehmers – und damit im Ausland! – in Anspruch nehmen müssen. Von diesem Grundsatz gibt es nur wenige Ausnahmen, so vor allem, wenn der Unternehmer im Inland eine Zweigniederlassung oder zumindest Vermögen hat. Aber auch dann wird der Prozess komplizierter als mit einem inländischen Unternehmer, da zum Beispiel alle Ladungen im Ausland zugestellt werden müssen, oft auch Zeugen im Ausland im Rechtshilfeweg einvernommen werden müssen und das alles kann sehr lange dauern.

**Die billige Reise 1**

Frau Berger wendet sich auf Empfehlung von Freunden an einen ungarischen Reiseveranstalter, der Kuraufenthalte in berühmten ungarischen Heilquellen besonders günstig anbietet. Sie bestellt die Reise telefonisch, bezahlt den Reisepreis und ist von der Abwicklung schwer enttäuscht. Ihre Preisminderungsansprüche müsste sie, da das Reiseunternehmen in Österreich keinen Sitz und keine Niederlassung hat, in Ungarn einbringen. Als ihr der Rechtsanwalt die Kosten und die Verfahrensdauer abschätzt, verzichtet sie auf die Rechtsdurchsetzung.

Im Bereich der EU gilt die EU-Verordnung 44/2001 (Brüssel-I-Verordnung). Diese Verordnung sieht für bestimmte Verbrauchersachen – nämlich vertragliche Ansprüche – im grenzüberschreitenden Rechtsverkehr für den Verbraucher das Privileg des **Wohnsitzgerichtsstandes** vor. Der Verbraucher kann wählen, ob er – will er den Unternehmer aktiv klagen – die Klage an seinem Wohnsitzgericht oder an einem Gericht im Staat des Vertragspartners anhängig macht. Andererseits kann der Verbraucher vom Unternehmer nur in seinem Wohnsitzstaat verklagt werden. Gerichtsstandsvereinbarungen sind nur eingeschränkt zulässig, wenn die Vereinbarung erst nach Entstehen der Streitigkeit getroffen wurde (also nicht in den AGB des Unternehmers bei Vertragsabschluss bereits dem Verbraucher aufgezwungen wurden), wenn dem Verbraucher die Möglichkeit eingeräumt wird, zusätzliche Gerichte anzurufen, oder wenn sie zum Erhalt des ursprünglichen Gerichtsstandes nach Wohnsitzwechsel des Verbrauchers führt.

Diese Vorteile für Verbraucher setzen aber voraus, dass ein Verbrauchergeschäft vorliegt und es sich um einen vor- oder drittfinanzierten Kauf beweglicher Sachen handelt. In allen anderen Fällen kommen die Vorteile der Verordnung nur dann zur Anwendung, wenn – unabhängig vom Vertragstyp – der Unternehmer in dem Wohnsitzstaat des Verbrauchers eine berufliche oder gewerbliche Tätigkeit ausübt oder eine solche Tätigkeit darauf „ausrichtet“ und der Vertrag in den Bereich dieser Tätigkeit fällt. Dazu zählt das Versenden von Werbeprospekten ebenso wie das Einrichten einer Website im Internet, die auch im Wohnsitzstaat des Verbrauchers zugänglich ist. In allen diesen Fällen kann der Verbraucher allfällige Klagen gegen den Unternehmer an seinem Wohnsitzgericht einbringen bzw auch nur dort geklagt werden.

**Die billige Reise 2**

Frau Berger erhält diesmal einen Werbeprospekt des ungarischen Reiseveranstalters samt Bestellschein von diesem im Wege einer Postwurfsendung zugestellt. Sie bucht die Kur in den ungarischen Heilquellen mit dem Bestellschein und bezahlt. Die Abwicklung ist nicht zufriedenstellend. Wenn sie nun Preisminderungsansprüche geltend machen möchte, kann sie den Reiseveranstalter – der in Österreich weder Sitz noch Niederlassung hat – zwar in Österreich klagen, weil er durch seine Werbung in Österreich seine Tätigkeit auf Österreich ausgerichtet hat, das Urteil müsste aber dann in Ungarn vollstreckt werden.

In den meisten Streitfällen zwischen Konsumenten und Unternehmern geht es um Beträge, die zwar für den einzelnen Konsumenten durchaus beträchtlich sind, aber im Vergleich zu den Risiken, Kosten und Mühen eines Gerichtsverfahrens mit Auslandsbezug relativ gering sind. In einem solchen Fall sollten Sie die Sache möglichst schnell vergessen. Sie werden sich mit dem Gedanken anfreunden müssen, dass Sie einfach Lehrgeld bezahlt haben.

**TIPP**

Leisten Sie keine größeren Vorauszahlungen und bezahlen Sie nach Möglichkeit nur Zug um Zug. Wenn Sie mit Kreditkarte bezahlen: Belege keinesfalls blanko unterzeichnen! Die Bezahlung mit der Kreditkarte ist genauso wenig rückgängig zu machen wie eine Barzahlung! Wenn Sie später vom Vertrag zurücktreten oder zum Beispiel Preisminderung verlangen, weil Mängel aufgetreten sind, dann müssen Sie das Geld vom Händler zurückfordern. Die Kreditkartenorganisation ist nicht zur Rückbuchung verpflichtet.

Im Bereich der EU ist man sich dieser Probleme durchaus bewusst. Wie die genannten Beispiele zeigen, wird auch viel unternommen, um die grenzüberschreitende Rechtsdurchsetzung zu erleichtern. Bis aber auch die Verfahrensordnungen der Mitgliedstaaten sich einander annähern, wird wohl noch einige Zeit vergehen.

## Welches Recht ist anwendbar?

Welches Recht zur Anwendung kommt, richtet sich nach den Regeln des sogenannten „internationalen Privatrechtes“. Für den Bereich des Vertragsrechtes gilt seit 17.12.2009 die EU-Verordnung über das auf vertragliche Schuldverhältnisse anzuwendende Recht („Rom-I-Verordnung“). Für das außervertragliche Recht (insb außervertragliche Schadenersatzansprüche, Produkthaftung, unlauterer Wettbewerb, Bereicherungsrecht und Geschäftsführung ohne Auftrag) gilt seit 11.1.2009 die EU-Verordnung über das auf außervertragliche Schuldverhältnisse anzuwendende Recht („Rom-II-Verordnung“). Man kann also davon ausgehen, dass in allen Staaten der EU die Regeln, welches Recht im Fall eines Auslandsbezuges anzuwenden ist (sei es ein EU-Staat, sei es auch ein Nicht-EU-Staat), gleich sind.

Zentrale Idee der ROM-I-Verordnung ist zunächst die Rechtswahl: Die Parteien legen selbst fest, welches Recht zur Anwendung kommen soll. Liegt keine Rechtswahl vor, so soll das Recht jenes Staates gelten, in dem der Vertragspartner seinen Sitz hat, der die für den Vertrag charakteristische Leistung erbringt. Das wäre der Unternehmer, der eine Sache liefert oder eine Dienstleistung erbringt. Nach den allgemeinen Regeln wäre also das Recht des Unternehmersitzstaates anzuwenden.

Doch die Rom-I-Verordnung kennt als wesentliche Ausnahme Regelungen für Verbrauchergeschäfte, die dann zur Anwendung kommen, wenn der Unternehmer selbst in Österreich aktiv wurde, um Sie zum Vertragsabschluss zu bewegen. Dann soll – mangels anderer Rechtswahl – österreichisches Recht zur Anwendung kommen. Konkret sieht diese Ausnahmeregelung wie folgt aus:

Für die Lieferung beweglicher Sachen oder die Erbringung von Dienstleistungen an einen Verbraucher gilt das Recht jenes Staates, in dem der Verbraucher seinen Sitz hat, wenn der Vertragsabschluss auf ein ausdrückliches Angebot oder eine Werbung des Unternehmers im Staat des Verbrauchers zurückgeht **und** der Verbraucher in seinem Heimatstaat die zum Vertragsabschluss erforderlichen Rechtshandlungen – also die Abgabe bzw Annahme des Anbotes (siehe Seite 35 ff) – vorgenommen hat, der Unternehmer die Bestellung im Heimatstaat des Verbrauchers entgegengenommen hat oder die Bestellung zwar im Ausland, aber anlässlich einer Werbefahrt aus dem Heimatland vorgenommen wurde.

Zwingende Verbraucherschutzbestimmungen des Heimatstaates des Verbrauchers können auch durch eine vertragliche Rechtswahl nicht abbedungen werden.

Für außervertragliche Schuldverhältnisse kann naturgemäß nicht an einer Rechtswahl von Vertragsparteien angeknüpft werden. Hier gilt das Recht des Staates, in dem der Schaden eintritt bzw auf den sich der unlautere Wettbewerb auswirkt. Im Fall der Produkthaftung gilt vorrangig das Recht jenes Staates, in dem die geschädigte Person beim Schadenseintritt ihren gewöhnlichen Aufenthalt hatte.

**Die Lederjacke aus Udine**

Herr Rudolf bekommt eine Werbezusendung einer Firma aus Udine. Er fährt nach Italien und kauft die günstige Jacke. Wenn er Mängel feststellen muss, dann kann er nicht davon ausgehen, dass österreichisches Recht zur Anwendung kommt. Zwar hatte das Unternehmen in Österreich geworben, doch die Rechtshandlung, die zum Vertragsabschluss führte, fand in Italien statt. Also wird der Fall nach italienischem Recht zu beurteilen sein, egal, ob das Verfahren – weil die Firma eine Niederlassung in Österreich hat – vor einem österreichischen Gericht oder aber vor einem italienischen Gericht stattfindet.

**Gesundheitsliegen aus Griechenland**

Urlaubsstimmung auf Rhodos. Herr Müller wird in der Hotelhalle mehrfach angesprochen, an einer Informationsveranstaltung über Gesundheitsfragen teilzunehmen, völlig kostenlos, ja sogar mit einem Abendessen gratis und einem kleinen Geschenk. Die Informationsveranstaltung entpuppt sich als Verkaufsschau. Angeboten werden unter anderem „Gesundheitsliegen" („Made in Germany"), von denen Herr Müller vorerst sehr beeindruckt ist.

Die Bestellformulare sind deutschsprachig, ausgeliefert wird über einen deutschen Händler – und Herr Müller unterschreibt. Eine Anzahlung wird mit Kreditkarte geleistet, der Rest soll bei Lieferung beglichen werden.

Da der Veranstalter der Verkaufsschau in Österreich keine Werbung betrieben hat, die Konsumenten also nicht wegen ihm nach Rhodos gekommen sind und die Vertragsannahme im Übrigen auch nicht in Österreich erfolgt ist, ist in diesem Fall österreichisches Recht nicht anwendbar. Ein allfälliger Rücktritt des Konsumenten wäre nach griechischem Recht zu beurteilen.

**Der Teppichkauf im Basar**

Erinnern Sie sich an den Teppichkauf des Herrn Moser auf Seite 299? Auch in diesem Fall wäre ausländisches Recht anzuwenden, sofern der Händler nicht – über den Reiseveranstalter – auch in Österreich bereits für seine Waren geworben hat.

Auch wenn man sich nicht selbst im Ausland aufhält, gilt bei grenzüberschreitenden Geschäften – wenn der Sitz des Unternehmers im Ausland liegt – österreichisches Recht nur dann, wenn der Unternehmer in Österreich aktiv geworden ist. Es reicht dazu schon aus, dass er in Österreich Inserate schaltet oder Prospekte verteilt. Verträge mit ausländischen Reiseveranstaltern, die ihre Kataloge in österreichischen Reisebüros auflegen lassen, sind daher nach österreichischem Recht zu beurteilen.

**Der Spezialist für Indienreisen**

In unserem Beispiel auf Seite 300 hat Frau Kaiser einen Reiseveranstalter in Deutschland ausfindig gemacht. Dieser hat in Österreich keine Werbung betrieben, sondern sich von Frau Kaiser sozusagen entdecken lassen. Auf den Reisevertrag ist daher – obwohl er schließlich vom österreichischen Reisebüro vermittelt wurde – deutsches Recht anzuwenden.

Zeigen sich bei der Reise Mängel, so hat Frau Kaiser die strengen Rügevorschriften und Fristen des deutschen Reiserechts einzuhalten.

Nicht immer muss österreichisches Recht günstiger sein. Aber ein bisschen ist man mit den Grundzügen auch als Laie vertraut. Und schließlich weiß man, wohin man sich wenden kann, wenn guter Rat gefragt ist. Es gibt also auch im Recht einen Heimvorteil.

Die Vertragspartner können grundsätzlich wählen, nach welchem Recht ein Vertrag beurteilt werden soll. Dieses Wahlrecht wird jedoch in vielen Staaten zugunsten des Verbraucherschutzes eingeschränkt. Nach österreichischem Recht ist eine Rechtswahl für Sie als Konsument nur so weit wirksam, als nicht zwingende Konsumentenschutzvorschriften damit umgangen werden sollen.

**TIPP**

Wenn Sie sich an einen ausländischen Unternehmer wenden, der nicht zuvor in Österreich geworben hat, sollten Sie versuchen, ausdrücklich die Geltung österreichischen Rechts zu vereinbaren.

Ausländisches Recht bedeutet nicht unbedingt ein völlig anderes Recht. In einigen für Konsumenten wichtigen Bereichen hat die Europäische Union versucht, durch Richtlinien ein einheitliches Konsumentenschutzniveau in allen Mitgliedstaaten zu erreichen. Dies betrifft vor allem den Schutz vor missbräuchlichen Klauseln in allgemeinen Geschäftsbedingungen, ein Rücktrittsrecht bei Haustürgeschäften, bestimmte Aspekte von Reise-, Timesharing-, Kredit- und Versicherungsverträgen, den Fernabsatz von Waren und schließlich Gewährleistung und Garantie.

Diese Richtlinien schreiben den EU-Mitgliedstaaten vor, welche Mindestrechte sie den Konsumenten einräumen müssen. Wie das konkret gemacht wird, ist dann Angelegenheit der Mitgliedstaaten.

Grundsätzlich – so das Prinzip der EU – sollte man sich als Konsument darauf verlassen können, in jedem EU-Mitgliedstaat im Rahmen der Richtlinien gleichermaßen geschützt zu sein. So gibt es etwa in allen Mitgliedsländern der EU ein Rücktrittsrecht bei Haustürgeschäften. In den Details unterscheiden sich die einzelstaatlichen Regelungen aber oft beträchtlich.

**TIPP**

Vertrauen Sie nicht darauf, dass „wegen der EU" die Rechtslage im (EU-) Ausland im Wesentlichen ohnehin ähnlich wie in Österreich ist. So mancher Vertrag, bei dem in Österreich zum Beispiel ein kostenloses Rücktrittsrecht bestünde, ist nach ausländischem Recht ohne Kosten nicht mehr aufzulösen.

Im Verhältnis zu Nicht-EU-Staaten gelten aber die Verbraucherschutzvorschriften der EU als „zwingende Normen“. Wenn also ein Unternehmer aus den USA mit Ihnen – bei einem Vertragsabschluss via Internet – die Geltung „amerikanischen Rechtes“ vereinbart und dieses gegen EU-Verbraucherschutzrichtlinien verstößt, dann würde jedes Gericht in der EU die EU-Vorschriften als zwingendes Recht dennoch anwenden. Kommt der Streitfall aber vor ein amerikanisches Gericht, dann mag dieses nach ganz anderen Kriterien entscheiden.

# Datenschutz

## Datenschutzgesetz

Das „Grundrecht auf Datenschutz“ ist in der österreichischen Bundesverfassung verankert. Demnach hat jedermann, „insbesondere auch im Hinblick auf die Achtung seines Privat- und Familienlebens, Anspruch auf Geheimhaltung der ihn betreffenden personenbezogenen Daten, soweit daran ein schutzwürdiges Interesse besteht“. Die näheren Ausführungsbestimmungen enthält das Datenschutzgesetz. Grundsatz des Datenschutzgesetzes ist, dass die Verwendung personenbezogener Daten nur mit Zustimmung des Betroffenen oder im überwiegenden berechtigten Interesse eines Dritten erfolgen darf. Soweit eine Behörde tätig wird, muss für die Verwendung der Daten eine gesetzliche Ermächtigung vorliegen. Weiterer Grundsatz des Datenschutzgesetzes ist es, dass der von einer Datenverarbeitung Betroffene das Recht auf Auskunft (wer verarbeitet welche Daten wozu?) hat und auch das Recht auf Richtigstellung, wenn die verwendeten Daten unrichtig sind.

Das Datenschutzgesetz sieht grundsätzlich eine Meldepflicht für Datenanwendungen an das Datenverarbeitungsregister vor. Davon ausgenommen sind Anwendungen, die ausschließlich veröffentlichte Daten enthalten oder die nur für persönliche oder familiäre Tätigkeiten erfolgen, sowie jene Standardanwendungen, die in einer Verordnung des Bundeskanzlers umschrieben sind. Solche Standardanwendungen sind beispielsweise Datenverarbeitungen für das betriebliche Rechnungswesen (Zahlungsverkehr, Bestellungen etc) oder die Personalverwaltung. Andere Anwendungen sind dem Datenverarbeitungsregister zu melden; diesen Anwendungen wird eine Datenverarbeitungsregister-Nummer („DVR“) zugeordnet, die der Auftraggeber bei Übermittlung der Daten immer anzugeben hat.

Auskünfte zu registrierten Anwendungen – insbesondere auch, wem eine DVR-Nummer zuzurechnen ist – erhält man beim Datenverarbeitungsregister, das die Datenschutzkommission führt:

**Datenverarbeitungsregister**
1010 Wien, Hohenstaufengasse 3
Telefon: (01) 53 115/202525, Fax: (01) 53 115/202690
E-Mail: dsk@dsk.gv.at, Internet: www.dsk.gv.at

Das Datenschutzgesetz 2000 lässt die Verarbeitung personenbezogener Daten nur zu, soweit dies bei Behörden im Rahmen gesetzlicher Zuständigkeiten erfolgt bzw im privaten Bereich durch rechtliche Befugnisse des jeweiligen Auftraggebers gedeckt ist und schutzwürdige Geheimhaltungsinteressen des Betroffenen nicht verletzt werden.

Eine Übermittlung der Daten an Dritte ist nur zulässig,
- wenn eine ausdrückliche gesetzliche Ermächtigung oder Verpflichtung dazu besteht oder
- wenn der Betroffene zugestimmt hat (wobei diese Zustimmung jederzeit widerrufen werden kann) oder
- wenn es zur Wahrung lebenswichtiger Interessen des Betroffenen erforderlich ist oder
- wenn es überwiegende berechtigte Interessen des Auftraggebers oder eines Dritten erfordern.

Überwiegende rechtliche Interessen an der Übermittlung bestehen etwa dann, wenn die Datenübermittlung im Rahmen der Vertragserfüllung notwendig ist oder wenn es um die Durchsetzung von Rechtsansprüchen geht. Datenschutz ist keine Ausrede, um rechtlichen Verpflichtungen zu entgehen!

Häufig gibt man im Zuge von Bestellungen oder bei der Teilnahme an Gewinnspielen auch die Zustimmung zur Verwendung der dabei anfallenden Daten. Grundsätzlich ist eine Zustimmung auch dann wirksam, wenn sie durch das Akzeptieren entsprechender allgemeiner Geschäftsbedingungen erfolgt; ein besonderer Hinweis oder eine gesonderte Unterschrift ist nicht erforderlich. Oft bemerkt man daher erst durch die Zunahme an persönlich adressierter Werbung, dass man die Zustimmung zur Datenübermittlung gegeben hat. Die gegebene Zustimmung kann man jedoch jederzeit formlos widerrufen.

Nicht alle Daten sind für den Betroffenen gleichermaßen heikel: Informationen über die rassische und ethnische Herkunft, die politische Meinung, die religiöse oder philosophische Überzeugung oder über Gesundheit und Sexualleben sind als „sensible Daten" nach dem Datenschutzgesetz besonders geschützt. Diese Daten dürfen daher nur unter strengeren Voraussetzungen verarbeitet und übermittelt werden; eine formularmäßige Zustimmungserklärung reicht in diesem Fall nicht aus, sondern es ist die *ausdrückliche* Zustimmung erforderlich. Datenanwendungen, die solche sensiblen Daten verarbeiten, unterliegen auch einer Vorabkontrolle durch die Datenschutzkommission (außer wenn es sich um Standardanwendungen entsprechend einer Verordnung des Bundeskanzlers handelt). Solche Anwendungen werden von der Datenschutzkommission daraufhin geprüft, ob die Geheimhaltungsinteressen entsprechend gewahrt bleiben.

**Musterbrief „Widerruf einer Zustimmungserklärung"**

Max Muster
Nirgendwostraße 12/16
1010 Wien

Wohnbank-Bausparkasse AG
Steppengoldstraße 3
5020 Salzburg

Wien 2012 06 21

Betrifft: Bausparvertrag Konto Nr. 8754128
Widerruf der Zustimmung zur Datenübermittlung

Sehr geehrte Damen und Herren,

bei Abschluss des zu obgenannter Kontonummer geführten Bausparvertrages habe ich auch eine Zustimmungserklärung zur Datenweitergabe „an Konzernunternehmen und Unternehmen, mit denen Beteiligungsverhältnisse bestehen, zu Zwecken des Marketings" unterzeichnet. Ich widerrufe diese Zustimmung mit sofortiger Wirkung gemäß § 8 Abs 1 Z 2 Datenschutzgesetz.

Mit freundlichen Grüßen

Zum Schutz der durch eine Datenanwendung Betroffenen räumt das Datenschutzgesetz folgende Rechte ein:

- das Informationsrecht über Zweck und Auftraggeber einer Datenverwendung
- das Auskunftsrecht gegenüber dem Auftraggeber
- das Recht auf Richtigstellung oder Löschung
- das Widerspruchsrecht

Der Auftraggeber einer Datenanwendung hat den Betroffenen bei der Datenermittlung über deren Zweck in geeigneter Weise zu informieren und ihm auch seinen Namen und seine Anschrift mitzuteilen. Er darf den Betroffenen auch nicht darüber im Unklaren lassen, ob er zur Beantwortung der an ihn gestellten Fragen rechtlich verpflichtet ist.

Wer Daten verarbeitet, muss den von der Datenanwendung Betroffenen auch Auskunft darüber geben, wenn dies schriftlich und unter Nachweis der Identität (Ausweis- und Meldezettel-Kopie) verlangt wird. Die Auskunft muss die verarbeiteten Daten, die verfügbaren Informationen über ihre Herkunft, den Zweck der Datenverarbeitung und die Rechtsgrundlagen dafür in allgemein verständlicher Form angeben; wurden die Daten weitergegeben, so sind auch die Empfänger der Datenübermittlung bekannt zu geben. Die Auskunft muss innerhalb von acht Wochen gegeben werden und sie hat kostenlos zu erfolgen, wenn sie sich auf den aktuellen Datenbestand bezieht und es sich um die erstmalige Anfrage des Betroffenen zum selben Aufgabengebiet im laufenden Jahr handelt. Wer Auskunft verlangt, muss – wenn ihn der Auskunftspflichtige befragt – auch in zumutbarem Ausmaß mitwirken, also beispielsweise die Aussendung vorlegen, die er zum Anlass des Auskunftsverlangens genommen hat.

**Musterbrief „Auskunftsverlangen nach dem DSG"**

Max Muster
Nirgendwostraße 12/16
1010 Wien

Reibau
Projektentwicklungs- und Bauträger GmbH
Stadtrandweg 1
1210 Wien

Wien, 2012 06 21

Betrifft: Auskunftsverlangen nach § 26 Datenschutzgesetz

Sehr geehrte Damen und Herren,

vergangene Woche habe ich von Ihrem Unternehmen Unterlagen über das Reihenhausprojekt „Wohnpark Sumpfwiese" erhalten. Das Schreiben war an mich persönlich adressiert und offensichtlich unter Zuhilfenahme elektronischer Datenverarbeitung erstellt worden.

Als Betroffener ersuche ich Sie daher gemäß § 26 Datenschutzgesetz um Auskunft über die zu meiner Person gespeicherten Daten. Insbesondere ersuche ich um Auskunft über Art, Inhalt, Herkunft und Verwendung der Daten sowie über den Zweck und die Rechtsgrundlage der Datenermittlung und -verarbeitung. Weiters ersuche ich um Bekanntgabe, ob – und wenn ja, an wen – die Daten übermittelt wurden.

Ich erkläre ausdrücklich mit einer mündlichen Auskunft nicht einverstanden zu sein und erwarte daher Ihre schriftliche, vollständige und allgemein verständliche Auskunft innerhalb von acht Wochen.

Zum Nachweis meiner Identität liegt eine Kopie meines Personalausweises bei. Sollten Sie dennoch Zweifel an meiner Identität haben, so weise ich darauf hin, dass die Auskunft als eingeschriebene Briefsendung – eigenhändig – zugestellt werden kann.

Mit freundlichen Grüßen

Das Auskunftsrecht kann gegenüber privaten Unternehmen ebenso wie gegenüber öffentlichen Einrichtungen (Behörden, Kammern, Gemeinden etc) gleichermaßen geltend gemacht werden.

**TIPP**

Wird dem Auskunftsverlangen nicht entsprochen, so kann man dagegen Beschwerde an die Datenschutzkommission erheben (Anschrift: Hohenstaufengasse 3, 1010 Wien, Telefon: (01) 531 15/202525, Fax: (01) 531 15/202690, E-Mail: dsk@dsk.gv.at, Internet: www.dsk.gv.at).

Erlangt der Betroffene zum Beispiel durch die Auskunftserteilung Kenntnis von unrichtigen Daten, so kann er die Richtigstellung oder Löschung der ihn betreffenden unrichtigen oder auch unvollständigen Daten verlangen. Der Auftraggeber der Datenanwendung hat innerhalb von acht Wochen nach Erhalt eines Richtigstellungs- oder Löschungsantrags entweder die Richtigstellung oder Löschung wie beantragt durchzuführen und den Betroffenen davon zu verständigen oder gegenüber dem Betroffenen schriftlich zu begründen, weshalb die Richtigstellung (Löschung) nicht erfolgt.

Das Datenschutzgesetz 2000 hat auch ein allgemeines Widerspruchsrecht des von einer Datenanwendung Betroffenen eingeführt. Wenn eine Datenverwendung nicht gesetzlich zwingend vorgesehen ist, kann jeder Betroffene der Verwendung seiner Daten wegen schutzwürdiger Geheimhaltungsinteressen, die sich aus seiner besonderen Situation ergeben, widersprechen; der Auftraggeber der Datenverarbeitung muss diesem Widerspruch innerhalb von acht Wochen nachkommen.

Wenn das Datenschutzgesetz im privaten Bereich verletzt wird, müssen zivilrechtliche Ansprüche – etwa auf Schadenersatz – bei den Gerichten durchgesetzt werden; lediglich das Auskunftsrecht kann vor der Datenschutzkommission – und damit wesentlich kostengünstiger und ohne Prozessrisiko – geltend gemacht werden. Verletzungen des Datenschutzgesetzes durch Behörden fallen dagegen zur Gänze in die Zuständigkeit der Datenschutzkommission.

Insgesamt hat das Verfahren zur Erlangung einer Auskunft und noch vielmehr zur Richtigstellung beziehungsweise Löschung von Daten jedoch viele Tücken und erfordert ein relativ hohes Maß an Durchsetzungsvermögen. Hilfestellung zur Durchsetzung der Rechte nach dem Datenschutzgesetz bietet die ARGE Daten.

**ARGE Daten – Österreichische Gesellschaft für Datenschutz**
1160 Wien, Redtenbachergasse 20
Telefon 0676/91 07 032, Fax 01 – 53 20 974
E-Mail: info@argedaten.at, Internet: www.argedaten.at

## Bankgeheimnis

Nach dem Bankwesengesetz (BWG) sind Kreditinstitute sowie insbesondere deren Personal zur Wahrung all jener Kundendaten verpflichtet, die ihnen aus einer Geschäftsverbindung bekannt werden.

Nur bei gerichtlichen oder finanzbehördlichen Strafverfahren, gegenüber dem Vormundschafts- oder Pflegschaftsgericht, im Falle des Ablebens des Kunden gegenüber dem Abhandlungsgericht und dem Gerichtskommissär und insbesondere dann, wenn der Kunde der Offenbarung des Geheimnisses schriftlich und ausdrücklich zustimmt, gilt das Bankgeheimnis nicht. Die durch das Bankgeheimnis geschützten Daten unterliegen meist auch dem Datenschutzgesetz. Das Bankgeheimnis ist noch strenger abgesichert und seine Verletzung ist gerichtlich strafbar.

**Jagd auf Bausparer**

Eine Bank gab Daten aus der Verwaltung von Girokonten an eine andere Abteilung der Bank weiter, um jene Kunden besonders anzusprechen, die bei einer sektorfremden Bausparkasse einen Bausparvertrag laufen hatten.

Im Zuge eines Wettbewerbsprozesses legte der OGH klar, dass diese Weitergabe von Daten sowohl einen Verstoß gegen das Datenschutzgesetz als auch einen Bruch des Bankgeheimnisses darstellt (OGH 25.2.1992, 4 Ob 114/91, KRES 10/8).

# Telekommunikation

Laut Telekommunikationsgesetz dürfen Stammdaten, Verkehrs-, Standort- und Inhaltsdaten nur für Zwecke der Besorgung eines Telekommunikationsdienstes ermittelt oder verarbeitet werden. Die Übermittlung solcher Daten darf nur erfolgen, soweit das für die Erbringung jenes Kommunikationsdienstes, für den diese Daten ermittelt und verarbeitet worden sind, durch den Betreiber erforderlich ist. Sonstige Übermittlungen dürfen nur aufgrund einer vorherigen, jederzeit widerrufbaren Zustimmung der Betroffenen erfolgen. Die Betreiber dürfen die Bereitstellung ihrer Dienste nicht von einer solchen Zustimmung abhängig machen und sind verpflichtet, die Teilnehmer zu informieren, welche Daten auf welcher Rechtsgrundlage sie verarbeiten, ermitteln oder übermitteln werden.

Lesen Sie gerade bei Verträgen mit Telekommunikationsunternehmen das Kleingedruckte besonders genau und überlegen Sie sich, allzu weit formulierte Zustimmungserklärungen zur Datenübermittlung zu unterzeichnen. Um ein Handynetz zu betreiben, ist es keinesfalls notwendig, dass sich die Kunden bereits vorweg mit unerbetener Telefonwerbung einverstanden erklären.

Verkehrsdaten sind im Streitfall der entscheidenden Einrichtung sowie der Schlichtungsstelle unverkürzt zur Verfügung zu stellen. Wird ein Verfahren über die Höhe der Entgelte eingeleitet, dürfen die Daten bis zur endgültigen Entscheidung über die Höhe der Entgelte nicht gelöscht werden.

**Streit über die Telefonrechnung**

Beim Streit um überhöhte Telefonrechnungen kommen die Ziele des Datenschutzes mit den Zielen des Konsumentenschutzes in Konflikt. Wer eine überhöhte Rechnung bekommt, möchte anhand eines detaillierten Einzelgesprächsnachweises die Rechnung kontrollieren.

Eine solche Weitergabe der vollständigen Verkehrsdaten an den Teilnehmer selbst ist aber im Gesetz verboten. Daher bekommt man nur verkürzte Nummern, die oft wenig Aussagekraft haben. Im Zuge eines Schlichtungsverfahrens vor der Rundfunk- und Telekom-Regulierungs-GmbH (siehe Seite 339) muss der Betreiber aber die ungekürzten Verkehrsdaten zur Verfügung stellen.

Inhaltsdaten dürfen – sofern die Speicherung nicht einen wesentlichen Bestandteil des Telekommunikationsdienstes darstellt – grundsätzlich nicht gespeichert werden.

# Rechtsdurchsetzung

Streitigkeiten zwischen Konsumenten und Unternehmen sind nicht die Regel, kommen aber immer wieder vor. Zunächst wird man wohl trachten, sich im Guten zu einigen. Nützt das nichts, bleibt nur noch der Weg zu Gericht.

Wir sagen Ihnen, wie Sie zu Ihrem Recht kommen, auch für den Fall, dass ein Unternehmen Sie selbst vor den Kadi bringen möchte.

## Außergerichtliche Rechtsdurchsetzung

### Richtig reklamieren

Am Beginn steht eine einfache Überlegung: Sind Sie mit der Leistung eines Unternehmers unzufrieden, so müssen Sie sich zunächst einmal darüber klar werden, was Sie konkret vom Unternehmer fordern wollen und können.

**Gewusst-wie**

Herr König hat bei einem Tischler einen Einbauschrank erworben. Schon nach einer Woche stellt sich heraus, dass die Scharniere nicht funktionieren. Herr König würde den Schrank am liebsten zurückgeben und das Geld zurückerstattet bekommen.

Nach einer Beratung weiß er jedoch, dass es sich bei dem Mangel zwar um einen wesentlichen, aber behebbaren Mangel handelt und er daher die Wandlung des Vertrages in diesem Stadium (noch) nicht durchsetzen kann.

Er fordert daher den Tischler schriftlich zur Verbesserung – allenfalls durch Austausch des Schrankes – binnen 14 Tagen auf und weist bereits in seinem Schreiben darauf hin, dass er für den Fall, dass der Mangel dadurch nicht behoben werden kann, von seinem Recht auf Wandlung Gebrauch machen wird.

Wenn Sie sich über Ihre Forderung an den Unternehmer im Klaren sind, sollten Sie diese – zusammen mit den Grundlagen, auf die Sie Ihren Anspruch stützen – kurz und bündig schriftlich darlegen und mit eingeschriebenem Brief dem Unternehmer zukommen lassen.

**TIPP**

Wesentliche Schriftstücke sollten immer mit eingeschriebenem Brief (oder sogar mit Rückschein) übermittelt werden. Heben Sie eine Kopie des Briefes zusammen mit dem Postaufgabeschein auf. So haben Sie für spätere Streitigkeiten ein klares Beweismittel zur Hand, weil bei Rückscheinbriefen, die nicht dem Absender retourniert werden, der Zugang an den Empfänger vermutet wird. Diese Vermutung gilt bei E-Mails nicht, auch nicht, wenn diese mit einer Lesebestätigung versehen sind!

Setzen Sie in Ihrem Schreiben dem Unternehmer stets Termine zur Rückäußerung beziehungsweise zur Erbringung der geforderten Leistung, damit Sie nicht endlos warten müssen. Verbinden Sie Fristen immer mit einem bestimmten Datum. Eine Fristsetzung wie „innerhalb der nächsten vier Wochen" kann nämlich durchaus Unklarheiten offenlassen.

**Eine Fristsetzung mit Hand und Fuß**

Die passende Formulierung könnte etwa so lauten: „... und ich fordere Sie daher auf, mir binnen 14 Tagen bis spätestens 17.5.2012 eine Stellungnahme zu meiner Beschwerde zukommen zu lassen, andernfalls ich genötigt wäre, gerichtliche Hilfe in Anspruch zu nehmen."

Wenn jedoch Ihre Reklamation keine Früchte trägt, dann müssen Sie wohl überlegen, wie Sie weiter vorgehen. Der erste Schritt der Rechtsdurchsetzung ist, dass man sich darüber klar wird, welchen Anspruch man überhaupt durchsetzen will und kann.

Oft fühlt man sich subjektiv im Recht, objektiv gesehen ist die Situation aber gar nicht so klar. Das liegt daran, dass die Rechtsordnung für viele verschiedene Situationen passende Regeln vorsehen will, dadurch aber die Normen vielfältiger und daher auch unübersichtlich geworden sind.

Manchmal reicht schon die Versäumung einer Frist, und schon ist man mit einer gänzlich anderen Rechtslage konfrontiert. Wenn man sich einfach im Recht fühlt, muss das noch lange nicht bedeuten, dass dies der tatsächlichen Rechtssituation entspricht. Wenn Sie selbst Zweifel haben, sollten Sie jedenfalls eine Beratungsstelle aufsuchen, ehe Sie weitere Schritte setzen.

Ärger ist kein guter Ratgeber: Bei der Geltendmachung Ihrer Ansprüche ist es daher wesentlich, dass Sie versuchen, Ihre persönliche Enttäuschung und Verärgerung über den Unternehmer vom konkreten Sachverhalt genau zu trennen.

Halten Sie die getroffenen Vereinbarungen möglichst klar fest, und lesen Sie die zugrunde liegenden schriftlichen Unterlagen ganz genau. Manche Details, die Ihnen bei Vertragsunterzeichnung nebensächlich erschienen sind oder die Sie überlesen haben, können für den Ausgang eines Rechtsstreites von erheblicher Bedeutung sein. Versuchen Sie auch Ordnung in den zeitlichen Ablauf der Ereignisse zu bringen: In etwas komplizierteren Fällen schafft es Klarheit, ein Zeitdiagramm zu erstellen und die jeweiligen Schriftstücke chronologisch aufzulisten. So bekommen Sie eine erste Übersicht und schaffen damit auch eine Voraussetzung für eine gute rechtliche Beratung.

Wenn Sie eine Beratungsstelle aufgesucht haben, sollte es Ihnen möglich sein, die Chancen der Durchsetzung Ihres Rechtsstandpunktes besser einschätzen zu können. In diesem Stadium ist es auch sinnvoll, sich zu überlegen, ob man die Hilfe eines Rechtsanwaltes in Anspruch nehmen möchte. Auch in diesem Fall heißt das noch nicht, dass die Angelegenheit vor Gericht kommen muss. Oft verhilft schon ein Brief eines Rechtsanwaltes dem Vertragspartner zur Einsicht und Ihnen zu Ihrem Recht. Grundsätzlich ist es natürlich besser, einen Streit abseits der Gerichte auszutragen. Ein Gerichtsverfahren dauert oft geraume Zeit und bringt stets ein gewisses Kostenrisiko mit sich. Eine gütliche Einigung mit dem Unternehmer erspart daher allgemein viel Aufwand an Zeit, Geld und Nerven.

## Inkasso

Wenn ein Unternehmer gegen einen Verbraucher Ansprüche geltend macht, handelt es sich in der Regel um Geldforderungen. Hat der Unternehmer nämlich seine Leistung erbracht, so ist der Verbraucher – sofern nichts anderes vereinbart wurde – sofort zur Zahlung des Entgeltes verpflichtet. Steht der Preis nicht von vornherein fest, dann wird die Bezahlung fällig, sobald Sie eine ordnungsgemäße Rechnung erhalten haben. Ist auf einer Rechnung ein Zahlungsziel vermerkt („zahlbar binnen 8 Tagen netto Kassa“), dann haben Sie mit der Zahlung noch etwas Zeit. Ist kein Zahlungsziel vermerkt, dann heißt es sofort zu bezahlen. Wenn Sie das – ohne berechtigte Gründe – versäumen, könnte der Unternehmer nämlich sofort mit einer Klage gegen Sie vorgehen.

**TIPP**

Die weit verbreitete Meinung, der Unternehmer müsse vor Einbringung einer Klage mindestens dreimal mahnen, ist jedenfalls falsch. Eine solche Verpflichtung gibt es nicht.

Wenn nun ein Mahnschreiben ins Haus flattert, dann sollten Sie raschest überprüfen, ob Sie zur Zahlung verpflichtet sind oder nicht. Haben Sie einfach vergessen zu bezahlen, dann holen Sie dies schleunigst nach. Wenn Sie Zahlungsschwierigkeiten haben, dann sollten Sie sich an den Unternehmer wenden und versuchen, eine Ratenvereinbarung zu treffen.

**TIPP**

Achten Sie dabei aber auf die Höhe der Zinsen: Die Aufnahme eines Kredites könnte möglicherweise günstiger sein.

## Mahnungen

Sollte lediglich ein Teil einer Forderung strittig sein, bezahlen Sie den berechtigten Teil der Forderung sofort und teilen Sie – mit eingeschriebenem Brief – dem Unternehmer mit, weshalb Sie den Restbetrag (vorerst) nicht bezahlen.

Wenn Sie mit einer Zahlung in Verzug geraten, hat der Unternehmer auch Anspruch darauf, Verzugszinsen zu verrechnen. Die gesetzlichen Verzugszinsen liegen bei 4 %. Es könnte aber der Fall sein, dass im Vertrag ein höherer Verzugszinssatz (zum Beispiel 12 %) vereinbart wurde. Laut Konsumentenschutzgesetz dürfen aber die Verzugszinsen die vertraglich vereinbarten Zinsen nicht um mehr als 5 % übersteigen.

**Zu hohe Verzugszinsen**

In einer Ratenvereinbarung eines Versandhauses werden 9 % Zinsen für die Kreditierung des Kaufpreises vereinbart. Falls der Kunde aber mit der Ratenzahlung in Verzug kommen sollte, werden sogar 16 % Verzugszinsen festgeschrieben. Diese Verzugszinsen übersteigen die vertraglichen Zinsen um 7 %; die Vereinbarung ist daher unwirksam und würde vor Gericht wohl auf die zulässigen 14 % reduziert werden.

Aber auch wenn – mangels Ratenvereinbarung – keine vertraglichen Zinsen vereinbart wurden, dürfen die Verzugszinsen nicht ins Unermessliche steigen. Eine Vereinbarung weit überhöhter Zinsen kann sittenwidrig und unwirksam sein. Die Verzugszinsen sollen schließlich dem Unternehmer nicht einen zusätzlichen Gewinn bringen, sondern es soll nur der Schaden aus der verspäteten Zahlung abgegolten werden.

Es werden also nur Zinsen zu rechtfertigen sein, die der Unternehmer entweder aufwenden muss, um selbst einen Kredit aufzunehmen, oder die er in Geldanlagen nicht vereinnahmen kann, weil verspätet bezahlt wurde.

**TIPP**

Wenn Ihnen die verrechneten Zinsen zu hoch erscheinen, lassen Sie diese von einer Konsumentenberatungsstelle überprüfen.

Sie sind übrigens auch verpflichtet, dem Unternehmer jene Spesen zu ersetzen, die ihm durch seine Mahnungen aufgelaufen sind. Auch diese Mahnspesen sind der Höhe nach nicht unbegrenzt. Es können nur jene Kosten verlangt werden, die zur zweckentsprechenden Rechtsdurchsetzung notwendig waren. Auch in AGB kann der Unternehmer nur die Verpflichtung des Kunden verlangen, im Fall des Verzuges die Kosten „zweckentsprechender Rechtsverfolgung" zu bezahlen (OGH 24.9.1998, 2 Ob 9/97f, KRES 1h/22).

In der Regel gehen die Gerichte davon aus, dass für ein einfaches Mahnschreiben die Einschaltung eines Rechtsanwaltes nicht notwendig ist. Die Kosten eines Anwaltsschreibens sind daher – normalerweise – nicht zu ersetzen.

Wenn Sie Zahlungen leisten, lassen Sie sich die Zahlungen jedenfalls bestätigen und heben Sie sich die Quittung gut auf. Sie könnte als Beweismittel noch sehr wichtig werden.

### Terminsverlust

Bei allen Verträgen, bei denen man als Konsument seine Leistung in Raten erbringt, kann für den Fall des Zahlungsverzuges Terminsverlust vereinbart werden – was in praktisch allen Verträgen mit Ratenzahlungen auch tatsächlich geschieht.

Unter Terminsverlust versteht man die vertragliche Vereinbarung, dass im Falle des Verzuges mit der Ratenzahlung der Unternehmer das gesamte noch offene Entgelt fällig stellen kann, also die Ratenzahlung gewissermaßen widerruft. Um diese strenge Sanktion nicht bei jedem geringfügigen Verzug eintreten zu lassen, hat der Gesetzgeber die Geltendmachung des Terminsverlustes – ab einem Betrag von € 200 – an besondere Voraussetzungen geknüpft:

- Der Unternehmer muss seine Leistungen bereits erbracht haben.
- Der Konsument muss mindestens eine Zahlung seit mindestens sechs Wochen schuldig geblieben sein und
- der Unternehmer muss den Konsumenten unter Setzung einer mindestens zweiwöchigen Nachfrist unter Androhung des Terminsverlustes erfolglos gemahnt haben.

Nur wenn alle Voraussetzungen gegeben sind, kann der noch ausständige Betrag fällig gestellt werden. Auf die Mahnung und das Abwarten der Nachfrist beziehungsweise der sechswöchigen Frist kann der Unternehmer verzichten, wenn der Konsument von vornherein erklärt, nicht zahlen zu wollen.

Im Bereich der Telekommunikation darf der Diensteanbieter den Anschluss erst abschalten, wenn er – bei Zahlungsverzug des Kunden – den Kunden zuvor qualifiziert gemahnt hat. Er muss dem Kunden eine Nachfrist von mindestens zwei Wochen einräumen und ihn ausdrücklich darauf hinweisen, dass – bei Nichtzahlung – der Anschluss abgeschaltet wird.

### Inkassobüro

Viele Unternehmen lassen ihre Forderungen an Kunden von Inkassobüros eintreiben.

**TIPP**

Im Umgang mit Inkassobüros ist größte Vorsicht geboten. Häufig wird von Inkassobüros ein Gesamtbetrag gefordert, bei dem Sie nicht erkennen können, wie hoch das ursprüngliche Kapital, die Zinsen, die Spesen und schließlich die Gebühren des Inkassobüros tatsächlich sind. Bevor Sie irgendeine Zahlung leisten oder eine Forderung anerkennen, sollten Sie jedenfalls auf einer Aufschlüsselung der Kosten bestehen und sich beraten lassen.

Die Gerichte gehen in der Regel davon aus, dass einfache Mahnschreiben von einem Unternehmer in der Regel selbst verfasst werden können und es daher der Einschaltung eines Inkassobüros nicht unbedingt bedarf. Wenn Sie sich daher nicht im Vertrag zur Übernahme von allfälligen Inkassokosten verpflichtet haben, dann sind die Inkassobürokosten von Ihnen auch nicht zu bezahlen. In einem solchen Fall gibt es einen einfachen Weg: Zahlen Sie das fällige Kapital und die Verzugszinsen direkt an den Unternehmer und teilen Sie ihm schriftlich mit, dass Sie nicht bereit sind, die Kosten des Inkassobüros zu tragen.

Doch Vorsicht: Vielleicht haben Sie sich im Vertrag verpflichtet, die Kosten für die Einschaltung eines Inkassobüros zu übernehmen. Das ist zum Beispiel in den AGB vieler Versandhäuser üblich. Dann liegt der Fall anders: Dann sind Sie tatsächlich verpflichtet, die Inkassokosten zu berappen. Diese können aber auch nicht in beliebiger Höhe vorgeschrieben werden. Der Schuldner ist in solchen Fällen nur verpflichtet, jene Inkassokosten zu tragen, die zur zweckentsprechenden Rechtsverfolgung notwendig waren (OGH 24.9.1998, 2 Ob 9/97f, KRES 1h/22). Dafür benötigen Sie aber die Aufschlüsselung der Kosten. Nur so können Sie oder eine Beratungsstelle prüfen, ob die Kosten der Höhe nach gerechtfertigt sind.

Inkassobüros bieten sehr rasch Ratenvereinbarungen an. Diese Ratenvereinbarungen haben aber regelmäßig zur Voraussetzung, dass der Schuldner sämtliche Forderungen des Unternehmers (Kapital und Zinsen, aber auch alle Inkassokosten) anerkennt. Waren Sie zunächst vertraglich nicht zur Übernahme von Inkassokosten verpflichtet, so kann es passieren, dass über ein solches Anerkenntnis diese Verpflichtung nachträglich hergestellt wird.

Im Zusammenhang mit Geldforderungen von Unternehmen ist auch zu prüfen, ob diese Forderungen nicht mittlerweile vielleicht verjährt sind. Die meisten Forderungen, die Unternehmer gegenüber Verbrauchern stellen können, verjähren innerhalb von 3 Jahren ab Fälligkeit, wenn sie zwischenzeitlich nicht gerichtlich geltend gemacht wurden. Gerade bei solchen Versuchen, bereits verjährte Forderungen doch noch einzubringen, schicken Firmen gerne ein Inkassobüro an die Front.

Aber der wichtigste Rat bleibt: Bewahren Sie Ruhe. Lassen Sie sich auch nicht durch das allenfalls massive Auftreten von Schuldeneintreibern beeindrucken und überprüfen Sie in jedem Fall in aller Ruhe die geltend gemachte Forderung.

**TIPP**

Sollten Sie beim überraschenden Besuch eines Schuldeneintreibers dennoch ein Anerkenntnis unterschrieben haben, so können Sie davon gemäß § 3 Konsumentenschutzgesetz zurücktreten (siehe Seite 177 ff).

## Umgang mit Rechtsanwälten

Spätestens dann, wenn Ihre eigenen Bemühungen um eine außergerichtliche Rechtsdurchsetzung keine Früchte tragen, stehen Sie vor der Frage, ob Sie zur Durchsetzung Ihrer Ansprüche einen Rechtsanwalt beauftragen wollen und wie man den „richtigen" Rechtsanwalt auswählt.

Der Rechtsanwalt ist aufgrund seiner juristischen Ausbildung zur umfassenden gerichtlichen und außergerichtlichen Parteienvertretung und -beratung befugt. Seine gesetzlich auferlegte Verschwiegenheitspflicht und Standesvorschriften zum Schutz der Klienten sollen ein Vertrauensverhältnis Rechtsanwalt – Klient herstellen. Der Rechtsanwalt, der ein Mandat annimmt, schuldet seinem Klienten bestmögliche Beratung und Vertretung seiner Interessen.

Bei vermögensrechtlichen Streitigkeiten vor den Bezirksgerichten (nicht bei sogenannten Eigenzuständigkeiten der Bezirksgerichte, wie zB in Ehesachen, Mietsachen …), deren Streitwert € 5.000 übersteigt, vor allen höheren Gerichten und grundsätzlich auch im Rechtsmittelverfahren müssen sich die Parteien sogar zwingend von einem Rechtsanwalt vertreten lassen.

Dieses Gebot wird als „absolute" Anwaltspflicht bezeichnet. Von diesem Grundsatz gibt es vor den Erstgerichten (allerdings nicht im Rechtsmittelverfahren, im herkömmlichen Sprachgebrauch „Berufungsverfahren") folgende Ausnahmen:

- Anträge um Verfahrenshilfe,
- Vergleiche vor dem Bezirksgericht,
- Vorbringen zu Protokoll (zum Beispiel Mahnklagen bis € 5.000) und Akteneinsicht.

In einigen Fällen kann die Partei zwar ohne Vertretung selbst verhandeln, lässt sie sich vertreten, dann muss dies jedoch ein Rechtsanwalt tun. Diese sogenannte „relative" Anwaltspflicht besteht insbesondere:

- in Ehesachen beim Bezirksgericht,
- bei Eigenzuständigkeiten des Bezirksgerichtes, wenn der Streitwert € 4.000 übersteigt.

**Sie selbst oder ein Anwalt …**

Bei Bestandstreitigkeiten über € 5.000 gilt „relative" Anwaltspflicht. Sie müssen daher entweder selbst erscheinen oder sich durch einen Rechtsanwalt vertreten lassen. Die Vertretung durch andere Personen – zum Beispiel Familienangehörige – wäre unwirksam. Die Tagsatzung würde in einem solchen Fall als versäumt gelten.

Bei Streitigkeiten bis zu einem Streitwert von € 4.000 kann man sich vor den Bezirksgerichten selbst vertreten beziehungsweise von einem Bevollmächtigten (mit Prozessvollmacht samt Vergebührung) vertreten lassen.

Der Richter hat, insbesondere in diesen Fällen, die Aufgabe, die nicht von einem Anwalt vertretene Partei zu ihren Prozesshandlungen anzuleiten und zu beraten.

**TIPP**

Wenn man selbst in einen Streit involviert ist, fällt es schwer, gleichzeitig die Übersicht zu bewahren und sich selbst gut zu vertreten. Daher ist auch in solchen Verfahren die Vertretung durch einen Rechtsanwalt zu überlegen.

Wenn Sie einen Anwalt beauftragen, werden Sie ein Vollmachtsformular unterschreiben müssen, das Ihren Anwalt zur Vertretung gegenüber Behörden und Gericht ermächtigt.

**TIPP**

Die Vollmachtsformulare, die in der Praxis Verwendung finden, sehen – aus Rationalisierungsgründen – oft eine sehr umfangreiche Bevollmächtigung für den Rechtsanwalt vor. Er darf von dieser Vollmacht aber nur in den Grenzen seines konkreten Auftrages Gebrauch machen.

Hat man einen Rechtsanwalt mit der Vertretung beauftragt, so bedeutet dies nicht, dass er persönlich alle Prozesshandlungen vornehmen muss. Der Rechtsanwalt kann sich zum einen von einem Kollegen (= Substitut) und zum andern allenfalls von seinem Konzipienten (= Rechtsanwaltsanwärter) vertreten lassen.

Viele Konsumentenfragen im Zusammenhang mit Rechtsanwälten kreisen um dessen Kosten. Prinzipiell gilt Folgendes: Wer einen Rechtsanwalt mit seiner Vertretung beauftragt, muss die Kosten der Vertretung (Honorar, Barauslagen) gegenüber dem eigenen Rechtsanwalt vorweg einmal selbst tragen. In den meisten Fällen wird der Anwalt auch einen Kostenvorschuss verlangen.

Der Rechtsanwalt hat grundsätzlich das Recht der freien Honorarvereinbarung. So kann etwa ein Stundensatzhonorar – unabhängig von der Höhe des Streitwertes – vereinbart werden. Im Rechtsanwaltstarifgesetz (RATG) sind Honorarsätze – und zwar abhängig von der Höhe des Streitwertes – für die Vertretung in Zivilverfahren festgelegt. Wird nichts anderes vereinbart, dann hat der Anwalt nach den Sätzen des Rechtsanwaltstarifgesetzes abzurechnen.

Daneben gibt es noch die Allgemeinen Honorar-Kriterien (AHK). Diese werden von der Rechtsanwaltskammer eigenständig erstellt und finden vor allem auf jene Leistungen Anwendung, die nicht im RATG geregelt sind (zum Beispiel für Verwaltungs- und Strafsachen, Verträge). Es kann aber auch die Geltung der AHK für die im RATG geregelten Leistungen vereinbart werden (wie das in den gängigen Prozessvollmachtsformularen regelmäßig der Fall sein wird).

Basis für die Honorarverrechnung ist der Streitwert. Dabei handelt es sich um die geforderte Geldsumme beziehungsweise das in Geld ausgedrückte Interesse am Obsiegen im Prozess.

**TIPP**

Bei mehreren Ansprüchen wird zusammengerechnet. Dies ergibt zum Beispiel bei einer Ehescheidung mit Aufteilung des Vermögens oft sehr hohe Streitwerte.

Der Rechtsanwalt kann mit seinem Mandanten auch einen Streitwert vereinbaren – also das „Interesse" einvernehmlich beziffern. Dann ist dieser Betrag die Basis für die Honorarberechnung.

Wirklich einfach ist der Durchblick bei den Rechtsanwaltshonoraren leider nicht. Denn das RATG sieht überdies zwei mögliche Formen der Honorarberechnung vor:

- die Berechnung von Einzelleistungen oder
- das System der Einheitssätze.

Bei der Verrechnung nach Einzelleistungen wird jedes Telefonat, jeder Brief und jede Konferenz einzeln verrechnet. Die Berechnung nach Einheitssätzen dagegen geht nur von gewissen Leistungen (Schriftsatz, Vertretung in der Streitverhandlung, ...) aus, und der Rechtsanwalt kann zur Abgeltung der Nebenleistungen (Telefonate, Briefe, Konferenzen) einen Aufschlag von 50 oder 60 % verlangen. Das Ergebnis beider Berechnungsarten kann durchaus unterschiedlich ausfallen.

Da der Rechtsanwalt mit seinem Klienten auch vom RATG abweichende Honorarvereinbarungen abschließen kann, kann im Zivilprozess die Situation eintreten, dass der Prozessgegner zwar zur Gänze zum Kostenersatz (auf Basis RATG) schuldig erkannt wird, der Anwalt aber darüber hinausgehende Honorarforderungen gegenüber dem eigenen Mandanten noch geltend machen kann.

Wenn man zu Beginn eines Auftragsverhältnisses vom beauftragten Rechtsanwalt eine Schätzung der Kosten des angestrengten Verfahrens oder der sonstigen Tätigkeit (zum Beispiel Vertragserrichtung) einholt, dann handelt es sich – je nachdem, wie konkret die Prognose ausfällt – um eine Kostenschätzung oder sogar einen Kostenvoranschlag.

Während der Rechtsanwalt – wie jeder andere Unternehmer – an einen (verbindlichen) Kostenvoranschlag (siehe Seite 123 ff) gebunden ist, wenn er die Gewährleistung der Richtigkeit des Kostenvoranschlages nicht ausdrücklich ausschließt, trifft ihn bei einem ausdrücklich als unverbindlich bezeichneten Kostenvoranschlag beziehungsweise einer Kostenschätzung immerhin eine Pflicht zur Warnung des Klienten vor größeren Überschreitungen. Die Verletzung dieser Pflicht macht den Rechtsanwalt schadenersatzpflichtig.

Während bei überschaubaren Aufträgen – wie der Errichtung und Verbücherung eines Kaufvertrages – ein verbindlicher Kostenvoranschlag durchaus möglich ist, lässt sich der Aufwand um einen Zivilprozess schwieriger abschätzen. Daher sind dort verbindliche Kostenvoranschläge kaum üblich. Hier kann oft nur eine erste Kostenschätzung verlangt werden.

Klienten können Honorarforderungen von Rechtsanwälten vom Ausschuss der Rechtsanwaltskammer auf ihre Angemessenheit überprüfen lassen. Der Rechtsanwalt ist aber nicht verpflichtet, sich einer Entscheidung der Rechtsanwaltskammer zu unterwerfen. Tut er es doch, so hat er – standesrechtlich – deren Entscheidung abzuwarten und darf seinen (vermeintlichen) Honoraranspruch zunächst nicht einklagen.

Sofern beim Rechtsanwalt Klientengelder einlangen (zum Beispiel bezahlt der Prozessgegner Kapital und Zinsen), dann darf der Rechtsanwalt – standesrechtlich – seine Forderungen gegen den Klienten nur gegenverrechnen, wenn diese unbestritten sind. Bestreitet der Klient dagegen die Forderungen, dann muss der Rechtsanwalt die Gelder sofort herausgeben oder – bis zur Klärung durch das Gericht – gerichtlich hinterlegen.

Fühlt man sich einfach schlecht vertreten, so ist zu unterscheiden: Oft kann man als Laie nicht einschätzen, welches Vorbringen oder Verhalten in der Verhandlung taktisch klug ist. Der „polternde Petrocelli" aus TV-Serien ist oft nicht die im Interesse des Klienten sinnvolle Rolle für den Rechtsanwalt. Er wird nur gut daran tun, seine Prozesstaktik wohl auch mit seinem Klienten abzusprechen. Andererseits können einem Rechtsanwalt durchaus auch Fehler unterlaufen. Die Unkenntnis aktueller Rechtsprechung, fehlerhaftes Vorbringen von Tatsachen und falsche Beratung können den Rechtsanwalt, der seinem Klienten für sein Fachwissen als Sachverständiger haftet, durchaus schadenersatzpflichtig machen. Rechtsanwälte müssen für solche Fälle eine entsprechende Haftpflichtversicherung haben. Im Streitfall muss ein solcher Anspruch auf Schadenersatz allerdings im Zivilprozess durchgesetzt werden.

Wer sich von seinem Rechtsanwalt nicht ordentlich vertreten fühlt, kann natürlich auch die Vollmacht jederzeit widerrufen. Auch der Rechtsanwalt kann das Vollmachtsverhältnis seinerseits kündigen, muss aber – im Zivilprozess – Vorkehrungen treffen, dass seinem Klienten keine Nachteile erwachsen.

Verstößt ein Rechtsanwalt gegen Standespflichten – zum Beispiel Verletzung der Verschwiegenheitspflicht, Doppelvertretung usw – so kann man dies der örtlich zuständigen Rechtsanwaltskammer anzeigen, die dann disziplinäre Schritte zu prüfen hat.

Die Standesvorschriften für Rechtsanwälte verbieten, dass diese mit ihren speziellen Fähigkeiten Werbung machen. Rechtsanwälte sind zwar aufgrund ihrer umfassenden Ausbildung zur umfassenden Rechtsberatung und -vertretung befugt. Dennoch kann niemand bestreiten, dass es für verschiedene Rechtsgebiete jeweils Fachleute gibt.

**TIPP**

Bei den Rechtsanwaltskammern liegen Verzeichnisse von Rechtsanwälten für bestimmte Fachgebiete auf. Sie können sich bei der Wahl des Rechtsanwaltes auch beraten lassen (siehe: www.oerak.at).

Das Verhältnis Klient – Anwalt ist nicht zuletzt eine Vertrauenssache. Bei der Auswahl können Sie daher durchaus auch Ihren persönlichen Eindruck beim Erstgespräch einfließen lassen.

**TIPP**

Man kann durchaus zunächst bei mehreren Rechtsanwälten eine Erstauskunft einholen und sich einen konkreten Auftrag vorerst vorbehalten (keine Vollmacht unterzeichnen!). Im Erstgespräch sollte unbedingt auch eine Kostenschätzung verlangt werden. Erst wenn man sich über Kompetenz und Kosten ein Bild gemacht hat, sollte man den konkreten Auftrag erteilen.

Viele Rechtsanwälte verlangen für die erste anwaltliche Auskunft kein Honorar. Dennoch ist zu empfehlen, diesen Punkt ausdrücklich abzuklären, bevor man die Auskunft in Anspruch nimmt. Ein Anspruch auf ein „kostenloses Erstgespräch" besteht nicht!

Wenn man bedenkt, dass jede Tätigkeit des Rechtsanwaltes Geld kostet, dann ist klar, dass man dessen Tätigkeit nach Kräften unterstützen sollte: Das übersichtliche Ordnen von Unterlagen und klare Darstellungen des Sachverhaltes erleichtern die Zusammenarbeit. Da sich jedes Telefonat in der Honorarnote wiederfindet, sollte man den Rechtsanwalt auch nicht mit Anrufen bombardieren, sondern die Besprechungen zur Klärung möglichst aller Fragen nutzen.

## Rechtsschutzversicherung

Die gerichtliche Rechtsdurchsetzung unter Einschaltung eines Rechtsanwaltes birgt also durchaus ein erhebliches Kostenrisiko. Dieses Kostenrisiko sollen Rechtsschutzversicherungen abfangen helfen.

Bei der Rechtsschutzversicherung übernimmt es der Versicherer, die rechtlichen Interessen des Versicherungsnehmers wahrzunehmen und die dabei entstehenden Kosten zu tragen. Dies ist nicht nur auf gerichtliche oder behördliche Verfahren beschränkt, sondern umfasst im Regelfall auch die Wahrnehmung der rechtlichen Interessen, noch bevor es zur Einleitung eines Verfahrens kommt.

Der genaue Rechtsbereich, in dem jeweils Deckung gewährt wird, ergibt sich aus der näheren Umschreibung in der Polizze und in den Versicherungsbedingungen. In der Praxis haben sich dabei einige typische Rechtsschutzangebote herausgebildet, mit denen die Risken aus bestimmten Tätigkeiten oder Rechtsverhältnissen des Versicherungsnehmers abgedeckt werden sollen. Häufig werden in der Art eines Baukastensystems auch mehrere Elemente kombiniert.

Die wichtigsten Formen sind:

- **Fahrzeug-Rechtsschutz**

  Er deckt die Geltendmachung von Schadenersatzansprüchen wegen eines erlittenen Schadens aus der Verwendung des versicherten Fahrzeugs, die Verteidigung in gerichtlichen und verwaltungsbehördlichen Strafverfahren wegen Verkehrsunfällen und bei bestimmten (schwereren) Verwaltungsübertretungen sowie die Vertretung in Verfahren über den Führerschein-Entzug. Hat man zusätzlich einen Fahrzeug-Vertrags-Rechtsschutz vereinbart, so werden auch die rechtlichen Interessen aus Verträgen im Zusammenhang mit dem versicherten Fahrzeug (Reparaturen, Verkauf des Autos und Kauf eines Ersatzfahrzeugs) gedeckt. Sowohl Fahrzeug- als auch Fahrzeug-Vertrags-Rechtsschutz gelten für ein bestimmtes Fahrzeug. Versichert sind neben dem Eigentümer, Fahrzeughalter und Mieter auch alle berechtigten Lenker und Insassen des jeweiligen Fahrzeugs.

- **Lenker-Rechtsschutz**

  Diese Versicherung deckt im Wesentlichen dieselben Risken wie die Fahrzeug-Rechtsschutzversicherung, allerdings nicht auf ein bestimmtes Fahrzeug, sondern auf einen konkreten Lenker bezogen. Sie ist also vor allem für Personen interessant, die häufig mit fremden Fahrzeugen unterwegs sind, für die keine Fahrzeug-Rechtsschutzversicherung besteht. Fährt man jedoch ausschließlich mit dem eigenen Auto, ist eine Lenker-Rechtsschutzversicherung nicht sinnvoll.

- **Schadenersatz- und Straf-Rechtsschutz für den Privat-, Berufs- und Betriebsbereich**

  Je nach konkreter Vereinbarung werden hier Versicherungsfälle gedeckt, die den privaten Lebensbereich des Versicherungsnehmers betreffen oder mit der Berufsausübung (beziehungsweise bei Unternehmern mit ihrem Betrieb) zusammenhängen. Nicht erfasst sind Schadenersatzansprüche, die ausschließlich aus der Verletzung vertraglicher Pflichten abgeleitet werden (zum Beispiel die Forderung von Zinsen wegen Verzugs des Vertragspartners). Im Strafrechtsbereich sind grundsätzlich nur Fahrlässigkeitsdelikte gedeckt. Wird wegen Vorsatzes angeklagt, erfolgt dann aber nur ein Schuldspruch wegen Fahrlässigkeit (oder überhaupt keine Verurteilung), wird jedoch rückwirkend Deckung gewährt.

  Fälle im Zusammenhang mit Kraftfahrzeugen sind nicht erfasst, da diese in den Anwendungsbereich der Fahrzeug- bzw Lenker-Rechtsschutzversicherung fallen. Die im gleichen Haushalt lebenden Angehörigen des Versicherungsnehmers sind mit diesem mitversichert.

- **Arbeitsgerichts- und Sozialversicherungs-Rechtsschutz**

  Sie decken Streitigkeiten aus Arbeitsverhältnissen beziehungsweise in Sozialversicherungssachen.

- **Beratungs-Rechtsschutz**

  Bei dieser Form der Rechtsschutz-Versicherung kann der Versicherte zwar die Beratung eines Anwalts oder Notars in Anspruch nehmen, eine Vertretung im Verfahren ist jedoch nicht gedeckt. Die Anzahl der Beratungen, die man beanspruchen kann, ist meist auf einmal pro Monat (mit höchstens zwei zusätzlichen Rückfragen in dieser Angelegenheit) beschränkt. Oft ist der Beratungs-Rechtsschutz auch betragsmäßig gedeckelt, sodass es zweckmäßig ist, vor Konsultation des Rechtsanwalts bei diesem anzufragen, ob der von der Rechtsschutzversicherung für die Beratung zur Verfügung gestellte Betrag hinreicht, um sein Honorar zu decken.

- **Allgemeiner Vertrags-Rechtsschutz**

  Der Versicherer übernimmt hier die Wahrnehmung der rechtlichen Interessen der Versicherten aus Verträgen über bewegliche Sachen (ausgenommen Kfz). Für unbewegliche Sachen sind lediglich Reparatur- und sonstige Werkverträge gedeckt, sofern sie die Wohnung beziehungsweise das Eigenheim des Versicherungsnehmers betreffen.

  Sieht man von den Auseinandersetzungen im Wohnbereich und rund um das Auto ab, so fallen die meisten Rechtsstreitigkeiten aus den typischen Konsumentengeschäften in diese Kategorie der Rechtsschutzversicherung.

- **Rechtsschutz für Grundstückseigentum und Miete**

  Mit dieser Versicherungsform werden Streitigkeiten aus Miet- und Pachtverträgen sowie aus der Rolle des Versicherungsnehmers als Grundstückseigentümer abgedeckt. Keinen Schutz gibt es jedoch für Fälle, die sich aus dem Kauf oder Verkauf von Liegenschaften ergeben.

- **Rechtsschutz aus Erb- und Familienrecht**

  ist für Streitigkeiten aus familienrechtlichen Verhältnissen und im Zusammenhang mit Erbschaftsfragen gedacht. Nicht gedeckt sind Ehescheidungen.

Wie man schon an dieser Vielzahl unterschiedlicher Grundformen sieht, kommt es gerade bei der Rechtsschutzversicherung besonders darauf an, die richtige Versicherungsdeckung jeweils für Ihre persönliche Risikosituation zu finden.

So kommt es häufig vor, dass fast schon automatisch auch der „Lenker-Rechtsschutz" mitversichert wird, auch wenn man nie in die Situation kommt, mit fremden Fahrzeugen zu fahren. Außerdem gibt es mittlerweile auch – ausgehend von den geschilderten Grundformen – verschiedene Varianten, bei denen man von der Bezeichnung zunächst kaum auf den Inhalt schließen kann (zum Beispiel „Mobilitätsrechtsschutz"). Oft handelt es sich dabei um sinnvoll auf einen bestimmten Risikobereich abgestimmte Pakete, aber es kommt auch vor, dass gerade besonders interessante Rechtsbereiche ausgenommen werden.

**TIPP**

Vergleichen Sie unbedingt die verschiedenen Bedingungen. Schließlich ist es für einen Wohnungssuchenden durchaus relevant, dass zum Beispiel Streitigkeiten mit Immobilienmaklern, die üblicherweise vom Vertragsrechtsschutz nicht erfasst werden, in manchen Angeboten doch gedeckt sind.

## Leistungen

Der Versicherer deckt im Regelfall die Kosten der außergerichtlichen Wahrnehmung der rechtlichen Interessen ab Geltendmachung des Deckungsanspruchs gegenüber der Versicherung. Es ist daher von größter Bedeutung, dem Rechtsschutzversicherer gegenüber möglichst frühzeitig Meldung über eine im Entstehen begriffene Streitigkeit zu machen. Im Regelfall wird dann der Rechtsschutzversicherer zunächst selbst durch eine außergerichtliche Intervention eine Lösung des Problems versuchen. Er kann aber auch schon der Einschaltung eines Anwalts zustimmen. Manchmal wird in den Bedingungen vereinbart, dass zunächst eine Betreuung des Falles etwa durch eine Mieter- oder Autofahrerorganisation erfolgt.

Führt aber ein Versicherungsnehmer – oder sein Rechtsanwalt – noch vor der Deckungszusage der Versicherung im Vorstadium eines Verfahrens Vergleichsverhandlungen, dann droht der Versicherungsschutz verloren zu gehen.

**TIPP**

Daher ist unbedingt anzuraten, vor Vergleichsverhandlungen mit der Gegenseite oder vor der konkreten Beauftragung eines Rechtsanwaltes die schriftliche Deckungszusage der Versicherung einzuholen bzw den beauftragten Rechtsanwalt eindeutig anzuweisen, erst nach Einlangen der Deckungszusage tätig zu werden.

Wenn Sie über Ihre Versicherung schon qualifizierten Beistand erhalten, verfolgen Sie heikle Angelegenheiten nicht alleine weiter. Sonst könnten Sie möglicherweise durch ungeschicktes Agieren Ihrer eigenen Rechtsposition schaden.

Im gerichtlichen oder behördlichen Verfahren deckt die Versicherung die Kosten der Vertretung durch einen Anwalt (in der Regel nur durch einen „ortsansässigen“, der seinen Kanzleisitz also beim örtlich zuständigen Gericht hat) sowie Gerichtskosten beziehungsweise Zeugen-, Sachverständigengebühren und dergleichen. Gewinnt der Gegner den Prozess und ist man zum Prozesskostenersatz verpflichtet, wird auch dieser von der Versicherung getragen. In keinem Fall aber sind Leistungen, zu denen der Versicherte verurteilt wird – zum Beispiel ein strittiger Kaufpreis – von der Versicherung umfasst.

Die Leistungen sind nach oben immer mit der im Vertrag vereinbarten Versicherungssumme begrenzt. Auch für das gerichtliche Verfahren gilt, dass ein Deckungsanspruch grundsätzlich erst ab Meldung besteht. Da es bei rechtlichen Auseinandersetzungen oft auf rasches Handeln ankommt, hat der Versicherer binnen zwei Wochen ab Geltendmachung eines Deckungsanspruchs den Versicherungsschutz grundsätzlich zu bestätigen oder (begründet) abzulehnen. Außerdem muss der Versicherer in derselben Frist den Versicherungsnehmer über die Pflichten und Obliegenheiten (nochmals) ausdrücklich informieren. Zu diesen Obliegenheiten zählt insbesondere, dass der Versicherungsnehmer den Versicherer und den beauftragten Anwalt unverzüglich, vollständig und wahrheitsgemäß informieren muss, dass kein Vergleich ohne Zustimmung des Versicherers getroffen werden darf und vor Prozessführung ein außergerichtlicher Bereinigungsversuch durch den Versicherer akzeptiert werden muss.

Kommt es zum Verfahren, so kann der Rechtsanwalt vom Versicherungsnehmer grundsätzlich frei gewählt werden. Die Beauftragung erfolgt jedoch durch den Versicherer.

Neben den für einzelne „Bausteine“ der Rechtsschutzversicherung bestehenden Risikoausschlüssen gilt für alle Formen gleichermaßen, dass die Deckung auch dann nicht gegeben ist, wenn die Rechtsverfolgung aussichtslos ist. Ist die Rechtsverfolgung zwar nicht aussichtslos, spricht aber die Wahrscheinlichkeit eher für den Verlust des angestrebten Prozesses, so kann es die Versicherung ablehnen, die Kosten der Gegenseite zu tragen. Bestehen über die Erfolgsaussicht Meinungsverschiedenheiten, so ist zur Klärung ein Schiedsgutachterverfahren vorgesehen, bei dem je ein vom Versicherungsnehmer und vom Versicherer beauftragter Anwalt versuchen, zu einer einheitlichen Meinung über die Chancen des Verfahrens zu kommen.

## Interessenkollision

Macht man als Konsument einen Anspruch aus einem Versicherungsvertrag gegen den Versicherer geltend, bei dem man auch rechtsschutzversichert ist, dann ist dies wohl ein klarer Fall einer Interessenkollision. Die

Versicherung wird am Obsiegen des Rechtsschutzversicherten kein gesteigertes Interesse haben, da sie ja dann – in anderer Rolle – zugleich den Prozess verliert. Aus diesem Grund sind grundsätzlich Prozesse gegen den eigenen Rechtsschutzversicherer nicht gedeckt (in manchen Verträgen sind auch Ansprüche aus Versicherungsverträgen überhaupt ausgeschlossen).

Aber auch in anderen Fällen kann es zu Interessenkollisionen kommen, etwa wenn der Versicherte Deckung in einem Schadenersatzprozess gegen jemanden verlangt, der beim selben Versicherer haftpflichtversichert ist. Für diesen Fall sieht einerseits das Versicherungsaufsichtsgesetz eine strenge Trennung der zuständigen Organisationseinheiten der Versicherung vor (es kann auch ein ausgegliedertes Schadenregulierungsunternehmen beauftragt werden), andererseits hat die Versicherung auch den Kunden im Anlassfall auf den Interessenkonflikt hinzuweisen. In diesem Fall kann man auch dann, wenn für den außergerichtlichen Bereich keine anwaltliche Vertretung vereinbart war, einen Rechtsanwalt zur Wahrnehmung der rechtlichen Interessen auch schon vor einem gerichtlichen Verfahren frei wählen.

## Versicherungsfall

Probleme bereitet bei der Rechtsschutzversicherung häufig die Definition des Versicherungsfalles. Dabei kommt es nämlich nicht auf die Einleitung eines Verfahrens an, sondern darauf, wann das anspruchsbegründende Ereignis (zum Beispiel ein Autounfall) stattgefunden hat beziehungsweise auf den Zeitpunkt, zu dem der Versicherungsnehmer oder dessen Gegner begonnen hat, gegen Rechtspflichten oder Rechtsvorschriften zu verstoßen – also etwa der Beginn der unzumutbaren Lärmbelästigung durch die Diskothek im Haus, nicht der konkrete Fall, den man dann zum Anlass nimmt, um die Klage einzubringen. Zudem wird in den Rechtsschutzversicherungsverträgen üblicherweise eine dreimonatige Wartefrist vereinbart, sodass erst Versicherungsfälle nach dieser Zeit gedeckt werden. (Für einzelne Bereiche gibt es auch längere Fristen, so etwa für Vaterschaftsverfahren überraschenderweise neun Monate.)

## Prozesskostenfinanzierer

Das Versicherungsprinzip lautet: Alle Versicherungsnehmer zahlen eine Prämie an die Versicherung, bevor „etwas passiert" ist, und dafür gibt die Versicherung jenen Versicherungsnehmern, denen „etwas passiert", Deckung.

Nun haben sich in den letzten Jahren im deutschsprachigen Raum Firmen etabliert, die als Prozesskostenfinanzierer einen anderen Weg gehen. Erst wenn „etwas passiert“ ist, man also einen Prozess führen möchte, wird die Übernahme des Prozesskostenrisikos angeboten. Freilich nicht aus karitativen Zwecken, sondern um ein Geschäft zu machen. Daher muss man sich bei dieser Form der Prozessrisikoabsicherung verpflichten, im Fall des Prozesserfolges eine Erfolgsbeteiligung von 30 bis hin zu 50 % des ersiegten Betrages abzuliefern. Geht der Prozess verloren, zahlt man nichts. Diese Form der Prozessrisikoabsicherung ist für alle jene interessant, die über keine Rechtsschutzversicherung verfügen.

Doch Vorsicht: Die Anbieter steigen auf ein solches Geschäft erst ein, wenn ein ziemlich hoher Mindeststreitwert erreicht wird. Und im Gegensatz zu einer Rechtsschutzversicherung kann man nie sicher sein, dass ein Prozesskostenfinanzierer tatsächlich „einsteigt“. Diese behalten sich vor, genau zu prüfen, ob der Anspruch mit „überwiegender Wahrscheinlichkeit“ durchgesetzt werden kann und ob der Gegner auch die entsprechenden Mittel hat, im Fall des Sieges zu zahlen. Das Risiko eines Prozesses gegen ein konkursreifes Unternehmen kann man also auf diesem Weg auch nicht absichern.

**TIPP**

- Es gibt in Deutschland verschiedene Anbieter von Prozesskostenfinanzierungen. Der VKI hat mit der FORIS AG in Sachen Sammelklagen (siehe Seite 357 ff) zusammengearbeitet (www.foris.de). Aber es gibt noch verschiedene andere Anbieter. In Österreich gibt es die AdvoFin (www.advofin.at), die Sammelklagen im Anlageskandal „Bautreuhand/Immag/WEB“ finanziert hat.
- Es ist am sinnvollsten, wenn man einen entsprechend hohen Anspruch einklagen möchte, den eigenen Rechtsanwalt auf diese Möglichkeit hinzuweisen und mit den Anbietern dieser Prozessfinanzierung die Verhandlungen führen zu lassen.

Ein Rechtsanwalt darf solche Erfolgsvereinbarungen im Übrigen nicht abschließen. Der „Rechtsfreund“ könnte sonst die Unwissenheit seines Klienten um die (guten) Chancen eines Prozesses ausnützen und sich ein nicht adäquates Erfolgshonorar versprechen lassen. Eine solche Vereinbarung ist nach österreichischem Recht sittenwidrig und nichtig. Dies gilt aber nicht für einen Dritten – wie den Prozessfinanzierer – der den Klienten nicht rechtlich berät, sondern sogar nur über dessen Anwalt solche Vereinbarungen abschließt.

## Schlichtungsstellen

In manchen Branchen wurden – zur Vermeidung gerichtlicher Auseinandersetzungen – sogenannte Schlichtungsstellen eingerichtet. Ziel dieser Stellen ist es, nach Erhebung des Sachverhaltes und allenfalls nach Klärung von technischen Fragen eine außergerichtliche Einigung zwischen dem Konsumenten und dem Unternehmer herbeizuführen.

Den Begriff „Schlichtungsstelle" kennen Sie vielleicht in einem anderen Zusammenhang: In Mietrechtsangelegenheiten gibt es, insbesondere in Wien an den Bezirksämtern, ebenfalls „Schlichtungsstellen". Diese sind erste Anlaufstelle für Mietrechtsprobleme, entscheiden als Verwaltungsbehörden. Ist man mit deren Entscheidung unzufrieden, kann man noch immer zu Gericht gehen.

Schlichtungsstellen sind meist auf Landesebene angesiedelt. Sie werden üblicherweise von Repräsentanten der jeweiligen Branche und Konsumentenvertretern (VKI, Arbeiterkammer) beschickt.

**TIPP**

Der VKI vernetzt im Auftrag der EU-Kommission die österreichischen Schlichtungsstellen. Nähere Auskünfte bekommen Sie unter der Rufnummer (01) 58 87 70.

Im Regelfall ist das „Verfahren" vor den Schlichtungsstellen sehr formlos. Voraussetzung ist aber meist, dass man zuvor schon selbst aktiv war und eine Einigung direkt mit dem Unternehmer zumindest versucht hat.

Allzu große Erwartungen auf einen vollen Erfolg vor einer Schlichtungsstelle sollten Sie allerdings nicht hegen:

Die Schlichtung beruht immer auf Freiwilligkeit. Sie kann nur erfolgreich sein, wenn beide Seiten – Unternehmer wie Konsument – willens sind, sich gütlich zu einigen. Eine Erledigung der Streitsache durch Schlichtung wird daher oft ein Kompromiss sein, bei dem beide Seiten nachgeben müssen.

Wenn Sie also vermuten, dass sich der Unternehmer mit Ihnen außergerichtlich gar nicht einigen will oder nur zu Bedingungen, die für Sie nicht akzeptabel sind, dann ist der Weg zur Schlichtungsstelle oft nur ein Umweg auf dem Weg zum Gericht. Schlichtungsstellen sind keine Einrichtung der Rechtsprechung.

**TIPP**

Achten Sie darauf, dass Sie allfällige Fristen zur gerichtlichen Geltendmachung Ihrer Ansprüche nicht versäumen. Die Fristen für zB Gewährleistung oder Schadenersatz werden durch Befassung einer Schlichtungsstelle nicht gehemmt!

## RTR-GmbH

Im Bereich der Telekommunikation besteht eine ausgelagerte Regulierungsbehörde, die Rundfunk- und Telekom-RegulierungsGmbH. Diese Behörde ist insbesondere auch berufen, bei Streitigkeiten zwischen Diensteanbietern und Kunden zu vermitteln. Vor allem bei Streitigkeiten um die Telefonrechnung kann die RTR-GmbH – nach Ausschöpfung der Einspruchsmöglichkeiten beim Diensteanbieter – zur Streitschlichtung angerufen werden.

**TIPP**

**RTR-GmbH**
1060 Wien, Mariahilfer Straße 77–79
Tel.: (01) 580 58-0; Fax: (01) 580 58-9191
Internet: www.rtr.at

Damit der Streit über die Höhe der Telefonrechnung nicht von einer Abschaltung des Anschlusses begleitet werden kann und man gezwungen ist, zuerst zu zahlen und erst danach zu reklamieren, sieht das Telekommunikationsgesetz vor, dass immer dann, wenn eine Rechnung bestritten und die RTR-GmbH als Schlichtung angerufen wird, der Rechnungsbetrag bis zum Ende des Schlichtungsverfahrens nicht fällig ist. Der Diensteanbieter kann allerdings den Durchschnitt der letzten drei Monate jedenfalls vorweg in Rechnung stellen.

Das Schlichtungsverfahren sieht in erster Linie vor, dass der Beschwerdeführer zunächst die umstrittene Rechnung – gemäß den AGB des jeweiligen Betreibers – beim Betreiber beeinsprucht.

**TIPP**

Um allerdings sicher den Aufschub der Fälligkeit der umstrittenen Rechnung zu erreichen, sollte bereits in dieser Phase die RTR-GmbH eingeschaltet werden. (Formulare bei der RTR-GmbH erhältlich.)

Kommt es zwischen Betreiber und Beschwerdeführer zu keiner Einigung, dann kann die RTR-GmbH – wieder mit Formular – als Streitschlichter angerufen werden. Dabei gibt es im Wesentlichen ein dreistufiges Verfahren:

- Ist die Überhöhung weniger als das Doppelte des Durchschnittes der letzten drei Rechnungen, dann wird der Anbieter nur zur Stellungnahme aufgefordert; macht er keinen akzeptablen Lösungsvorschlag, dann endet das Verfahren und es bleibt nur der Rechtsweg.
- Bei einer Überhöhung um mehr als das Doppelte fordert die RTR-GmbH alle technischen Unterlagen an und prüft unter Beiziehung eines Sachverständigen. Dann wird ein schriftlicher Lösungsvorschlag der RTR-GmbH gemacht. Nehmen beide Parteien an, dann kommt ein außergerichtlicher Vergleich zustande. Sonst bleibt nur der Rechtsweg.
- Übersteigt die Überhöhung das Dreifache des Durchschnittes der letzten drei Rechnungen, dann wird eine mündliche Verhandlung in den Räumen der RTR-GmbH anberaumt. Man kann sich dabei auch vertreten lassen bzw Vertrauenspersonen beiziehen. Allenfalls werden Verbrauchern, die von weiter weg anreisen müssen (über 50 km), die Fahrtkosten ersetzt. Auch hier endet das Verfahren mit einem Lösungsvorschlag, den beide Parteien erst akzeptieren müssen, damit eine rechtsgültige Beilegung des Streites erfolgt. Sonst bleibt nur der Rechtsweg.

Das Verfahren vor der Schlichtungsstelle ist für Verbraucher kostenlos.

## Internetombudsmann

Der Internetombudsmann ist Ratgeber bei Sicherheitsfragen zum Einkauf im Internet.

Er bietet Tipps und Hinweise für sicheres Online-Shopping und erarbeitet Qualitätsstandards für sicheren E-Commerce. Zum Beispiel wurde das Österreichische E-Commerce-Gütezeichen entwickelt.

Der Internetombudsmann unterstützt Sie gratis bei der Lösung von Problemen, die beim Einkauf im Internet aufgetreten sind. Seinen Mitgliedern bietet er zusätzlich, wenn eine außergerichtliche Streitschlichtung nicht möglich ist, auch einen umfassenden E-Commerce-Rechtsschutz.

Wenden Sie sich bei Beschwerden rund um den Einkauf im Internet an den Internetombudsmann.

**TIPP**

Internet Ombudsmann –
Verein zur Förderung der außergerichtlichen Streitschlichtung im Internet

c/o Österreichisches Institut für angewandte Telekommunikation
Margaretenstraße 70/2/10, A-1050 Wien

Tel.: (01) 595 21 12-0
Fax: (01) 595 21 12-99
E-Mail: kontakt@ombudsmann.at
Internet: www.ombudsmann.at

oder an den VKI, Tel.: (01) 58 87 70 – www.vki.at

## Ombudsleute

Von Schlichtungsstellen, die sowohl von Unternehmer- sowie von Verbraucherseite beschickt werden, sind sogenannte Ombudsleute bestimmter Branchen zu unterscheiden. So gibt es beispielsweise beim Österreichischen Fertighausverband eine Ombudsstelle. Er versucht bei Konflikten zwischen den Mitgliedsfirmen und Konsumenten zu vermitteln. Bei solchen Einrichtungen darf nie übersehen werden, dass diese in der Regel von Unternehmerseite finanziert werden und daher letztlich auch im Interesse der Unternehmer tätig werden. Ein solcher Ombudsmann ist auf jeden Fall gut für das Image einer Branche, zum anderen kann er – auch für seine Firmen – teure Prozesse unter Umständen verhindern. In manchen Fällen kann es durchaus sinnvoll sein, die Mithilfe eines Branchenombudsmanns in Anspruch zu nehmen. Insbesondere dann, wenn der Unternehmer zu einem Kompromiss bereit scheint. Schaltet er hingegen sofort auf stur, dann wird auch der Ombudsmann nicht viel ausrichten können, denn zwingen kann er die betreffende Firma zu nichts. Vergessen Sie auch bei Kontaktaufnahme mit einem Ombudsmann nicht, dass Fristen für die gerichtliche Durchsetzung Ihrer Forderungen weiterlaufen und durch die Aktivitäten des Ombudsmanns nicht gehemmt werden.

# Gerichtliche Rechtsdurchsetzung

Wenn sich der Unternehmer trotz Mahnschreiben, trotz Einschaltung einer Schlichtungsstelle und sogar trotz einer Aufforderung durch einen Rechtsanwalt weigert, Ihren Ansprüchen nachzukommen, bleibt oft nur der Weg zum Gericht. Umgekehrt kann es passieren, dass ein Unternehmer – aus Ihrer Sicht unberechtigte – Forderungen gegen Sie geltend macht. Wenn Sie in solchen Fällen nicht klein beigeben wollen, müssen Sie es auf eine Klage ankommen lassen. Das ist vielleicht nicht gerade angenehm, aber vor einem Zivilgericht als Kläger Ansprüche geltend zu machen oder als Beklagter Ansprüche abzuwehren ist keine „Schande“. Deshalb sollten Sie auch im Umgang mit Gerichten Bescheid wissen.

Es gibt Straf- und Zivilgerichte. Die Strafgerichte entscheiden darüber, ob sich jemand einer mit gerichtlicher Strafe bedrohten Handlung gegen Leben, Gesundheit, körperliche Sicherheit, Freiheit, Vermögen oder Ehre schuldig gemacht hat. Anklage erhebt in der Regel der Staatsanwalt. Wird man in einem Strafprozess verurteilt, dann wird eine Geld- oder Freiheitsstrafe verhängt, und die Verurteilung wird in der Regel in das Strafregister eingetragen.

Die Zivilgerichte dienen der Durchsetzung sogenannter „zivilrechtlicher Ansprüche“. Verliert man als Beklagter in einem Zivilprozess, dann wird man durch das Urteil gezwungen, den eingeklagten Betrag samt Zinsen und Kosten zu bezahlen oder bestimmte Handlungen in Hinkunft zu setzen oder zu unterlassen. Auf das Strafregister hat dies aber keinerlei Einfluss. Im Strafverfahren geht es also in erster Linie um Schuld und Strafe, der Zivilprozess dient der Durchsetzung zivilrechtlicher Ansprüche.

Ein Verfahren vor einem Zivilgericht wird nie vom Gericht selbst, sondern immer über Klage (oder Antrag) einer Prozesspartei eingeleitet. Es liegt am Kläger und am Beklagten, den Prozess durch ihr Vorbringen und ihre Beweisanträge zu betreiben. Was vor Gericht nicht vorgebracht (und protokolliert) wird, wird auch nicht Gegenstand des Verfahrens und der Entscheidung.

Die Sachentscheidung des Gerichtes ergeht üblicherweise in Form eines „Urteils“, formale Entscheidungen werden als „Beschluss“ bezeichnet. Ist eine Entscheidung – wegen Ausschöpfung des Instanzenzuges oder weil kein Rechtsmittel ergriffen wurde – einmal rechtskräftig, muss der Unterlegene dem nachkommen, was im Urteil angeordnet wird.

**Die beklagte Partei ist schuldig ...**

Das Urteil könnte zum Beispiel so lauten: „Die beklagte Partei ist schuldig, der klagenden Partei binnen 14 Tagen den Betrag von € 6.000 samt 4 % Zinsen seit dem Klagstag zu bezahlen. Die beklagte Partei ist weiters schuldig, der klagenden Partei binnen 14 Tagen die Prozesskosten von € 1.513 (darin enthalten € XXX an Barauslagen sowie € XXX USt) zu ersetzen.“

Kommt der Verlierer dem Befehl des Gerichtes nicht nach, dann kann der Obsiegende die zwangsweise Durchsetzung des Befehls, eben die sogenannte Zwangsvollstreckung (Exekution), beantragen.

## Gerichtsorganisation

Auf der untersten Stufe der Gerichtsorganisation gibt es die **Bezirksgerichte.** Hier werden die Entscheidungen von Einzelrichtern gefällt. Die Bezirksgerichte sind für die verschiedensten Aufgaben der Gerichtsbarkeit zuständig. In Wien gibt es ein spezielles Bezirksgericht für Handelssachen. Bezirksgerichte sind auch erste Anlaufstelle für Rechtsauskünfte am sogenannten Amtstag.

**TIPP**

Während des sogenannten **Amtstages** an den Bezirksgerichten (jeweils von 8 Uhr bis 12 Uhr) können Sie von einem Richter Rechtsauskunft einholen und – soweit kein Anwaltszwang besteht – Klagen oder Anträge zu Protokoll geben. Erkundigen Sie sich bei Ihrem Bezirksgericht, an welchen Tagen der Amtstag abgehalten wird. In Wien ist das jeden Dienstag.

Bezirksgerichte führen außerdem das **Grundbuch** für den Bezirkssprengel.

**TIPP**

Um Eigentümer und insbesondere etwaige Lasten eines Grundstückes festzustellen, können Sie im – EDV-unterstützten – Grundbuch Einsicht nehmen. Gegen Gebühr erhalten Sie auch einen Grundbuchsauszug.

Auf der nächsten Stufe der Gerichtsorganisation gibt es die sogenannten **Landesgerichte.** Bei den Landesgerichten sind sowohl Einzelrichter als auch Richtersenate (als Rechtsmittelgericht) tätig. Landesgerichte können sowohl – bei hohen Streitwerten – als Erstgericht oder aber als Rechtsmittelgericht für die Bezirksgerichte tätig werden. In Wien gibt es für Handelssachen ein eigenes Handelsgericht. Bei den Landesgerichten (in Wien beim Handelsgericht) wird auch das sogenannte **Firmenbuch** geführt.

**TIPP**

Im Firmenbuch erfahren Sie alles Wesentliche über eine Firma: die Rechtsform, die Geschäftsanschrift, den oder die Geschäftsführer bzw Prokuristen, die Gesellschafter, das Stammkapital; allenfalls ist auch ein Insolvenzverfahren eingetragen.

Die sogenannten **Oberlandesgerichte** in Wien, Graz, Linz und Innsbruck sind grundsätzlich nur als Rechtsmittelgerichte tätig und üben die Gerichtsbarkeit in Richtersenaten aus.

Schließlich steht an der Spitze der Zivilgerichtsbarkeit der **Oberste Gerichtshof** (OGH) als höchste Instanz im Zivilverfahren. Auch der OGH übt seine Tätigkeit nur in Senaten aus.

Richter können auch irren. Daher kann gegen jede gerichtliche Entscheidung ein Rechtsmittel ergriffen und damit die Überprüfung durch ein Gericht höherer Ordnung verlangt werden. Diese Überprüfung wird Rechtsmittelverfahren oder auch **Instanzenzug** genannt. Je nach Zuständigkeit des Erstgerichtes ergibt sich folgender Instanzenzug:

**Instanzenzug**

| 1. Instanz | 2. Instanz | 3. Instanz |
|---|---|---|
| Bezirksgericht | Landesgericht | Oberster Gerichtshof |
| Landesgericht | Oberlandesgericht | Oberster Gerichtshof |

Der OGH kann aber nicht in jedem Streitfall angerufen werden. Nur dann, wenn der Gegenstand der Entscheidung des Berufungsgerichtes den Betrag von € 30.000 übersteigt und die zu lösende Rechtsfrage für die Rechtseinheit, Rechtssicherheit oder Rechtsentwicklung wesentlich ist, kann jedenfalls eine Revision an den OGH ergriffen werden. Im Bereich zwischen € 5.000 bis € 30.000 liegt es am Berufungsgericht, die Revision wegen einer „erheblichen Rechtsfrage" zuzulassen. Wird die Revision nicht zugelassen, kann der Rechtsmittelwerber nochmals eine Eingabe an das Berufungsgericht machen, diese Entscheidung zu überdenken und doch die Revision zuzulassen. Bei Streitigkeiten unter € 5.000 ist ein Rechtszug zum OGH absolut unzulässig.

Es gibt aber die Möglichkeit, dass sich der VKI oder die Bundesarbeitskammer – zur Führung von **Musterprozessen** – Ansprüche von Konsumenten gegen Unternehmer abtreten lässt. In solchen Fällen ist dann – unabhängig von der Höhe des Streitgegenstands – die Anrufung des OGH möglich.

Wenn Sie eine Klage einbringen wollen, müssen Sie zunächst klären, welches Gericht sachlich und örtlich zuständig ist.

Ob die Klage beim Bezirksgericht, bei einem Landesgericht oder sogar beim Handelsgericht einzubringen ist, ist eine Frage der **sachlichen Zuständigkeit.** Die Bezirksgerichte sind für allgemeine vermögensrechtliche Streitigkeiten zuständig, wenn der Streitwert € 10.000 nicht übersteigt. Eine Anhebung dieser Streitwertgrenze auf zunächst € 25.000 ist derzeit geplant.

Daneben sind die Bezirksgerichte unabhängig vom Wert der Streitsache insbesondere auch für Besitzstörungsstreitigkeiten sowie für Streitigkeiten aus Mietverträgen und die Rückforderung von verbotenen Ablösen eigenzuständig. (In Wien, Graz und einigen anderen Orten gibt es eine den Gerichten vorgelagerte Schlichtungsstelle, die vor dem Bezirksgericht in Mietrechtsstreitigkeiten anzurufen ist.)

**Ich bring' Sie vor Gericht – aber wo?**

- Herr Berger hat von der Firma Turbo GmbH einen Neuwagen gekauft und musste erhebliche Mängel feststellen. Da die Firma die Verbesserung verweigert, möchte Herr Berger auf Rückzahlung des Kaufpreises von € 18.168 klagen. Die Firma hat ihren Sitz in Wien. In diesem Fall muss Herr Meier seine Klage beim Handelsgericht Wien einbringen.
- Herr Schuster hat von seinem Nachbarn – beide wohnen in Gänserndorf – einen Gebrauchtwagen zum Preis von € 5.450 erworben. Auch er muss gravierende Mängel feststellen. Das Fahrzeug ist praktisch nicht verkehrstauglich. Auch er möchte den Kaufpreis klagsweise zurückfordern. Herr Schuster muss die Klage gegen seinen Nachbarn aber beim Bezirksgericht Gänserndorf einreichen.

Liegt der Streitwert über € 10.000, dann sind in erster Instanz (noch: die Anhebung der Grenze auf zunächst € 25.000 ist geplant!) die Landesgerichte zuständig. Für Klagen aus Handelsgeschäften oder einer Handelsgesellschaft sind in Wien zwei besondere Gerichte zuständig: Je nach dem Streitwert ist die Klage beim Bezirksgericht für Handelssachen Wien oder beim Handelsgericht Wien einzubringen.

Die verschiedenen Gerichte haben jeweils einen bestimmten Sprengel zu betreuen. Beim Einbringen einer Klage stellt sich daher auch die Frage, bei welchem örtlich zuständigen Gericht die Klage einzubringen ist. Bei Privatpersonen richtet sich der sogenannte **Gerichtsstand,** also jener Ort, wo sie geklagt werden können, in der Regel nach ihrem Wohnsitz oder gewöhnlichen Aufenthalt. Bei Unternehmen richtet sich die örtliche Zuständigkeit in der Regel nach dem Sitz des Unternehmens. Dies ist im Zweifel jener Ort, wo die Verwaltung des Unternehmens geführt wird.

Neben diesen allgemeinen Gerichtsständen gibt es eine ganze Reihe von besonderen Gerichtsständen. So ist bei Besitzstörungsstreitigkeiten und bei Streitigkeiten aus Mietverträgen jenes Bezirksgericht zuständig, wo das Grundstück oder Haus gelegen ist bzw die Besitzstörungshandlung begangen worden ist. Klagen aus einem Vertrag können im Übrigen auch bei jenem Gericht erhoben werden, wo der Vertrag nach Übereinkunft der Parteien vom jeweiligen Beklagten zu erfüllen ist. Schließlich können in Verträgen auch bestimmte Gerichte eines namentlich angeführten Ortes ausdrücklich als zuständig vereinbart werden. Solche Gerichtsstandsklauseln finden sich sehr häufig in Allgemeinen Geschäftsbedingungen von Unternehmen. Ein anderer Gerichtsstand als jenes Gericht, wo der Verbraucher bei Abschluss des Vertrages (im Inland) seinen Wohnsitz, gewöhnlichen Aufenthalt oder Beschäftigungsort hat, ist aber nicht zulässig.

Grundsätzlich hat das jeweils angerufene Gericht bei Einlangen der Klage die Zuständigkeit von Amts wegen zu prüfen. Hält es sich für unzuständig, so weist es die Klage sofort mit Beschluss zurück. Der Kläger kann dann allerdings immer noch die Überweisung an das zuständige Gericht beantragen. Übersieht das Gericht eine mögliche Unzuständigkeit, so muss diese Unzuständigkeit sofort gerügt werden. Dann hat das Gericht über die Rüge der Unzuständigkeit zu entscheiden.

**Am falschen Ort geklagt**

Frau Eder wohnt in Wien und bestellt bei einem Versandhaus in Salzburg Waren. In den Allgemeinen Geschäftsbedingungen des Versandhauses findet sich der Satz: „Gerichtsstand: Salzburg". Als Frau Eder in Zahlungsverzug gerät, wird sie vom Versandhaus geklagt. Das Versandhaus klagt Frau Eder beim Bezirksgericht Salzburg und beruft sich auf seine AGB. Gemäß § 14 KSchG ist das Bezirksgericht Salzburg aber nie wirksam vereinbart worden. Das Bezirksgericht Salzburg ist daher unzuständig. Darauf muss sich Frau Eder berufen. Die Klage müsste beim örtlich zuständigen Gericht Wien eingebracht werden.

## Gang eines Gerichtsverfahrens

In einem Gerichtsverfahren wird geklärt, ob ein in der Klage behaupteter Anspruch zu Recht besteht oder nicht. Es ist zunächst Aufgabe des Klägers, all jene Tatsachen zu behaupten und zu beweisen, die seinen Klagsanspruch stützen. Dagegen macht der Beklagte all jene Tatsachen geltend, die dem Klagsanspruch entgegenstehen. Das Verfahren wird nicht von Amts wegen geführt, sondern von den Parteien betrieben.

Das Verfahren wird schriftlich eingeleitet (durch Klage, Einspruch oder Klagebeantwortung, vorbereitende Schriftsätze), doch in der Folge finden sogenannte „Tagsatzungen zur mündlichen Streitverhandlung" statt, wo über die Klage – wie der Name schon sagt – „mündlich und öffentlich“ verhandelt wird.

In solchen Verhandlungen wird ein schriftliches Protokoll geführt. In der Regel diktiert der Richter jeweils das, was mündlich vorgebracht wurde, in ein Tonbandgerät. Wenn die Protokollierung vom tatsächlichen Verlauf der Verhandlung abweicht, muss man sofort gegen das Protokoll Widerspruch erheben.

**TIPP**

Es ist sehr darauf zu achten, was alles protokolliert wird. Nicht was tatsächlich gesprochen wird, sondern nur das, was auch vom Richter protokolliert wird, ist – nachvollziehbar – Gegenstand der Verhandlung und des Aktes und somit Basis für das Urteil.

Das Zivilverfahren beginnt mit dem Einbringen einer Klage (eines Antrages) beim zuständigen Gericht. Bei Klagen, die ausschließlich auf Zahlung eines Geldbetrages gerichtet sind, ist zu beachten, dass bis zu einem Streitwert von € 75.000 eine **Mahnklage** einzubringen ist. Bei Streitwerten über € 10.000 ist die Klage (derzeit noch) beim Landesgericht, bei Streitwerten bis € 10.000 (derzeit noch) beim Bezirksgericht einzubringen. Soll überhaupt ein Verfahren in Gang kommen, muss sich aber auch der Beklagte auf den Streit einlassen.

Hat der Kläger eine Mahnklage eingebracht, so prüft das Gericht von Amts wegen seine Zuständigkeit und erlässt sodann einen bedingten **Zahlungsbefehl.** Dieser wird dem Beklagten aus Kostengründen nicht mehr zu eigenen Handen („blauer Brief“) zugestellt, sondern nur mehr mit Rückschein („weißer Brief“), was bedeutet, dass die Zustellung nicht an den Empfänger, also den Beklagten des Zahlungsbefehls, erfolgen muss, sondern die Zustellung an einen Ersatzempfänger (jemand, der mit dem Empfänger im gleichen Haushalt wohnt) ausreicht (s genauer dazu Seite 350 f). Im Zahlungsbefehl verurteilt das Gericht den Beklagten bereits zur Zahlung von Kapital, Zinsen und Kosten ohne die Angaben des Klägers in der Sache mehr als nur ganz grob geprüft zu haben. Nun hat der Beklagte vier Wochen ab der Zustellung des Zahlungsbefehls Zeit, Einspruch gegen den Zahlungsbefehl zu erheben. Erst aufgrund eines Einspruches wird sich das Gericht auf eine Prüfung der Sache an sich einlassen. Erhebt der Beklagte nicht rechtzeitig Einspruch, bildet der damit rechtskräftig gewordene Zahlungsbefehl einen Exekutionstitel, das heißt, der Beklagte muss die im Zahlungsbefehl festgesetzten Beträge (Kapital, Zinsen und Kosten) bezahlen!

**TIPP**

Der Einspruch gegen den Zahlungsbefehl braucht im bezirksgerichtlichen Verfahren – auch wenn die diesbezüglichen Formulare dafür Felder vorsehen – nicht begründet zu werden. Es müssen auch noch keine Beweismittel angeführt werden. Wichtig ist nur, dass klar zum Ausdruck kommt, dass man gegen den Zahlungsbefehl Einspruch erhebt. Einsprüche gegen Zahlungsbefehle von Landesgerichten müssen hingegen begründet werden. Beachten Sie, dass schon für die Erhebung des Einspruchs ab einem Streitwert von € 5.000 absolute Anwaltspflicht besteht, Sie den Einspruch also nicht selbst erheben können!

Einen Einspruch kann man entweder (eingeschrieben) per Post an das Gericht übermitteln oder aber in der Einlaufstelle des Gerichts abgeben. Eine Kopie des Einspruchs und des Postaufgabescheines sollte man sich jedenfalls aufheben beziehungsweise sollte man sich den Eingang des Einspruches in der Einlaufstelle bestätigen lassen. Rechtsanwälte sind verpflichtet, mit Gerichten nur mehr über den sogenannten „Web-ERV", also über elektronische Einbringung, zu verkehren.

**TIPP**

Achtung: Wird die Frist zum Einspruch versäumt, dann wird der Zahlungsbefehl rechtskräftig (und vollstreckbar). Der Beklagte ist sodann verpflichtet, dem gerichtlichen Befehl nachzukommen, ohne dass das Gericht die in der Klage behaupteten Tatsachen überhaupt geprüft hätte, und hat keine Möglichkeit mehr, die Berechtigung der Forderung prüfen zu lassen!

Wird dagegen fristgerecht Einspruch erhoben, dann tritt der Zahlungsbefehl außer Kraft, und das ordentliche Verfahren wird eingeleitet. Das Gericht wird dann eine Tagsatzung zur mündlichen Streitverhandlung anberaumen.

Bei einer auf Geld gerichteten Leistungsklage mit einem Streitwert über € 75.000 wird kein Zahlungsbefehl erlassen. Das Gericht stellt vielmehr dem Beklagten die Klage zusammen mit der Aufforderung zur Erhebung einer Klagebeantwortung binnen 4 Wochen zu.

Erstattet der Beklagte die Klagebeantwortung nicht oder nicht fristgerecht, kann auf Antrag des Klägers ein **Versäumungsurteil** gefällt werden. Insbesondere in Streitigkeiten vor dem Bezirksgericht, in denen die Klage nicht allein auf Zahlung eines Geldbetrages gerichtet ist, aber auch in arbeitsgerichtlichen Auseinandersetzungen ergeht kein Auftrag zur Erstattung einer Klagebeantwortung; vielmehr schreibt das Gericht gleich einen Termin zur Verhandlung aus. Erscheint der Beklagte in diesen Fällen nicht zur Verhandlung, wird ebenfalls auf Antrag des Klägers ein Versäumungsurteil gefällt.

**TIPP**

Es ist äußerst wichtig, zu den Verhandlungen pünktlich (besser zu früh als zu spät) zu erscheinen. Eine Verspätung auch nur um eine Minute kann zu einem Versäumungsurteil führen. Bedenken Sie, dass bei allen Gerichten Eingangskontrollen mit Metallschleusen durchgeführt werden, was vor allem an Amtstagen zu erheblichen Wartezeiten führen kann.

## Versäumungsurteil

Auch beim Versäumungsurteil geht das Gericht – ähnlich wie beim Zahlungsbefehl – von den vom Kläger behaupteten Tatsachen aus. Wenn diese Tatsachenbehauptungen widerspruchsfrei sind, wird – auf Antrag des Klägers – bei Versäumung der ersten Verhandlung oder bei Versäumung der Frist für die schriftliche Klagebeantwortung ein Versäumungsurteil erlassen.

Mit Zustellung eines Versäumungsurteils ist allerdings noch nicht alles verloren. Gegen ein Versäumungsurteil kann man

- binnen vier Wochen nach Zustellung **Berufung** erheben (dies hat insbesondere dann Sinn, wenn die Klage zum Beispiel nie rechtswirksam zugestellt wurde),
- binnen 14 Tagen **Wiedereinsetzung in den vorherigen Stand** wegen Versäumung einer Frist beantragen,
- binnen 14 Tagen nach Zustellung **Widerspruch** erheben (dies aber nur, wenn man die Klagebeantwortung nicht rechtzeitig erstattet hat).

**TIPP**

Es genügt, wenn Sie auf das Versäumungsurteil „Ich erhebe Widerspruch" schreiben und dieses an das Gericht zurücksenden (natürlich eingeschrieben und unbedingt eine Fotokopie aufheben). Sie müssen keine Gründe anführen. Ab einem Streitwert von € 5.000 müssen Sie auch damit einen Rechtsanwalt beauftragen.

Der rechtzeitige Widerspruch innerhalb von 14 Tagen nach Zustellung des Versäumungsurteils führt zur Aufhebung des Versäumungsurteils und zur Fortsetzung des Verfahrens. Sie müssen aber beachten, dass der Gegner Exekution zur Sicherstellung führen kann. Der Gegner kann also gegen Sie bereits Pfändungen erwirken, die gepfändeten Gegenstände werden aber noch nicht abgeholt und verkauft, bleiben aber für den Lauf des Verfahrens gepfändet.

**TIPP**

Bei – zu Unrecht ergangenen – Versäumungsurteilen ist es immer ratsam, sich durch einen Rechtsanwalt beraten und vertreten zu lassen. Er wird unter Umständen Berufung, Widerspruch und Wiedereinsetzung parallel beantragen, um Ihre Rechte maximal zu vertreten. Ab einem Steitwert von € 5.000 besteht ohnedies absoluter Anwaltszwang.

Mit der Streiteinlassung nimmt der Prozess nun seinen Lauf. Aufgrund der wechselseitigen Behauptungen von Kläger und Beklagtem und den angebotenen Beweisen wird das Beweisverfahren abgewickelt. Sieht der Richter die Sache entscheidungsreif, dann kommt er zum Schluss der Verhandlung. Es kann nun auch gleich das Urteil mündlich verkündet werden, in der Regel wird dieses aber – oft Monate später – schriftlich ausgefertigt und zugestellt. Ist man mit der Entscheidung nicht zufrieden, so kann man ein **Rechtsmittel** ergreifen.

Die Frist für das Einbringen einer Berufung beträgt vier Wochen, und diese Berufung muss von einem Rechtsanwalt eingebracht werden. Wurde das Urteil aber mündlich verkündet, muss man die Berufung jedenfalls binnen 14 Tagen ab Zustellung der Protokollabschrift über seine Verkündung schriftlich anmelden.

Natürlich kann man sich auf einen Streit nur einlassen, wenn man den Zahlungsbefehl oder die Klage samt Ladung zur ersten Verhandlung auch zugestellt bekommt. Der Gesetzgeber hat daher die Zustellung behördlicher Schriftstücke sehr genau geregelt.

**TIPP**

Es hat keinen Sinn, die Zustellung eines behördlichen Schriftstückes zu ignorieren und „den Kopf in den Sand zu stecken".

## Zustellung

Alle Zahlungsbefehle, Klagen oder Kündigungen (ebenso wie Beschlüsse und Urteile) werden seit dem Budgetbegleitgesetz 2010 nicht mehr mit dem sogenannten „blauen Brief" („RSa") zu eigenen Handen des Empfängers zugestellt. Vielmehr ist die Zustellung auch an einen Ersatzempfänger, also zB an die Ehefrau, (volljährige) Kinder oder Arbeitskollegen ausreichend, sofern der Empfänger nicht (aufgrund einer Reise oder dgl) ortsabwesend ist („weißer Brief“, RSb). Ist weder Empfänger noch Ersatzempfänger anzutreffen, wird die Sendung am Postamt hinterlegt. Im Postkasten (oder auch an der Wohnungstür) verbleibt nur die Hinterlegungsanzeige, in der die Abholfrist vermerkt ist. Sie muss mindestens zwei Wochen betragen.

Ab jetzt gilt – mit Beginn der Abholfrist – das Schriftstück als zugestellt. Egal ob es dem Empfänger tatsächlich zukommt oder nicht. Selbst wenn die Hinterlegungsanzeige von unbekannten Dritten entwendet wird, ist die Zustellung wirksam. Der Empfänger kann allerdings – so er dahinterkommt – einen Antrag auf Wiedereinsetzung in den vorherigen Stand stellen.

Ist der Empfänger aber – auf längere Zeit – nicht anwesend (nachweislich auf Urlaub, im Krankenhaus, auf Geschäftsreise …), so kommt es durch die Zustellung an einen Ersatzempfänger oder die Hinterlegung zu keiner wirksamen Zustellung. Die Zustellung wird aber mit dem der Rückkehr an die Abgabestelle folgenden Tag wirksam, bei Hinterlegung innerhalb der Abholfrist an dem Tag, an dem die Sendung von der Post erstmals abgeholt werden könnte.

Nun kann das Gericht ja nicht wissen, ob Sie gerade „ortsabwesend“ sind oder nicht. Es geht daher zunächst einmal in der Regel von einer wirksamen Zustellung aus. Und das ist der Grund dafür, dass Zahlungsbefehle oder Urteile „schein“rechtskräftig werden können. In solchen Fällen kann es dann zu überraschenden Exekutionen kommen.

**TIPP**

Wenn Sie längere Zeit abwesend sind, beantragen Sie beim zuständigen Postamt eine Postsperre. Sie können dadurch Probleme mit der Zustellung behördlicher Schriftstücke vermeiden. Beachten Sie, dass das zugestellte Schriftstück mit dem ersten Tag der Abholfrist als zugestellt gilt und damit allfällige Fristen zu laufen beginnen, unabhängig davon, wann Sie das Schriftstück vom Postamt beheben!

Für die Berechnung von Fristen (Einspruchsfrist, Berufungsfrist usw) ist es also wesentlich, genau zu klären, wann ein behördliches Schriftstück zugestellt wurde. Erst mit dem Tag der Zustellung beginnt die Frist zu laufen.

## Fristen

Verfahrensrechtliche Fristen sind gewahrt, wenn man die schriftliche Erklärung am letzten Tag der Frist (allerdings an die richtige Stelle adressiert) zur Post gibt.

Der Lauf einer Frist beginnt an dem Tag, an dem das auslösende Ereignis eintritt (zum Beispiel Zustellung des Zahlungsbefehls). Bei Fristen, die nach Tagen berechnet werden, wird jedoch der Tag, an dem das auslösende Ereignis stattfand, nicht mitgerechnet.

Fristen, nach Tagen berechnet, enden mit Ablauf des letzten Tages, Wochen-, Monats- und Jahresfristen mit Ablauf des Tages, der durch Benennung oder Zahl dem Tag entspricht, an welchem die Frist begonnen hat.

**Beispiele für Fristen**

Angenommen an einem Freitag wird ein Zahlungsbefehl zugestellt. Der letzte Tag nach Ablauf der vierwöchigen Einspruchsfrist, um den Einspruch zur Post zu geben, ist wieder ein Freitag.

Die Zustellung eines Urteils erfolgt am Mittwoch, 1. September. Die Berufung muss durch den Rechtsanwalt am Mittwoch, 29. September, abgesendet werden.

Fehlt bei einer Monats- oder Jahresfrist der entsprechende Tag des letzten Monats, dann endet die Frist mit Ablauf des letzten Tages des letzten Monats (zum Beispiel 31. Jänner – 28. Februar). Samstage, Sonntage, Feiertage hindern weder Beginn noch Fortlauf der Frist. Ist jedoch der letzte Tag der Frist ein solcher Tag, so endet die Frist mit Ablauf des nächsten Werktages.

**Feiertage**

Ein Urteil wird am Donnerstag, 4.10.2012, zugestellt. Die Berufungsfrist von vier Wochen würde am Donnerstag, 1.11.2012, enden. Der 1.11.2012 ist ein gesetzlicher Feiertag. Die Berufung ist daher spätestens am 2.11.2012 abzusenden.

**TIPP**

Zur Wahrung einer Frist kann eine schriftliche Eingabe an das Gericht auch bei der entsprechenden Einlaufstelle des Gerichts abgegeben werden. Achten Sie auf die Öffnungszeiten der Einlaufstelle des Gerichts (meist 8.00 bis 12.00 oder 15.30 Uhr).

Lassen Sie sich auf einer Kopie des eingereichten Schriftstückes den Eingang bestätigen. Für eine Sendung per Post gilt: einschreiben, Kopie gemeinsam mit Postaufgabeschein aufheben.

Hat man eine Frist für ein schriftliches Vorbringen (Einspruch, Klagebeantwortung, Rechtsmittel udgl) bzw den Besuch einer Verhandlung wegen eines unvorhersehbaren und unabwendbaren Ereignisses (Zustellmangel, Krankheit, Verkehrsunfall oder Ähnliches) versäumt, dann kann man binnen 14 Tagen ab Wegfall des Hindernisses die Wiedereinsetzung in den vorherigen Stand verlangen (und gleichzeitig die versäumte Prozesshandlung nachholen).

**Verschwundene Post**

Frau Kohl ist nie ein Zahlungsbefehl zugegangen. Dennoch führt ein Versandhaus – bei dem sie nie etwas bestellt hat – nun gegen sie Exekution. Eine Anfrage an das Gericht ergibt aber, dass ihr der Zahlungsbefehl durch Hinterlegung zugestellt worden sei. Nun erinnert sich Frau Kohl, dass in der fraglichen Zeit im Haus die Hausbriefkästen immer wieder aufgebrochen waren und Post verschwunden ist.

Dies ist auch dem zuständigen Postamt bekannt. Frau Kohl kann daher wegen der Versäumung der Einspruchsfrist gegen den Zahlungsbefehl Wiedereinsetzung in den vorherigen Stand verlangen und gleichzeitig die versäumte Prozesshandlung – eben den Einspruch – nachholen. Das Gericht hat dann über diesen Antrag zu entscheiden. Gibt es dem Antrag statt, wird der Zahlungsbefehl aufgehoben, die Exekutionsschritte werden für unwirksam erklärt, und das Gericht setzt sich mit den inhaltlichen Einwendungen von Frau Kohl auseinander.

**TIPP**

Wenn Sie irgendwelche Fristen oder Tagsatzungen versäumen, kann das erhebliche Nachteile nach sich ziehen. Die Wiedereinsetzung in den vorherigen Stand soll davor einen gewissen Schutz bieten. In solchen Fällen holen Sie am besten rechtlichen Rat ein oder lassen sich gleich durch einen Rechtsanwalt vertreten.

## Prozesskosten

Die Inanspruchnahme des Gerichtes kostet Geld. Grundsätzlich muss der Kläger (Antragsteller) vorweg einmal die Pauschalgebühr bezahlen. Wer diese Kosten endgültig zu tragen hat, hängt dann vom Ausgang des Verfahrens ab. Die Höhe der Pauschalgebühren hängt von der Verfahrensart und vom Streitwert ab.

Im Beweisverfahren werden oft Sachverständige beigezogen, um bestimmte Tatsachenfeststellungen zu treffen. Diese werden vom Richter bestellt und haben für ihre Tätigkeit Anspruch auf Honorar. Dieses wird vom Gericht mit Beschluss festgesetzt und ist zunächst von jener Partei zu bezahlen, die beweispflichtig ist. Oft trägt der Richter dieser Partei auch den Erlag eines sogenannten Kostenvorschusses auf, bevor der Sachverständigenbeweis aufgenommen wird.

Lädt das Gericht – auf Antrag der Parteien – Zeugen vor, so haben diese ebenfalls Anspruch auf Ersatz der Reisekosten und eines allfälligen Verdienstentganges. Auch für Dolmetscher, Lokalaugenscheine und amtliche Verlautbarungen können Kosten auflaufen. Wer schließlich einen Rechtsanwalt mit seiner Vertretung beauftragt, muss das Honorar des Rechtsanwaltes und dessen Barauslagen ebenfalls zunächst einmal vorfinanzieren.

**Ein Beispiel für Prozesskosten**

Was kostet eine Klage auf Wandlung eines Gebrauchtwagenkaufes? Der Kaufpreis betrug € 5.360. Auf die Zahlung dieses Betrages lautet die Klage; € 5.360 sind der sogenannte „Streitwert". Für das Verfahren in erster Instanz wäre mit folgenden Prozesskosten zu rechnen:

| **Kläger** | | **Beklagter** | |
|---|---|---|---|
| Mahnklage | € 154,90 | Einspruch | € 154,90 |
| 120 % Einheitssatz | € 185,88 | 120 % Einheitssatz | € 185,88 |
| Pauschalgebühr | € 285,– | | |
| vorbereitender Schriftsatz | € 154,90 | vorbereitender Schriftsatz | € 154,90 |
| 60 % Einheitssatz | € 92,94 | 60 % Einheitssatz | € 92,94 |
| vorbereitende Tagssatzung | € 154,90 | vorbereitende Tagssatzung | € 154,90 |
| 60 % Einheitssatz | € 92,94 | 60 % Einheitssatz | € 92,94 |
| Streitverhandlung 4/2 | € 232,35 | Streitverhandlung 4/2 | € 232,35 |
| 60 % Einheitssatz | € 139,41 | 60 % Einheitssatz | € 139,41 |
| Streitverhandlung 2/2 | € 154,90 | Streitverhandlung 2/2 | € 154,90 |
| 60 % Einheitssatz | € 92,94 | 60 % Einheitssatz | € 92,94 |
| Sachverständiger | € 960,– | | |
| Summe Verdienst | € 1.456,– | Summe Verdienst | € 1.456,– |
| 20 % USt | € 291,21 | 20 % USt | € 291,21 |
| Barauslagen | € 1.245,– | | |
| Gesamt | € 2.992,20 | Gesamt | € 1.747,– |

Insgesamt wäre also mit einem Kostenrisiko (allein für die erste Instanz) von über 4.700 Euro zu rechnen. Die Kosten des Rechtsmittels (für Kläger und Beklagten zusammengerechnet) wären mit weiteren rund 1.700 Euro zu veranschlagen.

Der Kostenersatz im Zivilprozess geht grundsätzlich vom Erfolgsprinzip aus. Jene Partei, die im Verfahren zur Gänze unterliegt, hat dem Gegner alle – zur zweckentsprechenden Rechtsverfolgung notwendigen – Kosten zu ersetzen. Dazu zählen insbesondere die Gerichtsgebühren, sonstige Gerichtskosten und die Kosten des Rechtsanwaltes (unabhängig von der konkreten Honorarvereinbarung berechnet auf der Basis des RATG).

Wenn jede Partei teilweise – wie es in der Fachsprache heißt – „obsiegt" und teilweise unterliegt, sind die Kosten gegenseitig aufzuheben oder verhältnismäßig zu teilen.

**Kostenersatz – Rechtsanwaltskosten**

Wenn der Kläger zu 50 % obsiegt, müssen beide Parteien die Kosten ihrer Rechtsanwälte jeweils selbst bezahlen. Wenn der Kläger zu 75 % obsiegt, bekommt der Kläger 50 % seiner Rechtsanwaltskosten ersetzt.

Die Gerichtskosten werden dem Kläger in dem Maß ersetzt, als er sie vorfinanzieren musste.

**Kostenersatz – Gerichtskosten**

Wenn der Kläger zu 50 % obsiegt, bekommt er 50 % der Gerichtskosten ersetzt. Wenn der Kläger zu 75 % obsiegt, bekommt er 75 % der Gerichtskosten ersetzt.

## Verfahrenshilfe

Wer als Partei (Kläger, Beklagter) außerstande ist, die Kosten der Führung eines Verfahrens ohne Beeinträchtigung des notwendigen Unterhalts (für sich und seine Familie bei einfacher Lebensführung) zu tragen, hat – wenn das Verfahren nicht offenbar mutwillig oder aussichtslos erscheint – Anspruch auf Verfahrenshilfe. Diese kann insbesondere die einstweilige Befreiung von Gerichts- und sonstigen Gebühren und (soweit erforderlich) die vorläufige unentgeltliche Beistellung eines Rechtsanwaltes umfassen.

**TIPP**

Die Verfahrenshilfe ist beim Prozessgericht erster Instanz oder beim Bezirksgericht des Wohnortes schriftlich oder mündlich zu beantragen. Dem Antrag ist ein Vermögensbekenntnis beizufügen.

Der Antrag auf Beigabe eines Rechtsanwaltes unterbricht den Lauf einer Frist für die Klagebeantwortung, den Einspruch, einen Widerspruch gegen ein Versäumungsurteil beziehungsweise sonstige Rechtsmittelfristen. Diese beginnen erst mit der Zustellung der Entscheidung (falls ablehnend) beziehungsweise mit der Bekanntgabe des bestellten Verfahrenshelfers und der Zustellung der Klage oder des Urteiles an diesen erneut zu laufen.

Bekommt man einen Verfahrenshelfer beigegeben, so muss man diesen nicht entlohnen. (Der Staat bezahlt dafür Pauschalbeiträge in die Pensionskasse der Rechtsanwaltskammer.) Verliert man jedoch den Prozess, so befreit die Verfahrenshilfe nicht davon, dass man dem Gegner dessen Kosten (Rechtsanwalt) ersetzen muss.

**Zu wenig Geld für den Rechtsanwalt**

Frau Schönbauer wurde von ihrer Bank auf Zahlung von € 18.000 aus einer Bürgschaft, die sie für ihren zwischenzeitlich geschiedenen Ehegatten eingegangen war, geklagt. Sie erhält den bedingten Zahlungsbefehl, gegen den sie – unter Anwaltszwang – binnen 4 Wochen einen begründeten Einspruch erheben muss. Frau Schönbauer überlegt, ob sie einen Rechtsanwalt finanzieren kann und kommt schließlich zu dem Schluss, dass dies unmöglich erscheint. 14 Tage nach der Zustellung des Zahlungsbefehls bringt sie daher bei Gericht einen Antrag auf Verfahrenshilfe und insbesondere auf Beigabe eines Rechtsanwaltes ein. Durch diesen Antrag wird die Frist für den Einspruch unterbrochen. Das Gericht muss nun über den Antrag entscheiden. Das Gericht wird Frau Schönbauer einen Verfahrenshelfer beigeben. Erst mit der Zustellung des Zahlungsbefehls an diesen wird die vierwöchige Frist für den Einspruch erneut zu laufen beginnen.

Hat man die Verfahrenshilfe erschlichen oder fallen die Voraussetzungen nachträglich weg, so kann die Verfahrenshilfe mit Beschluss wieder aufgehoben werden, und allenfalls muss man auch Kosten nachzahlen.

Das Zivilverfahren endet in der Regel – wenn das Gericht in der Sache selbst entscheidet – mit einem **Urteil.** Wird gegen das Urteil kein weiteres Rechtsmittel ergriffen oder ist der Instanzenweg ausgeschöpft, dann wird das Urteil rechtskräftig. Dies bedeutet, dass die Streitsache damit endgültig entschieden ist.

Eine ganz andere – weit verbreitete – Form der Prozessbeendigung stellt der **Vergleich** dar. Es kann sich im Laufe eines Verfahrens durchaus als sinnvoll erweisen, es nicht zu einem Urteil kommen zu lassen, sondern dem Gegner einen Vergleich anzubieten oder einen angebotenen Vergleich abzuschließen. Diese Möglichkeit der Verfahrensbeendigung steht den Prozessparteien immer offen. Dennoch sollte ein Vergleichsabschluss wohl überlegt sein. Es gehört zum Wesen eines Vergleiches, dass man einen Teil seines Anspruches aufgibt. Dazu kommt, dass in der Regel jede Prozesspartei die ihr erwachsenen Kosten selbst trägt. Aber im Grunde ist alles eine Frage der Vereinbarung. Es gibt auch die Möglichkeit, einen sogenannten „bedingten Vergleich" abzuschließen. Dann wird der Vergleich erst wirksam, wenn eine vereinbarte Frist zum Widerruf ungenützt verstreicht. Auf diesem Weg kann man eine etwas längere Überlegungszeit bekommen. Wird ein gerichtlicher Vergleich unbedingt abgeschlossen oder läuft die Frist zum Widerspruch von beiden Seiten ungenützt ab, dann ist ein gerichtlicher Vergleich ebenso wirksam, wie dies ein Urteil wäre. Auch ein solcher Vergleich ist damit dann rechtswirksam.

Wenn die im Urteilsspruch (oder im Vergleich) vorgesehene Leistungsfrist – in der Regel 14 Tage ab Rechtskraft – verstrichen ist, ist das Urteil oder der Vergleich vollstreckbar.

## Sammelklagen

In den Medien kann man immer wieder lesen, dass amerikanische Anwälte Interessen von Geschädigten in sogenannten „Sammelklagen" geltend machen und dabei hohe Schadenersatzansprüche durchsetzen. Dabei ist zu beachten, dass dieses System der Sammelklage eine Besonderheit des amerikanischen Rechtssystems ist. Dazu kommt, dass in den USA Rechtsanwälte mit den Klienten Erfolgshonorarvereinbarungen abschließen dürfen (siehe Seite 337) und im Übrigen im Zivilverfahren – unabhängig vom Prozessausgang – jede Partei die eigenen Anwaltskosten zu tragen hat. Wenn man sich daher in den USA – auf der Basis einer Erfolgshonorarvereinbarung – einer Sammelklage anschließt, hat man kein Risiko. Gewinnt man den Prozess, dann muss man einen Teil des Gewonnenen mit dem Anwalt teilen, verliert man, war es das Risiko des eigenen Anwaltes und der Gegner bekommt keinen Kostenersatz. Das führt im Übrigen auch dazu, dass amerikanische Anwälte oft überzogene Forderungen geltend machen, um dann mit dem beklagten Unternehmen – das den Kostendruck der Verfahrenskosten und um den guten Ruf in den Medien fürchten muss – einen günstigen Vergleich abzuschließen.

An diesem amerikanischen System der Sammelklage gibt es viel Kritik und in den europäischen Rechtsordnungen gibt es bislang keine vergleichbare Form der Sammelklage. Dennoch gibt es Situationen, wo eine Sammelklage vernünftig und wirksam wäre.

Der VKI hat neue Wege beschritten und bereits mehrfach (zB gegen einen Reiseveranstalter, gegen Banken und Finanzdienstleister) Sammelklagen nach österreichischem Recht organisiert. Die Ansprüche der Geschädigten werden dem VKI abgetreten und gemeinsam eingeklagt. Das Prozesskostenrisiko wird über einen Prozesskostenfinanzierer (siehe Seite 337) gedeckt. Dieser neue Weg der Durchsetzung von Verbraucheransprüchen hat sich in der Praxis bewährt, und der Oberste Gerichtshof hat die Abtretungskonstruktion an den VKI ausdrücklich gebilligt. Im Justizministerium wird an einem Gesetzesentwurf für eine „Gruppenklage“ gearbeitet.

**Brechdurchfall in Türkei-Club**

In einem türkischen All-Inclusive-Club erkrankten in wenigen Tagen an die 70 % der Gäste an Brechdurchfall. Der Reiseveranstalter versuchte die Epidemie herunterzuspielen und die Ursache mit einer eingeschleppten Virus-Infektion zu erklären. Doch als in den Stuhlproben der Geschädigten (die nach der Rückkehr nach Österreich gezogen und untersucht wurden) auch noch Lamblien gefunden wurden, war der Fall für den medizinischen Privatgutachter des VKI klar: Diese Epidemie muss mit hoher Wahrscheinlichkeit auf eine gemeinsame Ursache – also mit Fäkalien verunreinigtes Trinkwasser und/oder Essen – zurückzuführen sein.

Der Reiseveranstalter bot schließlich den Geschädigten einen schwachen außergerichtlichen Vergleich an. Der VKI startete eine „Sammelklage nach österreichischem Recht“. Die Liste der Geschädigten (mit Name, Anschrift, Telefonnummer), die vor Ort erstellt wurde, war dabei ein wesentliches Hilfsmittel, um die große Zahl der Erkrankten zu beweisen.

Der VKI ließ sich die Ansprüche der Geschädigten auf Gewährleistung (Preisminderung) und auf Schadenersatz (Schmerzengeld) abtreten und klagte alle Ansprüche gesammelt – mit einer Klage über rund € 167.000 – bei Gericht ein.

Das Ziel war: Statt vieler einzelner Verfahren vor verschiedenen Gerichten bzw Richtern, mit verschiedenen Sachverständigen und vielleicht verschiedenen Entscheidungen, sollten alle Fälle von ein und demselben Richter beurteilt werden. Ein Sachverständiger sollte – im Lichte aller Fälle – die Sachlage begutachten. Eine Entscheidung – durch alle Instanzen – durch den OGH sollte Klarheit schaffen. Und alle Geschädigten sollten Ersatz bekommen. Ein Musterprozess hätte zwar die Sach- und Rechtslage geklärt, die Ansprüche der anderen Geschädigten wären aber verjährt gewesen.

Das Prozesskostenrisiko wurde mit Hilfe des Prozesskostenfinanzierers FORIS AG (siehe Seite 337) abgedeckt. Es wurde eine Erfolgshonorarvereinbarung von 30 % getroffen. Der Reiseveranstalter lenkte schließlich ein und bezahlte rund 80 % der eingeklagten Forderungen. Die einzelnen Geschädigten bekamen – nach Abzug der Erfolgsquote und vorprozessualer Kosten – über 50 % ihrer Forderungen ausbezahlt. Das war weit mehr, als der Reiseveranstalter zunächst angeboten hatte und eine erfolgreiche Durchsetzung der Rechte der Verbraucher.

Im Zuge des Verfahrens stellte das Gericht auch fest, dass diese Form der Klage nicht gesetzwidrig ist (BGHS Wien 6.6.2001, 14 C 385/01x).

## Die Zwangsvollstreckung

Was nützt das schönste Gerichtsurteil, wenn der Prozessverlierer dennoch nicht bezahlt? Der siegreiche Kläger muss dann das Gericht um die zwangsweise Durchsetzung seiner – rechtskräftig festgestellten – Forderung bemühen. Im Zuge des Exekutionsverfahrens wird versucht, Vermögenswerte des Schuldners in Beschlag zu nehmen und zu veräußern. Der Erlös fließt dem Gläubiger zu. Gibt es mehrere Gläubiger, so gilt: Wer zuerst kommt (seinen Exekutionsantrag gestellt hat), mahlt zuerst (erhält auch sein Geld zur Gänze). Erst wenn ein Gläubiger überschuldet oder zahlungsunfähig ist und daher ein Insolvenzverfahren (siehe Seite 272 ff) eröffnet wird, kommt es zu einer anteilsmäßigen Befriedigung aller Gläubiger.

Eine Zwangsvollstreckung erfolgt nur auf Antrag des betreibenden Gläubigers. Dieser kann unter verschiedenen Mitteln der Exekution wählen. Die Exekution soll aber nicht als Druckmittel gegen den Schuldner missbraucht werden, sondern dient der Befriedigung des Gläubigers. (So kommt es zur Einstellung der Fahrnisexekution, wenn der voraussichtliche Ertrag des Exekutionsverfahrens nicht einmal die Kosten des Verfahrens decken würde.)

Für die Vollstreckung von Geldforderungen gibt es eine Vielzahl möglicher Exekutionsmittel:

- Fahrnisexekution (Pfändung und Verkauf),
- Forderungsexekution (vor allem Gehaltsexekution),
- Liegenschaftsexekution (Zwangsverwaltung, Zwangsversteigerung).

Bei Exekutionen gegen Verbraucher kommt es üblicherweise zu einer Gehalts- oder einer Fahrnisexekution. Dabei ist die Gehaltsexekution gegenüber der Fahrnisexekution bevorzugt. Eine Pfändung von Vermögensgegenständen soll erst dann vollzogen werden, wenn eine Gehaltsexekution erfolglos war oder wenn es der betreibende Gläubiger ausdrücklich verlangt, nachdem er vom Arbeitgeber des Schuldners über dessen Einkommen informiert wurde.

Will umgekehrt ein Konsument gegen einen Unternehmer Geldforderungen einbringen, dann bieten sich auch folgende Exekutionsmittel an:

- Liegenschaftsexekution (alle Liegenschaften eines Eigentümers im Grundbuch erheben),
- Exekution auf allfällige Forderungen der GmbH gegen die Gesellschafter (wenn Stammkapital nicht zur Gänze einbezahlt),
- Pfändung der Gewerbeberechtigung,
- Pfändung von Mietrechten.

Grundsätzlich ist die Bewilligung einer Exekution direkt beim Vollzugsgericht zu beantragen; mit dem Antrag ist das rechtskräftige Urteil oder der rechtskräftige Vergleich im Original (der „Titel") und versehen mit der sogenannten „Vollstreckbarkeitsbestätigung" (einer Bestätigung des Titelgerichtes) vorzulegen.

Bei der Bewilligung von Exekutionen auf Geldforderungen bis zu € 50.000 gibt es ein beschleunigtes Verfahren, das dem Verfahren bei der Mahnklage ähnlich ist.

Der betreibende Gläubiger bringt seinen Exekutionsantrag ein, das Gericht prüft die Voraussetzungen für die Bewilligung der Exekution nicht, sondern erlässt lediglich einen Exekutionsbeschluss, der dem Schuldner zugestellt wird.

Der Schuldner hat nun binnen 14 Tagen die Möglichkeit, gegen diese Exekutionsbewilligung Einspruch zu erheben. Nur wenn er Einspruch erhebt, werden die Grundlagen für die Exekutionsbewilligung durch das Gericht geprüft. Erhebt der Schuldner keinen Einspruch, dann wird die Exekutionsbewilligung rechtskräftig, und es kommt zum Vollzug.

**TIPP**

Die sachliche Grundlage des Exekutionstitels (Urteil, Vergleich) wird im Zwangsvollstreckungsverfahren vom Gericht (vom Vollstrecker) nicht mehr geprüft. Der Einwand „Ich habe bei dieser Firma nie etwas bestellt, wieso soll ich jetzt bezahlen?", geht daher ins Leere. Wird man daher von einer Exekution überrascht, so muss man zuerst den Exekutionstitel beim Titelgericht erfolgreich bekämpfen.

Das Zwangsvollstreckungsverfahren zerfällt nach Bewilligung der Exekution in zwei Phasen: Zum einen die Pfändung, das ist die Beschlagnahme der Sache und zum anderen die Verwertung (in der Regel durch Versteigerung).

## Die Gehaltsexekution

Bei der Gehaltsexekution pfändet das Gericht Bezüge aus Dienst- und Arbeitsverhältnissen sowie Pensionsbezüge. Auch der 13. und 14. Monatsgehalt, Leistungen der Arbeitslosenversicherung (Arbeitslosengeld, Notstandshilfe ...) sowie bestimmte Leistungen mit Versorgungscharakter sind pfändbar.

Der betreibende Gläubiger benötigt zur Antragstellung das Geburtsdatum des Schuldners. Über Name und Geburtsdatum wird über den Hauptverband der Sozialversicherungsträger festgestellt, ob – und wenn ja, wo – der Verpflichtete beschäftigt ist oder eine Pension bezieht. Dann wird der Arbeitgeber (die Pensionsversicherung) gerichtlich angewiesen, den pfändbaren Teil des Einkommens (der Pension) einzubehalten und an den Gläubiger abzuführen. Zum Schutz des Schuldners muss diesem und allen Personen, deren Unterhalt er zu finanzieren hat, ein „Existenzminimum“ verbleiben.

**TIPP**

Wenn Sie von einer Gehaltsexekution betroffen sind, lassen Sie von einer Schuldnerberatung oder von der Arbeiterkammer die Berechnung des Existenzminimums überprüfen.

## Die Fahrnisexekution

Bei der Fahrnisexekution erscheint der Vollstrecker in der Wohnung und es werden „bewegliche Gegenstände“ (Stereoanlage, Fernsehgeräte, Möbel, Schmuck, Kleidung ...), die sich in der „Gewahrsam“ des Verpflichteten befinden, „gepfändet“. Die genannten Gegenstände werden in einem Pfändungsprotokoll unter Angabe des geschätzten Wertes („Bleistiftwert“) verzeichnet.

Solche Vollzüge finden überwiegend am frühen Morgen (ab 6.00 Uhr) oder in den Abendstunden statt. Ist die Wohnung versperrt, so kann der Gläubiger die Beiziehung eines Schlossers beantragen. Dieser darf dann die Türe auch (ohne Beschädigung des Schlosses) öffnen. Und wenn ein Hund wacht, kann sogar ein Hundefänger beigezogen werden.

**TIPP**

Es ist sinnlos, sich gegen ein Betreten der Wohnung durch den Vollstrecker zu wehren. Erstens darf er die Wohnung betreten, zweitens verursacht die Beiziehung des Schlossers bzw eines Hundefängers sowie der Exekutive nur weitere (erhebliche) Kosten.

Der Vollstrecker pfändet jene beweglichen Gegenstände, die sich in der Verfügungsgewalt des Verpflichteten befinden. Das bedeutet, dass der Vollstrecker nicht prüft, wer Eigentümer der Gegenstände ist. Es reicht aus, dass sich der Verpflichtete in der Wohnung oder einem bestimmten Zimmer der Wohnung (offensichtlich) aufhält, um „Gewahrsam" annehmen zu können und zu pfänden. Bei Ehegatten wird in der gemeinsamen Ehewohnung auch immer gemeinsame „Gewahrsame" angenommen.

Der Vollstrecker darf sogar Kästen durchsuchen und eine Taschenpfändung (Durchsuchung der am Körper getragenen Kleidung auf Wertgegenstände) durchführen.

**Nicht alles darf gepfändet werden**

Dem Exekutor sind allerdings auch Grenzen gesetzt. Nicht pfändbare Gegenstände sind:

- Kleider, Betten, Wäsche, Haus- und Küchengeräte, Hausrat, Heiz- und Kochöfen, soweit für den Betroffenen und für dessen im gemeinsamen Haushalt lebende Familienmitglieder unentbehrlich.
- Bei Beamten, Geistlichen, Lehrern, Rechtsanwälten, Notaren, Ärzten und Künstlern sowie bei Personen, die einen geistigen Beruf ausüben oder sich auf einen solchen vorbereiten, die zur Ausübung des Berufes erforderlichen Gegenstände und anständige Kleidung.
- Bei Handwerkern: die zur Erwerbstätigkeit erforderlichen Gegenstände und Rohmaterial bis € 750.
- Bücher, Eheringe, Arzneien, Brillen u. Ä.
- Geld, soweit aus pfändungsfreiem Einkommen (zum Beispiel Sozialhilfe).

Die gepfändeten Gegenstände bleiben zunächst an Ort und Stelle. Sie dürfen aber nicht mehr weggebracht oder beschädigt werden. Ein Zuwiderhandeln wäre gerichtlich strafbar. Einige Wochen nach der Pfändung wird dann entweder der Verkauf an Ort und Stelle oder die Versteigerung in einer Versteigerungshalle ausgeschrieben. Einige Tage vorher werden – bei der Versteigerung – die Gegenstände abgeholt. Wer dann noch die offenen Forderungen zur Gänze begleicht, kann eine Verwertung noch abwenden. Aus dem Erlös der Verwertung werden die Kosten und danach auch Zinsen und Kapital der Forderung des Gläubigers beglichen.

Bleibt auch die Fahrnisexekution erfolglos, so hat der Verpflichtete vor Gericht oder vor dem Vollstrecker ein Vermögensverzeichnis abzulegen und zu unterfertigen.

## Problemfälle bei Exekutionen

Es kommt immer wieder vor, dass jemand durch die Mitteilung des Dienstgebers von einer Gehaltsexekution oder durch den „Besuch“ des Vollstreckers in der Wohnung überhaupt erst auf ein gerichtliches Verfahren aufmerksam wird, von dem er zuvor keinerlei Kenntnis erlangt hat.

In einem solchen Fall müssen Sie sich fragen, ob die zugrunde liegende Forderung zu Recht besteht. Ist dem so, so erscheint ein neuerliches Aufrollen des Rechtsstreits wenig sinnvoll und verursacht nur Kosten. Besteht die Forderung aber – Ihrer Meinung nach – nicht zu Recht, dann ist zu prüfen, weshalb Sie vom Titelverfahren keine Kenntnis erlangt haben.

Dies kann daran liegen, dass insbesondere Klage oder Zahlungsbefehl oder auch Urteil entweder rechtswidrig zugestellt wurden oder es zwar zu einer rechtmäßigen Zustellung kam, Sie aber dennoch von der Zustellung keine Kenntnis erlangt haben.

**Ein Zustellung ist rechtswidrig, ...**

- wenn ein RSb-Brief hinterlegt wurde, der Empfänger jedoch zu diesem Zeitpunkt ortsabwesend (Urlaub, Geschäftsreise, Krankenhaus ...) war (und dies mit Zeugen, Urkunden oder Stempeln im Pass beweisbar ist).

Hier können Sie das Titelverfahren neu aufrollen.

**Rechtmäßig, aber keine Kenntnis erlangt**

Eine Zustellung kann auch rechtmäßig erfolgt sein, ohne dass Sie davon wissen. Zum Beispiel

- wenn der RSb-Brief auf dem Postamt hinterlegt wurde, die Hinterlegungsanzeige aus dem Hausbrieffach jedoch von Unbekannten entwen-

det wurde und der Empfänger daher von der Hinterlegung keine Kenntnis erlangen konnte (und dies beweisbar ist);
- wenn bei einem RSb-Brief ein Familienangehöriger den Brief zwar übernommen, dann jedoch nicht an den Empfänger weitergegeben hat (und dies beweisbar ist).

Hier können Sie Wiedereinsetzung in den vorigen Stand beantragen.

Je nachdem ist in der Folge einerseits das Titelverfahren, das zur Entscheidung geführt hat, neu aufzurollen und andererseits im Exekutionsverfahren zunächst die Aufschiebung und dann die Einstellung der Exekution zu beantragen.

**Überraschende Exekution – was nun?**

- Die Frage der Rechtmäßigkeit der Zustellungen können Sie beim Gericht, von dem das Urteil stammt, klären.
- In den Amtsstunden (8.00 – 12.00 Uhr) hat jede Partei eines Verfahrens das Recht auf Akteneinsicht und – soweit die technischen Möglichkeiten gegeben sind – auf (kostenpflichtige) Anfertigung von Fotokopien aus dem Akt. Am besten ist es, den ganzen Akt (samt den Zustellnachweisen) kopieren zu lassen.
- Diese Erhebungen sind sofort nach Kenntnis von der Pfändung durchzuführen. Für alle Maßnahmen bestehen nun nur sehr kurze Fristen. Daher ist Eile geboten!
- Die Wahl der richtigen Rechtsmittel ist eine juristisch heikle Entscheidung, daher sollte jedenfalls juristische Fachberatung eingeholt werden (Rechtsanwalt, kostenlose Erstauskunft der Rechtsanwaltskammer, Amtstag bei Gericht).

Es könnte auch sein, dass Sie im Zuge einer Exekution das Opfer einer Verwechslung durch Namensgleichheit sind. Dann können Sie jedenfalls binnen 14 Tagen ab Zustellung der Exekutionsbewilligung Einspruch erheben oder – ist diese Frist bereits abgelaufen – die Einstellung der Exekution beantragen. Die Umstände der Verwechslung sind allerdings zu behaupten und nachzuweisen.

Wenn Gegenstände gepfändet werden, die Dritten gehören (Gegenstände mit Eigentumsvorbehalt, Leasing-Objekte, Gegenstände von Verwandten und Freunden …), so sollte man das dem Vollstrecker sofort mitteilen. Dieser pfändet die Gegenstände üblicherweise zwar trotzdem, doch muss er Ihren Einwand im Pfändungsprotokoll anmerken. Sodann ist der Fremdeigentümer sofort – nachweislich (eingeschriebener Brief) – von der Exekution zu verständigen. Dieser muss dann seine Rechte gegenüber dem Gläubiger geltend machen: Er muss dann sein Eigentum nachweisen und allenfalls, wenn der betreibende Gläubiger die Exekution nicht einstellt, als Eigentümer Klage gegen ihn erheben.

Wenn man aufgrund einer Exekution beim Vollstrecker Zahlung leistet, so sollte man sich jedenfalls einen Zahlungsbeleg aushändigen lassen. Zahlen Sie nach einer Pfändung an den betreibenden Gläubiger, dann sollten Sie sich die Zahlung natürlich ebenfalls bestätigen lassen und darüber hinaus darauf bestehen, dass der Gläubiger Ihnen gleich einen Antrag auf Einstellung der Exekution gemäß § 39 EO (Exekutionsordnung) aushändigt, den Sie beim Exekutionsgericht einbringen. Eine andere Möglichkeit ist, dass der Gläubiger diesen Antrag selbst einbringt. Ohne Antrag – allein aufgrund der Zahlung – wird die Exekution (da das Gericht von der Zahlung ja keine Kenntnis hat) nicht eingestellt.

Schließlich sollten Sie noch wissen, dass der Vollstrecker von einer Pfändung absehen muss, wenn Sie ihm nachweisen können, dass Sie bereits alle offenen Forderungen bezahlt haben.

Angesichts einer Zwangsvollstreckung liegt vielleicht auch der Gedanke an eine Ratenvereinbarung nahe. Das macht allerdings nur dann Sinn, wenn gleichzeitig vom betreibenden Gläubiger das Exekutionsverfahren entweder eingestellt oder jedenfalls ausgesetzt wird.

## Privatkonkurs

Bei einem Privatkonkurs können dem Schuldner durch Beschluss des Gerichtes bis zu 90 Prozent seiner Schulden nachgelassen werden. Bevor es aber dazu kommt, muss er zum einen versuchen, sich mit seinen Gläubigern auf andere Art zu einigen, und zum andern sehr harte Einschränkungen auf sich nehmen. Folgende vier Stufen sind zur Entschuldung vorgesehen:

- außergerichtlicher Ausgleich,
- Sanierungsplan,
- Zahlungsplan,
- Abschöpfungsverfahren.

In allen Fällen aber gilt: Der Schuldner muss einerseits einen Teil seiner Schulden bezahlen, er bekommt dann aber andererseits seine restlichen Schulden erlassen.

## Außergerichtlicher Ausgleich

Bevor ein Privatkonkurs beantragt werden kann, muss der Schuldner versuchen, sich mit seinen Gläubigern ohne Hilfe des Gerichtes im Rahmen eines außergerichtlichen Ausgleichs einig zu werden. Er muss seinen Gläubigern anbieten, einen bestimmten Teil seiner Schulden innerhalb einer bestimmten Zeit (entweder sofort oder in Raten) zu bezahlen. Ein außergerichtlicher Ausgleich ist jedoch nur dann möglich, wenn ausnahmslos alle Gläubiger dem Zahlungsangebot des Schuldners zustimmen.

Für Ihren eigenen Überblick und zur Verhandlung mit den Gläubigern ist es eine wertvolle Hilfe, wenn Sie eine genaue Aufstellung aller Einnahmen und Ausgaben sowie insbesondere Ihrer Schulden erstellen.

Beim Versuch einer Einigung mit den Gläubigern kann man insbesondere auch die Hilfe der Schuldnerberatungsstellen in Anspruch nehmen. Diese sind zudem auch befugt, gegenüber dem Gericht zu bestätigen, dass der Versuch eines außergerichtlichen Ausgleichs gescheitert ist, und sie dürfen einen Schuldner auch im Konkursverfahren selbst vertreten.

**TIPP**

Die Adressen der örtlichen Schuldnerberatungen erfahren Sie über die
**ASB Schuldnerberatungen GmbH**
4020 Linz, Bockgasse 2b
Telefon (0732) 65 65 99
Email: asb@asb-gmbh.at; Internet: www.schuldnerberatung.at

## Sanierungsplan

Wenn der Versuch eines außergerichtlichen Ausgleichs scheitert, kann der Schuldner beim örtlich zuständigen Bezirksgericht einen Konkursantrag stellen. Dabei ist es das erste Ziel, den Abschluss eines Sanierungsplans zu erreichen. Dafür muss der Schuldner seinen Gläubigern mindestens 20 Prozent ihrer Forderungen (zahlbar in zwei Jahren) oder 30 Prozent ihrer Forderungen (zahlbar in fünf Jahren) anbieten. Das Angebot muss von mehr als der Hälfte der anwesenden stimmberechtigten Gläubiger, die mehr als 50 Prozent der Gesamtsumme aller Forderungen der bei der Tagsatzung anwesenden und stimmberechtigten Gläubiger vertreten, akzeptiert werden. Ansonsten kommt der Sanierungsplan nicht zustande. Der Vorteil eines Sanierungsplans liegt für den Schuldner vor allem darin, dass auf dieser Stufe des Verfahrens sein allenfalls vorhandenes Vermögen (Auto, Eigentumswohnung usw) erhalten bleiben kann.

Kommt kein Sanierungsplan zustande, dann wird vom Gericht ein eventuell vorhandenes Vermögen des Schuldners eingezogen und verkauft. Der Erlös aus dem Verkauf wird auf die Gläubiger verteilt. Danach muss der Schuldner versuchen, mit den Gläubigern einen Zahlungsplan zu vereinbaren.

## Zahlungsplan

Ebenso wie beim Sanierungsplan muss beim Zahlungsplan die Mehrheit der Gläubiger zustimmen. Im Unterschied zum Sanierungsplan ist aber für den Zahlungsplan keine Mindestquote vorgeschrieben. Vielmehr muss der Schuldner den Gläubigern eine Quote anbieten, die seinem voraussichtlichen Leistungsvermögen in den nächsten fünf Jahren entspricht.

## Abschöpfungsverfahren

Scheitert ein Zahlungsplan oder wird er von den Gläubigern abgelehnt, dann ist das Abschöpfungsverfahren die letzte Möglichkeit zur Entschuldung. Dabei verpflichtet sich der Schuldner, den pfändbaren Teil seines Einkommens an einen Treuhänder abzutreten. Für mindestens drei und maximal sieben Jahre muss der Schuldner dann vom Existenzminimum leben. Dabei muss er einer angemessenen Erwerbstätigkeit nachgehen. Ist er arbeitslos, muss er sich um Arbeit bemühen und darf auch keine zumutbare Tätigkeit ablehnen. Auch sämtliche Nebeneinkünfte muss er herausgeben. Schenkungen, Erbschaften und Ähnliches müssen ebenfalls abgeliefert werden. Nach frühestens drei Jahren kann das Gericht, wenn der Schuldner bis dahin bereits 50 Prozent der Forderungen seiner Gläubiger beglichen hat, die sogenannte Restschuldbefreiung erteilen. Gelingt dies nicht, kann die Restschuldbefreiung erst nach sieben Jahren erteilt werden, wenn der Schuldner bis dahin mindestens zehn Prozent seiner Schulden bezahlt hat. Nur in jenen Fällen, wo die Mindestquote von zehn Prozent nur geringfügig unterschritten wird, kann das Gericht eine Restschuldbefreiung auch nach freiem Ermessen aussprechen. Der Schuldner hat im Übrigen erst 20 Jahre nach Einleitung eines Abschöpfungsverfahrens wieder die Möglichkeit, ein neues Abschöpfungsverfahren zu beantragen.

Beachten Sie, dass Sie als Schuldner am Ende eines Abschöpfungsverfahrens zwar von Ihren restlichen Schulden befreit sind, nicht jedoch Ihre Bürgen oder Mitschuldner. Diese haften gegenüber den Gläubigern weiter. Das gilt insbesondere auch für mithaftende Ehegatten.

# Lexikon des Verbraucherrechts

## A

### Ablaufdatum

→ Mindesthaltbarkeitsdatum

### Adressenverlag

Ein Adressenverlag ist ein Unternehmen, das mit Daten möglicher Kunden und Interessenten handelt. Diese Daten – vor allem Name und Anschrift, aber natürlich auch die Information, dass diese Person zu einem bestimmten Kunden- oder Interessentenkreis gehört – werden vorwiegend für Direktwerbeaktionen („Directmail") „vermietet". Die Werbeaussendung wird in aller Regel auch vom Adressenverlag technisch abgewickelt, die vollständige Bezeichnung des Gewerbes lautet daher „Adressenverlag und Direktwerbeunternehmen".

Daten können auch aus mehreren Kundendateien von Unternehmen und aus eigenen Quellen des Adressenverlages sozusagen „zusammengemischt" werden; man spricht dann von „Listbroking" (das englische Wort für das Makeln mit verschiedenen Adressenbeständen).

Nehmen wir als Beispiel an, dass ein Veranstalter exklusiver Jagdreisen eine Werbeaussendung mit möglichst geringem Streuverlust machen will. Er könnte dazu einen Adressenverlag beauftragen, die Aussendung an alle Rechtsanwälte und Ärzte zu adressieren, die zugleich Kunden eines Jagdgewehrhändlers oder eines Versandhauses für gehobene „Outdoor"-Mode sind (sofern natürlich diese Unternehmen ihre Kundendateien dem Adressenverlag verkauft haben). In der Praxis erfährt der Auftraggeber dieser Aussendung nicht die konkreten Adressen, die Abwicklung erfolgt ausschließlich über den Adressenverlag.

Die Zustimmung zur Weitergabe von Daten aus Kunden- und Interessentendateien kann jederzeit widerrufen werden (§ 151 Abs 10 GewO).

### Aktiengesellschaft (AG)

→ Seite 57 f

## Allgemeine Geschäftsbedingungen

→ Seite 153 ff

## Anbot

→ Seite 35 ff

## Anerkenntnis

Wenn ein Inkassobüro die Forderung eines Unternehmers einmahnt, dann wird meist neben dem Angebot einer Ratenzahlung auch ein Anerkenntnis der bisherigen Kapitalforderung samt Zinsen und Kosten zur Unterschrift vorgelegt. Durch das Anerkenntnis soll die geltend gemachte Forderung bestätigt werden. Hat man eine Forderung einmal derart anerkannt, ist man auch verpflichtet zu bezahlen. Man kann dann die Grundforderung (zum Beispiel die Bestellung beim Versandhaus) und auch deren Höhe nicht mehr in Frage stellen. Diese Form des – wie Juristen sagen „konstitutiven" – Anerkenntnisses ist eine Willenserklärung. Sie kann nur wegen arglistiger Irreführung angefochten werden (siehe Seite 51).

Wird man von einem Vertreter des Inkassobüros überraschend zu Hause aufgesucht und unterschreibt man – in der ersten Verblüffung vorschnell – das Formular, dann kann man von seiner Erklärung – wie bei anderen Haustürgeschäften auch – noch zurücktreten (siehe Seite 177 ff).

Auch Banken und Kreditkartenorganisationen arbeiten mit dem Werkzeug des Anerkenntnisses, um rasch Klarheit über die Unbestrittenheit ihrer Forderungen zu schaffen. So sehen Banken-AGB gerne vor, dass der Kunde gegen einen Saldoabschluss auf den Kontoauszügen für das Girokonto binnen bestimmter Fristen Einspruch erheben muss, sonst gelten die in der Abrechnung aufscheinenden Belastungen als anerkannt. Der OGH hat dazu entschieden, dass dieses Anerkenntnis nur deklarativ wirkt, also nur als Wissenserklärung gewertet wird und damit – anders als das konstitutive Anerkenntnis – keinen eigenen Verpflichtungsgrund schafft. Kreditkartenorganisationen sehen kurze Fristen zum Widerspruch gegen Rechnungsposten in der Abrechnung vor. Ebenfalls mit der Annahme: Wer nicht widerspricht, anerkennt die Forderung. Diese sogenannten Verschweigungsklauseln in den Geschäftsbedingungen sind aber nur wirksam, wenn der Unternehmer den Kunden gleichzeitig mit Beginn der Frist ausdrücklich auf die Frist für den Einspruch und die Folgen der Unterlassung eines Einspruches hinweist. Diese Aufklärung muss auf der Rechnung oder auf dem Saldoabschluss aufscheinen. Aber selbst wenn man aufgeklärt wird, aber nicht rechtzeitig reagieren kann – etwa weil man auf Urlaub oder sonstwie verhindert ist –, wird die Wirkung des Anerkenntnisses bestritten werden können.

## Angeld

Ein Angeld kann beim Abschluss eines Vertrages zur Sicherstellung der beiderseitigen Vertragserfüllung gegeben werden. Erfüllt der Angeld-Geber seine Verpflichtungen nicht, darf der Empfänger das Geld behalten. Hat hingegen der Empfänger seine Verpflichtungen nicht erfüllt, so muss er das doppelte Angeld zurückgeben. Das Gericht kann ein vereinbartes Angeld auch mäßigen.

Das Angeld ist nicht zu verwechseln mit der Anzahlung (→ **Anzahlung**), also einer Teilzahlung bei Vertragsabschluss. Diese Anzahlung kann weder verfallen, noch kann die doppelte Anzahlung zurückgefordert werden.

Im Zweifel sieht die Rechtsprechung nur in kleineren Beträgen, bei denen zu vermuten ist, dass die Vertragspartner mit einem Verfall einverstanden wären, ein Angeld. Bei größeren Beträgen handelt es sich meist um eine schlichte Anzahlung. Wenn insbesondere Immobilienmakler eine relativ hohe Anzahlung des Kaufpreises für eine Wohnung gerne als „Angeld" bezeichnen, so ist im Einzelfall – nach dem „wahren" Willen der Vertragspartner – zu prüfen, ob es sich tatsächlich um ein Angeld oder nur um eine Anzahlung handelt.

Im Übrigen dürfen Immobilienmakler Zahlungen von Angeld oder Anzahlungen vor Ablauf der Rücktrittsfrist (siehe Seite 207 ff) weder im Vertrag vereinbaren noch annehmen.

## Anlageberater

→ Seite 261 ff

## Anzahlung

Eine Teilzahlung bei Vertragsabschluss nennt man Anzahlung. Nur in besonderen Fällen kann es sich auch um ein Angeld (→ **Angeld**) handeln.

Es gibt aber auch viele Fälle, in denen vom Verbraucher eine Anzahlung verlangt wird, der Unternehmer aber zunächst noch keine Gegenleistung erbringt. So ist es in der Bauwirtschaft üblich, bereits bei Auftragserteilung eine Anzahlung zu erbringen, die – so jedenfalls die Theorie –

den Baumeister erst in die Lage versetzt, das nötige Baumaterial anzuschaffen. Aber auch bei der Buchung einer Pauschalreise wird vom Kunden erwartet, dass er zunächst einmal eine Anzahlung leistet, damit die Buchung überhaupt bestätigt wird. Steht also der Anzahlung keine Zug um Zug erbrachte Gegenleistung des Unternehmers gegenüber, handelt es sich um eine Vorauszahlung. Mit solchen Vorauszahlungen geht der Konsument das Risiko ein, dass er seine Leistung bereits – zum Teil – erbringt, die Leistung des Unternehmers aber – zum Beispiel wegen eines Konkurses – ausbleibt. Daher sollte man möglichst keine Vorauszahlungen erbringen beziehungsweise auf eine Absicherung Wert legen.

Eine verpflichtende Absicherung solcher Vorauszahlungen gibt es bei Reiseveranstaltern (siehe Seite 278 ff) und Bauträgern (→ **Bauträger**).

## Architekten

Der Architekt ist als „staatlich befugter und beeideter Ziviltechniker" zur Erbringung von planenden, überwachenden, beratenden und koordinierenden Leistungen berechtigt, darf sie aber selbst nicht ausführen, also nicht wie ein Baumeister (→ **Baumeister**) mit seinen Mitarbeitern das geplante Haus auch tatsächlich errichten.

Egal ob der Architekt nur als Planer tätig wird oder auch die Bauaufsicht übernimmt, wichtig ist in jedem Fall die genaue Abgrenzung des Auftrages. Beachten Sie, dass es gerade bei Planungsaufträgen einen wesentlichen Unterschied macht, ob zunächst einmal nur ein erster grober Entwurf erstellt werden soll oder schon ein Einreichplan mit genauen Maßen und allen von der Baubehörde geforderten Schikanen.

Noch vor Auftragserteilung für eine Planung sollten Sie mit dem Architekten besprechen, ob er grundsätzlich eine Möglichkeit sieht, Ihre Vorstellungen angesichts des Grundstücks, der baurechtlichen Gegebenheiten und Ihrer finanziellen Grenzen umzusetzen. Es ist sinnvoller, zunächst einmal in ein Beratungshonorar zu investieren, als derartige Fragen erst dann zu klären, wenn Sie vom Ergebnis des vorschnell erteilten Planungsauftrags überrascht werden.

Das Honorar des Architekten ist grundsätzlich frei vereinbar, allerdings wird von der Architekten- und Ingenieurkammer die „Honorar Information Architektur" herausgegeben (HIA), an denen sich die Architekten orientieren. Die HIA dienen als Richtschnur und legen keine zwingenden Mindestgebühren fest. Eine Unterschreitung der HIA-Sätze ist daher möglich und in der Praxis vor allem bei größeren Bauvorhaben auch üblich. Es ist aber selbstverständlich möglich, andere Vereinbarungen zu treffen oder ein Pauschalhonorar zu vereinbaren.

Wird keine Honorarvereinbarung getroffen, so sind die in den HIA angegebenen Sätze in der Regel als angemessenes Entgelt anzusehen. Die in der Praxis häufigsten Konsumentenprobleme mit Architekten ergeben sich gerade dort, wo zunächst keine ausdrückliche Honorarvereinbarung getroffen wird und es in der Folge, aus welchem Grund auch immer, nicht zur Beauftragung des Architekten mit der gesamten Planung und Bauüberwachung kommt. In diesem Fall kann der Architekt nach den HIA seine bisher erbrachten Leistungen auf der Basis der geschätzten Baukosten abrechnen.

Häufige Umplanungen aufgrund von Änderungswünschen der Auftraggeber sind ebenfalls Anlass für Streitigkeiten beim Honorar. Aus Konsumentensicht trägt man am besten zur Vermeidung solcher Auseinandersetzungen bei, indem man erst dann den Auftrag für die Erstellung von Detailplänen gibt, wenn die Grundkonzeption des Hauses ausreichend überdacht und akzeptiert worden ist. Das muss dem Architekten auch ausdrücklich klar gemacht werden.

Auskünfte über die HIA erhalten Sie in der Architekten- und Ingenieurkammer Ihres Bundeslandes. Dort können Sie auch erfragen, ob Sie es tatsächlich mit einem befugten Architekten zu tun haben.

Im Rahmen der Bauaufsicht kann auch ein Architekt natürlich nicht verhindern, dass es zu Mängeln kommt. Er ist dem Bauherrn gegenüber jedoch verantwortlich, wenn er einen für ihn als Fachmann erkennbaren Mangel nicht wahrnimmt oder sonst seiner Pflicht zur Überwachung der Bauausführung nicht ordnungsgemäß nachkommt und daraus ein Schaden für den Auftraggeber entsteht.

## Arzthaftung

→ Seite 83 f

## Aufrechnung

Wenn Vertragspartner gegeneinander Forderungen haben, also zum Beispiel der Baumeister noch Werklohn bekommt, der Auftraggeber aber – für Mängelbehebungen durch Dritte – vom Baumeister Schadenersatz verlangt, dann müssen die Geldbeträge nicht hin- und herbezahlt werden, sondern können aufgerechnet werden. Der Auftraggeber zieht also vom offenen Werklohn den Schadenersatz ab und bezahlt nur den Rest. Dieses

Recht auf Aufrechnung kann zwischen Unternehmern und Konsumenten im Vertrag nicht ausgeschlossen werden.

## Aufsichtspflicht bei Kindern

„Eltern haften für ihre Kinder" – das ist nicht nur eine typische Aufschrift, wie man sie auf den „Betreten verboten!"-Schildern auf Baustellen findet, sondern entspricht auch einer weit verbreiteten Vorstellung. Einen Rechtsgrundsatz, dass Eltern generell für alle von ihren Kindern angerichteten Schäden aufkommen müssen, gibt es allerdings nicht.

Rechtlich kommt es nicht auf die Schadensverursachung durch die Kinder an, sondern auf die Verletzung der Aufsichtspflicht durch die Eltern (§ 1309 ABGB). Nur dann, wenn die Eltern selbst ein Verschulden trifft, weil sie die notwendigen und vernünftigen Aufsichtsmaßnahmen nicht getroffen haben, müssen sie für Schäden einstehen, die von ihren Kindern verursacht werden. Heikel ist natürlich die Frage, welche Aufsicht erforderlich ist. Die Gratwanderung zwischen den Freiräumen, die man einem Kind gewährt, und jener Unaufmerksamkeit, die als Vernachlässigung der Aufsichtspflicht gilt, ist nicht immer leicht. In das Extrem des übertriebenen Beschützens braucht man trotzdem nicht zu verfallen. Dass Kinder einen gewissen Freiraum benötigen, um sich entfalten zu können, wird von der Rechtsprechung durchaus anerkannt. Eine Überwachung „auf Schritt und Tritt" – so der Oberste Gerichtshof – kommt beispielsweise bei einem fünfjährigen Kind grundsätzlich nicht in Betracht. Allein der Umstand, dass ein Schaden eingetreten ist, sagt noch gar nichts darüber aus, ob auch die Aufsichtspflicht verletzt wurde. Kinder kann man eben nicht völlig beherrschen, und damit sind auch die Möglichkeiten zur Schadensvermeidung begrenzt.

Bei der Überlegung, welche Aufsicht im konkreten Fall nötig ist, kann als Orientierungspunkt die Sorge um das Wohlergehen des Kindes herangezogen werden. Was „verständige Eltern" (darauf beruft sich der OGH in solchen Fällen) unternehmen, um das eigene Kind vor Schaden zu bewahren, wird in aller Regel auch ausreichen, um nicht zur Haftung herangezogen zu werden, falls das Kind nicht sich selbst, sondern etwa seine Spielgefährten verletzt oder etwas beschädigt.

In diesem Sinne ist es im Regelfall unbedenklich, wenn schulpflichtige Kinder ohne ständige Beaufsichtigung im Freien spielen (auch in größerer Entfernung vom Elternhaus). Hat man den Kindern dabei entsprechend eingeschärft, dass sie sich nicht auf Baustellen, sondern nur am Spielplatz aufhalten dürfen, so werden die Eltern auch dann nicht haften, wenn die

Kinder doch einmal einen Abstecher auf die danebenliegende Baustelle machen und dort Schaden anrichten.

Wirft der Sprössling im Supermarkt etwas zu Boden, so müssen die Eltern ebenfalls nicht quasi naturgesetzlich zahlen. Schon ein Kindergartenkind, das gemeinsame Einkäufe im Supermarkt gewohnt ist, versteht üblicherweise, dass man die ausgestellten Waren nur aus dem Regal nimmt, wenn man sie auch kaufen möchte und dass man natürlich kein angebotenes Produkt zerstören darf. Es ist daher auch nicht notwendig, das Kind ständig an der Hand zu führen, nur damit ja nichts passiert. Stößt es doch einmal einen Korb um oder geht etwas zu Bruch, so ist es das Pech des Unternehmers.

Ist ein Malheur passiert, seien Sie vorsichtig mit Schuldeingeständnissen oder Schadensgutmachungen. In sehr vielen Fällen versuchen die Unternehmer nämlich, den Schaden auf die Eltern abzuwälzen, obwohl diese ihrer Aufsichtspflicht im zumutbaren Rahmen nachgekommen sind.

Die gebotene Aufsicht richtet sich übrigens nicht nur nach objektiven Faktoren (wie zum Beispiel Alter und Gefahrenträchtigkeit einer bestimmten Tätigkeit), sondern auch nach subjektiven, konkreten Anhaltspunkten. Vor allem muss man bei der Aufsicht umso strenger sein, je stärker sich das Kind schon durch frühere Schäden „profiliert" hat.

Die Haftung bei Vernachlässigung der Aufsicht trifft natürlich nicht nur die Eltern, sondern alle Personen, die, aus welchem Grund auch immer, zur Aufsicht verpflichtet sind – sei es Tante Erna, die kurzfristig Babysitter spielt, oder der bezahlte Babysitter (ebenso wie Kindergarten oder Schule). Zerkratzt das Baby Tante Ernas Möbel, so hat diese Pech gehabt; da sie ja zur Aufsicht verpflichtet war, könnte sie höchstens sich selbst belangen. Die Eltern des Kindes aber sind aus dem Schneider – werden aber vielleicht moralisch gar nicht anders können, als den Schaden aus Eigenem wieder gutzumachen. In der Praxis ist dann oft die Verbitterung groß, wenn sich die Haftpflichtversicherung der Eltern – die ja keine moralischen Verpflichtungen gegenüber Tante Erna hat – weigert, die Schäden zu regulieren.

Überhaupt stellt sich bei jedem Schadenseintritt auch die Frage, ob es eine Versicherung gibt, die dafür aufkommt. Stellen Kinder etwas an, ist in erster Linie an die Privat-Haftpflichtversicherung der Eltern zu denken – wenn sie eine haben. Eine Privat-Haftpflichtversicherung ist auch in der Haushaltsversicherung (→ **Haushaltsversicherung;** → **Haftpflichtversicherung)** eingeschlossen; mitversichert sind auch die im selben Haushalt lebenden Ehegatten (bzw Lebensgefährten) und die minderjährigen

Kinder des Versicherungsnehmers. Die Versicherung deckt somit (mit gewissen Einschränkungen) nicht nur Schadenersatzansprüche an die Eltern, weil sie ihre Aufsichtspflicht verletzt haben; gedeckt sind auch die an die Kinder gerichteten Ansprüche, wenn die Kinder selbst schon schadenersatzpflichtig sind.

Kinder selbst werden erst mit vollendetem 14. Lebensjahr „deliktsfähig", das heißt, sie müssen für einen von ihnen verschuldeten Schaden voll einstehen. Schon unter dieser Altersgrenze aber kann das noch unmündige Kind unter bestimmten Voraussetzungen zum zumindest teilweisen Ersatz verpflichtet werden. Erste Bedingung ist, dass der Geschädigte von den Aufsichtspflichtigen keinen Ersatz bekommt – sei es, weil sie die Aufsichtspflicht gar nicht verletzt haben, oder auch, weil sie nicht zahlen können. Dann ist abzuwägen, inwieweit das Kind schon in der Lage war, das Unrichtige seines Handelns zu erkennen und sich auch entsprechend zu verhalten, und ob das Kind „Vermögen" hat, das es ihm ermöglicht, leichter als der Geschädigte den Schaden zu tragen. Die Rechtsprechung legt den Begriff „Vermögen" weit aus und zählt dazu vor allem auch eine Haftpflichtversicherung, die den Schaden decken könnte. Besteht also eine Versicherung (im Regelfall über die Mitversicherung in der Haushaltsversicherung der Eltern), so sind die Chancen des Geschädigten größer, dass das Kind zum Schadenersatz verpflichtet wird.

Allerdings ist zu beachten, dass von der Haftpflichtversicherung Schäden, die den Familienangehörigen entstanden sind, nicht gedeckt werden. Dieser Ausschluss – im Versicherungsjargon „Familienfriedensargument" – soll verhindern, dass Kinder gegen Eltern oder Großeltern (oder umgekehrt) prozessieren, weil der eine dem anderen einen Schaden zugefügt hat. Als Angehörige gelten im Wesentlichen die Ehegatten (Lebensgefährten), Kinder, Enkel, Eltern, Großeltern, Stief-, Schwieger- und Adoptiveltern des Versicherungsnehmers und auch dessen im Haushalt lebenden Geschwister.

## Ausverkauf

Unter einem Ausverkauf versteht man den – durch besondere Umstände erzwungenen – beschleunigten Absatz größerer Warenmengen zu außerordentlich vorteilhaften Bedingungen oder Preisen. Anlässe für Ausverkäufe sind typischerweise die Geschäftsauflassung, eine Übersiedlung oder auch ein Schadenseintritt durch ein Elementarereignis (etwa Brand- oder Wasserschaden). Um eine Irreführung der Verbraucher zu vermeiden, dürfen Ausverkäufe nur angekündigt werden, wenn der Gewerbetreibende vorher die Bewilligung der Bezirksverwaltungsbehörde eingeholt hat.

Der Umstand, dass die behördliche Genehmigung für einen Ausverkauf vorliegt, ist natürlich keine „amtliche Bestätigung“, dass die angebotenen Waren tatsächlich außerordentlich günstig sind. In der Preisbildung bleibt der Unternehmer auch im Ausverkauf grundsätzlich frei. Es kann durchaus sein, dass einzelne Waren nicht oder nur unbedeutend preisgesenkt sind! Stellen Sie daher auch in diesem Fall Preisvergleiche an.

Keine Bewilligungspflicht gibt es für die üblichen Saisonschlussverkäufe, Saisonräumungsverkäufe, Inventurverkäufe oder die allgemein in bestimmten Branchen üblichen Sonderverkäufe („Weiße Wochen“ und dergleichen). Hier geht der Gesetzgeber davon aus, dass die besondere Irreführungsgefahr nicht gegeben ist, denn bei der üblichen Ankündigung etwa eines Sommerschlussverkaufs wird nicht unbedingt der Eindruck erweckt, man könne als Konsument gewissermaßen von einer besonderen Zwangslage des Unternehmers profitieren (wie dies zum Beispiel beim Ausverkauf nach einem Brand in einem Warenhaus der Fall sein kann, was das enorme Publikumsinteresse in solchen Fällen bisher immer eindrucksvoll demonstriert hat).

Anders als noch vor wenigen Jahren wird auch der Zeitraum des Saisonschlussverkaufs nicht mehr von Behörde oder Wirtschaftskammer festgelegt. Jedem einzelnen Unternehmer bleibt es daher überlassen, ab wann er seine Saison für beendet erklärt und mit dem Schlussverkauf beginnt.

Selbstverständlich gelten die allgemeinen Regeln gegen den unlauteren Wettbewerb auch für die nicht bewilligungspflichtigen Sonderverkäufe (etwa Saisonschlussverkäufe). Es dürfen daher keine irreführenden Angaben gemacht werden (siehe Seite 17).

Beachten Sie, dass auch Unternehmer, die grundsätzlich (freiwillig) ein Umtausch- oder Rückgaberecht einräumen, dies bei im Schlussverkauf erstandenen Waren meist ausdrücklich ausschließen. Nicht ausgeschlossen werden kann hingegen die gesetzliche Gewährleistung, auch wenn die Waren noch so billig sind. Dass etwas billig ist, heißt nämlich noch lange nicht, dass es mangelhaft sein darf.

Auch im Schlussverkauf gilt: Der Preisvergleich muss vor dem Kauf erfolgen, denn was ein Unternehmer um sensationelle zehn Prozent billiger gegenüber dem „Listenpreis“ anbietet, kann bei der Konkurrenz schon längst außerhalb jeder Schlussverkaufseuphorie um minus 25 % über den

Ladentisch gegangen sein. Kommen Sie erst nach dem Kauf drauf, haben Sie Pech gehabt. Das Geschäft lässt sich nicht mehr rückgängig machen.

## Autokauf

In den folgenden Ausführungen wird zwischen Neuwagen- und Gebrauchtwagenkauf unterschieden, da sich auch in der Praxis deutlich andere Schwerpunkte bei den auftretenden rechtlichen Problemen zeigen.

### Neuwagenkauf

Im Unterschied zum Gebrauchtwagenmarkt ist beim Neuwagenkauf die Besichtigung des Fahrzeugs vor dem Kauf die absolute Ausnahme. Meist wird ein Vorführwagen geprüft und probegefahren, danach anhand der Verkaufsprospekte und sonstiger Unterlagen des Händlers das Wunschauto gewissermaßen zusammengestellt. Die Vertragserklärung des Konsumenten, ein bestimmtes Auto kaufen zu wollen, erfolgt in der Regel durch Unterfertigung eines Kaufantrages (Bestellung).

Bei der Bestellung sollte man darauf achten, dass tatsächlich alle Zusagen (Sonderausstattung, Zubehör usw), die der Händler im Verkaufsgespräch gemacht hat, auch im Vertragsformular aufscheinen. Um die wahre Höhe eines gewährten Rabatts zu verschleiern, wird häufig nicht ein Preisnachlass auf den Listenpreis gegeben, sondern das Fahrzeug „gratis“ mit verschiedenstem Zubehör ausgerüstet. Diese Zusagen sollten detailliert angeführt sein, und zwar nicht nur zum Beispiel als „Autoradio“, sondern unter Angabe von Marke und Type. Manche Streitigkeiten entstehen, weil vor dem Kauf anhand von Prospekten die Mehrausstattung besprochen wird und der Konsument davon ausgeht, dass tatsächlich die jeweils gezeigten Markenprodukte gemeint sind, ohne dass dies freilich im Kaufantrag so aufscheint. Der Beweis, dass ganz konkrete Markenprodukte vereinbart wurden, ist dann im Fall einer Auseinandersetzung kaum zu erbringen.

Einer Verschleierung der Rabattgewährung (durch Mehrausstattung oder durch überhöhte Eintauschpreise für Altfahrzeuge) bedarf es eigentlich rechtlich nicht mehr. Für die Händler sprechen allerdings andere Gründe für ein derartiges Vorgehen, vor allem auch, um Probleme innerhalb der Vertriebskette zu vermeiden. Überlegen Sie, ob die großzügige „kostenlose“ Mehrausstattung für Sie überhaupt Sinn macht oder Sie nicht mit einem vielleicht auch etwas niedrigeren Barrabatt besser bedient wären. Jedenfalls zahlt es sich aus, bei mehreren Händlern Angebote einzuholen.

Wird auf bestimmte Modelle ein besonderer Rabatt angeboten oder auch eine besonders günstige Finanzierungsform, so ist dies zunächst einmal Grund zur Skepsis. Häufig handelt es sich dabei um schwer verkäufliche Modelle, auslaufende Serien oder einfach Fahrzeuge, die schon lange „auf Halde" stehen. Auch bei solchen besonderen Angeboten ist daher oft nochmals ein Rabatt zu erzielen – wenn man dieses Fahrzeug wirklich will.

Ein besonderer Weg, wie man neue Fahrzeuge billiger verkaufen kann, ohne aus der Sicht des Händlers den Markt vollständig zu ruinieren, ist die Methode „neu als alt": Ein Neuwagen wird für wenige Tage angemeldet (etwa auf Mitarbeiter des Händlers) und sodann als „Gebrauchtwagen" deutlich billiger weiterverkauft. Wenn Sie ein derartiges Fahrzeug erwerben wollen, so sollten Sie bedenken, dass es zwar in der Praxis einem Neuwagen gleichkommt (meist wird ausdrücklich auch die Garantie zur Gänze weitergegeben), dass sich aber bei einem etwaigen Verkauf ein Minderwert ergeben kann. Schließlich können Sie das Fahrzeug nicht mehr als „Erstbesitz" weitergeben.

Als Neuwagen (fabriksneues Fahrzeug) gilt ein Auto,

- das noch nicht behördlich zugelassen war,
- das nicht mehr als 100 Kilometer gefahren wurde (außer bei Überstellungsfahrten im Auftrag des Käufers),
- für das die volle Neuwagengarantie besteht und
- das zum Zeitpunkt der Übergabe nicht älter als elf Monate ab Herstellung ist.

Wird Ihnen ein Fahrzeug als Neuwagen verkauft, das das Herstellerwerk schon vor mehr als elf Monaten verlassen hat, so können Sie den Vertrag wegen eines wesentlichen und unbehebbaren Mangels aufheben bzw wegen Irrtums anfechten.

Gewissermaßen ein Mittelding zwischen Neu- und Gebrauchtwagen ist das Vorführfahrzeug. Dabei handelt es sich um einen Wagen, der zum Verkaufszeitpunkt auf den Händler (oder Hersteller) erstzugelassen ist und für den die Garantie noch mindestens drei Monate gilt. Fahrzeuge, die auf einen Mitarbeiter des Händlers zugelassen sind, sind keine Vorführfahrzeuge mehr.

Ein wichtiger Punkt des Kaufvertrages ist der Termin der Auslieferung des bestellten Fahrzeugs. Der im Kaufvertrag vereinbarte Liefertermin ist grundsätzlich einzuhalten, kann aber nach den üblicherweise vereinbarten Bedingungen bei serienmäßigen Fahrzeugen um zwei Wochen, bei Sonderausführungen um bis zu zwei Monate überschritten werden. Dabei muss eine Sonderausführung gar nichts Außergewöhnliches sein. Schon das zusätzlich verlangte Schiebedach und die Anhängerkupplung machen aus dem Serienfahrzeug eine Sonderausführung. Gerade in solchen Fällen ist daher dringend anzuraten, die zulässige Terminüberschreitung deutlich einzuschränken (zum Beispiel auch auf zwei Wochen wie bei Serienmodellen) oder überhaupt einen Fixtermin (siehe Seite 221 f) zu vereinbaren.

Wird der Liefertermin überschritten, so können Sie unter Setzung einer angemessenen Nachfrist (üblich sind zwei Wochen) kostenlos vom Vertrag zurücktreten. Ein über die Verzinsung der geleisteten Anzahlung hinausgehender Schadenersatz – etwa weil Sie das Auto nunmehr woanders teurer erwerben – steht Ihnen jedoch nur dann zu, wenn die Verzögerung vom Händler verschuldet wurde.

Der zwischen Ihnen und dem Händler vereinbarte Preis bleibt aufrecht, wenn der vereinbarte Liefertermin innerhalb von zwei Monaten ab Bestellung liegt. Bei einem späteren Liefertermin kann eine Preisgleitklausel (siehe Seite 129 ff) vereinbart werden. Allerdings nur anhand von objektiven Umständen (beispielsweise bei Änderung der Einfuhrzölle), auf die der Händler keinen Einfluss hat. Nach den üblichen, vom Bundesgremium des Fahrzeughandels empfohlenen Neuwagen-Kaufbedingungen hat der Konsument bei einer Erhöhung des Preises von mehr als fünf Prozent ein Recht auf kostenlosen Rücktritt. (Dies ist kein gesetzliches Rücktrittsrecht und gilt daher nur, wenn es vereinbart wird. Eine Verpflichtung zur Verwendung der empfohlenen Bedingungen besteht nicht.)

Will oder kann der Konsument den Vertrag nicht einhalten, so kann der Händler eine Stornogebühr (siehe Seite 175) verlangen. Nach den empfohlenen Bedingungen beträgt die Stornogebühr zehn Prozent des vereinbarten Preises; in manchen Kaufanträgen sind noch höhere Stornogebühren vorgesehen. Diese Stornogebühr ist immer dann fällig, wenn der Rücktritt oder die Nichterfüllung durch den Konsumenten erfolgt, ohne dass der Händler dazu durch eine Vertragsverletzung (zum Beispiel Verzug) Anlass gegeben hat. Ausnahme: Es wurde durch vertragliche Vereinbarung ein kostenloses Rücktrittsrecht bei bestimmten Umständen vorgesehen. Dies ist vor allem dann sinnvoll, wenn die Finanzierbarkeit des Kaufpreises erst zu klären ist. Unterschreiben Sie in solchen Fällen den Kaufantrag nur „vorbehaltlich Kreditgewährung in der Höhe von € … durch die Bank …“.

Wird das Auto geliefert, richten Sie bei der Übernahme Ihre Aufmerksamkeit zunächst einmal auf die Übereinstimmung mit dem Vertrag und etwaige erkennbare Schäden (Transportschäden). Zwar behalten sich die

Verkäufer technische Abweichungen vor, dies ist jedoch nur soweit zulässig, als es geringfügige, sachlich gerechtfertigte Änderungen betrifft, die dem Kunden auch zumutbar sind (siehe Seite 127). Hat sich zwischen Bestellung und Auslieferung etwa die Anordnung der Warnleuchten auf der Instrumententafel geändert, so ist dies kein Grund zur Beanstandung. Wurde aber die Motorleistung geändert, wird dies in der Regel nicht zumutbar sein, zumal sich daran auch Folgen für Benzinverbrauch oder Steuer und Versicherung knüpfen können.

Wird ein falsches Fahrzeug angeliefert (falsche Lackierung, Motorisierung, Ausstattung usw) oder weist das Auto Beschädigungen auf, sollten Sie es nicht übernehmen. Solange das Fahrzeug nicht wie bestellt und mängelfrei zur Übernahme bereitsteht, hat der Verkäufer seine Verpflichtungen nicht erfüllt. Haben Sie das Fahrzeug aber schon übernommen, so sind Sie auf die Durchsetzung von Gewährleistungsansprüchen verwiesen. Außerdem kann aus der Übernahme des Fahrzeugs in vielen Fällen auch auf Ihre Zustimmung zu den Abweichungen beziehungsweise ein Akzeptieren der offenkundigen Mängel geschlossen werden.

Die in den Kaufverträgen vorgesehenen Klauseln, wonach die nachträgliche Geltendmachung von Transportschäden oder offenkundigen Mängeln nicht mehr möglich ist, widerspricht den gesetzlichen Bestimmungen, da es sich dabei um eine unzulässige Einschränkung der Gewährleistung handelt (siehe Seite 225). Lassen Sie sich davon also nicht abschrecken, wenn Sie erst nach Übernahme eine Beschädigung entdecken. Dennoch empfiehlt es sich, schon aus Gründen der leichteren Beweisführung, das Auto vor der Übernahme gründlich – bei guten Lichtverhältnissen – zu „begutachten“.

Bei Neuwagen wird vom Hersteller eine Garantie auf das Fahrzeug gegeben. Der genaue Inhalt dieser Garantie hängt von den jeweiligen Garantiebedingungen (siehe Seite 226 ff) ab, sodass generelle Aussagen kaum getroffen werden können. Üblicherweise wird mit der Garantie die Fehlerfreiheit für eine bestimmte Zeit ab Übernahme sowie die kostenlose Behebung etwaiger Fehler in diesem Zeitraum zugesichert. Verschleißteile sind von der Garantie regelmäßig ausgenommen. Oft sind auch unterschiedliche Garantiezeiten für bestimmte Teile vorgesehen oder es werden besondere Eigenschaften für einen längeren Zeitraum zugesichert (beispielsweise Garantie gegen Durchrostung). Nicht vom Garantieumfang erfasst sind Fehler an Auf- oder Einbauten, die nicht werksseitig vorgenommen wurden. Häufig wird die regelmäßige Wartung des Fahrzeugs und die Durchführung der vom Hersteller empfohlenen Servicearbeiten in einer Vertragswerkstätte des Herstellers zur Voraussetzung für die Garantieleistungen gemacht.

Die Garantieleistungen müssen für jeden bei einem Vertragshändler in der EU gekauften Wagen erbracht werden, also etwa auch in Österreich für ein in Italien gekauftes und selbst importiertes Fahrzeug! Die Ablehnung von Garantieleistungen wegen eines Eigenimports ist nicht zulässig.

## Gebrauchtwagenkauf

Die wichtigste Grundregel bei allen Verträgen, aber ganz besonders beim Kauf eines Gebrauchtwagens, ist einfach: Schließen Sie keinen Vertrag ab, wenn Sie nicht eingehend über alle wesentlichen Umstände informiert sind. Und wenn Sie sich von den technischen Eigenschaften des Fahrzeugs und der Finanzierbarkeit wirklich überzeugt haben, dann heißt es besonders Acht geben, dass im Vertrag all das – und nur das – festgehalten wird, was Sie mit dem Verkäufer besprochen haben.

Vor jeder Kaufentscheidung über einen Gebrauchtwagen ist es sinnvoll, sich einen gewissen Marktüberblick zu verschaffen, indem man

- mehrere Händler aufsucht,
- in den Eurotax-Listen nachschlägt und
- allenfalls einen Autofahrerklub konsultiert.

Erst wenn Sie das Preisgefüge bei den in Betracht kommenden Modellen und Jahrgängen ungefähr einschätzen können, sollten Sie sich auf nähere Kaufüberlegungen einlassen. So können Sie sich davor schützen, dass Sie – was gerade bei Privatkäufen vorkommt – von unrealistischen Preisvorstellungen des Anbieters aufs Eis geführt werden.

Ob Sie einen Gebrauchtwagen lieber beim Händler oder „von privat" kaufen, ist nicht nur Geschmackssache oder eine Preisfrage. Rechtlich besteht ein durchaus bedeutsamer Unterschied. Nur wenn Ihnen ein Unternehmer als Verkäufer gegenübersteht, ist das Konsumentenschutzgesetz anwendbar. Wichtigste Konsequenz daraus: Die Pflicht des Verkäufers, für Mängel einzustehen, kann nicht ausgeschlossen und nur im Hinblick auf die Gewährleistungsfrist beschränkt werden: Gilt für bewegliche Sachen eine Gewährleistungsfrist von zwei Jahren, so kann bei gebrauchten Waren (also auch beim Gebrauchtwagen) diese Frist im ausdrücklichen Einvernehmen der Vertragspartner auf bis zu einem Jahr verkürzt werden (Voraussetzung dafür ist aber, dass die Erstzulassung mehr als ein Jahr zurückliegt). Wird der Kauf hingegen zwischen Privaten abgewickelt, so können im Vertrag weitreichende Beschränkungen der Gewährleistungspflicht vorgesehen werden.

Aber Vorsicht: Nicht immer, wenn Sie das Fahrzeug bei einem Autohändler besichtigen und mit ihm auch die Verkaufsgespräche führen, wird der Händler Ihr Vertragspartner. Manchmal werden Gebrauchtwagen von Autohändlern auch nur kommissionsweise verkauft. Der Händler ist dabei nur Vermittler, Verkäufer bleibt der – private – Vorbesitzer. Manchmal ist der einzige Anhaltspunkt dafür das Vertragsformular. Wenn Ihnen der darin genannte Name des Verkäufers unbekannt ist oder dieser gar noch offen bleibt, während Sie schon unterschreiben sollen, dann heißt es, den Kauf noch einmal gut zu überdenken. Ein seriöser Händler hätte Sie sofort und von sich aus informiert, dass er nur als Vermittler tätig wird.

Überhaupt sollten Sie sich nicht nur für das Auto, sondern auch für den Verkäufer interessieren. Vor allem bei Privatkäufen ist die Frage unerlässlich, ob der Anbieter überhaupt berechtigt ist, das Fahrzeug zu verkaufen. Dazu muss man zum einen die Identität des Verkäufers klären (wer nichts zu verbergen hat, wird Ihnen gerne auch einen amtlichen Ausweis zeigen) und zum anderen den Typenschein durchsehen. Wenn der letzte eingetragene Zulassungsinhaber nicht zugleich der Anbieter des Fahrzeugs ist, dann verlangen Sie einen Nachweis der Verfügungsberechtigung (zum Beispiel die Vorlage des Kaufvertrages, mit dem das Auto vom letzten Zulassungsinhaber erworben wurde).

Der Typenschein ist das Identitätsdokument des Fahrzeugs. Aus ihm lässt sich das Datum der Erstzulassung ersehen, ebenso Name und Anschrift aller bisherigen Zulassungsinhaber. Manchmal können Ihnen die Eintragungen wichtige Hinweise auf die bisherige Verwendung (Firmenfahrzeug? Vielleicht gar Mietwagen oder Taxi?) geben und natürlich sagt Ihnen der Typenschein auch, ob es sich tatsächlich um den angepriesenen „Erstbesitz“ handelt.

Auch Fahrgestell- und Motornummer laut Typenschein sollten mit der Realität verglichen werden: Ein Austauschmotor, den eintragen zu lassen man „vergessen“ hat, ist durchaus schon vorgekommen.

Misstrauen ist angebracht, wenn der Verkäufer bei der Fahrzeugbesichtigung den Typenschein nicht vorzeigen kann: Entweder er hat Grund zur Annahme, dass Sie bei Kenntnis der Eintragungen den Vertrag nicht abschließen werden oder er kann über das Fahrzeug gar nicht verfügen. Das kann zum Beispiel auch dann der Fall sein, wenn das Auto kreditfinanziert wurde und die Bank zur Sicherung ihres Eigentumsvorbehalts den Typenschein in Verwahrung genommen hat.

Gibt es für das Fahrzeug keinen Typenschein, sondern eine Einzelgenehmigung – was vor allem bei Eigenimporten der Fall ist –, dann sollte dies ebenfalls Grund zur Vorsicht sein. Wurde das Fahrzeug nämlich schon gebraucht eingeführt, so kann man die bisherige „Geschichte“ nicht so deutlich nachvollziehen wie beim Typenschein. Die Gefahr einer „dunklen Vergangenheit“ drückt daher auch den Preis, den Sie bei einem eventuellen Wiederverkauf erzielen könnten.

Neben dem Typenschein sollten Sie selbstverständlich auch das „Pickerl-Gutachten“, den Überprüfungsbericht nach § 57a KFG, einsehen. Der Verkäufer muss Ihnen – wenn es zum Kauf kommt – den letzten Prüfbericht übergeben.

Aber weder das „Pickerl“ am Auto noch das Gutachten selbst sagt etwas über den aktuellen Zustand des Fahrzeugs aus. Dokumentiert wird damit nur, dass zum Zeitpunkt der Überprüfung das Fahrzeug verkehrs- und betriebssicher war (sofern keine zu behebenden Mängel im Gutachten angegeben sind). Was seit der Überprüfung mit dem Auto passiert ist, weiß nur der Fahrzeugbesitzer.

Bedenken Sie auch, dass nicht alle Werkstätten gleich sorgfältig arbeiten. Einzelne schwarze Schafe drücken gelegentlich mehr als ein Auge zu, wenn sie die Pickerl-Überprüfung durchführen.

Neben den offiziellen Dokumenten ist auch das Serviceheft für Sie von Interesse, da dieses einen gewissen Aufschluss über den Wartungszustand des Autos geben kann. Außerdem sollten Sie sich vergewissern, dass die Betriebsanleitung des Fahrzeugs noch vorhanden ist und auch für allfälliges Zubehör die notwendigen Dokumente, Bedienungsanleitungen usw übergeben werden (zum Beispiel auch die Codenummer bei diebstahlgesicherten Radios).

Nur ein Ankaufstest, den Sie bei einem Autofahrerklub durchführen lassen können, sagt Ihnen wirklich, wie es um das Fahrzeug technisch steht. Auch ein solcher Test kann natürlich nicht alle verborgenen Mängel aufzeigen und er bewahrt Sie auch nicht vor allen unliebsamen Überraschungen.

Eine Probefahrt sollte wohl selbstverständlich sein. Beschränken Sie sich dabei nicht auf eine Runde im Hinterhof, sondern bestehen Sie darauf, das Fahrzeug ausreichend im normalen Verkehrsgeschehen und auf einer möglichst abwechslungsreichen Strecke testen zu können.

Für den Gebrauchtwagenkauf beim Händler wurde im Zusammenwirken von Konsumentenschützern und Unternehmern ein Mustervertrag entworfen (Önorm V 5080). Auch wenn leider nicht alle Händler diesen Mustervertrag verwenden, kann er Ihnen bei der Kontrolle des Ihnen vorgelegten Vertrages als Richtschnur dienen. Neben einer sehr genauen „Identitätsaufnahme“ des Fahrzeugs ist der Kern des Mustervertrags eine detaillierte Zustandsbewertung. Beides sollte in keiner vertraglichen Vereinbarung über einen Gebrauchtwagenkauf fehlen. Der Önorm-Musterkaufvertrag sieht eine „Klasseneinteilung“ des Fahrzeugs in fünf verschiedenen Kategorien (Mechanischer Zustand, Karosserie, Lack, Innenraum, Sonstiges) mit jeweils vier Klassen (von 1: besonders gut bis 4: defekt) vor. Je genauer der Zustand im Vertrag beschrieben wird, desto klarer ist die Rechtslage, wenn nach dem Kauf Mängel auftreten.

Für den Autokauf von Privatpersonen haben die Experten der Autofahrerklubs Vertragsformulare entworfen, die Sie sich unbedingt besorgen sollten.

Zunächst sollte jeder Kaufvertrag die wesentlichen Fahrzeugdaten enthalten. Dazu gehören die Angaben laut Typenschein, aber auch der aktuelle Kilometerstand, der Ihnen ausdrücklich bestätigt werden sollte.

Angelpunkt des Vertrages ist die Zustandsbewertung. Hier muss der Verkäufer Farbe bekennen und schriftlich darlegen, was er Ihnen über den Zustand des Fahrzeuges zusagen kann. Alle mündlichen Anpreisungen müssen sich hier wiederfinden – sonst sind sie in der Praxis wertlos. Achten Sie daher sehr genau darauf, welche „Klasse“ angekreuzt wird. Oft genug kommt es nämlich vor, dass zwar der Mustervertrag oder ein sonstiger Vertrag mit „Klasseneinteilung“ verwendet, auf das Ausfüllen aber „vergessen“ wird. Kommt es dann zu Streitigkeiten über Mängel, kommen Sie in die schwierige Situation, die mündlichen Zusagen beweisen zu müssen.

Noch schlechter sind Sie dran, wenn zwar mündlich vom Top-Zustand des Fahrzeugs geschwärmt, im schriftlichen Vertrag dann aber überall „Klasse 4“ angekreuzt wurde – auch das kommt leider vor.

Denken Sie daran, dass vor allem die Zustandsbeschreibung im Kaufvertrag Grundlage für die Geltendmachung von Gewährleistungsansprüchen ist. Wenn im Vertrag der Zustand der Karosserie nur mit Klasse 3 („genügend fahrbereit“) bewertet wurde, dann können Sie nichts dagegen unternehmen, wenn Sie nach dem Kauf Spuren früherer Unfälle entdecken. Bei Klasse 2 („gut“) hingegen wären noch erkennbare Unfallschäden auf jeden Fall ein Mangel, der Sie zur Preisminderung oder auch zur Auflösung des Vertrages („Wandlung“) berechtigt.

Manche Händler verwenden in ihren Kaufvertragsformularen „Klasseneinteilungen“, die von jener des Mustervertrages abweichen. Meist führt dies zu einer ungenaueren Einstufung, wenn etwa nur drei Klassen (zum Beispiel A-B-C) angegeben sind und/oder das Auto überhaupt mit nur einer Gesamtnote beurteilt wird (ohne Unterscheidung zwischen Motor/Mechanik, Karosserie, Lack usw).

Achten Sie darauf, dass im Vertrag noch die ausdrückliche Zusicherung enthalten ist, dass das Fahrzeug verkehrs- und betriebssicher sowie zulassungsfähig ist.

Mündliche Zusagen, die Ihnen der Verkäufer macht, sind nach dem Konsumentenschutzgesetz zwar (wenn es sich um einen Unternehmer – Autohändler – handelt) verbindlich, aber die Beweislage ist meist so gut wie aussichtslos. Bestehen Sie darauf, dass alle Zusagen schriftlich auf dem Vertrag bestätigt werden – natürlich bevor Sie unterschreiben. Das betrifft zum Beispiel Zusagen über Unfallfreiheit, Generalüberholung, Erstbesitz, weiteres Zubehör (Radio, zweite Garnitur Reifen) usw.

Sichert Ihnen der Verkäufer zu, dass Mängel, die zum Beispiel beim Ankaufstest sichtbar wurden, noch behoben werden, dann sollte dies ebenfalls in den Vertrag aufgenommen werden, und zwar wiederum möglichst detailliert. Führen Sie genau an, welche Mängel zu beheben sind und auch, bis wann dies spätestens zu erfolgen hat.

Auch für einen Gebrauchtwagen gilt die Gewährleistung (siehe Seite 228 ff). Nach dem Gesetz haftet der Verkäufer dafür, dass das Fahrzeug zum Zeitpunkt der Übergabe dem Vertrag entspricht, also insbesondere

- die „gewöhnlich vorausgesetzten Eigenschaften“ aufweist und
- dem entspricht, was ausdrücklich vereinbart worden war.

Natürlich ist es oft schwer zu beurteilen, welche Eigenschaften man bei einem drei oder vier Jahre alten Auto üblicherweise voraussetzt. Klar ist aber eines: Ein Gebrauchtwagen ist kein fabriksneues Auto. Völlige Fehlerfreiheit ist daher nicht zu erwarten und wird vom Verkäufer auch nicht geschuldet. Mängel, die bei einem Auto gleicher Marke und Type, gleichen Baujahres und etwa desselben Kilometerstandes nicht ungewöhnlich sind, bleiben das Problem des Käufers. Tritt daher ein Defekt bei einem der diversen Verschleißteile auf (zum Beispiel bei den Bremsbelägen, Stoßdämpfern usw), so können keine Gewährleistungsansprüche geltend gemacht werden. Mit einem Motor-Totalschaden hingegen muss man auch bei einem drei Jahre alten Auto mit durchschnittlicher Kilometerleistung sicher nicht rechnen.

Gerade weil nur sehr schwer einzugrenzen ist, welche Mängel man bei einem Gebrauchtwagen erwarten muss und welche ungewöhnlich sind, ist eine genaue Zustandsbeschreibung im Vertrag so wichtig. Diese ist nämlich als Zusicherung von bestimmten Eigenschaften anzusehen. Wird der mechanische Zustand des Fahrzeugs mit Klasse 1 bewertet, dann sind auch Verschleißerscheinungen, wie man sie vielleicht sonst bei einem Fahrzeug entsprechenden Alters erwarten könnte, als Mängel anzusehen, die zur Gewährleistung berechtigen.

Tritt nach dem Kauf ein Mangel auf, so sollten Sie dies umgehend dem Verkäufer mitteilen und die Behebung verlangen. Prinzipiell haben Sie Anspruch darauf, dass behebbare Mängel kostenlos behoben werden. Unbehebbare Mängel berechtigen zur Preisminderung oder – sofern es sich nicht bloß um geringfügige Mängel handelt – zur Wandlung (Aufhebung des Vertrages). Der Verkäufer muss in diesem Fall also das Fahrzeug zurücknehmen und Ihnen das Geld zurückgeben. Haben Sie das Auto schon eine Zeit lang benutzt, darf der Verkäufer ein Benutzungsentgelt abziehen. Aber Vorsicht: Wenn Sie ein mangelhaftes Fahrzeug stillschweigend weiter benützen, kann Ihnen das möglicherweise als Gewährleistungsverzicht ausgelegt werden.

Ein unbehebbarer Mangel ist es beispielsweise auch, wenn sich bei einem als „unfallfrei" verkauften Fahrzeug nachträglich ein Unfallschaden herausstellt. Da dies auch nicht als geringfügiger Mangel anzusehen ist, kann in diesem Fall Wandlung (Aufhebung des Vertrages) verlangt werden.

Bei behebbaren Mängeln muss der Verkäufer die Verbesserung – Reparatur – in angemessener Frist und mit möglichst geringen Unannehmlichkeiten für den Konsumenten durchführen. Ist der Unternehmer zu dieser Reparatur bereit, so können Sie nicht stattdessen Preisminderung verlangen, sondern Sie müssen dem Unternehmer die Gelegenheit zur Mangelbehebung einräumen. Nur wenn er sich weigert, die Reparatur durchzuführen oder wenn er diese nicht innerhalb angemessener Frist (in der Regel mehr als zwei Wochen) erledigt, kann statt der Verbesserung (Reparatur) auch Preisminderung verlangt werden.

Prinzipiell trifft den privaten Verkäufer dieselbe Gewährleistungspflicht wie den Händler. Allerdings wird in vielen Kaufverträgen zwischen Privaten ein sehr weitgehender Gewährleistungsausschluss vereinbart. Nicht immer ist das so deutlich wie in der Formulierung „Ohne jede Garantie und Gewährleistung". Auch die Klausel „wie besichtigt und Probe gefahren" kann zum Beispiel so verstanden werden, dass der Käufer damit den vorgefundenen Zustand des Fahrzeugs ohne jeden Vorbehalt genehmigt. Selbst ein gänzlicher Gewährleistungsausschluss muss in einem

Vertrag unter Privaten noch nicht sittenwidrig sein. Allerdings legt die Rechtsprechung dies so aus, dass damit konkret zugesagte Eigenschaften des Fahrzeugs nicht erfasst werden (wohl aber die „gewöhnlich vorausgesetzten“ Eigenschaften).

Die Gewährleistungsfrist beträgt auch für Gebrauchtfahrzeuge grundsätzlich zwei Jahre. Allerdings hat der Gesetzgeber beim Verkauf von gebrauchten Fahrzeugen auch zwischen Unternehmern und Verbrauchern ausnahmsweise die Vereinbarung einer kürzeren Frist für zulässig erklärt. Liegt der Zeitpunkt der Erstzulassung schon mehr als ein Jahr zurück, darf eine Verkürzung der Frist auf ein Jahr vereinbart werden. Dies ist allerdings „im Einzelnen auszuhandeln“, kann also nicht bereits in Geschäftsbedingungen oder vorgedruckten Vertragsformularen vorgesehen werden. Nur wenn die Verkürzung der Gewährleistungsfrist tatsächlich zwischen Unternehmer und Verbraucher angesprochen wurde und dann eine entsprechende Vereinbarung in den Vertrag aufgenommen wird, kann man von einem „Aushandeln“ sprechen und die Vereinbarung ist gültig. Die „Vermutungsfrist“, nach der bei Mängeln, die innerhalb von sechs Monaten ab Kauf erkennbar werden, vermutet wird, dass sie bereits bei der Übergabe vorgelegen sind, kann aber auch bei Gebrauchtfahrzeugen nicht ausgeschlossen werden.

Führt Sie der Verkäufer über einen Umstand, der für Ihre Kaufentscheidung wesentlich ist, in die Irre, so kann der Vertrag innerhalb von drei Jahren angefochten und damit aufgelöst werden (siehe Seite 44 ff). Das ist vor allem für die Fälle der Tachomanipulationen bedeutsam oder wenn Ihnen Schadensfreiheit zugesichert worden war. In solchen Fällen kann man zwar prinzipiell auch Gewährleistungsansprüche geltend machen, aber die zweijährige – oder allenfalls auch auf ein Jahr verkürzte – Gewährleistungsfrist kann schon vorbei sei, wenn der Irrtum entdeckt wird.

## Autoreparatur

Wer sein Auto zur Reparatur stellt, sollte vor allem auf größtmögliche Klarheit bei der Auftragserteilung achten. Umschreiben Sie den Fehler, der behoben werden soll, möglichst genau und grenzen Sie die durchzuführenden Arbeiten deutlich ab. Stellen Sie sicher, dass Ihr Auftrag auch auf dem Auftragsschein, den Sie in der Regel unterschreiben müssen, korrekt festgehalten wird. Im Nachhinein erinnert sich der Mechaniker, der soeben die gesamte Bremsanlage überprüft und sämtliche Bremsbeläge erneuert hat, vielleicht nicht mehr daran, dass Sie eigentlich nur die vorderen Beläge wechseln lassen wollten.

Besonders wichtig ist die Eingrenzung der durchzuführenden Arbeiten, wenn es um das „Pickerl", also die wiederkehrende Überprüfung gemäß § 57a des Kraftfahrgesetzes geht. Sie sollten klar machen, ob es Ihnen nur um die Überprüfung des Fahrzeugs geht – das bedeutet, dass Sie allenfalls einen negativen Prüfbericht bekommen, die Mängel beheben und dann neuerlich eine Überprüfung machen lassen müssen – oder ob tatsächlich auch notwendige Reparaturen ausgeführt werden sollen; dabei sollten Sie ein Limit setzen: also verlangen, dass vor der Durchführung von Reparaturen, die zum Beispiel mehr als 365 Euro ausmachen, Ihr ausdrückliches Einverständnis eingeholt wird. Auch dies sollten Sie auf dem Auftragsschein schriftlich festhalten.

Bei größeren Reparaturen verlangen Sie ohnedies am besten einen Kostenvoranschlag (siehe Seite 123 ff).

Wenn Sie sichergehen wollen, eine detaillierte Auflistung aller Rechnungsposten zu erhalten, sollten Sie darauf bereits bei Auftragserteilung hinweisen. Ähnliches gilt für die Altteile, die im Zuge der Reparatur ersetzt wurden. Wenn Sie misstrauisch sind oder die Teile brauchen, sollten Sie bereits bei Auftragserteilung die Herausgabe der Altteile nach der Reparatur verlangen.

Haben Sie sich keinen Kostenvoranschlag erstellen lassen, dann sind die Möglichkeiten, etwas gegen eine Ihnen überhöht erscheinende Rechnung zu unternehmen, relativ gering. Vorausgesetzt, die verrechneten Leistungen wurden auch erbracht (alles andere wäre Betrug), ist für die durchgeführten Arbeiten ein angemessenes Entgelt zu entrichten. Die Preisauszeichnung in den Geschäftsräumen liefert dafür zumindest eine erste Orientierung. Nur wenn Sie nachweisen können, dass die verrechneten Arbeiten gar nicht notwendig oder zweckmäßig waren, haben Sie eine realistische Chance, die Rechnungshöhe zu bekämpfen. Wenn es sich um „Standardreparaturen" oder Einstellarbeiten handelt, hilft Ihnen bei der Einschätzung des notwendigen Reparaturaufwandes – neben den technischen Diensten der Autofahrerclubs – oft auch der jeweilige Generalimporteur. Von den Herstellern gibt es in der Regel Reparaturhandbücher, in denen die ungefähr erforderlichen Zeiten für diverse Arbeiten angegeben sind. Natürlich kann eine genaue Klärung im Einzelfall nur durch einen Sachverständigen erfolgen, aber zunächst einmal kann man auf diese Weise eine grobe Einschätzung der Erfolgsaussichten vornehmen.

Gar nicht so selten kommt es leider vor, dass Reparaturen ohne entsprechenden Auftrag durchgeführt werden. Am besten beugen Sie dagegen vor, indem Sie

- einen genau definierten Auftrag erteilen und
- gleich vorweg ein Betragslimit angeben, das nur nach Ihrer ausdrücklichen Zustimmung überschritten werden darf.

Beides soll aus Beweisgründen natürlich schriftlich dokumentiert sein.

Wurde dennoch zu viel repariert, so ist man prinzipiell nicht verpflichtet, diese Arbeiten zu akzeptieren und kann auch die Rückführung in den früheren Zustand verlangen. Ist das nicht möglich oder will man eine neuerliche Reparatur nicht zulassen, muss man dem Mechaniker jene Kosten ersetzen, die er „zum klaren, überwiegenden Vorteile" des Kunden aufgewendet hat. Dabei kommt es auf den für den jeweiligen Konsumenten bestehenden (oder eben nicht bestehenden) Vorteil an. Wenn der Mechaniker ohne diesbezüglichen Auftrag sämtliche geringfügigen Rostschäden ausbessert, der Kunde aber ohnedies selbst „Autobastler" ist und diese Arbeit gerne selbst gemacht hätte, dann ist die entsprechende Tätigkeit des Mechanikers für ihn nicht von klarem, überwiegendem Vorteil. Eine Beurteilung kann hier nur im jeweiligen Einzelfall erfolgen. Wichtig ist aber, dass nicht allein schon der Umstand, dass die Arbeit objektiv betrachtet „gut fürs Auto" war, schon zu einer Kostenersatzpflicht des Konsumenten führt.

Bei einer Auseinandersetzung um die Höhe der Rechnung hat der Mechaniker einen nicht zu unterschätzenden Vorteil. Das reparierte Auto befindet sich meist in seiner Werkstätte und er gibt es nur heraus, wenn die von ihm gelegte Rechnung bezahlt ist. Rechtlich betrachtet übt er damit das ihm nach dem Gesetz und in aller Regel nach den AGB zustehende Zurückbehaltungsrecht aus. Gerechtfertigt ist das zwar nur dann, wenn ihm der geforderte Betrag tatsächlich zusteht – aber gerade um diesen Punkt dreht sich die Auseinandersetzung. In der Praxis bleibt Ihnen daher – wenn Sie Ihr Auto nicht für die Dauer eines Gerichtsstreits in der Werkstatt stehen lassen wollen – nichts anderes übrig, als die Rechnung – mit einem ausdrücklichen Vermerk „unter Vorbehalt" – zu bezahlen, um dann die Ihrer Ansicht nach zu viel geleisteten Beträge zurückzufordern.

Wird eine Reparatur nicht ordnungsgemäß durchgeführt, so muss der Unternehmer den Mangel kostenlos beheben oder Ihnen einen entsprechenden Preisnachlass gewähren. Letzteres kommt vor allem bei nicht oder nicht leicht behebbaren Reparaturmängeln in Frage, etwa beim auftragswidrigen Einbau von Gebrauchtteilen anstelle neuer Ersatzteile, wenn ein neuerliches Auseinandernehmen schwierig oder unmöglich ist.

Kommt es infolge einer fehlerhaften Reparatur zu einem Schaden, so ist der Unternehmer zu Ersatz verpflichtet. Typisches Beispiel in diesem

Zusammenhang ist die fehlerhafte Reifenmontage, die zu einem Unfall führt.

Eine Haftung trifft den Mechaniker auch, wenn er seine Warnpflicht verletzt. Geben Sie als Kunde offensichtlich unrichtige Anweisungen oder würde aus der Befolgung Ihrer Anweisungen ein Schaden entstehen, so ist der Unternehmer verpflichtet, Sie zu warnen. Wenn Sie beispielsweise unbedingt Breitreifen einer bestimmten Spezifikation montieren lassen wollen, diese aber für Ihr Fahrzeug technisch ungeeignet sind, müssen Sie von der Werkstätte gewarnt werden. Ansonsten haftet diese für einen eventuell daraus entstehenden Schaden. Dasselbe gilt auch, wenn Sie das ungeeignete Material selbst beistellen – beim obigen Beispiel also die Reifen gleich mitbringen.

# B

## Banken

Die Vertragsbeziehungen von Konsumenten zu Banken sind vielfältig: Lohn und Gehalt werden auf das Girokonto überwiesen, die Miete, Stromkosten und Versicherungsprämien vom Konto abgebucht beziehungsweise – mit Einzugsermächtigung – eingezogen. Mit Schecks, Bankomat- und Kreditkarte nimmt man am bargeldlosen Zahlungsverkehr teil. Sparbücher und andere Wertanlagen sollen das eigene Vermögen vermehren, Kredite private Investitionen erleichtern. Telebanking wird auch von Konsumenten gerne genützt, um von den rigiden Schalteröffnungszeiten der Banken unabhängig zu sein.

Für den Laien ist das Bankrecht voller Hürden und Probleme. Die gesetzlichen Regelungen bestanden die längste Zeit ausschließlich im Bankwesengesetz (BWG), das auf die modernen Technologien jedoch nicht abstellte. Nunmehr ist gerade dieser Teil im Zahlungsdienstegesetz (ZaDiG) geregelt, allerdings in einer derart abstrakten Form, dass wiederum erst durch die Rechtsprechung ermittelt werden muss, wie die einzelnen Bestimmungen zu verstehen sind. Aus diesem Grund hat das „Kleingedruckte" gerade im Bankenbereich große Bedeutung. Lange Zeit galten für alle Kreditinstitute die Allgemeinen Geschäftsbedingungen der Kreditunternehmungen Österreichs (AGBKU) aus 1979. Der VKI hat zwei Kreditinstitute exemplarisch wegen 55 gesetzwidrigen Klauseln abgemahnt und diese Institute haben sich zur Unterlassung der Verwendung dieser Klauseln verpflichtet. Seit 1.1.2001 haben daher alle Kreditinstitute neue Allgemeine Geschäftsbedingungen eingeführt. Ein weiteres Verbandsklagsverfahren des VKI hat zur abermaligen Abänderung der AGB der Banken in 12 Klauseln geführt (OGH 19.12.2002, 4 Ob 179/02f). Dazu kommen noch die Geschäftsbedingungen der jeweiligen Geschäftsart (Sparbedingungen, Bedingungen für die EC- oder Bankomatkarte usw). Auch in diesen Bedingungen wurden immer wieder gesetzwidrige Klauseln festgestellt. Der VKI beobachtet diese Geschäftsbedingungen genau und geht immer wieder gegen bestimmte verbraucherfeindliche Klauseln mit Verbandsklage (siehe Seite 173) vor.

Lassen Sie sich zu jeder Geschäftsart in der Vertragsbeziehung mit der Bank die jeweils gültigen Geschäftsbedingungen aushändigen und studieren Sie diese genau. So können Sie so manche Überraschung vermeiden.

Näheres zu den einzelnen Geschäftsarten finden Sie unter den Stichworten → **Bankomatkarte,** → **Chipkarte,** → **Einzugsermächtigung,** → **Konto,** → **Kreditkarte,** → **Kreditvertrag,** → **Lastschriftverfahren,** → **Sparbuch,** → **Telebanking.**

## Bankgarantie

→ Seite 118 f

## Bankgeheimnis

→ Seite 316

## Bankomatkarte

Die Bankomatkarte ermöglicht den Bargeldbezug aus Bankomaten („Outdoor"-Geräte) und Geldausgabeautomaten in den Bankfilialen („Indoor"-Geräte). Tageslimits für die Bargeldbehebungen werden in den einzelnen Verträgen gesondert vereinbart (idR mit der Zusatzvereinbarung, dass der Überziehungsrahmen des Kontos nicht überschritten werden darf). Diese frei vereinbarten Limits können bis zu € 1.500 und mehr betragen. Außerdem kann man mit der Bankomatkarte an POS-Kassen (Point-of-Sale-Kassen) in Supermärkten und Tankstellen direkt bezahlen; dabei gelten bestimmte – ebenfalls frei vereinbarte – Wochenlimits, die nicht überschritten werden können. Außerdem ermöglicht es der Chip (Chipkarte) auf der Karte, diese als elektronische Geldbörse zu verwenden. Hier wird – unter Verwendung des PIN-Codes – Geld „aufgeladen", das dann – ohne PIN-Code – an speziellen Zahlstellen wieder ausgegeben werden kann.

Zum Konto gibt es zwei „Schlüssel“:

- den Magnetstreifen bzw Mikrochip auf der Karte, der Informationen wie Bank, Kontonummer, Gültigkeitsdauer, Datum und Betrag der letzten Behebung, aber auch eine Reihe von Zahlen enthält, aus denen der richtige PIN-Code – nach einer geheimen Formel – errechnet wird und
- den vierstelligen PIN-(personal identification number)Code (→ **PIN**), der zur Legitimation der Transaktion eingetippt werden muss. Zur Sicherheit gegen Missbrauch durch Dritte muss der PIN-Code geheimgehalten werden. Keinesfalls dürfen Sie ihn zusammen mit der Karte aufbewahren.

Geht die Karte verloren beziehungsweise wird sie gestohlen, muss sofort eine Sperre – in der kontoführenden Bank oder über den telefonischen Sperrnotruf – veranlasst werden (die Sperre kann rund um die Uhr in Österreich unter der gebührenfreien Sperrnotrufnummer 0800 204 8800 und aus dem Ausland unter +43 1 204 8800 erfolgen.) Die Sperre über den Notruf wird spätestens eine Stunde nach dem Anruf wirksam und gilt nur bis zum nächsten Bankwerktag. Dann muss die Sperre persönlich in der Bank vorgenommen werden. Überdies ist bei Verlust oder Diebstahl polizeiliche Anzeige zu erstatten.

Fallen Ihnen – obwohl die Karte in Ihrem Besitz ist – Behebungen von Ihrem Konto auf, die nicht von Ihnen selbst stammen, lassen Sie die Karte ebenfalls sperren.

- Die Limits für das Beheben von Bargeld und die Zahlung an POS-Kassen sind mit der Bank besonders zu vereinbaren. Die Banken sehen idR heute relativ hohe Limits (1.500 Euro und mehr) vor. Das ist günstig, wenn man so viel Bargeld rasch benötigt. Das steigert aber auch das Risiko im Fall des Verlustes der Bankomatkarte (wenn gleichzeitig der PIN-Code ausspioniert wurde). Daher empfiehlt es sich, eher niedrige Limits mit der Bank zu vereinbaren.
- Im Fall des Verlustes der Bankomatkarte sofort die Karte sperren lassen (zu Banköffnungszeiten bei der Bank, außerhalb dieser Zeiten am Sperrnotruf (siehe Telefonnummer auf Geldautomaten – derzeit 0800 204 8800) – und polizeiliche Anzeige erstatten.
- Im Fall der Abbuchung von Behebungen bzw Zahlungen, die man nicht selbst vorgenommen hat, sollte man gegen den Kontoauszug sofort schriftlich (eingeschrieben) Widerspruch erheben, sonst gilt die Abbuchung als anerkannt.

- Ein Trick, um eine POS-Kasse zu testen: Geben Sie beim ersten Versuch einen falschen PIN ein. Erkennt dies die Kasse nicht, rufen Sie die Polizei, es handelt sich um eine Attrappe. Erkennt die Kasse den Fehler, dann können Sie getrost beim zweiten Versuch den richtigen PIN verwenden.
- Vorsicht: Wenn Sie dreimal den falschen PIN eintippen, dann wird die Karte eingezogen.
- Dennoch gilt: Den PIN nur merken, keinem Dritten weitergeben und keinesfalls gemeinsam mit der Bankomatkarte verwahren.

Nach den AGB der Banken ist – bis zum Wirksamwerden der Sperre – der Kunde – bei schuldhaftem Verlust von Karte und Code – für „alle Folgen und Nachteile des Abhandenkommens" verantwortlich (Ausnahme: wenn Dritte an den Geräten manipuliert hätten). Und er wird auch regelmäßig zur Kasse gebeten. Die Banken gehen fast immer davon aus, dass der Kunde den Code weitergegeben hat, wenn ein unbefugter Dritter mit einer verschwundenen Karte Behebungen vornimmt. Andererseits sind verschiedenste Methoden des heimlichen Ausspionierens des Codes durch unbefugte Dritte in Gerichtsverfahren (OLG Wien 15. 9. 1994, 1 R 151/94, KRES 1d/25) aktenkundig, sodass diese These der Banken unrichtig ist. Dazu kommt, dass es für einen technisch versierten Laien kein Problem darstellt, die Daten des Magnetstreifens einer Bankomatkarte zu kopieren und damit zunächst einmal Doubletten herzustellen. Ob es in solchen Fällen dem Gauner auch möglich ist, aus den Daten am Magnetstreifen den richtigen PIN-Code zu errechnen, ist höchst umstritten. Einige gerichtliche Sachverständige in Deutschland behaupteten, dies sei für einen technisch versierten Gauner in wenigen Minuten möglich. Es gibt aber auch eine Reihe von Gutachten von Bankenseite, die dies bestreiten. Es ist jedenfalls sinnvoll, sich gegen Abbuchungen von Behebungen unbekannter Dritter zur Wehr zu setzen; in Konfliktfällen hilft der VKI.

## Baumeister

Die Tätigkeit des Baumeisters – ein bewilligungspflichtiges Gewerbe (→ **Konzession**) – besteht in der Planung und Ausführung von Bauten. Im Unterschied zum Architekten (→ **Architekt**) ist der Baumeister also nicht auf die Planung beschränkt, sondern auch berechtigt, die tatsächliche Bauausführung zu leiten und/oder selbst zu übernehmen. Damit kann man bei der Beauftragung eines Baumeisters zur Planung und Bauausführung (als Generalunternehmer) gewissermaßen ein Haus „aus einer Hand" bestellen, muss dafür jedoch auf die kontrollierende Funktion, wie sie von einem Architekten wahrgenommen wird, verzichten. Eine generelle Empfehlung, ob mit der Planung ein Baumeister oder Architekt beauftragt werden soll, kann es nicht geben. Das hängt vom Einzelfall ab. Auf jeden Fall sollte man sich bereits ausgeführte Projekte nennen lassen und vor Ort besichtigen.

Rechtliche Konsumentenprobleme mit Baumeistern ergeben sich häufig im Zusammenhang mit den Kosten der Planung und hier wiederum vorrangig dann, wenn die Bauausführung unterbleibt, aber bereits relativ konkrete Pläne erstellt wurden. Da der Schwerpunkt der Tätigkeit eines Baumeisters in der Bauausführung liegt, werden erste Pläne – vor allem auch zur Berechnung der Kosten für einen Kostenvoranschlag – vielfach noch ohne gesonderte Vereinbarung erstellt. Dabei kommt es in der Praxis immer wieder zu einer Verwischung der Grenze zwischen (kostenlosem) Kostenvoranschlag und entgeltpflichtigen Planungsleistungen. Die zur Berechnung der anfallenden Kosten notwendigen Skizzen und Massenberechnungen sind oft recht umfangreich und es kommt immer wieder vor, dass ein Baumeister, der nicht mit dem Bauauftrag zum Zug kommt, diese Leistungen dann in Rechnung stellt, obgleich er zuvor nicht darauf hingewiesen hat. Eine Entgeltspflicht für einen Kostenvoranschlag besteht für den Konsumenten jedoch nur dann, wenn er vorher entsprechend darauf aufmerksam gemacht wurde. Das gilt auch dann, wenn zur Erstellung des Kostenvoranschlags umfangreiche Berechnungen notwendig waren. Anders ist es, wenn mit Zustimmung des Konsumenten ein selbstständiges Werk hergestellt wird – etwa eine Planung, die für den Konsumenten weiterhin von Nutzen ist, oder eine Massenaufstellung, die ohne weiteres als Grundlage für eine Ausschreibung genommen werden kann. Derartige Leistungen sind angemessen zu honorieren.

Für die planende Tätigkeit bestehen – wie bei den Architekten – auch bei den Baumeistern Richtlinien für die Honorargestaltung (Honorarordnung für Baumeister – HOB). Auch diese Richtlinien sind unverbindlich, können aber zur Beurteilung der Angemessenheit eines verlangten Honorars herangezogen werden. Ähnlich wie nach den Honorarleitlinien für Architekten gilt auch bei den Baumeistern, dass die Honorarhöhe sich im Wesentlichen an der Höhe der Baukosten orientiert.

## Bauträger

Aufgabe eines Bauträgers ist die organisatorische und kommerzielle Abwicklung von Bauvorhaben (Neubauten und auch durchgreifende Altbausanierungen) auf eigene oder fremde Rechnung. Für gemeinnützige

Bauvereinigungen werden die rechtlichen Rahmenbedingungen durch das Wohnungsgemeinnützigkeitsgesetz (WGG) festgelegt. Gewerbliche Bauträger unterliegen als bewilligungspflichtiges Gewerbe (→ **Konzession**) den Bestimmungen der Gewerbeordnung.

Als Konsument schließt man mit Bauträgern einen Vertrag zum Erwerb einer Eigentumswohnung oder zur Anmietung einer Wohnung häufig schon zu einem Zeitpunkt ab, da von der zukünftigen Wohnung gerade erst die Pläne vorliegen. Zudem werden regelmäßig auch bedeutende finanzielle Vorleistungen des Konsumenten verlangt. Zur Absicherung der Verbraucher hat der Gesetzgeber das Bauträgervertragsgesetz geschaffen.

## Geltungsbereich

Geltung hat das neue Gesetz für private und gemeinnützige Bauträgerprojekte, bei welchen den Erwerbern ein Recht auf (Wohnungs-)Eigentum oder Miete, ein Baurecht oder ein sonstiges Nutzungsrecht (zum Beispiel für eine Genossenschaftswohnung) eingeräumt wird. Zugleich müssen aber die vor der Fertigstellung zu leistenden Zahlungen mehr als € 150 pro Quadratmeter Nutzfläche betragen.

Erfasst sind weiters Altbauten, sofern sie durchgreifend erneuert werden. In erster Linie wird davon der Dachbodenausbau betroffen sein, aber auch andere (Einzel-)Wohnungen, deren Sanierung in einer Phase einsetzt, die mit der Fertigstellung eines Rohbaus verglichen werden kann. Ein anderer Anhaltspunkt für durchgreifende Erneuerung ist dann gegeben, wenn die Kosten für die Renovierung die Hälfte der Neubaukosten ausmachen.

Bauträger ist, wer sich verpflichtet, dem Erwerber eines der oben genannten Rechte zu verschaffen.

## Zwingende Vertragsvorschriften

Der Bauträgervertrag muss schriftlich abgefasst werden und hat zumindest folgende Informationen zu enthalten:

- den konkret bezeichneten Vertragsgegenstand inklusive der genauen Pläne und Baubeschreibungen sowie die Beschreibung der Ausstattung und des Zustandes des Objektes;
- allenfalls den Hinweis auf die Lage in einer Gefahrenzone (zB Hochwasser, Lawinen oder Altlasten);
- das zu zahlende Entgelt und dessen Fälligkeit;

- den spätesten Übergabetermin;
- vom Erwerber zu übernehmende Lasten;
- die Art der Sicherung des Erwerbers;
- das Konto des Bauträgers, auf das der Erwerber die Zahlungen bei einer Sicherung durch Garantie oder Versicherung zu leisten hat sowie
- den Treuhänder, sofern ein solcher zu bestellen ist.

Welche Mindesterfordernisse ein Bauträgervertrag aufweisen sollte, wurde auch im Rahmen des Österreichischen Normungsinstituts erörtert und in der Önorm B 2120 (Mindesterfordernisse für einen Bauträgervertrag) festgelegt. Diese Norm ist zwar nicht rechtlich verbindlich, kann aber als Richtschnur dafür dienen, was man sich von einem seriösen Bauträgervertrag erwarten darf.

### Rücktrittsrechte für Erwerber und Bauträger

→ Seite 209 f

### Sicherungspflichten des Bauträgers

Dem Bauträgervertrag muss zumindest eines der im Folgenden beschriebenen Sicherungsmodelle zugrunde gelegt werden, um die Zahlungen des Erwerbers ausreichend abzusichern. Allerdings gibt es auch Ausnahmen von dieser Verpflichtung, zum Beispiel dann, wenn eine inländische Gebietskörperschaft (etwa eine Gemeinde) der Bauträger ist. Weiters gilt die Sicherungspflicht als erfüllt, wenn eine Gebietskörperschaft für allfällige Rückforderungsansprüche des Erwerbers unmittelbar haftet oder wenn sie eine Förderung aus öffentlichen Mitteln gewährt und in den Förderungsbedingungen, deren Einhaltung von ihr überwacht wird, eine gleichwertige Sicherung vorgesehen ist.

Für alle anderen Bauträgerprojekte sind – je nach Anwendbarkeit – laut BTVG folgende Sicherungsmodelle vorgesehen:

- *Schuldrechtliche Sicherung:* Allfällige Rückforderungsansprüche des Erwerbers können durch Garantie oder eine geeignete Versicherung gedeckt werden. Diese Sicherheiten können aber auch durch eine der Höhe nach begrenzte Fertigstellungsgarantie ersetzt werden, die die Rückforderungsansprüche einschließt. Garanten müssen Kreditinstitute oder Versicherungsunternehmen sein, die zur Geschäftsausübung im Inland berechtigt sind. Weiters kommen inländische Gebietskörperschaften in Frage. Diese Art der Sicherung wird hauptsächlich für Miet- oder Nutzungsrechte in Frage kommen.

- *Grundbücherliche Sicherung:* Diese Form ist auf den Erwerb von (Wohnungs-)Eigentum oder Baurecht beschränkt. Bei Wohnungseigentumsbewerbern stellt die Anmerkung der Einräumung von Wohnungseigentum gemäß § 40 Abs 2 Wohnungseigentumsgesetz (WEG) im Grundbuch eine ausreichende Sicherung dar. Weiters kann die grundbücherliche Sicherung ausschließlich in Verbindung mit der Zahlung nach Ratenplan (siehe unten) angewandt werden. Voraussetzung ist schließlich auch die (künftige) Lastenfreiheit der Liegenschaft. Bei diesem Sicherungsmodell ist der Erwerber zwar insoweit geschützt, als dass er grundbücherlich gesichert ist und nicht mehr bezahlt, als dem Baufortschritt entspricht, nicht aber für allfällige Rückforderungsansprüche. Ein Restrisiko bleibt auch für den Fall, dass das Projekt nach dem Konkurs des Bauträgers von einem anderen zu einem höheren Preis übernommen und fertiggestellt wird.
- *Pfandrechtliche Sicherung:* Schließlich ist noch die Sicherung durch ein ausreichend Deckung bietendes Pfandrecht auf einer Liegenschaft möglich.

### Zahlung nach Ratenplan

Bei Einräumung von (Wohnungs-)Eigentum oder Baurecht in Verbindung mit einer grundbücherlichen Absicherung des Erwerbers ist eine Zahlung nach Ratenplan vorgesehen. Das BTVG unterscheidet zwei Ratenpläne (Ratenplan A und B). Die höchstmöglichen Raten (geringere sind möglich) sind im BTVG folgendermaßen festgelegt:

Ratenplan A

- 15 % des Gesamtpreises bei Baubeginn aufgrund einer rechtskräftigen Baubewilligung

vom Restbetrag

- 35 % nach Fertigstellung des Rohbaus und des Daches,
- 20 % nach Fertigstellung der Rohinstallationen,
- 12 % nach Fertigstellung der Fenster und deren Verglasung,
- 12 % nach Bezugsfertigstellung oder bei vereinbarter vorzeitiger Übergabe und
- 4 % nach Fertigstellung der gesamten Anlage;
- der Rest nach Ablauf von drei Jahren ab der Übergabe des eigentlichen Vertragsgegenstandes, sofern der Bauträger allfällige Gewährleistungs- und Schadenersatzansprüche nicht durch eine Garantie oder Versicherung sichert hat (Haftrücklass).

Ratenplan B

- 10 % des Gesamtpreises bei Baubeginn aufgrund einer rechtskräftigen Baubewilligung

vom Restbetrag

- 30 % nach Fertigstellung des Rohbaus und des Daches,
- 20 % nach Fertigstellung der Rohinstallationen,
- 12 % nach Fertigstellung der Fenster und deren Verglasung,
- 17 % nach Bezugsfertigstellung oder bei vereinbarter vorzeitiger Übergabe und
- 9 % nach Fertigstellung der gesamten Anlage;
- der Rest nach Ablauf von drei Jahren ab der Übergabe des eigentlichen Vertragsgegenstandes, sofern der Bauträger allfällige Gewährleistungs- und Schadenersatzansprüche nicht durch eine Garantie oder Versicherung sichert hat (Haftrücklass).

Eine Vereinbarung zur Zahlung der ersten Rate vor Baubeginn ist zulässig, wenn die Liegenschaft einen so hohen Wert hat, dass durch die grundbücherliche Sicherstellung des Erwerbers bereits ausreichende Sicherheit geboten ist.

Auf die Erneuerung von Altbauten sind die obigen Raten sinngemäß anzuwenden.

### Der Treuhänder

Mit Ausnahme des schuldrechtlichen Sicherungsmodells ist vom Bauträger spätestens bei Vertragsunterfertigung ein Treuhänder (Anwalt oder Notar) zu bestellen, dessen Tätigkeit erst mit dem Ende der Sicherungspflichten – also mit der tatsächlichen Übergabe des Objektes und mit der Verschaffung der vereinbarten Rechtsstellung – endet. Für den Treuhänder wurden umfangreiche Verpflichtungen in das BTVG aufgenommen.

Der Treuhänder muss

- den Erwerber über die Natur des Vertrages und die wesentlichen Vertragspunkte in rechtlicher Hinsicht belehren, insbesondere über die Sicherungsmöglichkeiten einschließlich der jeweiligen Rechtsfolgen für den Fall der Eröffnung eines Insolvenzverfahrens über das Vermögen des Bauträgers sowie über den Haftrücklass und seine Rechtsfolgen;
- die Erfüllung der Sicherungspflichten des Bauträgers überwachen;
- dem Erwerber über die von ihm entgegengenommenen Zahlungen mindestens einmal jährlich bis zum 31. Jänner des Folgejahres Rechnung legen und

- dafür sorgen, dass der Erwerber Zahlungen nur auf Konten entrichtet, über die der Treuhänder verfügungsberechtigt ist und die der Überwachung der Rechtsanwalts- bzw Notariatskammer unterliegen;
- im Falle der grundbücherlichen Sicherstellung die vertraglichen und grundbuchsrechtlichen Voraussetzungen prüfen und den Erwerber bei der Einhaltung des Ratenplanes durch Überwachung des Baufortschrittes unterstützen;
- bei der pfandrechtlichen Sicherung die vertraglichen, grundbuchsrechtlichen und wertmäßigen Voraussetzungen für die Deckung allfälliger Rückforderungsansprüche prüfen.

Zur Feststellung des Baufortschrittes kann der Treuhänder einen Ziviltechniker, einen gerichtlich beeideten Sachverständigen für das Bauwesen oder eine im Rahmen der Förderung des Vorhabens tätige Gebietskörperschaft beiziehen. Zur Feststellung der ausreichenden Deckung des vom Bauträger angebotenen Pfandrechts sowie des Wertes der zu bebauenden Liegenschaft kann er einen gerichtlich zertifizierten Sachverständigen für das Immobilienwesen beiziehen. Der Abschluss eines Bauabschnittes ist nach dem Fertigstellungsgrad der Gesamtanlage zu beurteilen. Bei mehreren selbstständigen Bauwerken (zum Beispiel Einfamilienhäuser oder mehrere kleinere Häuser) ist der Fertigstellungsgrad desjenigen Bauwerkes maßgeblich, über das der Erwerber seinen Vertrag abgeschlossen hat.

## Bauvertrag

Der Vertrag über die Errichtung eines Bauwerks ist zwar im Grunde ein gewöhnlicher Werkvertrag (siehe Seite 80 ff), in der Praxis sind jedoch einige Besonderheiten zu beachten. Diesen wird auch durch zwei Önormen (siehe Seite 157 ff) Rechnung getragen, die zu einer Standardisierung der Vertragsinhalte beitragen. Mit den Önormen B 2110 und A 2060 wird der typische Inhalt von Bauwerkverträgen geregelt. Ausgangspunkt für ihre Erstellung war natürlich nicht ein Vertrag über die Errichtung eines Einfamilienhauses, sondern die Vielzahl von Bauaufträgen der öffentlichen Hand und der Wirtschaft. Für Verträge mit Konsumenten sind daher einige Punkte nicht anwendbar. Davon abgesehen sind diese beiden Vertragsnormen jedoch ein ausgewogener Kompromiss zwischen Auftraggeber- und Auftragnehmerinteressen, sodass ihre Vereinbarung (sie gelten nicht automatisch) durchaus sinnvoll sein kann. Gleichzeitig gilt: Vorsicht vor der undifferenzierten Vereinbarung sämtlicher, für die jeweiligen Professionisten geltenden Önormen!

Auch ohne ausdrückliche Vereinbarung haben die Professionisten nach dem Stand der Technik zu arbeiten und ihre Leistung fachgerecht zu erbringen. Schreibt man jedoch generell die Geltung von Önormen im Vertrag fest, könnte es dazu kommen, dass beispielsweise – nach Önorm – größere Mängeltoleranzen zu akzeptieren wären, als bei fachlich einwandfreier Arbeit auftreten dürften. Zudem sind nach einigen Önormen für Professionistenarbeiten besondere Abrechnungs- oder Messmethoden vorgesehen, die zu unliebsamen Überraschungen führen können.

Besondere Bedeutung hat bei Bauverträgen die Warnpflicht des Unternehmers: Ist der Grund nicht geeignet, sind Vorleistungen mangelhaft oder führen Anweisungen des Auftraggebers zu Problemen, so muss der Unternehmer dies dem Auftraggeber mitteilen. Ansonsten haftet er für einen eintretenden Schaden.

Für Mängel am Bauwerk besteht die normale Gewährleistungspflicht des Unternehmers (siehe Seite 228 ff), die binnen einer Frist von drei Jahren ab Übergabe geltend zu machen ist. Im Fall des Falles trägt in den ersten sechs Monaten nach Übergabe der Werkersteller, danach aber der Werkbesteller die Beweislast dafür, dass der Mangel schon bei Übergabe des Bauwerkes – zumindest in seiner Anlage – vorhanden war. Wurde die Önorm B 2110 vereinbart, so besteht während der ersten beiden Jahre nach Übergabe eine Beweislastumkehr: Stellt sich ein Mangel am Bauwerk heraus, so wird grundsätzlich angenommen, dass er bereits bei der Übergabe vorhanden war.

Trifft den Bauunternehmer ein Verschulden am Mangel oder an einem Schaden, der durch nicht fachgerechte Bauausführung entstanden ist, dann kann binnen drei Jahren ab Kenntnis des Schadens (spätestens aber 30 Jahre nach Übergabe des Bauwerks) auch der Anspruch auf Schadenersatz durchgesetzt werden (siehe Seite 256 ff).

## Bestellung

Wer eine Bestellung aufgibt, der macht – rechtlich betrachtet – ein Anbot (siehe Seite 35 ff).

## Betrug

Wer mit dem Vorsatz, durch das Verhalten des Getäuschten sich oder einen Dritten unrechtmäßig zu bereichern, jemanden durch Täuschung über Tatsachen zu einer Handlung, Duldung oder Unterlassung verleitet, die diesen oder einen andern am Vermögen schädigt, macht sich des Betruges strafbar.

- Das Eingehen eines Vertrages (Kauf, Kredit ...) unter Täuschung des Vertragspartners über die Tatsache, ein zahlungswilliger und -fähiger Kunde zu sein, ist Betrug, wenn man mit dem Vorsatz handelt, sich (oder einen Dritten) unrechtmäßig zu bereichern.
- Aus der Konsumentenberatung sind Fälle bekannt, wo Unternehmer ihren – in Zahlungsschwierigkeiten geratenen – Kunden oft mit einer Betrugsanzeige drohen. Dabei ist der Tatbestand des Betruges nur erfüllt, wenn der Täter bereits bei Eingehen des Vertrages zahlungsunwillig bzw -fähig war und mit dem Vorsatz sich zu bereichern handelte. Eine Verschlechterung der finanziellen Situation und damit verbundene Zahlungsschwierigkeiten nach dem Vertragsabschluss können daher nicht als Betrug angesehen werden.
- Umgekehrt gibt es Fälle, wo Unternehmer (oft bei Haustürgeschäften) Aufträge keilen und erhebliche Anzahlungen (oft den gesamten Kaufpreis) fordern und entgegennehmen und dann keine Leistung erbringen. Wenn ihnen nachgewiesen werden kann, dass sie bereits bei Auftragserteilung nicht in der Lage waren, die vereinbarte Ware überhaupt zu liefern, so liegt Betrug vor.
- Ebenso sind Fälle bekannt, wo die Vermittlung von Miet- oder Kaufverträgen über Wohnungen angeboten und Ablösezahlungen entgegengenommen wurden. Aus verschiedensten Gründen kam dann doch kein Vertrag (ohne Verschulden der Konsumenten) zustande. Kann nachgewiesen werden, dass zum Zeitpunkt der Ablösezahlung die Wohnung überhaupt nicht zu vermieten beziehungsweise verkaufen war und der Makler den Kunden – mit Bereicherungsvorsatz – getäuscht hat, so liegt ebenfalls Betrug vor.
- Auch die Vorlage nicht gedeckter Schecks beim eigenen Bankinstitut ist Betrug. Die Weitergabe ungedeckter Schecks (samt Vorweisen der Scheckkarte) an Dritte ist dagegen Untreue.

## Beweislastumkehr

Wenn man sein Recht bei Gericht durchsetzen muss, stellt sich oft die Frage, wer eigentlich die Beweislast trägt. Alles, was eine Prozesspartei behauptet, muss sie auch beweisen. Gelingt ihr der Beweis nicht, dann gilt die behauptete Tatsache als nicht bewiesen und das Gericht kommt – unter Umständen – zu einer für die beweispflichtige Partei ungünstigen Entscheidung.

Jede Partei muss daher im Prozess die Tatsachen beweisen, die sie selbst vorgebracht hat. Daneben kennen viele Gesetze Beweislastregeln.

Die wichtigste Regel im Bereich des Schadenersatzes lautet, dass ein Vertragspartner, dem eine Vertragsverletzung vorzuwerfen ist, selbst beweisen muss, dass ihn an der Vertragsverletzung kein Verschulden trifft. Im Bereich der Gewährleistung trägt in den ersten sechs Monaten nach Übergabe der Übergeber, danach der Übernehmer der Sache die Beweislast dafür, dass der Mangel schon bei Übergabe der Sache vorhanden war. Im Verhältnis zwischen Unternehmern und Konsumenten kann die gesetzlich vorgegebene Beweislast nicht zu Lasten des Verbrauchers vertraglich umgekehrt werden.

### Bürgschaft

→ Seite 111 ff

## C

### Chipkarte

Seit November 1995 ist jede österreichische Bankomatkarte mit einem Chip ausgestattet. Das ist ein „intelligenter" Microprozessor, man könnte sagen ein Minicomputer, der genügend Speicher für Betriebssystem, Anwendungssoftware, Protokolldateien, Gültigkeitsdauer, Limits und sonstige bankspezifische Informationen hat. Während in Zukunft alle Funktionen der Karte über den Chip abgewickelt werden sollen, enthält dieser derzeit nur die Funktion der elektronischen Geldbörse („Quick"). Bankomattransaktionen werden weiterhin über den ebenfalls auf der Karte befindlichen Magnetstreifen abgewickelt (→ **Bankomatkarte**). Daneben können auf den Chip auch noch fünf Zusatzfunktionen geladen werden. Dann könnte die Karte auch als Telefonkarte, Netzkarte im öffentlichen Verkehr, Parkkarte usw, aber auch als Kundenkarte für bestimmte Handelsunternehmen dienen. Welche Daten von welchen Unternehmen über die Chipkarte verwaltet werden, ist eine sensible Frage auch des Datenschutzes (siehe Seite 311 ff).

Die elektronische Geldbörse kann an Bargeldautomaten – unter Verwendung des PIN-Codes (→ **PIN**) – mit (derzeit) bis zu € 400 aufgeladen werden. An besonderen Zahlstellen (mit dem „Quick"-Symbol gekennzeichnet) kann mit der Karte – ohne weitere Legitimation durch Eingabe eines PIN-Codes – bezahlt werden. Dies bedeutet aber auch, dass die „aufgetankte Summe" im Fall des Diebstahles der Karte verloren ist. Der Dieb kann damit – ohne den PIN-Code ausspionieren zu müssen – einkaufen gehen.

# D

## Darlehen

Das Allgemeine Bürgerliche Gesetzbuch (ABGB) kennt als Kreditgeschäft im engeren Sinn nur das Darlehen. Darunter wird ein Vertrag verstanden, bei dem der Darlehensgeber dem Darlehensnehmer „vertretbare Sachen" (im Regelfall also Geld) übergibt und dieser sich verpflichtet, die gleiche Summe – in der wirtschaftlichen Praxis natürlich zuzüglich Zinsen – zurückzubezahlen. Das in diesem Punkt sehr altertümliche ABGB hat den Darlehensvertrag als sogenannten „Realvertrag" ausgestaltet, dh, dass der Vertrag nicht – wie bei fast allen sonstigen Vertragsarten – schon durch die Vereinbarung zustande kommt, sondern erst, wenn zusätzlich die tatsächliche Übergabe des Kapitals an den Darlehensnehmer (oder in dessen Auftrag an einen Dritten) erfolgt. Allerdings ist die Vereinbarung, ein Darlehen geben zu wollen, als Vorvertrag wirksam, sodass sich aus den in der heutigen Zeit völlig überholten Bestimmungen des ABGB in diesem Zusammenhang zwar einige auf den ersten Blick merkwürdige Formulierungen in den Darlehensurkunden ergeben, die jedoch für den Konsumenten keinen besonderen Unterschied zu anderen Formen des Kreditvertrags bewirken. In der Praxis der Banken hat sich nämlich neben dem Darlehen auch der Kreditvertrag entwickelt, der als „normaler" Konsensualvertrag ausgestaltet ist (das ist ein Vertrag, der schon durch Vereinbarung allein, ohne zusätzliche Erfüllungshandlung wirksam zustande kommt). Das Bankwesengesetz fasst die Vergabe von Geldkrediten und Gelddarlehen als den Banken vorbehaltene Bankgeschäfte unter dem Begriff „Kreditgeschäft" zusammen und differenziert auch in den Verbraucherschutzbestimmungen nicht näher zwischen Darlehen und (sonstigen) Kreditverträgen (siehe Seite 92 ff).

## Datenschutz

→ Seite 311 ff

## Dauerhafter Datenträger

Die meisten neueren Gesetze, insbesondere jene, welche auf EU-Richtlinien beruhen, sehen alternativ zur schriftlichen Vertragsabfassung vor, dass Vertragstexte auf sogenannten „dauerhaften Datenträgern" festgehalten werden. Darunter sind Speichermedien zu verstehen, die schriftliche Texte speichern und wiedergeben können, insbesondere Festplatten, USB-Sticks, DVDs und CD-ROMs. Die Gesetze möchten dem Konsumenten damit alternative Möglichkeiten zum bloßen Papierverkehr einräumen; zu bedenken ist freilich, dass die Frage der Lesbarkeit der Speichermedien eine technische ist, die sich über den Lauf der Jahre verändern kann. Sollten Sie Vertragstexte daher auf dauerhaften Datenträgern erhalten, ist es jedenfalls ratsam, diese Texte auch auszudrucken und gut aufzubewahren.

## Direktvertrieb

Damit werden meist jene Formen des Waren- und Dienstleistungsverkaufs bezeichnet, bei denen unter weitgehendem Verzicht auf fixe Geschäftslokale das Angebot möglichst „direkt" an die Abnehmer herangebracht werden soll – vor allem durch Werbe- und Verkaufspartys, durch Haustürgeschäfte, aber auch durch telefonische Abwicklung. Das hat nicht unbedingt etwas mit der Ausschaltung von Zwischenhändlern zu tun, wie dies etwa beim Verkauf „direkt ab Fabrik" der Fall ist, sondern mit der Wahl eines spezifischen Absatzkanals: Nicht der Kunde soll ins Geschäft kommen, sondern der Unternehmer sucht aktiv seine Kunden auf.

Wegen der mit solchen Absatzmethoden verbundenen besonderen Gefahren für die Konsumenten – psychologischer Kaufzwang, mangelnde Möglichkeit zum Preis- und Qualitätsvergleich, allenfalls auch Überrumpelung – hat der Gesetzgeber für den Direktvertrieb bestimmte Einschränkungen vorgesehen.

Das Aufsuchen von Privatpersonen zum Sammeln von Bestellungen ist für einige Waren ausdrücklich untersagt. Dazu gehören

- Nahrungsergänzungsmittel,
- Kosmetika,
- Gifte, Arzneimittel und Heilbehelfe,
- Uhren, Gold- und Platinwaren, Juwelen und Edelsteine.

Für solche Waren dürfen auch keine Werbeveranstaltungen (Werbe- und Beratungspartys) in Privathaushalten abgehalten werden. Dabei ist es gleichgültig, ob die „Hausfrauenpartys", wie solche Veranstaltungen häufig bezeichnet werden, vom Unternehmer oder von jemand anderem veranstaltet werden. Der Unternehmer kann also nicht einwenden, dass die Party ja von der einladenden Konsumentin organisiert worden sei.

Damit ist in Österreich der Party-Vertrieb insbesondere von Kosmetika, wie er in manchen anderen Ländern recht weit verbreitet ist und dort auch immer wieder Anlass zu Kritik der Konsumentenorganisationen ist, zum Schutz der Kunden untersagt. Zulässig sind hingegen Partys, bei denen Modeschmuck, Geschirr oder auch Putzmittel verkauft werden. Für Dienstleistungen bestehen – wenn man vom unwahrscheinlichen Fall einer „Kontaktlinsenparty“ absieht – keine Einschränkungen. Die diversen „Farb- oder TypberaterInnen“ und dergleichen dürfen daher ihre Veranstaltungen auch in Privathaushalten abhalten – allerdings keine Bestellungen für Kosmetika entgegennehmen!

Bestellungen bei derartigen Werbepartys können nur dann kostenlos rückgängig gemacht werden, wenn entweder gegen die Gewerbeordnung verstoßen wird (also etwa Kosmetika angeboten werden) oder wenn man das Geschäft nicht angebahnt hat (siehe Seite 183).

Aus der Sicht des Konsumentenschutzes bestehen gegen Direktvertriebsmethoden Bedenken nicht nur wegen der fehlenden Vergleichsmöglichkeiten und der faktisch häufig gegebenen psychologischen Hemmung, Bekannten ein Geschäft abzuschlagen. Meist wird gewissermaßen „anstandshalber“ zumindest eine kleine Bestellung getätigt. Darüber hinaus wird bei Direktvertriebsunternehmen manchmal das Gewinnen neuer Mitarbeiter als wichtiger betrachtet als der Verkauf der Waren (→ **Strukturvertrieb**).

## Drittfinanzierung

Wenn man eine Ware auf Raten kauft (siehe Seite 77 ff), dann sind an diesem Geschäft zwei Personen beteiligt: der Käufer und der Verkäufer. Wird dagegen der Kaufpreis von einem Dritten – in der Regel einer Bank – an den Verkäufer bezahlt und zahlt der Käufer dann an die Bank den Kredit auf Raten zurück, dann sind drei Personen beteiligt und man spricht von einer Drittfinanzierung.

Da ein drittfinanziertes Geschäft dieselben Gefahren eines übereilten Vertragsabschlusses beinhaltet wie ein zweipersonales Ratenzahlungsgeschäft, muss sich der Finanzierer all jene Einwendungen entgegenhalten lassen, die dem Käufer gegen den Verkäufer zustehen, wenn Kaufvertrag und Kreditvertrag für Verkäufer und Finanzierer eine wirtschaftliche Einheit bilden (sog. „verbundener Kreditvertrag“).

Wenn also ein Gebrauchtwagenhändler ständig mit einer Bank zusammenarbeitet und finanzschwache Kaufinteressenten bereits im Autosalon den Kreditantrag an die Bank unterschreiben lässt, dann wird man eine solche wirtschaftliche Einheit vermuten können. Stellt sich dann heraus, dass am Fahrzeug der Kilometerstand manipuliert und damit der Käufer getäuscht wurde, kann der Käufer den Kaufvertrag wegen Irrtums anfechten. In diesem Fall ist aber wesentlich, dass er an die Bank auch keine Raten mehr bezahlen muss. Er kann seine Einwendungen gegen den Verkäufer und auch gegen die Bank richten (siehe Seite 78).

# E

## EAN-Code

Dies ist die Abkürzung für „Europäische Artikel Nummerierung“. Auf fast jeder im Handel angebotenen Ware findet man mittlerweile einen Strichcode aus zwei unterschiedlich breiten Balken (englisch „bar“, daher auch „Barcode“) und Zwischenräumen. Dabei handelt es sich um keine gesetzlich vorgesehene Kennzeichnung, sondern um ein von der Wirtschaft entwickeltes System zur Nummerierung und eindeutigen Identifizierung von Produkten. Der Strichcode kann von Scannerkassen gelesen werden und ermöglicht so dem Handel eine rationellere Abwicklung von Einkauf und Lagerwirtschaft, aber auch eine einfachere Durchführung von Preisänderungen, die nicht mehr mühsam auf jedem einzelnen Produkt ausgezeichnet werden müssen.

Der Strichcode enthält ausschließlich Informationen darüber, in welchem Land die betreffende Ware registriert wurde (das ist meist, aber nicht immer, das Herstellungs- bzw Fertigstellungsland, angegeben durch die ersten zwei oder drei Ziffern des Codes, etwa 90 und 91 für Österreich) sowie über den Herstellerbetrieb und die Artikelnummer (im Sortiment des jeweiligen Herstellers).

Entgegen vielen Gerüchten enthält der Strichcode keinerlei Informationen über Zutaten oder sonstige Eigenschaften des Produkts!

## E-Nummern

Verpackte Lebensmittel müssen mit einer Zutatenliste gekennzeichnet werden (→ **Lebensmittelkennzeichnung**), in der auch die verwendeten Zusatzstoffe – das sind nach dem Lebensmittelgesetz Stoffe, die einem Lebensmittel oder Nahrungsergänzungsmittel hinzugefügt werden, ohne selbst ein Lebensmittel oder Nahrungsergänzungsmittel zu sein – anzugeben sind. Solche Zusatzstoffe sind in der Zutatenliste sowohl mit der Bezeichnung ihrer Klasse (zum Beispiel Farbstoff, Konservierungsmittel usw) als auch mit ihrem Namen oder der E-Nummer anzuführen. Es besteht also keine Verpflichtung, die E-Nummer anzugeben. Ebenso kann auch der konkrete Name des Zusatzstoffes verwendet werden (also etwa Milchsäure statt E 270).

## Effektiver Jahreszinssatz

→ Seite 95 ff

## Eigentumsvorbehalt

Bei einem Kaufvertrag hat der Verkäufer die Pflicht, dem Käufer das Eigentum an der Kaufsache zu verschaffen. Nach dem Gesetz erwirbt der Käufer das Eigentum an dieser Sache bereits mit der Übergabe, unabhängig davon, ob der Kaufpreis bereits vollständig bezahlt wurde. Bleibt der Käufer daher in der Folge das Entgelt schuldig, so muss der Verkäufer den Kaufpreis einklagen, kann aber nicht mehr verlangen, dass die Kaufsache – die bereits im Eigentum des Käufers steht – zurückgegeben wird.

Um diese für den Verkäufer ungünstige Situation zu vermeiden, wird bei Kaufverträgen, bei denen der Verkäufer nicht spätestens zum Zeitpunkt der Übergabe die gesamte Kaufsumme erhält, in der Regel ein Eigentumsvorbehalt vereinbart (typische Formulierung etwa: „Das Eigentum an der gelieferten Ware verbleibt bis zur vollständigen Bezahlung dem Verkäufer"). Dies gilt beispielsweise für Verträge etwa im Versandhandel, bei denen die Ware bereits vor vollständiger Bezahlung übersandt wird.

Die Konsequenz aus dem Eigentumsvorbehalt ist nun nicht nur, dass der Verkäufer die Ware zurückverlangen kann, wenn der Konsument mit der Bezahlung in Verzug gerät. Darüber hinaus darf man als Konsument über eine Sache, an der Eigentumsvorbehalt besteht, auch nicht verfügen, sie also beispielsweise ohne Zustimmung des Verkäufers („Vorbehaltseigentümer") nicht weiterverkaufen und auch nicht weiterverschenken. Auch im Fall einer Exekution ist der Gerichtsvollzieher auf das fremde Eigentum hinzuweisen und der Vorbehaltseigentümer muss verständigt werden.

Ein Eigentumsvorbehalt wird üblicherweise auch bei drittfinanzierten Geschäften (→ **Drittfinanzierung**) vereinbart. Allerdings kommt in diesen Fällen die Rolle des Vorbehaltseigentümers dem Finanzierer (der Bank) zu. So darf etwa ein auf Kredit finanziertes Auto vor vollständiger Kreditrückzahlung ohne Zustimmung der Bank nicht weiterverkauft oder -verschenkt werden.

Bei Käufen „von Privat" sollten Sie sich vergewissern, dass der Verkäufer tatsächlich Eigentümer der verkauften Ware ist (zum Beispiel durch Einsicht in eine quittierte Rechnung über die gesamte Kaufsumme). Während nämlich beim Kauf vom befugten Händler Eigentum auch dann erworben wird, wenn der Händler – aus welchem Grund auch immer – noch nicht Eigentümer war, besteht diese Möglichkeit beim Privatkauf nicht. Gibt es bei einer von Ihnen privat gekauften Ware noch einen Eigentumsvorbehalt eines Dritten, so kann dieser die Sache von Ihnen auch dann verlangen, wenn Sie bereits den gesamten Kaufpreis bezahlt haben. Sie müssten sich dann am privaten Verkäufer schadlos halten.

## Einzugsermächtigung

Telefongesellschaften, Spendenorganisationen, aber zunehmend auch große Handelsketten bieten ihren Kunden die Möglichkeit der Zahlung via Einzugsermächtigung. Dabei wird der Unternehmer vom Kunden ermächtigt, einen bestimmten – fixen oder auch variablen – Betrag vom Girokonto (→ **Konto**) des Kunden einzuziehen. Da diese Ermächtigung zunächst beim Unternehmer verbleibt, die kontoführende Bank daher auch die Echtheit der Unterschrift des Kunden nicht überprüft, hat der Kunde – anders als beim Lastschriftverfahren (→ **Lastschriftverfahren**) – das vertraglich eingeräumte Recht, binnen 42 Tagen gegen Abbuchungen bei seiner kontoführenden Bank Widerspruch einzulegen. Die Bank muss – ohne Prüfung der Begründung für den Widerspruch – den abgebuchten Betrag dem Konto wieder gutbuchen.

## Erklärungsfiktion

In den Geschäftsbedingungen von Unternehmern finden sich oft Klauseln, die vorsehen, dass das Schweigen des Vertragspartners während einer bestimmten Frist als Zustimmung gewertet wird. Solche Klauseln sind zwischen Unternehmern und Verbrauchern nur zulässig, wenn der Konsument bei Beginn der Frist für eine ausdrückliche Erklärung vom Unternehmer nochmals mit Nachdruck auf die Frist und die Folgen seines Schweigens hingewiesen wird und im Übrigen die Frist zur Abgabe einer Erklärung auch ausreichend lange bemessen ist.

Solche Erklärungsfiktionen finden sich zum Beispiel in den Allgemeinen Geschäftsbedingungen der Banken, die vorsehen, dass der Kunde gegen einen Saldoabschluss binnen vier Wochen ab Zugang schriftlich Einspruch erheben muss; ansonsten gilt der Saldoabschluss als anerkannt (→ **Konto**). Ebensolche Fristen finden sich bei Kreditkartenunternehmen im Hinblick auf die Monatsabrechnungen (→ **Kreditkarte**). Auch die Verlängerung von befristeten Zeitschriftenabonnements wird oft als Erklärungsfiktion konstruiert (→ **Verlängerungsklausel, → Zeitschriftenabonnement**).

## Exekution

→ Seite 359 ff

# F

## Firma

→ Seite 59

## Firmenbuch

→ Seite 343

## Fitnessstudios

Mehr Freizeit und ein gesteigertes Gesundheitsbewusstsein haben Fitnessstudios aus dem Boden schießen lassen. Andererseits häufen sich die Beschwerden von Konsumenten. Nicht von ungefähr, denn die Geschäftsbedingungen der Fitnessstudios sind zuweilen eine wahre Fundgrube für gesetz- und sittenwidrige Klauseln.

Fitnessstudios sind häufig auf Vereinsbasis organisiert und sehen daher meist die monatliche Zahlung eines Mitgliedsbeitrages vor. Sehr oft werden die Verträge zwar auf eine bestimmte Zeit befristet abgeschlossen („Vertragsdauer: sechs Monate"), im Kleingedruckten finden sich aber sogenannte Verlängerungsklauseln (→ **Verlängerungsklauseln**): Der Kunde muss bis zu einem bestimmten Zeitpunkt vor Vertragsende kündigen, sonst verlängert sich der Vertrag um die ursprüngliche Vertragsdauer. Eine solche Verlängerungsklausel ist aber nur dann wirksam, wenn der Unternehmer auf die Frist zur Kündigung und die Folgen der Unterlassung der Kündigung ausdrücklich – auch nach Vertragsabschluss – nochmals hinweist. Ohne Hinweis ist die Klausel unwirksam und der Vertrag verlängert sich nicht.

Oft schließen Jugendliche solche Verträge ohne Zustimmung der Eltern ab. Dann bleibt zu prüfen, ob sich die Minderjährigen zu einem solchen Vertrag überhaupt wirksam verpflichten konnten (siehe Seite 65 f).

Verletzt man sich im Fitnesscenter, etwa weil ein Gerät schadhaft war, dann ist – entgegen den weitläufigen Haftungsausschlüssen in so manchen Geschäftsbedingungen wie „Training auf eigene Gefahr" – sehr wohl zu prüfen, ob man nicht vom Inhaber des Zentrums Schadenersatz verlangen kann (siehe Seite 256 ff).

## Fixgeschäft

→ Seite 221 f

## Flugüberbuchungen, Flugverspätungen

→ Seite 247 ff

## Franchising

→ Seite 53

## Frankfurter Tabelle

→ Seite 245

# G

## Garantie

→ Seite 227 f

## Gebrauchsanleitung

Die vom Hersteller oder Händler dem Produkt beigelegte Gebrauchsanleitung hat zunächst die Funktion, alle für die korrekte Handhabung erforderlichen Informationen zu geben. Darüber hinaus aber dient die Gebrauchsanleitung häufig auch dazu, vor möglichen Gefahren des Produkts zu warnen – wobei beide Funktionen der Gebrauchsanleitung einander ergänzen, da sich die Gefahren natürlich auch aus einer Fehlbedienung ergeben können.

Anspruch auf eine Gebrauchsanleitung hat man als Konsument immer dann, wenn ohne derartige Anleitung das Produkt nicht ordnungsgemäß bedient werden kann. Denn zu den gewöhnlich vorausgesetzten Eigenschaften eines Produkts gehört zweifellos auch, dass die zur korrekten Bedienung notwendigen Informationen „mitgeliefert" werden. Fehlen sie, dann liegt ein gewährleistungspflichtiger Mangel vor (OGH 3.5.1994, 1 Ob 555/94, KRES 5/135).

Während sich diese allgemeine Verpflichtung eher indirekt aus dem Gewährleistungsrecht (siehe Seite 228 ff) ergibt, wird in einzelnen gesetzlichen Bestimmungen ausdrücklich die Beigabe von Gebrauchs- oder Bedienungsanleitungen (oder auch -anweisungen) vorgeschrieben, insbesondere für „elektrische Betriebsmittel“, bei denen auch ausdrücklich festgehalten wird, dass die Gebrauchsanleitung in deutscher Sprache abgefasst sein muss.

Bedingt durch die Produkthaftung (siehe Seite 283 ff) widmen die Hersteller auch den Gebrauchsanleitungen verstärkt ihre Aufmerksamkeit, da eine fehlerhafte Anleitung – oder unterlassene Warnung – auch zu einer Haftung des Herstellers führen kann. Vielfach wird daher versucht, die Anleitungen so zu formulieren, dass in einem Schadensfall auf jeden Fall der Konsument – wegen Missachtung der Anleitung – schuld sein soll. Auch nach dem Produkthaftungsgesetz gilt jedoch der Grundsatz, dass „konstruktive Sicherheit vor hinweisender Sicherheit“ geht, dass also ein Produkt sicher konstruiert werden muss, sodass Warnungen und Sicherheitsratschläge in der Gebrauchsanleitung weitgehend vermieden werden können. Wenn etwa eine Waschmaschine so gebaut werden kann, dass sich die Tür erst nach Stillstand der Trommel öffnen lässt, dann darf man auf dieses Sicherheitsmerkmal nicht verzichten und sich bloß auf einen Satz in der Gebrauchsanleitung verlassen, mit dem vor frühzeitigem Öffnen gewarnt wird.

Zwar zeichnen sich manche Gebrauchsanleitungen durch eine Vielzahl von Warnungen und Ratschlägen aus, die eher aus der US-amerikanischen Situation erklärbar sind und aus österreichischer Sicht vielleicht überzogen sein mögen. Dennoch sollte man sich die Mühe nehmen und jede Anleitung für ein neu erworbenes Produkt eingehend studieren. Die Nichtbeachtung von Gebrauchsanleitungen kann nämlich dazu führen, dass in einem etwaigen Schadensfall zumindest ein Mitverschulden des Konsumenten geltend gemacht wird.

Überdies bestimmt § 9a KSchG im Fall fehlerhafter Montageanleitungen zwingend, dass der Unternehmer für einen Mangel an der Sache haftet, der durch unsachgemäße Montage des Verbrauchers aufgrund eines Fehlers in der Montageanleitung verursacht wurde.

Bewahren Sie Gebrauchsanleitungen während der gesamten Gebrauchsdauer des Geräts auf. Sie finden darin nicht nur wichtige Informationen für den Fall einer Reparatur oder zur Ersatzteilbeschaffung, sondern können damit auch in einem allfälligen Schadensfall überprüfen, ob der Einwand „Fehlbedienung“ des Herstellers im Lichte der Anleitung überhaupt gerechtfertigt ist.

## Gehaltspfändung

→ Seite 361

## Generalunternehmer

Insbesondere bei der Errichtung eines Hauses oder gar einer Wohnhausanlage sind auf der Baustelle die verschiedensten Firmen und Professionisten an der Arbeit. Der Generalunternehmer – in der Regel ein Baumeister – ist derjenige, der die Tätigkeit dieser Firmen und Professionisten koordiniert und das Bauvorhaben vorantreibt. Wird daher etwa der Bau eines Einfamilienhauses in Auftrag gegeben, so kann es empfehlenswert sein, einen Baumeister als Generalunternehmer zu bestellen. In diesem Fall ist dann der Bauunternehmer Vertragspartner und dem Bauherrn für die mangelfreie Fertigstellung des Bauvorhabens verantwortlich. Er hat dabei dann auch allfällige Mängel an den Arbeiten der Professionisten – die er als Subunternehmer (→ **Subunternehmer)** beschäftigt – zu vertreten. Natürlich kann der Bauherr auch mit jedem einzelnen Professionisten selbst direkt Verträge abschließen. Dann hat er aber Vertragsverhältnisse zu den verschiedensten Unternehmen und wenn Baumängel auftreten, kann lange darüber gestritten werden, in wessen Verantwortung die Mängel fallen.

## Gericht

→ Seite 343 ff

## Geschäftsbedingungen

→ Seite 153 ff

## Geschäftsfähigkeit

→ Seite 64 ff

## Gesellschaft mit beschränkter Haftung (GmbH)

→ Seite 57

## Gewährleistung

→ Seite 228 ff

## Gewerbeordnung

Die Gewerbeordnung enthält verwaltungsrechtliche Vorschriften für den Betrieb von Gewerben in Österreich. Ein Teil der Bestimmungen der Gewerbeordnung hat auch Schutzcharakter für Konsumenten.

### Firmennamen

Es gibt Vorschriften über die Namensführung und Bezeichnung von Betriebsstätten, die nicht nur der Behördenüberwachung der gewerblichen Betriebe, sondern auch den Konsumenten als Wirtschaftspartnern dienen sollen. Gewerbetreibende müssen ihre Betriebsstätte und ihre Geschäftsurkunden mit dem richtigen Namen versehen. Bei natürlichen Personen heißt das, dass der Familienname in Verbindung mit mindestens einem ausgeschriebenen Vornamen aufscheinen muss. Bei juristischen Personen, die im Firmenbuch oder im Genossenschaftsregister eingetragen sind, muss die eingetragene Firma aufscheinen. Die Angabe lediglich eines Postfaches oder einer Telefonnummer auch in Annoncen und Ankündigungen ist nicht erlaubt (→ **Postfachfirmen**).

### Warenvertrieb

Daneben enthält die Gewerbeordnung auch besondere Vorschriften, die das Ziel haben, Konsumenten vor den Auswüchsen unerwünschter Vertreterbesuche zu schützen. So gibt es strenge Regeln für das Sammeln und Entgegennehmen von Bestellungen. Das Hausieren, also das Anbieten von Waren zum sofortigen Verkauf an der Wohnungstüre, ist gänzlich verboten.

Siehe dazu und zum Rücktrittsrecht des Verbrauchers Seite 194 f.

### Gewerbeberechtigung

Auch die Bestimmungen über die Zugangsvoraussetzungen zu den einzelnen Gewerben sind vom Ziel des Verbraucherschutzes getragen. Gerade eine entsprechende Sicherstellung der Ausbildung von Gewerbetreibenden, bevor sie ihren Gewerbebetrieb aufnehmen können, soll Sicherheit für den Verbraucher schaffen. Reiseveranstalter müssen beispielsweise eine Registernummer im Veranstalterverzeichnis und damit eine entsprechende Insolvenzabsicherung nachweisen, bevor sie ihre Geschäftstätigkeit aufnehmen dürfen.

Die Bezirksverwaltungsbehörden gewähren jedermann Auskunft aus dem – beim Bundesministerium für wirtschaftliche Angelegenheiten eingerichteten – zentralen Gewerberegister. Werden Sie bei Vertragsabschluss mit einem Unternehmen über das Vorhandensein einer gewerberechtlichen Befugnis zur Gewerbeausübung in Irrtum geführt, dann können Sie das Geschäft wegen Irrtums anfechten und damit rückgängig machen.

## Gewinnspiele

→ Seite 21 ff

## Girokonto

→ **Konto**

## Grundbuch

→ Seite 343

## Gruppenversicherung

Vor allem im Zusammenhang mit Vereinsmitgliedschaften oder bei Zugehörigkeit zu größeren Unternehmen bietet sich häufig die Möglichkeit, an einer Gruppenversicherung teilzuhaben. Dabei sind zwei Fälle zu unterscheiden:

- die sogenannte „unechte Gruppenversicherung", bei der zum Beispiel der Betriebsrat eine Vereinbarung mit einer Versicherung trifft, dass alle Betriebsangehörigen zu bestimmten Bedingungen einen Versicherungsvertrag abschließen können, und
- die „echte Gruppenversicherung", bei der etwa ein Sportverein eine Unfallversicherung abschließt, mit der zugleich alle seine Mitglieder versichert sind.

Bei der unechten Gruppenversicherung handelt es sich praktisch um eine Art Rahmenvertrag. Die einzelnen Betriebsangehörigen schließen jedoch selbst eigene Verträge ab, sodass sie auch jeweils Versicherungsnehmer mit den entsprechenden Rechten und Pflichten werden. Bei der echten Gruppenversicherung hingegen sind die Angehörigen – etwa die Vereinsmitglieder aus unserem Beispiel – nicht selbst Versicherungsnehmer, sondern nur Versicherte. Sie haben selbst keinen direkten Vertrag mit der Versicherung, sondern sind lediglich als Versicherte Begünstigte des vom Verein als Versicherungsnehmer abgeschlossenen Vertrags. Das heißt, dass sie den Vertrag zum Beispiel auch nicht kündigen können.

Von besonderer Bedeutung sind derartige Gruppenversicherungen vor allem im Zusammenhang mit der Krankenversicherung (→ **Krankenversicherung**).

## Gutachter

→ **Sachverständiger**

## Gutscheine

Ein Gutschein ist die schriftliche Zusicherung eines Unternehmers, Waren im Wert des Gutscheins dem Inhaber des Gutscheins nach dessen Wahl auszufolgen.

Gutscheine kann man – zum Verschenken – kaufen, man bekommt sie aber auch oft im Fall von Reklamationen gegen Rückgabe der mangelhaften Ware angeboten. Leidet eine Ware jedoch an einem Mangel, der die Wandlung des Vertrages rechtfertigen würde (siehe Seite 234), dann muss man sich nicht mit einem Gutschein abspeisen lassen. Bei der Wandlung hat man Anspruch darauf, den bezahlten Preis in bar zurückzubekommen.

Oft legt man einen Gutschein zur Seite und vergisst zunächst, ihn einzulösen. Kommt man nach Jahren damit ins Geschäft, um ihn einzulösen, wird behauptet, die Forderung sei längst verjährt. Ist der Gutschein unbefristet ausgestellt worden, dann gilt eine Verjährungsfrist von 30 Jahren. Nach der Rechtsprechung darf ein Gutschein zwar auch mit einer kürzeren Befristung versehen werden, es darf damit aber nicht die Geltendmachung von Ansprüchen übermäßig erschwert werden. Je kürzer die Frist, desto triftiger muss der Rechtfertigungsgrund sein. Eine Befristung auf zwei Jahre hat der OGH für unwirksam angesehen (OGH 28.6.2012, 7 Ob 22/12d).

Beachten Sie bitte beim Verschenken von Gutscheinen, dass Sie damit eine Vorauszahlung leisten; im Fall der Insolvenz des den Gutschein ausstellenden Unternehmens haben Sie keinen Anspruch auf Einlösung des Gutscheins mehr, sondern nur mehr eine Konkursforderung!

# H

## Haftpflichtversicherung

Wer einem anderen einen Schaden zufügt, wird schadenersatzpflichtig. Oder mit anderen Worten: Es trifft ihn eine Haftpflicht. Dieses Risiko, wegen Rechtsverletzungen von jemandem auf Schadenersatz in Anspruch genommen zu werden, kann durch eine Haftpflichtversicherung im jeweils vereinbarten Rahmen abgedeckt werden. Die sicher bekannteste Form ist die für Autofahrer verpflichtende Kfz-Haftpflichtversicherung, für die einige Besonderheiten gelten (→ **Kfz-Haftpflichtversicherung**).

Die Haftpflicht für Schäden, wie sie aus „Gefahren des täglichen Lebens“ entstehen können, wird auch im Rahmen der Haushaltsversicherung (→ **Haushaltsversicherung)** gedeckt.

Eine gesonderte Haftpflichtversicherung kommt im Regelfall dann in Frage, wenn keine Haushalts- oder Eigenheimversicherung besteht oder besondere Gefahren abzudecken sind, die über die Gefahren des täglichen Lebens als Privatperson hinausgehen. Typische Fälle sind etwa die Haftpflichtversicherung für Bauherren eines Gebäudes, Haus- und Grundbesitzer oder Tierhalter sowie spezielle Berufshaftpflichtversicherungen.

Die Haftpflichtversicherung hat die Aufgabe, ungerechtfertigte Ansprüche, die an den Versicherungsnehmer gestellt werden, abzuwehren und begründete Ansprüche zu befriedigen. Daher werden von der Versicherung die Kosten der (gerichtlichen und außergerichtlichen) Verteidigung gegen geltend gemachte Ansprüche übernommen, „soweit die Aufwendung der Kosten den Umständen nach geboten ist.“

## Risikoausschlüsse

Die Versicherung deckt keinesfalls Ansprüche, die aus vorsätzlichem Handeln des Versicherten entstehen. Ausgeschlossen sind – um Streitigkeiten im Familienverband zu vermeiden – auch Ansprüche naher Verwandter. Weiters deckt die Versicherung unter anderem keine Schäden an beweglichen Sachen, die bei oder infolge ihrer Benützung, Beförderung, Bearbeitung oder einer sonstigen Tätigkeit an oder mit ihnen entstehen („Tätigkeitsklausel“), und Ansprüche im Zusammenhang mit der Verwendung von Kraftfahrzeugen.

Tritt ein Schadensfall ein, in dem jemand anderer an Sie einen Anspruch stellen könnte, melden Sie das unverzüglich Ihrem Versicherer. Beachten Sie, dass Sie als Versicherungsnehmer die Weisungen der Versicherung befolgen müssen. Auch die Geltendmachung von Ansprüchen durch den Geschädigten und alle Zustellungen von Gerichten oder Behörden in dieser Angelegenheit müssen Sie unverzüglich Ihrer Versicherung melden.

Die Versicherung kann mit Wirkung für den Versicherungsnehmer Erklärungen abgeben und die Schadenersatzpflicht auch dann anerkennen, wenn der Versicherungsnehmer der Meinung ist, am strittigen Ereignis keine Schuld zu tragen. Ebenso kann die Versicherung die Ansprüche zurückweisen und es auf einen Prozess ankommen lassen. Die Versicherungsbedingungen sehen ausdrücklich vor, dass der Versicherungsnehmer ohne Zustimmung des Versicherers keine Schadenersatzpflicht anerkennen darf!

Bevor Sie gegenüber Ihrem Streitgegner Aussagen machen, die möglicherweise als Anerkenntnis einer auch nur teilweisen Ersatzpflicht ausgelegt werden können, müssen Sie daher beim Versicherer rückfragen.

## Haftrücklass

Bei Werkverträgen sieht der Gesetzgeber vor, dass – sofern nichts anderes vereinbart wird – spätestens bei mangelfreier Übergabe des Werkes das Entgelt zu bezahlen ist. Daher ist es bei Bauverträgen durchaus üblich, dass bereits im Auftrag an den Bauunternehmer ein sogenannter Haftrücklass vereinbart wird. Das bedeutet, dass Sie einen bestimmten Teil der Restsumme (zwischen drei und fünf Prozent der Auftragssumme) bei Fertigstellung des Werkes nicht bezahlen und zunächst diese Summe zurückbehalten. Erst mit Ablauf der Gewährleistungsfrist (in der Regel drei Jahre) wird diese Restsumme fällig. Sollten sich innerhalb der Gewährleistungsfrist jedoch Baumängel herausstellen, so stellt der Haftrücklass einen gewissen Druck auf den Unternehmer dar, über Aufforderung diese Baumängel auch zu verbessern. Sollte sich der Unternehmer weigern, die Baumängel zu verbessern, dann können Sie diese Arbeiten durch ein anderes gewerblich berechtigtes Unternehmen ausführen lassen und die daraus entstehenden Mehrkosten vom Haftrücklass abziehen. Anstelle des Haftrücklasses wird häufig vereinbart, dass der Unternehmer eine Bankgarantie (→ **Bankgarantie)** über einen entsprechenden Betrag zugunsten des Kunden beizubringen hat.

Wurde ein Haftrücklass nicht vereinbart, so können Sie ihn auch nicht zurückbehalten! Eine Zurückbehaltung noch offener Beträge ist jedoch dann möglich, wenn sich schon konkrete Mängel zeigen, die vom Unternehmer noch zu beheben sind (→ **Zurückbehaltungsrecht)**.

## Haushaltsversicherung

Die Haushaltsversicherung ist eine Kombination aus zwei verschiedenen Versicherungssparten:

- einer Sachversicherung und
- einer Haftpflichtversicherung.

Der Bereich der Schadensversicherung ist wiederum ein Bündel aus mehreren Risken, die grundsätzlich auch gesondert versichert werden könnten. Im Einzelnen werden Schäden aus folgenden Gefahren gedeckt:

- Brand, Explosion, Blitzschlag, Flugzeugabsturz;
- Sturm, Hagel, Schneedruck, Felssturz, Steinschlag und Erdrutsch;

- Diebstahl, Einbruchsdiebstahl, Beraubung;
- Austreten von Leitungswasser und Frost;
- Glasbruch.

Der konkret gewährte Versicherungsschutz ist von Versicherung zu Versicherung recht unterschiedlich. Während die oben genannten Gefahren – mit Ausnahme des Glasbruchs – im Grundsatz bei allen Angeboten gedeckt sind, gibt es zahlreiche Differenzierungen im Detail, vor allem auch oft sehr spezifische Erweiterungen. Weithin üblich ist etwa die Ausdehnung des Versicherungsschutzes auf Schäden aus Vandalismus und aus indirektem Blitzschlag. Auch Kosten für den Ersatz von Dokumenten und dergleichen werden oft angeboten. Nicht immer ist eine besonders betonte „Zuwaage“ auch wirklich sinnvoll. Wichtig ist vor allem, dass die elementaren Risken ausreichend abgesichert sind: An den Kosten des Hotels für die ersten paar Nächte nach einem Wohnungsbrand wird man im Regelfall nicht lange leiden; an zum Beispiel € 22.000 Unterversicherung hingegen wird man schon bedeutend länger zu tragen haben.

Versichert ist grundsätzlich der gesamte Wohnungsinhalt („alle beweglichen Sachen, die dem privaten Gebrauch oder Verbrauch dienen“, sowie Malerei, Tapeten, Wand- und Deckenverkleidungen, Fußböden und Heizungsanlagen und einige weitere unbewegliche Sachen). Versichert sind darüber hinaus am Dachboden oder im Keller auch Möbel, Stellagen, Werkzeug, Fahrräder, Kfz-Zubehör, Sportgeräte und der sogenannte „Bodenkram“, also eher geringerwertige Gegenstände, wie man sie eben typischerweise am Dachboden oder im Keller aufbewahrt. Im Freien auf dem Grundstück oder im Stiegenhaus sind auch Gartenmöbel und -geräte, Kinderwagen und gesicherte Fahrräder versichert. Auch hinsichtlich der versicherten Sachen sind allerdings Abweichungen zwischen den einzelnen Angeboten von Versicherungsunternehmen festzustellen.

Im Falle eines Wohnungswechsels – der dem Versicherer innerhalb von vier Wochen gemeldet werden muss – ist der Wohnungsinhalt auch während des Umzugs versichert. Die Versicherung geht auf die neue Wohnung über, kann aber vom Versicherungsnehmer aus Anlass des Wohnungswechsels auch gekündigt werden.

### Leistungen im Versicherungsfall

Die Haushaltsversicherung ist in der Regel eine Neuwertversicherung. Im Versicherungsfall wird daher grundsätzlich der Wiederbeschaffungswert der zerstörten oder gestohlenen Sachen ersetzt. Ist allerdings der Zeitwert geringer als 40 Prozent des Wiederbeschaffungswerts, so wird nur der

Zeitwert ersetzt. Auch für Tapeten, Malerei, textile und aus Kunststoff bestehende Wand- und Bodenbeläge wird nur der Zeitwert ersetzt. Für Bargeld und Sparbücher ohne Losungswort gibt es, ebenso wie für Schmuck und Edelsteine, besondere Wertgrenzen beim Ersatz.

Ersetzt werden auch Kosten, die zur Schadensminderung aufgewendet werden, sowie Aufräumungs- und Reinigungskosten bis zu zwei Prozent der Versicherungssumme. Manche Versicherungsunternehmen übernehmen daneben noch bestimmte Folgekosten (etwa zur Wiederbeschaffung von Dokumenten und dergleichen).

Die Versicherungsleistung erfolgt im Regelfall nur dann ungeschmälert, wenn keine Unterversicherung besteht, die Versicherungssumme also den Wert des versicherten Wohnungsinhaltes deckt. Eine Unterversicherung bis zu zehn Prozent wird üblicherweise nicht berücksichtigt, darüber hinaus jedoch wird die Leistung entsprechend der Unterversicherung gekürzt.

Manche Versicherungsunternehmen bieten auch an, den Schaden bis zur Höhe der Versicherungssumme zu ersetzen, auch wenn diese nicht den gesamten Wert des Wohnungsinhalts deckt. Man spricht dann von einer „Versicherung auf erstes Risiko“ oder von einem Verzicht auf die Einrede der Unterversicherung.

Nicht gedeckt sind Schäden, die vom Versicherungsnehmer oder einer mitversicherten Person vorsätzlich oder grob fahrlässig herbeigeführt wurden, sowie Schäden, die aus einer bestehenden Gebäudeversicherung zu tragen sind. Weiters sind bei den einzelnen Risken jeweils noch spezielle Einschränkungen zu beachten; so etwa im Rahmen der Leitungswasserversicherung der Ausschluss von Schäden durch Grund- oder Hochwasser oder bei der Feuerversicherung Sengschäden (etwa durch Bügeln).

Als Versicherungsnehmer hat man gewisse Sicherheitsvorkehrungen zu beachten. So ist insbesondere die Wohnung beim Verlassen stets mit allen Mitteln zu versperren. Natürlich sind auch besondere Sicherheitsmaßnahmen, die man mit dem Versicherer vereinbart hat (um eine niedrigere Prämie zu erhalten), gewissenhaft einzuhalten, etwa die installierte Alarmanlage beim Verlassen der Wohnung auch tatsächlich „scharf zu stellen“.

### Haftpflicht

Bestandteil der Haushaltsversicherung ist auch eine Privathaftpflichtversicherung (→ **Haftpflichtversicherung**).

### Eigenheimversicherung

Sind Sie nicht nur Wohnungseigentümer oder -mieter, sondern stolzer Eigentümer eines eigenen Hauses, so reicht die bloße Haushaltsversicherung nicht zur Abdeckung aller Risken aus. Die Eigenheimversicherung ist weitgehend ähnlich der Haushaltsversicherung, mit dem Unterschied, dass eben nicht bloß die Wohnung, sondern das gesamte Haus versichert ist – wie bei der Haushaltsversicherung jedenfalls gegen Feuer, Sturm und Leitungswasser. Bei der Eigenheimversicherung bestehen zahlreiche Möglichkeiten zur Einbeziehung von Sonderrisken wie Schäden an Zäunen oder Sonnenkollektoren oder auch der Schutz gegen Korrosionsschäden bei den Wasserleitungen.

## Haustürgeschäfte

→ Seite 179 ff

## Hypothek

→ Seite 120 f

# I

## Immobilienmakler

Bei Vermietung oder Verkauf wird vom Abgeber der Wohnung oft ein Immobilienmakler eingeschaltet. Gewerbsmäßige Immobilienvermittlung darf nur von jenen ausgeübt werden, die dafür eine Gewerbeberechtigung besitzen. Kostenlose Auskunft darüber erteilen die Gewerbebehörden und die jeweiligen Landesinnungen der Immobilienmakler.

Der Makler vermittelt den Kauf einer Wohnung oder den Abschluss eines Mietvertrages. Im Erfolgsfall erhält er dafür eine der Höhe nach begrenzte Provision. „Vermitteln“ muss aber nicht unbedingt bedeuten, dass der Makler die Verhandlungen führt. Zur Wahrung seines Provisionsanspruchs genügt es bereits, wenn der Makler die Miet- oder Kaufgelegenheit nachweist und der Wohnungssuchende die weiteren Besprechungen mit dem Abgeber selbst führt. Nicht „nachgewiesen“ hat der Makler die Abschlussgelegenheit dann, wenn diese dem Interessenten – zum Beispiel durch ein Inserat des Abgebers – bereits bekannt war. Allerdings könnte auch hier ein Provisionsanspruch entstehen, wenn der Makler entscheidend bei den Vertragsverhandlungen mitwirkt und der Vertragsabschluss ohne sein Einwirken nicht zustande gekommen wäre.

Es gibt zwei Arten von Vertragsformblättern, die Immobilienmakler verwenden:

- *Besichtigungsschein*

  Mit dem Besichtigungsschein (auch Bestätigung genannt) wird vom Interessenten lediglich bestätigt, die Wohnung X besichtigt zu haben. Nur im Falle der Anmietung oder des Kaufs der Wohnung ist die Erfolgsprovision des Maklers zu zahlen. Derartige Formblätter können unbesorgt unterschrieben werden, da sie nicht zum Abschluss des Vertrages über die Wohnung zwingen.

- *Anbot*

  Anders verhält es sich mit den sogenannten Miet- oder Kaufanboten. Diese stellen eine verbindliche Zusage dar, die Wohnung X zu mieten oder zu kaufen. Gleichzeitig kommt damit ein Vermittlungsvertrag und eine Provisionsvereinbarung mit dem Makler zustande. Trotz der harmlos erscheinenden Bezeichnung ist der einseitige Rücktritt von einem unterfertigten Anbot nicht mehr möglich (Ausnahme: Rücktritt bei Immobiliengeschäften – siehe Seite 207 ff). Die Zusage ist gegenüber dem Abgeber der Wohnung verbindlich, dem Verkäufer oder Vermieter hingegen steht es frei, das Anbot anzunehmen oder nicht.

Nimmt der Vermieter/Verkäufer das Anbot an und kommt die Annahmeerklärung dem Interessenten innerhalb der im Anbot genannten Frist („an dieses Anbot bin ich 14 Tage gebunden“) bzw innerhalb angemessener Frist zu, so kommt der Vertrag wirksam zustande. Manchmal ist auch der Makler bevollmächtigt, das Anbot im Namen des Abgebers anzunehmen.

Was allgemein zum Beispiel als „Kaufvertrag“ bezeichnet wird, ist lediglich die grundbuchsfähige Urkunde, ohne die Eigentum nicht verbüchert werden könnte. Auch der Mietvertrag muss nicht unbedingt in Schriftform abgeschlossen werden. Die spätere Vertragsurkunde entsteht auf Grundlage des Anbotes (obwohl sie im Allgemeinen wesentlich umfangreicher ist als dieses), sodass über im Anbot nicht festgehaltene Punkte später nur schwer oder gar nicht verhandelt werden kann.

Ist allerdings ein Miet- oder Kaufvertrag anderen Inhaltes einmal unbeanstandet unterschrieben worden, gilt nur mehr der Inhalt des späteren Vertrages. Es empfiehlt sich daher, möglichst vor Unterzeichnung des Anbotes ein Muster zu verlangen und dieses genauestens durchzulesen beziehungsweise in einer Beratungsstelle oder durch einen Rechtsanwalt prüfen zu lassen.

Der Makler muss privaten Kunden vor Abschluss des Maklervertrages eine schriftliche Übersicht über die Nebenkosten des zu vermittelnden Geschäftes geben, wobei die Provision gesondert auszuweisen ist.

### Rücktrittsrecht von Immobiliengeschäften

Für Verbraucher gibt es unter bestimmten Umständen ein Rücktrittsrecht von Immobiliengeschäften (siehe Seite 207 ff).

Grundsätzlich ist es beim geschäftlichen Kontakt mit einem Immobilienmakler wichtig, alles schriftlich festzuhalten. Gerade das Unterlassen schriftlicher Vereinbarungen führt in der Praxis immer wieder zu späteren Streitigkeiten und auch zu Zahlungen, welche bei richtigem Umgang mit dem Vertrag vermeidbar gewesen wären.

Gibt es zum Zeitpunkt der Anbotsunterzeichnung auf Seite des Interessenten noch ungeklärte Fragen, wie etwa die Zustimmung von künftigen Mitbewohnern oder die Finanzierung des Kaufpreises oder einer Investitionsablöse, so muss er dies unbedingt auf dem Anbot als Vorbehalt festhalten. Es reicht aber nicht aus, nur den Vermerk „Vorbehaltlich" auf das Anbot zu setzen, der Vorbehalt muss formuliert sein: „Das Anbot gilt nur, wenn …".

Man kann ein Anbot auch unter Vorbehalt (zB der Finanzierbarkeit oder der Zustimmung der Ehegattin) legen. Dies bedeutet, dass der Vertrag nur bedingt angeboten wird und bis zum Eintritt der genannten Bedingung(en) keine Rechtswirksamkeit entfaltet. Von einem bedingt gelegten Anbot muss man, tritt die Bedingung nicht ein, nicht zurücktreten. Es genügt die Mitteilung an den Makler (oder einen anderen Vertragspartner), dass das Anbot aufgrund Nichteintrittes der Bedingung nicht wirksam ist.

Besondere Vorsicht ist beim Kauf von Altbaueigentumswohnungen geboten, da hier in der Praxis verschiedene, oft schwer wiegende Probleme auftreten. Es sollte daher vor Unterzeichnung eines Anbots eine Beratung eingeholt werden.

### Maklerprovision

Ist das Geschäft rechtswirksam abgeschlossen worden, hat der Makler Anspruch auf Erfolgsprovision. Eine Anzahlung auf die Maklerprovision ist nach dem Maklergesetz untersagt.

Seit 1.9.2010 gelten folgende Provisionshöchstsätze je Vertragspartei:

- *Miete von Wohnungen und Einfamilienhäusern:*

- Bei Vermittlung befristeter Verträge und einer Vertragsdauer von weniger als drei Jahren: ein Bruttomietzins
- bei Vermittlung von unbefristeten oder länger als auf drei Jahre befristeten Verträgen: zwei Bruttomietzinse. Bei Vertragsverlängerung darf die Differenz nachgefordert werden. Eine Provision für Vertragsverlängerung muss jedoch bereits im ursprünglichen Vermittlungsauftrag (Anbot) vereinbart worden sein!

Wenn der Makler gleichzeitig der Hausverwalter ist, darf er nur 50% der oben genannten Provisionen verlangen, also zwischen einer halben und einer Bruttomonatsmiete.

Zu allen angeführten Provisionssätzen kommt jeweils noch die Umsatzsteuer in Höhe von derzeit 20% dazu!

Unter „Bruttomietzins" ist zu verstehen: Haupt- oder Untermietzins zuzüglich Betriebskosten, Kosten für sonstige besondere Aufwendungen (Lift etc), Entgelt für mitvermietete Einrichtungsgegenstände ua, jedoch nicht die zum Mietzins zu entrichtende Umsatzsteuer.

- Für den Kauf von *Eigentumswohnungen, Einfamilienhäusern und Grundstücken* darf folgende Höchstprovision, berechnet vom Kaufpreis, verlangt werden:
    - Kaufpreis unter € 36.336,42: 4%
    - Kaufpreis über € 36.336,42: 3%

Dazu kommt jeweils noch die Umsatzsteuer von 20%.

## Inkassobüro

→ Seite 324 ff

## Insolvenz

→ Seite 272 ff

## Internet

→ Seite 141 ff

## Irrtum

→ Seite 44 ff

# J

## Jugendliche

Jugendliche stehen unter dem besonderen Schutz der Gesetze. Für Delikte haften sie erst ab dem 14. Lebensjahr (siehe Seite 65), und etwa bei Bankgeschäften werden sie besonders geschützt (siehe Seite 69). Das Ausmaß der Geschäftsfähigkeit von Jugendlichen richtet sich immer nach ihrem Alter.

# K

## Kaufvertrag

→ Seite 76 ff

## Kennzeichnungsvorschriften

Zur Information der Kunden wird in einigen Rechtsvorschriften die Auflistung von Umständen, die für die Kaufentscheidung wesentlich sind, angeordnet. Dies betrifft vor allem natürlich den Preis (siehe Seite 24 ff) und Informationen über Art, Herkunft und Zusammensetzung von Lebensmitteln (→ **Lebensmittelkennzeichnung,** → **E-Nummern**).

Daneben besteht für den Wirtschaftsminister auch die Möglichkeit, nach dem Bundesgesetz gegen den unlauteren Wettbewerb (UWG) durch Verordnung weitere Kennzeichnungsverpflichtungen zu schaffen. Von dieser Möglichkeit wurde in den letzten Jahren jedoch nur sehr spärlich Gebrauch gemacht. Einige auch für Konsumenten wichtige Verordnungen wurden sogar aufgehoben.

## Kfz-Versicherung

Rund um das Auto wird eine Vielzahl von Versicherungsprodukten angeboten:

- die verpflichtend abzuschließende Kfz-Haftpflichtversicherung, die Schadenersatzansprüche von Unfallgegnern befriedigt oder – wenn sie nicht zu Recht bestehen – abwehrt;
- die Kaskoversicherung, die bei selbst erlittenen Sachschäden beziehungsweise Diebstahl einspringt;
- die Insassenunfallversicherung (häufig im Rahmen einer Kaskoversicherung eingeschlossen), die bei Tod oder Invalidität des Lenkers und der Insassen eines Unfallautos Leistungen erbringt; da es sich dabei um

eine auf den speziellen Fall des Autounfalls abgestimmte Unfallversicherung handelt, finden Sie Genaueres unter dem Stichwort → **Unfallversicherung;**

- verschiedene Rechtsschutzvarianten (→ **Rechtsschutzversicherung**).

## Kfz-Haftpflichtversicherung

Beim Betrieb von Kraftfahrzeugen ergeben sich relativ häufig Schäden an anderen Fahrzeugen oder sonstigen Sachen, vor allem aber auch an Personen. Schon bei einem wenig spektakulären Unfall sind Schäden von mehr als € 70.000 keine Seltenheit. Daher ist gesetzlich vorgeschrieben, dass ein Kfz nur dann zum Verkehr zugelassen wird, wenn eine Haftpflichtversicherung besteht. Damit wird in aller Regel sichergestellt, dass der Versicherte durch Schadenersatzzahlungen nach einem von ihm verursachten Unfall nicht in seiner wirtschaftlichen Existenz ruiniert wird, zum anderen können auch die Geschädigten darauf vertrauen, dass sie erlittenen Schaden tatsächlich ersetzt bekommen.

Da es sich bei der Kfz-Haftpflicht um eine Pflichtversicherung handelt, ist auch der wesentliche Vertragsinhalt gesetzlich umschrieben; die wichtigste Rechtsgrundlage dazu ist das Kraftfahrzeug-Haftpflichtversicherungsgesetz (KHVG). Das KHVG legt jedoch nur fest, welcher Versicherungsschutz unbedingt gegeben sein muss. Jedem Versicherer steht es daher frei, mehr als diesen Mindestschutz anzubieten. Der Fachverband der Versicherungsunternehmen hat Musterbedingungen entwickelt, an denen sich die Bedingungen der einzelnen Versicherungsgesellschaften orientieren. In zahlreichen Details sind jedoch Abweichungen festzustellen. Nach dem Gesetz muss auf solche Abweichungen von den Musterbedingungen in den dem Versicherungsnehmer ausgehändigten Versicherungsbedingungen ausdrücklich hingewiesen werden. Das geschieht meist durch Fettdruck oder sonstige Hervorhebungen.

Die Kfz-Haftpflichtversicherung umfasst „die Befriedigung begründeter und die Abwehr unbegründeter Ersatzansprüche, die aufgrund gesetzlicher Haftpflichtbestimmungen gegen den Versicherungsnehmer oder mitversicherte Personen erhoben werden." Neben dem Eigentümer und dem Halter des Fahrzeugs sind auch alle Personen, die mit Zustimmung des Halters beim Betrieb des Fahrzeugs tätig sind (vor allem also der Lenker) oder befördert werden, automatisch mitversichert, ebenso eine Person, die den Fahrzeuglenker einweist.

Durch die Kfz-Haftpflichtversicherung nicht gedeckt sind Ansprüche wegen

- vorsätzlich herbeigeführter Schäden;
- Sach- und Vermögensschäden, die mitversicherten Personen untereinander zustehen. Wenn Sie also zum Beispiel Ihrem Sohn das Steuer Ihres Fahrzeugs überlassen und dieser einen Unfall verursacht, dann ist der Schaden an Ihrem Kfz nicht gedeckt. Körperschäden werden aber gedeckt: Wurden daher Sie selbst verletzt, so hat die Versicherung dafür aufzukommen, also etwa ein entsprechendes Schmerzengeld zu zahlen;
- Beschädigung, Zerstörung oder Abhandenkommen des versicherten Fahrzeugs oder der damit beförderten Sachen;
- Schäden aus der Verwendung beim Motorsport.

Die Versicherung gilt für Schäden, die sich in Europa „im geografischen Sinn" ereignen. Daher sind etwa Ansprüche aus Unfällen im europäischen Teil der Türkei gedeckt, im asiatischen Teil nur dann, wenn eine Erweiterung des Geltungsbereichs vereinbart wurde.

Die gesetzliche Mindestversicherungssumme beträgt € 7,000.000, die Vereinbarung höherer Deckungssummen ist weithin gebräuchlich. Das KHVG lässt ausdrücklich die Vereinbarung eines „Schadenersatzbeitrags" zu, den der Versicherungsnehmer dem Versicherer im Schadensfall zu leisten hat. Dieser Selbstbehalt wird entweder mit einem fixen Betrag oder einem prozentuellen Anteil der Jahresprämie festgelegt. Vielfach ist ein Selbstbehalt auch dann zu leisten, wenn das Fahrzeug zum Zeitpunkt des Schadensfalles nicht vom Versicherungsnehmer – dem eine besondere Prämienbegünstigung (zum Beispiel „Lady-Rabatt") eingeräumt wurde – gelenkt wurde.

Wichtigste Obliegenheit bei der Kfz-Haftpflichtversicherung (wie bei allen Kfz-Versicherungen) ist, dass das Fahrzeug nur von Personen gelenkt werden darf, die dazu auch berechtigt sind (gültiger Führerschein bzw Mindestalter), und die sich nicht in einem durch Alkohol oder Suchtgift beeinträchtigten Zustand befinden. Weiters darf nicht mehr als die erlaubte Höchstzahl von Personen befördert werden.

Trotz Alkoholisierung (Suchtgiftmissbrauch) oder fehlendem Führerschein bleibt die Leistungspflicht des Versicherers gegenüber den mitversicherten Personen aufrecht, wenn sie die Obliegenheitsverletzung unverschuldet nicht erkennen konnten. Der Beifahrer, der zuvor schon mit dem Fahrer ein paar Bier getrunken hat, riskiert also, dass die Versicherung ihm gegenüber keine Leistung erbringt.

Die Leistungsfreiheit der Versicherung bei der Verletzung von Obliegenheiten oder bei einer nicht genehmigten Gefahrerhöhung (wichtigster

Fall: das Fahrzeug befindet sich aus grobem Verschulden des Versicherungsnehmers in einem nicht verkehrssicheren Zustand) ist jedoch beschränkt. Sie beträgt höchstens € 11.000 pro Obliegenheitsverletzung, insgesamt je Versicherungsfall aber maximal € 22.000. Selbst wenn man als Lenker alkoholisiert war, keinen Führerschein hatte und zudem mit einem kriminell unsicheren Auto unterwegs, muss die Versicherung also den über € 22.000 hinausgehenden Schaden selbst tragen. Gegenüber Dritten muss die Versicherung alles bezahlen, kann aber vom Versicherungsnehmer die € 22.000 zurückfordern.

Und so sehen Ihre Pflichten bei Eintritt eines Versicherungsfalles aus:

- Verständigen Sie bei Personenschäden sofort die Polizei. Bei Sachschäden nur dann, wenn Sie dem Geschädigten Ihre Identität nicht nachweisen können (also vor allem auch bei Parkschäden).
- Sind Personen verletzt, müssen Sie Hilfe leisten und, wenn erforderlich, unverzüglich für fremde Hilfe sorgen (Rettung verständigen) und auch sonst zur Vermeidung weiterer Schäden beziehungsweise zur Schadensminderung beitragen.
- Melden Sie den Versicherungsfall und die Anspruchstellung durch Geschädigte spätestens innerhalb einer Woche Ihrer Versicherung, ebenso die Einleitung gerichtlicher oder behördlicher Verfahren aufgrund des Unfalls.

Als Versicherter müssen Sie die Führung eines Prozesses über den Anspruch der Geschädigten dem Versicherer überlassen und dazu auch einem vom Versicherer bestellten Anwalt Vollmacht geben. Selbstverständlich dürfen Sie Ansprüche des Gegners ohne Zustimmung Ihrer Versicherung weder anerkennen noch bezahlen.

Außer den oben angeführten Pflichten müssen Sie auch nach Möglichkeit zur Feststellung des Sachverhaltes beitragen. Wie bei anderen Haftpflichtversicherungen (→ **Haftpflichtversicherungen**) ist die Schadensregulierung weitgehend in der Hand der Versicherung, die Ansprüche anerkennen oder ablehnen kann. Kommt das Bonus-Malus-System bei der Prämienbemessung zur Anwendung, haben Sie als Versicherungsnehmer das Recht, den Schaden selbst zu begleichen, um ein Abrutschen in den Malus zu verhindern.

Im Bereich der Kfz-Haftpflichtversicherung ist die Rechtsstellung der Geschädigten anders als bei anderen Haftpflichtversicherungen. Während üblicherweise der Abschluss einer Haftpflichtversicherung nichts daran ändert, dass schadenersatzpflichtig weiterhin der Schädiger – und nur dieser – bleibt, kann man bei einem Kfz-Haftpflichtfall als Geschädigter direkt die Versicherung in Anspruch nehmen. Dafür ist allerdings auch der Geschädigte verpflichtet, den Schadensfall dem Versicherer zu melden.

Im KHVG ist eine Beschränkung der zulässigen Laufzeit von Kfz-Haftpflichtversicherungsverträgen vorgesehen. Wurde keine kürzere Laufzeit vereinbart, so endet der Vertrag nach einem Jahr (ist Versicherungsbeginn nicht der Erste eines Monats, so endet der Vertrag am darauf folgenden Monatsersten). Aufgrund einer ausdrücklichen gesetzlichen Regelung verlängert sich der Vertrag automatisch jeweils um ein Jahr, wenn er nicht ein Monat vor Ablauf schriftlich gekündigt wird. Wenn Sie aber zugleich mit der Kfz-Haftpflicht andere Verträge abschließen – etwa eine Kaskoversicherung –, dann gilt für diese nicht unbedingt die jährliche Kündigungsmöglichkeit!

Ein Kündigungsrecht besteht auch bei Eintritt des Versicherungsfalles sowie für den Versicherungsnehmer auch dann, wenn der Versicherer die Prämie erhöht.

Die Versicherer haben bei der Gestaltung der Prämien für die Kfz-Haftpflichtversicherung freie Hand. In Verbindung mit verschiedenen Zusatzangeboten (etwa Kombination mit anderen Versicherungen, freiwillige Höherversicherung usw) ergibt sich eine Vielzahl unterschiedlichster Tarifvarianten, die für den einzelnen Versicherungsnehmer inzwischen unüberschaubar geworden ist.

Wollen Sie sich nicht der Mühe des Tarife-Studierens unterziehen, so bieten die Autofahrerclubs, Arbeiterkammern, aber auch der VKI einen computerunterstützten Überblick, der bei der Suche nach der günstigsten Versicherung hilft.

Günstig und billig ist dabei nicht immer gleichzusetzen. Schließlich kommt es nicht nur auf die konkrete Prämie an, sondern auch auf einige eher versteckte Details, die einen Prämienvorteil oft relativieren (etwa Selbstbehalte, wenn nicht die „Lady“ oder der Beamte, die einen besonderen Rabatt erhalten haben, tatsächlich am Steuer sitzen). Die Tarifgestaltung orientiert sich – von Gesellschaft zu Gesellschaft unterschiedlich – an verschiedenen Merkmalen, die angeblich auf das Risiko Einfluss haben. Das reicht vom Wohnort über den Beruf, die gefahrenen Kilometer, das Geschlecht, bis hin zur Automarke oder zum Verhältnis von Fahrzeuggewicht zu Motorleistung.

Das früher noch verpflichtend vorgesehene Bonus-Malus-System, bei dem sich die Prämienbemessung nach dem Schadenverlauf richtet, wird von den österreichischen Gesellschaften im Grundsatz (derzeit) beibehalten. Abweichungen gibt es aber vor allem bei der besten Stufe („Superbonus“) und bei der Staffelung im Malusbereich. Auch ein sogenannter „Freischaden“ wird angeboten, bei der der erste Schadensfall nicht zur Umstufung führt; folgt ein zweiter Schaden, geht es dann umso schneller Richtung Malus.

Das Grundprinzip des Bonus-Malus-Systems ist, dass pro Jahr unfallfreien Fahrens eine Stufe in Richtung Bonus erklommen wird, pro Schadensfall jedoch eine Rückreihung um drei Stufen in Richtung Malus erfolgt. Maßgeblich ist dabei immer der Beobachtungszeitraum vom 1. Oktober bis zum 30. September eines Jahres, sodass sich je nach Laufzeit des Vertrages die Auswirkungen auf die Prämie auch oft erst vergleichsweise spät ergeben können. Eine Malus-Umstufung erfolgt nicht nur, wenn eine Leistung an den Geschädigten erbracht wurde, sondern bereits dann, wenn der Versicherer zur Vorsorge für schon abzusehende Ansprüche eine Rückstellung bildet. Wird aus der Rückstellung dann keine Leistung erbracht, hat nach drei Jahren eine Rückverrechnung der Malusprämien zu erfolgen.

Lassen Sie sich vor jedem Versicherungswechsel unbedingt verbindlich zusichern, dass die neue Versicherung Sie auch wirklich annimmt. Manche Versicherungen nehmen zum Beispiel Fahrer in hohen Malusstufen gar nicht an.

Werden Sie von drei Versicherern abgelehnt, so haben Sie das Recht, dass Ihnen der Versicherungsverband einen Versicherer zweist, der Sie dann nehmen muss. Er kann dafür aber einen Selbstbehalt oder eine um 50 Prozent höhere Prämie verlangen.

### Kaskoversicherung

Mit der Haftpflichtversicherung werden die Schäden jener Personen ersetzt, denen Sie – zum Beispiel durch einen von Ihnen verschuldeten Unfall – haftpflichtig geworden sind. Die Reparatur des eigenen Autos, das beim Unfall beschädigt wurde, wird daher nicht gedeckt. Für solche selbst verursachten Schäden, aber natürlich auch für jene Fälle, in denen ein Ersatzpflichtiger nicht vorhanden oder nicht greifbar ist (etwa „anonyme“ Parkschäden, Beschädigung durch Naturereignisse, Diebstahl), ist die Kaskoversicherung gedacht.

Bei der Kaskoversicherung werden zwei Grundtypen unterschieden:
- die Elementarkasko (auch Teilkasko genannt) und
- die Kollisionskasko (Vollkasko).

In beiden Varianten sind üblicherweise gedeckt (im Einzelfall sind dazu jedenfalls die Bestimmungen des jeweiligen Versicherers zu prüfen!):

- Schäden durch Blitzschlag, Felssturz, Steinschlag, Erdrutsch, Lawinen, Schneedruck, Hagel, Hochwasser, Überschwemmung und Sturm;
- Brand und Explosion;
- Diebstahl, Raub, Unterschlagung;
- Kollision mit Wild sowie Haustieren auf öffentlichen Straßen;
- Dachlawinen.

Die Kollisionskasko deckt darüber hinaus auch Schäden, die durch einen Unfall oder aus mut- oder böswilligen Handlungen (Vandalismus) entstehen.

Die Angebote der Versicherer unterscheiden sich auch bei den Kaskoversicherungen mittlerweile in vielen Details. So gibt es etwa Elementarkaskoversicherungen, bei denen auch Vandalismus mitversichert ist.

Beachten Sie, dass sich der Versicherungsschutz auf das versicherte Fahrzeug bezieht und im Regelfall Sachen im Fahrzeug nicht mitversichert sind. Ob Sonderausstattungen beziehungsweise nachträglich eingebautes Zubehör umfasst sind, ist für den jeweiligen Vertrag gesondert zu prüfen. Bei teuren Ausstattungen (zum Beispiel Hi-Fi-Anlage) oder Umbauten sollten Sie jedenfalls darauf achten, dass eine ausdrückliche Einbeziehung in den Vertrag erfolgt.

Bei der Kaskoversicherung erfolgt der Ersatz im Falle eines Totalschadens grundsätzlich nach dem Wiederbeschaffungswert.

Die Kaskoversicherungsverträge sehen häufig Selbstbehalte vor, ebenso gewisse „Bonus"-Regeln, bei denen die Prämie sinkt (oder ein Teil rückvergütet wird), wenn kein Schaden eintritt.

Auch für die Kaskoversicherung sind natürlich einige grundlegende Obliegenheiten einzuhalten. Neben der Beachtung der entsprechenden kraftfahrrechtlichen Vorschriften (Führerschein, Anzahl der beförderten Personen, betriebssicherer Zustand des Fahrzeugs) sind das die Meldepflichten vor allem bei Parkschäden (sowohl gegenüber den Behörden als auch der Versicherung) und die Mitwirkungspflicht bei der Schadensfeststellung.

Denken Sie daran, dass im Bereich der Kaskoversicherung gerade in letzter Zeit Versicherungsbetrügereien stark zugenommen haben und daher die Versicherungsgesellschaften – letztlich im Interesse der gesamten Versichertengemeinschaft – bei der Überprüfung von Schadensfällen sehr genau vorgehen. Was sich aus Ihrer Sicht als eine eher bedeutungslose Verspätung der Meldung darstellt, kann bei der Versicherung schon als erstes Indiz für einen versuchten Versicherungsbetrug gewertet werden, was zu entsprechenden Problemen bei der Schadensabwicklung führen kann.

## Konto

Praktisch jede Geschäftsbeziehung zu einer Bank schlägt sich in der Führung eines Kontos nieder: bei Spareinlagen (→ **Sparbuch**) oder Krediten (siehe Seite 92 ff) ebenso wie beim Girokonto, das im Wesentlichen der Abwicklung des Zahlungsverkehrs des Kunden dient und über das eine Reihe von Dienstleistungen der Bank erledigt und abgerechnet werden. Die Kontoführung bedeutet, dass gemäß einer Vereinbarung zwischen Bank und Kunden (Kontoeröffnungsvertrag) eine ganze Reihe von wechselseitigen Forderungen und Leistungen in eine einheitliche Buchhaltung eingestellt und – wieder gemäß der jeweiligen Vereinbarung – in bestimmter Weise weiter behandelt werden (zum Beispiel im Hinblick auf Verzinsung oder Fälligkeit).

Da Kreditvertrag und Spareinlagen unter gesonderten Stichworten behandelt werden, geht es in diesem Abschnitt ausschließlich um das Girokonto.

Unter Girogeschäft versteht man die Durchführung des bargeldlosen Zahlungsverkehrs und des Abrechnungsverkehrs in laufender Rechnung für andere. Ein Girokonto ist daher ein Konto, das diesen Zwecken dient. Insbesondere sind damit die Gehalts- und Pensionskonten erfasst, die konkrete Bezeichnung ist unerheblich. Das Girokonto war früher im Bankwesengesetz (BWG) geregelt. Seit 1.11.2009 finden sich die meisten gesetzlichen Regelungen im Zahlungsdienstegesetz (ZaDiG), das auf der EU-Richtlinie 2007/64/EG für Zahlungsdienste basiert. Das ZaDiG regelt (EU-weit einheitlich) den Zahlungsverkehr an sich, also Barein- und -auszahlungen auf bzw von einem Konto sowie die Kontoführung, Zahlungen mit Zahlungskarte wie zB Bankomatkarte sowie mit Kreditkarte, Lastschriften, Daueraufträge, Überweisungen, Zahlungen mittels Telefon oder PC, wenn die Zahlung über den Netzbetreiber erfolgt (zB Handyparken).

Gemäß § 26 ZaDiG ist der Girokontovertrag schriftlich oder auf anderem → **dauerhaften Datenträger** abzuschließen, in dem insbesondere festzuhalten ist, welche Entgelte in welcher Aufschlüsselung vereinbart werden. Ein Aufwandersatz für sonstige Nebenleistungen darf nur für diese drei Fälle vereinbart werden: Wenn Überweisungsaufträge mangels Deckung nicht durchgeführt werden, wenn ein unwiderruflicher Überweisungsauftrag widerrufen wird sowie für die Wiederbeschaffung eines Geldbetrages, der wegen einer fehlerhaften Überweisungsanordnung verloren gegangen ist. Ein derartiger Aufwandersatz muss vereinbart und angemessen sowie an den tatsächlichen Kosten orientiert sein.

Diese Entgelte dürfen nach dem Gesetzeswortlaut von der Bank nicht einseitig geändert werden, nach den erläuternden Bemerkungen des Gesetzgebers wäre dies hingegen zulässig, sofern eine den Anforderungen des § 6 Abs 1 Z 5 KSchG genügende → **Preisgleitklausel** im Vertrag enthalten wäre (zB Bindung an den VPI). Hiezu werden Musterverfahren der Konsumentenschutzverbände Klarheit bringen.

Zinssätze und Wechselkurse hingegen darf die Bank einseitig ändern, sofern sie eine zulässige Zinsgleitklausel vereinbart hat.

Die Abänderungen müssen dem Kunden zumindest zwei Monate zuvor vorgeschlagen werden, der dann ausdrücklich oder durch Stillschweigen zustimmen oder den Vertrag kosten- und fristlos kündigen kann.

Werden die Entgelte zu stark erhöht, bleibt Ihnen nur der Weg zu einer anderen billigeren Bank – oder natürlich das Verhandeln über bessere Konditionen.

Bei Girokonten sind Einzahlungen nunmehr mit dem Buchungstag wertzustellen. Der Praxis der Banken, bei Behebungen vom Konto die Belastung dem Konto sofort anzulasten, Einzahlungen darauf aber erst mit dem nächsten Bankarbeitstag zu verzinsen, wurde damit ein Ende gesetzt. Das ZaDiG bestimmt auch, dass Überweisungen innerhalb desselben Bankinstituts taggleich vorzunehmen sind, im Verkehr zwischen verschiedenen Banken bei elektronischer Überweisung spätestens am nächsten Geschäftstag. Ein „Buchungsschnitt" darf vereinbart werden: Langt der Überweisungsauftrag erst „nahe dem Ende eines Geschäftstages" ein, darf er als mit dem nächsten Geschäftstag eingelangt behandelt werden. Bei Papierüberweisungen darf vereinbart werden, dass die Überweisung erst am zweitfolgenden Geschäftstag beim Empfänger einlangt. Girokonten werden ausschließlich „legitimiert", also nicht anonym eröffnet. Es ist möglich, dass ein Konto auf mehrere Kontoinhaber lautet (Gemeinschaftskonto), wobei wieder zwischen Und-Konten (alle Kontoinhaber müssen Verfügungen gemeinsam treffen) sowie Oder-Konten (jeder Kontoinhaber kann allein verfügen) unterschieden wird. Wenn nicht ausdrücklich etwas anderes vereinbart ist, handelt es sich um ein Oder-Konto, sodass jeder Kontoinhaber – etwa bei gemeinsamen Konten von Ehegatten ein

Ehegatte – das gesamte Konto „ausräumen“ kann. Für Verbindlichkeiten aus der Kontoführung haften aber auch beim Oder-Konto alle Kontoinhaber gemeinsam. Es ist daher gut zu überlegen, ob etwa bei Ehepaaren die Führung eines gemeinsamen Kontos sinnvoll ist. Hat man sich zu einem gemeinsamen Konto entschlossen, sollte sichergestellt sein, dass man jederzeit Überblick über die Kontobewegungen hat.

Bestimmte Leistungen aus der gesetzlichen Sozialversicherung (Karenzgeld, Pensionen) können zur Verhinderung von Missbräuchen nur auf Konten überwiesen werden, die ausschließlich auf den Leistungsbezieher als Kontoinhaber lauten.

Neben der Einrichtung eines Gemeinschaftskontos ist es aber auch möglich, einem Menschen Ihres Vertrauens die Zeichnungsberechtigung für ein Konto zu erteilen. In diesem Fall kann der Zeichnungsberechtigte zwar die wichtigsten Aufträge im Zusammenhang mit dem Konto erteilen (Überweisungen, Behebungen usw), weitere Zeichnungsberechtigungen kann er jedoch nicht vergeben und auch das Konto nicht schließen. Als Kontoinhaber können Sie eine Zeichnungsberechtigung jederzeit widerrufen.

Als Konsument kann man über ein auf dem Konto befindliches Guthaben – zum Beispiel durch Überweisung oder Scheck – disponieren. Gerät man dadurch aber ins Minus, so muss die Bank dies nicht akzeptieren und kann die Durchführung des jeweiligen Auftrags verweigern. Oft sind für solche Fälle – etwa für die Nichtdurchführung eines Dauerauftrags mangels Deckung – auch besondere, vergleichsweise hohe Entgelte vorgesehen. Ein „automatisches“ Recht auf Überziehung besteht nicht. Die meisten Banken tolerieren aber – laufende Gehaltseingänge vorausgesetzt – Überziehungen auch ohne ausdrückliche Vereinbarung bis zu einer bestimmten Obergrenze (zum Beispiel drei Monatsgehälter). Beachten Sie jedoch, dass derartige Überziehungen auf Verlangen der Bank jederzeit – von einem Tag auf den andern – abgedeckt werden müssen. Es handelt sich bei Forderungen aus Girokonten (für beide Vertragspartner) nämlich grundsätzlich um täglich fällige Gelder. Außerdem werden für nicht vereinbarte Überziehungen in der Regel höhere Zinsen verlangt.

Wenn Sie Ihr Girokonto gelegentlich überziehen wollen, vereinbaren Sie das ausdrücklich mit Ihrer Bank und verhandeln Sie auch über den Zinssatz. Vielfach gelten gerade für Kontoüberziehungen vergleichsweise hohe Zinssätze, die man aber häufig auf das Niveau normaler Schalterkredite herunterverhandeln kann.

Zur Erstellung eines Kontoauszugs ist die Bank zumindest einmal pro Quartal verpflichtet. Die für die Kontoführung verlangten Entgelte und die Überziehungszinsen müssen im Schalterraum ausgehängt werden, ebenso die Allgemeinen Geschäftsbedingungen.

Der Kontoauszug dient aber nicht nur zur Information über die durchgeführten Buchungen, sondern hat auch den Zweck, in periodischen Abständen – im Regelfall vierteljährlich – verbindlich einen Gesamtstand der wechselseitigen Forderungen festzustellen (Saldoziehung).

Gegen diese Rechnungsabschlüsse müssen Sie innerhalb der in den AGB festgesetzten Frist Einwände erheben, sonst gelten sie als von Ihnen anerkannt! Allerdings muss die Bank Sie darauf hinweisen, was meist durch Aufdruck auf dem Kontoauszug geschieht.

Die Banken gingen – im Streitfall – immer davon aus, dass ein Saldoanerkenntnis „konstitutiv" und nicht mehr anzufechten sei. Dem hat der OGH ausdrücklich widersprochen (OGH 27.4.2001, 1 Ob 27/01d): Ein Saldoanerkenntnis ist nur deklarativ; der Kunde kann also eine Buchung weiterhin anfechten, muss aber ab dem Anerkenntnis – im Streitfall – die Nichtberechtigung der Buchung beweisen.

Als Kunde sind Sie außerdem verpflichet, Adressänderungen der Bank bekannt zu geben. Tun Sie das nicht, so kann die Bank Erklärungen (wie eben zum Beispiel Kontoabschlüsse) wirksam an die zuletzt bekannt gegebene Anschrift senden.

Zunehmend werden häufig wiederkehrende Zahlungen auch im Lastschriftverfahren oder im Einzugsermächtigungsverfahren abgewickelt (→ **Einzugsermächtigung**, → **Lastschrift**).

Alles über Schecks und Scheckkarten finden Sie unter den Stichwörtern → **Kreditkarte**, → **Bankomatkarte,** → **Telefonbanking.**

## Konzession

Zahlreiche wirtschaftliche Tätigkeiten dürfen nur nach entsprechender behördlicher Bewilligung ausgeübt werden. Die formelle Zulassung zu einem bestimmten Gewerbe oder einer sonstigen unternehmerischen Tätigkeit wird häufig als Konzession bezeichnet.

Nach der Gewerbeordnung (→ **Gewerbeordnung)** kann die Mehrzahl aller Gewerbe ausgeübt werden, sobald man den allenfalls erforderlichen Befähigungsnachweis vorlegt beziehungsweise bei Handwerkern die Meisterprüfung nachweist und die beabsichtigte Tätigkeit der Gewerbebehörde meldet. Für bestimmte, besonders „sensible" Gewerbe jedoch, bei denen zum Beispiel Gesundheit, Sicherheit oder Vermögen der Kunden stärker gefährdet sind, bedarf es einer ausdrücklichen behördlichen Erlaubnis zur Gewerbeausübung, die bis zum Jahr 1992 auch im Gesetz als Konzession bezeichnet wurde. Seit der GewO 1994 lautet die rechtlich korrekte Bezeichnung „reglementierte Gewerbe". Die wichtigsten dieser Gewerbe sind:

- Baumeister, Zimmermeister, Steinmetzmeister, Brunnenmeister;
- Gas- und Wasserleitungsinstallateure;
- Elektrotechniker;
- Immobilienmakler und -verwalter, Bauträger und Inkassobüros.

Ob eine Bewilligung aufrecht ist, können Sie bei der Gewerbebehörde (Bezirkshauptmannschaft beziehungsweise Magistrat) erfragen.

Außerhalb der Gewerbeordnung wird der Begriff der Konzession auch in den Gesetzestexten weiterhin verwendet. Eine Konzession des Finanzministers ist erforderlich für den Betrieb von Versicherungs- oder Bankgeschäften; der Verkehrsminister konzessioniert Luftfahrtunternehmen und die Bezirksverwaltungsbehörde ist zuständig für die Konzession von Taxiunternehmern.

## Kostenvoranschlag

→ Seite 123 ff

## Krankenversicherung

Seit 1994 besteht eine gesetzliche Regelung auch für private Krankenversicherungen. Sie werden oft auch Zusatzkrankenversicherung genannt, da sie in der Mehrzahl der Fälle zusätzlich zum ohnedies bestehenden sozialversicherungsrechtlichen Schutz abgeschlossen werden.

Besonderheit der Krankenversicherung ist, dass sie – abgesehen von Kurzzeitverträgen unter einem Jahr (zum Beispiel Reisekrankenversicherung) – grundsätzlich auf Lebenszeit abgeschlossen wird. Eine Kündigung durch den Versicherer ist damit – außer natürlich bei Vertragsverletzungen durch den Versicherungsnehmer wie etwa Prämienverzug – nicht möglich. Der Versicherungsnehmer kann hingegen jährlich die Kündigung erklären. Allerdings ist es bei der Krankenversicherung – bei der die Prämiengestaltung wesentlich auch vom Einstiegsalter abhängt – ökonomisch nicht sinnvoll, einen Wechsel vorzunehmen, ganz abgesehen davon, dass zwischenzeitige Erkrankungen und deren spätere Folgen dann beim nächsten Vertrag nicht mehr gedeckt wären. Aus diesem Grund ist der Abschluss einer privaten Krankenversicherung ein Entschluss, den man in aller Regel nur einmal im Leben trifft.

Private Krankenversicherungen werden in zahlreichen Varianten und vor allem auch mit sehr unterschiedlichen Tarifen angeboten. Zu den Grundformen gehören

- die Krankheitskostenversicherung,
- die Krankenhaustagegeldversicherung,
- die Krankengeldversicherung und
- die Pflegeversicherung.

Bei der Krankheitskostenversicherung werden – je nach Tarif – Aufwendungen für die medizinisch notwendige Heilbehandlung und für sonstige vereinbarte Leistungen (zum Beispiel medizinische Betreuung in der Schwangerschaft und bei der Entbindung) ersetzt. Dabei gibt es zahlreiche unterschiedliche Varianten, etwa Tarife, bei denen ausschließlich Arzthonorare und Ambulanzkosten übernommen werden (Ambulanzkostenversicherung), Tarife, bei denen die Krankenhauskosten ersetzt werden oder für zahnärztliche Leistungen (Zahnversicherung) bezahlt wird. Sowohl die in den Tarifen enthaltenen Leistungen als auch die Prämien sind in den Details sehr unterschiedlich.

Bei der Krankenhaustagegeldversicherung wird pro Tag eines stationären Aufenthalts ein bestimmtes Taggeld bezahlt, während die – vor allem für Freiberufler interessante – Krankengeldversicherung den Verdienstausfall wegen einer durch Krankheit oder Unfall eingetretenen Arbeitsunfähigkeit ersetzen soll.

Bei Krankenhauskostenversicherungen wird häufig eine Kostendeckungszusage gegeben, sodass nicht nur die im Tarif vorgesehenen Summen bezahlt werden, sondern garantiert wird, dass die in den Vertragsspitälern anfallenden Kosten übernommen werden. In diesem Fall erfolgt auch eine Direktverrechnung zwischen Spitalserhalter und Krankenversicherer.

In der Krankenversicherung hat der Versicherer nicht für Heilbehandlungen aufzukommen, die vor Beginn des Vertragsverhältnisses begonnen wurden, und auch nicht für Behandlungen, die mit verschwiegenen Vorerkrankungen zusammenhängen. Zudem besteht eine allgemeine Wartezeit von drei Monaten nach Vertragsabschluss. Die Kosten für Krankheiten, die innerhalb dieser Wartezeit auftreten, muss der Versicherer nur dann übernehmen, wenn der Versicherungsnehmer beweisen kann, dass die Krankheit erst danach erkennbar wurde. Für einzelne Leistungen können auch längere Wartezeiten vereinbart werden (etwa für Entbindungen neun Monate).

Vor Inanspruchnahme medizinischer Leistungen sollten Sie – falls es die Umstände erlauben – mit der Versicherung klären, ob sie die Behandlungskosten übernimmt. Fordern Sie auf jeden Fall eine Kostenübernahmeerklärung (Deckungszusage) vor einer stationären Aufnahme und einem operativen Eingriff.

Bedenken Sie, dass weder die Ärzte noch das Krankenhauspersonal über alle möglichen Versicherungstarife Bescheid wissen. Verlassen Sie sich daher auf Ihren Arzt, wo es um die medizinische Behandlung geht, aber nicht in Fragen der Versicherungsdeckung, denn leider kommen hier immer wieder krasse Fehleinschätzungen vor.

Prämienänderungen sind nur bei Vorliegen der im Gesetz ausdrücklich genannten Faktoren (zum Beispiel Indexänderung) zulässig. Prämienänderungen müssen unter anderem dem Verein für Konsumenteninformation mitgeteilt werden, der bei ungerechtfertigten Prämienerhöhungen auch das Recht zur Verbandsklage hat.

Vor allem in großen Betrieben waren Gruppenkrankenversicherungen häufig eine beliebte Sozialleistung. Die Prämien waren relativ günstig, da die Versicherten mit der Pensionierung aus der Versicherung ausschieden. Die Fortsetzung als Einzelversicherung war zwar theoretisch möglich, doch wurde die Prämie nach dem Eintrittsalter in die Einzelversicherung festgelegt, was für einen gerade pensionierten Versicherten in der Regel unerschwinglich war. Seit 1994 gibt es daher für Gruppenversicherungsverträge (→ **Gruppenversicherung**) in der Krankenversicherung ein Recht der Gruppenversicherten, den Vertrag als Einzelvertrag fortzusetzen. Bei der Fortsetzung als Einzelvertrag ist die Prämie nach dem Eintrittsalter in die Gruppenversicherung zu bemessen, sodass nun ganz extreme Prämienerhöhungen nicht mehr vorkommen sollten.

## Kredit

→ Seite 92 ff

## Kreditkarte

Bei der klassischen Kreditkarte stehen in vertraglicher Beziehung zueinander

- der Kreditkarteninhaber,
- das Kreditkartenunternehmen und
- das Vertragsunternehmen.

Der Kunde erhält vom Kreditkartenunternehmen gegen Zahlung einer Jahresgebühr eine Kreditkarte und ist damit berechtigt, ohne Bargeld bei den Vertragsunternehmen des Kreditkartenunternehmens (Hotels, Tankstellen, Einzelhändler usw) einzukaufen beziehungsweise zu bezahlen. Der Kunde bekommt ein Anweisungsformular des Kreditkartenunternehmens vorgelegt, seine Kundendaten werden – entweder durch ein Prägegerät oder durch Übertragung vom Magnetstreifen der Karte – in das Formular eingetragen und der Kunde weist mit seiner Unterschrift die Kreditkartenunternehmung unwiderruflich an, an den Vertragsunternehmer den ausgewiesenen Betrag auszuzahlen.

Darauf müssen Sie beim Zahlen mit Kreditkarte achten:

- Lassen Sie die Karte nie aus den Augen, damit der Vertragsunternehmer nicht mehrere Anweisungsformulare mit Ihren Kundendaten ausstatten kann.
- Kontrollieren Sie den eingetragenen Betrag und grenzen Sie ihn so ein, dass nicht nachträglich an den Kommastellen (statt € 1.000 plötzlich € 10.000) manipuliert werden kann.
- Unterzeichnen Sie nur vollständig ausgefüllte Anweisungsformulare. (Leider ist es zum Beispiel bei Mietwagenunternehmen üblich, sich am Beginn des Mietvertrages einen Blankobeleg ausstellen zu lassen. In diesen Fällen müssen Sie damit rechnen, dass es allenfalls auch zu Nachbelastungen – zum Beispiel für Reparaturen, Strafen für Verkehrsübertretungen usw – kommen kann.)
- Verlangen Sie unbedingt eine Durchschrift des Anweisungsformulars und heben Sie dieses bis zur korrekten Abrechnung gut auf.

Kreditkarten sind inzwischen auch für elektronisches Zahlen ausgerüstet. Mit Magnetstreifen und PIN-Code kann an POS-Kassen bezahlt und an Bargeldautomaten Geld bezogen werden. Statt der Unterschrift legitimiert man sich mit dem vierstelligen PIN-Code (→ **PIN**, → **POS**, → **Bankomatkarte**).

Bei Teleshopping und Bestellungen über Internet genügt vielen Händlern bereits die Kreditkartennummer des Kunden. Eine weitere Legitimierung durch Unterschrift oder PIN-Code findet nicht statt. Daher ist es durchaus technisch möglich, dass unbefugte Dritte – die Ihre Kartennummer kennen – auf Ihre Kosten Bestellungen vornehmen. Überprüfen Sie daher jede Monatsabrechnung genau, erheben Sie bei Unstimmigkeiten sofort Einspruch (mit eingeschriebenem Brief). In solchen Fällen werden die bestrittenen Beträge von den Kreditkartenfirmen rückgebucht bzw rückerstattet (siehe Seite 146).

Die Zahlungsanweisung des Kunden an das Kreditkartenunternehmen ist unwiderruflich. Wenn also der mit Kreditkarte erworbene Fernseher

Mängel aufweist, kann man die Zahlung der Monatsrechnung an das Kartenunternehmen nicht verweigern und muss sich mit dem Händler um die Gewährleistung streiten.

Finden Sie in Ihrer Monatsabrechnung Belastungen vor, die Sie nie selbst getätigt haben, oder ist der in Rechnung gestellte Betrag höher als auf Ihrer Durchschrift des Anweisungsformulars, müssen Sie innerhalb einer kurzen Frist (zum Beispiel 30 Tage) – die in den Allgemeinen Geschäftsbedingungen geregelt ist – Einspruch erheben und gleichzeitig eine allenfalls erteilte Einzugsermächtigung für das Kreditkartenunternehmen widerrufen. Der Einspruch sollte im Übrigen unbedingt schriftlich mit eingeschriebenem Brief erfolgen. Erheben Sie nicht fristgerecht Einspruch, dann gelten die in Rechnung gestellten Beträge als anerkannt.

Der unmittelbare Vorteil für den Konsumenten bei Zahlung mit Kreditkarte ist, dass er den Rechnungsbetrag erst Wochen später bezahlen muss und damit praktisch ein „Kredit" in Anspruch genommen wird. Ein weiterer Vorteil im Reiseverkehr ist, dass man in der jeweiligen Landeswährung bezahlen kann und der Rechnungsbetrag vom Kartenunternehmen automatisch umgerechnet und in der Heimatwährung in Rechnung gestellt wird. Schließlich bieten manche Kartenunternehmen auch an, den Rechnungsbetrag über die Fälligkeit der Abrechnung hinaus zu kreditieren.

Die Geschäftsbedingungen enthalten auch detaillierte Regelungen zur Haftung bzw Risikoverteilung, wenn die Karte verloren geht oder gestohlen wird. Das Missbrauchsrisiko trifft idR den Kunden. Wenn die Karte nicht ordnungsgemäß verwahrt wird, kann man für den Schaden haftbar werden. Dazu zählt insbesondere die Zurücklassung der Karte in einem abgestellten Fahrzeug. Soweit die Karte auch mit einem PIN-Code ausgestattet ist, sehen die Allgemeinen Geschäftsbedingungen auch oft die volle Haftung des Kunden für den Fall vor, dass er dazu beigetragen hat, dass ein Gauner den PIN-Code erfährt. Da man sich als Kunde aber davor praktisch nicht schützen kann, wird hier ein hohes Risiko auf den Kunden verlagert (→ **PIN**, → **Bankomat**).

**TIPP**

**Wenn Sie Ihre Kreditkarte verloren haben**

- Melden Sie den Verlust oder Diebstahl sofort über die entsprechenden Notfalltelefone Ihrer Kartenorganisation und veranlassen Sie eine Sperre der Karte. (Die Daten für die Sperrmeldung sollten unbedingt von Geldbörse und Kreditkarte getrennt aufbewahrt werden.)

- Erstatten Sie sofort polizeiliche Anzeige und lassen Sie sich diese entsprechend bestätigen.
- Kontrollieren Sie in der Folge genau Ihre Monatsabrechnungen. Nicht von Ihnen vorgenommene Zahlungen oder Bargeldbehebungen müssen Sie fristgerecht beeinspruchen.
- Lassen Sie sich in einer Konsumentenberatungsstelle beraten, welche der bestrittenen Zahlungen – nach den AGB der Kartenorganisation – Sie selbst und welche Sie nicht zu tragen haben.

Schließlich bieten die Kreditkartenorganisationen neben der Zahlungsfunktion oft auch bestimmte Zusatzleistungen (beispielsweise Versicherungen) an. In vielen Fällen wird aber zum Beispiel die Versicherung nur gewährt, wenn man die entsprechende Leistung auch mit der Kreditkarte bezahlt hat. Schließlich kommt es auch zwischen den Versicherungen durch die Kreditkarte und privaten Versicherungen oft zu Überschneidungen (Krankenversicherung, Reisegepäckversicherung usw). Nur wer die Konditionen genau vergleicht, kann Vorteile für sich ausmachen. Es stellt sich also oft die Frage, ob diese Zusatzleistungen ihr Geld tatsächlich wert sind.

## Kreditrestschuldversicherung

Bei Inanspruchnahme eines Kredits wird von der Bank als Sicherheit häufig auch der Abschluss einer sogenannten Kreditrestschuldversicherung verlangt. Dabei handelt es sich nicht um eine besondere Versicherungssparte, sondern um eine dem Zweck der Kreditbesicherung angepasste Form der Lebensversicherung (→ **Lebensversicherung**).

Seien Sie beim Eingehen einer Kreditrestschuldversicherung besonders vorsichtig, da es dabei sehr häufig zu wirtschaftlich besonders ungünstigen Verträgen kommt! Gerade wenn man froh ist, überhaupt einen Kredit zu erhalten, wird den Konditionen einer Kreditrestschuldversicherung wenig Beachtung geschenkt. Oft vergisst man auch über dem Feilschen um Achtelprozentpunkte beim Zinssatz, dass auch bei anderen Kostenelementen bedeutende Einsparungen möglich sind.

Der klassische Fall einer Kreditrestschuldversicherung ist die reine Risikoversicherung (Ablebensversicherung). Dabei handelt es sich um eine Lebensversicherung, aus der im Todesfall die vereinbarte Versicherungssumme ausgeschüttet wird, mit der dann der offene Kreditbetrag abgedeckt werden kann. Solche Versicherungen werden gegen Einmalprämie oder jährliche Prämienzahlung angeboten, wobei vor allem bei der Variante mit jährlicher Prämienzahlung – die grundsätzlich eher bei höheren Kreditbeträgen sinnvoll sein kann – eine Anpassung der Versicherungssumme an den jeweils noch offenen Kreditsaldo möglich ist.

Wie bei jeder Lebensversicherung richtet sich die Prämie grundsätzlich nach dem Alter beim Abschluss und – wegen der unterschiedlichen Lebenserwartung – auch nach dem Geschlecht. Bei manchen Unternehmen erfolgt allerdings keine differenzierte Prämiengestaltung, was sowohl günstig (zum Beispiel für Männer) als auch nachteilig (zum Beispiel für Frauen) sein kann. Da auf eine ärztliche Untersuchung verzichtet wird und zudem auch gewisse Ausschlussgründe, die bei normalen Lebensversicherungen üblich sind (zum Beispiel der Leistungsausschluss bei Selbstmord innerhalb von drei Jahren ab Vertragsschluss), nicht vereinbart werden, können die Prämien deutlich über den gängigen Ablebensversicherungen liegen. Außerdem handelt es sich um einen weitgehend vom Wettbewerb abgeschotteten Markt. Die Banken arbeiten in der Regel mit „nahestehenden" Versicherungsunternehmen zusammen, oft bestehen auch Kapitalverflechtungen. Daher sind die verlangten Prämien vergleichsweise sehr hoch.

Wenn bereits eine Lebensversicherung in ausreichender Höhe besteht, kann auch diese zugunsten der Bank vinkuliert (gesperrt) werden, sodass sich oft der Abschluss einer gesonderten Kreditrestschuldversicherung überhaupt erübrigt.

Sehr häufig wird leider bei Eingehen eines Kreditvertrages auch zum Abschluss einer Er- und Ablebensversicherung zum Zweck der Kreditbesicherung geraten. Wichtigstes Argument: „Da bekommen Sie auf jeden Fall etwas heraus und die bezahlten Prämien sind nicht – wie bei der reinen Risikoversicherung – verloren." Diese Argumentation ist irreführend und unzutreffend! Denn auch bei der Er- und Ablebensversicherung ist natürlich ein entsprechender Prämienanteil für die Deckung des Ablebensrisikos einkalkuliert, der in gleicher Weise „verloren geht" wie bei der reinen Ablebensversicherung (er geht natürlich nicht verloren, sondern ist die Gegenleistung für die Übernahme des Risikos des vorzeitigen Ablebens). Darüber hinaus hat die Er- und Ablebensversicherung Sparcharakter – und es scheint doch ein wenig unsinnig, wenn man auf der einen Seite einen Kredit aufnimmt und auf der anderen Seite Geld anspart. Da die Rendite von Lebensversicherungen kaum je über den zu zahlenden Kreditzinsen liegt, wäre es ökonomisch sinnvoller, eine reine Ablebensversicherung zu wählen und dafür einen geringeren Kredit zu nehmen beziehungsweise höhere Rückzahlungen zu leisten.

## Kreditvermittler

Kreditvermittler sind Makler. So wie ein Immobilienmakler Ihnen eine Gelegenheit zum Abschluss eines Mietvertrages nachweist und im Erfolgsfall dafür Provision bekommt, so weist Ihnen der Kreditvermittler eine Gelegenheit zum Abschluss eines Kreditvertrages nach – ebenfalls mit entsprechenden Provisionsfolgen. Für „durchschnittliche" Kreditnachfrager zahlt sich der Weg zum Kreditvermittler keinesfalls aus. Hier ist es wesentlich sinnvoller, selbst bei ein paar Banken nachzufragen und Anbote einzuholen. Und jemand, der bei einigen Banken schon abgelehnt wurde, sollte sich ohnehin grundsätzlich überlegen, ob die der Ablehnung zugrunde liegende Sorge um zukünftige Zahlungsprobleme nicht vielleicht zu Recht besteht. In der Praxis werden Kreditvermittler allerdings gerade von jenen Personen frequentiert, die auf anderem Weg keinen Kredit mehr erhalten und für die der Kreditvermittler dann Banken ausfindig macht, die etwa gerade Liquiditätsüberschüsse haben und daher auch risikoreichere Geschäfte tätigen wollen. Manchmal wird auch Privatgeld vermittelt.

Der Personalkreditvermittler darf für den Fall einer erfolgreichen Vermittlung eine Erfolgsprovision in der Höhe von maximal fünf Prozent des Bruttokreditbetrages vereinbaren. Unter Bruttokreditbetrag ist dabei der Gesamtbetrag des Kredites einschließlich zum Beispiel einbehaltener Bearbeitungsgebühren und dergleichen zu verstehen, nicht aber die Gesamtbelastung nach dem Verbraucherkreditgesetz. Zusätzliche Entgelte (etwa „Antragsgebühren" und dergleichen) dürfen nicht vereinbart werden.

Ein häufiges Problem bei Personalkreditvermittlern ist die Vereinbarung von Konventionalstrafen für den Fall, dass der Kreditsuchende unrichtige Informationen gibt. So wird regelmäßig vorgesehen, dass bei unrichtigen Angaben im Antragsformular die Provision wie im Erfolgsfall fällig wird. Wie jede Konventionalstrafe kann auch dieser Betrag vom Richter gemäßigt werden. War die unrichtige Angabe zudem für die Entscheidung des Kreditgebers unerheblich, dann kann die Pönale auch nicht verlangt werden.

Die Provision steht nur im Erfolgsfall zu – das bedeutet, dass tatsächlich ein Kreditvertrag zustande gekommen ist oder dass zwar eine dem Vermittlungsauftrag entsprechende Kreditzusage vorliegt, der Kreditsuchende diese jedoch nicht in Anspruch nimmt. Kein Erfolg liegt vor, wenn die Kreditzusage der Bank (oder des sonstigen Geldgebers) nicht den Bedingungen des Vermittlungsauftrages entspricht, also etwa einen höheren Zinssatz oder sonst ungünstigere Konditionen enthält oder wenn nur für einen Teilbetrag ein Kredit angeboten wird.

Ein Personalkreditvermittlungsauftrag darf zudem höchstens auf die Dauer von vier Wochen abgeschlossen werden. Ferner unterliegt auch der Kreditvermittler den Werbe- und Informationsvorschriften nach dem Verbraucherkreditgesetz (VKrG, Seite 94).

## Kulanz

Unter Kulanz versteht man ein Entgegenkommen des Unternehmers, ohne dass er vertraglich oder gesetzlich dazu verpflichtet ist. In den Reklamationsabteilungen so mancher Unternehmen ist das Wort „Gewährleistung" unbekannt, man erledigt alle Beschwerden in „Kulanz".

Für Konsumenten ist es dennoch ganz wertvoll zu unterscheiden:

- Welche Rechte als Verbraucher habe ich und kann ich allenfalls auch durchsetzen und
- in welchen Fällen bin ich auf den „guten Willen" des Unternehmers angewiesen?

Dies bedeutet nicht, dass man in allen Fällen sofort zum Kadi laufen sollte. Es ist in den meisten verbraucherrechtlichen Streitigkeiten vielmehr sogar angeraten, auch selbst hin und wieder kulant zu sein und mit dem Unternehmer den Vergleich zu suchen.

# L

## Ladendiebstahlskontrollen

Jedermann – im konkreten Fall Warenhausdetektiv oder Personal – kann einen Kunden dann anhalten, wenn „hinreichende Gründe für die Annahme" vorliegen, dass diese Person einen Diebstahl ausführt beziehungsweise unmittelbar vorher ausgeführt hat. Wird also ein Kunde beim Einstecken einer Ware beobachtet und deklariert er diese an der Kasse nicht oder schlägt eine elektronische Sicherungsanlage Alarm, so sind dies genug Anhaltspunkte, eine Anhaltung zu rechtfertigen. Die schlichte Weigerung, eine Taschenkontrolle (ohne weitere Begründung – rein routinemäßig) an der Kasse vornehmen zu lassen, kann für sich allein jedoch keinen hinreichenden Tatverdacht begründen und rechtfertigt daher eine Anhaltung nicht. Eine ungerechtfertigte Anhaltung kann – je nachdem wie sie ausgeführt wird – allenfalls auch eine unrechtmäßige Freiheitsentziehung darstellen.

Der Hinweis „Jeder Kunde hat bei der Kassa seine Tasche vorzuweisen" am Eingang des Warenhauses begründet keine (zivilrechtliche) Verpflichtung, die Tasche vorzuweisen. Richtet das Kaufhaus aber ein Taschendepot ein und lässt es den Verkaufsbereich nur ohne Taschen betreten, so ist dies sehr wohl zulässig.

Selbst wenn „hinreichender Tatverdacht“ vorliegt, darf der vermeintliche Täter nur mit angemessenen Mitteln (Festhalten – aber keine Gewalttätigkeiten) angehalten werden und sind sofort die Sicherheitsbehörden zu verständigen. Eigenmächtige Taschen- bzw Personendurchsuchungen sind unzulässig – allenfalls (wenn gegen Widerstand erzwungen) auch strafrechtlich zu verfolgen.

Es ist üblich, dass von ertappten Ladendieben „Bearbeitungskosten“ verlangt werden. Solange diese Kosten nur die tatsächlichen Aufwendungen im konkreten Fall betreffen (Arbeitszeit des Detektives während Beobachtung und Anhaltung sowie allenfalls eine Ergreiferprämie) und ein paar Euro ausmachen, wird angenommen, dass diese Kosten (zivilrechtlich) als Schadenersatz zustehen und die Forderung daher zu Recht besteht. Die Drohung „Zahlen oder Anzeige“ ist zwar grundsätzlich eine Nötigung, diese ist jedoch – wenn die Beträge obgenannten Grundsätzen entsprechen – gerechtfertigt. Werden dagegen erhebliche Beträge als „Überwachungskosten“ oder „pauschalierter Schadenersatz“ in diesem Sinn abgenötigt oder wird zum Beispiel mit der Verständigung von Dienstgeber oder Schuldirektion gedroht, so liegt wohl eine nicht gerechtfertigte Nötigung vor.

**TIPP**

**Und so sehen Ihre Rechte aus:**

- Sie sind nicht verpflichtet, Taschen- oder Personendurchsuchungen durch Angestellte des Warenhauses zu dulden. Dazu sind nur die Sicherheitsbehörden berechtigt.
- Werden Sie angehalten, müssen umgehend die Sicherheitsbehörden verständigt werden.
- Kann der Verdacht sofort ausgeräumt werden, weil Sie Ihren Tascheninhalt freiwillig vorweisen, muss Ihre Anhaltung sofort beendet werden.
- Minderjährige (die das 14. Lebensjahr noch nicht vollendet haben) sind nicht strafbar.

Aus einigen Konsumentenbeschwerden ist bekannt, dass elektronische Sicherungsanlagen manchmal auch ohne Grund ansprechen (angeblich lösen etwa Magnetkarten – zum Beispiel von Parkhäusern – solche Anlagen aus). Es kann also geschehen, dass man – völlig zu Unrecht – des Ladendiebstahls verdächtigt und angehalten wird. Darauf sollte man möglichst ruhig reagieren.

## Lastschriften

Neben den Abbuchungen im Einzugsermächtigungsverfahren (→ **Einzugsermächtigung**) gibt es auch Abbuchungen im Lastschriftverfahren. Dabei ermächtigt man die kontoführende Bank, über Abruf des Unternehmers vom eigenen Konto Abbuchungen vorzunehmen. Diese Ermächtigungsurkunde wird bei der kontoführenden Bank hinterlegt; diese kann also – zumindest theoretisch – die Unterschrift auf Echtheit prüfen. Beim Lastschriftverfahren hat der Kunde keine Möglichkeit, bei der Bank gegen Abbuchungen Einspruch zu erheben. Das ist ein deutlicher Nachteil gegenüber dem Einzugsermächtigungsverfahren.

## Leasing

→ Seite 88 ff

## Lebensmittelkennzeichnung

Lebensmittel werden in immer größerem Umfang industriell hergestellt. Dabei findet eine Vielfalt von Zutaten und Zusatzstoffen Verwendung. Die Lebensmittelkennzeichnungsverordnung (LMKV) sorgt dafür, dass man sich als Konsument – abseits aller Phantasiebezeichnungen – über die wesentlichsten Merkmale vor allem von vorverpackten Lebensmitteln informieren kann. Natürlich ist jede Kennzeichnungsvorschrift ein Kompromiss nicht nur zwischen Konsumentenanforderungen und Wirtschaftsinteressen, sondern auch zwischen den „Informationshungrigen" und den „Informationsscheuen" – denn es ist gar nicht so einfach, einen Mittelweg zu finden zwischen ungenügender Information einerseits und Informationsüberfrachtung andererseits, die oft mehr zur Verwirrung als zur Aufklärung beiträgt.

Das österreichische Lebensmittelrecht ist seit dem Beitritt zur Europäischen Union bedeutend flexibler geworden. Nahrungsmittel aus dem europäischen Ausland dürfen in Österreich in Verkehr gebracht werden, auch wenn sie nicht zur Gänze dem entsprechen, was man jahrzehntelang bei uns gewohnt war. Aus diesem Grund kommt der Kennzeichnung steigende Bedeutung zu, da man nicht mehr automatisch davon ausgehen kann, dass die Zusammensetzung jedes Lebensmittels den Richtlinien des Österreichischen Lebensmittelbuches (des sogenannten Codex) folgt.

Gesundheitsschädliche Lebensmittel dürfen natürlich weiterhin nicht verkauft werden. Doch nicht alles, was für sich genommen noch nicht gesundheitsschädlich ist, kann deswegen schon als Bestandteil gesunder Ernährung angesehen werden, auch wenn häufig versucht wird, einen „gesunden" Eindruck zu erwecken. Ein Blick auf die Kennzeichnung diverser, speziell für Kinder beworbener, Produkte etwa zeigt sehr schnell, dass sich die „vielen Vitamine" oder die „wertvollen Bestandteile der Milch" oft hinter einer geballten Ladung von Fetten, Zucker und Zusatzstoffen geradezu verstecken.

Die Lebensmittelkennzeichnungsverordnung erfasst neben den Lebensmitteln im engeren Sinn auch die sogenannten Nahrungsergänzungsmittel. Das sind Waren, die dazu bestimmt sind, die normale Ernährung zu ergänzen und die aus Einfach- oder Mehrfachkonzentraten von Nährstoffen oder sonstigen Stoffen mit ernährungsspezifischer oder physiologischer Wirkung bestehen und in dosierter Form in Verkehr gebracht werden, dh in Form von zB Kapseln, Pastillen, Tabletten, Pulverbeuteln, Flüssigampullen, Flaschen mit Tropfeinsätzen und ähnlichen Darreichungsformen von Flüssigkeiten und Pulvern zur Aufnahme in abgemessenen kleinen Mengen (zum Beispiel Schlankheitsprodukte, Bakterienmischungen udgl). Sie gilt nur für verpackte Produkte, da man bei nicht verpackten Lebensmitteln (zum Beispiel beim Einkauf auf dem Markt) davon ausgeht, dass man sich selbst ein Bild von der Ware machen kann und darüber hinaus auch noch die Gelegenheit zur Nachfrage beim Verkäufer hat.

Grundsatz der Lebensmittelkennzeichnung ist, dass sämtliche Angaben

- leicht verständlich sein müssen und
- an gut sichtbarer Stelle deutlich lesbar und dauerhaft (auf der Verpackung oder auf einem damit verbundenen Etikett) anzubringen sind.

Dass die Etikettierung auf Deutsch erfolgt, ist nicht ausdrücklich vorgeschrieben, wird sich aber im Regelfall aus dem Erfordernis der leichten Verständlichkeit ableiten lassen. Soweit jedoch eine fremdsprachige Bezeichnung üblich geworden und allgemein verständlich ist, muss man sie akzeptieren.

Und das muss auf der Verpackung draufstehen:

- die Sachbezeichnung,
- Name und Anschrift des Herstellers, Verpackers oder eines im EWR niedergelassenen Verkäufers; bei nicht aus dem EWR stammenden Waren das Ursprungsland; sonst Ursprungs- oder Herkunftsort nur, wenn ansonsten ein Irrtum über die Herkunft möglich wäre,

- die Füllmenge,
- Mindesthaltbarkeits- oder Verbrauchsdatum (→ **Mindesthaltbarkeitsdatum**),
- die Zutaten.

Weitere verpflichtende Angaben betreffen die Chargennummer (Loskennzeichnung), die Lagerbedingungen, wenn erforderlich eine Gebrauchsanleitung sowie den Alkoholgehalt bei alkoholischen Getränken mit mehr als 1,2 Volumsprozent Alkohol. Bei der Zutatenliste sind zudem die häufigsten 12 Allergene anzuführen, wenn sie im Lebensmittel enthalten sind (zB Soja, Milch, Sellerie, Nüsse, Fisch und Krustentiere etc).

Bei der Sachbezeichnung ist grundsätzlich – wenn es keine spezifischen Rechtsvorschriften gibt – die handelsübliche Sachbezeichnung (Verkehrsbezeichnung) anzugeben. Darunter versteht man im Regelfall jenen Namen, unter dem das jeweilige Produkt im Österreichischen Lebensmittelbuch (Codex) erfasst ist. Solche Bezeichnungen aus dem Codex dürfen nicht beliebig verwendet werden. Zum Beispiel versteht man unter Orangensaft ausschließlich Säfte, die zu 100 Prozent aus Orangensaft – ohne Zuckerzusatz – bestehen, während der Orangennektar einen weit geringeren Fruchtsaftgehalt aufweist, dafür aber gesüßt ist. Für einen bewussten Einkauf ist es daher erforderlich, auch auf scheinbar geringfügige Abweichungen der Sachbezeichnungen zu achten. Zwischen den doch ähnlich klingenden Begriffen Schlagobers (Milchprodukt) und Schlagcreme (kein Milchprodukt) ist etwa ein durchaus bedeutsamer Unterschied.

Da innerhalb des Europäischen Wirtschaftsraums der Grundsatz des freien Warenverkehrs gilt, dürfen Lebensmittel auch Bezeichnungen aufweisen, die in anderen EU-Mitgliedstaaten verwendet werden. Wenn sich daraus allerdings Verwechslungen ergeben können – etwa weil der verwendete Begriff in den verschiedenen EU-Staaten unterschiedlich verstanden wird, dann müssen auch noch weiter beschreibende Informationen angegeben sein, um eine Verwechslung zu vermeiden. Salami wird beispielsweise in Deutschland nach einem anderen Rezept als in Österreich hergestellt – wer „deutsche Salami“ in Österreich verkaufen will, darf daher zwar den Begriff „Salami“ verwenden, muss aber deutlich darauf hinweisen, dass diese Salami nach deutschem Rezept hergestellt wurde.

Aus Konsumentensicht sollte man sich nicht von den Markennamen oder sonstigen Bezeichnungen einer Ware allzu sehr ablenken lassen, sondern einen genauen Blick auf die Sachbezeichnung und natürlich die Zutatenliste werfen. Dass ein Lebensmittel etwa die Bezeichnung „Kinder“

trägt, ist kein Hinweis auf eine besondere Eignung für Kinder, sondern ein geschickt gewählter (und geschützter) Markenname eines Erzeugers, der es mit den so bezeichneten Produkten eben besonders auf dieses Marktsegment abgesehen hat.

Gibt es für ein Produkt keine handelsübliche Sachbezeichnung, dann ist eine Beschreibung anzugeben, die Rückschlüsse auf Art und Beschaffenheit der Ware ermöglicht. Reine Phantasiebezeichnungen allein sind daher nicht zulässig.

Die Füllmenge muss in Liter (Milliliter) oder Kilogramm (Gramm) angegeben werden. Bei Eiern, Gebäck, Backoblaten und Strudelteig kann anstelle des Nettogewichts auch die Stückzahl angegeben werden. Für Obst und Gemüse darf anstelle des Gewichts die Stückzahl dann angegeben werden, wenn sie üblicherweise nur nach Stückzahl in den Verkehr gebracht werden (etwa ein Salathäuptel oder eine Ananas, nicht aber Äpfel oder Kraut).

Bei jeder Ware, in deren Sachbezeichnung nicht schon sämtliche Zutaten angeführt sind (etwa Reis), ist ein Verzeichnis der Bestandteile und Zusatzstoffe anzugeben. Diese Zutatenliste (das Wort Zutaten muss ausdrücklich vorkommen) hat alle Stoffe anzuführen, die bei der Herstellung verwendet und im Endprodukt noch vorhanden sind. Dabei müssen die Zutaten grundsätzlich in absteigender Reihenfolge des Gewichtsanteils (bei der Herstellung) angegeben werden, sodass man sich daraus ein ungefähres Bild von der mengenmäßigen Bedeutung der einzelnen Zutaten machen kann. Genaue Prozent- oder Gewichtsangaben sind jedoch nicht vorgesehen.

Wird bei der Kennzeichnung das Vorhandensein bestimmter Zutaten hervorgehoben (angepriesen), dann ist die Mindestmenge anzugeben (etwa „mit Vitamin XYZ"); dasselbe gilt – mit umgekehrten Vorzeichen – bei der Hervorhebung eines besonders geringen Gehalts (etwa „salzreduziert"); hier ist die Höchstmenge auszuzeichnen. Diese Angaben sind auch dann zu machen, wenn aufgrund der Bezeichnung des Produkts ein entsprechend großer (oder geringer) Anteil wichtiger Zutaten angenommen wird.

Wenn eine Zutat selbst wieder aus mehreren Zutaten besteht, muss auch deren Zusammensetzung angegeben werden, es sei denn, die zusammengesetzte Zutat macht nicht mehr als 2% des Endproduktes aus und ist in einer Gemeinschaftsregelung bestimmt. Zusatzstoffe, die in der zusammengesetzten Zutat enthalten sind, sind ebenfalls zu deklarieren (außer wenn sie im Enderzeugnis keine technologische Wirkung mehr ausüben).

Zusatzstoffe sind entweder mit ihrem spezifischen Namen oder – wenn sie einer in der Lebensmittelkennzeichnungsverordnung ausdrücklich angeführten Klasse angehören – mit der Klassenbezeichnung und dem Namen oder der E-Nummer (→ **E-Nummer**) anzugeben. Aromen sind mit dem Wort Aroma oder einer genauen Bezeichnung oder Beschreibung des Aromas anzugeben. Achtung: „naturident" ist nicht gleich „natürlich". Als natürlich darf ein Aroma nur bezeichnet werden, wenn es aus Aromaten mit Hilfe physikalischer, enzymatischer oder mikrobiologischer Verfahren gewonnen wird.

Neben der – verpflichtenden – Kennzeichnung nach der LMKV sind natürlich freiwillig weitere Kennzeichnungen möglich, die selbstverständlich immer die Grenzen des lauteren Wettbewerbs (siehe Seite 13 ff) berücksichtigen müssen. Da in den vergangenen Jahren besondere Irreführungsprobleme im Bereich der biologischen Produkte sowie diverser „Light"-Produkte aufgetreten sind, wurden für diese Bereiche nun auch konkretere Regelungen getroffen, die dann einzuhalten sind, wenn in der Werbung oder in der Aufmachung des Produkts die Eigenschaft „bio" oder „light" besonders betont wird.

Nach der Nährwertkennzeichnungsverordnung kann grundsätzlich jedes Produkt freiwillig gekennzeichnet werden. Zwingend erforderlich ist die Kennzeichnung jedoch, wenn beim Inverkehrbringen nährwertbezogene Angaben gemacht werden. Darunter versteht man jede Angabe, Darstellung oder Aussage, mit der erklärt, suggeriert oder mittelbar zum Ausdruck gebracht wird, dass ein Lebensmittel besondere Nährwerteigenschaften besitzt, weil es Energie liefert, in vermindertem oder erhöhtem Maße liefert oder gar nicht liefert oder weil es Nährstoffe in vermindertem oder erhöhtem Maße oder auch gar nicht enthält.

Mit dieser Definition soll eine möglichst weitgehende Erfassung all jener Produkte ermöglicht werden, die besondere Nährwerteigenschaften behaupten („light", „cholesterinfrei" „zuckerfrei" usw). Diese Produkte müssen je nach Art der behaupteten Nährwert-Besonderheiten Angaben über den Brennwert (Kilokalorien – kcal oder Kilojoule – kJ), den Gehalt an Eiweiß, Kohlenhydraten, Fett, Ballaststoffen und Natrium (in Gramm) und an Cholesterin (in Milligramm) oder Vitaminen und Mineralstoffen enthalten. Bei Vitaminen und Mineralstoffen ist auch der Prozentsatz der empfohlenen Tagesdosis anzugeben, der mit 100 Gramm beziehungsweise 100 Milliliter des Produkts erreicht wird).

Die Angaben nach der Nährwertkennzeichnung sagen für sich allein für den Laien wenig aus, können aber zum Vergleich herangezogen werden, ob ein „leichtes" Produkt nicht vielleicht doch schwerer ist als ein anderes. Grundsätzlich aber gilt, dass gesunde Ernährung nicht mit dem Genuss kalorienreduzierter oder/und vitaminisierter Lebensmittel verwechselt werden darf. Diesbezüglich ist Vorsicht geboten.

Alle Produkte, bei denen nach Aufmachung oder Werbung der Eindruck entsteht, dass sie aus biologischer Landwirtschaft stammen, müssen die Herstellungsregeln für biologische Produkte einhalten. In Österreich sind die Bezeichnungen „aus biologischem (oder ökologischem) Anbau", „aus biologischem (ökologischem) Landbau" und „aus biologischer (ökologischer) Landwirtschaft" üblich und wurden von der Codexkommission hinsichtlich ihrer Bedeutung näher definiert. Richtlinien bestehen für Produkte aus pflanzlicher und aus tierischer Produktion, aber auch für Folgeprodukte. Diese dürfen nur dann auf die Herkunft aus biologischer Landwirtschaft hinweisen, wenn sie zu mindestens 95 % aus Bestandteilen aus biologischer Erzeugung bestehen. Bestehen sie zu mindestens 50 % aus solchen Bestandteilen, darf immerhin noch in der Zutatenliste darauf verwiesen werden.

Die auch auf Lebensmitteln zu findenden Strichcodes sind kein Kennzeichnungselement, sondern eine bloße Artikelnummerierung (→ **EAN-Code**).

## Lebensversicherung

Bei einer Lebensversicherung wird vereinbart, dass der Versicherer im Fall des Todes des Versicherten oder bei Erreichen eines bestimmten Alters eine Leistung erbringt. Versicherungsgegenstand ist demnach das Leben: Der Versicherer nimmt das Risiko auf sich, dass der Versicherte während der Versicherungslaufzeit stirbt. Zusätzlich zu dieser Risikokomponente, die eigentlich den klassischen Versicherungsvertrag ausmacht, kommt bei den meisten Lebensversicherungen auch noch eine Sparkomponente hinzu. Bei den Erlebens- oder Er- und Ablebensversicherungen wird dem Versicherer nicht nur das Risiko des früheren Todes des Versicherten abgegolten, sondern ein meist beträchtlicher Teil der Prämien dient auch der Veranlagung, die der Versicherer für den Versicherungsnehmer vornimmt und aus deren Ertrag im Zeitpunkt der Fälligkeit nicht nur die vereinbarte Summe, sondern meist auch eine Gewinnbeteiligung geleistet wird.

### Ablebensversicherung

Bei der Ablebensversicherung – auch als reine Risikoversicherung bezeichnet – wird die vereinbarte Versicherungssumme fällig, wenn der

Versicherte während der Laufzeit des Vertrages verstirbt. Diese Versicherung dient vor allem zur Absicherung der Hinterbliebenen und ist dann sinnvoll, wenn die Angehörigen auf das Einkommen des Versicherten angewiesen sind, zum Beispiel auch, wenn beträchtliche Schulden (etwa aus einem Hausbau) vorhanden und im Todesfall die Rückzahlungen gefährdet sind. Eine reine Ablebensversicherung kann auch als → **Kreditrestschuldversicherung** dienen.

### Erlebensversicherung

Der Gegenpol zur Ablebensversicherung ist die Erlebensversicherung, bei der die Versicherungsleistung dann fällig wird, wenn der Versicherte ein bestimmtes Alter erlebt. Zweck dieser Versicherung ist die Pensionsvorsorge, sodass zumeist anstelle einer Kapitalszahlung vorgesehen wird, dass der Versicherer ab Fälligkeit eine monatliche Rente zahlt (im Regelfall auf Lebensdauer des Versicherten, andere Zeiträume – auch Mindestzahlungszeiträume – sind jedoch möglich).

### Er- und Ablebensversicherung

Die in Österreich am häufigsten abgeschlossene Lebensversicherung ist jedoch eine Mischform: die Er- und Ablebensversicherung. Bei dieser Versicherungsform wird die Versicherungsleistung (Kapitalszahlung, es kann aber auch eine Rente vereinbart werden) erbracht, wenn der Versicherte entweder während der Laufzeit des Vertrages verstirbt oder wenn er das Ende der Laufzeit erlebt. Die Leistung wird also auf jeden Fall fällig. Das von der Versicherung übernommene Risiko liegt darin, dass im Falle eines Todes vor Ablauf der Laufzeit die weiteren Prämienzahlungen ausbleiben (bzw nicht weiter veranlagt werden können). Er- und Ablebensversicherungen haben einen gewissen Sparcharakter. Durch die Leistung im Todesfall kann aber andererseits auch – wie bei reinen Risikoversicherungen – eine gewisse Absicherung der Hinterbliebenen erfolgen. Natürlich ist diese Risikoübernahme nicht umsonst und es ist bei Abschluss einer Lebensversicherung daher genau zu überlegen, welche Leistungen tatsächlich gewünscht werden – es muss nicht immer die typische Er- und Ablebensversicherung sein.

### Sonderformen

Auch bei der Lebensversicherung haben sich Sonderformen entwickelt, die zu beachten sind. So wurden insbesondere von Strukturvertrieben (→ **Strukturvertriebe**) in den letzten Jahren verstärkt Er- und Ablebensversicherungen vertrieben, bei denen auch die Leistung im Ablebensfall nicht – wie in den allermeisten Fällen üblich – unmittelbar nach dem Tod des Versicherten erfolgt, sondern erst zum Ende der Vertragslaufzeit (sogenannte Terme-fixe-Versicherung, nach dem französischen Begriff für „bestimmter Termin"). Dies kann dann sinnvoll sein, wenn die Versicherungssumme einem bestimmten Zweck dienen soll. Typischer Fall sind die Ausstattungsversicherungen, bei denen den Kindern zu ihrer Hochzeit oder bei Erreichen eines bestimmten Alters das Heiratsgut aus der Versicherungsleistung bezahlt werden soll. In vielen Fällen war den betroffenen Versicherungsnehmern der Unterschied zu einer üblichen Er- und Ablebensversicherung (bei der natürlich wegen des Risikos auch der früheren Auszahlung die Prämien etwas höher sind) gar nicht aufgefallen. Zur oft auch beabsichtigten Absicherung der Hinterbliebenen sind Terme-fixe-Versicherungen jedoch nicht sinnvoll.

Häufig werden Lebensversicherungen auch mit anderen Versicherungsformen kombiniert, etwa durch die Vereinbarung einer höheren Versicherungsleistung für den Fall, dass der Tod durch einen Unfall eintritt. Eine neuere Variante kommt aus dem englisch-amerikanischen Raum und sieht die Leistung der Versicherungssumme nicht nur für den Fall des Todes vor, sondern bereits dann, wenn eine bestimmte schwere – meist unheilbare – Krankheit des Versicherten diagnostiziert wird. Üblicherweise wird diese Lebensversicherungs-Sonderform mit dem Schlagwort „dread disease" bezeichnet, nach dem englischen Begriff für „furchterregende Krankheit".

Ferner werden die ebenfalls im englischen Raum entwickelten „fondsgebundenen Lebensversicherungen" angeboten. Bei dieser Lebensversicherungsform wird keine ziffernmäßig fixierte Versicherungssumme vereinbart, sondern ein Anteilswert an einem bestimmten Kapitalanlagefonds. Dieser Fonds kann sich – wie ein normaler Investmentfonds – aus Aktien, fest- oder variabel verzinslichen Anleihen und sonstigen Wertpapieren zusammensetzen, wobei sich aus der jeweiligen Art der Wertpapiere auch unterschiedliche Risken ergeben. Beim Abschluss des Versicherungsvertrages hat man die Wahl zwischen unterschiedlichen Fonds. Im Erlebensfall kann man dann – je nach Entwicklung des gewählten Fonds – Glück oder Pech haben: Deutlich höhere Gewinne als bei einer normalen Lebensversicherung sind möglich oder auch echte Verluste, wenn sich der Wertpapiermarkt (im gewählten Segment) ungünstig entwickelt.

### Risikoausschlüsse

Nach den verbreitetsten Versicherungsbedingungen ist der Versicherer nicht zur Leistung der vereinbarten Versicherungssumme verpflichtet, wenn der Versicherte innerhalb von drei Jahren (manchmal werden auch fünf vereinbart) ab Vertragsbeginn Selbstmord begeht. Je nach Versicherungsbedingungen gibt es auch Risikoausschlüsse bei bestimmten gefährlichen Sportarten (zum Beispiel Autorennen). Der Rückkaufswert (siehe unten) ist jedoch auch bei Zutreffen dieser Risikoausschlüsse auszuzahlen.

### Vorzeitige Auflösung

Lebensversicherungen werden in der Regel auf sehr lange Zeiträume hin abgeschlossen. Der Versicherungsnehmer kann jedoch einen Vertrag, für den laufende – meist jährliche – Prämien zu entrichten sind, jederzeit zum Schluss des jeweiligen Versicherungsjahres kündigen. Wurde für den Versicherungsfall eine Kapitalzahlung (und keine Rentenzahlung) vereinbart, dann kann man auch Er- und Ablebens- sowie reine Erlebensversicherungen, für die eine Einmalzahlung geleistet wurde, jährlich kündigen.

Wenn der Vertrag gekündigt wird, so sind – außer natürlich in der reinen Risikoversicherung – die schon „angesparten" Prämienanteile vom Versicherer zurückzuzahlen. Dieser sogenannte Rückkaufswert errechnet sich nach versicherungsmathematischen Grundlagen als Zeitwert des konkreten Versicherungsvertrages zum Auflösungszeitpunkt. Da dabei Provisionszahlungen für den Vertragsabschluss ebenso wie die „verbrauchte" Risikoprämie berücksichtigt werden, ist der Rückkaufswert vor allem in den ersten Jahren sehr gering. Nach erfolgreichen Verbandsklagen des VKI wurde mit Wirkung vom 1.1.2007 gesetzlich statuiert, dass die „Abschlusskosten" auf die ersten fünf Jahre der Vertragslaufzeit aufzuteilen sind. Damit wurde das Problem, dass bei Kündigung oder Prämienfreistellung des Lebensversicherungsvertrags in den ersten Jahren so gut wie kein Rückkaufswert vorhanden war, entschärft. Eine vorzeitige Auflösung der Lebensversicherung will dennoch weiterhin gut überlegt sein.

### Prämienfreistellung

Wegen der mit einer vorzeitigen Kündigung verbundenen Nachteile (etwa auch im Hinblick auf eine mögliche Nachversteuerung) ist es, wenn der Rückkaufswert nicht dringend gebraucht wird, günstiger, die Umwandlung in eine prämienfreie Versicherung zu verlangen. Dabei wird man als Versicherungsnehmer von der Pflicht zur Prämienzahlung befreit und die vereinbarte Versicherungsleistung wird – nach den Regeln der Versicherungsmathematik – entsprechend verringert. Die Vertragslaufzeit und die sonstigen Bedingungen bleiben jedoch unverändert. Der Versicherungsnehmer hat das Recht, diese Umwandlung jederzeit zu verlangen, sie wird mit dem darauf folgenden Versicherungsjahr wirksam.

## Gewinnbeteiligung

Bei Lebensversicherungen – sofern es sich nicht um reine Risikoversicherungen handelt – wird zumeist auch eine Gewinnbeteiligung zugesagt. Neben der verbindlich vereinbarten Versicherungssumme hat der Versicherungsnehmer demnach Anspruch auf einen nach versicherungsmathematischen Regeln zu errechnenden Anteil am Gewinn des Versicherungsunternehmens. Da die österreichischen Versicherungsunternehmen durch die Aufsichtsbehörde beziehungsweise die Vorschriften des Versicherungsaufsichtsgesetzes zu einer vorsichtigen Gebarung angehalten sind, können sie die Versicherungssummen im Vergleich zur Prämie auch nicht übertrieben hoch ansetzen. In der Regel ist daher durchaus noch Spielraum für einen ansehnlichen Gewinn, der anteilig den Lebensversicherten zugute kommt. Alle Aussagen über Gewinnbeteiligungen sind dennoch reine Prognose, die wie fast jede Vorhersage auch falsch sein kann. Auch ist keineswegs gesagt, dass alle Versicherer bei der Schätzung der einem Versicherungsnehmer nach Ablauf des Vertrages zustehenden Gewinnbeteiligung in gleicher Weise vorsichtig sind, sodass ein Vergleich besonders schwierig ist. Ein Vergleich sollte sich daher überwiegend an der zugesicherten Kapitalleistung orientieren, die extra ausgewiesen werden sollte.

## Bezugsberechtigung

Bei der Lebensversicherung müssen Versicherter, Versicherungsnehmer und Begünstigter beziehungsweise Bezugsberechtigter nicht übereinstimmen. So kann man auch als Versicherungsnehmer einen Vertrag abschließen, in dem eine andere Person als Versicherter (auch als Gefahrsperson bezeichnet) genannt ist. Diese Person muss jedoch dem Vertragsschluss zustimmen, damit nicht sozusagen mit dem Leben einer anderen Person spekuliert wird. Für den Versicherungsfall kann auch bereits in der Polizze eine bezugsberechtigte Person ausdrücklich genannt werden. Wurde nicht ausdrücklich Unwiderruflichkeit vereinbart, so kann der Versicherungsnehmer die bezugsberechtigte Person jederzeit ändern. Wird kein Bezugsberechtigter genannt, dann steht die Versicherungsleistung im Erlebensfall dem Versicherungsnehmer, im Fall des Todes grundsätzlich – wenn vom Versicherungsnehmer nichts anderes verfügt wurde – dem Nachlass beziehungsweise den Erben zu. Über die Polizze, in der kein Bezugsberechtigter genannt ist (Inhaberpolizze) kann auch durch einfache Weitergabe verfügt werden. Die Leistung aus der Versicherung steht dann dem Überbringer zu.

Wird die Versicherung zur Absicherung eines Kredits verwendet, so ist die Sperre zugunsten der Bank erforderlich (Vinkulierung). Die Versicherung darf eine Leistung an den Versicherungsnehmer oder einen sonstigen Begünstigten aus dem Versicherungsvertrag dann nur mehr mit Zustimmung der Bank erbringen.

### Lieferverzug

→ Seite 214 ff

## M

### Mahnspesen

→ Seite 322 f

### Makler

→ **Immobilienmakler**, → **Kreditvermittler**, → **Versicherungsmakler**

### Masseverwalter

→ **Insolvenz**

### Mietvertrag

→ Seite 87 ff

### Mietwagen

Auch wenn im Volksmund vom „Leihwagen" die Rede ist, die Überlassung eines Fahrzeuges gegen Entgelt stellt eine Miete (siehe Seite 87 ff) dar.

Die Mietwagenfirmen versuchen, sich gegen Beschädigungen des Fahrzeuges und andere Nachteile abzusichern und verlangen – vor Übergabe des Fahrzeuges – regelmäßig die Ausstellung eines (Blanko-)Beleges mit Kreditkarte (nur in Ausnahmefällen reicht auch eine entsprechende Depotzahlung in bar). In vielen Verträgen finden sich dann auch Vereinbarungen, dass die Mietwagenfirma berechtigt sei, neben dem Entgelt für die Vermietung auch allfällige Schäden oder sonstige Kosten (zum Beispiel Strafmandate) über die Kreditkarte anzulasten. Es kann also durchaus passieren, dass man Monate nach der Reise via Kreditkartenrechnung eine Nachverrechnung für den Mietwagen bekommt. Erheben Sie in solchen Fällen gegen diese Belastung – vorsichtshalber – fristgerecht (mit eingeschriebenem Brief) bei der Kreditkartenorganisation Einspruch und verlangen Sie Aufklärung über den Abbuchungsbetrag.

Es ist in dieser Situation auch günstig, alle Belege (Rechnung, Übergabebestätigungen, Zahlungsbelege usw) in Kopie mitzuübergeben. Auf diese Weise sollte jedenfalls der Zahlungsgrund aufgeklärt werden können. Wurde aber – laut Vertrag – zu Recht nachverrechnet, dann bleibt nichts übrig als zu zahlen. Die Alternative wäre nur, einen Mietwagen nicht mit Kreditkarte zu mieten, sondern bar zu bezahlen. Allerdings lehnen manche Anbieter dann den Vertrag überhaupt ab, andere verlangen hohe Depotzahlungen im Voraus.

Ein weiteres Problem kann die Versicherung der Fahrzeuge darstellen. So versteht man nicht in allen Ländern unter Vollkasko das, was man in Österreich darunter versteht. In Griechenland sind – man denke an die Straßen mit Schlaglöchern – Schäden am Unterboden des Fahrzeuges beziehungsweise Schäden an den Reifen von der Vollkaskoversicherung ausgenommen. Holpert man in ein Schlagloch, dann kann – trotz Vollkaskoversicherung – eine dicke Schadensrechnung zu berappen sein. Erkundigen Sie sich schon im Heimatland über die speziellen Versicherungsbedingungen vor Ort, um Überraschungen zu vermeiden.

## Mindesthaltbarkeit

Aufgrund der Lebensmittelkennzeichnungsverordnung (LMKV) muss auf verpackten Lebensmitteln und Verzehrprodukten jener Zeitpunkt angegeben sein, bis zu dem die Ware ihre spezifischen Eigenschaften behält (Mindesthaltbarkeitsdatum).

Sind die Lebensmittel

- weniger als drei Monate haltbar, ist der Tag und das Monat anzugeben – „mindestens haltbar bis …";
- zwischen drei und 18 Monaten haltbar, muss Monat und Jahr,
- bei noch länger haltbaren Produkten nur das Jahr gekennzeichnet werden – jeweils mit den Worten „mindestens haltbar bis Ende …"

Wie jede Kennzeichnung muss auch das Mindesthaltbarkeitsdatum an gut sichtbarer Stelle deutlich lesbar und dauerhaft auf der Verpackung (oder auf einem mit ihr verbundenen Etikett) angebracht sein.

In der Umgangssprache wird häufig für jedes Datum auf einer Lebensmittelpackung der Begriff „Ablaufdatum" verwendet. Rechtlich ist aber zwischen Mindesthaltbarkeitsdatum und Verbrauchsdatum zu unterscheiden. Handelt es sich nämlich um Lebensmittel, die in mikrobiologischer Hinsicht sehr leicht verderblich sind (zum Beispiel verpacktes Frischfleisch), so ist nicht das Mindesthaltbarkeitsdatum, sondern das Verbrauchsdatum –

„verbrauchen bis …“ – anzugeben. Damit soll deutlicher werden, dass bei derartigen Waren nach Ablauf des angegebenen Datums eine unmittelbare Gesundheitsgefahr bestehen kann. Waren mit abgelaufenem Verbrauchsdatum dürfen daher auch keinesfalls mehr verkauft werden.

Anders ist dies bei Waren mit Mindesthaltbarkeitsdatum. Ist dieses Datum abgelaufen, die Ware aber noch in Ordnung, so darf sie weiter verkauft werden. Auf das abgelaufene Mindesthaltbarkeitsdatum ist aber deutlich und allgemein verständlich hinzuweisen.

Erwischt man ein abgelaufenes, aber nicht speziell gekennzeichnetes Produkt, so kann es durchaus noch in Ordnung sein. Rechtlich ist umstritten, ob man in diesem Fall die Rücknahme (beziehungsweise den Austausch gegen ein frisches Produkt) verlangen kann. Um solche Streitfragen gar nicht erst aufkommen zu lassen – denn wer wird schon um einen Becher Joghurt prozessieren – empfiehlt es sich, schon bei der Entnahme aus dem Regal einen Blick auf das Mindesthaltbarkeits- beziehungsweise Verbrauchsdatum zu werfen.

Als Folge verschiedener Umpack-Skandale ist es seit dem Jahr 1995 nun auch verboten, die einmal angegebene Mindesthaltbarkeits- oder Verbrauchsfrist zu verlängern.

Auch eine noch offene Haltbarkeitsfrist bedeutet freilich nicht unbedingt, dass die Ware noch in Ordnung ist. Durch schlechte Lagerung (Wärme- oder Lichteinwirkung), Transport usw kann sie schon vorher verdorben sein. Selbstverständlich haben Sie in diesem Fall Anspruch auf Ersatz.

Von der verpflichtenden Angabe des Mindesthaltbarkeitsdatums gibt es auch Ausnahmen. Die wichtigsten sind:

- Frischobst und Frischgemüse, wenn es nicht behandelt ist (zB geschält oder geschnitten); ausgenommen davon sind Keime von Samen und Sprossen von Hülsenfrüchten,
- Getränke mit einem Alkoholgehalt von zehn oder mehr Volumsprozenten,
- Backwaren, die ihrer Art nach binnen 24 Stunden ab ihrer Herstellung verzehrt werden (zB Semmeln),
- Essig,
- Salz,
- Zucker,
- Kaugummi und
- Speiseeis in Portionspackungen.

# N

## Notar

Ein öffentlicher Notar hat vielfältige Aufgaben. Er wird vom Verlassenschaftsgericht zur Abhandlung von Verlassenschaften berufen, errichtet und beglaubigt Urkunden über die verschiedensten Rechtsgeschäfte, verfasst natürlich auch selbst Verträge und übernimmt die Treuhandschaft bei der Abwicklung von Verträgen.

# O

## Önormen

→ Seite 157 f

## Option

Mit einer Option erhält man das Recht, einen bestimmten Vertrag durch einseitige Erklärung in Geltung zu setzen. Beispielsweise kann ein Grundstückseigentümer jemandem das Recht einräumen, das Grundstück innerhalb eines bestimmten Zeitraums zu einem festgelegten Preis zu erwerben (Kaufoption). Der Inhalt des Vertrages steht damit bereits fest. Ob er schließlich zustande kommt, hängt allein vom Willen desjenigen ab, dem die Option eingeräumt wurde.

Sieht man vom Wertpapierhandel ab, so sind Optionen vor allem im Liegenschaftsverkehr verbreitet, wo sich insbesondere Bauträger häufig im Projektierungsstadium zunächst einmal Optionen auf einzelne Grundstücke sichern. Wird dann ein Projekt – aus welchen Gründen auch immer – nicht verwirklicht, so verfällt einfach die Option, der Bauträger bleibt aber nicht auf schon gekauften und für ihn nicht mehr brauchbaren Grundstücken sitzen.

Wenn Sie ein Grundstück zu verkaufen haben und jemandem eine Option einräumen wollen, beachten Sie, dass Sie während der Laufzeit der Option keine andere Verfügungsmöglichkeit über die Liegenschaft haben, ohne aber sicher mit dem Verkauf rechnen zu können.

Bei den an der Börse gehandelten Optionsscheinen handelt es sich um Wertpapiere, die das Recht verbriefen, ein bestimmtes Wertpapier zu einem späteren Zeitpunkt zu einem im Voraus festgelegten Preis zu kaufen oder zu verkaufen. Als Kapitalanlage sind Optionsscheine ein hochspekulatives Instrument und nur für Anlageprofis zu empfehlen.

# Q

## Quittung

→ **Rechnung**

# P

## Papierrechnung

Telekommunikationsunternehmen sind dazu übergegangen, die monatlichen Rechnungen ihren Kunden nicht mehr in Papierform zu übermitteln, sondern sie ihnen elektronisch zur Verfügung zu stellen und für Papierrechnungen gesonderte Entgelte zu verlangen. Dies war nicht nur aus Kostengründen abzulehnen, sondern führte auch dazu, dass die Fälligkeit, die mit Rechnungslegung ausgelöst wird, unklar war, weil der Zugang mit dem Zeitpunkt fingiert wurde, zu dem der Kunde „üblicherweise seine Rechnung abrufen" konnte. Nach erfolgreichen Unterlassungprozessen des VKI hat der Gesetzgeber reagiert und in § 100 TKG bestimmt, dass der Kunde Anspruch auf unentgeltliche Papierrechnungen hat.

## Patientenrechte

→ Seite 81 ff

## Pauschalreise

→ Seite 84

## Pfuscher

Für die meisten unternehmerischen Tätigkeiten – ausgenommen „Verrichtungen einfachster Art" – braucht man eine Gewerbeberechtigung (→ **Gewerbeordnung**) oder eine ähnliche Befugnis nach anderen Rechtsvorschriften. Wer ohne entsprechende Befugnis tätig wird, dem drohen als Pfuscher Verwaltungsstrafen wegen unbefugter Gewerbeausübung.

In der Praxis muss man unterscheiden zwischen jenen Fällen, in denen dem Konsumenten bewusst ist, dass er einen Pfuscher beschäftigt (Schwarzarbeit) und jenen, wo ihm dies nicht bekannt ist.

Hat man sich im guten Glauben an einen Unternehmer gewandt und stellt sich später heraus, dass dieser gar nicht berechtigt wäre, die vereinbarte Leistung zu erbringen, so kann man den Vertrag wegen Irrtums anfechten (siehe Seite 44 ff). Voraussetzung dafür ist allerdings, dass der Irrtum tatsächlich wesentlich war; dass man also den Vertrag nicht abgeschlossen hätte, wäre die mangelnde Befugnis von Anfang an bekannt gewesen. Für alle sonstigen vertraglichen Ansprüche ist das Fehlen der Gewerbeberechtigung irrelevant. Insbesondere bestehen Ansprüche auf Gewährleistung oder Schadenersatz im Falle mangelhafter Leistungserbringung genauso wie bei befugten Gewerbetreibenden.

Auskunft über die Gewerbeberechtigung eines Unternehmers erhalten Sie bei der für den Firmensitz zuständigen Bezirksverwaltungsbehörde oder der Wirtschaftskammer.

Hat man sich als Konsument hingegen bewusst für einen Pfuscher entschieden, so kann man den Vertrag natürlich nicht wegen Irrtums anfechten. Gewährleistungs- oder Schadenersatzansprüche bestehen zwar grundsätzlich auch, doch kann es in der praktischen Durchsetzung zu Problemen kommen. Außerdem wird bei Pfuschern auch rechtlich häufig ein anderer Haftungsmaßstab herangezogen als bei befugten Unternehmern. Und zwar dann, wenn man als Konsument gewusst und in Kauf genommen hat, dass der Pfuscher nicht nur gewerberechtlich nicht befugt war, sondern auch nicht über die bei befugten Unternehmern vorausgesetzte Sachkunde verfügte. Wenn Ihnen der als Maurer ausgebildete Bekannte eine Mauer aufstellt und auch gleich noch den Elektroherd anschließt, dann können Sie ihn bei Problemen mit dem E-Herd nicht in gleicher Weise zur Verantwortung ziehen wie einen befugten Elektroinstallateur.

Im Falle einer gerichtlichen Auseinandersetzung ist außerdem damit zu rechnen, dass das Finanzamt von den mit derartigen Pfuscher-Verträgen meist verbundenen Abgabenhinterziehungen erfährt, was auch für den Auftraggeber zu einem Verfahren wegen eines Finanzvergehens führen kann. Schließlich wird er in aller Regel von der Steuerhinterziehung gewusst und sie gerade durch die Auftragserteilung an den Pfuscher noch gefördert haben.

## PIN

Das ist die Abkürzung für „personal identification number", also jenen meist vierstelligen Code, der bei Bankomat- und Kreditkarten zur Legitimation bei Geldabhebungen beziehungsweise an POS-Kassen zur Bezahlung der Rechnung dient (→ **Bankomatkarte**, → **Chipkarte**, → **Kreditkarte**, → **POS**).

## POS

Das ist die Kurzform des Begriffes „point of sale" und bezeichnet elektronische Kassen, an denen direkt mit einer Bankomat- oder Kreditkarte bezahlt werden kann (→ **Bankomatkarte**, → **Kreditkarte**, → **Chipkarte**, → **PIN**).

## Postfachfirmen

Bei Firmen, die in ihrer Anschrift nur ein Postfach angeben, ist höchste Vorsicht geboten. Erstens verletzen diese Firmen die Gewerbeordnung (→ **Gewerbeordnung)**, die die Angabe einer konkreten Adresse vorschreibt, und zweitens hat man kaum eine Chance, eine einmal an eine solche Firma geleistete Zahlung jemals wieder zurückzubekommen: An eine Postfachadresse kann man eine Klage nicht adressieren! Daher gilt: Hände weg von Postfachfirmen!

## Pönale

Unter Pönale versteht man eine – vertraglich vereinbarte – Strafzahlung, wenn man bestimmte Vertragspflichten verletzt. So kann man in Bauverträgen vereinbaren, dass der Bauunternehmer für jede Woche, die das Bauvorhaben später fertig wird, eine bestimmte Summe als pauschalierten Schadenersatz zu bezahlen hat. Ohne entsprechende Vereinbarung ist es aber nicht möglich, eine Pönalezahlung geltend zu machen.

Viele Unternehmer räumen in ihren Geschäftsbedingungen den Kunden auch die Möglichkeit ein, gegen Zahlung einer sogenannten Stornogebühr aus dem Vertrag wieder auszusteigen (siehe Seite 175). Das Gericht kann – im Verhältnis zwischen Unternehmer und Konsumenten – den vereinbarten Betrag ermäßigen.

## Preisauszeichnung

→ Seite 24 ff

## Preistreiberei

Das Verlangen eines offenbar übermäßigen Entgelts für Waren oder Leistungen des täglichen Bedarfs war bis zum Jahr 1992 als Preistreiberei untersagt und mit Verwaltungsstrafe bedroht. Im Zuge der Deregulierung des Preisrechts wurde diese Bestimmung aufgehoben. Eine amtliche Preiskontrolle besteht daher nicht mehr, und es ist auch – außer in den wenigen noch preisgeregelten Bereichen – keine Möglichkeit gegeben, gegen Unternehmer, die überhöhte Preise verlangen, behördlich vorzugehen.

Sie können auch einen Vertrag nicht mehr rückgängig machen oder anpassen, wenn Sie nach Vertragsschluss bemerken, dass Sie einen überhöhten Preis gezahlt haben. Ausgenommen davon sind Fälle des Wuchers und der Verkürzung über die Hälfte (siehe Seite 270, 271).

Anstelle der Preistreibereibestimmung, mit der in jedem Einzelfall gegen überhöhte Preise behördlich vorgegangen werden konnte, wurde im Preisgesetz 1992 für den Wirtschaftsminister die Möglichkeit geschaffen, gegen „ungerechtfertigte Preispolitik" einzuschreiten. Wenn die von einem oder mehreren Unternehmen geforderten Preise die internationale Preisentwicklung, den allgemeinen Preisindex oder eine allgemeine Preiserhöhung des jeweiligen Wirtschaftszweigs in einem ungewöhnlichen Maß übersteigen, so kann – wenn anders eine Abhilfe nicht möglich ist – eine behördliche Preisregelung erfolgen. Allerdings ist das Verfahren, bis es schließlich zu einer Preisregelung kommen kann, sehr langwierig (Antragstellung durch einen Sozialpartnerverband, Untersuchung der konkreten Preispolitik, Beratung in der Preiskommission), sodass man nur von einer Rute im Fenster sprechen kann. Als Instrument, einen einzelnen als teuer bekannten Unternehmer gewissermaßen in die Knie zu zwingen, ist diese Regelung nicht geeignet. Sinnvoll kann damit nur gegen eine ungerechtfertigte Preispolitik ganzer Branchen (wie etwa bei Bezinpreisen) oder marktbeherrschender Unternehmen vorgegangen werden.

## Privatkonkurs

→ Seite 365 ff

## Produkthaftung

→ Seite 283 ff

## Produktsicherheit

→ Seite 285

## Prospekthaftung

Unter Prospekthaftung versteht man das Einstehen für Angaben in einem Prospekt. So haftet der Reiseveranstalter für die Angaben in seinem Katalog. Wenn die Reise nicht den dort gemachten Angaben entspricht, ist sie mangelhaft und der Veranstalter muss dafür einstehen (siehe Seite 84).

Im Bereich der Vermögensanlage ist die Prospekthaftung im Kapitalmarktgesetz geregelt (siehe Seite 263 ff).

## Prozesskostenfinanzierung

→ Seite 336

## Putzereien

Nicht selten geben die von einer Putzerei bearbeiteten Textilgegenstände Anlass zu Beschwerden von Konsumenten. Sei es, dass die Reinigung mangelhaft durchgeführt, das Kleidungsstück beschädigt oder erst gar nicht mehr auffindbar ist. Für die mangelhafte Reinigung von Textilwaren besteht ein Anspruch auf Gewährleistung. Je nach Art des Mangels können Sie Verbesserung, Preisminderung oder Wandlung des Vertrages (siehe Seite 234) begehren. Dieses Recht bezieht sich jedoch nur auf die Reinigung selbst und wird unabhängig von einem Verschulden des Unternehmers eingeräumt. Mit Hilfe der Gewährleistung können Sie bestenfalls den Werklohn zurückverlangen, nicht aber den Schaden für ein verdorbenes und unbrauchbar gewordenes Kleidungsstück.

Bei der Reinigung kommt es jedoch viel häufiger zu einer Beschädigung der Sache aufgrund mangelhafter und unsachgemäßer Bearbeitung. Hier handelt es sich um einen sogenannten Mangelfolgeschaden, also um einen weiteren Schaden. Der Unternehmer ist verpflichtet, diesen aus dem Titel des Schadenersatzes zu ersetzen. Zum Unterschied von der Gewährleistung ist der Schadenersatzanspruch von einem Verschulden des Unternehmers abhängig. Ein Beispiel für ein rechtswidriges und schuldhaftes Verhalten wäre die Verletzung der Warnpflicht des Unternehmers, wenn Sie die Putzerei nicht darüber aufklärt, dass das Brautkleid beim Färben eingehen wird.

Fast alle Putzereien und Reinigungsanstalten verwenden vorgedruckte Geschäftsbedingungen.

Bei Reklamationen gehen Sie am besten so vor:

- Kopieren Sie zunächst den Abholschein.
- Kontrollieren Sie das Bekleidungsstück bei Abholung an Ort und Stelle.
- Verlangen Sie eine Rechnung. Aus dieser können Sie die Reinigungsart – ob einfach oder spezial – ersehen.
- Übernehmen Sie bei Mängeln oder Schäden den Gegenstand nur mit „Vorbehalt“; am besten, Sie vermerken dies auf der Rechnung. Lassen Sie den Vorbehalt auf jeden Fall vom Unternehmer bestätigen. Falls er sich weigert, erklären Sie den Vorbehalt mittels eingeschriebenem Brief. Damit wahren Sie zumindest Ihre Gewährleistungs- und Schadenersatzansprüche.
- Belassen Sie allfällige Putzmarken (Etiketten) im Bekleidungsstück.

Auch im Fall irreparabler Schäden sollten Sie sofort mittels (eingeschriebenem) Brief reklamieren und zum Ersatz des Schadens auffordern. Die

Allgemeinen Geschäftsbedingungen für das Chemischreiniger-, Wäscher- und Färbergewerbe sehen je nach Alter des Bekleidungsstückes pauschalierte Schadenersatzansprüche vor. Diese sind allerdings nicht bindend. Kommt ein unabhängiger Sachverständiger zu einem höheren Schaden, dann kann auch dieser eingefordert werden.

### Pyramidenspiele

→ Seite 23 ff

## Q

### Quittung

→ **Rechnung**

## R

### Rabatt

Unter Rabatt versteht man einen – meist prozentuell ausgedrückten – Nachlass auf den verlangten Verkaufspreis. Übliche Rabattformen sind Barzahlungsrabatt (→ **Skonto**), Mengenrabatt, Treuerabatt oder Sondernachlässe für bestimmte Kundengruppen. Für jeden Rabatt ist die Zusage des Verkäufers (Vereinbarung) Voraussetzung: Ein Gewohnheitsrecht auf Rabatt besteht nicht.

Wenn Sie um den Preis verhandeln, sollten Sie wissen: Gesetzliche Rabattbeschränkungen gelten längst nicht mehr! Auch wenn immer wieder das Gegenteil behauptet wird: Gerade im Kfz-Handel sind – unterschiedlich hohe – Rabatte nach wie vor die Regel. Mehrere Angebote einzuholen zahlt sich daher aus.

Die früher in größerem Ausmaß üblichen Rabattkarten und Rabattmarken haben in den letzten Jahren stark an Bedeutung verloren. Eine Wiederkehr in neuer Form dürften sie jedoch mit den diversen Kundenkarten, insbesondere auch in Form der → **Chipkarte**, erleben.

### Ratenkauf

→ Seite 77 ff

### Rauchfangkehrer

Rauchfangkehrer waren jahrzehntelang vor jeder Konkurrenz geschützt und verfügten über Gebietsmonopole. Seit wenigen Jahren ist nun der

Landeshauptmann verpflichtet, die Kehrbezirke so einzuteilen, dass pro Kehrbezirk mindestens zwei Rauchfangkehrerbetriebe wirtschaftlich lebensfähig sind. Damit ist zwar weiterhin ein echter Bestandsschutz für bestehende Betriebe gegeben, für die Konsumenten ergibt sich jedoch die Wahlmöglichkeit zwischen mindestens zwei möglichen Vertragspartnern.

Für die Tätigkeit der Rauchfangkehrer bestehen länderweise unterschiedliche Höchsttarife. Angesichts der Erfahrungen mit unrichtigen Abrechnungen empfiehlt sich eine genaue Kontrolle der verlangten Beträge, eventuell unter Beiziehung von Experten der Arbeiterkammern.

## Rechnung

Immer wieder stellen Konsumenten die Frage: Habe ich ein Recht darauf, eine Rechnung zu bekommen? Die Antwort heißt zunächst: Im Normalfall nein. Doch dabei gilt es zu beachten:

Derjenige, der eine Schuld bezahlt, hat sehr wohl einen rechtlichen Anspruch auf Ausstellung einer sogenannten Quittung. Und eine solche Quittung ist bei weitem mehr als nur ein anonymer Kassabeleg. Die Quittung muss die Namen des Schuldners und des Gläubigers sowie Ort, Zeit und Gegenstand der bezahlten Schuld anführen. Weiters muss sie vom Gläubiger unterschrieben oder abgestempelt sein. Ist nichts Näheres vereinbart, dann ist die Ausstellung der Quittung kostenlos. Die Quittung schafft einen Beweis dafür, dass die geschuldete Leistung erbracht wurde. Behauptet der Gläubiger das Gegenteil, dann muss er dies beweisen.

Heben Sie sich eine Quittung auf jeden Fall auf. Und zwar

- zum Beweis, dass Ihre Leistung (Bezahlung) erbracht wurde und
- zum Beweis des Kaufdatums für allfällige Gewährleistungs-, Garantie- oder Produkthaftungsansprüche.

Da die Verjährung bei Produkthaftungsansprüchen zehn Jahre beträgt, sollten Sie sich Quittungen zehn Jahre aufheben.

Das Recht auf eine detaillierte Rechnung – also eine Aufstellung einzelner Leistungsposten samt Detailpreisen – hat man dann, wenn man beim Unternehmer eine Leistung bestellt, deren Preis nicht von vornherein feststeht, sondern die nach Aufwand verrechnet wird. Wenn Sie also zum Beispiel eine Wohnungssanierung beauftragen und dem Auftrag kein Kostenvoranschlag zugrunde liegt, sondern nach Aufwand zu verrechnen ist, dann ist der Rechnungsbetrag erst mit ordnungsgemäßer Rechnungslegung fällig. Bevor Sie zahlen, sollten Sie die einzelnen Rechnungsposten nachvollziehen können.

## Rechtsanwalt

→ Seite 325 ff

## Rechtsschutzversicherung

→ Seite 331 ff

## Reisebüro

Meist haben Sie es bei der Buchung einer Pauschalreise mit zwei verschiedenen Partnern zu tun:

- dem Reiseveranstalter und
- dem Reisebüro als Reisevermittler.

Der Reiseveranstalter bietet die Erbringung der vereinbarten Reiseleistungen wie Unterbringung, Verpflegung, Unterhaltung, Ausflüge, Personal usw an. Er bedient sich zur Erbringung der Leistungen Subunternehmen, wie etwa der örtlichen Hoteliers, Fluglinien und Linienbusunternehmen. Dennoch hat man nur zum Veranstalter eine direkte Vertragsbeziehung. Der Veranstalter haftet für die ordentliche Leistungserbringung seiner Subunternehmer.

Das Reisebüro als Reisevermittler vermittelt Ihnen den Pauschalreisevertrag mit dem Reiseveranstalter und erhält dafür eine Provision. Als Vermittler haftet das Reisebüro Ihnen gegenüber dafür, dass es den Reiseveranstalter sorgfältig auswählt und Sie ordentlich informiert. Es hat Ihre Erklärungen und Wünsche an den Reiseveranstalter weiterzuleiten und Ihnen die Reisedokumente auszuhändigen. Es haftet nur für die ordnungsgemäße Vermittlung eines Reisearrangements, nicht aber für die ordnungsgemäße Erbringung der Reise. Will man also zum Beispiel Preisminderung wegen Mängeln geltend machen, dann ist nicht das Reisebüro, sondern der Reiseveranstalter Adressat der Beschwerde. Man kann zwar das Reisebüro zur Vermittlung dazwischenschalten, doch das Reisebüro übermittelt nur die wechselseitigen Standpunkte zwischen Kunden und Veranstalter. Es haftet nicht für Mängel der Reiseleistung.

## Reiseveranstalter

→ **Reisebüro**

## Reservierung

Mit dem – gesetzlich nicht näher definierten – Begriff „reservieren“ bezeichnet man das Bestellen eines Hotelzimmers ebenso wie ein unverbindlich gedachtes „zur Seite legen lassen“ eines Kleidungsstücks in der Boutique.

Im ersten Fall wird mit der Reservierung eine Verbindlichkeit für Sie als Konsument begründet. Das Hotelzimmer muss bezogen werden oder man zahlt Stornogebühr. Im anderen Fall verpflichtet sich der Unternehmer, eine aktuelle Kaufgelegenheit auch noch – „auf Reservierungsdauer“ – zu sichern. Er räumt damit, rechtlich betrachtet, eine Option (→ **Option)** ein.

Vorsicht: Eine Reservierung bedeutet häufig eine endgültige vertragliche Bindung. Wenn es Ihnen darum geht, dass Sie sich die Vertragsentscheidung noch offenhalten, dann sollten Sie auf der ausdrücklichen (schriftlichen) Zusage bestehen, dass die Reservierung für Sie unverbindlich ist.

Bei unseriösen Immobilienmaklern ist auch der Trick beliebt, Kunden ein Anbotsformular zu unterbreiten und zugleich zu bchaupten, damit könne man sich die Wohnung reservieren. Die Anbotsformulare sind jedoch so abgefasst, dass damit keine unverbindliche Reservierung, sondern ein unwiderrufliches Anbot unterfertigt wird.

Nicht jede Reservierung muss jedoch in einen klagbaren Rechtsanspruch münden. Wer einen Tisch in einem Restaurant reserviert, der braucht sich – wenn er doch nicht kommen kann – kaum vor einer Klage zu fürchten. Hier wird man davon ausgehen können, dass kein „Rechtsfolgenwille“ gegeben war, dass man also nicht einen wirklichen Vertrag mit wechselseitigen Rechten und Pflichten eingehen wollte. Umgekehrt kann man daher auch nicht den Gastwirt, der auf die Tischreservierung vergessen hat, mit Schadenersatzforderungen konfrontieren.

### Rücktritt

→ Seite 173 ff

## S

### Sachverständiger

Wenn beim bestellten Einfamilienhaus Baumängel auftreten, ein fehlerhafter Toaster zu einem Wohnungsbrand führt oder eine komplizierte Abrechnung für den Laien völlig undurchschaubar ist, dann muss oft ein Sachverständiger beigezogen werden, der Licht ins Dunkel bringt. Möchte man – außerhalb eines Gerichtsverfahrens – einen Sachverständigen zuziehen, dann muss man einen solchen zum einen erst finden und dann mit der Befundaufnahme (Aufzeichnung der Tatsachen) und allenfalls mit einem Gutachten (fachkundige Schlussfolgerungen aus den Tatsachen) beauftragen. Natürlich muss man eine solche Tätigkeit bezahlen.

Bei der Auswahl des Sachverständigen kommt es zum einen auf seine Sachkunde an, zum anderen gilt es zu unterscheiden: Es gibt gerichtlich beeidete Sachverständige, die für ihre Tätigkeit bei Gerichten bereits vorweg vereidigt sind – und solche, die das nicht sind.

Sie müssen für ein Privatgutachten keineswegs einen gerichtlich beeideten Sachverständigen beauftragen. Auch das Gutachten eines anderen Fachmannes zählt. Wenn aber ein Gerichtsverfahren unumgänglich scheint, wird ein gerichtlich beeideter Sachverständiger, der öfter vor Gerichten agiert, vielleicht mehr Erfahrung im Umgang mit Gerichten einbringen können.

Ein Privatgutachten ersetzt – im Fall der Fälle – kein gerichtliches Gutachten. Kommt es also zu einem Rechtsstreit, dann wird das Gericht einen weiteren Sachverständigen beauftragen, die Sachlage zu begutachten. Daher kann es – bei wichtigen Streitigkeiten – sinnvoll sein, ein gerichtliches Beweissicherungsverfahren zu beantragen. Dieses ist immer dann möglich, wenn einerseits das Beweismittel sonst verloren gehen oder die Beweisaufnahme erheblich erschwert würde oder aber der Antragsteller an der Feststellung des gegenwärtigen Zustandes einer Sache – zum Beispiel an der Feststellung von Mängeln vor Verbesserung – ein rechtliches Interesse hat.

Im Rahmen eines Gerichtsverfahrens werden oft Sachverständige beigezogen, um bestimmte Tatsachenfeststellungen zu treffen. Diese Sachverständigen werden vom Richter bestellt und haben für ihre Tätigkeit einen Anspruch auf Honorar. Die Höhe der Ansprüche ist im Gebührenanspruchsgesetz (GebAG) geregelt. Das Gericht setzt – aufgrund einer (überprüfbaren) Honorarnote – die Höhe des Kostenanspruches mit Beschluss fest und es ist zunächst jene Partei zahlungspflichtig, die den Sachverständigen beantragt hat beziehungsweise deren Zahlungspflicht das Gericht feststellt. Oft wird bereits vor der Bestellung eines Sachverständigen der Erlag eines Kostenvorschusses aufgetragen. Wird dieser nicht erlegt, so wird – wenn das Gericht das beschließt – der Sachverständigen-Beweis nicht aufgenommen.

## Sammelklage

→ Seite 357 f

## Schadenersatz

→ Seite 256 ff

## Scheck

Ein Scheck ist die Anweisung des Ausstellers an die bezogene Bank (das ist jene Bank, die zahlen soll), an den Inhaber des unterschriebenen Schecks Zahlung zu leisten. Wird auf dem Scheck „Nur zur Verrechnung" vermerkt, dann kann die Schecksumme nur einem Konto des Einreichers gutgeschrieben werden. Das hat für den Aussteller einen wesentlichen Vorteil: Er kann den Weg des Schecks nachvollziehen und so das Risiko für einen möglichen Dieb erhöhen. Schecks, die Sie per Post versenden, sollten Sie grundsätzlich als Verrechnungsscheck ausstellen.

Die Bank ist grundsätzlich nicht verpflichtet, den Scheck einzulösen. So könnte das Konto des Ausstellers überzogen sein oder der Scheck von ihm vor der Einlösung widerrufen werden. Eine Zahlung mit Scheck ist also erst wirklich sicher, wenn der Scheck tatsächlich eingelöst wird.

Der Verlust von Schecks muss der Bank sofort gemeldet werden. Die Bank trifft im Übrigen bei der Einlösung von Schecks die Verpflichtung, die Unterschrift zu überprüfen. Man kann zwar vom Bankangestellten nicht die Sachkunde und Sorgfalt eines Schriftsachverständigen erwarten – löst die Bank jedoch Schecks ein, obwohl die Unterschrift von der Musterzeichnung bei der Bank grob abweicht, dann bleibt ihr der Schaden.

## Schlichtungsstellen

→ Seite 338 ff

## Schlussverkauf

→ **Ausverkauf**

## Schmerzengeld

→ Seite 293

## Schneeräumung

Die Eigentümer von Liegenschaften im Ortsgebiet sind aufgrund der Straßenverkehrsordnung verpflichtet, dafür zu sorgen, dass die dem öffentlichen Verkehr dienenden Gehsteige und Gehwege entlang der ganzen Liegenschaft in der Zeit von 6.00 Uhr bis 22.00 Uhr von Schnee und Verunreinigungen gesäubert und bei Schnee und Glatteis bestreut sind. Dort, wo ein Gehsteig nicht vorhanden ist, ist der Straßenrand in einer Breite von einem Meter zu säubern und zu bestreuen. Vernachlässigt der Hauseigentümer diese Verpflichtung und kommt jemand zu Schaden, dann kann der Geschädigte Schadenersatz verlangen.

Der Hauseigentümer kann aber einen Hausbesorger oder ein Schneeräumungsunternehmen mit der Gehsteigsäuberung und Bestreuung beauftragen und damit seiner strengen Haftung entgehen. In solchen Fällen haftet dann entweder der Hausbesorger oder das Schneeräumungsunternehmen. Kommt es zu Mängeln bei Gehsteigsäuberung und Bestreuung, kann sich ein Geschädigter an diese halten. Den Hauseigentümer trifft nur dann eine Haftung, wenn er diese Aufgaben schuldhaft einer untüchtigen Person übertragen hat. Nur dann, wenn ein Mieter einer Wohnung im Haus des Hauseigentümers zu Schaden käme, müsste der Hauseigentümer – als Vertragspartner – für ein Verschulden seines Hausbesorgers einstehen, wie wenn er selbst schuldhaft gehandelt hätte.

Sind Sie Eigentümer einer Eigentumswohnung, achten Sie darauf, dass die Frage der Schneeräumung des Gehsteiges entsprechend geklärt ist. Ansonsten kann es der Gemeinschaft der Wohnungseigentümer passieren, dass sie bei Verletzung der Streupflicht durch einen Geschädigten zur Kasse gebeten wird.

Ähnlich ist auch die Haftung des Hauseigentümers für Schäden durch Dachlawinen geregelt.

## Skonto

Skonto ist ein Nachlass, der auf den Rechnungsbetrag gegeben wird, wenn dieser entweder bar oder in einer kürzeren Frist als vereinbart bezahlt wird. Üblich sind Skontosätze von zwei oder drei Prozent. Skonto kann von einer Rechnung nur abgezogen werden, wenn dies vorher vereinbart (oder auch nachher vom Unternehmer zugestanden) wurde. Gibt es keine Zusage, so ist der volle Rechnungsbetrag zu bezahlen.

## Sparbuch

Das Bankwesengesetz (BWG) definiert Spareinlagen als Einlagen bei Banken, die nicht dem Zahlungsverkehr, sondern der Anlage dienen. Die Banken dürfen Spareinlagen nur gegen Ausfolgung besonderer Urkunden (Sparurkunden, meist in der Form von Sparbüchern) entgegennehmen. Der Begriff „Sparbuch“ ist gesetzlich geschützt und darf nur von Banken, die zur Entgegennahme von Einlagen berechtigt sind, verwendet werden.

Sparbücher unterfallen nicht dem Regime des ZaDiG, sondern sind im BWG geregelt.

Seit 1.11.2000 ist eine Neueröffnung von anonymen Sparbüchern nicht mehr möglich. Ebenso kann man auf solche Sparbücher keine Einzahlungen mehr tätigen bzw keine Gutschriften bekommen. Bis 30.6.2002 war eine Behebung – ohne Identifizierung – von solchen Sparbüchern noch möglich. Seit 1.7.2002 muss man sich bei Behebungen von anonymen Sparbüchern legitimieren; bei höheren Beträgen wird sogar eine Überprüfung durch die EDOK erfolgen. Auch ist ab diesem Datum die Weitergabe von nicht identifizierten Sparbüchern verboten.

Man kann seit 1.11.2000 nur noch zwei Typen von Sparbüchern – gegen Legitimation – eröffnen:

- Das Namenssparbuch lautet auf den Namen des Verfügungsberechtigten und nur dieser kann Verfügungen treffen. Bei der Anlage ab € 15.000 ist diese Form zwingend vorgesehen.
- Das Losungswort-Sparbuch lautet auf eine beliebige Bezeichnung; man verfügt darüber durch Vorlage des Buches und Nennung des Losungswortes. Seit 1.11.2010 kann man allerdings auch von derartigen Sparbüchern nur mehr unter Vorweis eines Lichtbildausweises Behebungen durchführen.

Spareinlagen dienen nicht dem Zahlungsverkehr – also der Abwicklung laufender Zahlungen. Aus diesem Grund erfolgt bei einer Behebung von Einlagen innerhalb von vierzehn Tagen nach Einzahlung keine Verzinsung dieses Betrages.

### Verzinsung

Im Bankwesengesetz ist festgelegt, dass die Verzinsung mit dem Wertstellungstag beginnt. Das ist der Werktag nach Einlangen des Betrages bei der Bank. Der Monat ist mit 30 Tagen, das Jahr mit 360 Tagen zu rechnen. Bei einer Behebung – außer wenn sie innerhalb von vierzehn Tagen ab Einzahlung erfolgt – sind die Zinsen bis zum Kalendertag vor dem Auszahlungstag zu rechnen.

Über die Höhe der Verzinsung sagt das Gesetz selbst nichts aus. Auch gibt es keinen durch Gesetz oder Vereinbarung unter den Banken festgelegten Eckzinssatz mehr. Damit unterliegt die Verzinsung dem freien Wettbewerb und somit auch dem Verhandlungsgeschick zwischen Kunden und Bank.

Achten Sie bei der Vereinbarung von Zinsen darauf, ob eine fixe Zinssatzvereinbarung für eine bestimmte Zeit getroffen wird oder ob bloß ein entsprechend dem allgemeinen Zinsniveau schwankender höherer Zinssatz vereinbart wurde. In letzterem Fall klären Sie unbedingt in regelmäßigen Abständen, ob der Zinssatz noch gültig ist beziehungsweise welche Änderungen eingetreten sind.

Der für die Verzinsung zur Anwendung kommende Zinssatz ist im Sparbuch an auffallender Stelle zu vermerken, desgleichen allfällige sonstige Entgelte für Dienstleistungen im Zusammenhang mit dem Sparbuch (zum Beispiel auch Schließungsgebühren). Bei jeder Vorlage des Sparbuchs sind Zinssatzänderungen, die in der Zwischenzeit wirksam wurden, ebenfalls im Sparbuch ersichtlich zu machen (samt dem Datum, ab dem die Änderung zur Anwendung kam).

Zinssatzänderungen sind – außer bei Vereinbarungen über Fixzinssätze – auch einseitig durch die Bank möglich. Die Änderungen werden mit dem von der Bank bestimmten Tag wirksam (rückwirkende oder sonst offenbar unbillige Änderungen sind jedoch nicht möglich).

Werden für die Spareinlage Bindungsfristen vereinbart, dann können bei vorzeitiger Behebung Vorschusszinsen in der Höhe von einem Promille für jeden vollen Monat der nicht eingehaltenen Bindungsdauer von der Bank einbehalten werden; insgesamt jedoch nicht mehr, als an Habenzinsen im laufenden und vorhergehenden Jahr angefallen ist.

### Verjährung

Die Forderungen aus Spareinlagen verjähren nach dreißig Jahren, wobei abweichend von den allgemeinen Verjährungsregeln auch die Zinsen erst nach dreißig Jahren verjähren und außerdem die Verjährung unterbrochen wird, sobald eine Zinszuschreibung im Sparbuch oder eine Ein- beziehungsweise Auszahlung auf die Spareinlage erfolgt. Nach der Unterbrechung beginnt die Verjährungsfrist wieder von neuem zu laufen.

### Verlust

Verliert man ein Sparbuch, so ist dies unverzüglich der Bank zu melden, die den behaupteten Verlust anzumerken hat und innerhalb von vier Wochen keine Auszahlung aus dieser Spareinlage leisten darf. In dieser Zeit kann vom Sparer das gerichtliche Kraftloserklärungsverfahren eingeleitet werden. In diesem Verfahren kann nach einem entsprechenden öffentlichen Aufruf das verlorene Sparbuch schließlich mit allgemeiner Wirkung als kraftlos erklärt werden, sodass jemand, der später das verlorene Sparbuch auffindet, damit nichts mehr anfangen kann. In manchen Fällen, wenn ein Wiederauffinden so gut wie auszuschließen ist, oder wo sonst keine Gefahr besteht, dass jemand anderer die Forderung aus der Spareinlage unter Vorweis des verschwundenen Sparbuchs geltend macht, sind die Banken auch bereit, die Spareinlage ohne formelles Kraftloserklärungsverfahren auszubezahlen, wenn man sich als Sparer verpflichtet, den Betrag sofort zurückzuzahlen, falls gegen die Bank doch noch ein Anspruch unter Vorlage des Sparbuchs gestellt wird.

Um Problemen bei einem allfälligen Verlust möglichst vorzubeugen, sind die Nummern und Bezeichnungen (und wenn möglich auch der Kontostand) der Sparbücher von diesen getrennt zu notieren und aufzubewahren. Ein Überbringersparbuch, von dem man nur weiß, dass ungefähr € 4.000 drauf waren und dass es etwa im März letzten Jahres eröffnet wurde, kann von der Bank nicht identifiziert werden. Kennt man jedoch einige Eckdaten – etwa den genauen Kontostand und ein nicht sehr gebräuchliches Losungswort – so darf man sich von der Bank nicht abwimmeln lassen, auch wenn die genaue Nummer nicht bekannt ist. Dem VKI sind einige Fälle bekannt, in denen die Bank zunächst jede Mitwirkung beim Kraftloserklärungsverfahren verweigerte, weil es angeblich die Einlagen ohne Kenntnis der genauen Kontonummer nicht identifizieren kann. Nach Einschaltung eines Anwalts oder nach Klagseinbringung war sie dazu jedoch sehr wohl in der Lage.

## Spenden

Spenden sind Leistungen, die man freiwillig – also ohne dazu vertraglich oder gesetzlich verpflichtet zu sein – und ohne unmittelbare Gegenleistung des Spendenempfängers erbringt. Auch wenn die Institution oder Person, der man etwas spendet, eine bestimmte Verwendung der Spendengelder in Aussicht stellt, so fehlt es hier doch an einem Austauschverhältnis von Leistung und Gegenleistung, wie dies etwa für einen Kauf- oder Werkvertrag typisch ist. Vor allem besteht für den Spender kein klagbarer Anspruch, dass die angekündigte Tätigkeit tatsächlich durchgeführt wird.

Spenden ist daher grundsätzlich Vertrauenssache. Prüfen Sie eingehend, welche Organisationen Ihr Vertrauen auch tatsächlich verdienen. Verlangen Sie Informationen darüber, wie die Spendengelder verwendet werden und eine Aufstellung der Einnahmen und Ausgaben für die konkreten Hilfsprojekte. Seriöse Organisationen werden Ihnen gerne eine Übersicht zur Verfügung stellen, die man zumindest auf eine gewisse Plausibilität hin überprüfen kann.

Seit Ende 2001 gibt es nun auch in Österreich ein „Spendengütesiegel", das in Kooperation zwischen Dachverbänden von Non-Profit-Organisationen und der Kammer der Wirtschaftstreuhänder ausgearbeitet wurde. Mit diesem Gütesiegel wird die Einhaltung von gewissen Mindeststandards bei der Aufbringung und der Verwaltung von Spenden dokumentiert. Im Wesentlichen geht es um die widmungsgemäße Verwendung der Spenden (so wie in der Werbung beschrieben), die Ordnungsmäßigkeit der Rechnungslegung, die Sparsamkeit und Wirtschaftlichkeit bei der Spendenverwendung und schließlich auch um korrektes und lauteres Spendenwerben. Die Einhaltung der Kriterien muss von einem Wirtschaftsprüfer jährlich kontrolliert werden, der seinen Prüfbericht auch der Kammer der Wirtschaftstreuhänder übermittelt. Alle Organisationen, die berechtigt sind, das Spendengütesiegel zu führen, sind auf der Website www.osgs.at genannt; dort findet man auch detaillierte Informationen über die einzuhaltenden Kriterien für dieses Gütesiegel.

Natürlich kostet auch das Auftreiben von Spenden Geld, und ein entsprechender Verwaltungs- und Werbeaufwand ist nicht zu umgehen. Gerade in diesem Bereich gibt es jedoch große Unterschiede, und Sie sollten sich überlegen, ob die jeweilige Form der Spendenaufrufe für Sie akzeptabel ist. So ist etwa die Werbung über bezahlte „Türldrücker" durchaus kritisch zu sehen, wo von Haustür zu Haustür gegen entsprechende Provision gutes Gewissen über Spendendaueraufträge genauso verkauft wird wie Zeitschriftenabos.

Der Warenverkauf an der Haustür, der mit dem Argument betrieben wird, dass zumindest ein Teil des Erlöses gemeinnützigen, mildtätigen oder kirchlichen Zwecken zugute kommt, ist übrigens verboten. Nicht zuletzt deshalb, weil es dabei oft zu Missbräuchen gekommen ist.

Auch bei Spenden ohne Warenverkauf gilt: Wird ein unrichtiger Eindruck über die durchgeführten Tätigkeiten erweckt und hätte man bei korrekter Information nicht gespendet, so kann der strafrechtliche Tatbestand des Betruges (→ **Betrug**) vorliegen.

## Storno

→ Seite 173

## Strukturvertriebe

Strukturvertriebe (oder „mehrstufige Vertriebssysteme" – „multi level marketing" – MLM) zeichnen sich dadurch aus, dass eine sehr ausgeprägte Hierarchie unter den Vertriebsmitarbeitern besteht, bei der die jeweils übergeordnete Ebene an den Abschlüssen von Mitarbeitern unterer Ebenen finanziell beteiligt ist. Derartige Strukturvertriebe finden sich vor allem im Bereich der Anlageberater und bei diversen Direktvertriebsunternehmen (→ **Direktvertrieb**).

Aus der Sicht des Konsumenten sind solche Vertriebssysteme insofern sehr kritisch zu sehen, als im Vordergrund der Anstrengungen das Akquirieren weiterer Mitarbeiter steht, die wiederum – ähnlich wie bei Kettenbriefen oder Pyramidenspielen (siehe Seite 23) – immer weiter Mitarbeiter suchen. Dabei werden häufig unrealistische Verdienstmöglichkeiten angegeben, die nur an der Spitze der Pyramide erreicht werden können – und die ist ja bereits besetzt. Nun versorgt ein neu gewonnener Mitarbeiter zunächst seinen ganzen Freundes- und Verwandtenkreis mit den jeweiligen Produkten, und vielleicht findet er auch den einen oder anderen Neueinsteiger. Ist aber das Reservoir an Freunden und Bekannten erschöpft, so erschöpfen sich sehr schnell auch die „Karriere"-Möglichkeiten des Mitarbeiters. Die geworbenen Kunden sind zudem häufig unglücklich mit dem Produkt, in aller Regel auch schlecht beraten worden, sodass aus Freunden oft auch ehemalige Freunde werden. Die Erfahrung zeigt, dass sich Strukturvertriebe nur sehr kurzfristig am Markt halten und immer wieder durch neue Organisationen ersetzt werden – sofern sich die Vertriebsform nicht ändert. Daher ist auch vor dem Hintergrund einer meist nicht zu erwartenden Kontinuität der Betreuung und Beratung ein Vertragsabschluss etwa im Versicherungs- oder Anlagebereich über ein Strukturvertriebssystem gründlich zu überdenken.

Strukturvertriebe sind jedoch nicht nur aus der Sicht der gewonnenen Kunden problematisch. Auch zahlreiche Vertriebsmitarbeiter beschäftigen mit ihren Anfragen die Konsumentenberatungsstellen. Von nicht erreichten Einnahmenserwartungen über das Problem der Provisionen bei Stornierung von Verträgen bis hin zu Haftungsfragen, wenn sich das empfohlene Produkt als untauglich erweist, sind hier die Anfragen breit gestreut.

Bevor Sie eine Tätigkeit im Rahmen eines Strukturvertriebes aufnehmen, lassen Sie sich jedenfalls arbeits- und gewerberechtlich beraten. Ebenfalls empfehlenswert: eine Nachfrage bei einer Konsumentenberatungsstelle, ob es mit dem konkreten System schon Probleme gegeben hat.

Nicht vergessen sollte man auch, dass es kein Freundschaftsdienst ist, wenn man allen Bekannten Produkte – vor allem im Anlagebereich – verkauft, die man selbst nicht im Geringsten versteht. Abgesehen von den moralischen Bedenken sollte man sich auch bewusst sein, dass man in den meisten dieser Strukturvertriebe selbstständiger Unternehmer mit entsprechendem Haftungsrisiko (Haftung als Sachverständiger!) ist.

## Subunternehmer

Ein Subunternehmer ist Auftragnehmer des Generalunternehmers (→ **Generalunternehmer)**, der mit dem Auftraggeber des Gesamtvorhabens (meist eines Bauwerks) keine direkte vertragliche Beziehung hat. Wird etwa ein Haus in Ihrem Auftrag von einem Baumeister als Generalunternehmer errichtet, dann ist dieser Ansprechpartner für alle rechtlichen Fragen, insbesondere auch im Bereich der Gewährleistung (siehe Seite 228 ff). Zwar empfiehlt es sich durchaus, mit dem Subunternehmer auch Kontakt zu halten und ihn allenfalls zur Mängelbehebung aufzufordern, formal ist jedoch alles über den Generalunternehmer abzuwickeln, mit dem auch alle Vereinbarungen zu treffen sind. Lassen Sie sich in solchen Fällen keinesfalls auf den Subunternehmer verweisen!

# T

## Telebanking

Unter Telebanking versteht man die Erledigung von Bankgeschäften per Telefon beziehungsweise per PC mittels Modem oder Internet. Dabei wird in den Geschäftsbedingungen der Banken ein Gutteil des Risikos der korrekten Übertragung und insbesondere auch das Risiko des Missbrauches übersendeter Daten durch unbefugte Dritte dem Kunden zugeschoben.

Bevor Sie sich für ein Telebanking-Angebot entscheiden, lesen Sie die Geschäftsbedingungen Ihrer Bank genau und schätzen Sie ab, ob die mit dieser Geschäftsart verbundene Vereinfachung das damit verbundene technische Risiko wert ist.

## Telefongebühren

→ Seite 339

## Telefonwerbung

→ Seite 20

## Teleshopping

→ Seite 141 ff

## Terminsverlust

→ Seite 99

## Timesharing

→ Seite 204

## Treuhandschaft

→ Seite 121

# U

## Umtausch

→ Seite 173

## Unbestellte Warenzusendungen

→ Seite 40

## Unfallversicherung

Die Versicherungsbedingungen, die der Unfallversicherung zumeist zugrunde gelegt werden, definieren den Unfall als „ein vom Willen des Versicherten unabhängiges Ereignis, das plötzlich von außen mechanisch oder chemisch auf seinen Körper einwirkt und eine körperliche Schädigung oder den Tod nach sich zieht." Verrenkungen, Zerrungen oder Zerreißungen „infolge plötzlicher Abweichung vom geplanten Bewegungsablauf" sind ebenfalls vom Unfallbegriff umfasst.

Ausgeschlossen vom Versicherungsschutz sind Unfälle als Folge eines Herzinfarkts oder Schlaganfalls oder auch als Folge einer wesentlichen Beeinträchtigung durch Alkohol, Suchtgift oder Medikamente. Weitere wichtige Ausnahmen sind Unfälle bei der Teilnahme an Motorsportveranstaltungen, bei der Benützung von Luftfahrtgeräten (außer als Fluggast in Motorflugzeugen) und bei Fallschirmabsprüngen sowie bei Autounfällen, wenn der Versicherte das Kfz ohne Führerschein gelenkt hat.

Die Unfallversicherung erbringt – je nach vereinbarten Bedingungen – Leistungen vor allem im Todesfall und bei Invalidität. Im Todesfall wird die vereinbarte Summe ausbezahlt, bei dauernder Invalidität kommt meist ein Prozentsatz entsprechend der sogenannten „Gliedertaxe", die Teil der Unfallversicherungsbedingungen ist, zur Anwendung. Allerdings gibt es hier mittlerweile doch deutliche Unterschiede zwischen den Versicherern. So bieten etwa manche Versicherer an, bei höherer Invalidität auch die Leistung verhältnismäßig zu erhöhen und dafür bei niedrigem Invaliditätsgrad eine entsprechend niedrigere Leistung zu erbringen.

Neben der Kapitalzahlung (selten auch Zahlung einer Rente) für Tod oder Invalidität leistet die Unfallversicherung zumeist auch Taggeld (für Arbeitsunfähigkeit wegen dauernder oder vorübergehender Invalidität bis höchstens ein Jahr), Spitalgeld für jeden Tag eines Spitalsaufenthaltes (wieder begrenzt auf 365 Tage) sowie Heil-, Rückhol- und Bergekosten aufgrund des Unfalls, soweit sie nicht von der Sozialversicherung getragen werden.

Gerade in der Unfallversicherung gilt, dass die Unfallmeldung unverzüglich (und natürlich schriftlich) zu erfolgen hat. Wichtig ist auch, dass dauernde Invalidität nur dann anerkannt wird, wenn sie innerhalb eines Jahres ab dem Unfall eintritt.

### Unlauterer Wettbewerb

→ Seite 13 ff

### Unternehmer

→ Seite 54 ff

## V

### Verbandsklage

→ Seite 172

### Verbrauchergeschäft

→ Seite 33 ff

### Vereine

→ Seite 58

### Vergleich

→ Seite 357

### Verkürzung über die Hälfte

→ Seite 271

### Verlängerungsklausel

→ Seite 138

### Versandhandel

→ Seite 76

### Versicherung

→ Seite 101 ff

## Versicherungsmakler

Während die sogenannten Versicherungsagenten vom Versicherer mit der Anbahnung oder dem Abschluss von Versicherungsverträgen ständig betraut sind, handelt es sich bei den Versicherungsmaklern um Unternehmer, die von den einzelnen Versicherungsunternehmen unabhängig sind. Ihre Aufgabe ist es, Versicherungsverträge zu vermitteln. Dazu haben Sie meist mit Versicherungsunternehmen allgemeine Vereinbarungen über Provisionszahlungen (Courtagevereinbarungen) getroffen, sodass bei Abschluss eines Versicherungsvertrages die Vermittlungsprovision nicht vom Versicherungsnehmer, sondern vom Versicherer getragen wird. Dennoch haben Versicherungsmakler überwiegend die Interessen der Versicherungskunden zu wahren. Oft bezeichnet man sie daher als Bundesgenossen des Versicherten.

Die typischen Pflichten des Versicherungsmaklers – die im Einzelvertrag modifiziert werden können – sind:

- die Risikoanalyse und Erstellung eines angemessenen Deckungskonzepts;
- die Beurteilung der Solvenz des Versicherers;
- die Vermittlung des nach den jeweiligen Umständen bestmöglichen Versicherungsschutzes;
- die Prüfung der Polizze, Aushändigung der notwendigen Informationen und Bekanntgabe aller für den Kunden unternommenen Schritte an den Auftraggeber;
- die Unterstützung des Versicherungskunden bei der Abwicklung des Versicherungsverhältnisses und bei Eintritt eines Versicherungsfalls;
- die laufende Überprüfung, ob der Versicherungsschutz ausreichend ist.

Sofern keine ausdrückliche diesbezügliche Vereinbarung getroffen wird, hat der Versicherungskunde dem Versicherungsmakler keine Provision zu bezahlen. Häufig wird jedoch im Auftragsformular vereinbart, dass der Konsument alle Versicherungsangelegenheiten über diesen Versicherungsmakler abzuwickeln hat und dass er bei Beauftragung eines anderen Maklers oder bei Direktabschluss dem Versicherungsmakler für die daraus entgangene Provision schadenersatzpflichtig wird.

## Versteigerungen

Gerichtliche Versteigerungen dienen im Zuge von Exekutionsverfahren der Verwertung von Vermögensstücken von Personen, die ihre Schulden nicht bezahlen (können). Andererseits sind diese Versteigerungen durchaus ein Ort, wo man – mit etwas Glück – verschiedenste Waren, aber auch Grundstücke, günstig erwerben kann. Es ist nur sehr wichtig zu beachten, dass beim Erwerb von versteigerten Sachen kein Recht auf Gewährleistung besteht. Entdeckt man daher nach Erteilung des Zuschlages Mängel, so ist es zu spät. Man kann die Versteigerung deshalb weder anfechten noch rückgängig machen. Auch wenn sich später ein Fehler in einem der Versteigerung zugrunde liegenden Sachverständigengutachten herausstellt, schaut man durch die Finger. Der gerichtlich bestellte Sachverständige haftet dem Ersteher nicht für allfällige Schäden aus einem falschen Schätzungsgutachten. Daher gilt bei der Versteigerung das alte germanische Rechtssprichwort: Augen auf, Kauf ist Kauf!

Besonders beliebt wurden in letzter Zeit die „Internet-Auktionen", bei denen man über Internet an Versteigerungen teilnehmen kann. Neben seriösen Auktionshäusern, die ihr Geschäftsfeld auf diese Art erweitern und bei denen die Internet-Auktion nur eine andere Teilnahmemöglichkeit an einer Versteigerung darstellt, gibt es hier allerdings auch recht bedenkliche Erscheinungen.

Zum einen werden von manchen Unternehmern Waren oder Leistungen, die keineswegs einzigartig oder auch nur rar sind, im Weg der Versteigerung angeboten, wobei der Eindruck erweckt wird, dass es sich um ein besonders günstiges Angebot handelt. Und während kaum jemand auf die Idee kommen würde, in einem normalen Elektrogeschäft an der Versteigerung eines Fernsehgeräts teilzunehmen, finden sich immer wieder Konsumenten, die über Internet genau das tun: sie ersteigern einen serienmäßig hergestellten, auch im „normalen" Handel erhältlichen Fernseher, und sie zahlen oftmals dafür einen Preis, der sich mit normalen Angeboten im Handel durchaus vergleichen lässt. Wenn man sich auf solche Versteigerungen einlässt, sollte man sich im Handel über das Preisniveau kundig machen und sich dann genau überlegen, welches Limit man sich in der Versteigerung setzt.

Eine weitere aus Konsumentensicht kritisch zu beurteilende „Versteigerungsform" im Internet ist das Angebot von privat zu privat, bei dem der Internet-Anbieter lediglich die Plattform zur Verfügung stellt und die Abwicklung dann zwischen dem Anbieter und dem Ersteigerer stattfindet. Hier kann man in aller Regel nicht sicherstellen, dass der Anbieter überhaupt über das angebotene Produkt verfügt oder dass er es auch entsprechend der Beschreibung schließlich übergibt. Keinesfalls sollte man in solchen Fällen Zahlungen leisten, bevor das Produkt nicht physisch geprüft werden konnte. Wenn die Versteigerungsplattform die Abwicklung über eigene Treuhänder anbietet, sollte man diese tunlichst in die Abwicklung einbeziehen.

## Vertragsübernahme

Unter Vertragsübernahme versteht man, dass ein Dritter in einen Vertrag eintritt, also die Rechte und Pflichten eines der Vertragspartner übernimmt und der ursprüngliche Vertragspartner aus dem Vertragsverhältnis ausscheidet. Wenn man mit einem bestimmten Unternehmer einen Vertrag abschließt, dann ist dieser verpflichtet, seine Leistung zu erbringen. Der Unternehmer kann sich nicht einseitig – also ohne Zustimmung des Konsumenten – aus dem Vertrag verabschieden und den Vertrag an einen anderen Unternehmer einfach weitergeben. Zu einer Vertragsübernahme ist immer die Zustimmung des Verbrauchers notwendig. Auch eine Klausel in den Geschäftsbedingungen würde diese Zustimmung nicht ersetzen. Nur wenn Unternehmer und Konsument eine mögliche Vertragsübernahme durch einen Dritten schon im Voraus ausdrücklich vereinbart hätten, bedürfte es im Fall der Fälle nicht mehr der Zustimmung des Verbrauchers.

Wenn ein Unternehmen in Konkurs geht, dann melden sich oft „Nachfolge"-Firmen und bieten eine Vertragsübernahme an. Folgendes müssen Sie wissen:

- Sie sind nicht verpflichtet, dieser Vertragsübernahme zuzustimmen. Es kann aber manchmal durchaus wirtschaftlich sinnvoll sein, sich damit einverstanden zu zeigen.
- Eine Vertragsübernahme bedeutet, dass der neue Unternehmer den Vertrag gegen sich so gelten lässt, wie dieser ursprünglich abgeschlossen wurde. So muss er sich insbesondere auch Zahlungen an die Konkursfirma anrechnen lassen.
- Eine solche Vertragsübernahme geht selbstverständlich nur, wenn auch der Masseverwalter zustimmt. Ansonsten riskieren Sie plötzlich, mit zwei Verträgen dazustehen.

## Verzugszinsen

→ Seite 322

# W

## Wäschesparvertrag

→ Seite 196

### Werbefahrten

→ Seite 179

### Werbeflut

→ Seite 18 ff

### Werkvertrag

→ Seite 80 ff

### Wucher

→ Seite 270

## Z

### Zeitschriftenabonnement

Ein Zeitschriftenabonnement liegt vor, wenn man bei einem Unternehmer die wiederholte Lieferung einer Zeitschrift gegen wiederholte Bezahlung eines Entgelts bestellt. Da Zeitschriftenabonnements sehr häufig von Keilern an der Haustür beziehungsweise auf der Straße vertrieben werden, hat der Gesetzgeber im Konsumentenschutzgesetz besondere Schutzvorschriften erlassen. Diese Schutzvorschriften beziehen sich nicht nur auf den Kauf einer Zeitschrift, sondern – so die Rechtsprechung – auch analog auf sogenannte Lesezirkelverträge, also Verträge, wo Zeitschriften lediglich gemietet werden (LGZ Wien 25.5.1988, 45 R 38/88, KRES 1b/18).

Zu den Modalitäten des Vertragsabschlusses und zum Rücktrittsrecht siehe Seite 192 f.

Zeitschriftenabonnements können entweder auf bestimmte Zeit (ein Jahr) oder auf unbestimmte Zeit abgeschlossen werden.

Wenn ein Zeitschriftenabonnement auf unbestimmte Zeit oder auf eine länger als ein Jahr dauernde Vertragsdauer abgeschlossen wurde, dann können die Verträge zum Ablauf des ersten Jahres und danach jeweils zum Ablauf des nächsten Halbjahres ab Vertragsabschluss aufgekündigt werden. Dabei ist eine Kündigungsfrist von zwei Monaten einzuhalten. Das heißt, die Kündigung muss zwei Monate vor dem jeweils möglichen Kündigungstermin beim Unternehmer einlangen. Dieses Kündigungsrecht besteht natürlich auch, wenn man mit Zahlungen im Verzug ist. Darüber hinaus kann auf dieses Recht vertraglich nicht verzichtet werden.

Bei auf bestimmte Zeit abgeschlossenen Zeitschriftenabonnements findet sich in den Geschäftsbedingungen der Unternehmer häufig eine Klausel, wonach sich der Vertrag jeweils um ein weiteres Jahr verlängert, sofern er nicht zu einem bestimmten Zeitpunkt unter Einhaltung einer bestimmten Frist gekündigt wird. Eine solche stillschweigende Vertragsverlängerung ist aber nur zulässig, wenn

- dem Kunden zum einen eine ausreichende Frist zur Abgabe einer ausdrücklichen Erklärung eingeräumt wird und
- der Unternehmer den Kunden rechtzeitig vor Ablauf der Frist für eine ausdrückliche Erklärung nochmals auf diese Frist hinweist und ihm die Folgen seines Schweigens – nämlich die Verlängerung seines Abonnements – deutlich vor Augen führt.

Wurden Sie vom Unternehmer nicht extra auf die Folgen Ihres Schweigens hingewiesen, dann ist die Vertragsverlängerung nicht wirksam. Wenn Sie nach Ablauf des Vertrages weiterhin Lieferungen beziehungsweise Zahlungsaufforderungen bekommen, teilen Sie dem Unternehmer mit, dass das Vertragsverhältnis nicht mehr besteht und Sie keine Leistungen mehr in Anspruch nehmen wollen. Zahlen Sie nach Ablauf der ursprünglichen Vertragsdauer aber keine laufenden Abonnementpreise mehr ein, da dies als eine Zustimmung zu einer Vertragsverlängerung gewertet werden könnte!

## Zinsen

Zinsen sind die Gegenleistung für die Nutzung von Kapital, berechnet nach der Dauer der Überlassung in einem Prozentsatz des Kapitals. Gesetzliche Regelungen über Zinsen finden sich vor allem für Verzugszinsen (→ **Verzugszinsen**). Für vertraglich vereinbarte Zinsen – etwa für Kredite oder Spareinlagen – gibt es keine näheren Bestimmungen im Hinblick auf ihre Höhe oder Berechnung. Lediglich für den Bereich der Verbraucherkredite (→ **Kreditvertrag**) finden sich im Verbraucherkreditgesetz (VKrG) Formeln, nach denen ein bestimmter Zinssatz zu berechnen und im Vertrag auszuweisen ist. Bei diesem effektiven Zinssatz handelt es sich aber um eine Rechengröße, mit der die Belastung des Kreditnehmers ausgedrückt werden soll, nicht aber um einen tatsächlich in der Vertragsabrechnung zur Anwendung kommenden Zinssatz.

Bei der Beurteilung von vertraglichen Zinssätzen ist daher sehr genau auf die jeweilige Vereinbarung zu achten, insbesondere auf die Zinszahlungsperioden und die Zeitpunkte, zu denen Zinsen kapitalisiert (dem

Kapital zugeschlagen und weiterverzinst) werden. Derartige Zinseszinsen sind grundsätzlich nur geschuldet, wenn es eine entsprechende Vereinbarung gibt. Davon ist jedoch bei professionellen Kreditgebern wie etwa Banken immer auszugehen.

## Zinsgleitklausel

Eine Zinsgleitklausel ist eine besondere Form der Preisgleitklausel und sieht – bei Veränderung bestimmter vertraglich festgelegter Umstände – eine Veränderung des vereinbarten Zinssatzes vor (siehe Seite 129 f).

## Zurückbehaltungsrecht

Ein Unternehmer kann nur dann auf Zahlung drängen, wenn er seine Leistung ordnungsgemäß – also auch ohne Mängel – erbracht hat (Zug-um-Zug-Prinzip). Ist die Lieferung des Unternehmers mangelhaft, so ist es eine Konsequenz des Zug-um-Zug-Prinzips, dass der Verbraucher, solange er vom Unternehmer Verbesserung begehrt, das noch nicht geleistete Entgelt zurückbehalten kann. Dabei ist er nicht auf jenen Betrag beschränkt, der etwa dem Verbesserungsaufwand entspricht. Er kann vielmehr – innerhalb der Grenzen der Schikane – das gesamte noch aushaftende Entgelt zurückbehalten (siehe Seite 217).

- Wenn Sie etwa bei einem Bauwerk nach der Übergabe und vor der Zahlung des restlichen noch aushaftenden Werklohnes Mängel feststellen, rügen Sie diese sofort (mit eingeschriebenem Brief) und verlangen Sie Verbesserung. In diesem Fall können Sie den noch aushaftenden Werklohn zurückbehalten.
- Sobald Sie aber – zum Beispiel nach erfolglosen Verbesserungsversuchen – eine weitere Verbesserung durch den Werkunternehmer ablehnen und stattdessen die Verbesserungen von einer dritten – befugten – Firma ausführen lassen, müssen Sie den Werklohn bezahlen, beziehungsweise können Sie vom fälligen Preis nur jene Beträge abziehen (→ **Aufrechnung**), die Ihnen durch die Arbeiten der dritten Firma auflaufen werden.

Das Zurückbehaltungsrecht ist ein sehr starkes Recht für Verbraucher, um mangelfreie Lieferungen durchzusetzen. Aber auch dann, wenn der Unternehmer in unvorhergesehene Zahlungsschwierigkeiten kommt und seine Leistungen höchst fraglich erscheinen (Insolvenzgefahr), kann man seine Leistung (Zahlung) bis zur Sicherstellung der Gegenleistung zurückbehalten.

Erscheint Ihnen Ihr Vertragspartner insolvenzgefährdet, können Sie sich – bis zur Sicherstellung der Gegenleistung – auf das Zurückbehaltungsrecht berufen und weitere Zahlungen verweigern.

Dieses Zurückbehaltungsrecht kann im Verhältnis zwischen Unternehmer und Konsument im Vertrag nicht wirksam ausgeschlossen werden. Der Unternehmer kann aber sehr wohl mit dem Verbraucher vereinbaren, dass dieser – schon vor Erbringung der Leistungen des Unternehmers – Vorleistungen (→ **Anzahlung**) erbringen muss.

Durch (hohe) Vorleistungen (Anzahlungen) bringen Sie sich um das starke Instrument des Zurückbehaltungsrechtes, weil nichts mehr da ist, das zurückbehalten werden könnte. Lassen Sie sich daher nicht auf (hohe) Vorauszahlungen ein.

# Konsumentenberatungsstellen in Österreich

## Verein für Konsumenteninformation (VKI)

www.verbraucherrecht.at

### Expertenhotlines

→ *Konsumententelefon aus ganz Österreich*

Tel.: 0 900 310 015

Erste Auskünfte bei Reklamationen, Lieferverzögerungen, Stornogebühren, Beratung bei Kauf von Haushaltsgeräten, Audio/Video, PC/Telefonen sowie Lebensmitteln und Ökologie im Haushalt
Montag bis Freitag 9.00 – 15.00 Uhr
Kosten: max € 0,82 pro Minute

→ *Expertenhotline für Bauen, Wohnen und Finanzieren*

Tel.: 0 900 410 015

Tipps für Wohnungssuchende zu den Themen Makler, Miete, Eigentum, bau- und energietechnische Fragen bei Neubau und Sanierung, Heizen, Wasseraufbereitung sowie Finanzierungsangelegenheiten
Montag bis Freitag 9.00 – 15.00 Uhr
Kosten: max € 1,36 pro Minute

→ *Hotline Europäische Verbraucherzentrale*

Tel.: 0810 810 225

Montag bis Freitag 9.00 – 15.00 Uhr
Aus ganz Österreich max € 0,0676 pro Minute

### Beratungszentren

→ *Konsument-Beratungszentrum Wien*

1060 Wien, Mariahilfer Straße 81

Tel.: (01) 58 87 70

- kurze Erstberatung: Montag bis Freitag 10.00–15.00 Uhr; kostenlos
- ausführliche Beratung: nach Terminvereinbarung
  Montag bis Freitag 9.00–18.00 Uhr; Kostenbeitrag € 15

→ VKI-Landesstelle Tirol
6020 Innsbruck, Maximilianstraße 9
Tel.: (0512) 58 68 78
Montag bis Donnerstag 8.00 – 12.00 Uhr

## Bundesministerium für Arbeit, Soziales und Konsumentenschutz – Sektion III Konsumentenpolitik

1010 Wien, Stubenring 1
Tel.: (01) 711 00-0
für Konsumentenfragen: online Maske auszufüllen

## Kammern für Arbeiter und Angestellte

→ Wien
1040 Wien, Prinz-Eugen-Straße 20–22,
persönliche Beratung nach Terminvereinbarung
Tel.: (01) 501 650

→ Niederösterreich
1060 Wien, Windmühlgasse 28
Tel.: 05 71 71-1616

→ Burgenland
7000 Eisenstadt, Wiener Straße 7,
Montag bis Donnerstag 7.30 – 16.00 Uhr, Freitag 8.00 – 12.00 Uhr
Tel.: (02682) 740-0

→ Salzburg
5020 Salzburg, Markus-Sittikus-Straße 10,
Montag, Dienstag, Donnerstag, Freitag 8.00 – 12.30 Uhr,
Mittwoch 8.00 – 12.30 Uhr und 13.00 – 17.00 Uhr
je nach Fragen unterschiedlich
Tel.: (0662) 86 87-0

Allgemeiner Konsumentenschutz:
Montag bis Donnerstag 8.00 – 12.30 Uhr, 13.30 – 16.00 Uhr
Freitag 8.00 – 12.00 Uhr
Tel.: (0662) 86 87-90

→ Tirol
6020 Innsbruck, Maximilianstraße 7,
Montag 8.00 – 12.00 und 14.00 – 16.00 Uhr,
Dienstag, Donnerstag, Freitag 8.00 – 12.00 Uhr,
Mittwoch 8.00 – 12.00 und 13.00 – 17.00 Uhr
Tel.: (0800) 22 55 22
kostenlos aus ganz Tirol

→ Kärnten
9020 Klagenfurt, Bahnhofplatz 3
Montag bis Donnerstag 7.30 – 16.30 Uhr,
Freitag 7.30 – 12.00 Uhr
Tel.: 050 477-2000

→ Oberösterreich
4020 Linz, Volksgartenstraße 40
Montag bis Donnerstag 7.30 – 16.00 Uhr,
Freitag 7.30 – 13.30 Uhr
Tel.: 050 6906-0

→ Vorarlberg
6800 Feldkirch, Widnau 2–4
Montag bis Donnerstag 8.00 bis 12.00 Uhr, 13.00 bis 16.00 Uhr
Freitag 8.00 – 12.00 Uhr
Tel.: 050 258-0

→ Steiermark
8020 Graz, Hans-Resel-Gasse 8–14
Montag bis Freitag 8.00 – 13.00 Uhr
Tel.: 057 799-0

## Richtlinien

- Richtlinie 85/577/EWG des Rates vom 20.12.1985 ABl Nr L 372, 31 vom 31.12.1985 betreffend **Verbraucherschutz im Falle von außerhalb von Geschäftsräumlichkeiten geschlossenen Verträgen**
- Richtlinie 90/314/EWG des Rates vom 13.6.1990 ABl Nr L 158, 59 vom 23.6.1990 über **Pauschalreisen**
- Richtlinie 87/102/EWG des Rates vom 22.12.1986 ABl Nr L42, 48 vom 12.2.1987 zur Angleichung der Rechts- und Verwaltungsvorschriften der Mitgliedstaaten über den **Verbraucherkredit** in der Fassung der Richtlinie 90/88/EWG des Rates vom 22.2.1990 ABl Nr L 61, 14 vom 10.3.1990
- Richtlinie 93/13/EWG des Rates vom 5.4.1993 ABl Nr L 95, 29 vom 21.4.1993 über **missbräuchliche Klauseln in Verbraucherverträgen**
- Richtlinie 94/47/EG des Europäischen Parlaments und des Rates vom 26.10.1994 ABl Nr L 280 zum **Schutz der Erwerber im Hinblick auf bestimmte Aspekte von Verträgen über den Erwerb von Teilzeitnutzungsrechten an Immobilien**
- Richtlinie 97/7/EG des Europäischen Parlaments und des Rates vom 20.5.1997 ABl Nr L 144, 19 vom 4.6.1997 über den **Verbraucherschutz bei Vertragsabschlüssen im Fernabsatz**
- Richtlinie 1999/44/EG des Europäischen Parlaments und des Rates vom 25.5.1999 ABl Nr L 171, 12 vom 7.7.1999 zu **bestimmten Aspekten des Verbrauchsgüterkaufs und der Garantie für Verbrauchsgüter**

## Gesetze

| | |
|---|---|
| ABGB | Allgemeines Bürgerliches Gesetzbuch |
| BTVG | Bauträgervertragsgesetz |
| BWG | Bankwesengesetz |
| DSG | Datenschutzgesetz |
| EO | Exekutionsordnung |
| GewO | Gewerbeordnung |
| IMV | Immobilienmaklerverordnung |
| KMG | Kapitalmarktgesetz |
| KSchG | Konsumentenschutzgesetz |
| MaklerG | Maklergesetz |
| MRG | Mietrechtsgesetz |
| PHG | Produkthaftungsgesetz |
| RAO | Rechtsanwaltsordnung |

| | |
|---|---|
| RATG | Rechtsanwaltstarifgesetz |
| RSV | Reisebürosicherungsverordnung |
| TKG | Telekommunikationsgesetz |
| TNG | Teilzeitnutzungsgesetz |
| UWG | Gesetz gegen den unlauteren Wettbewerb |
| VVG | Versicherungsvertragsgesetz |
| WAG | Wertpapieraufsichtsgesetz |
| WEG | Wohnungseigentumsgesetz |
| WGG | Wohnungsgemeinnützigkeitsgesetz |
| ZPO | Zivilprozessordnung |

## Literatur


- Konsumentenrecht Entscheidungssammlung (KRES), Hg. Verein für Konsumenteninformation (VKI) (via Internet: http://www.konsument.at/)
- Informationen zum Verbraucherrecht, Hg. Rechtsabteilung des VKI (via Internet:http://www.konsument.at/)
- KSchG – Konsumentenschutzgesetz, MANZ Kurzkommentar von Kosesnik-Wehrle, Lehofer, Mayer

# Register